suhrkamp taschenbuch
wissenschaft 2007

Das gegenwärtige Wiederaufblühen basisdemokratischer Forderungen verleiht einer Theorie der Volkssouveränität besondere Aktualität. Ingeborg Maus' Konzeption einer »Demokratisierung der Demokratie« verteidigt die gesetz- und verfassunggebende Gewalt des Volkes gegen Staatsapparate, die sich zunehmend aus der Gesetzesbindung befreien und so jeder demokratischen Kontrolle entziehen. Darüber hinaus vertritt sie eine weitgehende Übertragung von Gesetzgebungskompetenzen an die gesellschaftliche Basis. Das Prinzip der Volkssouveränität wird im Hinblick auf heutige Bedingungen konkretisiert: Eine Analyse der Parzellierung der Gesellschaft und der Fragmentierung des politischen Entscheidungssystems zeigt, daß für eine Realisierung von Volkssouveränität neuer Bedarf und neue Chancen bestehen.

Ingeborg Maus ist emeritierte Professorin für politische Theorie und Ideengeschichte an der Goethe-Universität Frankfurt am Main. Im Suhrkamp Verlag ist von ihr erschienen: *Zur Aufklärung der Demokratietheorie. Rechts- und demokratietheoretische Überlegungen im Anschluß an Kant* (stw 1153).

Ingeborg Maus

Über Volkssouveränität

Elemente einer Demokratietheorie

Suhrkamp

Bibliografische Information der Deutschen Nationalbibliothek
Die Deutsche Nationalbibliothek verzeichnet diese Publikation
in der Deutschen Nationalbibliografie;
detaillierte bibliografische Daten sind im Internet
über http://dnb.d-nb.de abrufbar.

3. Auflage 2021

Erste Auflage 2011
suhrkamp taschenbuch wissenschaft 2007

Umschlag nach Entwürfen von
Willy Fleckhaus und Rolf Staudt
Druck und Bindung: C. H. Beck, Nördlingen
Printed in Germany
ISBN 978-3-518-29607-3

Inhalt

Einleitung

Eine Demokratietheorie, die das Prinzip der Volkssouveränität als ihren zentralen Gegenstand behandelt, ist nicht nur Mißverständnissen ausgesetzt, sondern auch durch aktuelle innergesellschaftliche und globale Entwicklungen herausgefordert, die Volkssouveränität einerseits durch die Dezentralisierung nationalstaatlicher Politik, andererseits durch den Bedeutungsverlust des Nationalstaats selbst obsolet erscheinen lassen.

Was zunächst (immer noch mögliche) Mißverständnisse angeht, so könnten das Prinzip der Volkssouveränität als solches und dessen besondere Akzentuierung in der vorliegenden Konzeption gleichermaßen in Frage stehen. Bereits die seit 1920 einsetzende Verdrängung, seit 1945 vordringende Dämonisierung des Prinzips der Volkssouveränität beruht auf einem fundamentalen Mißverständnis: Die »Souveränität« der Volkssouveränität wird gegen ihre Komponente verselbständigt und von einschlägigen Übersichts- und Handbuchartikeln bis hin zu den subtilen Souveränitätsparadoxierungen bei Giorgio Agamben entweder auf äußere Staatssouveränität reduziert oder mit innerstaatlicher Exekutivgewalt verwechselt[1] und schließlich, in der extremsten Variante Agambens, mit der aus der Rechtsordnung freigesetzten, vollkommen irregulären Gewaltanwendung im Ausnahmezustand identifiziert. Was diese letztere Bestimmung bei Agamben angeht, so wird der Ausgangspunkt der Neubesetzung des Souveränitätsbegriffs im 20. Jahrhundert erkennbar: Agamben beruft sich ausdrücklich auf Carl Schmitts berühmtes Diktum »Souverän ist, wer über den Ausnahmezustand entscheidet«,[2] in dem Carl Schmitt den Begriff der Souveränität von dessen ursprünglicher Bedeutung der Gesetz-

1 Neuerdings existiert eine Studie von Dieter Grimm, *Souveränität. Herkunft und Zukunft eines Schlüsselbegriffs*, Berlin 2009, die solche Irrtümer vermeidet und zudem inner- und zwischenstaatliche Aspekte der Souveränität in Beziehung setzt. Ihre analytische Intention konzentriert sich aber vor allem auf die historische Wandlungsfähigkeit des Souveränitätsbegriffs im völkerrechtlichen Verhältnis der Staaten.

2 Giorgio Agamben, *Homo sacer. Die souveräne Macht und das nackte Leben*, Frankfurt am Main 2002, S. 21, 25-40.

gebungsfunktion erstens überhaupt auf die der Exekutivfunktion umpolte (der Ausnahmezustand war von jeher die »Stunde der Exekutive«) und zweitens im Sinne des extrem gesteigerten Funktionszuwachses definierte, den der Ausnahmezustand für die Exekutive unter gleichzeitiger Einschränkung oder Negation legislativer Kontrollmöglichkeiten eröffnet.[3] Durch die unkritische Rezeption dieses pervertierten Souveränitätsbegriffs wird Agambens zutreffende Diagnose, daß der Ausnahmezustand längst zum Paradigma der normalen Praxis gegenwärtiger »demokratischer« Systeme geworden ist,[4] verdunkelt. Agambens starke These der grundsätzlichen Nichtunterscheidbarkeit von Demokratie und Diktatur begibt sich in fatale Abhängigkeit von Carl Schmitt, der nicht mehr die Erzeugung positiven Rechts, sondern umgekehrt dessen Außerkraftsetzung im Ausnahmezustand mit dem Signum der »Souveränität« versieht. Es ist eine genaue Reproduktion dieser Begrifflichkeit, wenn Agamben die extremste Ausnahme gesetzes*freier* Räume in »Lagern«, in KZs, als Erscheinungsform der Souveränität bestimmt.[5]

Der in der Tat äußerst wirkungsmächtigen Begriffspolitik Carl Schmitts ist es gelungen, die ursprüngliche Bedeutung von »Souveränität« aus dem wissenschaftlichen Gedächtnis fast völlig zu verdrängen. Der moderne Begriff der Souveränität bezeichnete – auch bei Hobbes – die Funktion der Gesetzgebung, d. h. die »Quelle« allen positiven Rechts. Hobbes' absolutistischer »Souverän« erhält dieses Prädikat ausschließlich in seiner Funktion als oberster Gesetzgeber und nicht etwa als Inhaber des exekutivischen Gewaltmonopols, das er außerdem innehat. »Volkssouveränität« ist genau deshalb nicht, wie in der herrschenden Literatur vielfach behauptet, als Spiegelbild der Fürstensouveränität zu qualifizieren, weil nämlich dem souveränen Volk (direkt oder repräsentiert) *nur* die Gesetzgebung zukommt, während das exekutivische Gewaltmonopol an der Spitze des Staates verbleibt, wodurch eine rigide rechtsstaatliche Gewaltenteilung zwischen Rechtssetzung und Rechtsanwendung institutionalisiert ist.[6] Volkssouveränität ist also nicht nur

3 Carl Schmitt, *Politische Theologie. Vier Kapitel zur Lehre von der Souveränität* (1922), München, Leipzig 1934; S. 11 findet sich die von Agamben zitierte Formulierung.

4 Giorgio Agamben, *Ausnahmezustand*, Frankfurt am Main 2004.

5 Agamben, *Homo sacer*, S. 179.

6 Auch Dieter Grimm identifiziert am Beispiel Bodins die von jeder sonstigen

von jeglicher Gewaltausübung weit entfernt, sondern in jeder ihrer Aktivierungen der genaue Gegenspieler der gewalthabenden Staatsapparate. Es sei hier bereits angemerkt, daß Volkssouveränität ohne funktionierenden Rechtsstaat nicht verwirklicht werden kann, weil nur in dieser Verbindung die Unterwerfung der »Staatsgewalt« unter den gesetzgebenden Willen des Volkes gelingt: Nur die – im Idealfall – strenge Gesetzesbindung der Staatsapparate beschränkt die »Exekutive« im Wortsinne auf die Ausführung der demokratisch zustande gekommenen Gesetze.

Ein mögliches Mißverständnis hinsichtlich des herausragenden Stellenwerts, der dem Prinzip der Volkssouveränität in den vorliegenden Analysen eingeräumt wird, dürfte durch den Hinweis auf die Notwendigkeit der theoretischen Rekonstruktion dieses Prinzips angesichts seiner anhaltenden Verdrängung bereits ausgeräumt sein. Diese Rekonstruktion enthält darüber hinaus kein Programm der Zurückdrängung anderer Prinzipien der Demokratie, sondern widmet sich im Gegenteil der Aufgabe, das jeweils positive Verhältnis des Elements der Volkssouveränität zu den übrigen konstitutiven Elementen der Demokratie – z. B. Menschenrechte, kritische Öffentlichkeit und, wie erwähnt, Rechtsstaat – zu bestimmen. Auch hier ist ein historischer Transformationsprozeß aufzuarbeiten, der überhaupt erst den klassisch demokratischen, noch unreflektiert unterstellten Zusammenhang aller demokratischen Teilelemente zerstörte und deren heutige postmodernistische Isolierung und zum Teil kontradiktorische Entgegensetzung vorbereitete. Während insbesondere in der Theorie der Weimarer Zeit nicht nur die Varianten unmittelbare und repräsentative Demokratie, dezentrale zivilgesellschaftliche und zentrale politische Organisationsformen der Demokratie, sondern auch Freiheitsrechte und Volkssouveränität, kritische Öffentlichkeit und Volkssouveränität sowie Volkssouveränität und rechtsstaatliche Gewaltenteilung so rigoros gegeneinander ausgespielt wurden, daß jedes dieser demokratischen Elemente destruiert wurde (bes. II.4.), begründen die vorliegenden Analysen eine theoretische Perspektive, der zufolge

Rechtsquelle unabhängige Gesetzgebungsfunktion (des Monarchen) als Charakteristikum des nachmittelalterlichen Souveränitätsbegriffs: Grimm, *Souveränität*, S. 23-25, übergeht aber die Verbindung von Volkssouveränität und Gewaltenteilung – Prinzipien, die er vielmehr im Spannungsverhältnis sieht: Grimm, *Souveränität*, S. 42, 54.

alle genannten Prinzipien der Demokratie in einem Zusammenhang wechselseitiger Optimierung stehen.

Unter diesem Aspekt wird auch die gegenwärtig vorherrschende Theorie und Praxis, die Teilelemente der Demokratie zu jeweils hegemonialen verselbständigt, einer ausführlichen Kritik unterzogen. Dies betrifft insbesondere die verbreiteten Optionen, Menschenrechte gegen ihre »Gefährdung« durch Volkssouveränität zu schützen oder eine kritische Öffentlichkeit für das Ganze der Demokratie zu erklären. Es wird gezeigt, daß die Zerschlagung des Zusammenhangs zwischen Grund-, Freiheits- bzw. Menschenrechten einerseits und Volkssouveränität andererseits gerade die Freiheitsgarantie dieser Rechte aufhebt: Hatte die demokratische Beziehung zwischen Menschenrechten und Volkssouveränität noch darin bestanden, daß die individuellen Menschenrechtssubjekte (unmittelbar oder repräsentiert) in demokratischen Gesetzgebungsverfahren ihre Menschenrechte selbst konkretisierten, so fallen die gegen den demokratischen Prozeß isolierten Menschenrechte der Interpretationsmacht judikativer und exekutivischer Apparate anheim, die die einst als »vorstaatlich« begründeten Rechte der Bürger in staatlich zugeteilte Güter verwandelt – ein Vorgang, in dem zugleich die Subjekte und Interpreten ihrer Rechte zu bloßen Objekten einer expertokratischen Menschenrechtsverwaltung degenerieren (bes. II.2.; III.2.3.2.; IV.).

Auch die Verdrängung der Volkssouveränität durch den demokratischen Alleinvertretungsanspruch kritischer Öffentlichkeit impliziert eine Amputation der Demokratie, die zu deren klassisch westeuropäischen Konzeption im Gegensatz steht. Hatte diese noch einen fraglos bestehenden Zusammenhang zwischen beiden Prinzipien in dem Sinne vorausgesetzt, daß der demokratische Souverän durch öffentliche Diskussion aufgeklärt entscheide und umgekehrt die Ergebnisse dieser Diskussion per Gesetzgebung rechtsverbindlich würden, so verweist die heutige Isolierung des Prinzips kritischer Öffentlichkeit auf eine seit 1945 einsetzende Hegemonie US-amerikanischen Verfassungsdenkens, die durch neuere Theorien globaler politischer Organisation, in welcher die Einforderung von Volkssouveränität unrealistisch wäre, noch verstärkt wird. Es liegt am strukturellen Gegensatz der Realisierung von Gewaltenteilung in parlamentarischer Demokratie und Präsidialsystem, daß in letzterem kritische Öffentlichkeit mit dem Demokratieprinzip zusammenfällt (bes. II.1.).[7] Im Modell parlamentarischer Demokratie ist Volkssouveränität, wie bereits angedeutet, durch eine vertikale Gewaltenteilung zwischen gesetzgebender Souveränität und gesetzanwendenden Staatsapparaten prozeduralisiert, welche einen engen Funktionszusammenhang zwischen Öffentlichkeit und Volkssouveränität herstellt: Von hier gehen die Legitimations- und Kontrollwege aus, die der Idee nach jeden Einsatz staatlicher Macht nur gemäß dem Willen der gesellschaftlichen Basis erlauben.

Ganz anders nimmt die amerikanische Unionsverfassung das konservative Gewaltenteilungsmodell Montesquieus, das gegen absolutistische monarchische Souveränität wie gegen Volkssouveränität gleichermaßen gerichtet ist, zum Vorbild und etabliert eine horizontale Gewaltenteilung, die auf Souveränitätsteilung beruht: Alle »Gewalten« sind an der Ausübung der Souveränitätsfunktion der Gesetzgebung beteiligt und treten zur Legislative in Konkurrenz (der Präsident durch sein Veto-Recht, der Supreme Court durch seine Normenkontrolle), so daß die teilsouveränen Gewalten sich gegenseitig kontrollieren. In diesem System, das Volkssouveränität nur als einmaligen Akt der Verfassunggebung von 1787 kennt, ist eine starke kritische Öffentlichkeit, gestützt auf unbegrenzte Redefreiheit, in der Tat der einzige Gegenpol zum Kreislauf balancierter Macht. Während aber in parlamentarischen Systemen die Bindung der Regierenden an den Volkswillen eine »juristische« ist,[8] haben bereits in nationalstaatlichen Präsidialsystemen die Ergebnisse öffentlicher Diskussion wenig erwartbare Chancen, sich im politischen Entscheidungssektor zu reproduzieren. Nur der letztere entscheidet, ob er Argumente der gesellschaftlichen Basis wahrnimmt oder als »störendes Umweltgeräusch« ausfiltert. Auf globaler Ebene aber führt die Isolierung des Prinzips kritischer Öffentlichkeit zu dessen völliger Destruktion. Hier ist die Selbstreferentialität getrennter Kommunikationskreisläufe innerhalb des politischen Entscheidungssystems einerseits und der kritischen Öffentlichkeit andererseits perfekt.

7 Dazu auch Ingeborg Maus, *Zur Aufklärung der Demokratietheorie. Rechts- und demokratietheoretische Überlegungen im Anschluß an Kant*, Frankfurt am Main 1992, S. 227-239.

8 Herman Heller, *Die Souveränität. Ein Beitrag zur Theorie des Staats- und Völkerrechts* (1927), in: ders., *Gesammelte Schriften*, Bd. 2, Leiden, Tübingen 1971, S. 31-202, hier: S. 96, 98.

Aktuelle Herausforderungen für eine normative Theorie der Volkssouveränität bestehen aber auch in realgesellschaftlichen Entwicklungen. So führte weniger ein Mißverständnis dieses Prinzips als die unbestreitbare Tatsache der heutigen Fragmentierung des politischen Entscheidungssystems und einer weitgehenden Partikularisierung und Parzellierung der gesellschaftlichen Basis zu einer – allerdings voreiligen – Verabschiedung von Souveränität und Volkssouveränität. Auch wenn diese Schlußfolgerung einem fälschlich unterstellten Monismus dieser Prinzipien geschuldet ist, so bedarf es doch einer soziologischen Analyse der gesellschaftlichen Voraussetzungen für eine Rekonstruktion starker Demokratie unter den radikal veränderten Bedingungen der Gegenwart. Die neokorporatistische Verflechtung von Staats- und Wirtschaftsbürokratien und eine informationsabhängige Vernetzung politischer Entscheidungsprozesse mit ihren Regelungsbereichen stellt nicht nur die prozeduralisierte Kommunikation zwischen den politischen Instanzen in Frage, sondern nimmt auch allen gesellschaftlichen Interessen, die sich außerhalb dieser dezentralen politisch-gesellschaftlichen Machtkomplexe befinden, sogar die wenigen Einflußchancen, die aufgrund der Existenz einer intakten politischen Zentrale noch gegeben waren. Insofern besteht das Problem einer Rekonstruktion von Volkssouveränität unter diesen Bedingungen neokorporatistisch fragmentierter Macht und partikularisierter gesellschaftlicher Ohnmacht darin, für die letztere eine neue Einflußnahme auf die erstere zu institutionalisieren. Der Vorschlag besteht in einer Dezentralisierung der Gesetzgebung, die der Dezentralisierung der Politik entspricht und zugleich deren demokratieverhindernde Folgen aufhebt. Angesichts einer Interessendiversifizierung auch an der gesellschaftlichen Basis, die im klassischen Parteiensystem nicht einmal mehr »repräsentiert« werden kann, ist eine Arbeitsteilung zwischen parlamentarischer und basisdemokratischer Gesetzgebung konzipiert: Rechtsnormen, die nur noch eine begrenzte Zahl von »Adressaten« betreffen, können in dezentralen Rechtssetzungsarrangements beraten und verabschiedet werden, in denen die betroffenen Konfliktparteien einander direkt konfrontiert und mit symmetrischen Verhandlungspositionen ausgestattet werden, die die Asymmetrien gesellschaftlicher Macht rechtlich kompensieren. Über Rechtsnormen von hohem Allgemeinheitsgrad könnte in zentralen Referenden entschieden werden. Die

Verfahrensnormen aber, nach denen in basisdemokratischer Gesetzgebung die inhaltlichen Normen zustande kommen, müssen der parlamentarischen Zentrale vorbehalten sein – eine Option, die zugleich der Rekonstruktion des Rechtsstaats dient. Hatte der Stufenbau klassisch rechtsstaatlicher Verfahrenstrennungen willkürliche Durchgriffe auf Personen oder Gruppen dadurch verhindert, daß inhaltliche Rechtsnormen jeweils nur für unbestimmt viele zukünftige Fälle formuliert werden konnten, so ist auch von den Verfahrensnormen basisdemokratischer Rechtssetzung nur dann Fairneß zu erwarten, wenn bei ihrem Zustandekommen der jeweils konkrete gesellschaftliche Interessenkonflikt noch nicht bekannt ist, der nach Maßgabe ihrer Positionszuweisungen ausgetragen und rechtlich geregelt werden soll. Es ist diese Funktion des – Volkssouveränität überhaupt ermöglichenden – Rechtsstaatsprinzips, die heute durch die faktische Refeudalisierung des politischen Systems außer Kraft gesetzt ist (I.; II.3.).

Eine weitere Herausforderung für die Theorie der Volkssouveränität besteht in der gegenwärtig verbreiteten Vorstellung, daß einer konstatierten ökonomischen Globalisierung nur der politische »Überbau« eines Weltstaats bzw. einer *global governance* angemessen sei. Entsprechend wird der demokratische Nationalstaat als eine anachronistische politische Organisationsform verworfen, die jeder Lösung grenzüberschreitender und globaler Probleme entgegenstehe. Dem Nationalstaat – auch dem demokratischen – wird eine Exklusivität der Grenzen, sogar des Volksbegriffs, angelastet, die seiner territorialen Einhegung entspreche. Das weitestgehende Mißverständnis Jean-Marie Guéhennos qualifiziert den Nationalstaat als Ausgeburt einer »räumlichen Konzeption der Macht«, in welcher »die unmittelbare Abhängigkeit von Grund und Boden noch die gesellschaftlichen Beziehungen bestimmte«[9] – eine Definition des modernen Nationalstaats als mittelalterliche Herrschaftsform, die das Votum für ein zeitgemäßes globales »Imperium«, das ohne Demokratie auskommt, zu begründen sucht.

Die Gegenargumente in der Perspektive des Volkssouveränitätsprinzips plädieren für eine andere Version entgrenzter Politik, die den Nationalstaat in die Organisation globaler Politik als unverzichtbaren Faktor einbezieht. Die Analyse der konstitutiven

9 Jean-Marie Guéhenno, *Das Ende der Demokratie*, München 1994, S. 36 f.

Merkmale des demokratischen Nationalstaats fördert das Gegenteil dessen zutage, was heutige Begriffspolitik (zum Teil durch Resubstantialisierungen im 19. Jahrhundert vorbereitet) dieser politischen Organisationsform fälschlich unterstellt. Sie zeigt, daß gerade mit der Errichtung des demokratischen Nationalstaats das Territorialprinzip durch das des Personenverbands selbstbestimmter Bürger ersetzt wird und das demokratische Gesetz zum neuen konstitutiven Bezugspunkt nationalstaatlicher Identitätsfindung avanciert: Nationalstaatliche Grenzen sind fortan mit dem Geltungsradius der vom Volk gegebenen Verfassungs- und Rechtsordnung identisch. *Diese* Grenzen *ent*grenzen zugleich das Staatsgebiet und das Volk; sie sind, wie an Verfassungsbestimmungen der Französischen Revolution abzulesen ist, durchlässig für jeden »Fremden«, der die in ihnen geltende Verfassungsordnung anerkennt, und lassen die Mitwirkung der Migranten an der Fortentwicklung nationalstaatlichen Rechts zu. Auch hinsichtlich steigender grenzüberschreitender Mobilität ist die spezifische Lernfähigkeit der demokratisierten nationalstaatlichen Rechtssysteme nachzuweisen, welche in der Lage sind, die zwischen ihnen bestehenden Unterschiede kollisionsrechtlich zu vermitteln. – Gegen die Einebnung der Nationalstaaten in einer globalstaatlichen Ordnung, die ihrerseits zur Institutionalisierung von Volkssouveränität außerstande ist, wird staatliche Souveränität als Bedingung der Möglichkeit von Volkssouveränität auch dann verteidigt, wenn noch längere innergesellschaftliche Entwicklungspfade zu diesem Ziel zurückzulegen sind. Auch hinsichtlich der extremen Ungleichheit vor allem der ökonomischen Entwicklung in den Regionen dieser Welt wird die vertikale Handhabung des bestehenden überregionalen bzw. globalen Regelungsbedarfs als hegemoniale Strategie der Hervorbringung neuer einseitiger Abhängigkeiten kritisiert und statt dessen eine horizontale Staatenverbindung befürwortet, die jene Entgrenzung steigert, die seit Anbeginn im demokratischen Nationalstaat angelegt war (VI.).

Schließlich: Auch der demokratische »Volks«-Begriff ist dem postmodernen Bewußtsein abhanden gekommen. Nachdem er im 19. Jahrhundert schon einmal ethnisch-kulturell substantialisiert und im 20. Jahrhundert rassistisch pervertiert wurde, ist gegenwärtig die zusätzliche Gefahr virulent, ihn mit einer soziologischen Kategorie zu verwechseln. Ein extremes Beispiel firmiert unter dem Titel »Das Volk, der Souverän«, obwohl dieses »Volk« wahlweise mit sozial Unterprivilegierten, mit frei fluktuierenden Massen, mit dem Proletariat, den Mitgliedern von Freizeitvereinen oder mit Nicht-Intellektuellen gleichgesetzt und insgesamt als »Gegenstand von Sozialpolitik« bestimmt wird.[10] Dieses Ressentiment unterscheidet sich kaum von dem Versuch, Demokratie als »Herrschaft der Minderwertigen« zu denunzieren. Der elitäre Gestus, der demokratische »Tugenden« wie politische Urteilsfähigkeit und Autonomie ausschließlich der sozialen Oberschicht zuschreibt und die »Massendemokratie« für das Scheitern der Demokratie verantwortlich macht,[11] übersieht, daß die Leistung der modernen Demokratietheorie gerade darin bestand, das Prinzip der – stets unsicheren – ethischen Integration vormoderner Gesellschaften durch eine Prozeduralisierung[12] politischer Entscheidungsabläufe zu er-

10 *Das Volk, der Souverän, Kursbuch* 117 (1994), hg. von Karl Markus Michel, Tilman Spengler, siehe sämtliche Beiträge. Zu letzterem: Sibylle Tonnies, »Volkssouveränität. Der schwierige Abschied von einer guten Idee«, S. 51-66, hier: S. 66.

11 Ohne diese soziologische Zuschreibung findet sich die elitäre Wendung bei Ulrich K. Preuß, »Die Bedeutung kognitiver und moralischer Lernfähigkeit für die Demokratie«, in: Claus Offe (Hg.), *Demokratisierung der Demokratie. Diagnosen und Reformvorschläge*, Frankfurt am Main, New York 2003, S. 259-280. Preuß begründet das »Versagen der Demokratie« nicht nur aus der »intellektuellen und sittlichen Durchschnittlichkeit« des »*›ordinary man‹*«, auf der ihr Funktionieren beruhe (S. 259), sondern vor allem auf ihrem Legitimationsprinzip der Gleichsetzung von Gerechtigkeit und *Selbst*bestimmung des Volkes (S. 262). Preuß ersetzt letztere durch die Selbststeuerung der Individuen in konkreten Situationen, welche eine permanente Steigerung ihrer kognitiven und moralischen Kompetenzen entsprechend der Anforderungen der heutigen Wissens-, Hochtechnologie- und Risikogesellschaft erfordert (S. 266, 268-280). Diese Umstellung des Legitimationskriteriums (im Zeithorizont des Höhepunkts turbokapitalistischer Überzeugungen) erweist sich als marktkonform: Die dem »Wettbewerbsprinzip« geschuldete »Förderung spontaner individueller Selbstbestimmung« macht sich in Preuß' Rekonstruktion des »liberalen Verfassungsstaats« bemerkbar, die die Grundrechte gegen das demokratische Verfahren verselbständigt und auf ihre negativ-ausgrenzende Funktion reduziert (S. 267). Wenn schließlich das demokratische Legitimationsprinzip des Grundgesetzes (Art. 20 Abs. 2) durch das erklärtermaßen gegenläufige Legitimationsprinzip verfügbaren Wissens über die Gesellschaft ergänzt wird (S. 278), so stellt sich nicht nur das Problem »neutralen« Wissens, sondern auch die Frage, ob hier nicht der demokratische Prozeß durch eine Elitenherrschaft (etwa von Hochschullehrern) überlagert werden soll.

12 Die Antwort einer gegenwärtigen prozeduralistischen Demokratietheorie auf Ulrich K. Preuß (FN 11) findet sich bei Heidrun Abromeit, *Wozu braucht man Demokratie? Die postnationale Herausforderung der Demokratietheorie,* Opladen

setzen, die – unerachtet der jeweiligen Intentionen der beteiligten Individuen – ungerechte Ergebnisse verhindert. Sogar Rousseaus Konstruktionsprinzipien unmittelbarer Demokratie setzen nicht etwa die guten Menschen des (hypothetischen) Naturzustands voraus, sondern die Menschen, »wie sie sind«,[13] das heißt die durch gesellschaftliche Entwicklung depravierten, egoistisch-bornierten Menschen, deren Hervorbringung Rousseau im ersten und zweiten Discours (siehe unten) analysierte. Rousseaus berühmter »Gemeinwille« (die *volonté générale*), sofern er sich herstellt, verdankt sich darum nicht etwa einer tugendhaften Erleuchtung der abstimmenden Bürger (und gar nicht einer Tugendelite als »Sprachrohr« des Gemeinwillens, wie eine ganz überholte Rousseau-Interpretation argwöhnte[14]), sondern der egalitär-generalisierenden Struktur des Gesetzgebungsprozesses, in welchem die partikularen Interessen der Abstimmenden »sich gegenseitig« aufheben.[15] Entsprechend testet Kant das demokratische Gesetzgebungsverfahren sogar am Extremfall eines »Volk[es] von Teufeln«: es soll Ergebnisse hervorbringen »als ob« diese »keine [...] böse Gesinnungen hätten«, indem es strukturell deren antagonistische Bestrebungen gegeneinander zum Ausgleich bringt.[16] Es ist übrigens gerade – der so vielfach und grundsätzlich verkannte, überhaupt noch zu entdekkende – Rousseau, der im Falle des sich nicht herstellenden »generalisierten« Willens besonders nachdrücklich dem gesetzgebenden Volk ein Recht auf Irrtum zuspricht,[17] das (so ist zu ergänzen) die Regierungen von jeher reichlich in Anspruch nehmen. Zudem setzt Rousseau auf den lernenden Souverän,[18] der sich durch Änderungsgesetzgebung korrigieren kann. – Daß also die freiheitsorientierten

2002. Sie stellt die Frage nach »Verfahren, die den Individuen die Handlungsfähigkeit auch im (und gegenüber dem) Kollektiv erhalten«, und betont: »nicht die Individuen müssen ihre Kompetenz beweisen, sondern das Entscheidungssystem seine Fähigkeit, auf Impulse aus der Basis zu reagieren« (S. 176).

13 Rousseau, CS I Einleitung, Abs. 1 (CS=Du contrat social ou principes du droit politique), in: *Œuvres Choisies de Jean-Jacques Rousseau*, ed. Garnier Frères, Paris 1962, S. 235-336; dt.: *Vom Gesellschaftsvertrag oder Grundsätze des Staatsrechts*, hg. von Hans Brockard, Stuttgart 1986.

14 Jacob L. Talmon, *Die Entstehung der totalitären Demokratie*, Köln, Opladen 1960.

15 Rousseau, CS II 3 Abs. 2 und Anm.

16 Kant, ZeF, S. 224 (ZeF = Zum ewigen Frieden).

17 Rousseau, CS II 12 Abs. 2.

18 Rousseau, CS III 11 Abs. 4.

demokratischen Theorien auf ein »gutes« Menschenbild angewiesen sind, ist ein Grundirrtum der politischen »Ideengeschichte«, der ihrer Vernachlässigung der verfassungsrechtlichen Konstruktionen dieser Theorien geschuldet ist.

Selbst das »Volk« der modernen Demokratietheorie ist eine verfassungsrechtliche Konstruktion. Wenn heute in guter Absicht der vielfach pervertierte Begriff des »Volkes« durch den der »Bevölkerung« ersetzt wird, so ist genau die politische Funktion eliminiert, die die kontraktualistische Theorie als gesetz- und verfassunggebende »Gewalt« des Volkes begründet hatte. Rousseau wie Kant identifizieren die Konstituierung des Volkes mit der des demokratischen Souveräns. Sie bestimmen das »Volk« als Produkt eines Gesellschaftsvertrags von Freien und Gleichen,[19] der aufgrund seiner egalitär-symmetrischen Struktur bereits das abstrakte Prinzip demokratischer Organisation enthält, welches das aktive Volk in seiner Verfassung- und Gesetzgebung rechtlich positiviert und fortlaufend konkretisiert. Ob eine »Bevölkerung« ein »Volk« ist oder nur eine Ansammlung isolierter Sklaven unter einem Herrn, entscheidet sich für Rousseau allein nach dem (normativen) Kriterium des Gesellschaftsvertrags.[20]

Gegenwärtig besteht allerdings Anlaß zu der Frage, ob die Erwähnung der »verfassunggebenden Gewalt des Volkes« in heute geltenden Verfassungen mehr ist als eine höchst ideologische Legitimationsformel, die das Volk überhaupt erst in Besitz nehmen müßte.[21] Im Kontext eines grundsätzlichen Verfassungsskeptizismus, der hier nicht geteilt wird, erläutert Friedrich Müller die Bedingungen, unter denen das »Volk« seit der theoretischen Begründung seiner verfassunggebenden Gewalt daran gehindert wird, »sich selbst in die Hand« zu nehmen.[22] In der Tat ist es der herrschenden Theorie des »Verfassungsstaates« (und dessen Praxis) gelungen, die verfassunggebende Gewalt des Volkes in eine Ermächtigungsformel umzudeuten, die die Gewalt der Staatsapparate begründet; in den Worten Friedrich Müllers: die verfassunggebende Gewalt des

19 Rousseau, CS I 5 Abs. 2; I 6 Abs. 9. Kant, Reflexion zur Rechtsphilosophie 7769, in: AA XIX, S. 511 (AA = Akademie Ausgabe).

20 Rousseau, CS I 5 Abs. 1.

21 Friedrich Müller, *Fragment (über) Verfassunggebende Gewalt des Volkes. Elemente einer Verfassungstheorie V*, Berlin 1995, S. 66, 91.

22 Ebd., S. 88 f. und Anm. 2.

Volkes wird zur Metapher für die Legitimation der »Gewalt eines Staates, der sich ein Volk hält«.[23] Die Gegenstrategie des Kritikers besteht unter den gegebenen Bedingungen darin, zumindest die Verfassung im positivrechtlichen Sinne beim Wort zu nehmen: Wo immer die verfassunggebende Gewalt des Volkes in einer Verfassung vertextet ist, gewinnt letztere ein Mehr an Legitimität mit entsprechenden Anforderungen an die Verfassungspraxis.[24]

Wenn aber Friedrich Müller darauf besteht, daß sein positivrechtlicher Verfassungsbegriff eine der Verfassung vorausliegende und diese erst begründende verfassunggebende Gewalt ausschließe,[25] so verzichtet er auf die aussichtsreichste Strategie, das Volk in sein stets vorenthaltenes Recht einzusetzen. So wie das »Volk« selbst ein verfassungsrechtlicher Begriff ist, ohne durch den Verfassungstext absorbiert zu werden, so kann der Verfassungstext auf seine eigene Rechtsquelle, die verfassunggebende Gewalt des Volkes, verweisen, ohne deren permanente Existenz aufzuheben. Friedrich Müllers Zurückhaltung in dieser Hinsicht scheint der analogen Konstruktion Carl Schmitts geschuldet. Deren Perversion bestand aber nicht in der Verhältnisbestimmung von verfassunggebender Gewalt und Verfassung, sondern in der Übertragung der verfassunggebenden Gewalt vom Volk auf die Exekutive – eine Konstruktion, die sich im NS-System in Gestalt des »verfassunggebenden Maßnahmenstaates« konkretisierte.[26] – Eine radikale Demokratietheorie hingegen muß ihre Hoffnung auf die allen Verfassungsbestimmungen vorhergehende verfassunggebende Gewalt des Volkes richten, die überhaupt erst eine Demokratie, die den Namen verdient, herbeiführen kann.

Auch das Volk als Gesetzgeber ist eine verfassungsrechtliche Konstruktion, obwohl es für das Volk als politischen Akteur nicht etwa eine »Legaldefinition« gibt, wie im Hinblick auf die nicht identischen »Teilmengen« des Volkes entsprechend den multiplen Möglichkeiten seiner politischen Organisation oder Nichtorganisation

23 Ebd., S. 16.

24 Ebd., S. 85 f.

25 Ebd., S. 86.

26 Dazu Ingeborg Maus, *Bürgerliche Rechtstheorie und Faschismus. Zur sozialen Funktion und aktuellen Wirkung der Theorie Carl Schmitts,* München 1976, S. 127-129.

zutreffend formuliert wurde.[27] Aber in jeder Verfassung, die sich überhaupt auf das Prinzip der Volkssouveränität beruft, ist das Volk durch seine Funktion eindeutig bestimmt: Es ist als Gesetzgeber *Gegenspieler* der gewalthabenden (exekutivischen und judikativen) Staatsapparate. Es ist bereits durch seine Rechtssetzungsfunktion diesen bloß rechtsanwendenden Apparaten sogar übergeordnet, und es ist aufgrund seiner verfassunggebenden Gewalt Kontrolleur dieser Apparate, gerade weil es diese – unter detaillierten verfassungsrechtlichen Bedingungen – »ermächtigt« hat. Daß das Volk aber realiter von den bloß Ermächtigten übermächtigt wird, ist Folge der Entformalisierung des Rechts, das die »anwendenden« Apparate nach Belieben interpretieren. Erst wenn Rousseaus Hoffnung einer so weitgehenden Gesetzesbindung eingelöst würde, daß die Regierung nicht mehr ist als der Zwischenträger der Befehle, die das Volk sich selbst gibt,[28] käme die Demokratie einer »freien Assoziation« der Individuen nahe. Der Zusammenhang von Volkssouveränität und formalem Rechtsstaat erweist sich auch hier als unhintergehbar.

»Volk« und »Bevölkerung« sind also nach alldem nicht zu verwechseln. Dennoch kann in einem spezifischen Sinn das wachsende Ausmaß, in dem das Volk mit der Bevölkerung identisch wird, als Steigerung demokratischer Legitimität bewertet werden.[29] Es geht um das Prinzip der Inklusion immer größerer Teile der Bevölkerung in die politische Aktivbürgerschaft, das einer anderen Logik folgt als das der Volkssouveränität. Während letzteres zum Zweck der Selbstbestimmung des Volkes als normatives Kriterium der Verteilung politscher Funktionen (Verfassunggebung, Gesetzgebung *versus* Exekutive, Judikative) entwickelt wurde, wobei die Demokratietheoretiker des 18. Jahrhunderts noch ausnahmslos die Aktivbürgerschaft durch sozioökonomische Qualifikationen für das Wahl- bzw. Stimmrecht begrenzten, begann erst im 19. Jahrhundert eine sukzessive Erweiterung des Wahlrechts, während das Prinzip der Volkssouveränität zerstört wurde: Als es so weit kam, daß auch Arbeiter und schließlich sogar Frauen wählen durften, war die Bindung der Staatsapparate an das demokratische Gesetz

27 Friedrich Müller, *Wer ist das Volk? Die Grundfrage der Demokratie – Elemente einer Verfassungstheorie VI,* Berlin 1997, S. 18.

28 Rousseau, CS III 1 Abs. 8.

29 So Friedrich Müller, *Wer ist das Volk?*, S. 59.

bereits ganz grundsätzlich in Frage gestellt. Parlamentswahlen sind heute insofern folgenlos, als die Zusammensetzung der Legislative zwar noch Zielvorgaben für die nächsten Gesetze enthält, aber die Gesetze selbst keine Adressaten mehr in den Apparaten finden. In dieser Situation ist sogar die Differenz zwischen repräsentativer und direkter Demokratie aufgehoben. Auch basisdemokratische Abstimmungen über jedes einzelne Gesetz könnten an dem Umstand nichts ändern, daß angesichts der Selbstprogrammierung der Staatsapparate nur noch ein egalitäres Volk von »Passivbürgern« existiert (III.2.3.1., III.2.4., V.). – Eine Realisierung von Demokratie steht also vor der Aufgabe, den qualitativen Aspekt der Volkssouveränität mit dem quantitativen Aspekt der Inklusion zu kombinieren.

Die vorliegenden Studien basieren auf überarbeiteten, aktualisierten und zum Teil erheblich ergänzten Einzelbeiträgen. Diese sind so angeordnet, daß sie einer fortlaufenden Problementwicklung folgen, aber in ihrer inneren Struktur so belassen, daß sie auch bei separater Lektüre verständlich sind. Dies bedingt gelegentliche Wiederholungen, die es aber ermöglichen, entweder ein Problem aus unterschiedlicher Perspektive wahrzunehmen oder Querverbindungen zwischen diesen Analysen herzustellen. – Alle Beiträge entsprechen der Überlegung, daß Demokratietheorie »praktisch« werden sollte, und untersuchen deshalb (unter gelegentlichen Hinweisen auf das Experimentierfeld der Verfassungsdiskussion anläßlich der deutschen Wiedervereinigung) auch die Konsequenzen demokratietheoretischer Argumentationsfiguren für die Struktur demokratischer Verfassungen, wobei der letztere Aspekt in den Beiträgen II.1.-4. überwiegt. – Die begründungstheoretischen Studien arbeiten die »kopernikanische Wende« der Entsubstantialisierung des mittelalterlichen Naturrechts im Übergang zum prozeduralen Naturrecht der Moderne als Voraussetzung des Volkssouveränitätsprinzips heraus (III.1.) und analysieren exemplarisch einschlägige philosophische Theorien hinsichtlich ihres Verhältnisses zu dieser Innovation (III.2.1.-2.4.). In diesem Kontext steht die Auseinandersetzung mit einer gegenwärtigen politischen »Ideengeschichte«, die sich disziplinär beschränkt und aufgrund mangelnder rechtswissenschaftlicher Kompetenz ihre Gegenstände verfehlt. Deshalb werden diejenigen (verfassungs)rechtlichen und rechtstheoretischen Defizite der Politikwissenschaft detailliert aufgezeigt, die sie sowohl daran hindern, historische Demokratietheorien, die sich noch vor der disziplinären Ausdifferenzierung im Kontext der Rechtsphilosophie entwickelten, angemessen zu analysieren, als auch den Zustand gegenwärtiger Demokratien, der durch die (zunehmend prekäre) Form der rechtlichen Kommunikation in und zwischen ihren Institutionen vollständig bestimmt ist, zu beurteilen (IV.). – Insofern versteht sich der vorliegende Band als ein Beitrag zu jener Politikwissenschaft, die nach 1945 als »Demokratiewissenschaft« gegründet wurde und als solche (in Ergänzung ihrer anderweitigen interdisziplinären Orientierungen) der Öffnung zur Rechtswissenschaft bedarf.

Ich kann nicht schließen, ohne mehrfachen Dank auszusprechen. Dieser gilt ganz besonders Jürgen Habermas dafür, daß er in einer schwierigen Situation meine weitere wissenschaftliche Arbeit ermöglichte. Außerdem danke ich meinem früheren wissenschaftlichen Mitarbeiter Peter Niesen für vieldimensionale konstruktive Kritik und meinem ehemaligen Tutor Oliver Eberl, die beide ihre langjährige Solidarität nach meiner Emeritierung in freundschaftlicher Kommunikation fortsetzten. Ich danke Dirk Martin für seine unvergeßlichen Diskussionsbeiträge in meinem Kolloquium und allen Studenten, die mich mit ihren eindringlichen Fragen über die blühenden Felder wissenschaftlicher Entdeckungen gejagt haben.

I. Sinn und Bedeutung von Volkssouveränität in der modernen Gesellschaft

Auf den ersten Blick scheint der Begriff der Volkssouveränität zu jenen klassischen Begriffen der Demokratietheorie zu gehören, die in der gegenwärtigen Gesellschaft keine mögliche Realität mehr bezeichnen. Dies gilt nicht nur für den Begriff im ganzen, sondern auch für seine Bestandteile. »Souveränität« scheint durch die Tatsache widerlegt zu sein, daß politische Entscheidungsprozesse zunehmend mit ihren gesellschaftlichen Regelungsbereichen in einer Weise vernetzt sind, daß eindeutige Zuständigkeiten und Verantwortlichkeiten überhaupt nicht mehr ausfindig zu machen sind. Erst recht kann dem Volksbegriff angesichts der heutigen Regionalisierung und Pluralisierung aller gesellschaftlichen Problemlagen und der fortgeschrittenen Entwicklung zu einer multikulturellen Gesellschaft keine kompakte Bedeutung mehr zugeordnet werden. Schließlich entbehrten Konzeptionen des »Volkswillens« – ohne die eine Theorie der Volkssouveränität nicht auskommen kann –, soweit sie ein kollektives Entscheidungssubjekt unterstellen, schon immer der gesellschaftlichen Grundlage. Sie waren aber, was noch zu untersuchen ist, auch in den klassischen Demokratietheorien der Aufklärung so nicht gemeint.

Es scheint jedenfalls der aktuellen gesellschaftlichen Situation zu entsprechen, daß der Begriff der Volkssouveränität einem kollektiven Verdrängungsprozeß unterliegt – ein Phänomen, das innerhalb der bundesrepublikanischen Diskussion in konservativen und linken bzw. »alternativen« Stellungnahmen gleichermaßen beherrschend ist. Typisch für die in der Bundesrepublik entwickelte Rechts- und Verfassungstheorie ist die Auffassung, daß die Geltung einer positivrechtlichen Verfassung die Existenz jedes Souveräns, auch eines demokratischen Souveräns, ausschließe und Volkssouveränität nur als Prämisse der geltenden Verfassung zu verstehen sei.[1] Volkssouveränität wird so auf einen einmaligen Akt der verfassunggebenden Gewalt des Volkes reduziert, der sich in dieser eher symbolischen Bedeutung erschöpft und eine Verfassung konstituiert,

1 Martin Kriele, *Einführung in die Staatslehre. Die geschichtlichen Legitimitätsgrundlagen des demokratischen Verfassungsstaates*, Reinbek 1975, S. 111-116.

der zunehmend selbst »Souveränität« zugeschrieben wird.[2] Diese herrschende Verfassungstheorie kennt weder den gesellschaftlichen »Ort« noch das Subjekt der Souveränität und entspricht in dieser Hinsicht den faktischen Vernetzungen und der systemischen Zirkularität der heutigen politischen Entscheidungsprozesse. Sie folgt der gleichen Logik, mit der Niklas Luhmann formuliert, daß nicht mehr einzelne Entscheidungssubjekte und gar nicht mehr »das Volk« als »Träger von Willen« in Betracht zu ziehen seien, sondern nur noch das politische System in seiner Gesamtheit.[3] Während diese konservativen Fassungen des Problems darauf hinauslaufen, eine unterdeterminierte Souveränität den institutionalisierten und systemisch strukturierten Organisationskomplexen insgesamt zuzuordnen, denen gegenüber der einstige demokratische Souverän zum »Publikum« degeneriert,[4] das aus einem autonomen, vom konkreten Konsens unabhängigen System heraus mit unzurechenbaren Entscheidungen versorgt wird, wiederholen alternative Konzeptionen die gleiche Dichotomie aus umgekehrter Perspektive.[5]

Der Protest gegen die selbstreferentielle Verselbständigung politischer Entscheidungsprozesse wurde von den neuen basisdemokratischen Bewegungen bezeichnenderweise nicht als Ausübung von Volkssouveränität verstanden, sondern kleidete sich in das Gewand des Widerstandsrechts oder des bürgerlichen Ungehorsams. Damit ist keineswegs ein nur terminologischer Unterschied bezeichnet. Während die Demokratietheorie der Aufklärung eine umfassende Handlungskompetenz des »souveränen Volkes« begründete, die das Volk gleichzeitig als Hüter der bestehenden Verfassung und als permanent wirksame verfassunggebende Gewalt einsetzte,[6] also

2 Ebd., S. 112 f., 224-227.

3 Niklas Luhmann, *Legitimation durch Verfahren*, Neuwied, Berlin 1969, S. 153 f. und Anmerkung 5.

4 Niklas Luhmann, *Grundrechte als Institution*, Berlin 1965, S. 155; ders., *Legitimation durch Verfahren*, S. 191.

5 Zu einer systematischen Theorie dieser spezifischen Übereinstimmung s. Michael Hirsch, *Die zwei Seiten der Entpolitisierung. Zur politischen Theorie der Gegenwart*, Stuttgart 2007.

6 John Locke, ST § 168 (ST=*Second Treatise*), *Two Treatises of Government*, hg. von Peter Laslett, Cambridge ²1967; dt.: *Zwei Abhandlungen über die Regierung*, hg. von Walter Euchner, Frankfurt am Main, Wien 1967. Jean-Jacques Rousseau, CS III 18 (CS=*Du contrat social ou principes du droit politique*), in: *Œuvres Choisies de Jean-Jacques Rousseau*, ed. Garnier Frères, Paris 1962, S. 235-336; dt.: *Vom Gesell-*

die Entscheidung über Fortbestand und Innovation an der gesellschaftlichen Basis verortete, setzen Widerstand bzw. Ungehorsam ein lediglich reaktives Verhalten von »Rechtsadressaten« auf vorgefertigte rechtliche und politische Entscheidungen voraus. Gegen Innovationen von oben mobilisieren sich Widerstand und Verweigerung von unten. Dieses alternative Konzept enthält darum nicht wesentlich mehr, als die Systemtheorie der gesellschaftlichen Basis ohnehin noch zubilligt. Es nähert sich jener Residualkategorie »basaler Souveränität«[7] an, die Luhmann zufolge lediglich die Möglichkeit bezeichnet, sich in alltäglichen Interaktionen auf vorgegebene Rechtsentscheidungen zu beziehen oder nicht zu beziehen. Ebenso nehmen sich »Widerstand« und »Ungehorsam« lediglich die – wenn auch unalltäglich und demonstrativ vertretene – Freiheit, gesetztes Recht nicht anzuerkennen. Die von Luhmann bezeichnete Dichotomie zwischen einer systemischen Entscheidungssouveränität und einer lediglich negatorischen basalen Souveränität liegt darum auch den gegenwärtig vorherrschenden alternativen Konzepten zugrunde.

In ähnlicher Weise konvergieren die alternativen Selbstbeschreibungen des Ungehorsams mit der herrschenden Rechts- und Verfassungstheorie, deren Exorzismus jeglicher Volkssouveränität im Zeichen der Rechts- und Verfassungssouveränität ganz offenkundig ist. Auch wo basisdemokratische Initiativen tatsächlich nach Prinzipien der Volkssouveränität verfahren, indem sie politische Innovationen und Rechtsänderungen aus der Perspektive »von unten« zu bewirken suchen, subsumieren sie ihr Selbstverständnis und oft auch ihre Praxis der herrschenden justizstaatlichen Doktrin. Selbst genuin liberale rechtswissenschaftliche Argumentationen, die bereit sind, diese Basisbewegungen zu unterstützen, verstärken diesen Effekt. So läuft die Praxis vieler Protestbewegungen darauf hinaus, durch symbolische Regelverstöße eine gerichtliche Klärung der Rechtslage zu bewirken; und die unterstützende juristische Theorie definiert schließlich »die Bereitschaft, sich einem Gerichtsverfahren zu stellen, [als ein] wesentliches Element

schaftsvertrag oder Grundsätze des Staatsrechts, hg. von Hans Brockard, Stuttgart 1986; Emmanuel Joseph Sieyes, »Was ist der Dritte Stand?«, in: ders., *Politische Schriften 1788-1790*, hg. von Eberhard Schmitt, Rolf Reichardt, München, Wien 1981, S. 117-195, hier: S. 164-172.

7 Niklas Luhmann, *Ausdifferenzierung des Rechts*, Frankfurt am Main 1981, S. 38.

des zivilen Ungehorsams«.[8] Auf diese Weise sind Widerstand und bürgerlicher Ungehorsam nicht auslösende Momente eines demokratischen Willensbildungsprozesses, der zu einer generellen Gesetzesänderung führte, sondern erschöpfen sich darin, den »Rechtsweg« einzuleiten.[9] Die gerichtsförmige Bearbeitung einer solchen Konfliktlage führt aber, sofern nicht gleichzeitig eine öffentliche Diskussion in Gang gesetzt wird, die ihrerseits demokratische Entscheidungen bewirkt, weder zu einer Rechtsänderung noch zu einer »Klärung« des Rechts. Angesichts des gegenwärtigen Methodenkanons der Rechtsprechung, der äußerst situative Abwägungen zuläßt und es den Gerichten erlaubt, vergleichbare Fälle als je neue zu definieren,[10] betrifft eine gerichtsförmige Entscheidung immer nur den vorliegenden Einzelfall. Gleichzeitig kommt es zu einer Juridifizierung der basisdemokratischen Aktivitäten, zu dem erklärten Versuch, bürgerlichen Ungehorsam wiederum »an Regeln zu binden«[11] – Regeln, die in jeder einzelnen Situation von den Gerichten neu bestimmt werden können.

Nur die extreme Situativität in der gegenwärtigen Verrechtlichung von zivilem Ungehorsam und Widerstand trennt aber diese noch von einer schlichten Wiederbelebung des Widerstandsrechts als eines feudalständischen Rechtsinstituts. Was Volkssouveränität von Widerstandsrecht, das sie einmal historisch ablöste, unterscheidet, ist gerade die Tatsache, daß sie sich nicht aus bestehendem Recht oder einer geltenden Verfassung ableitet, sondern der gesamten Rechtsordnung vorausliegt und diese erst begründet. Souveränität bedeutete auch in der Konnotation der »Volkssouveränität« eine legibus-solutus-Position, die die Aufklärungsphilosophie in der Forderung permanenter Verfassungsrevision durch das »Volk« artikulierte und in der Formel erläuterte, daß in dieser Hinsicht nur die Regierung, nicht aber das Volk an die Verfassung gebunden

8 Ralf Dreier, »Widerstand und ziviler Ungehorsam im Rechtsstaat«, in: Peter Glotz (Hg.), *Ziviler Ungehorsam im Rechtsstaat*, Frankfurt am Main 1983, S. 54-75, hier: S. 62.

9 Ebd., S. 73.

10 Siehe mit Nachweisen: Ingeborg Maus, »Zur Problematik des Rationalitäts- und Rechtsstaatspostulats in der gegenwärtigen juristischen Methodik am Beispiel Friedrich Müllers«, in: Wolfgang Abendroth u. a., *Ordnungsmacht? Über das Verhältnis von Legalität, Konsens und Herrschaft – Festschrift für Helmut Ridder zum 60. Geburtstag*, Frankfurt am Main 1981, S. 153-179.

11 Dreier, »Widerstand«, S. 73.

sei.[12] Das mittelalterliche Widerstandsrecht dagegen war tatsächlich ein Rechtsinstitut, bezeichnete also eine institutionalisierte, kodifizierte und justitiable Funktion und bezog sich auf eine prinzipiell unverfügbare Rechtsordnung. Hier war jede gesellschaftlich-politische Aktion nur aus der vorgegebenen Rechtsordnung ableitbar, die sowohl zu ihrer Interpretation wie zu ihrer Exekution Gerechtigkeitsexpertokratien begründete.[13] Unter Berufung auf dieses Widerstandsrecht wurde bekanntlich altes Privilegienrecht gegen aufkommende absolutistische Innovationen verteidigt. Gerade die Tatsache, daß seit dem Hochmittelalter Gesetzgebungsansprüche der Herrscher sich ankündigten,[14] machte Widerstand im Namen eines Rechts plausibel, das Priorität vor jeder Handlung und Entscheidung beanspruchte. Auch der ständestaatliche Kompromiß, in dem später die absolutistischen Tendenzen zur souveränen Rechtssetzung mit Institutionen zur Wahrung des alten Rechts und der privilegierten Freiheiten zusammengeschaltet wurden, ließ nur die Idee der Priorität des Rechts vor der Souveränität der Rechtssetzung zu. Weil nämlich in diesem widersprüchlichen Kompromiß Ort und Subjekt der Souveränität nicht zu bestimmen waren, erhielt sich die tradierte mittelalterliche Vorstellung einer Souveränität der Gesamtheit der politischen Institutionen und einer Souveränität der Rechtsordnung als solcher aufrecht.[15] So argumentierte noch Coke in den englischen Konflikten des 17. Jahrhunderts anläßlich seiner generalisierenden Interpretation der feudalen Freiheitsverbriefung der Magna Carta, daß diese keinen Souverän dulde, weil die Magna Carta selbst »absolut« sei.[16]

Es ist vor allem diese Vorstellung einer Souveränität des Rechts bzw. der Verfassung und nicht etwa des »Volkes«, die die gegenwärtige Renaissance des Widerstandsrechts tatsächlich zu einer

12 Sieyes, »Was ist der Dritte Stand?«, S. 167.

13 Vgl. z. B. Fritz Kern, *Gottesgnadentum und Widerstandsrecht im früheren Mittelalter*, Darmstadt [7]1980, S. 227-234; Kurt Wolzendorff, *Staatsrecht und Naturrecht in der Lehre vom Widerstandsrecht des Volkes gegen rechtswidrige Ausübung der Staatsgewalt*, Neudruck Aalen 1961.

14 Sten Gagnér, *Studien zur Ideengeschichte der Gesetzgebung*, Stockholm, Uppsala u. a. 1960, S. 118, 341-347.

15 Vgl. Christopher Hill, *The Century of Revolution 1603-1714*, New York 1966, S. 65 f.

16 Zitiert nach John W. Gough, *Fundamental Law in English Constitutional History*, Oxford [2]1961, S. 64.

Wiederkehr des Vergangenen macht. Die Praxis und noch mehr die Selbstinterpretation der basisdemokratischen Bewegungen stützen selber den herrschenden Trend, gegen den sie sich wenden, indem sie sich in die bestehende Dichotomie zwischen systemisch verselbständigten Entscheidungsprozessen und bloß negatorischer gesellschaftlicher Reaktion einfügen und sich zur Artikulation ihrer Verweigerungen solcher Aktionsformen bedienen, die im Ergebnis die herrschende justizstaatliche Entwicklung bestätigen. Auf diese Weise wird die Idee, daß nur demokratisch gesetztes Recht legitim sei, verabschiedet und die Initiative der Rechtsentwicklung an die Gerichte zurückgegeben. Diese erneute Annäherung an mittelalterliche Rechtsverhältnisse bricht zugleich mit allen Prinzipien demokratischer Legitimation des politischen Handelns. Dieses versteht sich nicht mehr als Vollzug der Ergebnisse basisdemokratischer und institutionell-demokratischer Meinungs- und Willensbildungsprozesse, die sich im Rahmen der verfassungsmäßigen Verfahrensbestimmungen oder in den von Freiheitsrechten ausgegrenzten autonomen Handlungsbereichen entwickeln, sondern als unmittelbare Exekution von Verfassungsinhalten, die gegenüber demokratischem Prozedere »vorkonsentiert« sind.[17] Demokratische Willensbildung wird folgerichtig durch die Interpretation »souveräner«, vorgegebener Verfassungsinhalte ersetzt,[18] in der das Verfassungsgericht und die Instanzgerichte qua expertokratischer Kompetenz gegenüber alternativen gesellschaftlichen Interpretationsbemühungen stets das letzte Wort behalten. In dieser Rückkehr zur Herrschaft der Exegese wird die Existenz weiter Spielräume der Verfassungsinterpretation damit gerechtfertigt, daß die Verfassung der Dynamik gesellschaftlicher Entwicklung jeweils angepaßt werden müsse. Hatte die Demokratietheorie des 18. Jahrhunderts noch darauf bestanden, daß dies Aufgabe der permanenten verfassunggebenden Gewalt des

17 Der Begriff »vorkonsentiert« bezeichnet ein demokratietheoretisches Pendant zu jener Moralkonzeption, die Habermas als monologische kritisiert, weil sie eine transzendentale oder sogar substantielle Vorverständigung unterstellt, die den intersubjektiven öffentlichen Diskurs überflüssig macht; siehe z. B. Jürgen Habermas, »Treffen Hegels Einwände gegen Kant auch auf die Diskursethik zu?«, in: ders., *Erläuterungen zur Diskursethik*, Frankfurt am Main 1991, S. 9-30, hier: S. 20 f.

18 Peter Häberle, »Die offene Gesellschaft der Verfassungsinterpreten«, in: ders., *Verfassung als öffentlicher Prozeß. Materialien zu einer Verfassungstheorie der offenen Gesellschaft*, Berlin 1978, S. 155-176.

Volkes sei, so ist dieser wesentliche Aspekt von Volkssouveränität heute durch die Verfassungsgerichtbarkeit usurpiert.

Eine Deutung dieser Entwicklungstrends, die eine Refeudalisierung der politischen Integrationsmuster diagnostiziert, wird allerdings nicht umhinkönnen, sich mit dem Anpassungsdruck zu beschäftigen, der von faktischen gesellschaftlichen Veränderungen ausgehend auf die moderne Konzeption demokratischer Institutionalisierung einwirkt und deren Basisprinzip der Volkssouveränität zum Verschwinden bringt. Es geht deshalb im folgenden darum, die Qualität dieser gesellschaftlichen Veränderungen und den Charakter des gegenwärtigen Umbaus der politischen Entscheidungsprozesse näher einzuschätzen (I). Soweit dabei die These vertreten wird, daß gegenwärtig »eindimensionale« institutionelle und theoretische Anpassungsleistungen überwiegen, ist im weiteren der Versuch unternommen, eine andere Art der Anpassung zu erörtern, die veränderte gesellschaftliche Kontexte berücksichtigt, ohne die wesentlichen Emanzipationspotentiale klassischer Demokratietheorie zugunsten vordemokratischer Integrationsmuster aufzugeben. Dieser Versuch konzentriert sich auf eine Rekonstruktion von Volkssouveränität unter gewandelten Bedingungen (II).

I.

Eine überaus kompetente Analyse des gegenwärtigen gesellschaftlichen Umbruchs von Ulrich Beck betrifft die Strukturen der »Risikogesellschaft«.[19] Da zugleich einige ihrer politisch-institutionellen Folgerungen für die heute herrschenden Anpassungstendenzen repräsentativ zu sein scheinen, sei mehrfach auf sie eingegangen. In ihren analytischen Partien schließt die Studie an Habermas' Einwände[20] gegen die These vom Anbruch der Postmoderne an[21] und interpretiert den Strukturwandel der gegenwärtigen Gesellschaft als einen Prozeß, in dem die Moderne die Halbheiten der

19 Ulrich Beck, *Risikogesellschaft. Auf dem Weg in eine andere Moderne*, Frankfurt am Main 1986.

20 Jürgen Habermas, »Die Krise des Wohlfahrtsstaates und die Erschöpfung utopischer Energien« (1985), in: ders., *Die neue Unübersichtlichkeit. Kleine politische Schriften V*, Frankfurt am Main 1985, S. 141-163; ders., *Der philosophische Diskurs der Moderne*, Frankfurt am Main 1985.

21 Beck, *Risikogesellschaft*, S. 12-21, 311.

industriegesellschaftlichen Modernisierung hinter sich läßt, indem sie eine weitere reflexive Modernisierung auf die bisherigen Prämissen der industriegesellschaftlichen Modernisierung anwendet. Im Gegensatz zu vielen irrationalistischen Fluchtwegen aus der Komplexität der gegenwärtigen Situation unterstellt und favorisiert sie einen historischen Entwicklungsschub, der nicht die Beendigung der Aufklärung, sondern deren Einlösung gegen die bisherige Industriegesellschaft erfordert.[22] Aus dieser Perspektive wird jener Wertkonservatismus mancher Umweltschutzbewegungen, der sich umstandslos aus dem Bedürfnis zur Konservierung der Natur ableitet und ohne Unterscheidungsvermögen die normativ-demokratischen Konzepte der Aufklärung zusammen mit der Aggressivität der wissenschaftlich-technologischen Entwicklung verwirft, seines schlichten Irrtums überführt. Andererseits bleibt zu fragen, ob Becks Analyse der gegenwärtigen Situation nicht einen zu deutlichen Trend unterstellt und ob ihre Hoffnung, daß »die andere Gesellschaft vielleicht ohne Plan, Abstimmung und Bewußtsein aus den Werkstätten der technisch-ökonomischen Entwicklung entsteht«,[23] begründet ist.

Die Frage, ob die Annahme eindeutiger Gerichtetheit der gegenwärtigen Entwicklung im Sinne fortlaufender Modernisierung berechtigt ist oder durch die Beobachtung relevanter Refeudalisierungen zumindest korrigiert werden muß, entsteht bereits bei der Einschätzung von Einzelelementen der Gesellschaft, wie der veränderten Bedeutung von Klassenstrukturen. Becks These lautet, daß im Zuge reflexiver Modernisierung die industriegesellschaftliche Symbiose von Stand und Klasse aufgelöst werde, indem einerseits ständische Subkulturen weggeschmolzen und andererseits grundlegende Merkmale des Klassencharakters generalisiert werden.[24] Nun ist unbestreitbar, daß die Gruppe der Lohnabhängigen immer größer wird und daß an die Tatsache der Lohnabhängigkeit als solcher ständische Solidarität und lebensweltliche Evidenzen sich nicht mehr anlagern können. Andererseits verkennt der Hinweis auf die nivellierende Wirkung des »Risikos« etwa durch eine so weit gestreute Arbeitslosigkeit, daß diese prinzipiell als Phase innerhalb

22 So auch Ulrich Beck, *Gegengifte. Die organisierte Unverantwortlichkeit*, Frankfurt am Main 1988, S. 292.

23 Beck, *Risikogesellschaft*, S. 307.

24 Ebd., S. 154.

jeder Einzelbiographie auftreten kann, die neuen Parzellierungen in dieser Generalisierung. Sie ergeben sich nicht nur aus der Gleichzeitigkeit von breiter Streuung und sozialer Strukturierung der Arbeitslosigkeit,[25] sondern auch aus deren höchst ungleichen Auswirkungen. Zwischen den Betroffenen existiert eine scharfe Schranke je nachdem, ob finanzielle Reserven und Ressourcen mobilisiert werden können oder lebenszerstörende Konsequenzen trotz biologischen Überlebens zu befürchten sind. Zwar läßt die oft beschriebene Individualisierung durch Arbeitslosigkeit keine Bindung unter den so oder so Betroffenen aufkommen, aber die wirklich Betroffenen erleben das neue ständische Prinzip in *negativer* Form: den Ausschluß von allen Nichtbetroffenen als Abbruch ihrer eigenen Kommunikationsfähigkeit. – Die neue Parzellierung durch generell drohende Arbeitslosigkeit zeigt sich aber auch in den unterschiedlichen Chancen, ihr zu entgehen. Beck selbst spricht angesichts der Tatsache, daß gegenwärtig das Überangebot von formal Gleichqualifizierten zum Rückgriff auf Auswahlkriterien führt, in denen die Zuweisung nach Alter, Geschlecht, »Auftreten«, »Beziehungen«, kurz: »Herkunft« dominiert, von einer Renaissance »ständischer« Kriterien und einer »Refeudalisierung« in der Verteilung gesellschaftlicher Chancen.[26]

Erst recht führt die steigende Professionalisierung und Spezialisierung zu neuen ständischen Verfestigungen. Auch sie müssen nicht unbedingt zu einer neuen gruppeninternen Solidarität führen. Auch hier sind die Grenzen eher *negativ* markiert und bezeichnen zumindest Behinderung von Kommunikation. So findet sich bereits in Musils Roman *Der Mann ohne Eigenschaften*, der zugleich als große Gesellschaftsanalyse gelesen werden kann, die Darstellung einer Abendgesellschaft, auf der Spezialisten verschiedener Fachgebiete als Gesprächsgegenstand nur noch das Wetter bleibt. Max Weber betont in seiner Analyse der steigenden Berufsdifferenzierung und deren Konsequenzen in zunehmenden Partikularrechten und Partikulargerichtsbarkeiten durchaus die spezifische Modernität dieser Erscheinungen.[27] Er behandelt sie nicht als Relikte alter ständischer Traditionen,[28] sondern als Formationen einer

25 Ebd., S. 145.
26 Ebd., S. 248.
27 Max Weber, *Wirtschaft und Gesellschaft*, Tübingen 1956, z. B. S. 644 f.
28 So aber Beck, *Risikogesellschaft*, S. 136.

neuen Refeudalisierung, ohne ihre modernen Momente anders zu bestimmen als durch den Hinweis auf die Kombination von zweckrationaler Zugehörigkeit und formaler Abgrenzung, die jedenfalls Allgemeinheit und Formalismus des modernen Rechts im ganzen in Frage stellt. Es scheint aber, daß darüber hinaus ein wesentliches Charakteristikum der Binnenstruktur und Außenbeziehungen der neuen ständischen Gruppierungen in dem typisch modernen Sachverhalt besteht, daß Individualisierung und Parzellisierung zusammenfallen. Es ist der Atomisierung der Individuen in den Gruppen zu verdanken, daß die *negatorische* Ausgrenzung zwischen den Gruppen zum dominanten Kriterium der neuen Refeudalisierung wird. Dies ist ein Phänomen, das für die Einschätzung neuer Möglichkeiten demokratischer Organisationen und für die Rekonstruktion des Prinzips der Volkssouveränität in einer grundsätzlich parzellierten Gesellschaft von großer Bedeutung sein wird.

Daß die gegenwärtige Phase der Moderne überhaupt und auch hinsichtlich ihrer politischen Integrationsmechanismen als eine der Refeudalisierung beschrieben werden kann, wirft für die vorliegende Fragestellung Probleme auf. In den politisch-gesellschaftlichen Entscheidungsprozessen der Gegenwart haben nicht nur neokorporatistische Verflechtungen von Staats- und Wirtschaftsbürokratien das politische Entscheidungsmonopol unterlaufen, sondern in den wichtigsten Regelungsbereichen vor allem der Umweltpolitik sind die Handlungen politischer, wissenschaftlicher und ökonomischer Akteure in einer Weise vernetzt, die den Begriff der Entscheidung überhaupt in Frage stellt. Damit scheinen konservative wie linke Souveränitätskonzepte am Ende zu sein. Jeder Dezisionismus nimmt angesichts unübersehbarer Abhängigkeiten von gesellschaftlichen Kreisläufen, unbeabsichtigter Nebenwirkungen und deshalb notwendiger Nachsteuerungen den Charakter eines ins Systemische übersetzten »ewigen Gesprächs«[29] an. Andererseits verliert, was als Entscheidung nicht mehr verantwortet werden kann, die Beziehung zu jeder Art von Volkssouveränität. In jedem Fall ist durch die gegenwärtige Vernetzung aller Handlungsbereiche jene historische Entwicklung wieder rückgängig gemacht, die bekanntlich Marx als Differenzierung von Staat und Gesellschaft beschrieben und mit der Aufhebung der »Feudalität« identifiziert

29 So bezeichnet Carl Schmitt den Gegenpol zur Entscheidungskonzeption, siehe *Politische Romantik*, München, Leipzig [2]1925.

hatte.[30] Historisch scheinen Souveränität wie Volkssouveränität an diese Doppelung von Staat und Gesellschaft gebunden zu sein. Während der Absolutismus Souveränität und Gewaltmonopol auf seiten des Staates gegen die Gesellschaft konzentrierte, lokalisierte das liberale Demokratiemodell das politische Gewaltmonopol an der Spitze des Staates und Volkssouveränität an der Basis der Gesellschaft in der erklärten Absicht, jeden Einsatz politischer Macht vom Willen der Basis abhängig zu machen. Als Laski 1917 angesichts der Pluralisierung der modernen Gesellschaft das Ende der Souveränität diagnostizierte,[31] hatte er allerdings eine Staatssouveränität bzw. Staatsorgansouveränität im Blick. Der Staat im ganzen bzw. das Parlament könne nicht mehr souverän sein, wenn der politische Sektor nur noch eine der gesellschaftlichen Gruppen sei, mit denen er auf gleicher Ebene um Einfluß auf politische Entscheidungen konkurriere. Die tatsächlichen Herrscher werden Laski zufolge »unsichtbar«, wenn politische Entscheidungen und Parlamentsgesetze Ergebnis eines riesigen Komplexes aus Kräften innerhalb und außerhalb des Staates sind.

Wenn auch Laski das Problem noch nicht auf seinem jetzigen Entwicklungsstand beschreiben konnte, so unterläuft ihm doch eine Verwechslung, die deshalb so interessant ist, weil sie auch für gegenwärtige Verabschiedungen der Souveränitätskategorie typisch ist. Laski identifiziert Souveränität, die er ja im Gegensatz zum ursprünglichen Demokratiekonzept im politischen System lokalisiert, weitgehend mit jener Einheit des Staates, die allen staatsmetaphysischen Annahmen zufolge als Entscheidungszentrum wie als umfassendes Ganzes zugleich die Einheit der Gesellschaft garantiert und deren Teilmomente in sich integriert.[32] Erst diese Identifizierungen führen dazu, daß Laski die in jeder repräsentativen Demokratie bestehende Selbstverständlichkeit, daß Entscheidungen des Parlaments Ergebnis der Einwirkungen gesellschaftlicher Kräfte sind, bereits mit dem Verschwinden von Souveränität verwechselt.[33] Wenn auch das Parlament nicht geradezu als Instrument der

30 Karl Marx, »Zur Judenfrage«, in: *MEW*, Bd. 1, Berlin 1957, S. 347-377, hier: S. 367 f.

31 Harold J. Laski, *Studies in the Problem of Sovereignty*, New Haven, London u. a. 1917, S. 10 f.

32 Laski, *Sovereignty*, S. 1-9.

33 Ebd., S. 10.

gesellschaftlichen Basis gelten kann, so hatte doch schon Locke immerhin formuliert, daß nur die Zustimmung der Gesellschaft einer Parlamentsentscheidung den Charakter eines Gesetzes verleihe.[34] Es scheint, daß auch die fortgeschrittensten Diagnosen der Gegenwart Laskis Konnotation von staatlicher Einheit und Souveränität nicht ganz entgangen sind.

Gegenwärtig stellt sich längst nicht mehr nur das Problem, daß der »Staat« nicht die Einheit der Gesellschaft garantieren kann, sondern daß er seine eigene Einheit verliert. Er konkurriert nicht wie eine identifizierbare gesellschaftliche Gruppe mit anderen Gruppen, sondern läßt sich von diesen kaum noch analytisch trennen. Laskis Nominalismus in der Beschreibung des Staates müßte angesichts dieser Situation überboten werden: Was wir noch als Staat bezeichnen, ist das jeweilige Ergebnis der Kommunikation zwischen verschiedenen fragmentierten Staatsapparaten, die ihrerseits informationsabhängig mit ihren gesellschaftlichen »Umwelten« untrennbar vernetzt sind. Ulrich Beck hat die Konsequenzen dieser Entwicklung für die »Risikoproduktion« der gegenwärtigen Gesellschaft glänzend analysiert: »Der Systeminterdependenz der hochspezialisierten Modernisierungsakteure in Wirtschaft, Landwirtschaft, Recht und Politik entspricht die Abwesenheit von isolierbaren Einzelursachen und Verantwortlichkeiten.« Systemische Vernetzungen und »Schädigungskreisläufe« greifen bei der Zerstörung der Natur so ineinander, daß jeder Akteur zugleich als »Ursache und Wirkung und damit Nichtursache« erscheint. Handlungssysteme nehmen so ihrerseits den fatalistischen Charakter des Ablaufs eines natürlichen Verhängnisses an.[35] Entsprechendes gilt Beck zufolge für die Steuerung gesellschaftlicher Entwicklungen insgesamt. Im Gewand von »unpolitischen« Investitionsentscheidungen wird über die ökonomische Verwertung wissenschaftlicher Ergebnisse in einer Weise mitentschieden, daß sie die Allgemeinheit in höchst politischer Weise betreffen und nicht nur künftige gesellschaftliche Entwicklungsperspektiven vorzeichnen, sondern möglicherweise über Art und Weise bzw. Fortbestand des Lebens überhaupt bestimmen. Diese Entscheidungen der wissenschaftlichen, technischen und ökonomischen »Subpolitik« befinden sich »jenseits demokratischer Zustimmung«, sie haben in diesem Sinn

34 Locke, ST § 134.

35 Beck, *Risikogesellschaft*, besonders S. 42 f.

»keinen Ort«, an dem sie sichtbar gemacht und diskursiv erarbeitet werden könnten. Auf diese Weise schließen sich die »Unerkennbarkeit« und »Unverantwortbarkeit« der Folgen und die »Nichtentscheidbarkeit des technischen Fortschritts« zur »Niemandsherrschaft« der Risikogesellschaft zusammen.[36] Mit dieser Analyse der faktischen Abwesenheit von Souveränität in der gegenwärtigen Gesellschaft, in der überlebenswichtige Entscheidungen, die die systemischen Schadenskreisläufe unterbrechen könnten, gerade nicht getroffen werden, ist offensichtlich der Kern der gegenwärtigen Problematik auf den Begriff gebracht.

Um so prekärer erscheinen darum Hoffnungen, daß das gegenwärtige Stadium der Gesellschaft Perspektiven zur selbsttätigen Entwicklung einer »anderen«, rationaleren Gesellschaft in sich enthalte – Hoffnungen, die gerade an den faktischen »Souveränitätsverlust« anschließen. Die Überzeugung, daß das neofeudale Verschwinden der »Politik« in dezentralen »Subpolitiken« eo ipso schon einen Aspekt von Demokratisierung enthalte,[37] setzt die gleiche falsche Identifikation von Souveränität und mystischer Einheit eines staatlichen Entscheidungssubjekts voraus, wie sie umgekehrt auch antidemokratischen Lösungsvorschlägen im Krisenszenario der Gegenwart zugrunde liegt. Von sozialistischen Entwürfen einer Ökodiktatur bis zu rechtskonservativen Konzepten, die angesichts des ökologischen »Ausnahmezustands« darauf dringen, daß die autonome politische Entscheidung über den technologischen Prozeß nur zurückzugewinnen sei, wenn man auf den Luxus von Demokratie und Rechtsstaat verzichte,[38] reicht die populäre Konnotation von Souveränität und staatlichem Entscheidungsmonopol.

Die basisdemokratische Variante der Diskussion über Entwicklungsperspektiven der gegenwärtigen Gesellschaft neigt deshalb zu dem Fehler, die *Qualität* jener Dezentralisierung zu vernachlässigen, an die sie ihre Hoffnung auf Demokratisierung knüpft. Nicht jede Dezentralisierung hat aber den gewünschten Effekt. Ange-

36 Ebd., S. 253, 305 f.

37 Ebd., S. 368-374 et passim; ähnlich, bezogen auf neokorporatistische Dezentralisierung der öffentlichen Verwaltung: Karl-Heinz Ladeur, »›Abwägung‹ – ein neues Rechtsparadigma? Von der Einheit der Rechtsordnung zur Pluralität der Rechtsdiskurse«, in: *Archiv für Rechts- und Sozialphilosophie* 69 (1983), S. 463-483.

38 Die letztere Option ist z. B. für einschlägige Publikationen im Seewald Verlag besonders typisch.

sichts der pluralistischen Konkurrenz dezentraler Machtkomplexe und der weitgehenden Delegation öffentlicher Aufgaben an Private hatte Franz Neumann sogar das NS-System als einen Nicht-Staat beschrieben, weil es (entgegen der »Führerstaats«-Ideologie) eines einheitlichen Entscheidungszentrums entbehrte.[39] Wie dieses extreme Beispiel zeigt, kann die »Entmachtung von Politik« zugunsten ihrerseits vermachteter Teilsysteme zu einer Situation führen, die es anderen machtlosen Subpolitiken noch weniger gestattet, auf die Entscheidungen der dezentralisierten Machtkomplexe Einfluß zu nehmen, als es auf dem Umweg über eine funktionierende politische Zentrale möglich ist. Aus der Perspektive des klassischen liberaldemokratischen Konzepts kann insofern die Entmachtung der Politik auch als Zerfall eines Zentrums wahrgenommen werden, das die Aufgabe hätte, Lernprozesse, die an der gesellschaftlichen Basis z. B. in bezug auf Umweltzerstörung gemacht worden sind, in Entscheidungen gegen die gesellschaftlichen Machtsysteme der technologischen Entwicklung umzusetzen. Eine Restauration dieses Zentrums im klassischen Sinne ist aber weder möglich noch aus basisdemokratischer Perspektive wünschenswert. Insofern geht der Streit zwischen den herrschenden Alternativkonzepten und der hier vorgeschlagenen Rekonstruktion der Volkssouveränität um die demokratische Qualität der Dezentralisierung und um die Frage, auf welche Weise die machtlosen Subpolitiken auf diejenigen Subpolitiken Einfluß nehmen sollen, die heute die Entwicklungsperspektiven der Gesellschaft bestimmen. An dieser Kontaktstelle, an diesem gesellschaftlichen »Ort« liegt jedenfalls heute das Problem der abwesenden Volkssouveränität. Nicht von deren Realität kann also hier die Rede sein, sondern nur von deren möglicher Realisierung.

II.

Ein Versuch zur Rekonstruktion von Volkssouveränität unter diesen Bedingungen muß von der faktischen gesellschaftlichen Parzellierung ausgehen, kann sich aber nicht mit der schieren Be-

39 Franz Neumann, *Behemoth. Struktur und Praxis des Nationalsozialismus 1933-1944*, hg. und übersetzt von Gert Schäfer, Köln, Frankfurt am Main 1977. Vgl. zu diesem Problem: Maus, *Bürgerliche Rechtstheorie und Faschismus,* S. 136-140, 152-159.

schreibung dessen zufriedengeben, was als politisch-institutionelle Umsetzung dieser Entwicklung gegenwärtig der Fall ist. Die umstandslose Anpassung des institutionellen Rahmens an die gesellschaftlichen Veränderungen besteht darin, *ausschließlich* dezentralisierte Konfliktbearbeitungsmechanismen zu fordern. So richten sich die Hoffnungen vieler alternativer Konzepte seltsamerweise auf die Gerichte, als könnten diese zu den gesuchten Umschaltstellen zwischen basisdemokratischen Lernprozessen und vermachteten Subpolitiken avancieren.[40] Aus der Fetischisierung politischer Dezentralisierung als solcher ergibt sich auch hier die Vorstellung, als sei die faktische Entmachtung der parlamentarischen Zentrale zugunsten gerichtsförmiger Entscheidungen an der Peripherie selbst schon der Prozeß, der sich als Demokratisierung der Politik verstehen ließe. So wird das neue Zusammenspiel zwischen Bürgerinitiativen und Gerichten in Kategorien beschrieben, die die klagenden Bürger zu politischen Partizipanten deshalb aufwerten, weil diese die Justiz als Instrument gesellschaftlicher Grundbedürfnisse *gegen* den mit der Technostruktur verfilzten Staat einsetzen[41] – als hätte die Justiz über Nacht aufgehört, selber eine staatliche Agentur zu sein, und, jenseits einzelner unorthodoxer Entscheidungen, eher der Machtsteigerung als der Machtbeschränkung dominierender Subpolitiken zu dienen.

Vor allem aber macht gerade die beschriebene Unübersehbarkeit komplexer Folgewirkungen innerhalb der neuen Risikogesellschaft solche Hoffnungen unrealistisch. Auch wo Gerichte versuchen, z. B. durch die extensive Auslegung haftungsrechtlicher Bestimmungen den an sie gerichteten »alternativen« Erwartungen gerecht zu werden,[42] begeben sie sich in die unlösbar gewordene Schwierigkeit hinein, die Schädigung eines bestimmten Stückes Umwelt durch einen bestimmten Schadstoff im vorliegenden Einzelfall zu

40 Zu diesem Trend ausführlicher: Ingeborg Maus, »Justiz als gesellschaftliches Über-Ich. Zur Funktion von Rechtsprechung in der ›vaterlosen Gesellschaft‹«, in: Werner Faulstich, Gunter E. Grimm (Hg.), *Sturz der Götter? Vaterbilder in Literatur, Medien und Kultur des 20. Jahrhunderts*, Frankfurt am Main 1989, S. 121-149.

41 Siehe z. B. Karl-Heinz Ladeur, »Vom Gesetzesvollzug zur strategischen Rechtsfortbildung«, in: *Leviathan* 7 (1979), S. 339-375, hier S. 349. Ähnlich auch Beck, *Risikogesellschaft*, S. 316.

42 Dazu z. B. Gert Brüggemeier, »Umwelthaftungsrecht – Ein Beitrag zum Recht der ›Risikogesellschaft‹?«, in: *Kritische Justiz* 22 (1989), S. 209-230, hier S. 213-216.

prüfen – während die überhaupt schädliche Wirkung des in Frage stehenden Stoffes hinlänglich bekannt ist. Es liegt gleichzeitig an der Struktur justizförmigen Entscheidens, daß Gerichte, auch wenn sie guten Willens sind, hier nicht Abhilfe schaffen können. Da sie nur im bereits eingetretenen – oder bei Verwaltungsgerichtsentscheidungen: im gerade administrativ anvisierten – Einzelfall angerufen werden können, sind sie immer nur mit den Folgen längst getroffener ökonomischer Entscheidungen oder mit den (höchst unsicher) erwartbaren Folgen einer konkret anstehenden Verwaltungsentscheidung befaßt. Ihre Art der Konfliktbearbeitung ist deshalb nicht nur dezentral, sondern, was hier das Wesentliche ist: *reaktiv*. In dieser Festschreibung der Beweislast auf den Einzelfall, die also in der Struktur juristischen Entscheidens selbst liegt, ist die grundsätzliche Machtlosigkeit der Gerichte begründet, wenn es darum geht, eine Richtungsänderung der gegenwärtigen Entwicklung einzuleiten. Woran es gegenwärtig fehlt, sind (nicht notwendig zentralistisch getroffene, aber) generelle Entscheidungen, wie z. B. schlichte Verbote überhaupt schädlicher Stoffe, die den konkreten Konfliktfällen vorhergehen und auf die die Gerichte sich bei ihren Einzelentscheidungen erst beziehen könnten. Angesichts dieser Lage besteht die »organisierte Verantwortungslosigkeit« gerade darin, Umweltkonflikte auf die Justiz zu verlagern und z. B. auch durch parlamentarische Entscheidungsdelegation zwecks gerichtlicher Klärung der juristischen Perspektiven eines Umweltproblems die Aufmerksamkeit der protestierenden Bevölkerung auf diesen Nebenschauplatz abzulenken. Der Prozeß der Refeudalisierung, der bereits in der Abwanderung der Politik in mächtige Subpolitiken liegt, wird durch die Favorisierung der Justiz als dezentraler Schlichtungsinstanz noch verschärft. Auf diese Weise kommt es auch zu einer Refeudalisierung des gesamten Rechtssystems: während der individuelle Mord, die handgreifliche Körperverletzung und die einzelne Tierquälerei wie eh und je den klassischen Verboten des Rechts unterliegen, errichtet die lediglich gerichtsförmige Einzelfallbearbeitung von Umweltschädigungen für die millionenfachen Täter wahrhaft feudale Privilegien,[43] die den Universalismus des modernen Rechts ganz grundsätzlich außer Kraft setzen.

43 Diese Feststellung besagt nichts darüber, ob die Art des gegenwärtigen Bestrafens der »kleinen« Täter vertretbar ist, sondern beschränkt sich darauf, die extreme Ungleichheit in der heutigen Rechtspraxis zu bezeichnen.

Die Überlegung, wie angesichts dieser gegenwärtigen gesellschaftlichen Problemlage Chancen der Einwirkung basisdemokratischer Lernpotentiale auf subpolitische Machtkomplexe zu eröffnen seien, kann sich darum nicht mit dem Hinweis auf die faktisch steigende Inanspruchnahme der Rechtsprechung beruhigen, sondern muß sich auf die Rechts*setzung* konzentrieren. Eine Rückwendung der Aufmerksamkeit auf die Gesetzgebungsfunktion ist nicht – wie das überaus populäre Vorurteil es will – identisch mit dem (hoffnungslosen) Versuch der Wiederherstellung eines einheitlichen politischen Zentrums. Eine Rekonstruktion von Volkssouveränität in einer parzellierten Gesellschaft muß vielmehr eine Dezentralisierung der Gesetzgebung ins Auge fassen, während sie die generalisierenden Perspektiven der Rechtsform beibehält. Sie ist Rekonstruktion insofern, als auch die klassische Demokratietheorie der Aufklärung Souveränität als Gesetzgebungskompetenz definierte und Volkssouveränität mit dem wie immer institutionell gesicherten Recht des Volkes gleichsetzte, nur solche Gesetze anzuerkennen, die es selbst gesetzt hatte.[44] Der Vorschlag einer so bestimmten Anverwandlung des klassischen Konzepts wird also dessen drei zentralen Komponenten höchst unterschiedlich behandeln: Während der Zentralismus der Rechtssetzung nicht mehr aufrechterhalten werden kann, bedarf Volkssouveränität als »Selbstgesetzgebung des Volkes« überhaupt erst der Verwirklichung. Das einzig Bleibende im Wechsel wäre die (freilich auch modifizierte) Generalität der Rechtsform.

Letztere haftet – um damit zu beginnen – hinsichtlich der Umweltpolitik tatsächlich ein nostalgisches Moment an, als sie unverändert ein zentrales Organisationsprinzip der Ökonomie in Rechnung stellt. Das liberale Demokratiemodell hatte sich bekanntlich mit der Forderung der Generalität des Gesetzes verbunden, um unter anderem staatliche Eingriffe in die Wirtschaft für diese berechenbar zu halten und die Gleichheit der Wettbewerbsbedingungen zu sichern. Auf diese Weise waren auch politische Eingriffe nach sozialen, also wirtschaftsfremden Gesichtspunkten möglich. So war die »Zehnstunden-Bill« nur als generelle Regelung ökonomisch verträglich, aber auch überhaupt durchsetzbar: Jeder einzelne Unternehmer wäre im Konkurrenzkampf unterlegen, der

44 Locke, ST § 149; Rousseau, CS II 1, 2 und 6; Kant, MdS/RL (=*Metaphysik der Sitten/Rechtslehre*) § 45 und § 46, S. 431 f.

sie individuell eingeführt hätte. Was das Verbot eines Umweltgifts von der »Zehnstunden-Bill« unterscheidet, ist die Tatsache, daß die »Risikoselektivität«[45] der technologischen Entwicklung im Gegensatz zu den betrieblichen Pauschalbelastungen von Sozialgesetzgebung zu ganz unterschiedlichen Konsequenzen für einzelne Branchen führt. Dennoch betrifft das Verbot eines Schadstoffs alle potentiellen Hersteller noch immer in gleicher Weise. Hatte die frühe Demokratietheorie noch eine extreme Generalität des Gesetzes begründet, die wirklich »alle« gleichermaßen betreffen sollte, und damit politische Interventionen in die Gesellschaft auf das Minimum des gemeinsamen Interesses beschränkt,[46] so stößt die Generalität des Gesetzes gegenwärtig auf immer weniger Betroffene – und dies nicht nur im Umweltbereich. Auf jeden Fall ist die generelle Rechtsform mit gesellschaftlicher Parzellierung kompatibel.

Andererseits muß das generelle Verbot nicht notwendig zentralistisch erarbeitet worden sein. Gerade die politische Zentrale der Rechtssetzung ist gegenwärtig durch den privilegierten Zugang der stärksten Umweltschädiger okkupiert, deren Einfluß auf die Gesetzgebung sich weniger in der Durchsetzung bestimmter, sondern möglichst unbestimmter Regelungen bemerkbar macht. Das allseits beklagte Implementationsdefizit ist darum nicht einfach der Komplexität gegenwärtiger Umweltbedingungen anzulasten, sondern durch diese herrschende Tendenz zur Entregelung trotz steigender Verrechtlichung bedingt,[47] die noch immer in dem Drohpotential von Investitionsentscheidungen, Standortwahl, kurz: ökonomischer Macht begründet ist. Die Informationsabhängigkeit der politischen Zentrale von mächtigen Subpolitiken kann darum nur durch dezentrale Informiertheit vor Ort unterbrochen werden. Insofern sind die in der Tat hoffnungsvollen Ansätze z. B.

45 Beck, *Risikogesellschaft*, S. 367.

46 Dies ist – entgegen vielen Irrtümern über eine angeblich »totalitäre« Demokratiekonzeption – auch die Intention Rousseaus, siehe CS II 1 Abs. 1.

47 Peter Knoepfel, »Verrechtlichung und Interesse. Interessenberücksichtigungsmuster in drei Grundtypen von Verrechtlichungsstrategien aus der Umwelt-, Risiko- und Bildungspolitik«, in: Rüdiger Voigt (Hg.), *Verrechtlichung*, Königstein im Taunus 1980, S. 77-93, hier: S. 84; Peter Knoepfel, Helmut Weidner, »Normbildung und Implementation: Interessenberücksichtigungsmuster in Programmstrukturen von Luftreinhaltepolitiken«, in: Renate Mayntz (Hg.), *Implementation politischer Programme*, Königstein im Taunus 1980, S. 82-104, hier: S. 101.

innerbetrieblicher Opposition beim Einsatz neuer Technologien und ihre informationsvermittelnde Kooperation mit basisdemokratischen Teilöffentlichkeiten und Protestbewegungen in einer Weise zu koordinieren und mit rechtlich gesicherten Einflußchancen auszustatten,[48] daß sie nicht wirkungslos in der Einleitung von »Rechtswegen« verpuffen, sondern Rechtsänderungen bewirken können. Eine Rekonstruktion von Volkssouveränität, die die Möglichkeit einer »Selbstgesetzgebung des Volkes« untersucht, wird sich dabei nicht mit eher zufälligen Ergebnissen äußeren gesellschaftlichen Drucks auf die »politische Zentrale« zufriedengeben können. Sie vertraut nicht darauf, daß neue Formen der Koordination aus der gegenwärtigen gesellschaftlichen Situation »ohne Plan, Abstimmung und Bewußtsein« hervorgehen, sondern sucht nach neuen Möglichkeiten einer gesellschaftsadäquaten Institutionalisierung der Rechtssetzung, die die vorhandene parlamentarische ergänzt.

Welche gesellschaftlichen Regelungsbereiche – das Umweltproblem steht hier nur als ein besonders wichtiger pars pro toto – durch die gesellschaftlich beeinflußte parlamentarische Zentrale entschieden und welche besser dezentralen Rechtssetzungsprozessen überlassen werden sollten, kann nicht im Detail vorgeschlagen werden und unterliegt kollektiven demokratischen Reflexions- und Entscheidungsprozessen. Angesichts der Tatsache, daß die Generalität des Rechts gegenwärtig vielfältigen Brechungen einer parzellierten Gesellschaft unterliegt, bietet sich aber eine Arbeitsteilung zwischen Zentrale und Peripherie nach dem Grad der Anwendungsallgemeinheit einer Rechtsregulierung an.[49] Rechtsnormen, die nur eine begrenzte Zahl von Adressaten betreffen oder nur regionale Auswirkungen haben, können in Rechtssetzungsarrangements beraten und verabschiedet werden, in denen die betroffenen Konfliktparteien einander direkt konfrontiert und mit symmetrischen Verhandlungspositionen ausgestattet werden, die die Asymmetrien gesellschaftlicher Macht rechtlich kompensieren. Über Rechtsnormen, die nahezu oder tatsächlich »alle« betreffen, kann in zentralen

48 So auch Beck, *Risikogesellschaft*, S. 372 f., wenngleich mit anderen (justizorientierten) Konsequenzen.

49 Dazu einige Andeutungen bei: Ingeborg Maus, »Verrechtlichung, Entrechtlichung und der Funktionswandel von Institutionen« in: dies., *Rechtstheorie und Politische Theorie im Industriekapitalismus*, München 1986, S. 277-331, hier: S. 297 ff.

Referenden entschieden werden. Alles dies setzt voraus, daß die parlamentarische Zentrale für die allgemeinste Funktion zuständig bleibt: die Setzung von Verfahrensnormen, nach denen in basisdemokratischen Rechtssetzungsprozessen die inhaltlichen Normen zustande kommen. Dies nicht, weil noch eine Einheitlichkeit der prozeduralen Normen (zentral) garantiert werden müßte, sondern weil nur eine institutionelle und zeitliche Differenzierung zwischen »Normierung der Normsetzung« und den Normsetzungen selbst[50] auf einer neuen Ebene jene Invarianz von Verfahrensnormen in bezug auf den konkreten Fall garantieren kann, die aus rechtsstaatlichen Gründen unerläßlich ist: Ebenso wie nach dem klassischen Konzept (belastende) inhaltliche Rechtsnormen beliebige Diskriminierungen und willkürliche Durchgriffe auf einzelne Personen und Gruppen nur dadurch verhindern können, daß sie für unbestimmt viele zukünftige Fälle formuliert sind, so ist auch von Verfahrensnormen nur dann ein Mindestmaß an Fairneß zu erwarten, wenn bei ihrem Zustandekommen der jeweils konkrete gesellschaftliche Interessenkonflikt noch nicht bekannt ist, der nach Maßgabe ihrer Positionszuweisungen ausgetragen werden soll. Diese Reflexivität in der Trennung zwischen prozeduralen Entscheidungsprämissen und inhaltlichen Entscheidungen könnte in der neuen Arbeitsteilung zwischen zentraler Verfahrensgesetzgebung und dezentraler inhaltlicher Gesetzgebung jene Unkenntnis des konkreten Falles wiederherstellen, die in der gewaltenteiligen Abstufung rechtsstaatlicher Entscheidungsverfahren einmal bestand und heute durch die faktischen Refeudalisierungen des politischen Systems längst nicht mehr garantiert ist.

Dieser Vorschlag zur Demokratisierung der Gesetzgebung nimmt gleichzeitig darauf Rücksicht, daß eine Allgemeinheit des Interesses angesichts der gesellschaftlichen Parzellierung nicht mehr im Inhaltlichen gefunden werden kann. Die Dominanz des Negativen in den gegenwärtigen Gruppenbeziehungen, also die Tatsache, daß negatorische Ausgrenzungen solidarische Binnenstrukturen an Bedeutung übertreffen, führt dazu, daß weder allgemeine noch besondere inhaltliche Forderungen auf Dauer gestellt werden können. So ist es für heutige politische Organisationsversuche an der gesellschaftlichen Basis eher typisch, daß sie zu Gruppenbildungen

50 Ebd., in Abwandlung der Prämissen von Niklas Luhmann.

anläßlich sehr spezifischer single issues führen, die Bündnisse mit anderen Single-issue-Bewegungen nur gelegentlich eingehen und selbst wieder zerfallen, sobald ihre Anliegen administrativ entweder positiv beschieden oder definitiv entmutigt worden sind. Politische Allgemeinheit kann deshalb nur noch hinsichtlich der Verfahren definiert werden, innerhalb deren die Partikularität und Situativität der gesellschaftlichen Inhalte und materiellen Interessen zur Konsens- und Entscheidungsbildung freigeben wird. Wie die Bestimmung eines universalistischen Moralprinzips sich auf das immer differenziertere »Besondere« der modernen Gesellschaft nur noch »indirekt« beziehen kann und deshalb eine ausschließlich prozedurale Fassung annimmt,[51] so wird auch eine gesellschaftsadäquate Institutionalisierung demokratischer Rechtssetzung sich auf den Aspekt des Verfahrens konzentrieren müssen. In diesem Sinne zwingt die gegenwärtige Situation – allen Wertsubstantialisierungen verbreiteter Verfassungsjudikatur zum Trotz – schon längst zu einem Verfassungsbegriff, der sich nicht an der Fixierung vorentschiedener Inhalte orientiert, sondern die Verfassung als Festlegung von Verfahren begreift, in denen überhaupt erst über Inhalte entschieden wird. Diese reflexive Ausdifferenzierung zwischen Verfassung und Gesetzgebung wird nur auf die nächste Stufe weiterverlagert, wenn es zu einer Arbeitsteilung innerhalb der Gesetzgebung kommt. Den dezentralen inhaltlichen Entscheidungen liegt das zentral entschiedene Prozedere voraus. Dessen Ausgestaltung und Entwicklung kann deshalb die allgemeine Aufmerksamkeit und politische Beteiligung aller gesellschaftlichen Gruppen finden, weil es Prämisse ihrer eigenen besonderen Entscheidungen ist.

Die klassischen Theorien der Volkssouveränität, die die prozedurale Selektion inhaltlicher Rechtsentscheidungen ausschließlich von zentralen Gesetzgebungsprozessen erwarteten, hatten das Problem der Entfremdung dieser Entscheidungen von der gesellschaftlichen Basis in die Formel gekleidet, daß hier das Volk als Einheit über das Volk als Vielfalt herrsche.[52] Daß es »das Volk« so wenig gibt wie den Staat, ist nicht neueren Entwicklungen zu verdanken; es war, wie diese Formulierung ausweist, schon immer ein fiktiver Begriff. Aber erst eine Freisetzung autonomer gesellschaftlicher Ge-

51 Habermas, »Treffen Hegels Einwände gegen Kant auch auf die Diskursethik zu?«, besonders S. 23.

52 So noch Heller, *Die Souveränität*, S. 97.

setzgebungsprozesse, in der die partikularen Interessen zu ihrem je spezifischen Recht kämen, könnte die Fiktivität dieses Volksbegriffs in einer Weise steigern, die dessen progressiven Momente sichtbar werden ließe. Indem der Zwang zu inhaltlicher Einheit in dezentraler Autonomie verschwindet, bleiben nur noch die abstraktesten Citoyens als Substrat dieses Volksbegriffs zurück. Worauf man sich noch einheitlich einigen muß, hat mit den Unterschieden von Herkunft, Geschlecht, »Rasse«,[53] Religion und Kultur nichts zu tun. In den Bestimmungen der Staats- und Aktivbürgerschaft hatte sich die Französische Revolution diesem Volksbegriff lediglich angenähert. Aber erst in der völligen Abstraktion von allen inhaltlichen Momenten ist ein enttraditionalisierter, postkonventioneller Volksbegriff gewonnen, der sich mit einer pluralisierten und multikulturellen Gesellschaft verträgt. Die klassische Idee der Unteilbarkeit der Volkssouveränität verweist unter diesem Aspekt nicht auf ein mystisches Kollektivsubjekt, sondern enthält die schlichte Forderung, daß Souveränität ausschließlich denen zukomme, die von Entscheidungen selbst betroffen sind – und nicht etwa den Amtswaltern und Funktionären. Die Idee der Einheit und Unteilbarkeit der Volkssouveränität bezeichnet nichts anderes als den »Staat« in den Händen des »Volkes«.

53 So noch immer der Begriff des Grundgesetzes (Art. 3 Abs. 3).

II. Strukturen der Volkssouveränität

1. Volkssouveränität versus Konstitutionalismus. Zum Begriff einer demokratischen Verfassung

Die Frage, ob – im vereinigten Deutschland – eine Demokratisierung der real existierenden Demokratie durch Revision des Grundgesetzes versucht werden sollte, ist bereits aus Gründen politischer Opportunität verneint worden. Heutige politische Mehrheitsverhältnisse und aktuelle Stimmungsschwankungen der Bevölkerung indizieren den Rückzug aus diesem Projekt. – Unabhängig von politischen Situationen bestehen aber auch strukturelle Voraussetzungen im Gegenstand einer Verfassunggebung selbst, die zu einer längeren theoretischen Vorklärung zwingen, ehe an konkrete Vorschläge zur Demokratisierung des Grundgesetzes überhaupt gedacht werden kann.

I. Über Verfassungsänderungen in Zeiten des Verfassungseklektizismus

Gegen Ausgangspunkt und Verlauf der Debatte zur Revision des Grundgesetzes gibt es einen interessanten Einwand von Micha Brumlik. Er lautet: Die Forderung, die Vereinigung von BRD und DDR bedürfe einer – wie immer weit vom Grundgesetz sich entfernenden – Verfassunggebung, die auch der Bevölkerung der ehemaligen DDR die Möglichkeit zu einem Verfassungsvotum gebe, beruhe auf einem Verfassungs*gebungs*patriotismus, der den Gründungsakt mythologisiere oder bestenfalls einen Diskurs der Selbstverständigung einer Gesellschaft über ihre Verfassung eröffne, der aber gerade mit konkreten Änderungswünschen, z. B. im Bereich sozialpolitischer Regulationen (der Aufnahme neuer Staatszielbestimmungen etc.), nicht vermengt werden dürfe.[1] Dieser Einwand verbindet sich mit der These, daß die verfassungstheoretische Linke der Bundesrepublik sich in einem Widerspruch mit sich selbst

1 Micha Brumlik, »Verfassungsgebungspatriotismus. Grundsätzliches zu einer imaginären Debatte«, in: *Blätter für deutsche und internationale Politik* 35 (1990), S. 702-708.

befinde, wenn sie einerseits die Offenheit des Grundgesetzes für den demokratischen Prozeß der einfachen Gesetzgebung postuliere, andererseits nun aber die Verfassung als einen Katalog inhaltlicher Detailforderungen behandle.[2] Beide Kritikpunkte verweisen auf Widersprüche, die der faktischen Verfassungsentwicklung im 20. Jahrhundert selbst zu verdanken sind. Wir leben in einem Jahrhundert des Verfassungseklektizismus, der Vermischung ursprünglich in sich konsistenter Verfassungstypen, wodurch eine stringente Argumentation in Fragen konkreter Verfassungsänderung oder Verfassunggebung vorläufig unmöglich zu sein scheint.

Was den ersten Gesichtspunkt des Gründungsakts bzw. der Selbstverständigung über eine Verfassung angeht, so unterstellt der Einwand ganz offensichtlich ein Essential des amerikanischen Verfassungsdenkens, das in der Tat auch die herrschende Interpretation des Grundgesetzes zunehmend bestimmt, obgleich das Grundgesetz – allerdings nur rhetorisch – mit der legitimatorischen Akzentuierung des Prinzips der Volkssouveränität noch der entgegenstehenden französischen Verfassungstheorie folgt. Bekanntlich ist für das amerikanische Verfassungsverständnis tatsächlich der Gründungsakt der 200 Jahre zurückliegenden Verfassunggebung in der doppelten Hinsicht konstitutiv, daß die Gesellschaft einerseits im Sinne Lyotards auf ihn ihre identitätsstiftende Ursprungserzählung stützt,[3] andererseits aber in diese Reproduktion der Vergangenheit zukunftsbezogene Interpretationen einbaut: In die narrative Struktur der Vergegenwärtigung der Unionsgründung werden Argumente aufgenommen, die zu apokryphen Verfassungsänderungen durch Neuinterpretationen des Vergangenen führen. Eine permanent wirksame Volkssouveränität ist dieser Verfassungstradition insoweit fremd, als sie die verfassunggebende Souveränität des Volkes auf den Akt der Gründung reduziert und offen deklarierte Verfassungsänderungen, die die grundsätzliche Frage ihrer demokratischen Legitimation überhaupt aufwerfen, weitgehend vermeidet. Die je situative Neuinterpretation und damit Abänderung der Verfassung bleibt so in letzter Instanz einem Staatsapparat, dem Supreme Court, überlassen.

2 Ebd.

3 Jean-François Lyotard, »Memorandum über die Legitimität«, in: Peter Engelmann (Hg.), *Postmoderne und Dekonstruktion*, Stuttgart 1990. S. 54-75, bezieht diesen Aspekt auf die narrative Legitimation in Stammesgesellschaften (S. 58-62).

Das Prinzip der Volkssouveränität dagegen war immer schon zukunftsorientiert und verband sich mit der faktischen Durchsetzung der Vollpositivierung des Rechts: Recht wie Verfassungsrecht gilt nicht, weil es auf Tradition oder zurückliegender Gründung beruht, sondern weil es noch nicht geändert worden ist.[4] Erst wenn die Kontingenz und Entscheidungsabhängigkeit aller Rechtsentwicklung zum Bewußtsein kommt, wird die Frage nach der spezifischen Legitimation des Gesetz- oder Verfassunggebers relevant. Die Theorie der Volkssouveränität antwortet auf das riskante Phänomen des staatlichen Gewaltmonopols, das sie historisch vorfand und nicht in Frage stellte, mit der Forderung, daß der Einsatz dieser Gewalt ausschließlich durch die gesellschaftliche Basis bestimmt werden sollte. Souveränität sollte darum nicht den Staatsapparaten, sondern ausschließlich dem gesetz- und verfassunggebenden Volk zukommen.[5] Hinsichtlich der Möglichkeit einer Verfassungsänderung oder Verfassunggebung formuliert deshalb Sieyes, daß nur die Staatsapparate, nicht aber das Volk an die Verfassung gebunden seien.[6] Die Rationalität dieses Verteilungsschemas – das im 20. Jahrhundert längst auf den Kopf gestellt ist – kann am extremen Gegenbeispiel der Verfassungsänderungen und -durchbrechungen am Ende der Weimarer Republik expliziert werden. Hier wurde die Verfassung – am extremsten im Ermächtigungsgesetz von 1933 – durch die Staatsapparate und politischen Funktionseliten selbst geändert, wobei deren verfassungsmäßige Positionen zur disponiblen Verhandlungsmasse wurden. Dieser Vorgang, in dem die verfassungsmäßigen Instanzen mit aus der Verfassung lediglich abgeleiteten Kompetenzen zugleich verfassunggebend wurden, implizierte den Zusammenbruch der von der Volkssouveränitätsdoktrin geforderten Verfahrensdifferenzierung und Polarisierung von Gewaltmonopol und Souveränität.[7] Volkssouveränität und demokratische Verfassunggebung bedeuten darum aus guten Gründen

4 Niklas Luhmann, *Ausdifferenzierung des Rechts. Beiträge zur Rechtssoziologie und Rechtstheorie*, Frankfurt am Main 1981, S. 125, entwickelt diese Bestimmung ohne deren demokratische Implikation, die sich z. B. bei Rousseau findet: CS (=*Du contrat social ou principes du droit politique*) III 11 Abs. 4.

5 Durchgängig wird in den Theorien des 17. und 18. Jahrhunderts Souveränität mit Gesetzgebung identifiziert. So z. B. Locke, ST (=*Second Treatise*) § 150. Rousseau, CS II 2 (franz.: S. 250 f.).

6 Sieyes, »Was ist der Dritte Stand?«, S. 167.

7 Dazu ausführlich in diesem Band, S. 78-80.

mehr als Selbstverständigung eines Gemeinwesens durch Verfassungsinterpretation.

Der zweite Einwand gegen die aktuelle Verfassungsdiskussion betraf den Widerspruch, in den die linken Innovateure sich begeben, wenn sie gleichzeitig die Offenheit der Verfassung für die demokratische Gesetzgebung und einen Konkretismus ihrer Verfassungswünsche entwickeln. Auch dieser Widerspruch verdankt sich faktischen Widersprüchen der heutigen Verfassungspraxis, die die klassischen Verfassungstypen entgrenzt. – Eine Verfassung, die auf Volkssouveränität basiert, läßt den demokratischen Souverän nicht nur im »Gründungsakt« zu Wort kommen, sondern gleichermaßen in der laufenden einfachen Gesetzgebung. Eine solche Verfassung versteht sich darum nicht als ein vorgefertigter Katalog aller denkbaren inhaltlichen Entscheidungen, sondern als prozedurale Entscheidungsprämisse für die inhaltlichen Entscheidungen des demokratischen Gesetzgebers. Die Tatsache aber, daß, bereits im Grundgesetz angelegt und durch Verfassungspraxis extrem gesteigert, dem Parlamentarismus das – systemfremde – Element einer weitreichenden Verfassungsjustiz durch inhaltliche Normenkontrolle inkorporiert wurde, durchkreuzt dieses Verhältnis von Verfassung und einfachem Gesetz. Das Bundesverfassungsgericht behandelt das »offene« Grundgesetz, als sei es ein undeutlich formuliertes Zivilgesetzbuch. Durch die Interpretation allgemeinster Grundrechtsbestimmungen entscheidet das Gericht z. B. über den subtilen Unterschied zwischen Fristen- und Indikationenlösung oder fördert die exakten prozentualen Anteile der verschiedenen universitären Statusgruppen bei der Besetzung der Hochschulgremien zutage.[8] Den besagten »Linken« bleibt angesichts der faktischen Machtposition des Bundesverfassungsgerichts im Gesetzgebungsprozeß also nichts anderes übrig, als einen inhaltlich gegenläufigen Verfassungskonkretismus zu entwickeln. Der Widerspruch, in den sie sich damit zu ihrer Konzeption des für demokratische Prozesse offenen Grundgesetzes begeben, ist darum in Wirklichkeit der Widerspruch zwischen zwei gegenläufigen Verfassungstypen.

Ähnliches gilt für Forderungen, die sich auf eine basisdemo-

8 BVerfGE 39, 1; BVerfGE 35, 79. – Zur Kritik und mit weiterführenden Hinweisen Ingeborg Maus, »Plädoyer für eine rechtsgebietsspezifische Methodologie oder: wider den Imperialismus in der juristischen Methodendiskussion«, in: *Kritische Vierteljahresschrift für Gesetzgebung und Rechtswissenschaft* 74 (1991), S. 107-122.

kratische Erweiterung der Gesetzgebung beziehen. Sie sind angesichts der faktischen Kompetenzerweiterungen des Bundesverfassungsgerichts leerlaufend: Plebiszite oder Formen dezentraler demokratischer Gesetzgebung wären ebenso bloße Vorspiele der Entscheidungen in Karlsruhe, wie es die parlamentarischen Gesetzgebungsprozesse bereits jetzt sind. Mit anderen Worten: Eine Änderung des Grundgesetzes, erst recht eine Demokratisierung unserer real existierenden Demokratie ist ohne Diskussion über die Kompetenzen des Bundesverfassungsgerichts nicht möglich. Auch diese Diskussion ist nicht ohne eine genauere Analyse und Unterscheidung der Verfassungstypen zu führen, die sich heute widersprüchlich überlagern.

II. Verfassungstypen

Konstitutionalismus war nach klassisch deutschem Sprachgebrauch ein Begriff, der einen ganz spezifischen Verfassungstypus bezeichnete. Er bezog sich auf den im Konstitutionalismus des 19. Jahrhunderts bestehenden Kompromiß zwischen Fürsten und ständischen Volksvertretungen: Die Souveränität wurde dem Fürsten zugeschrieben und mittels Kontrolle durch die Volksvertretung eingeschränkt; günstigstenfalls wurde Souveränität als zwischen Fürst und Volk verteilte gedacht. – In dem Ausmaß, in dem das konkurrierende Verfassungsmodell der Volkssouveränität im 20. Jahrhundert einem Verdrängungsprozeß unterliegt, gewinnt der Begriff »Konstitutionalismus« heute eine allgemeinere Bedeutung: Er bezeichnet zunehmend die Existenz moderner Verfassungskodifikationen überhaupt – unabhängig von deren spezifischer, mehr oder weniger demokratischer Struktur.[9]

Diese Bedeutungsverschiebung folgt der skizzierten faktischen Entwicklung. An die Stelle der ursprünglichen Gegenläufigkeit zweier Verfassungstypen ist heute tatsächlich eine konstitutionalistische Eindimensionalität getreten. Die Idee der Volkssouveränität, die in ihrer repräsentativen Version auch parlamentarischen Verfassungssystemen einmal zugrunde lag, ist gegenwärtig weitgehend verdrängt. Nur noch als negativer Bezugspunkt in polemischer Eingrenzung des konstitutionell Wünschbaren ist das Modell

9 Vgl. den Sprachgebrauch bei Dieter Grimm, *Die Zukunft der Verfassung*, Frankfurt am Main 1991, S. 31.

der Volkssouveränität noch präsent. So konfrontiert man heute den »Verfassungsstaat« als solchen der »Souveränitätsdemokratie« und spricht damit Verfassungssystemen der Volkssouveränität überhaupt den Verfassungscharakter ab.[10] Dagegen soll im folgenden die spezifische Verfassungsstruktur, die sich mit dem Prinzip der Volkssouveränität verbindet, in Konfrontation mit dem Konstitutionalismus im engeren Sinne rekonstruiert[11] und mit einem Seitenblick das Verhältnis erörtert werden, in dem beide Verfassungstypen zu den von Liberalismus und Kommunitarismus[12] verteidigten Demokratiemodellen stehen.

Die Differenz zwischen beiden Verfassungstypen liegt – dies ist die zentrale These – *nicht* in der Frage, ob individueller Freiheit Priorität zukommt oder nicht, sondern in der unterschiedlichen Weise der Sicherung individueller Freiheit. Dies ist zunächst am Prinzip der Gewaltenteilung zu zeigen. Die bloße Konstitutionalisierung von Herrschaft – die für konstitutionelle Monarchien und Präsidialsysteme typisch ist – beruht auf der Montesquieuschen Version der Gewaltenteilung, die zugleich Souveränitätsteilung ist. Montesquieus richtige Erkenntnis, daß nur die Macht der Macht Schranken setzen kann, bleibt insoweit noch feudalständischen Traditionen verhaftet, als ihre Balancierung von Gewalten sich noch mit Verteilungsschemata sozialer Macht verbindet, ohne eine arbeitsteilige Ausdifferenzierung politischer Funktionen zu erreichen. Montesquieus Version der Aufteilung der Macht zwischen verschiedenen Staatsapparaten steht deren Kooperationen in gleichen Funktionsbereichen nicht entgegen. Dies gilt für das Vetorecht des Königs (oder Präsidenten) im Gesetzgebungsprozeß – eine Aufteilung der gesetzgebenden Souveränität, die (beginnend im US-amerikanischen politischen System) noch durch die justizförmige Kontrolle der Rechtsentwicklung vervollständigt wird. Die institutionelle Freiheitssicherung dieses konstitutionalistischen Verfassungstypus beruht ausschließlich auf der Konkurrenz teilsouveräner Staatsapparate.

10 Martin Kriele, *Einführung in die Staatslehre*, S. 227 et passim.

11 Vgl. im einzelnen Maus, *Zur Aufklärung der Demokratietheorie*, S. 227-246.

12 S. Micha Brumlik, Hauke Brunkhorst (Hg.), *Gemeinschaft und Gerechtigkeit*, Frankfurt am Main 1993. – Axel Honneth (Hg.), *Kommunitarismus. Eine Debatte über die moralischen Grundlagen moderner Gesellschaften*, Frankfurt am Main 1993.

Die radikale Vergesellschaftung von Herrschaft entsprechend der Idee der Volkssouveränität steht dagegen in Verdacht, mit dem Gewaltenteilungsprinzip überhaupt nicht kompatibel zu sein.[13] Sie insistiert auf der Unteilbarkeit der Souveränität, die ganz an der gesellschaftlichen Basis verbleiben soll. Das Volk als gesetzgebender Souverän kontrolliert – vermittels Gesetzesbindung der Staatsapparate – den Einsatz physischer Macht, die im Sinne des modernen staatlichen Gewaltmonopols an der Spitze des politischen Systems konzentriert ist. Mit der Unteilbarkeit der Volkssouveränität verbindet sich aber eine strikte arbeitsteilige Version von Gewaltenteilung: Das Volk (unmittelbar oder repräsentativ vermittelt) hat nur – aber auch alle – gesetzgebende Gewalt (d. h.: Souveränität), welche an dem Verbot zu individuellen Regelungen ihre funktional gewaltenteilige Grenze findet.[14] Umgekehrt sollen weder Exekutive noch Judikative, die auf die Regelung spezieller Fälle beschränkt sind, Mitwirkung bei der Gesetzgebung haben.

Freiheitssicherung liegt demzufolge 1.) in der Willkür verhindernden Errichtung von Sichtblenden, die in den Funktionsverteilungen bestehen. Der Gesetzgeber darf den Einzelfall nicht kennen, auf den das Gesetz angewendet wird; Administration und Justiz, die den Einzelfall kennen, dürfen das Gesetz in der Anwendung nicht neu definieren. Rawls' berühmter »Schleier des Nichtwissens« ist hier in der gewaltenteiligen Verfahrensdifferenzierung institutionalisiert.[15] Freiheitssicherung liegt 2.) nach diesem Modell der Kombination von Volkssouveränität und funktionsspezifischer Gewaltenteilung nicht im Antagonismus zwischen teilsouveränen Staatsgewalten, sondern im Antagonimus zwischen gesetzgebender

13 Der Verdacht des Monismus jeglicher Art gegen das Volkssouveränitätsprinzip liegt den geballten Mißverständnissen Talmons zugrunde – siehe Jacob L. Talmon, *Die Entstehung der totalitären Demokratie*, Köln, Opladen 1960 –, wird in der gesamten konservativen politischen Theorie tradiert – z. B. Peter Graf Kielmansegg, *Volkssouveränität. Eine Untersuchung der Bedingungen demokratischer Legitimität*, Stuttgart 1977 – und neuerdings auch übernommen von Ulrich K. Preuß, *Revolution, Fortschritt und Verfassung. Zu einem neuen Verfassungsverständnis*, Berlin 1990.

14 So gleichermaßen Rousseau, CS II 4 Abs. 6 (franz.: S. 254) und Kant, MdS/RL (=*Metaphysik der Sitten/Rechtslehre*) § 46, S. 432.

15 John Rawls, *Eine Theorie der Gerechtigkeit*, Frankfurt am Main 1975, S. 36 – Zur verfahrensförmigen Institutionalisierung dieses Prinzips siehe Maus, *Zur Aufklärung der Demokratietheorie*, besonders S. 289-295.

Souveränität des Volkes und den rechtlich gebundenen, das staatliche Gewaltmonopol handhabenden Staatsapparaten insgesamt. Es entspricht der Logik beider gegenläufiger Gewaltenteilungsschemata, daß im konstitutionellen Verfassungstyp die Rationalität des Gesetzes primär von der Selektivität der der Legislative nachgeschalteten Institutionen erwartet wird,[16] während der Verfassungstypus der Volkssouveränität die Rationalität des Gesetzes auf die Selektivität des demokratischen Gesetzgebungsprozesses selbst gründet und deshalb alle Aufmerksamkeit auf die Gerechtigkeit dieses Prozedere, die Symmetrie der Verfahrenspositionen und Partizipationschancen konzentriert.

Der unterschiedliche Modus der Freiheitssicherung in den Verfassungstypen des Konstitutionalismus und der Volkssouveränität wird erst recht an den unterschiedlichen Konzeptionen der Freiheitsrechte deutlich. Bereits Hannah Arendt hat trotz des Spannungsverhältnisses, das sie zwischen Volkssouveränitätsprinzip und Menschenrechtserklärungen der französischen Revolutionsverfassungen – zu Unrecht, wie ich meine – feststellte, der französischen Konzeption immerhin zugebilligt, daß ihr zufolge Freiheitsrechte geradezu konstitutiv für das Gemeinwohl waren.[17] In ihrem vorpolitischen und vorjuristischen Charakter bilden die Freiheitsrechte überhaupt das Fundament des neuen demokratischen Staates, während die amerikanische Revolution sich auf die Universalisierung positivrechtlich überkommener Freiheiten beschränkte.

Während in der Tat Verfassungsmodelle des Konstitutionalismus die Existenz politischer Macht als das primäre Problem und Phänomen behandeln und diese lediglich sekundär durch Freiheitsrechte ebenso wie durch Gewaltenbalancierung begrenzen, definieren sie Freiheit wesentlich negativ. Dagegen ist im Verfassungsmodell der Volkssouveränität der Zusammenhang zwischen überpositiven Freiheitsrechten und demokratischer Partizipation so eng, daß negative und positive Freiheit sich wechselseitig optimie-

16 Das klassische Beispiel ist Alexander Hamilton, James Madison, John Jay, *Die Federalist-Artikel. Politische Theorie und Verfassungskommentare der amerikanischen Gründerväter*, hg. von Angela Adams, Willi P. Adams, Paderborn, München u.a. 1994, wo die Vernünftigkeit des Gesetzes wesentlich von dem Vetorecht des Präsidenten und der Normenkontrolle des Supreme Court erwartet wird: No 73, No 78.

17 Hannah Arendt, *Über die Revolution*, München 1974, S. 192f.

ren. Rousseau hat – davon wird meist nicht Notiz genommen – das Prinzip der Volkssouveränität überhaupt aus vorstaatlichen Menschenrechten abgeleitet und Freiheit und Gleichheit als den Endzweck der Gesetzgebung bestimmt.[18] Die französischen Revolutionsverfassungen haben Volkssouveränität als Ausdruck und Schutz der Menschen- und Bürgerrechte definiert. Die amerikanischen Unionsverfassung dagegen verdankt ihre Grundrechts-Amendments ausgerechnet den Anti-Federalists, die in dem schlechten Ruf standen, die Idee einer Rousseauschen Radikaldemokratie in kleinen Gemeinwesen gegen die politische Machtkonzentration der Union zu verteidigen.[19] Wenn auch im letzteren Fall sicher zu sein scheint, daß diesen Amendments entsprechend der Defensivposition der Anti-Federalists und nach der Logik der Unionsverfassung negative Funktion zukam, so bliebe zu untersuchen, ob in dem anderen – französischen – Modell die Menschenrechte (wie oft behauptet wird) dem Sog der Volkssouveränität erlagen oder jedenfalls dem Prinzip der Partizipation letztlich untergeordnet wurden. Dieses Problem soll im Hinblick auf die heutige Kontroverse zwischen Liberalen und Kommunitaristen erörtert werden.

Weil die Kommunitaristen des radikaldemokratischen Spektrums der positiven Freiheit im Sinne staatsbürgerlicher Partizipation Priorität einräumen vor der Gewährleistung negativ-ausgrenzender individueller Freiheitsrechte, scheinen sie auf den ersten Blick dem Verfassungstyp der Volkssouveränität nahezustehen. Die Liberalen dagegen mit ihrer umgekehrten Präferenz wären dem Konstitutionalismus zuzuordnen. Dem soll im folgenden mit der These widersprochen werden, daß das Verhältnis von Volkssouveränität und negativen Freiheitsrechten sehr viel komplexer ist, als daß sich ein solcher Gegensatz begründen ließe. An Kants Theorie läßt sich diese Komplexität demonstrieren.[20]

Kant entwirft – jenseits seiner provisorischen Duldung real existierender obrigkeitsstaatlicher Systeme unter dem Aspekt des bloßen Erlaubnisgesetzes der Vernunft – die eigentliche Rechtsidee einer radikalen Republik, in der Gesetze ihre Legitimation ausschließlich daraus beziehen, daß alle über alle das gleiche be-

18 Rousseau, CS I 4 Abs. 6; II 11 Abs. 1 (franz.: S. 239 f.; 269).

19 Vgl. u. a. Alpheus Th. Mason, *The States Rights Debate. Antifederalism and the Constitution*, Englewood Cliffs, New York 1964.

20 Dazu in diesem Band, S. 62-72.

schließen. Dieses prozeduale Prinzip der Volkssouveränität absorbiert jedoch keineswegs den negativen Aspekt von Freiheitsrechten. Indem Kant gleichzeitig den staatlichen wie den vorstaatlichen Charakter von Freiheitsrechten betont und darin ihre negative und ihre positiv-aktivistische Dimension verbindet, kann er überhaupt ihren widerspruchslosen Zusammenhang mit dem Prinzip der Volkssouveränität dartun. Kant zufolge bezeichnen die Menschenrechte der Freiheit und Gleichheit einerseits Prinzipien a priori, auf die jeder positivrechtliche Zustand sich gründet. Andererseits insistiert Kant darauf, daß »alles Recht [...] von Gesetzen abhängt«, so daß das zur Selbstgesetzgebung berufene Volk »die oberste Gewalt (hat), von der alle Rechte der Einzelnen abgeleitet werden müssen«.[21] Diese letztere positivrechtliche Ableitung der Rechte betrifft, wie Kant betont, Individuum und staatliche Amtswaltung – aber nicht in gleicher Weise. Insofern sämtliche Staatsapparate bei Kant ihre ratio essendi nur in der Exekution des Volkswillens haben, trifft auf sie ausdrücklich die positivrechtliche Dimension der Freiheitsrechte zu. Sie haben diese Rechte genauso zu gewährleisten, wie sie verfassungsrechtlich verbrieft sind. Jeder Aktivismus der Grundrechtsinterpretation durch die Staatsapparate verwandelte den vorstaatlichen apriorischen Charakter der Freiheitsrechte, den diese aus der Perspektive souveräner Citoyens außerdem noch haben, und verminderte sie zu von oben zugeteilten und staatlich definierten Gütern.

Für die Staatsbürger wird der Doppelcharakter der Freiheitsrechte, zugleich staatliche und vorstaatliche Rechte zu sein, aber gerade durch die formalistische Ausgrenzung negativer Freiheitssphären wirksam. Diese ist keineswegs auf eine ökonomische Funktion beschränkt. Sie bedeutet in einem Verfassungssystem, das nicht auf bloßer Konstitutionalisierung von Herrschaft beruht, sondern die demokratische Personalunion des Bourgeois und Citoyen ermöglicht, zugleich die Gewährleistung des »Status activus«[22] der Staatsbürger. Gerade weil die Freiheitsrechte in ihrer staatlichen Dimension nur negativ definiert sind, wird ihr positiver Inhalt erst durch den Freiheitsgebrauch der aktiven Staatsbürger bestimmt. In

21 Kant, Gemeinspruch (= *Über den Gemeinspruch: Das mag in der Theorie richtig sein, taugt aber nicht für die Praxis*), S. 150. Kant, MdS/RL § 52, S. 464.

22 Im Sinne des freilich trennenden Sprachgebrauchs bei Georg Jellinek, *System der subjektiven öffentlichen Rechte*, Tübingen [2]1919.

diesem Sinne formulierte Kant, daß jeder »Mensch doch seine unverlierbaren Rechte hat, die er nicht einmal aufgeben kann, wenn er auch wollte, und über die er selbst zu urteilen befugt ist«.[23]

Nur in Verbindung mit dem Prinzip der Volkssouveränität können also der Logik der Kantischen Theorie zufolge Freiheitsrechte ihre volle Wirkung entfalten: Als Nicht-Interventionsgebote in bürgerliche Freiheitssphären begrenzen sie die Staatsapparate und garantieren gerade dadurch umgekehrt die permante Intervention der Bürger in staatliches Handeln, die in selbst definiertem Grundrechtsgebrauch auch über Art und Ausmaß ihrer politischen Aktivität selbst befinden. – So gehört offensichtlich im Demokratieverständnis des 18. Jahrhunderts, soweit es das Verfassungsmodell der Volkssouveränität begründete, noch ganz selbstverständlich zusammen, was im 20. Jahrhundert in der Kontroverse zwischen Liberalen und Kommunitaristen auseinandertritt.

Die für die gegenwärtige Diskussion so bezeichnende Entgegensetzung von negativ ausgegrenzter Privatheit und gemeinschaftsbezogener Partizipation steht aber im Kontext des konstitutionellen Verfassungstyps, der in der amerikanischen Unionsverfassung von Anfang an in sich konsistent entwickelt wurde und im 20. Jahrhundert sich global durchsetzt und auch gegenläufige Verfassungstypen durchdringt. Für letzteres gibt es handfeste Gründe: In zunehmend komplexen Gesellschaften mit systemisch vernetzten Wirkungskreisläufen, in denen – Ulrich Beck zufolge – Orte und Subjekte von Entscheidungen kaum noch zu bestimmen sind,[24] erscheint eine Steuerung oder auch nur Kontrolle des gesamten politischen Prozesses durch die gesellschaftliche Basis (wie sie dem Prinzip der Volkssouveränität entsprach) immer aussichtsloser. Die heutige Entgegensetzung von Privatheit und – neu definierter – Partizipation bequemt sich darum einer Verfassungswirklichkeit von Demokratien an, in denen der Einfluß der gesellschaftlichen Basis auf politische Prozesse in dem Maße rückläufig ist,[25] daß »Partizipation« einzig noch die Teilnahme an Verständigungsprozessen einer Civil Society meint, die ihrerseits nur noch von außen die Bastionen der politischen Macht belagert.

Die umstandslose Anpassung normativer Verfassungen an fak-

23 Kant, Gemeinspruch, S. 161.

24 Beck, *Risikogesellschaft*, S. 42 f., 253, 305 f.

25 Dazu in diesem Band, S. 22-43.

tische gesellschaftliche Trends durch den Einbau von Elementen des gegenläufigen Verfassungstyps führt aber auch zu bedrohlichen verfassungsimmanenten Problemen. Das ist gerade an der deutschen Verfassungsentwicklung zu demonstrieren, die ohnehin durch die Kombination französischer Rhetorik und amerikanischer Praxis gekennzeichnet ist. Bereits der deutsche Konstitutionalismus des 19. Jahrhunderts wurde – zu Recht – als defizitäre Verwirklichung des amerikanischen Verfassungstyps beschrieben,[26] aber von der zeitgenössischen Staatsrechtslehre im Lichte einer verkürzten Volkssouveränitäts-Doktrin interpretiert.[27] Daß die Kombination zweier entgegengesetzter Verfassungstypen zu wechselseitigen Verkürzungen führt, zeigt sich deutlich in der Verfassungsentwicklung der Weimarer Republik, die die erstmalige Etablierung eines parlamentarischen Systems im Sinne einer repräsentativen Verwirklichung des Volkssouveränitätsprinzips mit dem konstitutionalistischen US-amerikanischen Gegenbild zusammenzwang. In der Verbindung von Parlamentarismus und Präsidialsystem, als welche der Einbau der starken Position des Reichspräsidenten mit Blick auf die Effizienz des US-amerikanischen Verfassungssystems ausdrücklich begründet wurde,[28] mißlang der Versuch, die Freiheit der Staatsbürger einerseits durch die »französische« Ausdifferenzierung von Volkssouveränität und Gewaltmonopol, d.h. einer demokratisch-legislativen Steuerung sämtlicher rechtsanwendender Staatsapparate, und andererseits durch die US-amerikanische Balancierung teilsouveräner Staatsgewalten zu sichern. Die parlamentarische Logik einer durchgängigen Kontrolle von unten nach oben wurde durch die gegenläufigen Kontrollbefugnisse des Reichspräsidenten konterkariert. Ist in einem reinen Präsidialsystem die (durch Parteiprogramme und Fraktionszwang vermittelte) Steuerung der Legislative durch den Wählerwillen erst gar nicht vorgesehen und bringt daher die Legislative ihr eigenständiges teilsouveränes Potential gegen den Präsidenten zur Geltung,

26 Erich Angermann, »Der deutsche Frühkonstitutionalismus und das amerikanische Vorbild«, in: *Historische Zeitschrift* 219 (1974), S. 1-33.

27 Bei Otto Mayer, *Deutsches Verwaltungsrecht I* (1895), München, Leipzig 1924, besonders S. 65, 70 Anmerkung 12, findet sich diese Perspektive auf einem späten Kulminationspunkt.

28 *Bericht und Protokolle des 8. Ausschusses über den Entwurf einer Verfassung des deutschen Reiches. Berichte der Nationalversammlung Nr. 21*, Berlin 1920, S. 231 f.

so scheiterte dagegen die Weimarer Verfassung an der Bipolarität der in ihr institutionalisierten Legitimationssysteme. Während die Legislative als Mittelpunkt eines parlamentarischen Systems ihre rechtssetzende Steuerungsfunktion gegenüber den rechtanwendenden Machtapparaten ausschließlich auf eine demokratische Legitimation gründete, transferierte umgekehrt die unmittelbare Wahl des Reichspräsidenten demokratische Legitimation an die Spitze der Exekutive, die dadurch zur eigenständigen Legitimationsverwendung in ihrer Handhabung des Gewaltmonopols imstande ist. Demokratisch-vertikale Kontrolle französischen Typs und horizontale Balancierung amerikanischen Typs schnitten sich in einer Weise, daß am Ende der Weimarer Republik beide Formen der Freiheitssicherung außer Kraft gesetzt wurden.

Verfassungseklektizismus im Sinne der charakterisierten Bipolarität ist in der Verfassungsstruktur und vor allem der Verfassungspraxis des Grundgesetzes keineswegs verschwunden, sondern nahm lediglich eine andere Qualität an. Die Weimarer Halbherzigkeit in der Etablierung des Parlamentarismus wiederholt sich hier in der antiparlamentarischen Funktion des Bundesverfassungsgerichts. Letztere ist vom Grundgesetz nicht in ihrem faktischen Ausmaß vorgesehen, sondern erst durch ein Instrumentarium der Verfassungsinterpretation bedingt, durch das das höchste Gericht es sich erlaubt, nicht nur die einfachen Gesetze, sondern auch die Verfassung selbst zum Gegenstand seiner Prüfungsverfahren zu machen.[29] Es ist vor allem die methodisch vermittelte Ausweitung und Materialisierung des Verfassungsbegriffs, die zugleich zur Kompetenzerweiterung des Bundesverfassungsgerichts führt. Indem das Gericht im Wege von »Rechtsunterstellung« die Verfassung inhaltlich anreichert,[30] vermehrt es nicht nur auf unberechenbare Weise die Anzahl der Fälle, in denen es mit dem einfachen Gesetzgeber in Konkurrenz treten kann, sondern usurpiert auch die verfassunggebende und verfassungsändernde Gewalt – obwohl es von der Verfassung lediglich als verfassungsmäßige Gewalt eingesetzt ist. Auch in der Verfassungspraxis des Grundgesetzes ist so eine Gleichzeitigkeit von demokratisch-vertikaler Kontrolle und horizontaler Balancierung teilsouveräner Staatsapparate wirksam,

29 So besonders BVerfGE 1, 14 (hier: 32).

30 Dazu Friedrich Müller, *Juristische Methodik und Politisches System. Elemente einer Verfassungstheorie II*, Berlin 1976, S. 24-28 et passim.

die den auf Volkssouveränität basierten Parlamentarismus längst ganz unspektakulär außer Kraft setzte. – Angesichts dieses Befunds können alle Versuche, die vorhandene Verfassung zu demokratisieren, ohne die Funktion des Bundesverfassungsgerichts auf ein demokratieverträgliches Maß zu beschränken, in der Tat nur die Widersprüche[31] dieser Verfassung in sich reproduzieren.

III. Individuelle Freiheitsrechte versus Wertgemeinschaft

Betrachtet man einen weiteren Streitpunkt zwischen Liberalen und Kommunitaristen, ob nämlich die Garantie gleicher individueller Freiheitsrechte oder eine verbindliche Wertgemeinschaft das Kriterium vernünftiger Identität politisch integrierter Gesellschaften sein soll, so läßt sich diese Kontroverse nicht mehr auf den Gegensatz der beiden Verfassungsmodelle beziehen. Die Renaissance der Wertgemeinschaft, die sich auch in der Transformation des Grundgesetzes zu einer »Wertordnung« durch die Rechtsprechung des Bundesverfassungsgerichts zum Ausdruck bringt,[32] bezeichnet vielmehr eine Refeudalisierung des modernen Verfassungsdenkens und, soweit sie im Kontext neuer moralphilosophischer Positionen vertreten wird, einen Rückfall in eine konventionelle Moral. Sie drückt die Sehnsucht aus, gesellschaftliche Identität lieber noch einmal in Inhalten organisch gewachsener Wertordnungen zu finden als sie in Verfahrensordnungen zu entwickeln, die alle Inhalte nur als Resultat demokratischer Willensbildung zulassen.

31 Um Mißverständnisse zu vermeiden, sei vorsichtshalber darauf verwiesen, daß hier nicht etwa das Verfahren Carl Schmitts verfolgt wurde, der Weimarer Verfassung zwei immanente »Gegenverfassungen« zu unterstellen, um dann auf eine »Entscheidung« zwischen diesen beiden Verfassungen zu drängen: »Legalität und Legitimität« (1932), in: ders., *Verfassungsrechtliche Aufsätze aus den Jahren 1924-1954. Materialien zu einer Verfassungslehre*, Berlin 1958, S. 263-350. Indem Carl Schmitt Grundrechtsteil und »organisatorischen« Teil der Weimarer Verfassung als die beiden unvereinbaren Verfassungsbestandteile bestimmte (S. 300, 303, 307) und sich für Grundrechte auf Kosten der demokratisch-rechtsstaatlichen Verfahrensregeln entschied (S. 344 f.), favorisierte er vielmehr im Hinblick auf eine grundrechtsbezogene Ermächtigung des Reichspräsidenten eine Struktur, die der heutigen grundrechtsbezogenen Ermächtigung des Bundesverfassungsgerichts analog ist. Dagegen ist die gesamte obige Argumentation darauf gerichtet, den inneren Zusammenhang zwischen Grundrechten und demokratischem Prozedere zu verteidigen.

32 Seit BVerfGE 7, 198.

Die kommunitaristische Folgerung aus der unbestreitbaren Tatsache, daß Gesellschaft nicht auf der Integration atomistischer Individuen beruht, sondern Individuen immer schon vorgängig vergesellschaftet sind, und *deshalb* den objektiven Strukturen dieser Vergesellschaftung und dem Wertekanon realexistierender Gesellschaften kriteriologische Priorität zukomme, beruht auf der Verwechslung normativer und deskriptiver Aspekte. Dies betrifft bereits die Engführung zwischen »idealer Kommunikationsgemeinschaft« und konkreter Gemeinschaft. Zwar ist zuzugeben, daß nur in einem konkreten Gemeinwesen kommunikatives Handeln und Formen der Normenbegründung eingeübt werden, aber die realexistierenden Werte einer realexistierenden Gemeinschaft können selbst nicht etwa Maßstab, sondern nur Gegenstand diskursiver Prüfung sein.[33]

Ein weiterer Fehlschluß der kommunitaristischen Konzeption liegt in der Nichtunterscheidung zwischen gesellschaftlichen Normen und Rechtsnormen. Diese Problematik soll an Hobbes skizziert werden, den die Kommunitaristen gern als das abschreckendste Beispiel liberalistischer Atomisierung zitieren, die Gesellschaft nur als Ansammlung isolierter, rein strategisch verfahrender Subjekte begreifen zu können. Hobbes' Atomismus ist aber konstitutiv nicht für seine Gesellschaftstheorie, sondern für seine Rechtstheorie. Der kommunitaristische Vorwurf übersieht, daß Hobbes nicht das ursprüngliche Natur*recht* eines jeden auf alles, sondern die gegenläufigen Natur*gesetze*, die er in der Goldenen Regel »Füge einem anderen nicht zu, was du nicht willst, daß man dir zufüge« zusammenfasst, als Grundlage der Vergesellschaftung bestimmt.[34] Hobbes hat damit bereits das Prinzip schierer Nutzenmaximierung des einzelnen durch das intersubjektive Moment wenigstens einer tauschförmigen Mitleidsmoral wenn nicht aufgehoben, so doch korrigiert, wenngleich weder diese Intersubjektivität, noch Hobbes' zentrale Annahme, daß jedes einzelne Subjekt sich erst in der marktförmigen[35]

33 Vgl. Jürgen Habermas, *Erläuterungen zur Diskursethik*, Frankfurt am Main 1991, S. 21

34 Thomas Hobbes, *Leviathan oder Stoff, Form und Gewalt eines bürgerlichen und kirchlichen Staates* (1651), hg. von Iring Fetscher, Neuwied, Berlin 1966, S. 120 f.; zur Unterscheidung von Naturrecht und Naturgesetz: S. 99, zur Ableitung der Naturgesetze: S. 100-121.

35 Zur marktförmigen Struktur dieser Anerkennung siehe Crawford B. Macpher-

Anerkennung der anderen konstituiert, sprachliche Kommunikation, sondern lediglich Vergesellschaftung des Bewußtseins meint.

Wenn Hobbes gleichwohl – soweit auch seine Theorie rechtsstaatliche Begrenzungen absolutistischer Souveränität kennt[36] – die positiv-rechtlichen Beziehungen in einer politisch integrierten Gesellschaft ausschließlich im Hinblick auf das isolierte einzelne Rechtssubjekt bestimmt, so beruht dies nicht auf mangelnder Einsicht in die gesellschaftliche Konstitution des Subjekts, sondern umgekehrt auf der richtigen Erkenntnis der besonderen Struktur und Wirkungsweise des Rechts. Hobbes hat bekanntlich die Ausübung politischer Herrschaft durch die Bindung an zwar prinzipiell änderbares, aber nicht situativ zu durchbrechendes Recht eingeschränkt und damit rückwirkende Gesetze mit ihrer Möglichkeit der Diskriminierung im Einzelfall ausgeschlossen. Hobbes formuliert darüber hinaus die Gleichheit eines jeden vor dem staatlich gesetzten Recht als eine der Bedingungen, ohne die der Staat den Frieden nicht sichern kann und darum jeder Legitimität entbehrt.[37] Wenn auch bei Hobbes dieser Anspruch eines jeden auf Gleichheit vor dem Gesetz nur Reflex der objektiven Rechtsordnung ist, so teilt er doch mit demokratischen Vertretern der Naturrechtstheorie den Perspektivenwechsel von der gesellschaftlichen Konstituierung der Subjekte zur radikalen Atomisierung dieser Subjekte, sobald nicht die innergesellschaftlichen Austauschbeziehungen der Individuen, sondern deren punktuelle Konfrontation mit der rechtlich vermittelten Sanktionsgewalt der Staatsapparate zur Diskussion steht.

Daß in jedem wenigstens rechtsstaatlichen und darüber hinaus demokratischen Verfassungsmodell die Atomisierung individueller Rechtsansprüche grundlegend ist, hat darin seinen Sinn, daß das Recht nicht so sehr die Normalität gesellschaftlichen Verhaltens steuert (dies leisten gesellschaftliche Normen), sondern die Anormalität eines punktuellen Konflikts regelt,[38] in dem unvertretbare einzelne als Parteien in einem Zivilprozeß konfrontiert oder als An-

son, *Die politische Theorie des Besitzindividualismus. Von Hobbes bis Locke*, Frankfurt am Main 1967. Die gleichwohl marktkorrigierende Funktion von Hobbes' Mitleidsmoral bleibt bei Macpherson unterbelichtet.

36 Dazu in diesem Band, S. 300-320.

37 Hobbes, *Leviathan*, S. 204, 209, 262.

38 Dazu Maus, »Verrechtlichung, Entrechtlichung und der Funktionswandel von Institutionen«, S. 301-315.

geklagte in einem Strafprozeß buchstäblich isoliert werden. Selbst wenn nach radikaldemokratischem Verständnis Rechtsnormen nur unter Partizipation aller Staatsbürger zustande kommen können, ist jeder dieser Staatsbürger in der Anwendungssituation nur isolierter Untertan (»*sujet*«, wie Rousseau formulierte[39]) und braucht als solcher den willkürverhindernden Schutz der abstrakten Gleichheit vor dem Gesetz. Die hier geforderte Abstraktionsleistung des Rechts ist nicht etwa mit den Realabstraktionen kapitalistischer Modernisierung gleichzusetzen. Vielmehr soll die Rechtsanwendung »ohne Ansehen der Person« gerade die konkrete Person vor allzu konkreten Übergriffen der Staatsapparate schützen und im übrigen verhindern, daß sich gesellschaftliche Privilegierungen im Recht umstandslos reproduzieren, wie dies für die feudale Rechtsordnung typisch war.

Konfrontiert man die Abstraktion liberaler Rechtsauffassung mit dem Konzept konkreter Wertgemeinschaft der Kommunitaristen, so wird die Dialektik des Rechts, durch Abstraktion das Konkrete zu schützen, noch viel deutlicher – gerade auch dann, wenn es darum geht, jedem die gleiche Mitgliedschaft in einem Gemeinwesen zu sichern. Angesichts des pluralistischen und multikulturellen Charakters moderner Gesellschaften läuft der kommunitaristische Versuch, die Anerkennung von Differenzen auf der Gemeinsamkeit von Wertüberzeugungen zu basieren, auf die Quadratur des Kreises hinaus. Es geht heute gerade um die Möglichkeit gegenseitigen Anerkennens und um gleiche Mitgliedschaft, wenn gemeinsame Wertüberzeugungen nicht geteilt werden.

Die Konstruktion des Volks, die dem Volkssouveränitätsprinzip des 18. Jahrhunderts zugrunde lag, war dagegen eine rein rechtliche: die Summe der durch vertraglichen Willensakt verbundenen, höchst abstrakten Citoyens.[40] Die Abstraktion des Citoyen bedeutete nicht etwa die Eliminierung je besonderer konkreter Bedürfnisse und heterogener Gruppen, sondern die abstrakte Gewährleistung gleicher Partizipationsrechte ohne Ansehung dieser heterogenen Besonderheiten. Insofern implizierte das Volkssouveränitätskonzept weder eine Gemeinschaftsideologie noch eine Homogenisierung der Gesellschaft. Seine Abstraktionen anerkennen gesellschaftlichen Pluralismus, indem sie gleiche Verfahrensrechte

39 Rousseau, CS I 6 (franz.: S. 245).

40 Vgl. Maus, *Zur Aufklärung der Demokratietheorie*, S. 203-226.

und -positionen trotz Ungleichheit der gesellschaftlichen Interessen und Wertorientierungen gewährleisten. Gerade indem es die Hypostasierung einer inhaltlichen Allgemeinheit vermeidet und als Allgemeines nur noch das demokratische Prozedere der Kompatibilisierung des je Besonderen bestimmt, bezeichnet es das Einzige, worauf eine pluralistische und multikulturelle Gesellschaft sich noch einigen kann.

2. Die Struktur subjektiver Freiheitsrechte im Verfassungssystem der Volkssouveränität

Naturrecht, Menschenrecht und politische Gerechtigkeit sind heute das Gegenteil dessen, was im 17. und 18. Jahrhundert theoretisch begründet und erkämpft wurde. Wenn z. B. das Bundesverfassungsgericht seit dem Beginn seiner Rechtsprechung die Existenz überpositiven Rechts anerkennt, das in elementaren Verfassungsgrundsätzen zum Ausdruck komme und den Verfassungsgesetzgeber ebenso binde wie die Grundrechte den Gesetzgeber,[1] so bezieht sich diese Aussage nicht mehr auf überpositive Freiheitsrechte von Individuen gegen positivrechtlich konstituierte Staatsapparate, sondern bezeichnet ein Machtarrangement zwischen den Staatsapparaten selbst, das zugleich die Freiheitsperspektive umkehrt. Die Anerkennung überpositiven Rechts hat jetzt den Zweck, die Suprematie der Verfassungsgerichtsbarkeit über den Gesetzgeber zu fundieren. Das höchste Gericht gibt frühzeitig zu erkennen, daß es alles positive Recht nicht etwa an der geschriebenen Verfassung,[2] sondern an den ihr vorausliegenden überpositiven Prinzipien messen wird. Letztere verwandeln sich so in eine Machtressource des Bundesverfassungsgerichts, das als ihr Sachwalter den Status einer Gerechtigkeitsexpertokratie gegenüber den demokratischen Willensbildungsprozessen der Gesetzgebung in vorparlamentarischen und parlamentarischen Kontexten gewinnt. Aus einst naturrechtlich begründeten und verfassungsrechtlich garantierten Freiheitsrechten von Individuen gegen den Staat wird so die große Freiheit eines Staatsapparats, über den Inhalt solcher Rechte je nach Lage der Sache privilegiert und durchaus voluntaristisch zu entscheiden.[3]

Das Naturrecht der Aufklärung hatte einen ganz anderen Sinn.

1 BVerfGE 1, 14; pointiert in LS 27 u. 18.

2 In diesem Sinne beansprucht das Gericht, auch die »Verfassungsmäßigkeit« einzelner geschriebener Verfassungsnormen des Grundgesetzes zu prüfen, BVerfGE 1, 14 (32 f.).

3 In BVerfGE 34, 269 (287) betont das Gericht selbst den Anteil der »willenhafte[n] Elemente« bei Interpretationen, die die geschriebene Verfassungsordnung transzendieren, während es gleichzeitig als seine Aufgabe ansieht, solche Willkür des Gesetzgebers zu verhindern (BVerfGE 1, 14 LS 18). Zu diesen Aspekten vgl. im einzelnen: Maus, »Justiz als gesellschaftliches Über-Ich«; Maus, *Zur Aufklärung der Demokratietheorie*, S. 308-325.

Daß die Frage, ob die gesellschaftliche Basis die Staatsapparate kontrolliert und dabei Freiheitsrechte geltend machen kann, oder ob umgekehrt die gesellschaftliche Basis aus der Perspektive von Staatsapparaten kontrolliert wird, sich daran entscheidet, welche der beiden Seiten über die Ressource der überpositivrechtlichen Argumentation verfügt, war den Denkern der Aufklärung noch bewußt. Wenn die Naturrechtstheorien dieser Epoche das hypothetische Konstrukt eines Naturzustandes entwarfen, in dessen Kontext sie die »Natur« des Menschen jenseits aller gesellschaftlichen Bedingungen und politischen Integrationsmechanismen bestimmten, so machten sie sich damit keineswegs – wie ein heute beliebter naiver Vorwurf lautet – einer unhistorischen und unsoziologischen Betrachtungsweise schuldig. Die bewußte Abstraktion von allen realexistierenden Konstitutionsbedingungen der Subjekte, die atomistische Reduktion von Individuen auf eine »Natur«, die gegenüber allen gesellschaftlichen und staatlichen Veranstaltungen normative Priorität beansprucht, verfolgte den Zweck, dieser Natur des Menschen Rechte zuzuordnen, die den etablierten Institutionen vorhergehen. Gerade die Abstraktionen dieser naturrechtlichen Argumentation dienten der Qualifizierung aller Freiheitsrechte als vorstaatlicher Rechte. Bei der Begründung von Menschenrechten beabsichtigt die Naturrechtstheorie der Aufklärung also aus guten Gründen keine Deskription gesellschaftlich-politischer Zustände (diese liefert sie in kritischer Absicht in empirischen Partien ihrer Werke), sondern eine Aussage über die Allokation des naturrechtlichen Arguments: Aus dem vorstaatlichen Charakter der Menschenrechte folgt, daß kein überpositivrechtliches Argument jemals von seiten der Staatsapparate gegen die Individuen geltend gemacht werden kann, sondern daß der Durchgriff auf überpositives Recht ausschließlich denen zukommt, die nicht politische Funktionäre, sondern »nur« Menschen sind.

Dies hat weitreichende Konsequenzen für die Handhabung demokratischer Verfassungen, die solche Freiheitsrechte enthalten. Im Augenblick der Kodifikation vorstaatlicher Menschenrechte in den Revolutionsverfassungen des 18. Jahrhunderts, im Vorgang also der »Positivierung des Naturrechts«,[4] verlieren die Menschenrechte nicht etwa ihren vorstaatlich-überpositiven Charakter, den sie für

4 S. Jürgen Habermas, »Naturrecht und Revolution«, in: ders., *Theorie und Praxis. Sozialphilosophische Studien*, Frankfurt am Main 1978, S. 89-127.

die Individuen haben, sondern gewinnen die positivrechtliche Geltung hinzu. An den Eingangspassagen der Girondisten-Verfassung von 1791 ist dies noch sinnlich-anschaulich zu erkennen. Diese Verfassung übernimmt die Menschenrechtserklärung von 1789 als ihren Bestandteil und wiederholt bzw. konkretisiert die dort formulierten Rechte noch einmal unter ihrem »Titel I. Grundeinrichtungen, von der Verfassung verbürgt«.[5] Die großen Überschneidungen zwischen der vorangestellten Menschenrechtsdeklaration und dem »Titel I« verdeutlichen hier noch in der Parallelisierung, was auch sonst der Charakter eines jeden Grundrechtskatalogs in demokratischen Verfassungen ist: die Gleichzeitigkeit von überpositiver und positivrechtlicher Qualität der gewährleisteten Rechte. Dieser Doppelaspekt der Grundrechte verteilt sich jedoch zwischen Individuen und Staatsapparaten auf höchst unterschiedliche Weise. Für die Individuen als den Rechtssubjekten der Menschenrechte bleibt deren (aus dem Naturzustand abgeleitete) vorstaatliche Dimension essentiell, während die Positivierung ihrer Rechte gegen die Staatsapparate gerichtet ist. In der Grundrechtspraxis ist diese Differenz entscheidend. Während sämtliche staatlichen Instanzen die Grundrechte genau so zu gewährleisten haben, wie sie in der Verfassung fixiert sind, fällt den Individuen mit der überpositiven Perspektive ihrer Rechte ein sehr weitgehender Anspruch zu: Sie haben in bezug auf diese Rechte das Interpretationsmonopol und die alleinige (unmittelbar oder repräsentativ wahrgenommene) Befugnis zu deren Positivierung und Abänderung. Positiver und überpositiver Charakter der Grundrechte sind durch das Prinzip der Volkssouveränität vermittelt. Diese letzteren Aspekte sind in der politischen Philosophie und in den Verfassungskonstruktionen des 18. Jahrhunderts deutlich zu erkennen.

So entwirft Kant[6] – jenseits seiner provisorischen Duldung realexistierender obrigkeitsstaatlicher Systeme unter dem Aspekt des bloßen Erlaubnisgesetzes der Vernunft – die eigentliche Rechtsidee einer radikalen Republik, in der Gesetze ihre Legitimation ausschließlich daraus beziehen, daß alle über alle das Gleiche beschließen.[7] Dieses Prinzip der Volkssouveränität unterhält engsten

5 Französische Verfassung von 1791, in: Günther Franz (Hg.), *Staatsverfassungen*, Darmstadt 1975, S. 303-311.

6 Zum folgenden vgl. Maus, *Zur Aufklärung der Demokratietheorie*.

7 Kant, MdS/RL § 46, S. 432.

Kontakt mit Kants Bestimmung des gleichzeitig vorstaatlichen und staatlichen Charakters von Freiheitsrechten. Kant zufolge sind Menschenrechte wie Freiheit und Gleichheit einerseits Prinzipien *a priori*, auf die jeder positivrechtlicher Zustand sich gründet.[8] Andererseits gilt, daß »alles Recht von Gesetzen abhängt«, so daß das zur Selbstgesetzgebung berufene Volk »die oberste Gewalt [hat], von der alle Rechte der Einzelnen *abgeleitet* werden müssen«.[9] Einerseits sind also Menschenrechte unhintergehbar, andererseits kann angesichts der inhaltlichen Unbestimmtheit von Freiheit und Gleichheit erst im demokratischen Gesetzgebungsprozeß durch die versammelten Menschenrechtssubjekte die Konkretisierung dieser Prinzipien erreicht werden.

In diesem Zusammenhang ist auch Kants Prozeduralisierung des Naturrechts zu verstehen. Während das vormoderne materiale Naturrecht beansprucht, Kriterien der Richtigkeit positiven Rechts selbst schon in inhaltlichen Gerechtigkeitskatalogen zu bestimmen, setzt es notwendig Sachwalter und Experten dieser vorbestimmten Gerechtigkeit ein und begründet z. B. die Kontrollfunktion der kirchlichen über die weltliche Macht. Die demokratische Anstrengung Kants (und der Aufklärung insgesamt) richtet sich dagegen auf die Begründung von Prinzipien der Gerechtigkeit, die aus der Perspektive der gesellschaftlichen Basis gegen mächtige Instanzen und expertokratische Bevormundung wahrgenommen werden können. Das bedeutet für die Grundrechte, daß jeder überpositivistische Aktivismus ihrer Interpretation durch die Staatsapparate verhindert werden muß, weil gerade er den vorstaatlichen Charakter, den diese Rechte für die Individuen haben, zerstören und Freiheitsrechte in von oben zugeteilte und staatlich definierte Güter verwandeln würde. Freiheit und Gleichheit sind deshalb bei Kant prozedural bestimmt. Sie strukturieren einerseits den Gesetzgebungsprozeß oder sind – wie Habermas formuliert – diesem Verfahren eingeschrieben,[10] indem sie eine Autonomie und Symmetrie der Partizipation in dem Sinne verlangen, daß die Gerechtigkeit des Gesetzgebungsverfahrens die Gerechtigkeit der Gesetze (wenn nicht garantiert so doch) ermöglicht.

8 Kant, Gemeinspruch, S. 150.

9 Kant, MdS/RL § 52, S. 464.

10 Jürgen Habermas, *Faktizität und Geltung. Beiträge zur Diskurstheorie des Rechts und des demokratischen Rechtsstaats*, Frankfurt am Main 1992, S. 151-165.

Andererseits wird, was Gleichheit und Freiheit in einer konkreten gesellschaftlichen Situation bedeuten, durch das so zustande gekommene Gesetz bestimmt – und nicht etwa durch apokryphe Anpassungsleistungen der Justiz. Diese Prozeduralisierung des Naturrechts minimalisiert keineswegs die Gerechtigkeits- und Stabilitätsanforderungen des traditionalistischen materialen Naturrechts, sondern verlegt die Gerechtigkeitsperspektive von der Spitze an die Basis der Gesellschaft. Unantastbar werden die Freiheitsrechte erst dadurch, daß nicht die Mächtigen, sondern die Machtlosen über die Art ihres Freiheitsgebrauchs befinden. So formuliert Kant, daß jeder »Mensch doch seine unverlierbaren Rechte hat, die er nicht einmal aufgeben kann, wenn er auch wollte, und über die er selbst zu urteilen befugt ist«.[11]

Daß dieses Verteilungsschema der Freiheit, das sich aus dem Doppelcharakter der Menschenrechte ergibt, mit dem Prinzip der Volkssouveränität untrennbar verkoppelt ist, läßt sich auch an der Struktur der französischen Revolutionsverfassungen ablesen. Selbst die gemäßigte Girondistenverfassung, die noch den König an der Spitze der Exekutive beläßt, aber auf die Ausführung der Gesetze der Volksvertretung reduziert,[12] hat die Einsetzung expertokratischer Sachwalter der Menschenrechte gegen die Gesetzgebung peinlich vermieden. Auch wenn sie das Prinzip der Volkssouveränität nur in repräsentativer Form verwirklicht, so hat sie es doch so ernst genommen, daß sie die Verteidigung und Weiterentwicklung der Freiheitsrechte ausschließlich zur Sache des Volkes, d.h. der Gesamtheit der Nicht-Funktionäre, erklärt. Zwar sollen – in den Worten der Deklaration – die Handlungen sowohl der gesetzgebenden wie der ausübenden Gewalt in jedem Augenblick mit dem Endzweck jeder politischen Einrichtung, den Menschenrechten, »verglichen« (comparés) werden können,[13] aber dieser Vergleich soll hinsichtlich der Legislative ausschließlich durch die Bürger, nicht etwa durch ein Verfassungsgericht, vorgenommen werden. Zwar sehen Girondisten- und Jakobinerverfassung justizförmige Beziehungen zwischen Legislative und Exekutive vor, die auf dem

11 Kant, Gemeinspruch, S. 161.

12 Auch das Vetorecht des Königs gegen Gesetze, das diese Verfassung noch vorsieht, hat nur suspensiven Charakter: Französische Verfassung von 1791, Titel III, Kap. III, Abschnitt III, Art. 2, in: Franz (Hg.), *Staatsverfassungen*, S. 345.

13 Ebd., S. 302 f.

noch traditionalistischen Weg von Anklageerhebungen die neue Dominanz der Legislative sichern sollen,[14] aber die Legislative selbst wird ausdrücklich gegen jede Einmischung durch höchste Gerichte geschützt.[15] Kontrolliert wird darum die repräsentative Gesetzgebungskörperschaft der Girondistenverfassung ausschließlich »von unten«: Widerstand gegen Unterdrückung ist selbst als vorstaatliches Menschenrecht anerkannt[16] und dient dem konservierenden Schutz der Menschenrechte gegen Eingriffe »von oben«, wie überhaupt die Verfassung dem »Mut aller Franzosen«[17] und wiederum nicht einem Verfassungsgericht anvertraut ist. Aber auch jede Innovation hinsichtlich der Positivierung der Menschenrechte (oder der verfassungsmäßigen Verfahren) ist ausschließlich in die Hände des »Volkes« gegeben: »die Nation [hat] das unveräußerliche Recht [...], ihre Verfassung zu ändern«, aber: »Keine der durch die Verfassung eingesetzten Gewalten hat das Recht, diese insgesamt oder teilweise zu ändern.«[18] Im Lichte dieses demokratischen Prinzips, das Volkssouveränität, Widerstand und Menschenrechte gleichermaßen in ihrer vorstaatlichen Dimension der gesellschaftlichen Basis zuschreibt, ist ein Diktum des berühmten Verfassungskonstrukteurs der Französischen Revolution, Emmanuel Sieyes, zu verstehen, das unter heutigen Umständen höchstens noch Irritationen erweckt. Hinsichtlich jeder Verfassungsänderung ist es für Sieyes selbstverständlich, daß »die Verfassung [...] sich nur auf die Regierung bezieht«, während es »lächerlich wäre anzunehmen, die Nation selbst sei durch die Formen oder durch die Verfassung gebunden, denen sie ihre Beauftragten unterstellt hat«.[19]

Nur die langwierige Arbeit des Erinnerns an diese demokratische Konzeption von Naturrecht, Menschenrecht und politischer Gerechtigkeit kann noch die Erkenntnis und Kritik gegenwärtiger Zustände vorbereiten, in denen Sieyes' Konstruktion bürgerlicher Freiheit auf den Kopf gestellt ist. Heute ändern in ehemals liberal-

14 Ebd., S. 338 f., 360 f. (Verfassung von 1791, Titel III, Kap. III, Art. 1, No 10; Kap. V, Art. 23).

15 Ebd., S. 355 (Verfassung von 1791, Titel III, Kap. V, Art. 3).

16 Ebd., S. 304 f. (Verfassung von 1791, Art. 2 der Deklaration).

17 Ebd., S. 370 f. (Verfassung von 1791, Titel VII, Art. 8).

18 Ebd., S. 368 f., 370 f. (Verfassung von 1791, Titel VII, Art. 1 und 8) – Zu Art. 8 vgl. die Verfassung von 1793, Art. 28, ebd., S. 378 f.

19 Sieyes, »Was ist der Dritte Stand?«, S. 167.

demokratischen Systemen höchste Gerichte mit den Mitteln exzessiver Interpretation und im Durchgriff auf überpositive Werte täglich die Verfassungen, während das »Volk« bei jeder innovativen Regung mahnend auf eine Verfassung verpflichtet wird, die als positivrechtliche gar nicht mehr existiert. Hierzulande wäre ein Blick in das Grundgesetz eher irreführend. Was unsere Verfassung ist, findet sich in über 100 Entscheidungsbänden des Bundesverfassungsgerichts. Eine »geschriebene Verfassung«, für die die Bürger im 18. Jahrhundert auf die Barrikaden gingen, um an ihren dort niedergelegten Rechten das Handeln der Staatsapparate messen zu können, ist durch die besagten Entscheidungsbände nicht zu ersetzen. Dies liegt nicht allein am unpraktikablen Umfang der dort niedergelegten Materie, sondern vor allem auch an deren Struktur. Typischerweise besteht die Judikatur des höchsten Gerichts in der Aufbereitung von Grundrechtskollisionen, die jeweils nur hinsichtlich der besonderen Umstände des einen vorgelegten Falls entschieden werden, so daß jeder neue Fall die wechselseitigen Einschränkungen von Grundrechten oder von Grundrechten und einfachen Gesetzen erneut zur Disposition des Gerichts stellt.[20] Das zentrale rechtsstaatliche Prinzip – ohne das Demokratie nicht praktiziert werden kann – , daß nämlich Grundrechte nur durch Gesetze, und zwar durch Gesetze, die allgemein sind und nicht für den Einzelfall gelten (Art. 19 Abs. 1 GG), eingeschränkt werden können, steht nur noch auf dem Papier. Indem so Grundrechte ihre vorstaatliche Dimension ganz verlieren und zu staatlich verwalteten und von Fall zu Fall zugeteilten Gütern werden, tritt tatsächlich ein, was die Naturrechtstheorie der Aufklärung mit aller Anstrengung zu verhindern suchte. Während Staatsapparate in der Lage sind, sich eine legibus-solutus-Position gegenüber der Verfassung zu verschaffen, indem sie nicht mehr an die Verfassung, sondern nur noch an ihre eigene Verfassungsinterpretation gebunden sind, werden die Bürger verfassungsmäßigen Verpflichtungen

20 Zu dieser Kritik siehe Helmut Ridder, *Die soziale Ordnung des Grundgesetzes. Leitfaden zu den Grundrechten einer demokratischen Verfassung* (1975), in: ders., *Gesammelte Schriften*, hg. von. Dieter Deiseroth, Peter Derleder, Christoph Koch, Frank-Walter Steinmeier, Baden-Baden 2010, S. 7-190, hier S. 61-104. Vgl. Erhard Denninger, »Freiheitsordnung – Wertordnung – Pflichtordnung«, in: Mehdi Tohidipur (Hg.), *Verfassung, Verfassungsgerichtsbarkeit, Politik*, Frankfurt am Main 1976, S. 163-183.

unterworfen, die je nach Grundrechtsjudikatur täglich variieren können.[21]

Daß mit diesem Trend zur Dynamisierung und Flexibilisierung der Freiheitsrechte deren Rematerialisierung einhergeht, ist kein Widerspruch. Die Transformation subjektiver Freiheitsrechte in eine objektive Wertordnung[22] entkräftet die prozedurale Perspektive des 18. Jahrhunderts, die die inhaltliche Bestimmung der Freiheitsrechte mit dem Freiheitsgebrauch in demokratischen Verfahren verband. Erst wenn der Inhalt von Grundrechten als bereits objektiv vorgegebener behauptet wird, kann eine Expertokratie auf den Plan treten, die dem verblüfften Gesetzgeber z. B. aus nichts anderem als den grundgesetzlichen Formulierungen des Gleichheitssatzes und der Freiheit der Wissenschaft die genauen Statusanteile bei der Besetzung von Hochschulgremien vorgibt[23] oder im Abtreibungsurteil von 1975 aus »Menschenwürde«, »Recht auf Leben« und »freie Entfaltung der Persönlichkeit« die subtile Differenz zwischen der Verfassungsmäßigkeit der Indikationenlösung und der Verfassungswidrigkeit der Fristenlösung gewinnt.[24] Erst die inhaltliche Aufladung der Grundrechte ermöglicht deren Verselbständigung gegen den demokratischen Prozeß und gleichzeitig den dynamisch-voluntaristischen Umgang mit den behaupteten Grundrechtsinhalten. Dieser Prozeß der Resubstantialisierung der Grundrechte hat im 20. Jahrhundert eine Schwelle überschritten, von der ab Grundrechte und Demokratie als Gegensätze behandelt werden.

Für die deutsche Entwicklung ist diese Schwelle durch zwei klassische Texte aus der Weimarer Zeit repräsentiert. Ihre Autoren sind Erich Kaufmann und Carl Schmitt. 1927 insistiert Erich Kaufmann gegen die Abstraktionen des aufklärerischen Naturrechts auf dem »inhaltliche[n] Sinn« des Gleichheitssatzes.[25] Dieser verlange Gerechtigkeit bei den gesetzgeberischen Unterscheidungen von

21 Ridder verweist z. B. auf zwei Verfassungsgerichtsentscheidungen desselben (!) Tages (und desselben Senats), deren jeweilige »Abwägungen« zwischen grundrechtlicher Meinungsfreiheit und gesetzlicher Eigentumsregelung in genauem Gegensatz stehen: Ridder, *Die soziale Ordnung des Grundgesetzes*, S. 98 f.

22 Seit BVerfGE 7, 198.

23 BVerfGE 35, 79.

24 BVerfGE 39, 1.

25 Erich Kaufmann, »Die Gleichheit vor dem Gesetz in Sinne des Art. 109 der Reichsverfassung«, in: *Veröffentlichungen der Vereinigung der deutschen Staatsrechtslehrer* 3 (1927), S. 2-24, hier: S. 9, 11.

Sachverhalten im Regelungsbereich einer Norm. Gerechtigkeit wiederum könne nicht intersubjektiv und verfahrensförmig ermittelt, sondern nur als objektive Ordnung vorgefunden werden.[26] Kaufmann zieht daraus die Konsequenz, daß nur der Rückgriff auf das mittelalterliche Naturrecht, das der »Natur der Sache« und gewachsenen Institutionen Priorität einräumte vor jeder »Natur des Menschen«, die die Aufklärungsphilosophie zum Ausgangspunkt nahm, Gerechtigkeit wieder ermöglichen könne. Daß Kaufmann zufolge der überpositive Charakter des Gleichheitssatzes genau diesen objektiven Akzent trägt, hindert ihn nicht, die geforderte Gerechtigkeit ganz in die »hervorragende Juristenpersönlichkeit« zu verlagern: der gerechte Richter ist »reines Gefäß« und Sprachrohr der objektiven Werte.[27] Kaufmanns inhaltliche Besetzung eines Grundrechts und dessen Isolierung gegen das demokratische Verfahren mündet in der Forderung des richterlichen Prüfungsrechts gegenüber Gesetzen und begründet so den Übergang vom Gesetzgebungsstaat zum Justizstaat.

Carl Schmitts ganz analoge Ablösung der Grundrechte aus ihrem demokratisch-prozeduralen Zusammenhang intendiert dagegen den Übergang vom Gesetzgebungsstaat zum Staat der verselbständigten Exekutive. Carl Schmitt zufolge steht der Grundrechtsteil der Weimarer Verfassung aufgrund der ihm zugesprochenen inhaltlichen Wertordnung in einem unversöhnlichen Gegensatz zum inhaltslosen und wertneutralen Funktionalismus des »organisatorischen« Verfassungsteils, der die Verfahren der Gesetzgebung und sonstigen institutionalisierten Entscheidungsprozesse regelt.[28] Gegen den Abgrund von Beliebigkeit, den Carl Schmitt im parlamentarischen Legalitätssystem angelegt sieht, spielt er die überpositive Würde der Grundrechte als das verfassungsrechtlich Unverfügbare aus[29] – und kommt zu einem leider sehr aktuellen Ergebnis: Angesichts des diagnostizierten Grundwiderspruchs innerhalb der Weimarer Verfassung, die eigentlich aus zwei unvereinbaren Verfassungen bestehe, müsse eine Entscheidung, und zwar für den Grundrechtsteil, getroffen werden.[30] Leider ist die Chan-

26 Ebd., S. 11-14.
27 Ebd., S. 22.
28 Schmitt, »*Legalität und Legitimität*«, S. 300, 307.
29 Ebd., S. 311.
30 Ebd., S. 344 f.

cenlosigkeit der Durchsetzung von Freiheitsrechten, denen der Kontext demokratischer Organisation genommen wurde, weniger bekannt als die dramatische Konsequenz der Wahrung jener »substanzhaften Ordnung«, die Carl Schmitt im Grundrechtsteil der Weimarer Verfassung zu erkennen glaubte, durch die verselbständigte Exekutive des NS-Systems. Ungebrochen ist noch heute der öffentliche Glaube an die isolierte Bedeutung von Grundrechten und an die Unerheblichkeit von prozeduralen Verfassungsbestandteilen. Von der selektiven Rezeption von Verfassungstexten, die sich oft auf deren Grundrechtsteile beschränkt, über die Tatsache, daß aktuelle Verfassungsdebatten wesentlich Grundrechtsdebatten sind, bis zu dem Phänomen, daß die Verfassungsjudikatur zum allergrößten Teil Grundrechtsjudikatur ist und in prozeduralen Fragen eher Zurückhaltung übt,[31] besteht eine Tendenz zur Isolierung der Grundrechte. Als solche aber dienen diese leicht der Selbstlegitimation der Staatsapparate durch unmittelbaren Grundrechtsvollzug. Staatshandeln rechtfertigt sich heute nicht mehr am demokratischen Konsens von Grundrechtsubjekten, sondern an der effizienten Durchsetzung eigenmächtig definierter Grundwerte – im Zusammenspiel von Justiz und Exekutive.

Daß auf diese Weise demokratische Verkehrsformen ganz undramatisch sukzessive außer Kraft gesetzt werden, findet Unterstützung in der verbreiteten Skepsis gegenüber der normativen Auszeichnungsfähigkeit demokratischer Prozeduralisierung. Der Vorwurf der inhaltlichen Beliebigkeit demokratischer Verfahren mündet regelmäßig in der Begründung solcher objektiver Werte, die eine neue gesellschaftliche Stabilität garantieren sollen, aber nur die Dynamik freigesetzten Staatshandelns steigern. Die Berufung auf objektive Gesetzlichkeiten, die durch politische Funktionseliten lediglich zu vollziehen seien, hat im übrigen verzweifelte Ähnlichkeit mit den Legitimationsmechanismen einstiger »realsozialistischer« Gesellschaften. Der Anspruch, objektive gesellschaftliche Gesetzlichkeiten in das subjektive Bewusstsein zurückzuholen, um emanzipatorisches Handeln freizusetzen, war dort längst zur Verwaltung von Sachzwängen gegen demokratische Forderungen pervertiert. Der katastrophale Zustand aber, in dem liberaldemokratische Systeme sich heute befinden, zeigt, daß sie sich schon lange

31 Z. B. in der Entscheidung des Bundesverfassungsgerichts zur Bundestagsauflösung: BVerfGE 62, 1.

den Systemen annäherten, die sie vor 1989 zutreffend kritisierten. Deren Zusammenbruch ist deshalb kein Grund zur Selbstgerechtigkeit.

3. Basisdemokratische Aktivitäten und rechtsstaatliche Verfassung: Zum Verhältnis von institutionalisierter und nichtinstitutionalisierter Volkssouveränität

Angesichts faktischer Weltläufte stellt sich die Frage, ob das letzte Jahrhundert – von wenigen liberaldemokratischen Phasen und Inseln abgesehen – nur die Wahl zwischen Stalinismus und Faschismus, Militärdiktaturen oder schließlich politischen Systemen der Entdifferenzierung von Staat und Religion (zuletzt sogar unter christlichen Vorzeichen) kannte. Entsprechend steht jeder Vorschlag zur neuen Reflexion oder gar Änderung bestehender liberaldemokratischer Verfassungen unter großem Rechtfertigungszwang, während deren realexistierende Institutionen für sich selbst zu sprechen scheinen. Doch gerade die prekäre Gesamtlage sollte Anlaß zu der Überlegung sein, ob die liberaldemokratischen Systeme dem Ausmaß heutiger Herausforderungen gewachsen sind. Die Frage lautet: Ist das gegenwärtige Set rechtsstaatlicher Institutionen in einer »Verfassung«, die es erlaubt, zugleich deren demokratische Prämissen gegen Gefährdungen zu schützen, und ist dem herrschenden verfassungstheoretischen Verständnis auch nur die bescheidene reformkonservative Problemstellung Edmund Burkes[1] nahezulegen, daß sogar die Absicht der Erhaltung ohne Veränderung nicht auskommt?

I. Die Eliminierung von repräsentativer Demokratie und Basisdemokratie in der herrschenden Verfassungsdiskussion

Die plötzliche Chance zur Beratung einer neuen Verfassung im vereinigten Deutschland traf nicht nur wegen der Unvorhersehbarkeit der historischen Ereignisse die politische Öffentlichkeit und herrschende Verfassungstheorie unvorbereitet an, sondern schien auch an einem Bewußtsein aufzulaufen, das den Gedanken demokratischer Verfassunggebung oder -änderung längst zugunsten systemischer Verfassungsevolution oder justizförmigen Verfassungswandels

1 Edmund Burke, *Betrachtungen über die Französische Revolution*, hg. von Dieter Henrich, Frankfurt am Main 1967, S. 53.

verabschiedet hatte. Beide Richtungen dieses Verfassungsverständnisses eliminieren das Prinzip der Volkssouveränität sowohl hinsichtlich der verfassunggebenden Gewalt als auch der alltäglichen rechtlich institutionalisierten Gesetzgebungsprozesse – von weiter gehenden Aspekten einer Basisdemokratie noch gar nicht zu reden. Die elaborierten Exorzismen jener Momente von Volkssouveränität, die die Verfassungstheorie der europäischen Aufklärung einst erarbeitet und für entsprechende Institutionalisierungen der folgenden Jahrhunderte bereitgestellt hatte, erweisen allerdings angesichts der gegenwärtigen Verfassungspraxis ihren Realitätsgehalt und verdeutlichen zugleich den prekären, höchst verbesserungsbedürftigen Zustand der heutigen Demokratien.

Bei Niklas Luhmann ist die verfassunggebende Gewalt des Volkes durch ein »autologische(s) Manöver« ersetzt: »Der Code Recht/Unrecht generiert die Verfassung, weil die Verfassung den Code Recht/Unrecht zu generieren hat.«[2] Wurde noch von Kant die Tatsache, daß die ungeschriebenen Verfassungen des *Ancien régime* die verfassung- und gesetzgebende Souveränität des Volkes nicht anerkannten, selber als das »Unrecht« bezeichnet,[3] so ist bei Luhmann sowohl die dramatische historische Zäsur der Umstellung der modernen Verfassungen auf dieses Prinzip der Volkssouveränität als auch das Prinzip selbst negiert. Indem Luhmanns Blick sich ausschließlich auf den Traditionalismus und Gradualismus der angelsächsischen Selbstbeschreibungen einer tatsächlich weiter gehenden Praxis richtet und die kontinentalen Verfassungsbegründungen gänzlich ausblendet, kann er die Verfassunggebungen des 18. Jahrhunderts als einen Vorgang bezeichnen, in dem die längst evolutionär gewachsenen faktischen Konstitutionen lediglich konstitutionalisiert werden, so daß als das einzig Neue der Begriff der »constitution« selbst zu verbuchen ist.[4] Die Französische Revolution und ihre langwierigen Prozesse der Verfasssunggebung fanden also nicht statt, sondern der Code Recht/Unrecht »*etabliert* den (Verfassungs-)Text«.[5] Dem entspricht eine Selbstreferentialität des Luhmannschen Verfassungsbegriffs, die aus der Negation der

2 Niklas Luhmann, »Verfassung als evolutionäre Errungenschaft«, in: *Rechtshistorisches Journal* 9 (1990), S. 176-220, hier: S. 189.

3 Kant, Reflexion 8055, in: AA XIX, S. 595 f.

4 Luhmann, »Verfassung als evolutionäre Errungenschaft«, S. 179.

5 Ebd., S. 189.

Volkssouveränität ihre *ratio essendi* gewinnt. Luhmann zufolge beruht nicht die Verfassung auf der verfassunggebenden Gewalt des Volkes, sondern die Verfassung kann dadurch bei sich selber bleiben, daß sie sich *selbst* aus der verfassunggebenden Gewalt ableitet: »Das Recht [...] [führt] sich selbst über das Verfassungsgesetz auf ein inhaltlich unbestimmtes Rechtsinstitut zurück [...], das verfassunggebende Gewalt des Volkes heißt.«[6] Luhmann rettet die Selbstreferentialität von Recht und Verfassung, indem er die rechts- und verfassungskonstituierende Volkssouveränität, die die Rechtsphilosophie der Aufklärung noch als das außerrechtliche Phänomen schlechthin begründete,[7] kurzerhand der Verfassung einverleibt, verrechtlicht und dadurch fiktionalisiert.

In hochidealistischen Hegelianischen Wendungen erscheinen darum bei Luhmann Verfassung und Verfassungsgeschichte als die eigentlichen Akteure allen Geschehens. Die Verfassung ist nicht etwa ein Produkt politischer Willensbildungsprozesse, gesellschaftlicher Einflußnahme und öffentlicher Argumentation, sondern die Verfassung selbst »konstituierte [...] eine Hierarchie von [...] Rechtsquellen. Sie unterscheidet Verfassungsrecht (sich selbst) und anderes Recht [...], *sie* (ordnet) die Selbstbeschreibung des Rechtssystems.«[8] So ist auch die Verfassungsgeschichte nicht das, was wir *ex post* über vergangene relevante Situationen und Prozesse in Erfahrung bringen, sondern: »Die europäische Verfassungsgeschichte hatte [...] eine Situation genutzt [...].«[9] Wenn auch gegen Marx' treffsichere Hegel-Kritik, die die Hypostasierung von Abgeleitetem betraf und durch eine Übersetzung des Hegelschen Idealismus in (nominalistische) »Prosa« die »Selbstbestimmungen« von Individuen und gesellschaftlichen Einheiten gegen den Staat geltend machte,[10] einzuwenden ist, daß sie ihrerseits den verteidigten realen Prozessen an der gesellschaftlichen Basis den Schutz rechtlich institutionalisierter Demokratie versagte, so trifft jedenfalls Marx' Kritik antizipierend auch Luhmanns Verfassungstheorie. Diese bringt den Staat des aufgeklärten Absolutismus und den der gegen-

6 Ebd., S. 203.

7 Dazu ausführlich Maus, *Zur Aufklärung der Demokratietheorie.*

8 Luhmann, »Verfassung als evolutionäre Errungenschaft«, S. 190.

9 Ebd., S. 214.

10 Karl Marx, »Kritik des Hegelschen Staatsrechts«, in: *MEW*, Bd. 1, Berlin 1957, S. 201-333, hier: S. 205-207.

wärtigen Demokratien auf den gleichen Begriff: es handelt sich um den »seine Souveränität selbst kontrollierenden Staat [...]«.[11] Angesichts der Unübersichtlichkeit heutiger Entscheidungsprozesse entlastet diese Theorie von der Anstrengung demokratischer Kontrolle politischer Macht, indem sie selbstreferentielle *Constraints* den systemischen Mechanismen ebenso gläubig unterstellt, wie Selbstbeschränkung einst vom guten Monarchen erwartet wurde.

Ein alternatives Verfassungskonzept der Gegenwart, das die Verfassung mit den laufenden Verständigungsprozessen einer »offenen Gesellschaft der Verfassungsinterpreten« nahezu identifiziert,[12] scheint auf den ersten Blick in genauem Gegensatz zu Luhmanns Theorie zu stehen. Dem subjektiven Faktor käme demzufolge in Gestalt intersubjektiver Kommunikation über die Verfassung die zentrale Rolle der Verfassungsbegründung und -entwicklung zu. Nach dieser Konzeption verselbständigt sich die Verfassung jedenfalls nicht als eine vergangene Entscheidung über normative Grundlagen öffentlicher Diskurse und politischer Entscheidungsprozesse gegenüber den aktuellen Diskursen und Entscheidungen. Vielmehr ist die Verfassung selbst der je aktuelle Prozeß.[13] Indem Peter Häberle die »Bewährung« der normativen Kraft der Verfassung mit deren Anpassung an gesellschaftlichen Wandel gleichsetzt und den Inhalt von Verfassungsnormen als abhängige Variable des Bewußtseins und Verhaltens ihrer Normadressaten bestimmt,[14] beschwört er die zukunftsoffene Dynamik einer »republikanischen« Verfassungsauslegung, die den Kreis der Verfassungsinterpreten über die rechtswissenschaftliche Zunft hinaus um alle Staatsorgane, Staatsbürger und gesellschaftlichen Gruppen erweitert, wobei dem Bundesverfassungsgericht die letztinstanzliche Interpretationsbefugnis verbleibt. Dieses Verständnis einer dynamischen Verfassung, das den Unterschied zwischen Verfassunggebung und Verfassungsinterpretation relativiert,[15] scheint auf den

11 Luhmann, »Verfassung als evolutionäre Errungenschaft«, S. 211.

12 Häberle, »Die offene Gesellschaft der Verfassungsinterpreten«, S. 155-160; vgl. zum folgenden Maus, *Rechtstheorie und Politische Theorie*, S. 193 f.

13 Peter Häberle, »Zeit und Verfassung«, in: ders., *Verfassung als öffentlicher Prozeß. Materialien zu einer Verfassungstheorie der offenen Gesellschaft,* Berlin 1978, S. 59-92, hier: S. 59-65.

14 Ebd., S. 64, 75; ders., »Die offene Gesellschaft der Verfassungsinterpreten«, S. 157.

15 Häberle, »Verfassungsinterpretation und Verfassunggebung«, in: ders., *Verfassung als öffentlicher Prozeß. Materialien zu einer Verfassungstheorie der offenen Ge-*

ersten Blick dem »Volk«, als das die Theorie der Volkssouveränität schlicht alle Nicht-Funktionäre eines politischen Gemeinwesens bezeichnet, doch wenigstens eine verfassunggebende Mitwirkung zu gewährleisten.

Diese überaus breit rezipierte Lesart der herrschenden Verfassungspraxis verstaatlicht jedoch eher das »Volk«, als daß sie die Staatsapparate der vom Volk kontrollierten Verfassung unterwirft. Nicht nur ist die Verfassungsinterpretation durch »mediatisierte«, mit öffentlicher Kompetenz erst beliehene Staatsbürger in ausdrücklichen Gegensatz zum Prinzip rechtsbegründender Volkssouveränität gebracht,[16] sondern die vermeintliche »Demokratisierung der Verfassungsinterpretation« läuft auch insgesamt auf eine Absorption des demokratischen Prozesses durch den Vorgang der Verfassungsauslegung hinaus: Indem Häberle sämtliche politischen Aktivitäten von den Diskursen einer kritischen Öffentlichkeit und basisdemokratischen Aktionen bis zur Gesetzgebung des Parlaments und exekutivem und judikativem Staatshandeln als anteilige Verfassungsinterpretation definiert, unterwirft er einerseits alle diese unterschiedlichen Prozesse den Anforderungen, die für die juristische Arbeit der Verfassungsauslegung gelten, und unterstellt andererseits die Existenz einer Verfassung, in der alle denkbaren politischen Entscheidungsinhalte bereits materialiter vorentschieden sind und lediglich durch Interpretation noch ans Tageslicht gefördert werden müssen. Gegenüber dem prozeduralen Verfassungsbegriff der Aufklärung, der dem autonomen, je aktuellen politischen Willen der Staatsbürger dadurch zu seinem Recht verhelfen wollte, daß er die freigesetzten inhaltlichen Gesetzes- und Verfassungsrechtsentscheidungen lediglich an die Verfassungsprämissen willkürverhindernder Verfahren band, bedeutet darum Häberles Konzept eine dramatische Reduktion demokratischen Handlungsspielraums. Die »offene Gesellschaft der Verfassungsinterpreten« öffnet nicht etwa, wie sie beansprucht, die Verfassung für demokratische gesellschaftliche Lernprozesse, sondern schließt von vornherein deren Horizont durch die Unterstellung eines abgeschlossenen Katalogs von Inhalten, die dann im Wege der Interpretation situativ dynamisiert werden können. Dagegen entspricht

sellschaft, Berlin 1978, S. 182-224.

16 Häberle, »Die offene Gesellschaft der Verfassungsinterpreten«, S. 169-171 u. Anmerkung 66.

es der Theorie der Volkssouveränität, daß sowohl inhaltliche Gesetzesentscheidungen durch die demokratisch kontrollierte Legislative als auch im Wortlaut kenntlich gemachte und in demokratischen Verfahren verantwortete Verfassungsänderungen aus demokratischen und rechtsstaatlichen Gründen jeder situativen Flexibilisierung durch Interpretation vorzuziehen sind. Volkssouveränität meint nicht etwa Mystik souveräner Verfassungsentscheidung, sondern normative Kraft der Verfassung und Freiheit demokratischer Prozesse gleichermaßen – weil das eine nicht ohne das andere zu haben ist. Dieser Zusammenhang ist näher zu explizieren.

Das schlimmste Beispiel einer nicht im Wege demokratisch kontrollierter Verfassungsänderung, sondern durch situative Anpasssungen, Wandlungen und Interpretation geänderten Verfassung bietet die Weimarer Verfassung im Übergang zum NS-System. Zwar ist es nicht zutreffend, daß diese Verfassung im Nationalsozialismus in dem Sinne fortgalt, daß sie lediglich durch Interpretation für neue Herrschaftsinteressen gefügig gemacht worden wäre. Nach zahllosen situativen Verfassungsdurchbrechungen in der Weimarer Endphase hat das Ermächtigungsgesetz von 1933 durch die Übertragung der Gesetzgebungskompetenz auf die Exekutive den Kern der Verfassung zerstört. Dies war ein Vorgang, der keineswegs nur unter dem Aspekt zu würdigen ist, daß hier ein verfassungsänderndes Gesetz dem Verfassungstext nicht inkorporiert wurde,[17] während immanente verfassungsrechtliche Anschlußzwänge den inkommensurablen Einschub sichtbar gemacht hätten (weil nämlich eine Verfassung nicht gleichzeitig sich selbst und ihr eigenes Gegenteil garantieren kann). Vielmehr ist hinsichtlich der verfassungsändernden Qualität des Ermächtigungsgesetzes auch der zentrale – demokratisch-rechtsstaatliche – Gesichtspunkt zu verdeutlichen, daß Verfassungsänderungen überhaupt nicht situativ und mit heißer Nadel gestrickt von den politischen Funktionseliten betrieben werden dürfen, die im Zuge der Verfassungsänderung gleichzeitig ihre eigenen verfassungsmäßigen Kompetenzen und Positionsvorteile als disponsible Verhandlungsmasse in das Spiel mit einbringen können. Die unerhörte Rationalität der klassischen Volkssouveränitätstheorie, die – in der Version Sieyes' – darauf bestand, daß jede Verfassunggebung und Verfassungsänderung nur durch die »Nation«

17 Das Grundgesetz hat auf dieses Problem in Art. 79 Abs. 1 Satz 1 reagiert.

bzw. das »Volk«, nicht aber durch die verfassungsmäßig eingesetzten Gewalten geschehen könne, weil keine übertragene Gewalt an den Bedingungen der Übertragung etwas ändern dürfe,[18] besteht in ihrem genauen Gegensatz zur Verabschiedung des Ermächtigungsgesetzes im Reichstag. Dieser höchstrangige Aspekt demokratisch-rechtsstaatlicher Unterbrechung selbstreferentieller Kompetenzverteilung blieb jedoch im Grundgesetz unberücksichtigt, das auf eine Verfahrensdifferenzierung zwischen Verfassungsänderung und Gesetzgebung, also auf die Unterscheidung zwischen verfassunggebender und verfassungsmäßiger Macht verzichtete: für beide Entscheidungskompetenzen existiert nur der eine Bundestag. Hieraus begründet sich bereits die Notwendigkeit eines Volksentscheids bei Verfassungsänderungen. Er entspricht sowohl der normativen Kraft der Verfassung als auch der »verfassunggebenden Gewalt« als der jeder Verfassung vorausliegenden, die Verfassung erst begründenden demokratischen Kompetenz des »Volkes«.

Auch die interpretative Anverwandlung der Restbestände der Weimarer Verfassung während des Nationalsozialismus macht noch einmal das Prekäre situativer Verfassungsdynamisierung deutlich. Die offizielle nationalsozialistische Doktrin der »lebendigen Verfassung«[19] verdeutlicht in extremster Weise die Konsequenzen einer Verfassungsentwicklung nach Lage der Dinge und jeweils herrschender politischer Opportunität. Wenn die Identifikation der Verfassung mit der je situativen Verfassungspraxis und der ihr stets folgenden Verfassungsinterpretation das »Lebendige« dieser Verfassung ausmacht, so bietet diese den herrschenden Machtapparaten ein Optimum an Handlungsspielräumen, wie überhaupt das NS-System es ablehnte, sich durch die Neukodifikation eines wie immer beschaffenen völkischen Verfassungsrechts überhaupt die Hände zu binden.[20] Umgekehrt kann nur eine Verfassung, die so lange unangefochten gilt, als sie noch nicht durch demokratische Entscheidung – die aufgrund ihrer vielstimmigen Struktur nicht ohne umfängliche öffentliche Beratung und Zwang zu ar-

18 Sieyes, »Was ist der Dritte Stand?«, S. 167.

19 *Verhandlungen des Reichstags, IX. Wahlperiode 1933*, Bd. 458, Berlin 1936, S. 41. Ernst Fraenkel macht bereits auf diesen Begriff in der Hitler-Rede vom 21. Mai 1935 aufmerksam: *Der Doppelstaat*, Frankfurt am Main, Köln 1974, S. 220.

20 Dazu Helmut Ridder, »Zur Verfassungsdoktrin des NS-Staates« (1969), in: ders., *Gesammelte Schriften*, S. 597-625.

gumentativer Rechtfertigung auskommt – definitiv geändert ist, überhaupt jene Domestizierung staatlicher Macht bewirken, die die Entfaltung privater, gesellschaftlicher und basisdemokratischer Freiheit gewährleistet. Unter diesem Aspekt liegt die Ambivalenz von Häberles Konzeption nicht nur in der Dynamisierung der Verfassung, sondern gerade auch in dem Moment, das ihr demokratischstes zu sein scheint: der Einbindung der Staatsbürger in den einen großen Prozeß der Verfassungsinterpretation, der zugleich die politische Praxis selbst ist. Sie ebnet nämlich den Antagonismus zwischen »Volk« und Funktionären ein, der demokratische Kontrolle überhaupt ermöglicht. Innerhalb einer »Interpretationsgemeinschaft«, die Staatsbürger und Staatsapparate gleichermaßen umfaßt, entsteht nicht nur – wie in der (nationalsozialistischen) »Betriebsgemeinschaft« von Arbeitern und Unternehmern – notwendig eine Dominanz der letzteren, sondern in ihr verschwindet auch der rechtsfreie Raum der Volkssouveränität, der in der klassischen Trennung zwischen verfassunggebender und verfassungsmäßiger Gewalt, zwischen »Volk« und Amtswaltern, etabliert wurde. Häberles totalisierter materialer Verfassungsbegriff, der alle politische Praxis als Interpretation vorgegebener Verfassungsinhalte begreift, kennt weder Freiräume gesetzgeberischer demokratischer Willensbildung im Rahmen der Verfassung noch basisdemokratische Aktivitäten, die als verfassungsbegründende aller Verfassung vorhergehen. Hatte noch Sieyes hinsichtlich der Möglichkeit von Verfassungsänderungen formuliert, daß hier nur die Regierungen, nicht aber das Volk an die Verfassung gebunden sei,[21] so unterstellt Häberle den mediatisierten Staatsbürger und die Staatsapparate den gleichen situativ dynamisierten Bedingungen. Die zur politischen Praxis erweiterte Verfassungsinterpretation entgrenzt die Verfassung hin zu jener Selbstreferentialität, die wie bei Luhmann das außerrechtliche und verfassungsbegründende Moment der Volkssouveränität nicht mehr zuläßt.

Während die Verfassung in ihrer normativen Struktur in dem Maße entwertet ist, wie sie als politische Praxis definiert wird, sind gleichzeitig die Lernprozesse, auf die es diesem herrschenden Verfassungsverständnis ankommt, nicht demokratisch situiert. Hatte Häberle bereits bündig erklärt, daß dem Bundesverfassungsgericht

21 Sieyes, »Was ist der Dritte Stand?«, S. 167 f.

die letztinstanzliche Interpretationsbefugnis gegenüber den übrigen Teilnehmern der Interpretationsgemeinschaft verbleibe, so macht das Gericht selbst in eindeutigen Äußerungen alle Hoffnung auf die Einbindung seiner Entscheidungen in den demokratischen Diskurs zunichte. Im Abtreibungsurteil von 1975 begründet es die von ihm gegen einen breiten öffentlichen Konsens und den Willensbildungsprozeß des parlamentarischen Gesetzgebers errichtete »verfassungsrechtliche Schranke« lapidar:

> Auch ein allgemeiner Wandel der hierüber in der Bevölkerung herrschenden Anschauungen – falls er überhaupt festzustellen wäre – würde daran nichts ändern können. Das Bundesverfassungsgericht, dem von der Verfassung aufgetragen ist, die Beachtung ihrer grundlegenden Prinzipien durch alle Staatsorgane zu überwachen und gegebenenfalls durchzusetzen, kann seine Entscheidungen nur an diesen Prinzipien orientieren, zu deren Entfaltung es selbst [!] in seiner Rechtsprechung entscheidend beigetragen hat.[22]

Angesichts dieser Selbstreferentialität der professionalisierten Interpretationskompetenz und der mit ihr identifizierten Verfassung kann das Konzept der »offenen Gesellschaft der Verfassungsinterpreten« nur die Einbindung der Staatsbürger in den herrschenden vermachteten Diskurs des höchsten Gerichts und in die Autopoiese des Rechtssystems verschleiern. Den Staatsbürgern bleibt nur, die Lernprozesse des Staatsapparats als ihre eigenen zu akzeptieren und im übrigen auf *Selfrestraint* des Gerichts zu vertrauen. Aber auch *Selfrestraint* kennzeichnet die Wiederkehr einer Kategorie des aufgeklärten Absolutismus.

II. Basisdemokratie und rechtsstaatliche Prozeduralisierung

Wenn also die demokratischen Defizite der herrschenden Verfassungstheorie und -praxis deutlich sein sollten, so gilt dies für mögliche Abhilfen noch nicht. Ergibt sich, wie gezeigt wurde, die Notwendigkeit von Volksentscheiden bei allen Verfassungsänderungen aus Gründen nicht nur einer demokratischen Verfassungstheorie, sondern auch der historischen Erfahrung, so bleibt diese Erfahrung für weiter gehende basisdemokratische Anforderungen an

22 BVerfGE 39, 1 (67).

die laufende Gesetzgebungspraxis eher diffus. Bekanntlich führen auch Volksentscheide gelegentlich zu Ergebnissen, die dem Universalismus ihrer demokratischen Organisationsform widersprechen. Allerdings gibt gerade die häufig zitierte deutsche Entwicklung dafür kaum ein Beispiel. Entgegen aller Nachkriegslegenden, die sich in den Begründungen für die extrem repräsentativen Regelungen des Grundgesetzes als erfolgreich erwiesen, haben die plebiszitären Gesetzgebungsverfahren der Weimarer Republik keineswegs eine politische Dummheit des Volkes zutage gefördert, die diejenige der politischen Funktionseliten erreicht oder gar übertroffen hätte. Auch der berüchtigte Volksentscheid über den Young-Plan, der vom Einbruch der national-sozialistischen Propaganda in das bürgerliche Parteienlager begleitet war, scheiterte kläglich, indem nur 13,81 Prozent aller Stimmberechtigten sich an ihm beteiligten. Daß weiterhin der Hinweis auf die Plebiszite im NS-System nicht als Argument gegen basisdemokratische Verfahren angeführt werden kann, sollte sich von selbst verstehen: Diese Plebiszite wurden als nachträgliche Akklamationen zu bereits geschaffenen Tatsachen (z. B. dem vollzogenen Austritt aus dem Völkerbund oder dem vollzogenen Anschluß Österreichs) inszeniert. Die schlimmsten Verbrechen des NS-Systems aber haben bezeichnenderweise das Licht aller Öffentlichkeit gescheut. Die systematischen Mordprogramme entbehrten jeder gesetzlichen Grundlage und umgingen so die Veröffentlichung auch nur im Gesetzblatt – von der Öffentlichkeitswirkung plebiszitärer Verfahren ganz zu schweigen.

Auch die hartnäckige Behauptung, plebiszitäre Gesetzgebungsverfahren seien Bestandteil rechtskonservativer Konzeptionen einer »Diktatur auf demokratischer Grundlage«, ist nicht stichhaltig. Gerade Carl Schmitts Theorie – als prominenteste Kandidatin für diese These – verurteilt alle Verfahren des Volksbegehrens und Volksentscheids der Weimarer Verfassung als bloße Steigerung des organisatorischen Funktionalismus des parlamentarischen Systems[23] und befürwortet das »plebiszitäre« Element lediglich in Gestalt der unmittelbaren Wahl des Reichspräsidenten.[24] In Carl Schmitts Theorie ist vielmehr die Grundthese des heutigen

23 Carl Schmitt, *Volksentscheid und Volksbegehren. Ein Beitrag zur Auslegung der Weimarer Verfassung und zur Lehre von der unmittelbaren Demokratie*, Berlin, Leipzig 1927, S. 51 f.; ders., »Legalität und Legitimität«, S. 316.

24 Schmitt, »Legalität und Legitimität«, S. 339 f.

Konservatismus vorgebildet, daß das »Volk« lediglich zu Personalplebisziten, keinesfalls aber zu Realplebisziten fähig sei. Von den theoretischen Begründungen der 50er Jahre[25] bis zur Einführung der Direktwahl von Bürgermeistern und Landräten, zuletzt sogar Vorschlägen einer Direktwahl des Bundespräsidenten (!) reichen die Voten für eine Art von Wahlmonarchie, die die Verselbständigung plebiszitär legitimierter exekutivischer Instanzen gegen parlamentarische Kontrollorgane zur Konsequenz hat und den demokratischen Einfluß auf Sachentscheidungen blockiert. Daß aber das »Volk« in der Auswahl politischer Amtswalter sich jedenfalls leichter über seine eigenen Interessen täuscht als bei einer Abstimmung z. B. in Fragen des Mietrechts, dürfte bloß deshalb schwer aus historischer Erfahrung zu belegen sein, weil nur für letztere Verfahren ein Mangel an Gelegenheit bestand.

Umgekehrt sind die historischen Erfahrungen mit politischen Funktionseliten – besonders wenn es um die Abwehr freiheitsgefährdender Regressionen geht – sehr viel negativer, als die herrschende Verachtung der Basisdemokratie unterstellt. Um von exekutivischen Usurpationen erst gar nicht zu reden, so haben zum Beispiel im Übergang von der Weimarer Republik zum Terrorsystem des Nationalsozialismus die Abgeordneten des Reichstags sich noch viel mehr blamiert als das »Volk«: Während die letzten freien Wahlen im November 1932 einen Stimmanteil von 33,1% für die NSDAP ergaben (Juli 1932 noch 37,4%), stimmten die gewählten Volksvertreter im Reichstag mit 68,6% ihrer Stimmen[26] für das von Hitler geforderte Ermächtigungsgesetz – eine Sachentscheidung zur Errichtung des »verfassunggebenden Maßnahmenstaates«.[27] Auch die Argumente derer, die den verfassungsrechtlichen Volksbegriff mit einem soziologischen verwechseln[28] und Bildungseliten gegen das »gemeine« Volk ausspielen, sind hier widerlegt: Es wa-

25 So z. B. Wilhelm Hennis, *Meinungsforschung und repräsentative Demokratie*, Tübingen 1957, S. 37 (wenngleich im Kontext einer zutreffenden Kritik an der methodischen Sprachlosigkeit der Meinungserhebung).

26 D. h. 68,6% der gesetzlichen Abgeordnetenzahl von 647 Abgeordneten (bei 538 anwesenden).

27 Zu diesem Begriff (der den Inhalt des Ermächtigungsgesetzes am genauesten wiedergibt) siehe Maus, *Bürgerliche Rechtstheorie und Faschismus*, S. 129-131 u. Anmerkung 48.

28 So durchgängig: *Das Volk, der Souverän*, Kursbuch 117, hg. von Karl Markus Michel, Tilman Spengler, Berlin 1994.

ren nur die »Proleten«-Parteien SPD und KPD, die dem Ermächtigungsgesetz die Zustimmung verweigerten (soweit ihre Abgeordneten nicht bereits durch Verhaftung an der Stimmabgabe gehindert waren), während die sogenannten bürgerlichen Parteien (mit ihrem hohen Anteil an humanistisch gebildeten Abgeordneten) geschlossen zustimmten. – Auch die Justiz, die gegenwärtig mit Vertrauen ohne Kontrolle unbegrenzt belehnt ist, hat in extremen Situationen extrem versagt. So hat es nicht nur der Weimarer Staatsgerichtshof unterlassen, die Republik gegen Papens Staatsstreich (»Preußenschlag«) zu verteidigen, sondern sind auch in der härtesten Phase des Nationalsozialismus Gerichte vom Reichsjustizministerium zum Teil deshalb gerügt worden, weil ihre Entscheidungen im Strafmaß zu hoch (!) waren.[29]

Dennoch können Volksentscheide nicht pauschal mit dem Hinweis auf bekannte Irrationalitäten elitärer Entscheidungsfindung begründet werden. Aus der hochkomplexen, pluralistischen und multikulturellen Struktur moderner Gesellschaften ergeben sich für sie noch ungelöste Probleme. Der Verfassungsentwurf des Kuratoriums für einen demokratisch verfassten Bund Deutscher Länder konnte es sich hier leicht machen, als er in Art. 77 einfach formulierte: »Die Bundesgesetze werden vom Bundestage *oder* durch Volksentscheid beschlossen«[30] – hatte er doch gleichzeitig die dominante Stellung des Bundesverfassungsgerichts in der herrschenden Verfassungspraxis in einer Weise bestätigt und sogar ausgebaut, die dafür bürgt, daß alle demokratischen Willensbildungsprozesse ohnehin nur unter dem Vorbehalt der Karlsruher Dezisionen stehen. Dabei ist nicht die in Art. 93 Abs. 2 des Entwurfs eingeführte Zuständigkeit des Bundesverfassungsgerichts für Verfahrensstreitigkeiten über die Durchführung von Volksinitiativen, -begehren und -entscheiden zu kritisieren, weil die Kontrolle der Einhaltung verfassungsmäßiger Prozeduren eine Funktion der Verfassungsgerichtsbarkeit ist, die zur Institutionalisierung von Volkssouveränität keineswegs in

29 Vgl. *Richterbriefe. Dokumente zur Beeinflussung der deutschen Rechtsprechung 1942-1944*, hg. von Heinz Boberach, Boppard 1975; ein Drittel der dort vom Reichsjustizministerium zwecks methodologischer Analyse und Anweisung ausgewählten Gerichtsentscheidungen wird wegen des zu hohen Strafmaßes kritisiert.

30 *Eine Verfassung für Deutschland. Manifest, Text, Plädoyer*, hg. von Bernd Guggenberger, Ulrich K. Preuß u. a., München, Wien 1991.

Gegensatz steht. Vielmehr erhalten die im Entwurf vorgesehenen plebiszitären Gesetzgebungsverfahren erst dadurch den Charakter basisdemokratischer Sandkastenspiele, daß sie unter ein Ausmaß inhaltlicher Normenkontrolle des Bundesverfassungsgerichts gestellt werden, das auch die *outputs* parlamentarischer Gesetzgebung schon lange zu bloßen Prolegomena gerichtlicher Entscheidungsfindung macht. Der Entwurf verstärkt sogar den herrschenden Trend verfassungswidriger Kompetenzusurpationen des Bundesverfassungsgerichts auf Kosten demokratischer Gesetzgebung, indem er eine nachträgliche Indemnität ausspricht: Hatte das höchste Gericht die Maßstäbe des Verfassungsrechts und damit seinen eigenen Handlungsspielraum unter anderem um den Grundsatz der »Verhältnismäßigkeit« erweitert und dadurch den Gesetzgeber den Kontrollprinzipien für eine nachgeordnete Verwaltungsbehörde unterstellt,[31] so legalisiert der Verfassungsentwurf diese Entwicklung, indem er in Art. 19 Abs. 2 diesen Grundsatz ausdrücklich aufnimmt. Schien »Verhältnismäßigkeit« als bloßer »Schlüsselbegriff«[32] verfassungsrechtlich gebundener Argumentation mit einer demokratischen Verfassung gerade noch kompatibel zu sein, so wird er durch die beabsichtigte Inkorporierung ins Verfassungsrecht erst legalerweise zu jener unmittelbar einsetzbaren »Waffe«, als die ihn das Bundesverfassungsgericht bisher schon reichlich verwendete.

Aber auch die umfängliche Anreicherung des Verfassungsentwurfs mit materialen Zielsetzungen, so wünschbar diese im einzelnen sein mögen, trägt zur Enteignung demokratischer Willensbildung bei, indem sie die inhaltlichen Kontrollbefugnisse des Bundesverfassungsgerichts entsprechend erhöht – ganz zu schweigen von der projektierten Aufnahme außenpolitischer Zielsetzungen, wie der Errichtung eines europäischen Bundesstaates, in die Verfassung (Art. 19a Abs. 2), als hätte es die Erfahrung mit verfassungsgerichtlicher Außenpolitik[33] aufgrund des »Wiedervereinigungsgebots« des Grundgesetzes nicht gegeben. Die zukünftig mögliche Erkenntnis des demokratischen Souveräns, daß für seine Willensbildungsprozesse in einem europäischen Staatenbund grö-

31 Vgl. Maus, *Rechtstheorie und Politische Theorie*, S. 288 f.

32 So Erhard Denninger, »Verfassungsrechtliche Schlüsselbegriffe« (1985), in: ders., *Der gebändigte Leviathan*, Baden-Baden 1990, S. 158-177.

33 Siehe das Urteil des Bundesverfassungsgerichts zum Grundlagenvertrag vom 31.07.1973: BVerfGE 36, 1.

ßere Chancen bestehen als in einem Bundesstaat, käme jedenfalls nach einer solchen Verfassungsbestimmung immer zu spät. Indem der Verfassungsentwurf des Kuratoriums dem Volk durch die Ausweitung der Verfassungsgerichtskompetenzen wieder nimmt, was er ihm mit plebiszitären Gesetzgebungsverfahren vermeintlich zubilligt, trägt er zumal durch die Materialisierung des Verfassungsrechts Züge eines sozialstaatlichen Paternalismus, den einst Ulrich K. Preuß unter dem Stichwort »Grundrechtspolitik« zutreffend kritisierte.[34] Staatliches Handeln – und mit ihm die Kontrollbefugnis der Verfassungsgerichtsbarkeit – orientiert und rechtfertigt sich hier nicht an demokratischem Prozedere, sondern an der unmittelbaren Exekution materialer Wertvorstellungen und Zielsetzungen. Die Effizienz in der Verfolgung der Ziele kann sich so gegen empirische Konsensermittlung verselbständigen.

Dagegen muß die Option für einen Sozialstaat, der »von unten« zu organisieren ist, sich auf die Offenheit basisdemokratischer Verfahren einlassen. Die Rationalität gesetzgeberischer Entscheidungen, die der herrschende Paternalismus von der letztinstanzlichen Gerechtigkeitsexpertokratie des Bundesverfassungsgerichts erwartet, kann darum nur in die Struktur des basisdemokratischen Prozedere selbst eingebaut werden. Unter diesem Aspekt stellt sich überhaupt erst die Frage, welche Gesetzesmaterien eigentlich vom Bundestag »oder« durch Volksentscheid beschlossen werden sollten und für welche Materien sich vielleicht andere basisdemokratische Prozeduren eignen. Unter beiden Perspektiven lautet diese Frage auch: Wie sind demokratische Gesetzgebungsverfahren zu organisieren, damit Minderheiten gegen Majorisierungen nicht durch »höhere Dritte« geschützt werden müssen, sondern aufgrund ihrer Verfahrenspositionen sich selber schützen können.

Ein vergleichender Blick zurück auf die Demokratietheorie der Aufklärung, die einst gegen den materialen, staatszweckorientierten Paternalismus des *Ancien régime* die Selbstgesetzgebung des Volkes gefordert hatte, trifft zwar auf eine emphatische Begründung der demokratischen Autonomie der Staatsbürger, keinem anderen Gesetz zu gehorchen als dem von ihnen selbst beschlossen[35] und jenseits des demokratischen Gesetzes keine höhere staatliche

34 Ulrich K. Preuß, *Die Internalisierung des Subjekts. Zur Kritik der Funktionsweise des subjektiven Rechts*, Frankfurt am Main 1979, S. 175, 177.

35 Kant, MdS/RL § 46, S. 432; § 47, S. 434.

Macht zu dulden,[36] kann aber auf die hier gesuchte Differenzierung der Gesetzgebungsverfahren noch keine Antwort finden. Für die Volkssouveränitätstheorie der Aufklärung ist die willkürliche Behandlung von Minderheiten und einzelnen dadurch prozedural ausgeschlossen, daß alle über alle das Gleiche beschließen.[37] Diese Lösung setzt noch einen äußerst geringen rechtlichen Regelungsbedarf der Gesellschaft voraus und besagt, daß Materien, die nicht alle in gleicher Weise betreffen und sich im Gesetzgebungsverfahren als nicht universalisierbar erweisen, überhaupt nicht zum Inhalt eines Gesetzes werden können.[38] Minderheitenschutz war insofern mit einem strukturellen Engpaß für Verrechtlichung überhaupt kombiniert. Indem dagegen die heutige Feinsteuerung und rechtliche Durchregelung der Gesellschaft deren fortschreitende Ausdifferenzierung und Partikularisierung erst anschaulich macht, betrifft das Gesetz aufgrund seiner wachsenden Spezialisierung einen immer kleineren Kreis von Rechtsadressaten. Unter diesen Umständen kann auch die Verlagerung einer Gesetzesmaterie aus der parlamentarischen Zentrale in ein ebenfalls zentral organisiertes Volksgesetzgebungsverfahren nicht verhindern, daß alle über wenige höchst Besonderes beschließen. Zentrale – repräsentative wie basisdemokratische – Verfahren eignen sich darum nur für diejenigen Gesetzesmaterien, die noch im klassischen Sinn eine inhaltliche Allgemeinheit erreichen. In jedem anderen Fall müßten betroffene Minderheiten durch verfahrensförmige Vetopositionen abgesichert werden.

Je begrenzter aber die Zahl der Rechtsadressaten oder je spezieller der Regelungsbereich einer Norm ist, desto eher kann diese in Rechtssetzungsarrangements beraten und verabschiedet werden, in denen nur die betroffenen konfligierenden Interessen einander direkt konfrontiert sind. Dabei verweist insbesondere die Spezialisierung von Regelungsbereichen weniger auf eine (problematische) Regionalisierung als auf eine Dezentralisierung der Gesetzgebung, die der Partikularisierung und dem Organisationsgrad von Interessen in der modernen Gesellschaft entsprechen würde. Diese Dezen-

36 Entsprechend wird in der Aufklärungsphilosophie durchgängig die gesetzgebende Gewalt, im Gegensatz zu den anderen Gewalten, mit der »höchsten Gewalt« bzw. Souveränität gleichgesetzt; so auch Locke, ST § 134, § 149.

37 Kant, MdS/RL § 46, S. 432.

38 Rousseau, CS II 1 Abs. 1 (franz.: S. 250).

tralisierung der Gesetzgebung könnte sogar noch den Generalisierungsgrad erreichen, den die Tarifautonomie erzielt, welch letztere insgesamt eine erste Reaktion auf das Problem ist, zwar umfassende, aber antagonistische Materien rechtlich regeln zu müssen, in denen eben nicht mehr »das Gleiche« für die Rechtsadressaten gelten kann. Von einer ähnlichen konfliktorischen Struktur sind viele Rechtsmaterien, um nur an das Mietrecht zu erinnern. Die Auslagerung entsprechend großer Regelungsbereiche aus der zentralen Gesetzgebung zugunsten der Regelung im Kontext gesellschaftlicher Interessenorganisation bietet zwar kaum die Möglichkeit zur unmittelbaren Entscheidungspartizipation aller Betroffenen, weil angesichts der Vielzahl gesellschaftlicher Rollen und entsprechender Verwicklung in diverse autonome Rechtssetzungsverfahren die Aufmerksamkeit jedes einzelnen überfordert würde. Das hier notwendige repräsentative Moment verlöre aber dadurch seine Schärfe, daß diese Art der Repräsentation den Betroffenen nicht – wie bei der Wahl für ein zentrales Gesetzgebungsorgan – ein solches *Package* ihrer Interessen auferlegt, daß sie letztlich nur ihr »generalisiertes Systemvertrauen« zum Ausdruck bringen können,[39] sondern der Zusammenhang von Delegation und Sachfrage gewahrt bleibt.

Gegen Vorschläge zu einer dezentralen Gesetzgebung erhebt sich freilich der Einwand, diese sei in einer hochkomplexen Gesellschaft nicht praktikabel, in der angesichts vernetzter Wirkungszusammenhänge der Kreis der von rechtlicher Regelung Betroffenen nicht definitiv zu bestimmen und folglich die Abgrenzung von partikularen Rechtssetzungsverfahren nicht möglich sei. Die Unübersichtlichkeit der modernen Gesellschaft[40] existiert aber nicht nur aus der Perspektive der gesellschaftlichen Basis, sondern auch aus derjenigen der politischen Zentrale. Wie Niklas Luhmann stringent analysierte, besteht gerade auch für zentrale staatliche Rechtsregulierungen das Problem, daß unifunktional intendierte Eingriffe multifunktionale Auswirkungen haben und in entfernten Systembereichen unbeabsichtigte Nebenfolgen auslösen, die zu permanenten Nachsteuerungen mit ebensolchen Nebenwirkungen zwingen.[41] Was der staatlichen Zentrale unter diesen Umständen

39 Vgl. Luhmann, *Legitimation durch Verfahren*, S. 28f., 193-196.

40 Jürgen Habermas, »Die Krise des Wohlfahrtsstaates und die Erschöpfung utopischer Energien«.

41 Niklas Luhmann, *Rechtssoziologie*, Reinbek 1972, S. 309-315.

an inhaltlichen Lernprozessen zugebilligt wird, müßte auch für institutionelle Arrangements an der gesellschaftlichen Basis gelten, die aus ihren partikularen Rechtssetzungsprozeduren jeweils problemübergreifende Koordinationsmechanismen entwickeln könnten. – Angesichts der Tatsache übrigens, daß politische Entscheidungsfindung ohnehin schon aus der »Politik« in dezentrale Subpolitiken abwandert[42] oder sich informationsabhängig mit ihren Regelungsbereichen partiell vernetzt, bedeutete die Institutionalisierung dezentraler autonomer Rechtssetzungsprozesse nicht einmal eine Innovation im Ganzen, sondern eine Demokratisierung längst praktizierter Arrangements insofern, als die Chance der Beteiligung an ihnen nicht mehr von faktischer sozialer Verhandlungsmacht und je situativer Bereitschaft öffentlicher Administrationen zur Inklusion gesellschaftlicher Interessen abhängig wäre, sondern auf gleichen Rechtsansprüchen beruhte.

Eine Ergänzung des Parlamentarismus um basisdemokratische Gesetzgebungsverfahren bedeutete keineswegs einen Funktionsverlust des Parlaments. Die Ausgliederung inhaltlicher Rechtsmaterien hat vielmehr das Anwachsen prozeduraler Rechtssetzungskompetenzen des Parlaments zur Voraussetzung. Hier auch läge die heute noch größtmögliche Allgemeinheit der Rechtsfunktion: die (parlamentarische) Setzung von Verfahrensnormen, nach denen in zentralen oder dezentralen gesellschaftliche Rechtssetzungsprozessen die inhaltlichen Normen erst zustande kommen. Eine solche Differenzierung zwischen »Normierungen der Normsetzung« und den Normsetzungen selbst[43] hat mehrere Funktionen. Sie kann die Konfliktparteien in den autonomen Arrangements mit symmetrischen Verhandlungspositionen ausstatten, die die Asymmetrien gesellschaftlicher Macht rechtlich kompensieren – welch letztere in der Gleichzeitigkeit von Verfahrens- und inhaltlicher Regelung stets dominant blieben. Sie dient der Invarianz von Verfahrensnormen in bezug auf die je einzelne inhaltliche Rechtsentscheidung und stellt damit die willkürverhindernde Unkenntnis des konkreten Falls sicher, der auf der nächsten Stufe des Rechtssetzungsverfahrens zu behandeln ist – wie dies ebenso im Schema demokra-

42 Beck, *Risikogesellschaft*, S. 302-306.

43 Vgl. Maus, »Verrechtlichung, Entrechtlichung und der Funktionswandel von Institutionen«, S. 297-299, in Abwandlung der Voraussetzungen Luhmanns, und in diesem Band, S. 35-43, besonders: S. 40-43.

tischer Gewaltenteilung beabsichtigt war.[44] Wenn auch die bloße zeitliche Entkoppelung der Setzung (bzw. Änderung) von Verfahrensnormen und von inhaltlichen Normen prinzipiell das Gleiche bewirken könnte, so bietet doch die Funktionsverteilung auf verschiedene Körperschaften (Parlament – autonome Gruppierungen) die größere Gewähr für den Einbau der erwünschten Sichtblenden. Eine solche Verfahrensdifferenzierung würde schließlich dazu führen, daß bei Parlamentswahlen politische Parteien nicht mehr vorwiegend nach inhaltlichen und deshalb höchst pauschalen Programmen von falscher Allgemeinheit beurteilt werden müßten, sondern wegen ihrer Verfahrensoptionen gewählt würden. Denn das, was die allgemeine Aufmerksamkeit und politische Beteiligung aller gesellschaftlichen Gruppen bei allgemeinen Wahlen wirklich noch finden kann, sind diejenigen Verfahrensnormen, die als Prämissen ihrer eigenen, je besonderen inhaltlichen Entscheidungen fungieren. Auch unter diesem Aspekt wäre die Verbindung von Delegation und (prozeduraler) Option hergestellt.

III. Repräsentative Demokratie, Basisdemokratie und formales Recht

Der hier sichtbar werdende Zusammenhang zwischen Demokratisierung und prozeduraler Verrechtlichung verweist noch einmal auf den zentralen Gesichtspunkt, daß nur formales Recht geeignet ist, jene Handlungsspielräume auszugrenzen, in denen demokratische Prozesse sich autonom entwickeln können. Führt die Entformalisierung und Dynamisierung des Verfassungsrechts zu einer Situation, in der demokratischer Gesetzgebung weder in der parlamentarischen Zentrale noch in gesellschaftlichen Rechtssetzungssystemen ein Spielraum für Innovationen bleibt, weil alle »Dynamik« in expertokratische Interpretationskompetenzen transferiert ist, so kann umgekehrt die Selbstreferentialität amtsrechtlicher Evolution nur durch demokratische Prozesse entprofessionalisierter Willensbildung unterbrochen werden, wenn jener Rechtsformalismus gewährleistet ist, der Recht und Verfassung ausschließlich demokratischen Änderungen unterwirft, aber allen situativen Anpassungen an etablierte Machtpositionen entzieht. Nur das forma-

44 Vgl. ebd., S. 298 f.

le Recht setzt delegierter Macht und sich selber Grenzen: Was in der Verfassung nicht ausdrücklich geregelt ist, bleibt der Gestaltungsfreiheit demokratischer Prozesse überlassen, und »alles, was das Gesetz nicht ausdrücklich verbietet, ist erlaubt«.[45] Daß also die formale Bestimmtheit des Verfassungsrechts rechtsfreie Räume garantiert, gilt nicht nur für die institutionelle Verwirklichung von Volkssouveränität in parlamentarischer und basisdemokratischer Gesetzgebung, sondern erst recht für Formen spontaner Ausübung nichtinstitutionalisierter Volkssouveränität. Die herrschende Lehre blockiert indessen diesen Zusammenhang. Während Häberles situative Dynamisierung der Verfassung die außerrechtliche und rechtsbegründende Version verfassunggebender Volkssouveränität in den institutionalisierten Prozeß professioneller Verfassungsinterpretation einschließt und dadurch zum Verschwinden bringt, eröffnet dagegen die Anerkennung klassischer Normativität der Verfassung den verfassungsfreien Raum für gesellschaftliche Diskurse und Aktivitäten sowohl der Anerkennung und Verteidigung als auch der Änderung und Neugebung einer Verfassung im ganzen. Daß dem »Volk« als den Nicht-Funktionären die jedem Recht vorhergehende Handlungskompetenz verbleibt, die Bedingungen der Übertragung politischer Macht je neu zu reflektieren und gegebenenfalls zu ändern, ist nur zu gewährleisten, wenn es den Funktionären nicht gelingt, eine dynamisch entgrenzte Verfassung als ubiquitär zu behaupten.

Die Bedeutung rechtsfreier Räume ist freilich gegenwärtig so weit aus dem Bewußtsein geschwunden, daß auch spontane basisdemokratische Aktivitäten, die tatsächlich Innovationen des Verfassungs- oder des Gesetzesrechts beabsichtigen, sich als Ausübung eines Widerstands*rechts* verstehen. Sie desavouieren damit ihre Praxis durch eine Selbstbeschreibung, die darauf insistiert, jederzeit »im Recht« zu bleiben und sich dadurch auch die Beschränkungen einer bloß rechtlich verliehenen Kompetenz auferlegt. Dieses Verständnis begibt sich freiwillig in jenen selbstreferentiellen Zusammenhang eines totalisierten Verfassungsverständnisses, das der Interpretationsherrschaft der Herrschenden zuarbeitet. Nach dieser

45 Letzteres bildet den Kernsatz aller aufklärerischen Rechtstheorie; vgl. z. B. Emmanuel Joseph Sieyes, »Versuch über die Privilegien«, in: ders., *Politische Schriften 1788-1790*, hg. von Eberhard Schmitt, Rolf Reichardt, München, Wien 1981, S. 91-113, hier: S. 94.

Logik, die in der moralisierenden Entgrenzung des heutigen Strafrechts ihre Entsprechung hat,[46] stehen auch die Zielvorstellungen der gesellschaftlichen Basis als solche vor dem staatlichen Gericht und können hier – jenseits der selbstverständlichen Ahndung von Gesetzesverstößen – als »verwerflich« (§ 240 Abs. 2 StGB) qualifiziert werden. Auf diese Weise prüft nicht der moralische Diskurs der gesellschaftlichen Basis die staatliche Handhabung des Rechts, sondern kontrollieren umgekehrt staatliche Moralverwalter den öffentlichen Diskurs.

Jede Institutionalisierung von Volkssouveränität muß darum zugleich die Ausübung nichtinstitutionalisierter Volkssouveränität offenhalten, indem ihre Rechtsform rechtsfreie Räume gewährleistet. Sind in der laufenden Gesetzgebung demokratische Einflußchancen nur zu verwirklichen, indem Volkssouveränität sich verrechtlicht, so können andererseits die gesellschaftliche Endkontrolle dieser Gesetzgebung und noch mehr der basisdemokratische Anspruch auf Innovationen nicht ohne den außerrechtlichen Vorsprung auskommen, der ihre einzige Kompensation angesichts organisierter politischer Macht darstellt. Die ausschlaggebende Bedeutung außerrechtlicher Volkssouveränität liegt darin, daß sie jenen Kontrollmechanismus von unten nach oben in Gang halten kann, den das schöne Wort »Demokratie« bezeichnet. Rechtsstaat und Volkssouveränität sind genau darin aufeinander angewiesen, daß Volkssouveränität nur durch eine lückenlose Verrechtlichung der Staatsapparate zu realisieren ist, welche zugleich die restlose Verrechtlichung von Volkssouveränität ausschließt. Demgegenüber bedeutet jeder Appell an die Tugend der Amtswalter oder das Vertrauen auf deren *Selfrestraint* eine Bankrotterklärung sowohl des Rechtsstaats als auch der Volkssouveränität.

46 Dazu Ingeborg Maus, »Die Trennung von Recht und Moral als Begrenzung des Rechts«, in: dies., *Zur Aufklärung der Demokratietheorie*, S. 308-336.

4. Die Transformation des Volkssouveränitätsprinzips in der Weimarer Republik*

Die Idee der Volkssouveränität gehört zu jenen frühbürgerlichen Utopien,[1] die nie wirklich eingelöst wurden und im 20. Jahrhundert einem besonders intensiven Erosionsprozeß ausgesetzt sind. Gegenwärtig scheint diese Entwicklung an einem Punkt angekommen zu sein, der von Masao Maruyama in einer eindringlichen Analyse markiert wurde. In seiner Gegenüberstellung von Gesellschaftstrukturen des »Seins« und solchen des »Tuns« hat Maruyama[2] die gegenwärtige Problematik des Volkssouveränitätsprinzips in einer Weise dargestellt, die aus vielen Gründen auch auf die westlichen Gesellschaften zutrifft. Ihm zufolge setzt Art. 12 der Japanischen Verfassung Volkssouveränität als dynamisches Prinzip voraus, als unablässige Tätigkeit des Volkes zur Erhaltung seiner Rechte, während in der politischen Praxis das Volk sich leicht damit zufriedengibt, Souverän zu *sein*, also Gefahr läuft, »auf seinen Rechten zu schlafen« statt sie auszuüben und ihrer so verlustig zu gehen. Damit ist eine Gefahr bezeichnet, die in der Bundesrepublik übermächtig zu werden beginnt. Dies betrifft sowohl die hier herrschende Rechts-, Verfassungs- und Demokratietheorie, in der Volkssouveränität entweder völlig negiert oder für heutige politische und ökonomische Systembedingungen funktionalisiert wird, als auch das allgemeine gesellschaftliche Bewusstsein, in dem dieses Prinzip einem Gedächtnisschwund unterliegt. Im folgenden ist die These vertreten, daß die Zeit der Weimarer Republik in dieser Entwicklung eine besonders wichtige Phase bedeutet und für die spezifische Art der heutigen Verdrängung des Prinzips der Volks-

* Aktualisierte und für den vorliegenden Band erweiterte Ausarbeitung eines Vortrags, der im März 1989 auf einem von der japanischen Gesellschaft für deutsche Kultur- und Sozialgeschichte und dem Goethe-Institut Kyoto veranstalteten Symposium über »Utopie und Moderne – in der Zeit zwischen den Weltkriegen« in Kyoto gehalten wurde.

1 Bei Kant war die Idee einer Republik als verwirklichter Volkssouveränität noch das Endziel menschlicher Geschichte und ein »Chiliasmus« der Philosophie, »zu dessen Herbeiführung ihre Idee, obgleich nur sehr von weitem, selbst beförderlich werden kann«, siehe Kant, Idee (=*Idee zu einer allgemeinen Geschichte in weltbürgerlicher Absicht*), S. 45.

2 Masao Maruyama, »Was man ist und was man tut«, in: ders., *Denken in Japan*, Frankfurt am Main 1988, S. 135-160.

souveränität die Stichworte geliefert hat (II.). Zunächst aber sollen einige Intentionen dieses Prinzips erläutert sowie dessen Leerstellen in der aktuellen Diskussion exemplarisch aufgezeigt werden (I.).

I.

Am Beginn jeder Überlegung zur Idee der Volkssouveränität könnte der Verdacht sich einstellen, daß ihre Verdrängung auf guten Gründen beruhe. Souveränität in den Varianten absolutistischer Souveränität, Staatssouveränität im inneren oder internationalen Kontext[3] ist zu Recht entweder als repressiv oder als anachronistisch oder als fiktiv, wenn nicht durch alle Bestimmungen gleichzeitig, charakterisiert worden. Daß aber »Volkssouveränität« zu diesen kritisierten Versionen im Gegensatz steht, kommt dabei nicht in den Blick. Zudem läßt der Mißbrauch des Volksbegriffs im 20. Jahrhundert gerade Volkssouveränität als die schlimmste aller Spielarten von Souveränität erscheinen und gibt die Begründung für ihre gegenwärtige Verdrängung ab. Angesichts dieser Situation lohnt es sich, kurz an die ursprünglichen Besetzungen dieses Begriffs in den Demokratietheorien der Aufklärung zu erinnern,[4] um überhaupt von dem Notiz zu nehmen, was im 20. Jahrhundert zunächst bis zur Unkenntlichkeit entstellt und schließlich verdrängt wurde.

»Volk« oder »Nation« – die Begriffe waren im 18. Jahrhundert noch auf eine unproblematische Weise identisch – bezeichnete hier weder eine ethnische noch eine kulturelle noch eine soziologisch definierte Einheit,[5] sondern die Summe aller Nicht-Funktionäre, die sich außerhalb der Staatsapparate befinden. Die normative Forderung, daß diesem »Volk« (und nicht den politischen Funktionsträgern) die Souveränität ungeteilt zukomme, impliziert darum nicht eine substantielle Homogenität der Gesellschaft als Substrat politischer Demokratie. Gerade die Abstraktheit des rein verfassungsrechtlichen Volksbegriffs, der sich nur aus dem Gegensatz zu den Insidern der Staatsapparate bestimmt, ist darum mit den Dif-

3 Dazu Otwin Massing, »Souveränität – ein unverzichtbarer Anachronismus?«, in: Rüdiger Voigt (Hg.), *Abschied vom Staat – Rückkehr zum Staat?*, Baden-Baden 1993, S. 51-93.

4 Zum folgenden Maus, *Zur Aufklärung der Demokratietheorie.*

5 Ingeborg Maus, »›Volk‹ und ›Nation‹ im Denken der Aufklärung«, in: *Blätter für deutsche und internationale Politik* 39 (1994), S. 602-612.

ferenzierungen pluralistischer und multikultureller Gesellschaften kompatibel. Der Grundsatz der Unteilbarkeit der Volkssouveränität enthält also lediglich ein normatives Postulat zur Allokation politischer Macht, das nicht mit einer Aussage über gesellschaftliche Strukturen verwechselt werden darf.

Die »Unteilbarkeit der Volkssouveränität« begründete auch mitnichten jene »nach unten« projizierte Fürstensouveränität, die ihr üblicherweise unterstellt wird (dazu unten). Dies gilt in mehrfacher Hinsicht. Die Vielstimmigkeit des demokratischen Souveräns, der einen politischen Willen nie schon hat, sondern immer erst argumentativ bilden muß, zwingt zu einer Prozeduralisierung der Entscheidungsverfahren, die zum absolutistischen Souveränitätsgebrauch in genauem Gegensatz steht. Die Idee der Volkssouveränität impliziert darüber hinaus die historisch erstmalige Ausdifferenzierung von Souveränität und Gewaltmonopol. Kein Vertreter selbst radikaldemokratischer Konzeptionen, auch nicht Rousseau, stellte das Gewaltmonopol der Staatsapparate in Frage. Gerade darum wurde als dessen Widerpart die Souveränität des gesetzgebenden Volkes begründet. Fielen im Absolutismus Souveränität, d. h. die Kompetenz der Gesetzgebung, und das Gewaltmonopol in der Selbstprogrammierung staatlicher Gewalt zusammen, so hatte das Prinzip der Volkssouveränität den Sinn, genau diese Zirkularität zu durchbrechen. Staatliche Gewalt sollte nur nach Maßgabe des demokratischen Gesetzes eingesetzt werden können, d. h. der ausschließlichen Steuerung und Kontrolle durch die gesellschaftliche Basis unterliegen. Daß auch das Prinzip der Volkssouveränität Souveränitätsteilung nicht zuläßt, hat den zur Fürstensouveränität genau gegenläufigen Sinn, daß kein Anteil der gesetzgebenden Souveränität an die gewalthabenden Staatsapparate verlorengeht. Die Unteilbarkeit der gesetzgebenden Volkssouveränität ist deshalb nicht das Gegenteil, sondern die Voraussetzung rechtsstaatlicher Gewaltenteilung.

Daß alle diese Momente genuiner Volkssouveränität, die im Kontext der Analyse ihrer Destruktion durch die Weimarer Verfassungstheorie näher erläutert werden, dem gegenwärtigen Bewusstsein nicht mehr präsent sind, erklärt den heutigen Exorzismus dieses Prinzips im ganzen.

Ein Beispiel für die herrschende Rechts- und Verfassungstheorie der Bundesrepublik bietet Martin Kriele in seiner zentralen These:

»Im Verfassungsstaat gibt es keinen Souverän«, insbesondere auch keinen demokratischen Souverän.[6] Das »Volk« des Grundgesetzes werde nur aufgrund der (sehr geringfügigen) von der Verfassung zugewiesenen Kompetenzen tätig; ihm fehle somit die rechtliche Ungebundenheit als wesentliches Kennzeichen eines Souveräns. Soweit das Volk als verfassunggebende Gewalt benannt sei, gehe diese zwar als verfassungsbegründende Macht der Verfassung voraus, könne sich aber nur in dem einmaligen Akt der Verfassunggebung verwirklichen, um dann zu erlöschen. Nach Kriele ist das Volk also nur souverän in bezug auf die zu gebende Verfassung, nicht aber im Verhältnis zur gegebenen, geltenden Verfassung. In diesem Sinne kennt die herrschende Verfassungstheorie der Bundesrepublik das »Volk« nur als ein mit dürftigen Kompetenzen ausgestattetes »Staatsorgan«, dessen Funktionen sich im wesentlichen in den politischen Wahlen erschöpfen. Ganz entsprechend erscheint hier wie auch in einschlägigen Demokratietheorien Volkssouveränität nur noch als Demokratieprämisse,[7] als gleichsam logische Voraussetzung des demokratischen »Verfassungsstaates«. Sie bezeichnet bloß die symbolische Bedingung demokratischer Legitimität, nicht mehr die demokratische Legitimität selbst. Volkssouveränität hört damit auf, ein Kriterium zu sein, anhand dessen die bestehenden politischen Institutionen auf den Grad ihrer Demokratisierung und der durch sie gewährleisteten Durchsetzung des Volkswillens geprüft werden könnten; und die demokratische Verfassung hört auf, als Maßstab in den Händen des Volkes für seine kritische Prüfung der staatlichen Aktivitäten zu fungieren. So ist Volkssouveränität als dynamisches Prinzip der demokratischen Entwicklung eliminiert: Das bestehende Ensemble politischer Institutionen wird als verwirklichte Demokratie und diese selbst – im Sinne Maruyamas – in Kategorien des »Seins« erfaßt.

Die verfassungsrechtlichen Thesen haben eine weitere Konsequenz, die für das politische System der Bundesrepublik sehr charakteristisch ist. Anstelle der Volkssouveränität wird die bestehende Verfassung selbst zur eigentlichen Legitimationsbasis politischen Handelns. Dieses versteht sich nicht als beauftragt durch die Ergeb-

6 Kriele, *Einführung in die Staatslehre*, S. 111-116.

7 Kielmansegg, *Volkssouveränität*, S. 14 f. et passim, überbietet das herrschende Verständnis noch dadurch, daß er Volkssouveränität nur als – historisch fungibles – Derivat einer solchen »Demokratieprämisse« gelten läßt.

nisse demokratischer Meinungs- und Willensbildungsprozesse, die sich im Rahmen der verfassungsmäßigen Verfahrensbestimmungen und in den von Freiheitsrechten ausgegrenzten autonomen Handlungsbereichen entwickeln, sondern als unmittelbare Exekution von Verfassungsinhalten, die gegenüber demokratischem Prozedere »vorkonsentiert«[8] sind. Demokratische Willensbildung wird folgerichtig durch Verfassungsinterpretation ersetzt,[9] in der das Bundesverfassungsgericht kraft expertokratischer Kompetenz gegenüber alternativen Interpretationsbemühungen stets das letzte Wort behält. Zugleich wird die Existenz weiter Spielräume der Verfassungsinterpretation damit gerechtfertigt, daß die Verfassung der Dynamik gesellschaftlicher Entwicklung jeweils angepaßt werden müsse. Hatte die europäische Demokratietheorie des 18. Jahrhunderts im Hinblick auf dieses Problem noch darauf bestanden, daß das Volk als permanent wirksame verfassunggebende Gewalt immer das Recht haben müsse, seine Verfassung zu ändern, so ist diese wesentliche Dimension der Volkssouveränität heute durch das Bundesverfassungsgericht usurpiert.

Ganz grundsätzlich negiert die Systemtheorie Niklas Luhmanns die Kategorie der Volkssouveränität, indem sie den Begriff des Willens – ohne den keine Art der Souveränität gedacht werden kann – vom Volk auf das politische System überträgt.[10] Systemtheoretisch formuliert, bedeutet dabei Wille nur noch »die Bevorzugung interner gegenüber externer Information« durch ein System.[11] Diese Antizipation der »autopoietischen Wende« benachteiligt aber diejenigen Subsysteme der Gesellschaft,[12] in denen demokratische Willensbildung überhaupt stattfindet. Hatte Luhmanns Theorie schon in den 1970er Jahren auf einer Binnendifferenzierung des politischen Systems insistiert, die es den eigentlichen Staatsappara-

8 Der Begriff »vorkonsentiert« bezeichnet ein demokratietheoretisches Pendant zu einer Moralkonzeption, die Habermas als monologische kritisiert, weil sie durch die Unterstellung einer Vorverständigung im transzendentalen Bewußtsein den intersubjetiven öffentlichen Diskurs überflüssig macht; s. z. B. Habermas, »Treffen Hegels Einwände gegen Kant auch auf die Diskursethik zu?«, S. 20 f.

9 Häberle, »Die offene Gesellschaft der Verfassungsinterpreten«.

10 Luhmann, *Legitimation durch Verfahren*, S. 153 f. und Anmerkung 5.

11 Ebd., Anmerkung 5.

12 Zu einer allgemeineren Kritik solcher Asymmetrien, die Luhmanns Systemtheorie begründet, siehe Dirk Martin, *Überkomplexe Gesellschaft. Eine Kritik der Systemtheorie Niklas Luhmanns*, Münster 2010.

ten erlaubte, die Willensbildungsprozesse im Vorfeld ihrer Zentren als bloße Informationsangebote zu behandeln, die an ihrer Systemgrenze ausgefiltert werden konnten,[13] so generalisiert seine Theorie seit den 1980er Jahren das Thema selbstreferentieller Informationsbearbeitung. Indem jedes System seine Reproduktion ausschließlich unter den Bedingungen interner Anschlußzwänge betreibt, kann es jede Mitteilung aus seiner Umwelt nur als »Anregung« verstehen, über deren Konsequenzen es selbst entscheidet.[14] Was Luhmann schon früh als Autonomie systemischer Apparate ausbuchstabiert hatte, gilt auch für die Autopoiese des Rechtssystems. Dessen systemeigener Sprachgebrauch ist wesentlich darauf zugeschnitten, Indifferenz im Verhältnis zur Umwelt, oder härter formuliert: die »Abwehr von Umweltgeräuschen« zu ermöglichen.[15] Das fortbestehende Gewaltmonopol konterkariert jedoch die von Luhmann unterstellte Symmetrie der Eigensinnigkeit aller Subsysteme. Je nach dem Grad der Machtressourcen bestehen höchst ungleiche Chancen autopoietischer Reproduktion: während in den Machtapparaten tatsächlich eine hohe Autonomie der selektiven Thematisierung gesellschaftlicher Bedürfnisartikulation existiert, wird umgekehrt die gesellschaftliche Basis die sie betreffenden politischen und rechtlichen Entscheidungsoutputs der Apparate kaum als »Umweltgeräusch« abtun können.

Kommt so das einstmals für souverän erklärte Volk nur noch als Klientel von Verwaltungen in Betracht, deren Tätigkeit es selbst weder steuern noch programmieren kann, so setzt auch die Autopoiese des Rechtssystems jene zentralen Implikationen außer Kraft, die in der demokratischen Organisationsform von Politik einmal angelegt waren. Recht war ihr zufolge jene Schaltstelle, über die die gesellschaftliche Basis den Einsatz staatlicher Macht programmierte. Rechts- und Verfassungsänderungen waren darum nicht durch die Machthaber selbst, sondern nur als Innovationen »von unten« erlaubt. Ein Rechtssystem aber, das demokratisch artikulierten

13 Niklas Luhmann, »Politische Verfassungen im Kontext des Gesellschaftssystems«, in: *Der Staat* 12 (1973), S. 1-22, hier: S. 8-12; Luhmann, *Rechtssoziologie*, S. 245; ders., »Gesellschaftliche und politische Bedingungen des Rechtsstaats«, in: ders., *Politische Planung*, Opladen 1971, S. 53-65., hier: S. 62.

14 Niklas Luhmann, *Soziale Systeme. Grundriß einer allgemeinen Theorie*, Frankfurt am Main 1984, S. 103, 194.

15 Niklas Luhmann, *Das Recht der Gesellschaft*, Frankfurt am Main 1993, S. 353 f.

Innovationsbedarf als bloß externe Information ausfiltern kann, verweist demokratische Willensbildungsprozesse ihrerseits auf eine Selbstreferentialität, die leerlaufend ist. Das Prinzip der Volkssouveränität ist auf die Durchlässigkeit gerade derjenigen Grenzen angewiesen, die die Systemtheorie als solche der autopoietischen Reproduktion von Systemen – mit notwendig asymmetrischen Konsequenzen – ausweist.

Luhmanns theoretischer Fassung des Problems kann ein hoher Realitätsgehalt leider nicht abgesprochen werden. Je entwickelter eine Gesellschaft ist, desto komplexer, ausdifferenzierter und vernetzter sind in der Tat alle politischen und sozialen Prozesse, so daß weder Verantwortlichkeiten für Entscheidungen noch Orte oder Subjekte von Souveränität noch ausfindig zu machen sind.[16] Die moderne Anonymisierung von Herrschaft führt aber, wie Marcuse gezeigt hat, nicht im mindesten zur Reduktion von Herrschaft, sondern erhöht deren Effizienz. Marcuse verdeutlicht am Beispiel individueller Identitätsbildung, daß erst in der Auseinandersetzung mit persönlicher Herrschaft sich Strukturen der Autonomie des Subjekts ausbilden konnten.[17] Analog ist historisch das Prinzip der Volkssouveränität erst in der Konfrontation mit einer sichtbaren Fürstensouveränität entwickelt worden. Gegenwärtig aber verwandelt sich Marcuse zufolge das Volk gerade deshalb in ein »Verwaltungsobjekt«, weil ihm in der Unsichtbarkeit gegenwärtiger Herrschaftsausübung auch noch das Bewußtsein seiner Abhängigkeit schwindet. Auf diese Weise kommt es zu einer schlechten Harmonie zwischen den Zielsetzungen der Herrschaftsapparate und den Antriebskräften der Massen, die eine »autoritäre Herrschaft in demokratischer Form erzeugt«.[18] Freilich gilt Marcuses These: »Die Massen sind nicht identisch mit dem ›Volk‹, auf dessen souveräner Rationalität die freie Gesellschaft errichtet werden sollte«,[19] unter den Bedingungen totaler Herrschaft von Massenmedien und Bewußtseinsindustrie und unter der Voraussetzung, daß ein kollektives Subjekt der Volkssouveränität gegeben sein müsse – Prämissen, die Marcuse zu einer prekären, eher elitären Wendung gegen die

16 Beck, *Risikogesellschaft*, S. 253, S. 305 f.

17 Herbert Marcuse, »Das Veralten der Psychoanalyse«, in: ders., *Kultur und Gesellschaft* 2, Frankfurt am Main 1965, S. 85-106.

18 Ebd., S. 105.

19 Ebd.

Massen führen.[20] Massen in diesem Sinn wären Kollektive, die *im ganzen* gesteuert sind und deshalb – in Luhmanns Terminologie gesprochen – über gar keine internen Informationen verfügen, die sie gegenüber externen Informationen bevorzugen könnten.

Nun zeigt aber die neueste Revitalisierung einer kritischen Öffentlichkeit und das Entstehen von Bürgerorganisationen aller Art, daß jenseits kollektiver Steuerungen dezentrale autonome Kommunikationszusammenhänge sich aufbauen und Basisinteressen sich in konkreten gesellschaftlichen Teilbereichen plural organisieren können. Das »Volk« scheint nur als Kollektivsubjekt für Regressionen zur »Masse« anfällig zu sein, während es als vielfältig zusammengesetzte und differenziert organisierte Größe überhaupt erst seine eigenständige Informations-, Kommunikations- und Handlungsfähigkeit gewinnt. Die aktuelle Diskussion um das Widerstandsrecht zeigt, daß auch unter den Bedingungen von ausgeprägt repräsentativ-demokratischen Systemen ein Handlungsbedarf artikuliert wird, der über die verfassungsmäßig zugewiesenen Kompetenzen an das »Volk als Staatsorgan« hinausgeht. Der Gedächtnisschwund, dem das Prinzip der Volkssouveränität im allgemeinen gesellschaftlichen Bewußtsein unterliegt, kann aber nicht deutlicher demonstriert werden als daran, daß dieser Bedarf nicht im Hinblick auf den dynamischen Aspekt des Volkssouveränitätsprinzips artikuliert wird. Es besteht in solchem Maße eine schlechte Konvergenz zwischen öffentlichem Bewußtsein und herrschender Verfassungsdoktrin, daß auch die neuen basisdemokratischen Bedürfnisse für ihre eigenen Legitimationszwecke auf das Widerstandsrecht ausweichen – ein Rechtsinstitut, das vordemokratischen Organisationsformen und feudalständischen Vergesellschaftungen entstammt.[21]

Die Legitimation entweder an Volkssouveränität oder an Widerstandsrecht bezeichnet keineswegs einen lediglich terminologischen Unterschied. Die feudalständische Abkunft des Widerstandsrechts hinterläßt deutliche Spuren in seinem modernen Gebrauch. Das mittelalterliche Widerstandsrecht war selbst ein Rechtsinstitut, bezeichnete also eine institutionalisierte, kodifizierte und justitiable Funktion und bezog sich vor allem auf eine prinzipiell unverfügbare Rechtsordnung. Unter Berufung auf dieses Widerstandsrecht

20 Ebd., S. 103 f.

21 Dazu in diesem Band S. 22-28; Maus, *Zur Aufklärung der Demokratietheorie*, S. 43-61.

wurde altes Privilegienrecht gegen aufkommende absolutistische Innovationen verteidigt. Diese traditionalistisch-konservierende Intention findet sich in so unterschiedlichen modernen Phänomenen wie den antikolonialen Widerstandsbewegungen zur Verteidigung der eigenen kulturellen Identität, der schwarzen Bürgerrechtsbewegung in den USA oder dem Widerstand in der Diktatur zur Wiederherstellung des zerstörten verfassungsmäßigen Zustands. Auch z. B. das nachträglich eingefügte Widerstandsrecht in Art. 20 Abs. 4 GG der Bundesrepublik bezieht sich ausschließlich auf die Verteidigung der bestehenden Verfassung. Nun ist die immense demokratische Rationalität aller dieser konservierenden Intentionen unbestreitbar, das demokratische Defizit besteht aber in der Beschränkung auf den Schutz des Bestehenden. Gegenüber dem rationalen Naturrecht der Aufklärung, das das »souveräne Volk« gleichzeitig als Hüter der bestehenden Verfassung und als permanent wirksame verfassunggebende Gewalt einsetzte, bedeutet die gegenwärtige Inanspruchnahme von Widerstandsrecht eine deutliche Reduktion.

Die Distanz der modernen Gesellschaft zum Denken der Aufklärung und ihrer Verfassungskonzeption ist offensichtlich größer, als daß sie mit dem Hinweis auf wertkonservative Strömungen vieler Bürgerbewegungen im Zusammenhang der Verteidigung natürlicher Lebensgrundlagen gegen technologische Innovationen hinreichend erklärt wäre. Die Restauration des vormodernen Widerstandsrechts scheint auch im Zusammenhang mit einer »Refeudalisierung« der modernen Gesellschaft zu stehen, wie sie Max Weber frühzeitig diagnostizierte.[22] Die Partikularisierung, heute auch Regionalisierung gesellschaftlicher Problemlagen bildet sich gegenwärtig noch deutlicher in den politischen Entscheidungsstrukturen ab, die durch eine wachsende Dezentralisierung und Rückverflechtung gesellschaftlicher und staatlicher Organisationskomplexe in neokorporatistischen Verhandlungssystemen[23] gekennzeichnet sind. Der Universalismus des klassischen Volkssouveränitätsprinzips liegt zu diesen Entwicklungstrends tatsächlich quer. Der unterlassene Versuch aber, das Prinzip selbst an die veränderten Gesellschaftsstrukturen anzupassen, statt es gegen ein vormodernes Rechtsinstitut auszutauschen, opfert zugleich die dy-

22 Max Weber, *Wirtschaft und Gesellschaft* (1922), Tübingen 1956, S. 644 f.

23 Z. B. Ulrich von Alemann (Hg.), *Neokorporatismus*, Frankfurt am Main 1981.

namisch-innovativen Momente der Volkssouveränität. Es scheint, daß die Refeudalisierung der westlichen Gesellschaft der Entwicklung entgegenkommt, die Maruyama aufgrund einer ungebrochenen feudalistischen Tradition für das vorherrschende japanische Demokratieverständnis analysierte. In der Restauration des Widerstandsrechts wird ein neuer demokratischer Handlungsbedarf des »Tuns« in einem Terminus artikuliert, der selbst einer Logik des »Seins« entstammt.

II.

Die Weimarer Situation ist hinsichtlich des vorliegenden Problems durch eine kritische Bemerkung Hermann Hellers schlechterdings charakterisiert: »Es ist wahrlich bemerkenswert, was unsere Verfassungsjuristen zu dem Satz: ›Die Staatsgewalt geht vom Volke aus‹, nicht zu sagen wissen.«[24] Auf der Abstraktionsebene der Rechtstheorie ergibt sich das gleiche Bild. Hans Kelsen, persönlich einer der überzeugtesten Demokraten innerhalb der Weimarer Diskussion, kann diese Intention theoretisch nicht begründen, weil er den Souveränitätsbegriff überhaupt aus der Rechtsordnung entfernt. Der Begriff fällt Kelsens Postulat der Methodenreinheit zum Opfer, derzufolge innerstaatliche Souveränität sich nur einer soziologischen Betrachtungsweise erschließt. Theorien der Fürsten- wie der Volkssouveränität artikulieren nach Kelsen nur »die Herrschaftsansprüche bestimmter Interessengruppen«.[25] Da Kelsen überhaupt Staatssouveränität mit Rechtssouveränität identifiziert,[26] umgeht er die Frage nach dem innerstaatlichen »Ort« der Souveränität und verliert – wertrelativistisch – jedes Kriterium der Auszeichnung demokratischer Genese des Rechts. Da ihm zufolge die rechtswissenschaftliche Betrachtung nicht Personen oder Gruppen, sondern nur Rechtsnormen als souverän identifizieren kann – von deren Souveränität souveräne Macht als lediglich abgeleitet erscheint –, ist bei Kelsen als begründende Voraussetzung des positiven Rechts eine höchste »Grundnorm« an die Stelle der Volkssouveränität getreten. Die spezifische Fassung einer Normhierarchie hat die weitere Konsequenz, daß Kelsen als einziger bekannter Rechtspositivist

24 Heller, *Die Souveränität,* S. 98.

25 Hans Kelsen, *Das Problem der Souveränität* (1920), Aalen 1960, S. 2.

26 Ebd., S. 22-27.

für eine verfassungsgerichtliche Prüfung einfacher Gesetze eintritt – eine Position, die damals nur konservative Systemkritiker einnahmen, um den gerade demokratisierten Gesetzgeber in die Schranken zu weisen. Die Entsubjektivierung der Souveränität bei Kelsen ist Luhmanns systemtheoretischer Konzeption analog: die negierte Souveränität findet sich in Staatsapparaten wieder.

Die übrigen Rechtspositivisten der Weimarer Zeit haben das Problem der Volkssouveränität nur so weit thematisiert, daß sie Kelsens Konsequenz vermieden und der Rechtssetzung durch das Parlament vor allen exekutivischen und judikativen Entscheidungsverfahren Priorität einräumten, weil die demokratisch gewählte Legislative dem demokratischen Souverän am nächsten stand. Diese entschiedene (liberale) Verteidigung, die die Weimarer Verfassung seinerzeit zum Beispiel durch Gerhard Anschütz[27] und Richard Thoma[28] fand, lief aber im Ergebnis auf eine Souveränität des Parlaments hinaus und ließ nichtinstitutionalisierte Formen der Volkssouveränität in dem Maße unberücksichtigt, wie sie auch Aspekte einer verfassunggebenden Gewalt zum Unthema erklärte.

Auch Hermann Heller ist in dieser Hinsicht zum Rechtspositivismus zu rechnen. Immerhin ist er einer der ganz seltenen Autoren der Weimarer Zeit, die dem Problem der Souveränität auch unter innerstaatlichen Aspekten überhaupt eine Monographie widmeten. Mit großer Radikalität hat er gegen Kelsen die staatliche Rechtssetzung als Willensakt, als Entscheidung, als eigentlichen Ausdruck der Souveränität bestimmt.[29] In seiner Theorie ist die im Naturrecht des 18. Jahrhunderts durchgängige Gleichsetzung von Gesetzgeber und demokratischem Souverän wieder geltend gemacht. Indem er nicht wie Kelsen das Recht der Souveränität überordnet, sondern umgekehrt das Recht aus der Souveränität ableitet, kann er die verfassungsrechtlichen Konsequenzen der Volkssouveränität überhaupt thematisieren. Ihm zufolge kann auch in autokratischen Staaten eine soziologische oder sozialethische Bindung der Regierenden an die Regierten existieren, während nur in Staaten, die auf dem Prinzip der Volkssouveränität basieren, diese

27 Gerhard Anschütz, *Die Verfassung des Deutschen Reiches vom 11. August 1919* (Kommentar), Berlin [14]1933, Nachdruck Bad Homburg v.d.H. 1965, S. 522 ff. u. ö.

28 Richard Thoma, »Zur Ideologie des Parlamentarismus und der Diktatur«, in: *Archiv für Sozialwissenschaft und Sozialpolitik* 53 (1925), S. 212-239.

29 Heller, *Die Souveränität*, S. 71-102.

Bindung eine juristische ist. In diesen letzteren Systemen hat der gesamte organisatorische Teil der Verfassung keinen anderen Sinn, als diese juristische Bindung zu sichern und den Satz: »alle Staatsgewalt geht vom Volke aus« zu garantieren.[30] Damit ist nicht nur die Logik des demokratischen Verfassungsstaates – gegen schlechte Praxis – festgehalten, daß alle rechtlichen Verfahrensanordnungen der Durchsetzung des selber rechtlich ungebundenen Volkswillens dienen, sondern auch ein Prüfungskriterium der realexistierenden demokratischen Institutionalisierung gewonnen. Im Ergebnis wird allerdings Hellers Überordnung der (Volks-)Souveränität über das Recht durch ein spezifisches Repräsentationsprinzip neutralisiert, das noch an einer Konzeption des Volkswillens als Kollektivsubjekt orientiert ist. Heller zufolge soll mittels Majoritätsprinzip und Repräsentation »das Volk als Einheit über das Volk als Vielheit herrschen«. Insofern erscheint das einheitsstiftende Parlament als eine Instanz, in der die volonté générale zugleich repräsentiert *und* als real präsent zumindest gedacht werden soll.[31] Damit endet aber auch Hellers Theorie, die eine Staatsorgansouveränität nachdrücklich ausschloß, bei einer Souveränität des Parlaments.

Für die große Gruppe der altkonservativen Weimarer Staatsrechtslehre ist es kennzeichnend, daß sie das Prinzip der Volkssouveränität keiner Erwähnung wert findet und als Grundlage des widerstrebend analysierten demokratischen Systems den Begriff der Gleichheit setzt. Gleichheit als Konstituens von Demokratie wird in diesen theoretischen Ansätzen, z. B. bei Erich Kaufmann, von allem universalistischen Gehalt, den sie im 18. Jahrhundert hatte, getrennt und auf eine sehr spezifische Weise an die Differenzierungen der modernen Gesellschaft angepaßt, die jedenfalls alle sozialen Implikationen vermeidet. Gleichzeitig wird sie aus ihrer klassischen Verbindung mit demokratischen Verfahrensprinzipien entkoppelt. Zusammengenommen bedeutet diese konservative Transformation des Gleichheitsprinzips, daß Gleichheit nicht mehr prozedural aufgefaßt wird als gleiche Teilnahme an Diskussion und Gesetzgebung, sondern als eine allen Diskussionen und Rechtsentscheidungen vorausliegende materielle Ordnung der Gesellschaft selbst.[32] Deren realexistierende Ausdifferenzierung wird zum inhaltlichen

30 Ebd., S. 96, 98.

31 Ebd., S. 97, 99.

32 Kaufmann, »Die Gleichheit vor dem Gesetz«, S. 4, 11.

Maßstab jeder demokratischen Gesetzgebung: das Gleichheitsprinzip fordert nun vom Gesetzgeber, das Gleiche gleich, das Ungleiche ungleich zu behandeln und bei diesen Differenzierungen der inneren Ordnung der Lebensverhältnisse, ihrer »Natur der Sache« gerecht zu werden.[33] Gleichheit verwandelt sich so in »gerechte« Differenzierung und führt den gesellschaftsgestaltenden Voluntarismus des demokratischen Gesetzgebers auf die »Logik des Seins« zurück. Ihre Version einer austeilenden Gerechtigkeit, die an das Prinzip »Jedem das Seine« rückgebunden wird, begründet einen justizförmigen Paternalismus, der zugleich als Korrektiv der Gesetzgebung fungiert.

Gegenüber allen bloß konservativen Umdeutungen demokratischer Prinzipien vertritt Carl Schmitt eine so viel radikalere Position, weil er sich auf die dynamischsten Aspekte des modernen Souveränitätsbegriffs überhaupt einläßt und sie im gegenrevolutionären Sinn verwendet. Erst Carl Schmitts Transformation der Volkssouveränität im Konzept einer »konservativen Revolution« liefert zugleich die Stichworte für die völlige Verdrängung der Volkssouveränität in der Gegenwart. Die Besonderheit der Theorie Carl Schmitts besteht zunächst darin, den »verfaßten«, institutionalisierten Aspekt von Volkssouveränität zu verdrängen und Volkssouveränität mit der verfassunggebenden Gewalt des Volkes restlos zu identifizieren, wobei letztere als permanent wirksame verstanden wird:

Auf der verfassunggebenden Gewalt beruhen alle verfassungsmäßig konstituierten Befugnisse und Zuständigkeiten. Sie selbst aber kann sich niemals verfassungsgesetzlich konstituieren. Das Volk, die Nation, bleibt der Urgrund alles politischen Geschehens, die Quelle aller Kraft, die sich in immer neuen Formen äußert, immer neue Formen und Organisationen aus sich herausstellt, selber jedoch niemals ihre politische Existenz einer endgültigen Formierung unterordnet.[34] [–] Die verfassunggebende Gewalt ist nicht dadurch erledigt und beseitigt, daß sie einmal ausgeübt wurde [...] Neben und über der Verfassung bleibt dieser Wille bestehen.[35]

Nur scheinbar stimmen diese Formulierungen Carl Schmitts mit denen des 18. Jahrhunderts, z. B. bei Sieyes, überein.[36] In einer

33 Ebd., S. 10.
34 Carl Schmitt, *Verfassungslehre* (1928), Berlin 1957, S. 77.
35 Ebd.
36 Maus, *Bürgerliche Rechtstheorie*, S. 57 f.; 107-120 und Anmerkung 115.

scheinbar spontaneistischen Wendung gegen verkrustete Funktionärsoligarchien, die Carl Schmitt mit den übrigen Vertretern der Konservativen Revolution teilt, spielt er das rechtlich ungebundene »Volk« gegen alle etablierten Instanzen demokratischer Entscheidungsfindung aus und verwahrt sich dagegen, das Volk selbst zum »Staatsorgan« zu domestizieren.[37] Dieser Volksbegriff Carl Schmitts ist – wie man leicht zeigen kann[38] – auf völkische Mystik nicht festgelegt. Für ihn ist aber konstitutiv, daß das Moment des Nicht-Organisierten selbst ontologisiert wird.

Carl Schmitt übernimmt aus der Verfassungsrechtslehre des 19. Jahrhunderts eine durchaus rationale negative Begriffsbestimmung des »Volks«,[39] derzufolge zum Volk diejenigen gehören, die »nicht regieren und nicht Behörden oder Magistrate sind«.[40] Er gibt jedoch dieser Negativdefinition eine substantialistische Wende, indem er die Nichtformiertheit des Volkes im Verhältnis zu den Staatsorganen zur positiven Wesenseigenschaft des Volks selber erklärt: alles, was sich organisiert und formiert, ist demzufolge nicht mehr Volk. Parteipolitische und gewerkschaftliche, überhaupt alle gesellschaftlichen Organisationen und organisierten Bürgerinitiativen verfälschen und beschränken das Volk. Dieses ist, wie Carl Schmitt formuliert, eine »wesentlich [...] nichtorganisierte und nichtformierte Größe«, es ist »unorganisierte Masse«.[41] In Carl Schmitts dynamisch-entformalisierter Konzeption der Volkssouveränität wird das Volk gleichsam auf seine Unbeschränktheit beschränkt. Hatte Hermann Heller die verfassunggebende Gewalt des Volkes letztlich vernachlässigt, aber versucht, alle verfassungsmäßig formierten Staatsfunktionen an den unformierten Volkswillen zurückzubinden, so kappt Carl Schmitt genau diesen Zusammenhang. Carl Schmitts »eigentlichem« Volk bleiben alle alltäglichen politischen Entscheidungen unzugänglich. Es ist vorverfassungsmäßige Gewalt und als solche auf die außergewöhnlichen Mate-

37 Schmitt, *Verfassungslehre*, S. 242.

38 Ingeborg Maus, »Rechtsgleichheit und gesellschaftliche Differenzierung bei Carl Schmitt«, in: dies., *Rechtstheorie und Politische Theorie*, S. 111-139.

39 Josef Held, *System des Verfassungsrechts der monarchischen Staaten Deutschlands mit besonderer Rücksicht auf den Constitutionalismus*, Bd. 1, Würzburg 1856, S. 109 ff.

40 Schmitt, *Verfassungslehre*, S. 241-244, 252.

41 Ebd., S. 83, 242.

rien der Verfassunggebung reduziert. Carl Schmitts konservativer Anarchismus verurteilt deshalb auch alle geregelten plebiszitären Verfahren, die die Weimarer Verfassung in Form von Volksentscheiden und Volksbegehren zur Verfügung stellte, als Steigerung des organisatorischen Funktionalismus des parlamentarischen Systems.[42] Ihm zufolge kann das Volk nur in formlosen Akklamationen »zu den fundamentalen Fragen seiner politischen Existenz Ja oder Nein« sagen.[43]

Carl Schmitts antagonistische Trennung zwischen organisierter/verfassungsmäßiger und nichtorganisierter/vorverfassungsmäßiger Gewalt, durch die er den Begriff der Volkssouveränität pervertiert, wiederholt sich in seinen Bestimmungen politischer Machtausübung und verdeutlicht erst hier ihre weiteren Intentionen. Dem nur scheinbar unbeschränkten »verfassunggebenden« Volk steht die durchgängig beschränkte verfassungsmäßige Funktion des parlamentarischen Gesetzgebers gegenüber: Diese ist als »verfassungsmäßige« nicht an den konkreten Volkswillen, dafür um so mehr an eine Verfassung gebunden, die Carl Schmitt zufolge – ihrer überaus zahlreichen sozialstaatlichen Bestimmungen zum Trotz – eine »fundamentale Entscheidung« zugunsten einer rein bürgerlichen Gesellschaftsordnung enthält. Carl Schmitts Dynamisierung einer ausschließlich vorverfassungsmäßigen Volkssouveränität dient somit der Stabilisierung des angeblich verfassten (vor 1919 bestehenden) »bisherigen sozialen Status quo«.[44]

Je enger Carl Schmitt die Kompetenzen des Gesetzgebers definiert, desto weitere Handlungsspielräume entdeckt er für den Reichspräsidenten. Im Gegensatz zum Weimarer Rechtpositivismus leitet Carl Schmitt allein aus der Tatsache, daß die Legislative nur verfassungsmäßige, nicht aber verfassunggebende Gewalt sei, deren mangelnde Kompetenz zu eingreifenden Verfassungsänderungen ab, die Art. 76 der Weimarer Verfassung durchaus anheimstellte. Dagegen ist Carl Schmitt zufolge der Reichspräsident zwar auch nur verfassungsmäßige Gewalt, aber aufgrund der Ausnahmezustandsbefugnisse des Artikels 48 der Weimarer Verfassung als »Hüter der Verfassung« eingesetzt. Für diese Funktion ist Carl

42 Schmitt, *Volksentscheid und Volksbegehren*, S. 51 f.; ders., »Legalität und Legitimität«, S. 316.

43 Schmitt, *Verfassungslehre*, S. 83.

44 Ebd., S. 30 f.; – siehe Maus, *Bürgerliche Rechtstheorie und Faschismus*, S. 107-121.

Schmitts Differenzierung zwischen »Verfassung« als elementarer Grundentscheidung der verfassunggebenden Gewalt und bloßem »Verfassungsgesetz« von ausschlaggebender Bedeutung. Der Reichspräsident kann zum Schutz der bestehenden »Verfassung« die positivrechtlichen »Verfassungsgesetze« außer Kraft setzen. Was er letztlich zu schützen hat, erscheint zunächst so unbestimmt wie die Inhalte, auf die sich die vorverfassungsmäßige Gewalt des Volkes bezieht: es geht nur noch um die »fundamentalen Fragen [...] [der] politischen Existenz«. Bereits dadurch sind die Befugnisse des Reichspräsidenten unbegrenzt weit, aber sie bleiben nach Carl Schmitts Definition[45] noch im Bereich der »kommissarischen Diktatur«, sind also an der bestehenden Verfassung legitimiert. Aus der Unabgeschlossenheit der verfassungsmäßigen Kompetenzzuweisungen an den Reichspräsidenten leitet Carl Schmitt aber noch das »Residuum« einer verfassunggebenden Situation ab, die gleichzeitig eine »souveräne Diktatur« des Reichspräsidenten begründe,[46] welche sich prinzipiell an einer erst herbeizuführenden Verfassung legitimiert. In dieser Kombination von kommissarischer und souveräner Diktatur, in der der »Hüter der Verfassung« zugleich zum ihr überlegenen Souverän avanciert, ist das typische Programm einer »konservativen Revolution« formuliert: Ein verfassungsmäßiges Organ erhält die unbegrenzten Vollmachten einer verfassunggebenden Gewalt zu dem Zweck, die bürgerliche Fundamentalentscheidung der bestehenden »Verfassung« zu stabilisieren, während alle nichtbürgerlichen verfassungsgesetzlichen Bestimmungen verflüssigt werden.[47]

Carl Schmitts Theorie der Volkssouveränität, die also – soweit zu sehen ist – erstmals den Souveränitätsbegriff von der Gesetzgebungsfunktion auf die Exekutivfunktion umpolt,[48] hat überhaupt die Absicht, eine »Diktatur auf demokratischer Grundlage« zu legitimieren. Dabei bedient sie sich der französischen Demokra-

45 Carl Schmitt, *Die Diktatur. Von den Anfängen des modernen Souveränitätsgedankens bis zum proletarischen Klassenkampf* (1928), Berlin ²1964, S. 136 f., 237-240.

46 Ebd., S. 241.

47 Maus, *Bürgerliche Rechtstheorie und Faschismus*, S. 128 f.

48 So auch der berühmte Einleitungssatz in Carl Schmitts »Politische Theologie«: »Souverän ist, wer über den Ausnahmezustand entscheidet« (Schmitt, *Politische Theologie*, S. 11). Bekanntlich ist der Ausnahmezustand immer die »Stunde der Exekutive«.

tietheorie des 18. Jahrhunderts in einer Weise, die bis heute einen Schatten auf die Volkssouveränitätskonzeptionen der Aufklärung wirft. Es geht insbesondere um Carl Schmitts Rezeption von Sieyes und Rousseau. Carl Schmitts Unterscheidung zwischen verfassungsmäßiger und verfassunggebender Gewalt beruft sich ausdrücklich auf Sieyes' Theorie des *pouvoir constitué* und *pouvoir constituant*. Sieyes hatte diese Unterscheidung eingeführt, um am Vorabend der Französischen Revolution den Forderungen des französischen Bürgertums gegen die etablierten Gewalten Ausdruck zu verleihen: Der Konflikt zwischen König und Drittem Stand über den Abstimmungsmodus in den Generalständen sei ein Konflikt über die Verfassung als solche, den keine der verfassungsmäßigen Gewalten, sondern nur die verfassunggebende Gewalt der ganzen Nation entscheiden könne.[49] Sieyes zufolge regelt jede Verfassung die Bedingungen, unter denen das souveräne Volk Gewalt an die politischen Körperschaften überträgt. Deshalb kann keine bloß übertragene Gewalt »an den Bedingungen der Übertragung irgend etwas ändern«:[50] Hinsichtlich jeder geringsten Verfassungsänderung gilt also Sieyes' zentraler Satz, daß eine Verfassung nur die Regierung bindet, niemals aber das souveräne Volk.[51] Diese Theorie ist zwar in einer revolutionären Situation formuliert, keineswegs aber, wie Carl Schmitts Faszination für den Ausnahmezustand suggeriert, an diese gebunden. Dagegen spricht bereits die Existenz einer ganz analogen Konzeption des so unverdächtigen, erzliberalen Locke, der auf einem vorverfassungsmäßigen Recht des Volkes, über die Rechtmäßigkeit übertragener politischer Machtausübung sich *permanent* ein Urteil (samt Konsequenzen) vorzubehalten,[52] als ursprünglichstem Ausdruck der Volkssouveränität insistiert. Offenbar liegt in der frühen Theorie Sieyes' wie in der Lockes – und, wie noch zu zeigen ist, der Theorie Rousseaus – eine gemeinsame Intention, die nur mit Hilfe großer Manipulationen in die Konzeption Carl Schmitts übersetzt werden kann.

Carl Schmitts Lesart der Demokratietheorie der Aufklärung ist ausschließlich dadurch bestimmt, deren zentralen theoretischen Konstrukte mit der ganz gegenläufigen Revolutionspraxis der Jako-

49 Sieyes, »Was ist der Dritte Stand?«, S. 164.

50 Ebd., S. 167.

51 Ebd.

52 Locke, ST (=*Second Treatise*) §§ 149, 168.

biner zu identifizieren, um letztere für die eigene Theorie der Diktatur nutzbar zu machen. Die gewaltsamen Interpretationen Carl Schmitts sind bis heute wirkungsmächtig und halten noch immer die Leerstellen besetzt, aus denen sie die authentischen Volkssouveränitätskonzeptionen verdrängt haben. – Carl Schmitts Fehleinschätzung des frühen Sieyes wie der übrigen Demokratietheorien des 18. Jahrhunderts ist durch die zentrale Annahme geleitet, daß überhaupt Volkssouveränität an die Stelle der Fürstensouveränität trete und deren Absolutismus beerbe,[53] – eine Behauptung, die zu einem bleibenden Topos aller konservativen bis linksliberalen Interpretation der Theorien der Französischen Revolution avanciert ist. Carl Schmitts These verkennt die ganz unterschiedliche Entscheidungsstruktur, die beiden Souveränitätskonzeptionen zugrunde liegt. Zwar ist gleichermaßen der Übergang von einer unverfügbaren Rechtsordnung zur Positivierung des Rechts vorausgesetzt, also Recht auf inhaltlich ungebundener Entscheidung begründet. Der Voluntarismus der demokratischen Entscheidung gewinnt aber durch die demokratische Organisationsform des Rechtssetzungsverfahrens und die semantische Allgemeinheit des demokratischen Gesetzes eine prozedurale Rationalität, die willkürliche Entscheidungen gerade verhindert. Der demokratische Souverän kann zwar alles Recht beliebig setzen und ändern, ist aber durch die Ausdifferenzierung der Entscheidungsverfahren beschränkt: Im Akt der Verfassunggebung werden in Unkenntnis konkreter Gesetzesvorhaben deren Verfahrensbedingungen festgelegt, im demokratischen Gesetzgebungsverfahren in Unkenntnis der zu regelnden Einzelfälle lediglich die allgemeinen Prämissen exekutivischer und judikativer Entscheidungen bestimmt. Auf jeder Ebene der Entscheidungsverfahren existiert so eine Bindung an die Vorgaben des jeweils vorausgehenden Verfahrens, die auf die konkrete Entscheidung nicht zugeschnitten sind und insofern willkürliche Durchgriffe eines »demokratischen Absolutismus« unmöglich machen.

Rechtsstaatliche Gewaltenteilung steht nicht etwa im Gegensatz zum Prinzip der Volkssouveränität, wie Carl Schmitt folgenreich unterstellt,[54] sondern ist sogar deren ermöglichende Bedingung: »Souveränität« bezeichnet – um dies hinsichtlich des vorliegenden Problems noch einmal zu betonen – bereits bei Bodin und Hob-

53 Schmitt, *Verfassungslehre*, S. 51.

54 Ebd.

bes nicht etwa das staatliche Gewaltmonopol (das im Zentrum des absolutistischen Staates außerdem lokalisiert war), sondern die ungeteilte und ausschließlich Funktion der Gesetzgebung. Volkssouveränität bedeutet darum bei ihren Vertretern Locke, Rousseau und Kant nichts anderes, als daß die Gesetzgebung ungeteilt und ausschließlich dem Volk zukommt, während das staatliche Gewaltmonopol in den Händen der Exekutive als der Spitze aller gesetzesanwendenen Instanzen verbleibt. Bei den demokratischen Kontraktualisten ist daher die Unteilbarkeit der Volkssouveränität *identisch* mit rechtsstaatlicher Gewaltenteilung. Letztere besagt, daß kein rechtsanwendener Staatsapparat Anteile der Rechtssetzung usurpieren darf, während umgekehrt die ungeteilte (!) Legislative des (direkt oder repräsentativ entscheidenden) Volkes weder exekutivische noch justizförmige Kompetenzen an sich ziehen darf. Dabei konstituiert das demokratische Gewaltenteilungsschema nicht etwa eine Gleichrangigkeit, sondern eine Hierarchie der staatlichen Gewalten, deren Spitze der Gesetzgeber deshalb einnimmt,[55] weil er mit dem demokratischen Souverän identisch oder hier (als repräsentative Gesetzgebungskörperschaft) von ihm beauftragt ist. Die strikte Arbeitsteilung und Rechtsförmigkeit aller staatlichen Akte bezweckt also deren Unterordnung unter den im Gesetz formulierten Volkswillen. Diese demokratische Version der Gewaltenteilung steht in genauem Gegensatz zu Montesquieus Konzeption gleichrangiger, sich wechselseitig balancierender Gewalten, die eine Demokratie ebenso verhindern soll wie eine absolutistische Monarchie.[56] Wenn Carl Schmitt gleichwohl Montesquieus horizontale »Balancierung« als einzig mögliche Form der Gewaltenteilung behandelt,[57] so dient dies seiner Absicht, den größtmöglichen Gegensatz zwischen Volkssouveränität und Rechtsstaat zu begründen.

Auch Carl Schmitts Behauptung, Rousseaus Theorie der Volkssouveränität erlaube überhaupt keine Gewaltenteilung,[58] ist von gleicher Qualität. Tatsächlich spricht sich Rousseau nicht etwa gegen eine Teilung der Gewalten, sondern gegen eine Teilung der Souveränität aus[59] – mit Begründungen, in denen er mit allen

55 So bereits Locke, ST § 149.

56 Zu Montesquieu siehe die Hinweise in diesem Band, S. 334 und Anmerkung 144.

57 Schmitt, *Verfassungslehre*, S. 127, 183, 185.

58 Schmitt, *Die Diktatur*, S. 121.

59 Rousseau, CS II 2 Abs. 1.

Hauptvertretern des liberalen Kontraktualismus übereinstimmt. Strengste Gewaltenteilung soll garantieren, daß die Souveränität ungeteilt in den Händen des gesetzgebenden Volkes verbleibt, während die Exekutive die alleinige Befugnis zu Verwaltungsakten bzw. Verordnungen hat.[60] Umgekehrt soll die Beschränkung des Volkes auf Gesetzgebung und auf die generelle Struktur der Gesetze dessen willkürliche Behandlung einzelner Fälle verhindern.[61] Das Prinzip der Gewaltenteilung ist für Rousseau so essentiell, daß er, trotz seiner Orientierung an einzelnen Institutionen der antiken Demokratie, diese insgesamt ablehnt, weil hier das Volk nicht nur die Gesetzgebung, sondern auch die Exekutive innehat und darüber hinaus auch Einzelurteile in Strafsachen an sich zieht – also die »Grenzen der souveränen Gewalt« überschreitet.[62] Das »Volk von Athen«, das »seine Oberhäupter ernannte oder absetzte, dem einen Ehren zuerkannte und dem anderen Strafen auferlegte und durch Massen von Einzelverordnungen unterschiedslos alle Regierungsgeschäfte erledigte«,[63] ist für Rousseau ein so negatives Beispiel eines potentiell gewalttätigen Systems, daß er den Begriff der »Demokratie«, der im Sprachgebrauch seiner Zeit die Demokratie der Antike bezeichnete, für sein eigenes Projekt überhaupt vermeidet und den der »Republik«[64] vorzieht.

Carl Schmitts Versuch, das Volkssouveränitätsprinzip der Aufklärung für eine Theorie avantgardistischer Diktatur zu reklamieren, scheitert auch an dessen ursprünglicher Verbindung mit einer individualistischen und zugleich prozeduralen Konzeption der Freiheitsrechte. Die naturrechtliche Begründung der Volkssouveränität leitet nicht nur in ihrer repräsentativ-demokratischen, sondern auch in ihrer radikaldemokratischen Version – bei Sieyes wie Rousseau – die demokratische Organisationsform überhaupt aus vorstaatlichen Menschenrechten ab.[65] Diese fungieren jedoch nicht als inhaltliche Vorgaben des demokratischen Gesetzgebungsprozesses. Selbst die Heiligkeit des Eigentums ist bei Sieyes (wie übrigens auch bei Locke) ausschließlich durch die Beteiligung der Eigentü-

60 Ebd., III 16 Abs. 1; III 1 Abs. 3.
61 Ebd., II 4 Abs. 5.
62 Ebd., II 4.
63 Ebd., II 4 Abs. 6.
64 Ebd., II 6 Abs. 9.
65 Sieyes, »Was ist der Dritte Stand?«, S. 94; Rousseau, CS I 4 Abs. 6.

mer am Rechtssetzungsprozeß – bei Rousseau bereits durch die Generalität des Gesetzes[66] – gesichert. Der prozedurale Charakter von Rousseaus Freiheitsrechten besteht in doppelter Hinsicht. Auch bei Rousseau (ebenso wie insbesondere bei Kant) begründen die Prinzipien Freiheit und Gleichheit überhaupt die Struktur des demokratischen Prozesses, insofern legitime Gesetzgebung nur unter der Verfahrensbedingung freier und gleicher Teilnahme aller Betroffenen zustande kommt. Darüber hinaus stehen Freiheitsrechte und Volkssouveränität in einem spezifisch begründungstheoretischen Zusammenhang: Rousseau leitet aus dem vorstaatlichen Menschenrecht der Freiheit das Prinzip der Volkssouveränität ab[67] und erklärt umgekehrt Freiheit und Gleichheit zum »Endzweck« jeder Gesetzgebung des demokratischen Souveräns.[68] Indem hier die Freiheitsrechte auf der Input- wie auf der Outputseite des Gesetzgebungsprozesses angesiedelt werden, gerät Rousseau in die Nähe einer berühmten begründungstheoretischen Konstruktion: Habermas' »Kreisprozeß« einer logischen Genese der Rechte, in der Freiheitsrechte zugleich als Voraussetzung und als Ergebnis demokratischer Gesetzgebung bestimmt sind,[69] ist in Rousseaus schlichter naturrechtlicher Argumentation bereits undeutlich und unreflektiert angelegt. Die Prozeduralität der Freiheitsrechte Rousseaus erweist sich genau darin, daß sie dem Prinzip der Volkssouveränität nicht übergeordnet sind.

66 Rousseaus etwas weniger geheiligtes Eigentum ist nicht nur durch die Generalität des Gesetzes geschützt, die die ungleiche Behandlung ungleicher Eigentumsakkumulation und gesetzliche Einzelakte der Enteignung verbietet, sondern auch durch die bereits sehr ausgearbeitete rechtsstaatliche Verfahrensdifferenzierung Rousseaus abgesichert, die zusätzlich jede Intervention in bereits erworbenes Eigentum als »rückwirkenden« Eingriff ausschließt (in konkretem Kontext: Rousseau, »Entwurf einer Verfassung für Korsika«, in: ders., *Sozialphilosophische und Politische Schriften*, hg. von Iring Fetscher, München 1981, S. 509-561, hier: S. 547). Wenn gleichwohl Rousseau im Hinblick auf die Stabilität der »Republik« – im Sinne gleicher Partizipation aller Bürger – die Vermeidung großer (!) ökonomischer Ungleichheit fordert (Rousseau, CS 26 Anmerkung; S. 56 f. und Anmerkung), so ist diese soziale Bedingung politischer Demokratie nur durch entsprechende Erbschaftssteuer zu verwirklichen (Rousseau, »Entwurf einer Verfassung für Korsika«, S. 555 f.).

67 Rousseau, CS I 4 Abs. 6.

68 Ebd., II 11 Abs. 1.

69 Habermas, *Faktizität und Geltung*, S. 155-161. Dazu in diesem Band, S. 230-232 und Anmerkung 430.

In Carl Schmitts Umdeutung werden die prozeduralen Freiheitsrechte substantialisiert.[70] Eigentum avanciert zu einer entindividualisierten Bestandsgarantie des ökonomischen Prozesses und ist als solche dem legislativen Zugriff entzogen. Gleichheit wird im Sinne gesellschaftlicher Homogenität verstanden, die jeder Entscheidung inhaltlich vorausliegt, und fällt schließlich mit der von Carl Schmitt beschworenen Existenz der politischen Einheit zusammen.[71] Entsprechend geht dieses »politische Sein« auch noch »der Verfassunggebung voraus«.[72] Carl Schmitts Theorie verwandelt insgesamt die prozeduralen Kategorien des »Tuns«, die in der Demokratietheorie der Aufklärung autonome Verfahren der Konsensbildung und des Ausgleichs divergierender Interessen begründeten, in Kategorien des »Seins«, die für jede demokratische Entscheidung unantastbar sind. Erst in dieser Gestalt können die transformierten Freiheitsrechte politische Expertokratien zur Handhabung vorkonsentierter Inhalte begründen und Sachwalter politischer Einheit mit diktatorischen Vollmachten ausstatten. Bereits Carl Schmitts Verabsolutierung des Grundrechtsteils der Weimarer Verfassung gegen deren bloß »organisatorischen« Bestandteil, der das Prozedere des demokratischen Rechtsstaats enthielt,[73] entsprach der Logik dieser Argumentation. Carl Schmitt entwikkelte deren volle Konsequenz, indem er die Unvereinbarkeit beider Verfassungsteile, sogar die Existenz zweier gegensätzlicher Verfassungen, behauptete. Die so konstruierte notwendige »Entschei-

70 Diese Ausführungen stehen insofern in Gegensatz zu Stefan Breuer (»Nationalstaat und pouvoir constituant bei Sieyes und Carl Schmitt«, in: *Archiv für Rechts- und Sozialphilosophie* 70 (1984) S. 495-519, hier: S. 509-514), als dort nicht in der Substantialisierung, sondern in der »Funktionalisierung« der Kategorien Sieyes' durch Carl Schmitt die eigentliche Umdeutung der frühbürgerlichen Theorie zur gegenrevolutionären Verwendung gesehen wird. Dagegen scheinen die Umdeutungen Carl Schmitts Pasquale Pasquino überhaupt entgangen zu sein (Pasquale Pasquino, »Die Lehre vom ›pouvoir constituant‹ bei Emmanuel Sieyes und Carl Schmitt. Ein Beitrag zur Untersuchung der Grundlagen der modernen Demokratietheorie«, in: Helmut Quaritsch (Hg.), *Complexio Oppositorum. Über Carl Schmitt*, Berlin 1988, S. 371-385 hier: S. 373-382). Pasquino behandelt allen Ernstes Carl Schmitts Theorie des pouvoir constituant als adäquate Rezeption von Sieyes' Konzept.

71 Maus, »Rechtsgleichheit und gesellschaftliche Differenzierung bei Carl Schmitt«, S. 113-130.

72 Schmitt, *Verfassungslehre*, S. 50.

73 Schmitt, »Legalität und Legitimität«, S. 344.

dung« zwischen diesen beiden »Verfassungen« trifft Carl Schmitt zugunsten des »substanzhaften« Grundrechtsteils[74] – auf Kosten aller rechtsstaatlich-demokratischen Prozeduralisierungen,[75] die Grundrechten überhaupt eine Wirksamkeit verschaffen könnten.

Carl Schmitts Programm, die bürgerliche Diktaturtheorie (hinsichtlich ihrer Konstruktion) auf den Stand der marxistischen zu bringen,[76] erklärte insbesondere Rousseaus Theorie zum Ausgangspunkt nicht nur des Jakobinischen Terrors, sondern auch jeder modernen »Diktatur auf demokratischer Grundlage«, z. B. einer »Diktatur des Proletariats«. Diese Interpretation trug dazu bei, daß die konsequenteste basisdemokratische Theorie des 18. Jahrhunderts bis heute als Antizipation aller »totalitären Demokratien« des 20. Jahrhunderts gilt.[77] Zwar ist die Kette der Fehldeutungen Rousseaus lang, aber erst bei Carl Schmitt sind alle Interpretationsschablonen versammelt, die seit dem 20. Jahrhundert die Intentionen Rousseaus ins Gegenteil verkehren und überhaupt der Verdächtigung demokratischer Positionen überaus dienlich sind.

Einige Beispiele seien noch kurz erörtert. Unter ihnen behauptet die Mystifikation der volonté générale zur Emanation eines gegen die Individuen verselbständigten Kollektivsubjekts[78] einen prominenten Stellenwert. Carl Schmitt bezieht sich auf Rousseaus bekannte Unterscheidung zwischen einer volonté générale von »natürlicher Richtigkeit« und dem empirisch zu ermittelnden Abstimmungsergebnis der volonté de tous, wenn er unterstellt, dadurch sei die volonté générale von faktischer demokratischer Konsensermitt-

74 Ebd., S. 344 f.

75 Die Entscheidung gegen diese wurde im »Ermächtigungsgesetz« von 1933 exekutiert.

76 Schmitt, *Die Diktatur*, S. XII ff.

77 So besonders Talmon, *Die Entstehung der totalitären Demokratie*. – Zur Kritik von Talmons Rousseauinterpretation (die in großen Teilen Carl Schmitts Rousseauverständnis unter anderen Vorzeichen reproduziert) siehe bereits überaus zutreffend Iring Fetscher, *Rousseaus politische Philosophie. Zur Geschichte des demokratischen Freiheitsbegriffs*, Neuwied, Berlin ²1968. Aber selbst diese Analyse wird allen hier behandelten Argumentationen Rousseaus nicht gerecht, weil sie deren verfassungsrechtlichen Status (Rousseaus *Gesellschaftsvertrag* handelt ausweislich des Untertitels seines Werkes von *principes du droit politique*, also von *Grundsätzen des Verfassungsrechts* – eigene Übersetzung in Abweichung von Brockard) nicht beachtet. Dazu ausführlicher in diesem Band, S. 323-333.

78 Schmitt, *Die Diktatur*, S. 120.

lung in dem Sinne unabhängig, daß eine »tugendhafte Minorität« als Sprachrohr der volonté générale gegen die volonté de tous auftreten könne; insofern diene gerade das Freiheitspathos der Rousseauschen volonté générale der Rechtfertigung einer Diktatur und begründe den Despotismus der Freiheit.[79] Indem aber Rousseaus »natürliche Richtigkeit« der volonté générale in nichts anderem besteht als in ihrer Identität mit dem »Gesetz der Vernunft« bzw. dem »Gesetz der Natur«,[80] erweist sich Rousseaus Entgegensetzung von volonté générale und volonté de tous als die bekannte Unterscheidung von Naturrecht und positivem Recht. Dabei besteht das »Vernünftige« der volonté générale in ihren prozeduralen Kriterien, also der dreifachen Allgemeinheit des Gesetzes hinsichtlich der Partizipation »aller« an der Gesetzgebung, hinsichtlich der Gesetzesadressaten und des Gegenstands des Gesetzes.[81] Dabei ist Rousseau zufolge die basisdemokratische Genesis des Gesetzes unerläßliche,[82] aber nicht hinreichende Bedingung von Freiheit und Vernunft: Nicht einmal Einstimmigkeit garantiert, daß das Abstimmungsergebnis noch die Kennzeichen der volonté générale an sich hat.[83] Insofern hält Rousseau gegenüber empirischem Konsens unter freiheitsfeindlichen realgesellschaftlichen Bedingungen an der »Wahrheitsfähigkeit praktischer Fragen« und an einem normativen Legitimationsbegriff fest.[84] Aber die bei jeder Entgegensetzung von Naturrecht und positivem Recht, von volonté générale und volonté de tous, mögliche Diskriminierung demokratischer Entscheidungen, die erst Carl Schmitts Theorie tatsächlich vornimmt und die er Rousseau fälschlich unterstellt,[85] hat Rousseau mit großem Aufwand vermieden. Indem Rousseau weder inhaltliche Kriterien der volonté générale angibt, noch Instanzen auszeichnet, die deren Inhalte unabhängig von den Ergebnissen demokratischer

79 Ebd., S. 122 f.

80 Rousseau, CS II 4 Abs. 4 und 5.

81 Ebd., II 4 Abs. 5.

82 Ebd., II 2 Abs. 1 Anmerkung.

83 Ebd., IV 2 Abs. 3 und 9.

84 Entsprechend der Begriffsbestimmungen bei Jürgen Habermas »Diskursethik. Notizen zu einem Begründungsprogramm«, in: ders., *Moralbewußtsein und kommunikatives Handeln*, Frankfurt am Main 1983, S. 53-125 und ders., »Legitimationsprobleme im modernen Staat«, in: *Politische Vierteljahresschrift*, Sonderheft 7 (1976), S. 39-61, besonders S. 54-59.

85 Schmitt, *Die Diktatur*, S. 123.

Willensbildungsprozesse bestimmen könnten, indem er durchgehend auf der Nichtübertragbarkeit der Volkssouveränität besteht und deshalb ausdrücklich das falsche Majoritätsergebnis gegenüber der »richtigen« Gesetzesentscheidung favorisiert – »denn wenn es dem Volk gefällt, sich selbst zu schaden, wer hat das Recht, es daran zu hindern?«[86] –, schließt Rousseau mit großer demokratischer Konsequenz die Legitimation jeder Diktatur, aber auch jeder Form von landläufiger Elitenherrschaft und Gerechtigkeitsexpertokratie nachdrücklich aus.

Zu den weiteren wirkungsmächtigen Argumentationsfiguren, die Carl Schmitt auf Rousseaus Theorie projiziert, gehört die ganzheitliche Erfassung der Individuen und völlige Eliminierung ihrer Privatinteressen durch eine – wie immer beschaffene – volonté générale.[87] Dagegen ist sehr leicht zu zeigen (wie offenbar zu übersehen), daß Rousseaus »Allgemeinheit« lediglich das Gemeinsame in den unterschiedlichen Interessen bezeichnet[88] und daraus die äußerst begrenzte Reichweite des Gemeinwillens folgt. Daß Rousseaus idealer Staat mit sehr wenigen Gesetzen auskommt,[89] bestätigt diese Intention, alles Nicht-Gemeinsame außerhalb staatlicher Regelung zu belassen.

So offensichtlich die Fehlinterpretationen Carl Schmitts sind und dazu dienen, demokratietheoretisches Arsenal für autokratische Zwecke umzurüsten, so beherrschend bleiben sie bei der neuen Demokratiegründung der Bundesrepublik. Symbolisch gesprochen, wurde nicht so sehr Carl Schmitts Theorie, sondern die von Carl Schmitt ins Gegenteil verkehrte Theorie Rousseaus zum negativen Bezugspunkt des neuen politischen Selbstverständnisses. Es gehört zu den falschen »Bewältigungen« der Vergangenheit, daß der Zusammenbruch der Weimarer Republik nicht mit einem sy-

86 Übersetzung abweichend von der Ausgabe Brockard. Der volle Wortlaut ist: »D'ailleurs, en tout état de cause, un peuple est toujours le maître de changer ses lois, même les meilleures; car, s'il lui plaît de se faire mal à lui-même, qui est-ce qui a droit de l'en empêcher?« – Rousseau, CS II 12 Abs. 2 (franz.: S. 271).

87 Schmitt, *Die Diktatur*, S. 119.

88 Es heißt: »C'est ce qu'il y a de commun dans ces différents intérêts qui forme le lien social; et s'il n'y avoit pas quelque point dans lequel tous les intérêts s'accordent, nulle société ne sauroit exister. Or, c'est uniquement sur cet intérêt commun que la société doit être gouvernée.« – Rousseau, CS II 1 Abs. 1 (franz.: S. 250).

89 Ebd., IV 1 Abs. 2.

stemimmanenten Mangel an demokratischer Kontrolle, sondern umgekehrt mit den plebiszitär-demokratischen Gesetzgebungsverfahren der Weimarer Verfassung in Verbindung gebracht wurde, die ausgerechnet Carl Schmitt vehement kritisiert hatte. Entsprechend chancenlos blieben basisdemokratische Verfahren in den Beratungen des Bonner Grundgesetzes. Das Mißtrauen richtete sich sogar noch gegen einen möglichen »Absolutismus« des Parlaments, der nur durch eine starke Stellung der Regierung und gerichtliche Normenkontrolle der Gesetzgebung zu verhindern sei – womit insgesamt die vermeintlich absolutistische Konsequenz demokratischer Verfahren mit Carl Schmittschen Mitteln bekämpft wurde.[90]

Bis zur Gegenwart legitimieren sich politische Entscheidungen in der Bundesrepublik weniger an demokratischer Konsensermittlung als an Grundrechtsaufträgen,[91] die als vorkonsentierte Inhalte im Wege extensiver verfassungsgerichtlicher Interpretation dem Grundgesetz entnommen werden. Die Verabsolutierung des Grundrechtsteils der Verfassung gegenüber dem »organisatorischen« Teil, wie sie Carl Schmitt begründete, ist noch immer beherrschend. Zu diesen Rahmenbedingungen passt der eingangs erwähnte Befund, daß auch die neu entstandenen basisdemokratischen Bewegungen der Bundesrepublik nicht Volkssouveränität für sich reklamieren, sondern sich mit alternativen Verfassungsinterpretationen zur herrschenden Verfassungsinterpretation in Konkurrenz begeben. Gerade damit bleiben sie freilich der Kompetenz des Bundesverfassungsgerichts als dem zuständigen pouvoir constitué hoffnungslos unterlegen.

Die Involution des Demokratiebegriffs in der Gegenwart folgt einer Legendenbildung, die Carl Schmitt in zweifacher Hinsicht initiierte. Sie besteht in einer kontradiktorischen Verselbständigung aller Teilelemente der Demokratie, die einen notwendigen Zusammenhang wechselseitiger Optimierung bilden. Carl Schmitt

90 Daß Carl Schmitt den befürchteten »Parlamentsabsolutismus« mit der Expansion der Machtbefugnisse des Reichspräsidenten beantwortete, bedarf nicht mehr des Nachweises. Weniger bekannt zu sein scheint, daß Carl Schmitt zwar nicht eine zentralisierte Verfassungsgerichtsbarkeit, aber ein »diffuses« richterliches Prüfungsrecht hinsichtlich der Verfassungsmäßigkeit einfacher Gesetze befürwortete, was eine allgemeine Kompetenzzuweisung an die ordentlichen Gerichte bedeutet hätte, siehe Schmitt, *Verfassungslehre*, S. 196.

91 Dazu kritisch Preuß, *Die Internalisierung des Subjekts*, S. 170-182.

zerschlägt diesen Zusammenhang, indem er sowohl Freiheitsrechte und Volkssouveränität als auch Volkssouveränität und rechtsstaatliche Gewaltenteilung gegeneinander ausspielt und zudem die Unterscheidung zwischen vorpositivem und positivem Recht, die in der genuin demokratischen Theorie eine Argumentationsressource der gesellschaftlichen Basis für die Abänderung positiven Rechts begründete, in eine dichotomische Hierarchie transformiert, die es gewalthabenden Expertokratien erlaubt, »höhere Werte« gegen das positive Recht bis zu dessen völliger Dynamisierung und Auflösung einzusetzen.[92] Carl Schmitts Verfahren dominiert die politische Ideengeschichte und das Verfassungsrecht gleichermaßen. In ersterer erscheint Carl Schmitts Legendenbildung schier unüberwindlich, der zufolge beispielsweise der rechtsstaatliche Kant kein echter Demokrat und der radikal-demokratische Rousseau kein Vertreter des Rechtsstaats sein könne.[93] Was demokratische Verfassungen angeht, so spielt Carl Schmitt deren Bestandteile so lange gegeneinander aus, bis von ihnen keiner mehr übrigbleibt und die Grundrechte als »höhere Werte« entweder – wie auch bei Erich Kaufmann – in die Hände der Justiz geraten und gegen den demokratischen Gesetzgeber eingesetzt werden können, oder ihre Verwaltung durch verselbständigte exekutivische Instanzen legitimieren, welche je nach Bedarf die gesamte positive Rechtsordnung situativ außer Kraft setzen. – Die Aufgabe der heutigen Demokratietheorie besteht also auch darin, die disjecta membra der Demokratie, die Carl Schmitt auf seinem Schlachtfeld hinterließ, wieder zusammenzufügen.

92 Dazu ausführlich Maus, *Bürgerliche Rechtstheorie und Faschismus.*

93 Dazu neuerdings Ulrich Thiele, *Advokative Volkssouveränität. Carl Schmitts Konstruktion einer »demokratischen« Diktaturtheorie im Kontext der Interpretation politischer Theorien der Aufklärung*, Berlin 2003.

III. Zur Begründung von Volkssouveränität

1. Vom materialen Naturrecht des Mittelalters zum prozeduralen Naturrecht der Moderne: die Erfindung des demokratischen Legitimationsprinzips

Der analytische Durchgriff auf das mittelalterliche Naturrecht (I.), dem das der Aufklärung kontrastiert wird (II.), dient der Untersuchung eines grundlegenden Wandels der Legitimationskriterien zwischen beiden Epochen, dessen verbreitete Nichtbeachtung die Debatten über die normativen Grundlagen demokratischer Systeme bis zur Gegenwart verdunkelt. Diese aktuelle Problematik wird noch durch die Renaissance vormodernen Naturrechts nach dem Zweiten Weltkrieg verschärft, die sich vor allem in Verfassungspraxis und Verfassungsjudikatur der Bundesrepublik auswirkt und die demokratisch-rechtsstaatliche Struktur des Grundgesetzes unterläuft (III.). Abschließend werden die Gerechtigkeits- bzw. Rechtstheorien von Rawls und Habermas, die sich auf jeweils spezifische Weise zur Naturrechtskonzeption der Aufklärung ins Verhältnis setzen, im Hinblick auf die unterschiedlichen Antworten untersucht, die sie auf aktuelle Probleme demokratischer Verfassungssysteme geben (IV.).

I.

Indem Thomas von Aquin die in der Antike vorgebildete Unterscheidung zwischen *lex aeterna, lex naturalis* und *lex humana* in der Form hierarchischer Rechtsstufen einer einzigen, von Gott gestifteten Ordnung übernimmt,[1] ist die Dominanz des Objektiven vor jeder subjektiven Erkenntnis, Aktivität oder Berechtigung etabliert. Auch die *lex aeterna,* das ewige Weltgesetz oder die kosmische Vernunft der Antike, ist (neben der Ergänzung durch eine *lex divina*) bei Thomas in der Weise von Gott gegeben, daß sie vom Menschen nur indirekt und in der abgeschwächten Version der *lex naturalis* im

1 Thomas von Aquin, *Theologische Summe II-II. Recht und Gerechtigkeit,* Neue Übersetzung und Kommentierung von Josef F. Groner, Arthur F. Utz., Bonn 1987, S. 3-17.

Wege einer sehr unvollkommenen Partizipation der menschlichen Vernunft an der göttlichen erkannt werden kann. Das so Erkannte ist verbindlich für die unterste Stufe der *lex humana*, das von den Menschen praktizierte Recht. Diese Art der Verbindlichkeit läßt höchst irdische Unvollkommenheiten des Rechts zu, wie Thomas' Rechtfertigung ständischen Privilegienrechts und sogar der Sklaverei zeigt, obwohl der universalistische Ausgangspunkt der *lex aeterna* immerhin die Gleichheit aller Menschen vor Gott begründen konnte. Indem diese Naturrechtstheorie auch das Unvollkommene als Abglanz des Vollkommenen begreifen kann, hat sie ganz wesentlich eine *Status quo*-stabilisierende Funktion.[2] Sie begründet auch nicht etwa aus der »Natur des Menschen«, sondern aus der »Natur der Sache« ein Recht objektiver Ordnungen und Institutionen, in denen die jeweiligen Mitglieder als Mitglieder (und nicht etwa als Individuen) eine lediglich abgeleitete Existenz haben. Thomas' höherrangiges Recht ist darum keineswegs mit einem Menschenrecht zu verwechseln, das als Argumentationsressource gegen ungerechte Herrschaft oder repressive Institutionen eingesetzt werden könnte. Vielmehr enthält dieses höherrangige Recht in seiner normativen Auszeichnung sachhaltiger Ordnungen bereits alle Materialien der Gerechtigkeit, die für argumentatives Raisonnement unantastbar sind. Der gleichwohl freigesetzte Austausch von Argumenten, der auch Thomas' scholastische Methode kennzeichnet, dient lediglich der möglichst angemessenen Interpretation des immer schon Gegebenen, nicht etwa der Begründung von Entscheidungen über gesellschaftliche Einrichtungen. Jenseits aller konkreten Legitimationsfunktionen, die die Richtigkeit positiven Rechts von der Übereinstimmung mit den materialen Gerechtigkeitsprinzipien des höheren Rechts abhängig machen, hat die Hierarchisierung der Rechtsstufen als solche, die von göttlicher Stiftung bis zu menschlicher Praxis reicht, vor allem den politischen Sinn, die Unterordnung der weltlichen Macht unter die geistliche zu begründen.

Gleichwohl kennt auch Thomas von Aquin eine Konstruktion, die für den Zusammenhang von mittelalterlichem Vertragsdenken und Widerstandsrecht sehr bezeichnend ist. Sie ist für den spezifischen Fall vorgesehen, daß der König nicht unmittelbar von Gott, sondern vermittels eines Vertrags vom »Volk« eingesetzt ist.[3] Hier

2 Ernst Bloch, *Naturrecht und menschliche Würde*, Frankfurt am Main 1961, S. 7f.
3 Thomas von Aquin, *Über die Herrschaft des Fürsten*, Stuttgart 1971, S. 24f.

plädiert Thomas, der den individualistischen Tyrannenmord ausdrücklich verwirft, bei Vertragsbruch des Königs für ein Vorgehen »nach allgemeinem Beschluß«, um den Herrscher abzusetzen. Die hier auftauchende Vertragskategorie darf allerdings nicht im mindesten mit derjenigen verwechselt werden, die das prozeduralistische Naturrecht der Aufklärung kennzeichnet.[4] Sie ist nicht etwa eine hypothetische Konstruktion normativer Prämissen politischer Herrschaft, sondern steht in einem Verweisungszusammenhang mit positivrechtlichen Verträgen, die im Mittelalter z. B. als Wahlkapitulationen oder als konfliktbeendende Beurkundungen, wie die *Magna Carta*, geläufig sind. Auch diese positivrechtlichen Verbriefungen von Freiheiten spezifischer gesellschaftlicher Statusgruppen als Bedingung für die Herrschaftsübertragung an den König folgten dem Prinzip materialer Gerechtigkeit. Die Vertragstreue des Herrschers enthebt von jeder Rücksicht auf aktuelle Willensbildung der Untertanen und ist ausschließlich anhand der inhaltlich fixierten »althergebrachten« Rechte[5] zu überprüfen. Nur ein Verstoß des Herrschers gegen diese Vertragsmasse ist Anlaß zur Ausübung eines Widerstandsrechts, das seinerseits auf die Wiederherstellung genau der verbrieften »alten« Freiheiten festgelegt und auch hinsichtlich seiner Akteure und seiner Aktionsformen bis hin zur Einhaltung bestimmter Fristen rechtlich streng geregelt ist.[6] Dieses mittelalterliche Widerstandsrecht teilt mit dem materialen Naturrecht die Legitimation und Verteidigung des Bestehenden gegen Innovationen eines beginnenden Absolutismus. Noch im 16. Jahrhundert macht der monarchomachische Widerstand gegen den eine falsche Religion befolgenden bzw. oktroyierenden Herrscher unter Anrufung höheren Rechts zugleich geltend, daß dieser die feudalständische Gesellschaftsstruktur zugunsten willkürlicher Gleichheit einebne.[7]

4 Maus, *Zur Aufklärung der Demokratietheorie*, S. 46-55.

5 Magna Carta Libertatum von 1215, dt. Übersetzung in: Hans Wagner (Hg.), *Quellen zur neueren Geschichte*, Heft 16, Bern 1951, S. 29.

6 Ebd., S. 31 und das gesamte Kap. 61.

7 Stefan Breuer, *Sozialgeschichte des Naturrechts*, Opladen 1983, S. 149-159.

II.

Das Naturrecht der Aufklärung ist ohne seinen Angriff auf den mittelalterlichen Vertragstyp, das materiale Naturrecht und das in eine unverfügbare Rechtsordnung eingebaute Widerstandsrecht nicht zu verstehen. Der mittelalterliche Vertrag zwischen Volk und Herrscher (d. h. der Herrschafts- oder Unterwerfungsvertrag, der »*pactum subjectionis*«) setzte sowohl diese Vertragsparteien als auch die Vertragsgegenstände als »natürlich« voraus. Unter der Prämisse einer gottgestifteten Natur, die alle physischen und sozialen Verhältnisse umfaßt, konnten das Volk und sein Herrscher, der weltliche »Hirte«, ebenso als »gegeben« erscheinen wie die materiellrechtlichen Vertragsbestimmungen. Der Kontraktualismus der Aufklärung dagegen enthauptet die mittelalterliche *Leges*hierarchie, behält bloß die innerweltlichen Rechtsstufen zurück und entdeckt die Entscheidungsabhängigkeit nicht nur sämtlichen Rechts, sondern sogar des einstigen Vertragspartners »Volk«. Letzteres konstituiert sich überhaupt erst durch eine Entscheidung zwischen Freien und Gleichen als Kunstprodukt des Gesellschaftsvertrags (des »*pactum unionis*«).[8] Entgegen neuerer Regressionen zu einem ethnischen Volksbegriff ist hier dieses wesentliche Moment des Kontraktualismus der Aufklärung festzuhalten, daß die Zugehörigkeit zu einem Volk auf dem Willensakt eines jeden einzelnen beruht und nicht etwa ein präexistentes Volk über zusätzliche Mitgliedschaften entscheidet – was übrigens im weltoffenen Staatsangehörigkeitsrecht der Französischen Revolution seine Entsprechung findet.[9] Indem also der Gesellschaftsvertrag als neue Vertragspartner die einzelnen gleichberechtigten Individuen einsetzt, ist in seinem Entscheidungsprozedere bereits das Organisationsprinzip der Demokratie vorgegeben. Im Vertragsschluß konstituieren sich die Individuen zum demokratischen Souverän, d. h. zum Gesetzgeber. Die Regierung steht überhaupt nicht mehr »unter Vertrag«, also unter langfristig festgelegten materiellrechtlichen Vorgaben, sondern unter dem demokratischen Gesetz als dem je aktuellen und stets änderbaren Willen des Volkes.

Diese neue Konstruktion unterwirft politische Herrschaft dem

8 Rousseau, CS I 5 Abs. 2.

9 Vgl. Französische Verfassung von 1793, Acte constitutionel, Art. 4, in: Franz (Hg.), *Staatsverfassungen*. Vgl. Maus, »›Volk‹ und ›Nation‹« im Denken der Aufklärung«.

Willen der gesellschaftlichen Basis und trägt gleichzeitig dem raschen rechtlichen Änderungsbedarf einer modernen Gesellschaft Rechnung, die nicht mehr mit apokryphen Anpassungsleistungen durch Neuinterpretation des alten Rechts, wie sie die statische mittelalterliche Gesellschaft kannte, auskommt. Neue gesellschaftliche Entwicklungen lassen überkommene Institutionen wie überhaupt alles »Gegebene« und Objektive fragwürdig erscheinen, so daß als letzte Gewißheit das denkende und handelnde Subjekt übrigbleibt.

Wäre Hobbes zufolge sogar die untergegangene Welt aus den Begriffen des Subjekts zu rekonstruieren[10] und tut Kants Philosophie dar, daß weder die Welt der Erscheinungen noch die der politischen Institutionen aus »Sachen« besteht, sondern auf Leistungen des Subjekts zurückzuführen ist,[11] so wird auch das Naturrecht der Aufklärung nicht mehr auf einer »Natur der Sache«, sondern der »Natur des Menschen« basiert. Letztere wird einem fiktiven »Naturzustand« zugeordnet, der durch Abstraktion von allen tradierten Normen und Institutionen, die den Menschen der hierarchischen Struktur feudal-ständischer Herrschaftsverhältnisse unterwarfen, gewonnen ist, um am Maßstab dieser Menschennatur überhaupt erst (gegebenenfalls revolutionäre) Forderungen für gesellschaftliche Verhältnisse zu entwickeln, die der Freiheit und Gleichheit der Menschen entsprechen.

Diese Umkehrung des mittelalterlichen Legitimationsschemas rekurriert keineswegs auf eine substantialisierte menschliche Triebnatur, sondern auf eine unterstellte Vervollkommnungsfähigkeit (*perfectibilité*)[12] des Menschen. So liegt der stärkste Akzent in Rousseaus Naturzustandstheorie auf der Darstellung einer falschen Vergesellschaftung als Resultat ungeprüfter quasi-natürlicher Voraussetzungen, aus der erst e contrario Schlüsse für die Errichtung der vernünftigen Gesellschaft des *Gesellschaftsvertrags zu ziehen sind.*[13] Schon Hobbes hatte den Staat nicht auf dem ursprünglichen kriegstreibenden »Natur*recht*« eines jeden auf alles, sondern

10 Thomas Hobbes, *Vom Körper. Elemente der Philosophie I* (1655), Hamburg 1967, S. 77 f.

11 Dazu ausführlich mit Nachweisen: Maus, *Zur Aufklärung der Demokratietheorie*, S. 249-297.

12 Jean-Jacques Rousseau, *Diskurs über die Ungleichheit* (1755), hg. von Heinrich Meier, Paderborn, München u. a. 1990, S. 102.

13 Ebd., S. 173, 203-227, 251.

auf dem friedensstiftenden »Natur*gesetz*« als dem Ergebnis vernünftiger Anstrengungen leidgeprüfter Naturrechtssubjekte errichtet.[14] Die fiktive Situation des Vertragsschlusses bezeichnet darum den Akt, in dem ursprüngliche Natur selbst zur Vernunft kommt: Die normative »Natur«, von der das Naturrecht der Aufklärung handelt, ist fortan mit »Vernunft« identisch. Indem diese Vertragssituation den Menschen aus der Übermacht sowohl der gesellschaftlichen wie der physischen Natur freisetzt, bezeichnet sie gleichzeitig die Stunde Null der modernen praktischen Philosophie, die vorgegebene und tradierte Grundsätze durch selbstbegründete ersetzte.

Wenn der Einbruch des Voluntarismus in das Naturrecht der Aufklärung als eine »Krise« oder sogar als das Ende des Naturrechts diagnostiziert wird,[15] so ist freilich übersehen, daß sich auch in dem engen Zusammenhang zwischen Volkssouveränität und Vollpositivierung des Rechts ein neues Prinzip der Unverfügbarkeit etabliert.

Positives Recht wird jetzt nicht mehr aufgrund seiner inhaltlichen Übereinstimmung mit materialen Vorgaben eines höheren gerechten Rechts als »richtiges Recht« ausgezeichnet, sondern aufgrund seiner Entstehung in einem Gesetzgebungsprozedere, das wegen seiner demokratischen Struktur, der Fixierung freier und gleicher Verfahrenspositionen, seinerseits gerecht ist. Die neue Zweistufigkeit zwischen Naturrecht und positivem Recht besteht nun darin, daß die einzelne Rechtsentscheidung an der ihr vorausliegenden verfahrensförmigen Entscheidungsprämisse geprüft wird. Dieser neue Typus »reflexiver Legitimation«[16] zeichnet nun das Prinzip demokratischer Gesetzgebung normativ als unaufhebbar aus – es ist das neue Unverfügbare. So formuliert Kant trotz allen Insistierens auf der inhaltlichen Unbeschränktheit des souveränen demokratischen Gesetzgebers ein einziges Verbot für prozedurale Entscheidungen: Eine bereits errichtete Republik darf, weil sie Gesetzgebung durch das Volk bedeutet und darum die »einzig rechtmäßige Verfassung« ist, auch von der demokratischen Legislative nicht mehr aufgehoben werden. Ein solcher Akt wäre an sich selbst null und nichtig. Das Recht der obersten Gesetzgebung im gemeinen Wesen ist kein veräußerliches, sondern das allerpersön-

14 Hobbes, *Leviathan*, S. 99 f., 110-121.
15 Leo Strauss, *Naturrecht und Geschichte*, Frankfurt am Main 1977.
16 Habermas, »Legitimationsprobleme im modernen Staat«, S. 44.

lichste Recht. Wer es hat, kann nur durch den Gesamtwillen des Volks über das Volk, aber nicht über den Gesamtwillen selbst, der der Urgrund aller öffentlichen Verträge ist, disponieren. Ein Vertrag, der das Volk verpflichtete, seine Gewalt wiederum zurückzugeben, würde demselben nicht als gesetzgebender Macht zustehen.[17]

Die gleiche Bedeutung hat es, wenn Locke aus der emphatischen Konzeption natürlicher Freiheitsrechte für die »Grenzen« des demokratischen Gesetzgebers rein prozedurale Konsequenzen zieht und als wichtigste hervorhebt, daß der Gesetzgeber ausschließlich dazu ermächtigt ist, Gesetze zu geben, nicht aber andere Gesetzgeber zu schaffen, d.h. die Gesetzgebungskompetenz zu übertragen.[18]

Das beliebte Argument, das »Ermächtigungsgesetz« von 1933, das tatsächlich die Gesetzgebungsgewalt auf die Exekutive übertrug, belege die notwendige Selbstgefährdung einer jeden aus dem materialen Naturrecht entlassenen Demokratie, ist über die normativen Stabilisierungsbedingungen von Demokratie so wenig aufgeklärt, daß es wider bessere Absicht antidemokratische Intentionen vertritt. Der nach 1945 erneuerte Versuch (siehe unten), den Gesetzgeber durch rematerialisierte Versionen »höheren« Rechts zu domestizieren, ermächtigt zugleich »höhere« Sachwalter dieses Rechts und destabilisiert die Demokratie »von oben«, weil er deren Gefährdung »von unten« befürchtet. Was unter solchen Prämissen als Krise des modernen Naturrechts erscheint, ist also in Wirklichkeit dessen unverstandene prozeduralistische Wende.

Das Naturrecht der Aufklärung vertraute nicht auf Gerechtigkeitsexpertokratien, die sich durch effizienten Vollzug »höheren« Rechts legitimieren, sondern auf prozedurale Begrenzungen des demokratischen Voluntarismus. Diese waren nicht nur in den institutionellen Beziehungen zwischen Rechtssetzung und Rechtsanwendung eingebaut, sondern bestimmten auch das Verhältnis zwischen Verfassung und Gesetzgebung. Werden heute Verfassungen eher als Kompendien inhaltlicher Gerechtigkeit gegen den demokratischen Prozeß mobilisiert, so formuliert noch Kant, daß »selbst in der Konstitution kein Artikel sein« kann, der es erlaubt, den »obersten Befehlshaber«, d.h. in Kants Republik: den Gesetz-

17 Kant, MdS/RL, S. 464f.
18 Locke, ST §141.

geber »einzuschränken«[19] – womit wiederum inhaltliche Auflagen für mögliche Gesetze gemeint sind. Die prozedurale Beschränkung durch die Verfassung besteht aber in einer gewaltenteiligen Verfahrensdifferenzierung, in der Anordnung eines rechtsstaatlichen Instanzenzugs, der durch gestufte Unkenntnis materieller Interessen auf der jeweils nächsten Entscheidungsebene Willkür verhindert: Zum Zeitpunkt der Verfassunggebung müssen die Rechtssetzungsverfahren in Unkenntnis der konkreten (interesseninfiltrierten) Gesetzesvorhaben, die nach ihrer Maßgabe künftig zur Entscheidung anstehen, festgelegt werden. Auf der nächsten Stufe des Gesetzgebungsaktes selbst darf der konkrete Fall noch nicht bekannt sein, auf den das Gesetz künftig Anwendung findet. Umgekehrt sollen die im Gesetzgebungsverfahren zustande gekommenen Rechtsnormen im Gerichtsverfahren nicht geändert werden, eben weil man hier den Fall kennt.[20] Im besonderen Verhältnis zwischen Gesetzgebung und Verfassung aber besteht – gerade unter der demokratischen Prämisse, daß das Volk ein permanentes Recht der Verfassungsänderung hat[21] – eine Absicherung, die Vorgänge wie das »Ermächtigungsgesetz« von 1933 strukturell ausschließt. Was in parlamentarischen Verfassungen der Gegenwart in Vergessenheit geriet, aber in den Verfassungen des 18. Jahrhunderts noch eine wesentliche Rolle spielt,[22] ist die strenge Verfahrenstrennung zwischen gesetzgebender und verfassunggebender Gewalt. Ihr zufolge ist kein Parlament aufgrund seiner bloß aus der Verfassung übertragenen Kompetenzen ermächtigt, die Bedingungen dieser Übertragung zu verändern.[23] Verfassungsänderungen können deshalb nur durch das Volk oder besondere, vom Volk zu diesem Zweck gewählte Konvente beschlossen werden – ein Arrangement, das die Aufhebung der gesamten Verfassung durch ein situativ interessenverstricktes Verfassungsorgan unmöglich macht.

Nur unter allen diesen Voraussetzungen wird der Wille des demokratischen Gesetzgebers für »untadelig« erklärt[24] – nicht etwa

19 Kant, MdS/RL, S. 438.

20 Maus, *Zur Aufklärung der Demokratietheorie*, S. 294 f.

21 Rousseau, CS II 12 Abs. 2; III 18 Abs. 6 und 7.

22 Französische Verfassung von 1791, Titel VII, Art. 1, in: Franz (Hg.), *Staatsverfassungen*, S. 368 f.; Französische Verfassung von 1793, Art. 115, ebd., S. 394 f.

23 Sieyes, »Was ist der Dritte Stand?«, S. 167.

24 Kant, MdS/RL § 48, S. 435.

im Vertrauen auf die Gutwilligkeit des Volkes. Rousseau z. B. lehnt die antike Demokratie genau deshalb ab, weil sie keine Gewaltenteilung kennt und darum so viel Tugend erfordere, daß sie nur für ein »Volk von Göttern« tauge.[25] Kants Verfahrensanordnungen waren immerhin am Grenzfall eines »Volk[es] von Teufeln« orientiert.[26] Insofern beruht das prozedurale Naturrecht der Aufklärung ganz wesentlich auf einer Trennung von Recht und Moral. Dem entspricht, daß der Staat mehr als äußerlich legales Verhalten nicht verlangen darf.

III.

Die gegenwärtige Entwicklung ist dadurch gekennzeichnet, daß alle demokratischen Prozeduralisierungen, die den Kern des Naturrechts der Aufklärung ausmachten, großen Erosionen ausgesetzt sind und dieser Vorgang durch eine Wiederbelebung materialen Naturrechts bzw. sonstiger materialer Gerechtigkeitsprinzipien noch verstärkt wird. Das Postulat strikter Gewaltenteilung hatte sich nicht etwa nur gegen Willkür des demokratischen Souveräns gerichtet, sondern auch – und vor allem – gegen den Übermut der Staatsapparate. Insofern hatte die gewaltenteilige Monopolisierung aller Rechtssetzung beim »Volk« und aller Gewaltressourcen bei den rechtsanwendenden Instanzen den präzisen Sinn, die Staatsapparate durch Gesetzesbindung den Direktiven der gesellschaftlichen Basis zu unterwerfen. Gewaltenteilung war so die Bedingung der Möglichkeit von Volkssouveränität.

Das 20. Jahrhundert ist jedoch seit seinem Beginn durch die Herausbildung von juristischen Interpretationsmethoden gekennzeichnet, die es der Justiz und den exekutivischen Apparaten ermöglichen, der Bindung an geschriebenes Recht so weitgehend zu entkommen, daß ihre Art der Rechts-»Anwendung« faktisch Rechtssetzung ist.[27] Gleichzeitig werden demokratische Verfassungen nicht mehr als Verfahrensordnungen, sondern als Fixierungen inhaltlicher Gerechtigkeitsprinzipien verstanden – eine Neuorien-

25 Rousseau, CS II 4 Abs. 6, III 4 Abs. 2 und 8.

26 Kant, ZeF, S. 224.

27 Franz Neumann, »Der Funktionswandel des Gesetzes im Recht der bürgerlichen Gesellschaft« (1937), in: ders., *Demokratischer und autoritärer Staat*, Frankfurt am Main, Wien 1967, S. 31-81, hier: S. 62-65.

tierung, die vor allem durch die behauptete Dominanz der Grundrechtskataloge und deren interpretatorische Umwandlung in materiale Wertordnungen durchgesetzt wird. Diese neue Sicht der Dinge findet sich ganz spezifisch auf seiten der konservativen bis rechtskonservativen Staatsrechtslehre der Weimarer Republik und dient der Beschränkung des gerade demokratisierten Gesetzgebers. Galt im 17./18. Jahrhundert die Legislative noch als die eigentliche Garantin der Freiheitsrechte,[28] so wendet Erich Kaufmann in einem berühmten Beitrag von 1927 den Gleichheitssatz des Grundrechtkatalogs gegen den Gesetzgeber, transformiert die Gleichheit des Gesetzes zur Gerechtigkeit des Gesetzes, welch letztere von der Justiz als Wahrerin einer »höheren objektiven Ordnung«, die auf vormodernem Naturrecht basiere, gegen den Formalismus der demokratischen Gesetzgebung im Wege des richterlichen Prüfungsrechts durchzusetzen sei.[29]

1932 konfrontiert Carl Schmitt überhaupt die »Werthaftigkeit« des Grundrechtsteils der Wertneutralität des organisatorischen (das demokratisch-rechtsstaatliche Prozedere enthaltenden) Teils der Weimarer Verfassung, spricht dem ersteren in der Begründung einer zweistufigen Legalität eine »höhere«, überpositiv-rechtliche Legalität zu und leitet aus der behaupteten Unvereinbarkeit der beiden Verfassungsteile die Entscheidung für die »substanzhafte Ordnung« des Grundrechtsteils ab.[30] Dieser Verzicht auf Rechtsstaat und Demokratie konnte folgerichtig den verselbständigten Reichspräsidenten als »Hüter« der rematerialisierten Grundrechte benennen. Die heute so geläufige Entgegensetzung von Grundrechten und Volkssouveränität war mit diesem Angriff auf die Weimarer Verfassung eingeleitet.

Auch die Rechtsprechung des Bundesverfassungsgerichts – als Institution bereits gegen die vermeintlichen Selbstgefährdungen der Demokratie errichtet – markiert das Terrain, auf dem der Gegensatz zwischen »höherem« Recht und positivem Recht heute ausgetragen wird. Die Renaissance materialen Naturrechts nach 1945,[31] die mit Verweisen auf den angeblichen Rechtspositivismus des NS-Systems betrieben wurde, muß allerdings als Wieder-

28 Z. B. Rousseau, CS II 11 Abs. 1.

29 Kaufmann, »Die Gleichheit vor dem Gesetz«, S. 5, 10 f., 13 f., 19 ff.

30 Schmitt, »Legalität und Legitimität«, S. 307 f., 311, 344 f.

31 Werner Maihofer (Hg.), *Naturrecht oder Rechtspositivismus?*, Darmstadt 1962.

kehr des Gleichen bzw. als lineare Fortsetzung der nationalsozialistischen Rechtsdoktrinen bezeichnet werden: Ausgerechnet Carl Schmitt begründet 1934 das »konkrete Ordnungsdenken« mit einem – freilich pervertierenden – Rückgriff auf das mittelalterliche Naturrecht;[32] in der gesamten nationalsozialistischen Rechtstheorie ist die rechtsauflösende Berufung auf höheres Recht ubiquitär; und die offiziellen »Richterbriefe« des Reichsjustizministeriums halten die Richter dazu an, sich aus der Paragraphenknechtschaft zu befreien und als Schützer höherer »Werte« aufzutreten.[33] Wenden sich nach 1945 höchstinstanzliche Gerichte, unter anderem der Bundesgerichtshof, eher material-institutionellem Naturrecht zu, so ist für die Rechtsprechung des Bundesverfassungsgerichts die Ausbildung eines Wertesystems, das weder auf ein einheitliches Zentrum noch auf Wertpräferenzen festgelegt ist, charakteristisch. Die dadurch freigesetzte Dynamik wechselseitiger Wert-Abwägungen befördert das einzelne verfassungsmäßig garantierte Grundrecht zu einer »Größe, die in jedem Konfliktfall neu entsteht«.[34] Das geschriebene Verfassungsrecht wird damit in einem Ausmaß entwertet, daß es genau die Funktion nicht mehr übernehmen kann, für die man im 18. Jahrhundert kämpfte, nämlich den Bürgern einen Maßstab an die Hand zu geben, an dem sie das Handeln der Staatsapparate prüfen konnten.

Als das Bundesverfassungsgericht am Beginn seiner Entscheidungstätigkeit Carl Schmitts Interpretationsschema »zweistufiger Legalität« übernahm, indem es die »Existenz überpositiven, auch den Verfassungsgesetzgeber bindenden Rechts« anerkannte und so eine höhere »Verfassung« dem bloß positiv-rechtlichen »Verfassungsgesetz« mit der Maßgabe überordnete, daß einzelne Verfassungsbestimmungen selbst verfassungswidrig sein könnten,[35] so traf es in der Folge freilich keine Entscheidung, die im Sinne Carl Schmitts Bestandteile des Grundgesetzes für nichtig erklärt hätte – von dem Unterschied in den inhaltlichen Wertvorstellun-

32 Carl Schmitt, *Über die drei Arten des rechtswissenschaftlichen Denkens*, Hamburg 1934, S. 34-39, 55.

33 Boberach (Hg.), *Richterbriefe*, S. 5 f. et passim.

34 Peter Häberle, *Die Wesensgehaltsgarantie des Art. 19 Abs. 2 Grundgesetz. Zugleich ein Beitrag zum institutionellen Verständnis der Grundrechte und zur Lehre vom Gesetzesvorbehalt*, Karlsruhe 1962.

35 BVerfGE 1, 14 (32).

gen ganz zu schweigen. Die Pointe dieser verfassungsgerichtlichen Argumentation liegt vielmehr darin, daß das Gericht als Maßstab seiner Prüfungstätigkeit eine Verfassung jenseits der geschriebenen Verfassung bereitstellt. Daß so der »Hüter« der Verfassung sich selbst nicht ans Verfassungsrecht gebunden sieht, erklärt den hohen Überraschungseffekt vieler Entscheidungen und führt zur Transformation des Grundgesetzes als einer wesentlich auf subjektiven Freiheitsrechten und demokratischem Prozeduralismus basierten Verfassung zu einem Kompendium abschließend geregelter Inhalte, die nicht mehr der Konkretisierung durch den demokratischen Gesetzgeber, sondern der je situativen verfassungsgerichtlichen Auslegung bedürfen. Die gerechtigkeitsexpertokratische Allzuständigkeit des Bundesverfassungsgerichts ist damit ebenso gesichert wie die Verselbständigung der Rechtsentwicklung gegenüber demokratischen Verfahren. Hatte das materiale Naturrecht der mittelalterlichen *Leges*hierarchie die Unterordnung der weltlichen Herrschaft unter die geistliche begründet, so hat die heutige Rematerialisierung höheren Rechts in Gestalt einer überpositiv-rechtlichen »Verfassung« die Funktion, die Suprematie der Verfassungsgerichtsbarkeit über den Gesetzgeber zu errichten.

Daß das Mißverhältnis zwischen Grundrechten und Demokratie, das in den Angriffen auf die Weimarer Verfassung sich bereits durchsetzt, in der Rechtsprechung des Bundesverfassungsgerichts erhalten bleibt, ist nicht allein dem Gericht anzulasten – wenngleich es einen auffälligen Aktivismus der Grundrechtsinterpretation und eine bemerkenswerte Zurückhaltung in prozeduralen Fragen (z. B. im Auflösungsbeschluß) zeigt. Daß das Gericht zu etwa 97% mit Grundrechtsfragen beschäftigt wird, ist kennzeichnend auch für das Verfassungsverständnis der Beschwerdeführer und Antragsteller in den verfassungsgerichtlichen Verfahren: Es steht Carl Schmitts »Entscheidung« für den Grundrechtsteil und gegen den prozeduralen Teil der Weimarer Verfassung nicht sehr fern. Dem Erscheinungsbild gegenwärtiger Demokratien entspricht eine *Leges*hierarchie zwischen Grundrechten und prozeduralen Rechten in der Verfassungspraxis. Die postulierte Höherwertigkeit der Grundrechte stärkt allerdings keineswegs deren freiheitlichen Gehalt, wie sich bereits am schlechten Vorbild ablesen läßt.

1975 äußert ein Minderheitsvotum des Ersten Senats Bedenken hinsichtlich der Auswirkungen der »objektiven Wertordnung«, zu der das Bundesverfassungsgericht die Freiheitsrechte seit 1958[36] transformiert hatte. Die Kritik an dem im Abtreibungsurteil ergangenen Oktroy an den Gesetzgeber, die Wertordnung mit den Mitteln des Strafrechts durchzusetzen, lautet: »Dies verkehrt die Funktion der Grundrechte in ihr Gegenteil.«[37] Daß hier Freiheitsrechte zur Legitimation von staatlichen Freiheitseingriffen herangezogen wurden, ist allerdings nur die sichtbare Spitze eines grundsätzlichen Problems. Die Objektivität der Wertordnung steht dem subjektiven Rechtsanspruch der Individuen auf ihre grundrechtliche Freiheit sogar dann entgegen, wenn der Tenor einer Entscheidung freiheitsfördernd ist: In einem anderen Urteil wurde die Freiheit der Meinungsäußerung nicht mehr so sehr als Recht des Bürgers, sondern wegen ihrer funktionellen Bedeutung für den demokratischen Staat verteidigt.[38] Sie wird darum hier schon zu einem kollektiven Rechtsgut, das gegen andere Rechtsgüter abgewogen (und auch zu leicht befunden) werden kann. Freiheitsrechte als »Güter« werden nun von Staatsorganen – hier der Justiz – je nach Funktionsbedingungen des politischen Systems den Bürgern situativ zugeteilt; sie sind nicht mehr Freiheitsrechte, die jeder einzelne vor aller Verteilung immer schon hat.

Das eigentliche Desaster, das dieser Transformation von subjektiven Freiheitsrechten zu einer objektiven Wertordnung zugrunde liegt, besteht darin, daß überhaupt die Ressource der überpositivrechtlichen Argumentation von der gesellschaftlichen Basis an die Staatsapparate übergegangen ist. Dagegen hatte die Begründung *vor*staatlicher Rechte der Individuen im prozeduralen Naturrecht der Aufklärung den Sinn, genau diesen Vorgang zu verhindern. Die unhistorische und unsoziologische Konstruktion eines »Naturzustands« war an der Begründung einer Rechtsordnung interessiert, in der die hypothetische »Natur« des Menschen und die ihr angemessenen Rechte allen politischen Institutionen *vorher*gingen. Ihr eigentliches Geschäft war die Aussage über die Allokation des naturrechtlichen Arguments: Aus dem vorstaatlichen Charakter der Menschenrechte folgt, daß kein überpositiv-rechtliches Argument von seiten der Staatsapparate gegen die Individuen geltend gemacht

36 BVerfGE 7, 198.

37 BVerfGE 39, 1 (73 – Minderheitsvotum der Richter/in Rupp-von Brünneck und Simon).

38 BVerfGE 7, 198 (208).

werden kann, sondern daß der Durchgriff auf überpositives Recht ausschließlich denen zukommt, die nicht politische Funktionäre, sondern »nur« Menschen sind.

Dies hat weitreichende Konsequenzen für die Handhabung demokratischer Verfassungen, die solche Freiheitsrechte enthalten. Durch die Kodifikation vorstaatlicher Menschenrechte in den Revolutionsverfassungen des 18. Jahrhunderts, im Vorgang also der »Positivierung des Naturrechts«,[39] verlieren die Menschenrechte nicht etwa ihren vorstaatlich-überpositiven Charakter, den sie für Individuen haben, sondern gewinnen die positiv-rechtliche Geltung hinzu. Dieser Doppelaspekt der Grundrechte verteilt sich jedoch zwischen Individuen und Staatsapparaten in höchst unterschiedlicher Weise. Für die Individuen bleibt deren vorstaatliche Dimension essentiell, während die Positivierung ihrer Rechte gegen die Staatsapparate gerichtet ist. In der Grundrechtspraxis ist diese Differenz entscheidend. Während sämtliche staatlichen Instanzen die Grundrechte genau so zu gewährleisten haben, wie sie in der Verfassung fixiert sind, fällt den Individuen mit der überpositiven Perspektive ihrer Rechte ein sehr weitgehender Anspruch zu: Sie haben in bezug auf diese Rechte das Interpretationsmonopol und die alleinige Befugnis zu deren Positivierung und Abänderung in kritischer Öffentlichkeit und demokratischer Gesetzgebung. Unantastbar werden die Freiheitsrechte erst dadurch, daß nicht die Mächtigen, sondern die Machtlosen über die Art ihres Freiheitsgebrauchs befinden. So formuliert Kant, daß jeder »Mensch doch seine unverlierbaren Rechte hat, die er nicht einmal aufgeben kann, wenn er auch wollte, und über die er *selbst* zu urteilen befugt ist«.[40]

Der heute aufgelöste Zusammenhang zwischen Freiheitsrechten und Volkssouveränität bestand aber darin, daß auch letztere den positiv-überpositiv-rechtlichen Charakter der Menschenrechte teilt. Volkssouveränität besteht nicht nur in ihrer verfassungsmäßigen Institutionalisierung, sondern sie existiert – als Quelle allen Gesetzes- und Verfassungsrechts – zugleich in rechtsfreien Räumen, von denen aus der Bedarf an Innovationen artikuliert werden kann. Auch hieraus ergibt sich das überpositiv-rechtliche Privileg der gesellschaftlichen Basis (das dem Gewaltmonopol der Staatsapparate konfrontiert wird): Hinsichtlich jeder Verfassungsänderung

39 Habermas, »Naturrecht und Revolution«.

40 Kant, Gemeinspruch, S. 161.

formuliert noch Sieyes, daß »die Verfassung [...] sich nur auf die Regierung bezieht«, während es »lächerlich wäre anzunehmen, die Nation selbst sei durch die Formen oder durch die Verfassung gebunden, denen sie ihre Beauftragten unterstellt hat«.[41] Heute dagegen ändern in ehemals liberaldemokratischen Systemen höchste Gerichte mit den Mitteln exzessiver Interpretation und im Durchgriff auf überpositive Werte täglich die Verfassungen, während das »Volk« bei jeder innovativen Regung mahnend auf eine Verfassung verpflichtet wird, die als positiv-rechtliche gar nicht mehr existiert.

IV.

In der aktuellen Theoriebildung werden Naturrechtsprinzipien nur noch apokryph behandelt. Dies gilt auch angesichts einer Renaissance des Kontraktualismus seit Rawls' *Theorie der Gerechtigkeit.* Daß Rawls den Begriff der Gerechtigkeit dem des Naturrechts vorzieht und andererseits seiner Theorie die Eigenschaften einer Naturrechtstheorie einmal attestiert, ein anderes Mal abspricht,[42] ist Ausdruck einer naturrechtlichen Zurückhaltung, die als Reaktion auf die Rematerialisierung des Naturrechts im 20. Jahrhundert verstanden werden kann. Gleichwohl nimmt Rawls' Theorie zwischen materialem und prozeduralem Naturrecht eine eigentümliche Zwischenstellung ein. Ihre Reformulierung der Vertragstheorie der Aufklärung setzt mit dem Prozedere eines »Urzustands« (auch hier ist der Begriff »Naturzustand« vermieden) ein, aus dem Gerechtigkeitsgrundsätze zu gewinnen sind. Sie unterscheidet sich darin nicht prinzipiell von der Darstellungsweise sogar eines Hobbes, in der in einem Gedankenexperiment Autor (und Leser) der Produktion von Gerechtigkeitsprinzipien (z. B. »Goldene Regel« oder *pacta sunt servanda*) durch fiktive Individuen unter festgelegten Bedingungen gleichsam zusehen. Andererseits nutzt Rawls nicht, wie dies bei demokratischen Vertretern der Gesellschaftsvertragstheorie der Fall war, die prozedurale Struktur des Urzustands selbst als unmittelbares Kriterium der Legitimität von Institutionen und positivem Recht, sondern verselbständigt die aus dem Urzustand gewon-

41 Sieyes, »Was ist der Dritte Stand?«, S. 167.

42 Rawls, *Eine Theorie der Gerechtigkeit*, S. 46, 549 Anmerkung; John Rawls, *Die Idee des politischen Liberalismus*, Frankfurt am Main 1992, S. 270.

nenen Gerechtigkeitsprinzipien zu »unbedingten Grundsätzen«,[43] die demokratischer Konsensbildung nicht mehr unterliegen, sondern dieser ebenso vorhergehen wie einst materiale Prinzipien.[44]

In Habermas' rechtstheoretischem Werk *Faktizität und Geltung* (1992) findet sich das naturrechtliche Thema auf andere Weise, aber ebenfalls nur indirekt und in eindeutig negatorischer Form. Mit der These, daß sich auch im Naturrecht der Aufklärung – allein durch die Unterscheidung zwischen natürlichem und positivem Recht – die Hypothek der *Leges*hierarchie des traditionalen Naturrechts fortschreibe,[45] verabschiedet sich Habermas von jeder naturrechtlichen Terminologie und wendet sich ausschließlich rechtsinternen Spannungsverhältnissen zu. Dennoch fanden sich in den frühesten Auseinandersetzungen mit Habermas' Diskurstheorie des Rechts sowohl die Unterstellung apokryphen Naturrechts als auch deren Widerlegung, wobei beide Seiten sich nur in der pejorativen Verwendung des Naturrechtsbegriffs einig waren.[46] Sieht man von dem Unverständnis für den prozeduralen Charakter des Naturrechts der Aufklärung bei fast allen Beteiligten ab, so bleibt im Zentrum von Habermas' Rekonstruktion des »Systems der Rechte« eine Begründung des Rechts, die die desaströsen Konsequenzen der Rechtsentwicklung des 20. Jahrhunderts konterkariert. Der in der aktuellen Rechtspraxis durchgesetzten Hierarchisierung von Grundrechten und demokratischen Verfahren setzt Habermas entgegen, daß subjektive Freiheitsrechte als ermöglichende Bedingungen souveräner demokratischer Gesetzgebung diese nicht zugleich beschränken können. Er gewinnt diesen Zusammenhang aus einer logischen Genese des Systems der Rechte, das Rechte der Privatautonomie wie der politischen Autonomie in einem »Kreisprozeß«[47] umfaßt: Die letzteren sind den ersteren nicht etwa nachgeordnet, weil auch die Rechte der Privatautonomie nicht einfach »gegeben« sind, sondern erst in demokratischer Rechtssetzung als positivrechtliche realisiert werden können. Daß so subjektive Rechte zugleich als Voraussetzung und als Ergebnis einer Praxis der Volkssouveränität auftreten, private und politische Autonomie also als

43 Rawls, *Eine Theorie der Gerechtigkeit*, S. 138.

44 Dazu ausführlich in diesem Band S. 161-186.

45 Habermas, *Faktizität und Geltung*, S. 135.

46 Dazu in diesem Band S. 220-265.

47 Habermas, *Faktizität und Geltung*, S. 155-161.

gleichursprünglich gedacht werden müssen, ist ein zentrales Element der gesamten Konstruktion,[48] das die Pervertierung des modernen Naturrechts rückgängig macht.

48 Zu Habermas' »System der Rechte« s. ausführlich in diesem Band, S. 196-201 und 212-276.

2. Varianten und Modifikationen des demokratischen Kontraktualismus

2.1. Fichte: das autokratische Mißverständnis

Erstaunlicherweise gilt Fichte weithin als demokratischer Theoretiker, sogar als Vertreter eines Volkssouveränitätsprinzips Rousseauscher Provenienz.[1] Eine Analyse von Fichtes Vertragstheorie, seiner Verfassungsprinzipien und Konzeption des Widerstandsrechts muß dagegen zum umgekehrten Resultat kommen. In der folgenden Untersuchung, die sich auf die *Grundlage des Naturrechts nach Prinzipien der Wissenschaftslehre* konzentriert, soll zunächst Fichtes Vertragslehre im Vergleich mit dem Kontraktualismus der Aufklärung analysiert werden (I), weil hier bereits die Differenz zu jeder Begründung einer demokratischen Verfassung aufs deutlichste angelegt ist. Die eigentliche Verfassungskonstruktion, die Fichte sowohl nach Prinzipien des »reinen Naturrechts« als auch nach empirischen Aspekten behandelt, wird als notwendige Konsequenz der Vertragstheorie anschließend erörtert (II), so daß mit Fichtes Lehre vom »Staatsbürgervertrag« zu beginnen ist.

I. Fichtes Entfaltung der Momente des Vertragsbegriffs

Obwohl Fichte sich gerade auch hinsichtlich der vertraglichen Grundlegung des Staates in großer Übereinstimmung mit Kant glaubt,[2] so geht doch seine eigene Vertragstheorie wesentlich über Kant hinaus und fällt zugleich weit hinter diesen zurück. Es wird leicht zu zeigen sein, daß der größere Begründungsaufwand Fichtes zu einem Ergebnis führt, das die demokratischen Intentionen der modernen Vertragstheorie eklatant verfehlt.

Zu Recht beansprucht Fichte, über die bisherige moderne Vertragstheorie hinausgegangen zu sein, die tatsächlich den Begriff des Staatsganzen aus der »ideale(n) Zusammenfassung der einzelnen«

1 Z.B. Iring Fetscher, »Johann Gottlieb Fichte«, in: *Pipers Handbuch der politischen Ideen*, hg. von dems., Herfried Münkler, München, Zürich 1986, S. 189, 192; Helmut Seidel, *Johann Gottlieb Fichte zur Einführung*, Hamburg 1997, S. 92.

2 Johann Gottlieb Fichte, *Grundlage des Naturrechts nach Prinzipien der Wissenschaftslehre* (1796/97), hg. von Manfred Zahn, Hamburg 1979, S. 13.

hervorgehen ließ.[3] Dagegen enthält Fichtes »Staatsbürgervertrag« mehrere Verträge in sich, die ihrerseits entweder einzelne mit einzelnen, einzelne mit allen als aggregierten einzelnen oder einzelne mit einem wiederum vertraglich konstituierten Ganzen verbinden. Nur auf den ersten Blick »zerfällt« der Staatsbürgervertrag in den »Eigentumsvertrag« und den »Schutzvertrag«, zu welchen der »Staatsvertrag« mit seiner besonderen Intention des eigentlichen »Vereinigungsvertrags« hinzukommt und noch durch einen »Unterwerfungsvertrag« und einen »Abbüßungsvertrag« ergänzt wird. Bevor der erste Eindruck einer Addition von Verträgen zu korrigieren ist, sei auf deren jeweilige Konstruktion eingegangen.

Im »Eigentumsvertrag« muß »jeder einzelne [...] mit allen Einzelnen« eine wechselseitige Einschränkung der auf Objekte gehenden Privatwillen, also der Willkürfreiheit eines jeden, festlegen.[4] Die Akzentuierung des allseitigen Willens zum Vertragsschluß überhaupt qualifiziert gleichzeitig »alle« als involvierte einzelne zur zweiten Partei in demselben Vertrag, den zugleich »jeder mit allen, und alle mit jedem« schließt bzw. schließen.[5] In beiden Perspektiven bleibt der Eigentumsvertrag wesentlich »negativ«: Er enthält nichts anderes als wechselseitige Verzichtleistungen, d.h. die Verbindlichkeit eines jeden, sich des Angriffs auf die zugestandenen Eigentumsrechte des jeweils anderen zu enthalten.[6] – Dagegen ist der »Schutzvertrag« prinzipiell »positiv«: Dieser Vertrag enthält das Versprechen eines jeden auf eine zu erbringende Leistung, nämlich allen anderen einzelnen als einzelnen – unter der Bedingung der Gegenseitigkeit – »das anerkannte Eigentum durch seine Kraft schützen zu helfen«.[7] Da aber, so Fichtes Argument, über Zeiträume hinweg die Wechselseitigkeit wirklicher Schutzleistungen kontingent bleibt, da weder Angriffe auf ein bestimmtes Eigentum noch die faktischen Reaktionen der jeweils anderen Eigentümer vorherzusehen sind,[8] bleibt der »Schutzvertrag« als solcher nichtig, solange nicht der »Staatsvertrag« hinzutritt.

Dieser Staatsvertrag, der den Angelpunkt der gesamten Ver-

3 Fichte, *Grundlage des Naturrechts*, S. 201.
4 Ebd., S. 189 f.
5 Ebd., S. 189.
6 Ebd., S. 187, 194.
7 Ebd., S. 191 f.
8 Ebd., S. 192 f.

tragskonstruktion ausmacht, hat mehrere Aspekte. Er löst zunächst das offene Problem der Wechselseitigkeit des Schutzes, indem er »Versprechen und Erfüllung synthetisch vereinigt«,[9] da der bloße Eintritt eines jeden in den Staat schon als Aufbau der schützenden Macht selbst gilt.[10] Nur dieses eine Moment des »Staatsvertrags« drängt bereits einen vorläufigen Vergleich mit Hobbes und Kant auf: Befindet noch Hobbes lapidar: »Verträge ohne das Schwert sind bloße Worte« und konstruiert deshalb einen Begünstigungsvertrag, in dem jeder mit jedem übereinkommt, einen dritten sowohl mit absoluter Souveränität als auch mit dem Gewaltmonopol auszustatten,[11] so soll bei Fichte die staatliche Zwangsgewalt kein Jenseits zur Verbindung aller darstellen. Hier zeigt sich, daß Fichtes Vertragsdenken zumindest durch das Kantische hindurchgegangen ist, das die Identität von »Staat« und »Volk« zum Ergebnis hat.[12] An diesem Punkt hat Fichte die demokratische Begründung von Recht und Verfassung noch nicht verlassen.

Der Staatsvertrag enthält einen weiteren, so dominanten Aspekt, daß Fichte ihn »insbesondere« den »Vereinigungsvertrag« nennt.[13] Gerade weil beim Abschluß des Staatsvertrags unbekannt ist, welches der Individuen das angegriffene sein wird, kann jedes Individuum sich selbst für schutzbedürftig halten und hat somit ein Interesse am Vertragsbeitritt und die Bereitschaft, seinen Beitrag zum Aufbau der Schutzmacht zu leisten.[14] Die Antizipation von Rawls' »Schleier des Nichtwissens«[15] wird da am deutlichsten, wo Fichte formuliert: Wen ein Angriff zunächst treffen wird, »weiß keiner; er kann jeden treffen: jeder kann sonach glauben, daß die ganze Veranstaltung bloß zu seinem Vorteil getroffen werde«.[16] Ist in Rawls' Vertragskonzeption die gleiche Unterstellung des Nichtwissens – hier: bezüglich der einzunehmenden gesellschaftlichen Position – die Voraussetzung dafür, daß jeder Vertragschließende für eine Gesellschaftsstruktur optiert, die dem am schlechtesten Gestellten

9 Ebd., S. 195.
10 Ebd.
11 Hobbes, *Leviathan*, S. 131, 134.
12 Kant, Vorarbeiten zur Friedensschrift, AA XXIII, S. 193: vgl. ders., ZeF, S. 197.
13 Fichte, *Grundlage des Naturrechts*, S. 198.
14 Ebd., S. 196.
15 Rawls, *Eine Theorie der Gerechtigkeit*, S. 159 ff.
16 Fichte, *Grundlage des Naturrechts*, S. 196.

die relativ günstigsten Bedingungen einräumt, so versetzt sich bei Fichtes Vertragsschluß jeder in die Rolle des Angegriffenen, um den entsprechenden Schutz zu etablieren. Der gleiche Ausgangspunkt vom rationalen Kalkül nutzenmaximierender Individuen begründet bei Rawls allerdings Prinzipien gerechter Verteilung, während es bei Fichte allein auf die Vereinigung aller ankommt. Es ist die Unkenntnis der konkret Betroffenen, das »Schweben« des Begriffs wie der Einbildungskraft in dieser Hinsicht, worin bei Fichte alle sich identifizieren, so daß im Vereinigungsvertrag aus den bisher bloß aggregierten allen eine »Allheit«, ein »reelles Ganzes« entsteht.[17]

Die auf den ersten Blick dubiose Organismusmetapher, die Fichte für das »reelle Ganze« verwendet, wird dennoch auf die konktraktualistischen Grundlagen zurückgeführt. Fichtes Vergleich der im Vereinigungsvertrag entstandenen politischen Einheit mit einem Baum als Beispiel eines »organisierten Naturproduktes«,[18] dessen Teile den in eins verschmolzenen Individuen entsprechen sollen, optiert hier nicht für einen Organismus im Sinne der romantischen Staatstheorie. Fichte formuliert:

> Man gebe jedem einzelnen Teile Bewußtsein, und Wollen, so muß er, so gewiss er seine Selbsterhaltung will, die Erhaltung des Baumes wollen, weil seine eigene Erhaltung nur unter dieser Bedingung möglich ist. Was ist ihm denn nun der *Baum*? Der Baum überhaupt ist nichts, denn ein bloßer Begriff, und ein Begriff kann nicht verletzt werden. Aber der Teil will, daß *kein* Teil unter allen Teilen, welcher es auch sei, verletzt werde, weil bei der Verletzung eines Jeden er selbst mitleiden würde.[19]

Obwohl hier der Schutz des »Ganzen« begründet wird, ist dieses »reelle« Ganze doch als vertraglich zustande gekommenes gefaßt und noch in der Perspektive jenes Nominalismus gedeutet, die dem modernen Kontraktualismus überhaupt zugrunde liegt. Wurde bereits für Kants vergleichbaren Begriff eines »organisierten Ganzen« der Biologismusverdacht zu Recht dementiert,[20] so hat dies auch

17 Ebd.

18 Ebd., S. 197.

19 Ebd. – Hervorhebung i. O.

20 Iring Fetscher, »Immanuel Kant und die Französische Revolution«, in: Zwi Batscha (Hg.), *Materialien zu Kants Rechtsphilosophie*, Frankfurt am Main 1976, S. 269-289, hier: S. 272.

für Fichte zu gelten. Indem Fichte durchgängig darauf insistiert, daß das egoistische Interesse des einzelnen das eigentlich »wirkliche« ist, und die Begründung des Rechts – wie Kant – nicht etwa auf sittliche Autonomie, sondern auf wechselseitige Begrenzung von Willkürsphären bezieht, unterliegt sein Begriff des Organismus letztlich einer mechanistischen Deutung.

Bei der ganzen Reihe der bisher erwähnten »Verträge« handelt es sich allerdings überhaupt nicht um eine Mehrzahl von Verträgen, sondern lediglich um Momente eines einzigen Vertrags, des Staatsbürgervertrags.[21] Eher im Hegelschen Sinne ist Fichtes Gesamtkonstruktion als eine logische Entwicklung des Vertragsbegriffs zu verstehen, dessen einzelne Bestimmungen selbst auf ihren jeweiligen Begriff zu bringen sind.[22] Es »zerfällt« also auch nicht etwa nach analytischen Kriterien der Staatsbürgervertrag in einen Eigentums- und einen Schutzvertrag etc. Indem vielmehr Fichte der Eigenbewegung der Sache, dem hypothetischen Geschehen des Vertragsschlusses »zusieht«, ergibt sich folgende Konstellation: Der Eigentumsvertrag gibt die Materie an, auf die alles kontraktualistische Handeln sich bezieht. Das hier wechselseitig anerkannte Eigentum soll durch den Schutzvertrag garantiert werden, der diese Funktion wiederum nur erfüllen kann, wenn er seinerseits durch die im Schutzvertrag konstituierte schützende Macht ergänzt wird, die wiederum durch die besondere Struktur des Vereinigungsvertrags als eine wirkliche erst verstanden werden kann. Ohne das Zusammenwirken aller dieser Elemente kommt kein einziger Vertrag zustande, der als rechtsverbindlich zu denken wäre. Wenn Fichte, Hegels Favorisierung zirkulärer Begründungen[23] antizipierend, befindet, daß seine »Untersuchung in sich selbst zurück(läuft)«,[24] so erweist sich sein eingangs abstrakt eingeführter Begriff des Staatsbürgervertrags am Ende als ein konkreter, um Elemente des Wirklichen angereicherter Begriff. So kann Fichte erst als abschließende

21 Anders: Ludwig Siep, »Naturrecht und Wissenschaftslehre«, in: Michael Kahlo, Ernst A. Wolff, Rainer Zaczyk (Hg.), *Fichtes Lehre vom Rechtsverhältnis*, Frankfurt am Main 1992, S. 71-91, hier: S. 90.

22 Vgl. Georg Wilhelm Friedrich Hegel, »Grundlinien der Philosophie des Rechts«, in: *Werke*, hg. von Eva Moldenhauer, Karl M. Michel, Bd. 7, Frankfurt am Main 1970, § 32 – bezogen auf den Rechtsbegriff.

23 Ebd. § 2.

24 Fichte, *Grundlage des Naturrechts*, S. 200.

»Synthese«, und durchaus abweichend vom Beginn, formulieren: »Der Staatsbürgervertrag ist ein solcher, den jeder Einzelne mit dem reellen Ganzen des sich durch die Verträge mit den Einzelnen bildenden, durch sie sich selbst erhaltenden Staats schließt [...]«.[25] In der dialektischen Struktur dieser Vertragskonstruktion, die die Frage der Priorität entweder des Individuums oder des Staates als irrelevant hinter sich läßt, wird allerdings die Vertragsbeziehung Individuum-Staat gegenüber der anfangs gleichursprünglich eingeführten eines »Jeden mit Jedem« dominant. Von der Umstellung einer zunächst eher horizontalen auf eine vertikale Vertragsstruktur kann aber so lange noch nicht die Rede sein, als Fichte daran festhält, den Staat eben nicht als ein Jenseits der Individuen zu verstehen.

Im Abschnitt über den Staatsbürgervertrag ist die Trennung vom demokratischen Kontraktualismus bisher auch deshalb noch nicht vollzogen, weil Fichte hier – genau gesehen – nur einen einzigen, das politische Gemeinwesen konstituierenden »Gesellschaftsvertrag« kennt und insofern zur vormodernen Vertragslehre[26] noch Distanz hält. Auch der in diesem Abschnitt kurz erwähnte »Unterwerfungsvertrag«[27] ist nicht etwa mit dem mittelalterlichen *pactum subjectionis* zu verwechseln (eine solche Konstruktion taucht erst in Fichtes verfassungsrechtlichen Überlegungen auf), sondern enthält einen allseits geläufigen Aspekt des Gesellschaftsvertrages: Auch Rousseau hatte erläutert, daß zwar der Souverän nur aus den Einzelnen besteht, aus denen er sich zusammensetzt, daß aber hinsichtlich der Anwendung der Gesetze denselben einzelnen die Eigenschaft von Untertanen, bzw. Unterworfenen (»qualité de sujets«) zukomme.[28] Nichts anderes meint Fichte, wenn er der Unterwerfung des »Untertans« unter das Gesetz[29] einen besonderen »Unterwerfungsvertrag« zugrunde legt.

Dennoch findet sich in der spezifischen Funktion der von Fichte entworfenen »Verträge«, d.h. Vertragsaspekte, eine Dimension, die zur demokratischen Vertragstheorie den Unterschied ums Ganze bezeichnet. Zum Kernstück der gesamten demokratischen

25 Ebd., S. 200.

26 Dazu Maus, *Zur Aufklärung der Demokratietheorie*, S. 43-52.

27 Fichte, *Grundlage des Naturrechts*, S. 200.

28 Rousseau, CS II 4 Abs. 2; I 6 Abs. 9.

29 Fichte, *Grundlage des Naturrechts*, S. 199.

Vertragstheorie, die, exemplarisch bei John Locke, Rousseau oder Kant, den Gesellschaftsvertrag einführt, um im hypothetischen Akt des Zusammenschlusses freier und gleicher Individuen den demokratischen Souverän zu konstituieren, gibt es bei Fichte keine Entsprechung. Ist der demokratische Souverän bei Locke, Rousseau und Kant vollständig dadurch definiert, daß er die Gesetzgebungskompetenz und folglich die Macht hat, die rechtsanwendenden Staatsapparate an seine Direktiven zu binden, so findet eine demokratische Gesetzgebung bei Fichte überhaupt nicht statt. Was bei Fichte unter der Überschrift der »Bürgerlichen Gesetzgebung«[30] firmiert, ist eine expertokratische Bestimmung des »Geistes« und der Prinzipien der zugrunde gelegten Einzelverträge. Von daher wird erst deutlich, was z. B. der »Eigentumsvertrag« als solcher – jenseits seiner Funktion, ein Moment des gesamten Staatsbürgervertrags zu sein – bedeutet: Er *ist* bereits das »Zivilgesetz im engeren Sinne«, d. h. die »Grundlage aller möglichen in diesem Staate zu gebenden Gesetze über Eigentum, Erwerb, Freiheiten und Privilegien«.[31] Da diese aus dem Eigentumsvertrag qua »Zivilgesetz« folgenden Gesetze, wie aus Fichtes Verfassungskapitel hervorgeht, nicht etwa von einer demokratischen Legislative, sondern von der Exekutive zu geben sind (dazu unten), werden die Staatsapparate nicht etwa der Gesetzgebung des »Volkes«, sondern den von Fichte formulierten Prinzipien des Eigentumsvertrags unterworfen.

Wegen der genauen Analogie und der großen Bedeutung für die in Fichtes Verfassungstheorie verdeutlichten Staatsfunktionen sei hier noch kurz auf die Strafgesetzgebung eingegangen. Auch sie geht nicht etwa aus einer demokratischen Legislative hervor, sondern folgt – wiederum seitens der Exekutive – den Prinzipien des von Fichte zusätzlich zugrunde gelegten »Abbüßungsvertrags«.[32] Begründet Fichtes Vertragslehre insgesamt das Prinzip, daß die geringste Verletzung eines Vertrags den Vertrag für den Verletzer vernichtet und diesen in den vorvertraglichen Zustand zurückversetzt,[33] so daß z. B. ein begrenzter Eigentumsübergriff das gesamte eigene Eigentum verwirkt,[34] so bildet dagegen der

30 Ebd., §§ 18-20.
31 Ebd., S. 190.
32 Ebd., S. 255.
33 Ebd., S. 188.
34 Ebd., S. 190.

»Abbüßungsvertrag« eine utilitaristische Ermäßigung des strengen Rechtsprinzips: »Alle versprechen allen, sie, inwiefern dies mit der öffentlichen Sicherheit vereinbar ist, um ihrer Vergehungen willen nicht vom Staate auszuschließen, sondern ihnen zu verstatten, diese Strafe auf andere Weise abzubüßen.«[35] Da die Strafverfolgung (außer der Prävention) das Zentrum von Fichtes Staatskonzeption abgibt, kann der Abbüßungsvertrag sogar als eine Art Grundgesetz angesehen werden, das die Verfassungskonstruktion präformiert.

Für den fundamentalen Gegensatz zum demokratischen Kontraktualismus ist zunächst entscheidend, daß der Eigentumsvertrag und der Abbüßungsvertrag mit den jeweils von Fichte angegebenen Prinzipien an die Stelle einer demokratischen Zivil- und Strafgesetzgebung treten. Während die demokratische Vertragslehre den Gesellschaftsvertrag von jeder Ausformulierung materialer Rechtsprinzipien freihält – in Kants Formulierung fixiert der Gesellschaftsvertrag im Gegensatz zu allen übrigen Verträgen keinen Zweck, sondern betrifft eine (republikanisch organisierte) Gesellschaft, die »an sich selbst Zweck ist«[36] –, unterlegt Fichte die jeweiligen Zwecke der je besonderen Verträge direkt dem exekutivischen Handeln, das sich aus ihrer Verwirklichung eine unmittelbare, von demokratischer Konsensermittlung unabhängige Legitimation verschaffen kann. Indem dagegen der demokratische Gesellschaftsvertrag auf Zwecksetzungen verzichtet und dem errichteten Staat nur die Struktur des Vertrags zwischen Freien und Gleichen vorgibt, enthält er nichts anderes als das Organisationsprinzip der Demokratie selbst.[37] Der demokratische Gesetzgebungsprozeß, der bei Fichte gar nicht vorkommt, ist darum der Angelpunkt jeder demokratischen Vertragstheorie: Die Struktur dieses Prozesses, in dem die Beteiligung aller von den Gesetzen Betroffenen an deren Zustandekommen die freiheitsschonende Qualität der Gesetze garantieren soll, ist der eigentliche Gegenstand ihrer wesentlich prozeduralistischen Konstruktionsleistungen. Daß der Begriff des Gesetzes nur diejenigen Rechtsnormen auszeichnet, über die vom Volk (repräsentativ oder direkt) entschieden wurde, daß das Volk *alle* – das heißt »ungeteilte« Volkssouveränität –, aber auch *nur* die Kompetenz der Gesetzgebung hat, daß mit anderen Worten eine

35 Ebd., S. 255.

36 Kant, Gemeinspruch, S. 143 f.

37 Maus, *Zur Aufklärung der Demokratietheorie*, S. 51 ff.

strenge Gewaltenteilung zwischen rechtssetzenden und rechtsanwendenden Funktionen besteht, ist organisatorische Konsequenz aus der Struktur des Gesellschaftsvertrags und (aller sonstigen Differenzen unerachtet) einheitliches Motiv der Theorien von Locke, Rousseau und Kant. So ist auch Rousseau, der (das sollte inzwischen bekannt sein) die antike Demokratie deshalb ablehnt, weil sie keine Gewaltenteilung kannte,[38] ein typischer Formalist und Verfahrenstüftler, der sich unter anderem um präzise Unterscheidungen zwischen Gesetzen und Verwaltungsakten bemüht,[39] um die Unteilbarkeit der gesetzgebenden Volkssouveränität mit einer rigiden Gewaltenteilung zu verbinden, und über Prinzipien für die Eröffnung, Agenda und Abstimmungsmodalitäten von Rechtssetzungsverfahren[40] versucht, die Rationalität der Gesetzgebung selbst und der Verfassungsänderungsverfahren zu sichern. – Sind so alle prozeduralen Konstruktionen des demokratischen Kontraktualismus auf den Zusammenhang von Volkssouveränität und Rechtsstaat gerichtet, so haben prozedurale Überlegungen, soweit sie bei Fichte auftreten, eine ganz andere, vor allem auf ein vormodernes Widerstandsrecht bezogene Funktion – ein Widerstandsrecht, dessen Struktur genau dadurch bestimmt ist, daß es eine demokratische Gesetzgebung noch nicht gibt.

II. Die Eliminierung der Demokratie aus der Verfassungskonstruktion oder: das Ephorat

Für eine Vertragstheorie, die die Entbehrlichkeit demokratischer Gesetzgebung dartut, ist das Prinzip der Volkssouveränität notwendig gegenstandslos. Es findet sich allerdings im Kapitel »Vom Staatsrechte«, das der »Deduktion des Begriffs des gemeinen Wesens« gewidmet ist,[41] eine kurze Passage, die in der Literatur gern als Beleg für Fichtes vermeintlich radikaldemokratischen Intentionen angeführt wird.[42] »Aber«, so heißt es, »das Volk ist nie Rebell, und

38 Rousseau, CS III 4; II 4 Abs. 6.

39 Ebd., II 2.

40 Ebd., III 13 Abs. 1 und 2; III 18 Abs. 7; IV 2 Abs. 11.

41 Fichte, *Grundlage des Naturrechts* § 16.

42 Z. B. Zwi Batscha, *Gesellschaft und Staat in der politischen Philosophie Fichtes*, Frankfurt am Main 1968, S. 172; Seidel, *Johann Gottlieb Fichte zur Einführung*, S. 92.

der Ausdruck Rebellion, von ihm gebraucht, ist die höchste Ungereimtheit, die je gesagt worden; denn das Volk ist in der Tat, und nach dem Rechte, die höchste Gewalt, über welche keine geht, die die Quelle aller anderen Gewalt, und die Gott allein verantwortlich ist. [...] Nur gegen einen Höheren findet Rebellion statt. Aber was auf der Erde ist höher, denn das Volk!«[43] Ein näherer Blick auf den Kontext dieser Ausführungen muß dagegen Fichtes eigenen Warnhinweis beachten: »Man verstehe wohl, daß ich vom *ganzen Volke* rede«, vom Volk nämlich, das »wie ein Mann« aufsteht[44] und so den Gipfelpunkt geschehenen Unrechts beglaubigt. Vor allem aber ist in Rechnung zu stellen, daß Fichte hier ausdrücklich einen Fall anführt, der »das Allerunwahrscheinlichste« beinhaltet und den seine »strenge Wissenschaft« nur der Vollständigkeit halber abhandelt.[45] Die ganz und gar unwahrscheinliche Situation bestünde aber darin, daß die von Fichte vorgesehene Verfassungseinrichtung, nach der ein vom Volk gewähltes Ephorat den Regenten wegen begangener Rechtsverstöße anklagen kann, bereits kollabiert ist, indem das Ephorat sich mit dem freiheitsvernichtenden Regenten verbündet. – Für den Normalzustand eines jeden Gemeinwesens gelten dagegen ganz andere Ausführungen Fichtes. Ihnen zufolge existiert überhaupt »keine Gemeine«, »das Volk ist kein Volk, kein Ganzes, sondern ein bloßes Aggregat von Untertanen«.[46] – Die folgenden Interpretationen sind darauf gerichtet, den nur scheinbaren Widerspruch zwischen diesen beiden Aussagen Fichtes näher zu erläutern und anhand weiterer Elemente der Verfassungskonzeption Fichtes deren spezifische Differenz zum demokratischen Kontraktualismus zu klären.

Bevor die Details von Fichtes Entwurf einer vernünftigen Verfassung erörtert werden können, ist deren Begründung zu untersuchen. Fichtes Verständnis, in der Fundierung eines rechtlichen bzw. verfassungsmäßigen Zustands durch ursprünglichen Vertrag mit Kant übereinzustimmen,[47] erweist sich auch hier als Selbsttäuschung. Wo Fichte die allgemeinen Erörterungen des »Staatsbürgervertrags« verläßt und sich der spezifisch vertraglichen

43 Fichte, *Grundlage des Naturrechts*, S. 179.

44 Ebd. und Anmerkung.

45 Ebd., S. 179.

46 Ebd., S. 174.

47 Ebd., S. 13.

Begründung der Verfassung zuwendet, werden die letzten demokratischen Implikationen aufgehoben, die seinem Ausgangspunkt eines Vertrages zwischen freien und gleichen Individuen noch anhafteten. Grundlage der »vernünftigen« Verfassung ist jetzt ein Vertrag, der nur noch eine vertikale Struktur kennt: »Der Staat, als solcher, steht mit den Untertanen, als solchen, in einem gegenseitigen Vertrage, zufolgedessen es von beiden Seiten Rechte und Pflichten gibt.«[48] Was die Verfassung strukturieren soll, ist ein »Übertragungskontrakt«, durch den die in dieser Situation gerade noch bestehende »Gemeine« die Ausübung der öffentlichen Gewalt überträgt,[49] d. h. eine Exekutive konstituiert. Fichte kennzeichnet diesen Akt – so unfreiwillig die eigentliche Differenz zur demokratischen Vertragslehre benennend – ausdrücklich als einen der »Unterwerfung«, der das Volk zum Verschwinden bringt: »Sobald der Übertragungskontrakt geschlossen, geschieht mit ihm zugleich die Unterwerfung, und es ist, von nun an, keine Gemeine mehr da; das Volk ist gar kein Volk, kein Ganzes, sondern ein bloßes Aggregat von Untertanen.«[50] Es erweist sich hier, daß Fichte die Konstruktion des Gesellschaftsvertrags (*pactum unionis*), den der demokratische Kontraktualismus zugrunde legt, völlig verläßt und durch den vormodernen Herrschafts- oder Unterwerfungsvertrag (*pactum subjectionis*) ersetzt.

Mit dieser Differenz ist in vielen Hinsichten eine Zäsur zwischen Mittelalter und Moderne bezeichnet. Der Herrschaftsvertrag betrifft noch die Übertragung der Herrschaft über das Volk unter Bedingungen, der Gesellschaftsvertrag betrifft das bedingungslose Verbleiben der Souveränität beim Volk. Indem der *pactum subjectionis* die Bedingungen der Herrschaftsübertragung im einzelnen angibt – die Verbriefung residualer Freiheitsrechte in mittelalterlichen Wahlkapitulationen oder z. B. im Vertragswerk der Magna Carta dokumentiert diese Intention –, ist er notwendig ein inhaltlicher Vertrag, aus dem, ganz im Sinne Fichtes, sich unmittelbar wechselseitige Rechte und Pflichten zwischen Herrscher und Untertanen ergeben, die justizförmiger Überprüfung oder der Ausübung eines positiv-rechtlich geregelten »Widerstandsrechts«[51]

48 Ebd., S. 285.

49 Ebd., S. 161 f.

50 Ebd., S. 174 – s. o.

51 Magna Carta Libertatum, Kap. 61.

zugrunde gelegt werden können. Der moderne *pactum unionis* dagegen ist wesentlich prozedural. Indem er einzelne Freiheiten nicht selbst schon festschreibt, sondern die eine große Freiheit der Selbstgesetzgebung des Volkes garantiert, verpflichtet er den demokratischen Gesetzgeber nicht auf bestimmte Inhalte, sondern auf die Unverfügbarkeit des demokratischen Prozedere, die Garantie der Freiheit und Gleichheit der Verfahrenspositionen, als Bedingung der Möglichkeit freiheitlicher Gesetzesinhalte.

Was zudem Fichte als Kriterium einer vernünftigen und wirksamen Verfassung angibt, daß nämlich kein Volk, sondern nur ein Aggregat von Untertanen existiert, gilt bei Rousseau als erstes Kennzeichen einer despotischen Herrschaftsform, in der sich kein Volk, sondern nur eine Anhäufung versklavter einzelner findet – eben weil die Grundlegung des Gesellschaftsvertrags fehlt, durch den überhaupt erst ein »Volk zum Volk wird«.[52] Setzt der mittelalterliche Unterwerfungsvertrag die vertragschließenden Parteien, Volk und Herrscher, als quasi naturgegebene voraus – eine Unterstellung, die in modernen Reprisen hinsichtlich des »Volkes« zu Substantialisierungen führen kann, wie sie sich schon bei Fichte finden –, so kennt die Theorie des Gesellschaftsvertrags das Volk überhaupt nur als Produkt eines rechtlichen Willensaktes, d. h. als rein verfassungsrechtliche Kategorie.

Fichtes Rückgriff auf das mittelalterliche Vertragsdenken hat weitreichende Konsequenzen für seine gesamte Verfassungskonstruktion. Hatte die moderne Erkenntnis, daß das Recht nicht etwa objektiv gegeben ist oder auf Tradition und organischem Wachstum beruht, sondern durch Entscheidungen je neu gesetzt wird, die demokratische Prozeduralisierung dieser Entscheidung in den Mittelpunkt des Verfassungsdenkens der Gesellschaftsvertragstheorien gerückt, so bilden Fichtes Verfassungsprinzipien dazu den genauen Gegenpol. Sie sind nicht auf Rechtssetzung durch das Volk, bzw. die von ihm gewählte Legislative, sondern auf Rechtsbewahrung durch die Exekutive angelegt. Der Bestimmung des (fiktiven) »Urrechts« (als bloß logischer Prämisse der Rechtsbegründung):[53] »Die Person hat das Recht zu fordern, daß in dem ganzen Bezirk der ihr bekannten Welt alles bleibe, wie sie dasselbe erkannt

52 Rousseau, CS I 5 Abs. 1 und 2.

53 Fichte, *Grundlage des Naturrechts*, S. 111

hat«,[54] entspricht die bloße Fortschreibung präexistenten Rechts durch eine Exekutive, der die Inhalte konkreten Rechts »durch die Vernunft und die Lage des Staates *gegeben*«[55] sind. Das schon durch Eigentums- wie Abbüßungsvertrag »gegebene« Zivil- und Strafrecht (siehe oben) wird durch die Exekutive, deren Aufgabe Rechtsprechung und Exekution der Gerichtsurteile gleichermaßen (!) umfaßt,[56] lediglich interpretiert und durch Verordnungen konkretisiert sowie höchstens beim Aufkommen neuer Gewerbezweige angepaßt.[57] Die Exekutive ist bei Fichte die alleinige Exponentin des »gemeinsamen Willen(s)«, der seinerseits durch die »Natur der Sache« vollkommen bestimmt ist.[58] Hatte der demokratische Kontraktualismus die Gerechtigkeit des stets änderbaren Rechts an die dreifache Allgemeinheit des Gesetzes gebunden, die in der Beteiligung aller an der Gesetzgebung, der Allgemeinheit des Gesetzesinhalts und der Gleichheit der Gesetzesanwendung bestand, so findet sich die hieran geknüpfte Hoffnung, eine so strukturierte Gesetzgebung werde »niemand unrecht tun können«,[59] bei Fichte auf der Seite strenger Präjudizienbindung der Justiz/Exekutive, d. h. der Gleichheit des Rechts in der Abfolge der Zeit:

Die Urteile, und das ganze Verfahren der Gewalthaber, dürfen sich nie widersprechen; wie sie einmal, in einem Falle verfahren sind, so müssen sie, in demselben Falle, immer verfahren. Jede ihrer öffentlichen Handlungen muß zum unverbrüchlichen Gesetz werden. Dies bindet sie an das Recht. Sie können nie ungerecht verfahren wollen, denn sie müßten es von nun an, in dem gleichen Falle, immer, und daraus würde bald die merklichste Unsicherheit entstehen. Oder wenn sie von ihrer ersten Maxime abzugehen gezwungen sind, so sieht sogleich jeder, daß ihr Verfahren ungerecht war.[60]

Fichtes Akzentuierung der Erhaltung des Rechts, die von dem rechtlichen Änderungsbedarf in einer modernen dynamischen Gesellschaft ebenso absieht wie von der demokratischen Genese

54 Ebd., S. 115.
55 Ebd., S. 15 – Hervorhebung I. M.
56 Ebd., S. 158.
57 Ebd., S. 15, 158, 182.
58 Ebd., S. 15.
59 Kant, MdS/RL, S. 432.
60 Fichte, *Grundlage des Naturrechts*, S. 165.

des Rechts, bestimmt auch seine Theorie der (vernünftigen) Verfassung. Diese ist »unabänderlich«, »für ewige Zeiten gültig« und wird bereits im (fiktiven) Bürgervertrag gesetzt.[61] Auch hierin ist zum Grundsatz des demokratischen Kontraktualismus, daß das Volk »beständig [...] constituirend«[62] und berechtigt ist, seine Verfassung und Regierungsform jeweils zu ändern (sofern nur das Prinzip demokratischer Rechtssetzung unangetastet bleibt),[63] damit nicht die Freiheit künftiger Generationen durch zurückliegende Entscheidungen eingeschränkt sei, bei Fichte das genaue Gegenteil zum Kriterium des Vernünftigen erklärt. Es ist Fichtes spezifische Option für die Unwandelbarkeit des (Verfassungs-) Rechts, die es überhaupt nahelegt, die Verfassung mit einem Herrschaftsvertrag zwischen Volk und Regierung zu identifizieren. Letzterer hat aufgrund seiner materialen Festschreibungen überhaupt die Funktion, wechselseitige Verpflichtungen zwischen Regierung und Untertanen auf eine unverbrüchliche Grundlage zu stellen. Bei Locke, Rousseau und Kant dagegen steht die Regierung nicht mehr unter »Vertrag«, sondern unter dem demokratischen Gesetz und wird damit höchst einseitig den rechtlichen Direktiven der gesellschaftlichen Basis unterworfen. Damit wird nicht nur der (ebenso asymmetrische) Sachverhalt des exekutivischen Gewaltmonopols kompensiert, sondern auch der je aktuelle Wille des demokratischen Gesetzgebers – im Unterschied zu einmaliger vertraglicher Festlegung – für dominant erklärt.

Dem Gegensatz zwischen diesen beiden Typen der Verfassungskonstruktion entsprechen gegenläufige Lösungen bei einem möglichen Verfassungskonflikt und bei speziellen Konflikten zwischen Regierung und gesellschaftlicher Basis. Unter dem ersten Aspekt ist das zu Bewahrende bei Fichte der Verfassungsvertrag selbst; bei Locke, Rousseau und Kant dagegen ist es die verfassung- bzw. gesetzgebende Gewalt[64] – in den Worten Rousseaus:

> Der Staat wird nicht durch die Gesetze erhalten, sondern durch die gesetzgebende Gewalt. Das Gesetz von gestern ist heute nicht verbindlich, aber

61 Ebd., S. 181.

62 Kant, Vorarbeiten zur Rechtslehre, AA XXIII, S. 341; Dazu Maus, *Zur Aufklärung der Demokratietheorie*, S. 79-81; Rousseau, CS I 7 Abs. 2; III 18 Abs. 2 und 3.

63 Kant, MdS/RL, S. 465.

64 Locke, ST § 141; Kant, MdS/RL, S. 465. Dazu Maus, *Zur Aufklärung der Demokratietheorie*, S. 79-84.

aus dem Schweigen wird die schweigende Zustimmung abgeleitet, und man nimmt an, daß der Souverän ununterbrochen die Gesetze bestätigt, die er nicht abschafft, da er dazu in der Lage ist. Alles was er einmal als seinen Willen erklärt hat, das will er immer noch, es sei denn, er widerruft es.[65]

Erst der Zusammenbruch der demokratischen Gesetzgebung führt zum »Tod der politischen Körperschaft«. – Ein Konflikt der zweiten Art erscheint im demokratischen Kontraktualismus, der die Gesetzgebung als Willensäußerung der gesellschaftlichen Basis konzipiert,[66] von vornherein als einer zwischen Legislative und Exekutive. Hier gilt – aufgrund des Prinzips der Unterwerfung des exekutivischen Gewaltmonopols unter das Gesetz – die Direktive, daß »die Träger der Exekutive nicht Herren, sondern Beamte des Volkes sind, daß es sie einsetzen und absetzen kann, wann es ihm gefällt«,[67] oder in den Worten Kants: der Gesetzgeber kann dem Regenten »seine Gewalt nehmen, ihn absetzen, oder seine Verwaltung reformieren, aber ihn nicht strafen«.[68] Ist mit dem von Kant bezeichneten Prozedere das zentrale Prinzip des Parlamentarismus benannt (Möglichkeit des Mißtrauensvotums gegen die Regierung), so resultiert dagegen aus Fichtes Verfassungsvertrag die justizförmige Schlichtung des Konflikts zwischen Exekutive und Untertanen mit der (von Kant abgelehnten) Möglichkeit der Bestrafung des Regenten – ein Prozedere, in der das Ephorat eine entscheidende Position innehat.

Zur Verfassungsinstitution des Ephorats bedarf es einer Vorbemerkung: Fichtes Verabschiedung der Demokratie ist nicht schon darin begründet, daß er die »demokratische« Verfassung als die »allerunsicherste« ausdrücklich verwirft.[69] Dies geschieht entsprechend dem Sprachgebrauch des 18. Jahrhunderts und mit den gleichen Gründen, die auch Rousseau und Kant gegen die »demokratische« Regierungsform vorbrachten. Daß nämlich – in Fichtes Formulierung – »die ganze Gemeine die ausübende Gewalt in den Händen hat« und also »über die Verwaltung des Rechts ihr eigener Richter

65 Rousseau, CS III 11 Abs. 4.

66 Locke, ST §§ 134-137.

67 Rousseau, CS III 18 Abs. 1.

68 Kant, MdS/RL § 49.

69 Fichte, *Grundlage des Naturrechts*, S. 156.

wäre«,[70] ist auch für Rousseau und Kant das Negativbild einer despotischen Verfassung, die keine Gewaltenteilung kennt, weil das Volk außer der Gesetzgebung auch noch die Gesetzesanwendung bzw. die Exekutive in seinen Händen hat (siehe oben). Der abgelehnten antiken »Demokratie« – ihr ist im 18. Jahrhundert dieser (heute normativ verbindliche) Begriff vorbehalten – ziehen Rousseau wie Kant darum die »Republik« vor, die nach ihrer Definition Volkssouveränität, d. h.: Gesetzgebung des Volkes mit rechtsstaatlicher Gewaltenteilung kombiniert. Fichtes Argumente gegen die so verstandene »Demokratie« werden jedoch in der umgekehrten Absicht vorgebracht, gesetzgebende, ausübende und richterliche Gewalt in den Händen der Regierung zu konzentrieren.[71] An die Stelle einer Gewaltenteilung tritt bei Fichte die Kontrolle der Verfassungsmäßigkeit des gesamten monolithischen Staatshandelns durch die vom Volk gewählten Ephoren. Hatte noch die französische Erklärung der Menschen- und Bürgerrechte von 1789 lapidar befunden, daß eine Gesellschaft, in der (unter anderem) keine Gewaltenteilung existiert, keine Verfassung hat (Art. 16) – und damit Fichtes Begriff einer Verfassung ausgeschlossen –, so ist dagegen bei Fichte die Existenz eines Ephorats das entscheidende Kriterium für einen verfassungsmäßigen Zustand.[72]

Fichtes Konstruktion eines institutionalisierten Widerstandsrechts des Ephorats gegen den verfassungswidrigen Gebrauch der kompakten Staatsgewalt greift auf die kalvinistische Lehre eines amtsförmigen Widerstands gegen tyrannische Herrschaft, wie sie insbesondere bei Althusius ausgebildet wurde,[73] zurück.[74] Sind bei Althusius der »Summus Magistratus« und die Ephoren gleichermaßen »Verwalter« des politischen Gemeinwesens, so ist es die spezifische Aufgabe der vom Volk aus dem ersten Stand der Fürsten, Herzöge oder Grafen gewählten Ephoren, als »Hüter des zwischen dem Inhaber der höchsten Gewalt und dem Volke geschlos-

70 Ebd., S. 155 f.

71 Ebd., S. 158 f.

72 Ebd., S. 161.

73 Johannes Althusius, *Politica methodice digesta atque exemplis sacris et profanis illustrata*, zit. nach der Auswahlausgabe (»*Grundbegriffe der Politik*«), hg. von Erik Wolf, Frankfurt am Main 1948, S. 38.

74 Jean-Christophe Merle, »L'institutionalisation du droit de résistance chez Fichte«, in: Jean-Claude Zancarini (Hg.), *Le droit de résistance – XIIe-XXe siècle*, Paris 1999, S. 273-290, hier: S. 281 f.

senen Vertrags« zu fungieren,[75] so werden diese Voraussetzungen auch bei Fichte zugrunde gelegt, mit dem einzigen Unterschied, daß die Ephoren »alte, gereifte Männer« sein müssen.[76] Aber schon bei dem Kriterium der Vertrags- bzw. Verfassungskonformität der Staatsgewalt beginnt die Differenz zwischen beiden Autoren. Gegenstand der Prüfung durch die Ephoren ist bei Althusius nicht nur die Einhaltung der im Herrschaftsvertrag dem Volk vorbehaltenen Residualrechte,[77] sondern auch die Einhaltung der Kompetenzgrenzen durch sämtliche Amtsträger. Daß bei Althusius die Ephoren – modern gesprochen – über »Organstreitigkeiten« zu wachen haben, liegt an der hier vorgesehenen Prozeduralisierung »wechselseitiger Kontrollen«[78] zwischen Herrscher und Ständen im alltäglichen politischen Entscheidungsprozeß, die insbesondere durch die Mitwirkung der Ephoren im Gesetzgebungsprozeß – »Ohne die Zustimmung der Ephoren tritt kein allgemeiner Erlaß und keine Verordnung des Inhabers der höchsten Gewalt in Kraft«[79] – immerhin den Konstitutionalismus des 19. Jahrhunderts antizipiert.[80] Bei Fichte dagegen handelt es sich um die Prüfung, ob das Recht in der Abfolge der Zeit stets gleichmäßig durch die Justiz/Exekutive gehandhabt und insbesondere Vergehen nicht nur gleichermaßen bestraft werden, sondern auch niemals ungestraft bleiben (siehe unten) – ein Indiz für Fichtes äußerst reduzierten »Verfassungsbegriff«.

Zum zweiten ist die auch bei Fichte als »fortdauernde« Kontrolle der Exekutive konzipierte Funktion des Ephorats[81] nicht etwa, wie bei Althusius, mit der Kompetenz des Widerstands im Falle der je konkreten Rechtsverletzung der Exekutive verbunden, sondern führt nach einer längeren Phase der Abmahnung der Regierung[82] erst dann, wenn »Recht und Gesetz ganz aufgehört [haben] zu wirken«,[83] zu einer förmlichen Suspension der gesamten Rechtsordnung und öffentlichen Gewalt durch die Ephoren im Wege eines

75 Althusius, *Politica*, S. 38, 41.

76 Fichte, *Grundlage des Naturrechts*, S. 172.

77 Althusius, *Politica*, S. 39.

78 Ebd., S. 41.

79 Ebd., S. 40.

80 Letzteres ist übersehen bei Merle, »L'institutionalisation«, S. 282.

81 Fichte, *Grundlage des Naturrechts*, S. 169.

82 Ebd., S. 172.

83 Ebd., S. 168.

»Staatsinterdikts«.[84] Fichte setzt also der »absolut positiven Macht« der Exekutive die »absolut negative« der Ephoren[85] nicht im Sinne einer fortlaufenden Vetoposition entgegen – wie sie z. B. nach dem Begriff Hans Kelsens im Wege einer »negativen Gesetzgebung« durch ein (freilich expertokratisches) Verfassungsgericht wahrgenommen wird[86] –, sondern konzipiert von Anfang an eine negative Macht des Ausnahmezustands (»das Gesetz muß [...] ganz aufgehoben werden«[87]). Bei Fichte steht in dieser Situation der Übertragungs- oder Verfassungsvertrag im ganzen zur Disposition, und zwar nach dem Verfahren der Prozeduralisierung dieses Ausnahmezustands in der ansonsten aufgehobenen Verfassung; mit anderen Worten: die in der Verfassung eingebaute Notstandsverfassung des Ephorats tritt an die Stelle des verfassungsmäßigen Normalzustands.

Insofern bleibt (analog zur peniblen Rechtsförmigkeit des Widerstandsrechts in der Magna Carta) jeder einzelne Vorgang im »rechtlosen« Zustand rechtlich geregelt: Die Ankündigung des Staatsinterdikts durch die Ephoren, die Einberufung der (nur in diesem Ausnahmezustand existenzfähigen) Gemeine, deren förmlicher Beschluß des Interdikts, die Austragung des Konflikts in einem Prozeß, in dem die Ephoren die Kläger, die Exekutoren die Beklagten sind und die versammelte Gemeine als Richter auftritt, um den Schuldspruch des »Hochverrats« entweder über die Regierung oder (im Falle unbegründeter Anklage) über das Ephorat zu fällen und zudem »Widerstand« gegen eine eventuell widersetzliche Regierung zu leisten.[88] Nur in dieser spezifischen Phase des Verfahrens, wenn – je nach Ausgang des Schuldspruchs – eine neue Regierung einzusetzen ist, wird bei Fichte überhaupt der Gedanke einer Gesetzgebung relevant, die wiederum mit dem Übertragungskontrakt zusammenfällt:[89] In letzterem müssen, mit dem konkreten Akt der Regierungseinsetzung, die Gesetze neu ausgehandelt werden, nach denen in Zukunft Herrschaft ausgeübt werden soll. – Das unmittelbar oder repräsentativ gesetzgebende Volk, das den Mittelpunkt der Verfassungstheorie des demokratischen Kontraktualismus aus-

84 Ebd., S. 168 f.

85 Ebd., S. 169.

86 Hans Kelsen, *Wer soll der Hüter der Verfassung sein?* Berlin 1931, S. 27.

87 Fichte, *Grundlage des Naturrechts*, S. 168.

88 Ebd., S. 168-175.

89 Ebd., S. 173 f.

macht, erscheint bei Fichte überhaupt nur im Ausnahmezustand und auch hier lediglich – wie in Althusius' Normalfall – als Mitgesetzgeber im Abgleich mit der Exekutive.

Jenseits dieses rechtlich geregelten Ausnahmezustands kennt Fichte nur noch einen zweiten Fall, in dem überhaupt ein Volk existiert: Diese »allerunwahrscheinlichste« Situation tritt ein, wenn auch noch das Ephorat seine Widerstandskompetenz nicht wahrnimmt und sich mit einer tyrannischen Exekutive verbündet. Nur hier ist das Volk als »höchste Gewalt« und »Quelle aller anderen Gewalt«[90] auf allerunwahrscheinlichste Weise präsent. Es steht entweder auf »wie Ein Mann« und richtet Ephoren und Gewalthaber,[91] oder es folgt mit seinem Aufstand dem Aufruf »natürlicher Ephoren«, d. h. Privatpersonen, die ohne verfassungsrechtliche Kompetenz das volle Risiko tragen, im Falle des Mißlingens nach positivem Recht abgestraft zu werden.[92] – Nur in diesem letzten äußersten, nach Fichtes Verständnis irrealen (!) Fall tritt das auf den Plan, was bei Kant und anderen Vertretern der Gesellschaftsvertragstheorie die »normale« Bestimmung von Volkssouveränität im alltäglichen politischen Prozeß und im Akt der Verfassunggebung ist: Das Volk (unmittelbar oder repräsentativ) geht als Quelle allen Rechts diesem Recht und den ans Recht gebundenen exekutivischen und judikativen Staatsgewalten voraus.[93] Deshalb gelten alle Gesetze nur unter dem Vorbehalt, daß das Volk sie noch nicht geändert hat, und wird selbst im Text demokratischer Verfassungen die verfassunggebende Gewalt des Volkes nicht erst als verfassungsmäßige, sondern als der Verfassung schon vorhergehende Gewalt anerkannt – so noch in bezug auf Verfassungsänderungen Sieyes' Diktum einlösend, daß nur die Regierung, nicht aber das Volk an die Verfassung gebunden sei.[94] Das erklärt zugleich, daß Kant zufolge ein verfassungsmäßig geregeltes Widerstandsrecht oder Revolutionsrecht unsinnig wäre,[95] weil es immer schon die verfassunggebende Gewalt des Volkes gibt.

90 Ebd., S. 179.

91 Ebd.

92 Ebd., S. 180 f.

93 Vgl. mit Nachweisen Maus, *Zur Aufklärung der Demokratietheorie*, S., 77-81, 148-170.

94 Sieyes, »Was ist der Dritte Stand?«, S. 167.

95 Kant, MdS/RL, S. 439 ff., Gemeinspruch, S. 160.

Das Demokratiedefizit bei Fichte zeigt sich auch in der Forderung der Einstimmigkeit dieser Volksbeschlüsse.[96] Die Verwerfung des Majoritätsprinzips ist nicht etwa der Intention eines Minderheitenschutzes zu verdanken, sondern entspricht dem Umstand, daß Abstimmungen über »Gesetze« nur in dem extrem seltenen Fall eines neuen Verfassungsvertrags vorkommen, während die Zustimmung des Volkes zu einfachen Gesetzen durch die schiere Tatsache des gemeinsamen Lebens und Arbeitens auf einem Territorium immer schon als gegeben gilt.[97] Da Fichte aber den Verfassungsvertrag mit dem grundlegenden Unterwerfungsvertrag identifiziert, ist die geforderte Einstimmigkeit bei Volksabstimmungen also nur der Übertragung des Einstimmigkeitsprinzips, das der Kontraktualismus stets hinsichtlich der fiktiven Gründungssituation postulierte, auf den realen Verfassungsvertrag zu verdanken. Hier abweichende Minderheiten werden von Fichte keineswegs als solche behandelt, deren Verfassungsvorstellungen vielleicht in Zukunft eine Mehrheitsposition erreichen könnten, sondern als »verdächtige« jenseits der Staatsgrenzen verwiesen.[98] Angesichts dieses (allerdings »verfassungspatriotisch« begründeten) Homogenitätsbedarfs, kombiniert mit den zentralen Verfassungsprinzipien selbst – denen zufolge die Exekutive hinsichtlich der konkreten Gesetzesentwicklung zugleich als »der natürliche Interpret des gemeinsamen Willens« auftritt[99] und als Exekutive auch noch den »höchsten inappellablen Richterstuhl« innehat[100] –, stellt sich bloß noch die Frage, ob es bei Fichte wenigstens ein funktionales Äquivalent für rechtsstaatliche Demokratie geben kann.

Die »höchste Publizität« »alle[r] Verhandlungen der Staatsgewalt, mit allen Umständen und Gründen der Entscheidung«,[101] ist immerhin ein Prinzip, das Fichtes Konstruktion des Widerstandsrechts verstärkt. Es dient der Beurteilung der Gleichförmigkeit der exekutivischen Justizentscheidungen im historischen Ablauf – aus der Beobachterperspektive der Ephoren. Auch wenn Fichtes Publi-

96 Fichte, *Grundlage des Naturrechts*, S. 177.

97 Ebd., S. 14, 158, 190.

98 Ebd., S. 176 f. Zur Gegenthese, daß Fichte den Schutz der Minderheitenrechte fördert, vgl. Merle, »L'institutionalisation«.

99 Fichte, *Grundlage des Naturrechts*, S. 16.

100 Ebd., S. 283, vgl. S. 166.

101 Ebd., S. 165.

zitätsprinzip gleichzeitig die Diskussion in einer kritischen Öffentlichkeit fördern sollte, so sind doch zum Vortrag von Beschwerden und Abmahnungen an die Adresse der Exekutive wiederum nur die Ephoren zugelassen. Die Differenz ums Ganze zeigt sich darum auch im Stellenwert von Publizität und Öffentlichkeit im demokratischen Kontraktualismus: Die Selbstaufklärung der Gesellschaft durch öffentlichen Diskurs ist bei Rousseau und Kant immer zugleich unentbehrliches Pendant des demokratischen Gesetzgebungsprozesses[102] und wird von den Individuen als Privatpersonen und als Staatsbürgern vorangebracht.

Der eigentliche Gegenstand von Fichtes Widerstandsrecht wird deutlicher sichtbar, wenn die zentrale Aufgabe, die seine Verfassungstheorie der Staatsgewalt zuweist, näher betrachtet ist. Sie besteht wesentlich in Strafverfolgung und polizeilicher Prävention von Kriminalität (dazu unten). Das »Objekt des gemeinen Willens« ist nämlich »die gegenseitige Sicherheit«,[103] »die Sicherheit der Rechte aller«.[104] Letztere Formel könnte noch aus individualistischer Perspektive gedeutet werden; Fichtes Widerstandsrecht wäre dann zugunsten der Rechte jedes einzelnen konzipiert. Immerhin führt der aufgrund eines Staatsinterdikts getroffene Volksbeschluß zu einer Aufhebung unrechtmäßiger Gerichtsurteile und zur Restitution und Entschädigung eines jeden durch sie Geschädigten.[105] Die Wachsamkeit über die Gleichheit des Strafens, die das Fundamentalgesetz des Bürgervertrags verlangt – die Verfassung ist bei Fichte nicht in dem Sinne »reflexiv«,[106] daß sie ein Gesetz für die Gesetzgebung, sondern daß sie das Gesetz für die gleichförmige Anwendung des Gesetzes ist[107] –, impliziert auch, daß nichts zu Recht bestraft werden kann, wenn nicht alle vorausliegenden Delikte »entdeckt und bestraft« sind.[108] Ein Rechtszustand existiert bei Fichte also nur dann, wenn es (modern gesprochen) keine »Dunkelziffer« gibt. An dieser Stelle aber geht der Schutz des einzelnen in die Gleichförmigkeit der Repression über

102 Z. B. Rousseau, CS IV 1 Abs. 7.
103 Fichte, *Grundlage des Naturrechts*, S. 148.
104 Ebd., S. 149.
105 Ebd., S. 172.
106 Luhmann, *Soziale Systeme*, S. 610 ff.
107 Fichte, *Grundlage des Naturrechts*, S. 155.
108 Ebd.; vgl. S. 163.

und wird die Sicherheit zur »öffentlichen Sicherheit«,[109] zum kollektiven Gut.

Fichtes Staat ist ein Sicherheitsstaat – worauf bereits der »Vereinigungsvertrag«, die Konstitution des »reellen Ganzen« auf der Basis imaginierter Bedrohung eines jeden, verwies. In diesem Staat bestimmen sich die Aufgaben der Polizei nicht nach Grundsätzen der Politik, sondern nach »reine[...m] Naturrecht«[110] und sind Gerechtigkeit und Verfassung mit dem Prinzip identisch, daß die Polizei »jeden Schuldigen *ohne Ausnahme* herbeischaffe«.[111] Es ist deshalb – auch zu Zwecken der Prävention – das »Auge der Aufsicht« für alle öffentlich präsent (immerhin keine Geheimpolizei[112]), und »die Polizei weiß so ziemlich, wo jeder Bürger zu jeder Stunde des Tages sei, und was er treibe«.[113] Auch wenn Fichte die Polizei im weiten Sinne der alten »Polizey« definiert und nicht nur die Garantie sicherer,[114] sondern auch guter Straßen sowie die Förderung des Gesundheitssystems zu ihren Aufgaben rechnet[115] und sogar einen Rechtsanspruch jedes Bürgers auf Arbeit oder Unterstützung formuliert,[116] so ist doch diese soziale Garantie um den Preis einer Disziplinierung erkauft, deretwegen Kant (der eigenen sozialen Optionen unerachtet[117]) den »Wohlfahrtsdespotismus« des alten Obrigkeitsstaats bekämpft.[118] – Zwar formuliert Fichte: »Was der einzelne nicht zum Staatszweck beigetragen, in dessen Absicht ist er völlig frei [...], und diese Freiheit eben ist es, die ihm durch die Staatsgewalt gesichert wird, und um deren willen allein er den Vertrag einging«,[119] aber dieser Beitrag des einzelnen zum Staatszweck wird nicht – wie bei Locke, Rousseau oder Kant – durch eigene Partizipation in der Gesetzgebung bestimmt, sondern durch die Verwaltung selbst. Deren Grenzen bestehen letztlich nur in der Trennung zwischen Recht und Moral, die Fichte mit Kant gemein-

109 Ebd., S. 165.
110 Ebd., S. 286.
111 Ebd., S. 294 f. – Hervorhebung I. M.
112 Ebd., S. 296 f.
113 Ebd., S. 296.
114 Ebd., S. 286 f.
115 Ebd., S. 287.
116 Ebd., S. 286.
117 Kant, MdS/RL, S. 446 f.
118 Ebd., S. 437.
119 Fichte, *Grundlage des Naturrechts*, S. 199.

sam hat: Auch bei Fichte ist der egoistische und strategische Umgang jedes einzelnen mit dem Recht selbstverständlich anerkannt[120] und ist dem Staat verwehrt, über äußere Konformität mit dem Recht hinaus eine Moralität der inneren Gesinnung zu fordern.[121] Es ist diese Option, die Fichtes System der totalen Kontrolle von einem totalitären unterscheidet.[122] Es bleibt die Freiheit der machtgeschützten Innerlichkeit.

Läuft also Fichtes Formel der »Sicherheit der Rechte aller« auf ein paternalistisches Versicherungssystem hinaus, so hat Kants auf den ersten Blick sehr ähnliche Begründung eines (Zwangs-)Rechts als »Inbegriff der Bedingungen, unter denen die Willkür des Einen mit der Willkür des Anderen nach einem allgemeinen Gesetze der Freiheit zusammen vereinigt werden kann«,[123] einen ganz anderen Sinn: Der Rechtszwang ist legitim nicht im Interesse der Sicherheit, sondern allein aus Gründen der Freiheitsoptimierung eines jeden. – Es scheint, daß diese Differenz auf den unterschiedlichen Status des Freiheitsbegriffs in beiden philosophischen Systemen zurückgeführt werden kann. Ist für Fichte die Freiheit im Akt der Selbstsetzung des Subjekts das einzig Gewisse und Ausgangspunkt aller weiteren Deduktionen,[124] so hat Freiheit bei Kant nur den Stellenwert einer regulativen Idee, so daß letztlich bloß die Unbegreiflichkeit des obersten Freiheitsgesetzes zu begreifen ist.[125] Handelt es sich in Fichtes Staatstheorie darum, die gewisse Freiheit zu sichern, so reflektiert Kants politische Philosophie die Bedingungen, unter denen die bloß mögliche Freiheit überhaupt erst herzustellen ist – durch stets innovative demokratische Praxis.

Es ist zu befürchten, daß Fichtes Theorie das antizipiert, was in Zukunft fälschlicherweise noch »Demokratie« genannt werden wird. In dem Maße, in dem im 20. Jahrhundert die Entformalisierung des Rechts die »Gesetzesbindung« der Staatsapparate unterläuft, ist der Verfassungstypus gewaltenteilig prozeduralisierter Volkssouveränität, wie er auch für parlamentarische Systeme cha-

120 Ebd., S. 193.

121 Ebd., S. 266 f.

122 Anders: Bernard Willms, *Die totale Freiheit. Fichtes politische Philosophie*, Köln, Opladen 1967.

123 Kant, MdS/RL, S. 337.

124 Fichte, *Grundlage des Naturrechts*, S. 1-11.

125 Kant, GMS (=*Grundlegung zur Metaphysik der Sitten*), S. 96, 102.

rakteristisch ist, erheblichen Erosionen ausgesetzt. Verfahren demokratischer Partizipation, auch demokratische Wahlen, die eine Einwirkung der Bevölkerung auf die Gesetzgebung zum Zweck haben, laufen daher zunehmend leer. Entsprechend erklären Demokratietheorien, die bereits an diese Situation angepasst sind, die bloße Existenz einer politischen »Öffentlichkeit« zum einzigen Prinzip der Demokratie. Die öffentliche Skandalisierung geschehenen politischen Unrechts und dessen nachträgliche justizförmige Bearbeitung werden nicht mehr als Ergänzung präventiver demokratischer Steuerung der Politik angesehen, sondern treten an deren Stelle. Erst recht befördern aktuelle Bestrebungen, für eine unklar gefaßte ökonomische »Globalisierung« die supranationalen bis weltstaatlichen politisch-institutionellen Entsprechungen zu entwickeln, eine drastische Reduktion rechtsstaatlicher und demokratischer Standards. So sehr sie Fichtes Vision eines »geschlossenen Handelsstaats« entgegenstehen, so sehr gehen sie andererseits mit zentralen Verfassungsprinzipien Fichtes konform: Auch hier wird der Gedanke einer Steuerung des gewaltbewehrten politischen Handelns durch demokratische Gesetzgebung hinfällig und durch beschwichtigende Hinweise auf eine sich konstituierende Weltöffentlichkeit und zu errichtende internationale Strafgerichtshöfe, die begangene Menschenrechtsverletzungen im nachhinein bearbeiten, ersetzt. Indem gleichzeitig in modernen Gesellschaften der steigende Sicherheitsbedarf das demokratische Freiheitspathos aufzehrt und neuerdings auch die weltweite Förderung ethnischer Nationalismen das Konzept des verfassungspatriotischen Nationalstaats verdrängt, gerät der Kontraktualismus der Aufklärung in die Defensive. – Die vielfach beschworene »Aktualität« Fichtes[126] könnte in allen diesen Momenten ihren problematischen Realitätsbezug haben.

126 Z. B. Johann Braun, *Freiheit, Gleichheit, Eigentum. Grundfragen des Rechts im Lichte der Philosphie Johann Gottlieb Fichtes*, Tübingen 1991, S. IV.

2.2. Rawls: expertokratischer Prozeduralismus

»Weder in der Aufklärungsphilosophie noch in der gegenwärtigen Diskussion ist klar, worauf es im legitimationstheoretischen Argument des Naturzustands genau ankommt.«[127] Damit ist eine Schwierigkeit bezeichnet, die sich noch einmal potenziert, wenn es darum geht, Rawls' Gedankenexperiment des Urzustands mit dem klassischen Pendant des Naturzustands in Beziehung zu setzen. Rawls selbst stellt diese Beziehung durchgängig her, indem er sein umfassendes Unternehmen einer Theorie der Gerechtigkeit insgesamt als Versuch bezeichnet, den von Locke, Rousseau und Kant überkommenen Kontraktualismus auf eine höhere Abstraktionsstufe zu heben, um so die »ganze Tragweite« seiner Elemente herauszuarbeiten.[128] Dabei spielt nach Rawls' eigener Aussage der Urzustand oder: »die ursprüngliche Situation der Freiheit und Gleichheit« »dieselbe Rolle wie der Naturzustand in der herkömmlichen Theorie des Gesellschaftsvertrags«.[129] Aber genau diese Gleichsetzung des Autors wird in der Literatur in Frage gestellt.[130] Ehe darauf eingegangen werden kann (II.), sind zuerst die wesentlichen Momente von Rawls' Konzeption des Urzustands vorzustellen und gegen Einwände anderer Art zu verteidigen (I.). In kritischer Absicht sollen anschließend (III.) auf der Basis eines problematisierten Vergleichs zwischen den Konstruktionen des Urzustands bei Rawls und des Naturzustands bei den Klassikern der Aufklärungsphilosophie einige Demokratiedefizite der Rawlsschen Theorie herausgearbeitet werden, die auf ihrer spezifischen Differenz zu den Prämissen und legitimationstheoretischen Konsequenzen des klassischen Kontraktualismus beruhen.

127 Otfried Höffe, *Politische Gerechtigkeit. Grundlegung einer kritischen Philosophie von Recht und Staat*, Frankfurt am Main 1987, S. 294.

128 Rawls, *Eine Theorie der Gerechtigkeit*, Vorwort S. 12; § 3, S. 27 f.

129 Ebd., § 3, S. 28.

130 Otfried Höffe, »Kritische Einführung in Rawls' Theorie der Gerechtigkeit«, in: ders. (Hg.), *Über John Rawls' Theorie der Gerechtigkeit*, Frankfurt am Main 1977, S. 11-40, hier: S. 34; Höffe, *Politische Gerechtigkeit*, S. 322 ff.

I.

Rawls' Theorie teilt mit dem Kontraktualismus der Aufklärung die höchst moderne Voraussetzung der Voraussetzungslosigkeit. Gesellschaftliche Basisprinzipien, die sie zu rechtfertigen sucht, können »weder durch metaphysische Annahmen begründet noch in der Welt ausfindig gemacht werden, sondern (müssen) auf der Grundlage einleuchtender und zweifellos abstrakter Annahmen konstruiert werden«.[131] Bereits Kant fand »die Philosophie [...] auf einen mißlichen Standpunkt gestellt, der fest sein soll, unerachtet er weder im Himmel noch auf der Erde an etwas gehängt oder woran gestützt wird«.[132] Die Antwort auf diese Schwierigkeit, d. h. die Auflösung aller Gewissheiten und objektiven Werte, die das Mittelalter noch als »gegeben« ansah, war – hinsichtlich der Rückgewinnung eines normativen Kriteriums für politische und gesellschaftliche Institutionen – die Theorie des Gesellschaftsvertrags.[133] Die Konstruktion einer fiktiven Vertragssituation, in der die isolierten Individuen aus einem ebenso fiktiven Naturzustand heraustreten, um als Freie und Gleiche eine politisch institutionalisierte Gesellschaft überhaupt erst zu errichten, bezeichnete gleichsam die Stunde Null der modernen praktischen Philosophie, in der sie vorgegebene und tradierte Grundsätze durch selbstbegründete ersetzte. Im Sinne einer solchen Selbstbegründung bezeichnet Rawls das Verfahren der Vertragstheorien als »eine allgemeine analytische Methode für die vergleichende Untersuchung von Gerechtigkeitsvorstellungen«,[134] deren Resultat in der normativen Auszeichnung spezifischer Grundsätze besteht.

Der Name für diese Voraussetzungslosigkeit der modernen Gesellschaftsvertagstheorie, d. h. für den Ausgangspunkt jener höchst abstrakten Annahmen, an denen das konstruktive Verfahren der Normenbegründung ansetzt, ist der »Naturzustand«, bzw. – in Rawls' Version – der »Urzustand«. Natur- wie Urzustand (worin auch immer ihre Differenz vorläufig bestehen möge) bezeichnen

131 Onora O'Neill, *Tugend und Gerechtigkeit. Eine konstruktive Darstellung des praktischen Denkens*, Berlin 1996, S. 65.

132 Kant, GMS, S. 57.

133 Zur Differenz des modernen Gesellschaftsvertrags zum mittelalterlichen Herrschaftsvertrag vgl. Maus, *Zur Aufklärung der Demokratietheorie*, S. 45-52.

134 Rawls, *Eine Theorie der Gerechtigkeit*, § 20, S. 143 f.

gleichsam den Ort, den es weder im Himmel noch auf der Erde gibt – oder anders gesagt: sie bezeichnen die Abstraktion selbst von allem metaphysisch oder weltlich Gegebenem. Was als Voraussetzung der Begründung einer – normativ zu rechtfertigenden – Gesellschaft fungieren soll, darf nicht selbst gesellschaftliche oder normative Voraussetzungen enthalten. Entsprechend formuliert Rawls hinsichtlich des Urzustands: »Das Geflecht der Gesellschaft wird *ersetzt* durch eine Anfangssituation [...].«[135] Der Urzustand bildet den »archimedischen Punkt«,[136] von dem aus Institutionen und Gerechtigkeitsvorstellungen konkreter Gesellschaften überhaupt erst zu beurteilen sind. Rawls' Konstruktion des Urzustands ist nicht nur in sich äußerst komplex angelegt, sondern bildet auch einen Bestandteil eines größeren Begründungszusammenhangs von potenzierter Komplexität. Das Gedankenexperiment des Urzustands soll zunächst diejenigen Gerechtigkeitsgrundsätze normativ auszeichnen, die ihrerseits als Kriterien eines Gerechtigkeitstests für politische Institutionen geeignet sind. Ohne sich in den gelegentlich pittoresken Weitläufigkeiten der klassischen Naturzustandstheoreme zu verlieren, zieht Rawls den vorvertraglichen Zustand in die einzige Situation vor der »ursprünglichen Übereinkunft« zusammen, in der abstrakte Akteure sich anschicken, die »Gründungsurkunde ihrer Gesellschaft«, das heißt die abstrakte Metavereinbarung für alle konkreten Vereinbarungen wie Verfassungsbestimmungen, einzelne Freiheitsrechte oder Verteilungsregeln für soziale Chancen zu beschließen.[137] Dabei liegt die Eleganz der Rawlsschen Begründungsleistung, die die Wahl der höchsten Gerechtigkeitsprinzipien der Gesellschaft als Resultat eines unter bornierten Individuen angestrengten Verfahrens dartut, in dem Minimalismus, den sie auf der Inputseite voraussetzt. Sie kann auf moralische Motive der Beteiligten völlig verzichten, indem sie wenige – moralanaloge – Verfahrensbedingungen voraussetzt, und reduziert die gesellschaftlichen Anwendungsverhältnisse für die zu wählenden Gerechtigkeitsgrundsätze auf ein Element, das allen bisher bekannten historischen Gesellschaften mehr oder weniger gemeinsam ist.

Was zunächst die letztere Prämisse angeht, so unterstellt Rawls

135 Ebd., § 1, S. 19.
136 Ebd., § 41, S. 296.
137 Ebd., § 3, S. 28.

eine (mäßige) Knappheit an Gütern.[138] Dem korrespondieren als Annahmen hinsichtlich der subjektiven Bedingungen Konkurrenzverhalten, Interessengegensätze aufgrund verschiedener Zielvorstellungen, auch wenn diese nicht notwendig egoistisch sind.[139] Die weiteren Annahmen der ausschließlichen Selbstinteressiertheit bzw. des wechselseitigen Desinteresses, mit dem die Individuen des Urzustands ihre je spezifischen Ziele verfolgen,[140] werden unter dem Titel der »Vernünftigkeit der Vertragspartner«[141] näher bestimmt. Diese Vernünftigkeit (*rationality*) ist zunächst reine Zweckrationalität, mit der die Individuen ihre jeweiligen Ziele optimal zu erreichen suchen und sich ohne vergleichenden Blick auf andere einen größtmöglichen Anteil gesellschaftlicher Grundgüter sichern wollen.[142] Das gegenseitige Desinteresse der nutzenmaximierenden Individuen (hier findet sich Rawls' Version des »atomistischen« Subjekts der klassischen Vertragstheorie) dient nicht nur der rationalsten Verfolgung ihrer inhaltlichen Interessen, insofern es jenen gesellschaftlichen Neid ausschließt, durch den »alle Menschen im allgemeinen schlechter dastehen«.[143] Dieses wechselseitige Desinteresse bildet auch eine der Voraussetzungen für die Wahl von Gerechtigkeitsgrundsätzen, die allen zugute kommen und die Verpflichtung enthalten, die Rechte aller anderen zu achten. Rawls' Modell, das für die Wahl höchster Gerechtigkeitsprinzipien auf seiten der Vertragspartner keine anderen Voraussetzungen macht als die der Nutzenmaximierung bornierter Individuen, wird auch nicht durch die Annahme höchster Interessen oder eines Gerechtigkeitssinns in der Situation des Urzustands durchbrochen.

Im »Interesse höchster Ordnung«[144] ist nicht etwa jene Autonomie moralischer Subjekte schon impliziert, die erst begründet werden soll. Dieses Interesse hält zwar die Vertragsparteien dazu an, bestimmte Gerechtigkeitsgrundsätze anderen möglichen Prinzipien vorzuziehen und insbesondere einen Vorrang der Freiheit zu

138 Ebd., § 22, S. 149 f.
139 Ebd., § 22, S. 150 f.
140 Ebd., § 22, S. 151 f.
141 Ebd., § 25.
142 Ebd., § 25, S. 168.
143 Ebd.
144 Ebd., § 26, S. 176.

etablieren.[145] Aber genau diese Entscheidung wird zugunsten jener elementaren und inhaltlichen Interessen getroffen, auf die das Interesse höchster Ordnung sich nur reflexiv bezieht: als Interesse, die inhaltlichen Interessen unter freien Bedingungen auszubilden und abändern zu können.[146] Das Interesse höchster Ordnung kann also durchaus schon so interpretiert werden, wie dies mit Blick auf spätere Formationen von Rawls' Theorie vorgeschlagen wurde: Die Vertragsparteien erkennen, daß besondere Interessen unter Anleitung des höchsten Interesses besser zu verwirklichen sind.[147] Rawls' Begriff des »freien Menschen« im Urzustand[148] folgt also noch ganz einer Konzeption strategischen Handelns. Die Qualifikation der Vertragsparteien als »moralischer Subjekte« bleibt darum eine bloße Zuschreibung, die es erlaubt, diese als »Freie« und »Gleiche« in das Verfahren der Anfangssituation einzustellen.[149] In tatsächlich Kantischer Manier ist hier nur die Möglichkeit moralischer Freiheit unterstellt, damit diese in einer wohlgeordneten Gesellschaft Wirklichkeit werden kann.

Auch der im Urzustand unterstellte Gerechtigkeitssinn ist nicht etwa in der Weise »gegeben«, daß er die entscheidungstheoretische Konzeption rationaler Wahl der Gerechtigkeitsgrundsätze verfälschen könnte,[150] so daß das Resultat dieser Wahl hier bereits durch eine petitio principii gestützt würde. Vielmehr ist der Gerechtigkeitssinn im Urzustand, worauf Rawls insistiert, »rein formal«: er enthält nichts anderes als eine restriktive Bedingung der rationalen Wahl, nämlich nur solche Grundsätze zu wählen, die man einzuhalten bereit ist.[151] Rawls hat übrigens mit dieser Konzeption den seit Dworkin[152] immer wieder vorgetragenen Vorwurf, die Schwierigkeit seiner Vertragstheorie bestehe darin, daß ihr bloß fiktiver Vertrag keine Verbindlichkeit begründen könne, von vornherein dadurch konterkariert, daß er das klassische Pacta-sunt-servanda-Prinzip

145 Ebd., § 26, S. 177; § 28, S. 200; vgl. § 82.

146 Ebd., § 26, S. 176.

147 Thomas Pogge, *John Rawls*, München 1994, S. 66.

148 Rawls, *Eine Theorie der Gerechtigkeit*, § 26, S. 176.

149 Ebd., § 3, S. 29; § 4, S. 36 f.

150 So aber Wolfgang Kersting, *Die politische Philosophie des Gesellschaftsvertrags*, Darmstadt 1994, S. 289, Anmerkung 19.

151 Rawls, *Eine Theorie der Gerechtigkeit*, § 25, S. 169.

152 Ronald Dworkin, »Gerechtigkeit und Rechte« (1973), in: ders., *Bürgerrechte ernstgenommen*, Frankfurt am Main 1984, S. 252-302, hier: S. 253.

nicht etwa als Ergebnis des Vertrags darstellte, sondern hier als Prämisse der rationalen Wahl selbst reformulierte. Ein intentionaler Gerechtigkeitssinn existiert im Urzustand dagegen nur potentiell. Erst wenn die im Urzustand gewählten Gerechtigkeitsgrundsätze in der Grundstruktur einer Gesellschaft verwirklicht sind, werden »die Menschen dazu neigen, sich den entsprechenden Gerechtigkeitssinn anzueignen«.[153] Auch das zweite moralische Vermögen, das Rawls den Individuen des Urzustands »zuschreibt«, die Ausbildung einer Konzeption des Guten, ist nur als potentielles bestimmt.

Insoweit die Motive der Vertragsparteien betrachtet werden, ist Rawls' Theorie der Gerechtigkeit tatsächlich Teil einer Theorie der rationalen Entscheidung.[154] Diese Kennzeichnung betrifft jedoch nur die eine Komponente des Urzustands, zu der die andere der moralanalogen Verfahrensbeschränkungen, unter denen die rationale Wahl stattzufinden hat, hinzutritt. Wenn Rawls später klarstellt, daß die letztere Komponente der ersteren vorgeordnet ist, das Vernünftige also dem Rationalen in der Weise vorhergeht, daß die Theorie der Gerechtigkeit eine Theorie rationaler Entscheidung als Darstellungsmittel der Überlegungen der Vertragsparteien lediglich »benutzt«,[155] so hat er damit keineswegs seine Theorie in der Weise revidiert, daß der Urzustand überflüssig würde,[156] sondern nur dessen beide Elemente genauer zueinander ins Verhältnis gesetzt.

Die normative, »vernünftige« Komponente des Urzustands liegt Rawls zufolge ausschließlich in den formalen und Verfahrensbedingungen, vor allem dem berühmten »Schleier des Nichtwissens« (*veil of ignorance*), und nicht zuletzt in den freien und gleichen Positionen, die den Vertragsparteien als potentiell (!) moralischen Subjekten bei der Wahl der Gerechtigkeitsgrundsätze zugeschrieben werden. Die rationale Wahl der Vertragsparteien bezieht sich auf Gerechtigkeitsgrundsätze, die entweder von ihnen selbst vorgeschlagen[157] oder auf einer von Rawls explizierten (nicht abschlie-

153 Rawls, *Eine Theorie der Gerechtigkeit*, § 24, S. 161.

154 Ebd., § 3, S. 33; § 28, S. 196.

155 Rawls, *Die Idee des politischen Liberalismus*, S. 273 f., Anmerkung 20.

156 So aber Jürgen Habermas, »Versöhnung durch öffentlichen Vernunftgebrauch«, in: *Zur Idee des politischen Liberalismus. John Rawls in der Diskussion*, hg. von Philosophische Gesellschaft Bad Homburg und Wilfried Hinsch, Frankfurt am Main 1997, S. 169-195, hier: S. 172.

157 Rawls, *Eine Theorie der Gerechigkeit*, § 4, S. 36; § 25, S. 173.

ßenden) Liste verbreiteter, aber konkurrierender Gerechtigkeitsprinzipien präsentiert werden.[158] Bereits die zur Wahl stehenden Grundsätze unterliegen den bekannten formalen Bedingungen, die an normative Regelungen gesellschaftlicher Beziehungen zu stellen sind: inhaltliche Allgemeinheit (was immer der Inhalt sei), Anwendungsallgemeinheit, öffentliche Kommunizierbarkeit, die Fähigkeit, konkurrierende Ansprüche in eine Rangordnung zu bringen, und der Anspruch, letzter Maßstab für Entscheidungen zu sein.[159] Was Rawls hier auf höchster Abstraktionsebene formuliert, ist zum Beispiel auch als Set der Qualifikationsanforderungen der Rechtsform bekannt.

Die zentrale Position im Gedankenexperiment des Urzustands – an der Schaltstelle zwischen normativer und zweckrationaler Komponente – nimmt der Schleier des Nichtwissens ein.[160] Dieses »grundlegende«[161] Konstrukt besagt, daß keine der Vertragsparteien ihre spezifische Position und Interessenlage in einer eingerichteten Gesellschaft kennt, also ihre Interessen in Unkenntnis ihrer konkreten Interessen vertreten muß und deshalb ihre Nutzenmaximierung notwendig unter die Direktive von Grundsätzen stellt, die der Nutzenmaximierung *jeder* Vertragspartei dienen. Um ein Beispiel zu nennen, das Rawls selbst nicht gebraucht: Wüssten die Individuen nicht, ob sie in einer Gesellschaft die sozial definierte Position eines Mannes oder einer Frau einnehmen, so würden alle Individuen, sofern sie ihre Interessen rational und nicht als Hasardeure vertreten, für die völlige Gleichverteilung der Hausarbeit zwischen den Geschlechtern stimmen. – Gerade dieses intuitiv so einleuchtende Beispiel dürfte dem Autor allerdings eher fernliegen, wenn er als Vertragspartner »Dauerpersonen« – unter anderem »Familienoberhäupter« – gegenüber den »Einzelmenschen« des Kontraktualismus der Aufklärung bevorzugt.[162]

Der Schleier des Nichtwissens ist nicht etwa mit dem *moral point of view* identisch, der die Anstrengung des unparteilichen Urteils der moralischen Kompetenz der Beteiligten zumutet, erst recht nicht – was Rawls betont – mit der Perspektive des unparteiischen

158 Ebd., § 21.
159 Ebd., § 23.
160 Ebd., § 3, S. 29; § 4, S. 36; § 24.
161 Ebd., § 24, S. 164.
162 Ebd., § 25, S. 170.

Beobachters.[163] Wie sehr zutreffend formuliert wurde, *entspricht* das durch den Schleier des Nichtwissens auferlegte »Wissensdefizit [...] genau dem Gedanken der Unparteilichkeit, der begrifflich aus zwei Elementen besteht: aus (1) der Parteilichkeit, der (2) all die Informationen mangeln, die eine Parteilichkeit ermöglichen.[164] Der Akzent muß hier allerdings auf die bloße Entsprechung gelegt werden, wenn diese Beschreibung nicht in den Vorwurf der petitio principii münden soll.[165] Der Vorwurf nämlich, daß die Interessenkalkulation unter der Bedingung des Nichtwissens genau die Prinzipien der Fairneß produziere, die vorher bereits vollständig in die Prämissen des Urzustands eingelassen waren, wird häufig erhoben.[166] Dem ist aber durch den Hinweis darauf zu widersprechen, daß Rawls' vernünftige Prozeduralisierung rationaler Nutzenmaximierung auf der Input- und der Outputseite des Urzustands durchaus verschiedene Prinzipien auszeichnet. Während die zentrale normative Eingangsprämisse völlige Gleichheit der Vertragspartner unterstellt, führt erst die spezifische Koordination von Vernünftigkeit und Rationalität unter anderem zu dem Ergebnis des Unterschiedsprinzips, das gerade gesellschaftliche Ungleichheit so weit legitimiert, als sie allen Beteiligten zugute kommt. Das Unterschiedsprinzip kann geradezu als ein Kompromiß angesehen werden, der das egoistische Interesse an unbegrenzter Aneignung und die moralische Forderung, daß *jeder* das gleiche Recht auf Aneignung der Güter hat, zum Ausgleich bringt. Was immer von diesem Prinzip selbst zu halten ist, so vermeidet jedenfalls Rawls durch die dichotomische Koordination von Vernünftigkeit und Rationalität eine schlichte Zirkularität seiner Konzeption des Urzustands. Der Schleier des Nichtwissens bildet, wie sehr richtig formuliert wurde,[167] die »moralphilosophische List«, mit der Rawls' Theorie der Gerechtigkeit die ökonomische Rationalität dazu benutzt, für ihre Zwecke zu arbeiten, ohne selbst moralisch zu werden.

Das gesamte Arrangement des Urzustands dient der »Herleitung

163 Ebd., § 5, S. 45.

164 Höffe, *Politische Gerechtigkeit*, S. 48.

165 So aber Höffe, ebd., S. 49.

166 Dworkin, »Gerechtigkeit und Rechte«, S. 259; Kersting, *John Rawls zur Einführung*, Hamburg 1993, S. 114; ders., *Die politische Philosophie des Gesellschaftsvertrags*, S. 274.

167 Kersting, *Die Politische Philosophie des Gesellschaftsvertrags*, S. 273 f.

der beiden Gerechtigkeitsgrundsätze«,[168] die Rawls in ihrer vorläufigen Fassung (in lexikalischer Ordnung) so formuliert: 1. Jedermann soll gleiches Recht auf das umfangreichste System gleicher Grundfreiheiten haben, das mit dem gleichen System für alle anderen verträglich ist. 2. Soziale und wirtschaftliche Ungleichheiten sind so zu gestalten, daß sie zu jedermanns Vorteil dienen (bzw. den am wenigsten Begünstigten die bestmöglichen Aussichten bringen) und mit Positionen und Ämtern verbunden sind, die allen gemäß der fairen Chancengleichheit offenstehen.[169] Im folgenden wird nicht die inhaltliche Intention dieser Grundsätze, sondern ausschließlich deren Herleitung erörtert.

Ganz im Kontext des angelsächsischen moralphilosophischen Diskurses stehend, der durch den Utilitarismus beherrscht ist, unternimmt Rawls die Beweisführung für eine Theorie der Gerechtigkeit »als brauchbarer Alternative« zu dieser Tradition. Die Herleitung der Gerechtigkeitsgrundsätze ist deshalb von vornherein als Verfahren der Entscheidung zwischen den genannten Grundsätzen und dem Prinzip des Durchschnittsnutzens angelegt,[170] das in der Auswahlliste möglicher Grundsätze die Position der avanciertesten Version des Utilitarismus einnahm. Für Rawls' Kritik des Utilitarismus und Herleitung der Gerechtigkeitsgrundsätze ist der Rückgriff auf die Konstruktion des Urzustands ausschlaggebend, insofern sie gesellschaftliche Nutzenprinzipien aus der Perspektive der Beteiligten (d. h. der Individuen des Urzustands) in Frage stellen kann. Während der Utilitarismus aus dem Blickwinkel des unparteiischen Beobachters das Prinzip individueller Nutzenmaximierung für die Gesamtgesellschaft übernimmt und entweder die Maximierung des Gesamtnutzens oder des Durchschnittsnutzens der Gesellschaft zum fundamentalen Grundsatz erklären kann, erweist sich aus der Perspektive aller einzelnen potentiell Betroffenen das Prinzip individueller Nutzenmaximierung als nicht auf das gesellschaftliche Kollektiv übertragbar:[171] Für die Nutzenmaximierung jedes einzelnen können alle Spielarten gesamtgesellschaftlichen Nutzens höchst dysfunktional sein, wenn dessen Verteilung so beschaffen ist, daß er viele Individuen gar nicht erreicht. Gerade weil die Ver-

168 Rawls, *Eine Theorie der Gerechtigkeit*, § 26.
169 Ebd., § 11, S. 81; § 13, S. 104; vgl. auch § 46, S. 336.
170 Ebd., § 26, S. 174.
171 Ebd., § 30, S. 211-217.

tragsparteien des Urzustands – jede für sich – vom utilitaristischen Prinzip der Nutzenmaximierung geleitet sind, können sie, wenn es um Grundsätze gesellschaftlicher Ordnung geht, das Risiko (sehr) ungleicher Verteilung nicht eingehen. Sie werden darum das Prinzip des gesellschaftlichen Durchschnittsnutzens dem extremeren der Maximierung des Gesamtnutzens immer noch vorziehen, aber beide Prinzipien zugunsten der Gerechtigkeitsgrundsätze verwerfen, weil sie gerade aus egoistischen Motiven an größtmöglicher Verteilungsgerechtigkeit interessiert sind.

Daß diese rationale Wahl nicht die Gleichverteilung gesellschaftlicher Ressourcen normativ auszeichnet, sondern zugunsten des Unterschiedsprinzips ausfällt, wird in erster Linie aus dem Gesichtspunkt der »Wirtschaftlichkeit« (genauer: aus dem Anreiz zu »more productive efforts«) abgeleitet.[172] Die nachträgliche systematische Begründung mit Hilfe der Maximin-Regel[173] setzt, genaugenommen, ungleiche Verteilung bereits voraus. Eine rationale Wahl nach der Logik der Maximin-Regel, die Alternativen nach ihren schlechtestmöglichen Ergebnissen ordnet und fordert, diejenige zu wählen, deren schlechtestmögliches Ergebnis besser ist als das jeder anderen,[174] bezieht sich bereits auf eine Skala von besseren und schlechteren Möglichkeiten in einer Gesellschaft, die nach dem Prinzip der Nutzensteigerung durch individuelle Anstrengungen des Aufstiegs auf dieser Skala, organisiert ist.

Aber auch die schiere Nutzenkalkulation nach den Kriterien der Maximin-Regel in einer Entscheidungssituation unter Unsicherheit, genauer: des völligen Nichtwissens im Urzustand, eröffnet eine strukturelle Dimension, die dem moralisch angeleiteten Perspektivenwechsel analog ist. Dies wird in solcher Kritik an Rawls verkannt, die seinen Vorschlag ausschließlich anhand der Rational-choice-Standards diskutiert, aus deren Kontext die Regel stammt.[175] Aber weder der Rekurs auf Alltagssituationen (wenn es doch bei Rawls um die Wahl zwischen Gerechtigkeitsgrundsätzen und Utilitätsprinzipien geht) noch Wahrscheinlichkeitserwägungen, noch Überlegungen zur Risikobereitschaft der Akteure sind

172 Ebd., § 26, S. 175 (engl.: S. 151).

173 Ebd., § 26, S. 177 ff.

174 Ebd., § 26, S. 178.

175 So z. B. Peter Koller, *Neue Theorien des Sozialkontrakts*, Berlin 1987, S. 93 ff.; Kersting, *Die politische Philosophie des Gesellschaftsvertrags*, S. 280 ff.

hier am Platze: Zu Recht hat Rawls darauf verwiesen, daß alle diese Momente durch die Bestimmungen des Urzustands hinfällig geworden sind,[176] denen zufolge nur von »Als-ob-Wahrscheinlichkeiten« zu reden ist und die Akteure zwar die allgemeinen Gesetze der Psychologie kennen, aber nicht ihre eigene. Auch wenn Rawls gelegentlich selbst ein Kategorienfehler unterläuft und inmitten seiner hypothetischen Konstruktion »den hohen Grad von Risikoscheu berücksichtigt, den jeder normale Mensch im Urzustand haben dürfte«[177] – wie klassische Naturzustandstheoretiker sich gelegentlich in Details des Nüssesammelns verlieren –, so ist doch die Konstruktion des Urzustands als Abstraktion von konkreten gesellschaftlichen Tatsachen ernst zu nehmen. Unter letzterer Voraussetzung ist der moralphilosophische Output der Maximin-Regel im konstruktivistischen Kontext unverkennbar. Wenn diese Regel letztendlich besagt, daß solche Grundsätze zu wählen sind, die jemand als Plan für eine Gesellschaft ausersehen würde, »in der ihm sein Feind einen Platz zuweisen kann«,[178] so zwingt dieses Kriterium gerade den nutzenmaximierenden Akteur, sich in die Lage der Unterprivilegiertesten zu versetzen.

Die von Rawls favorisierte »Arbeitsteilung zwischen allgemeinen Tatsachen und moralischen Bedingungen bei der Findung einer Gerechtigkeitsvorstellung«,[179] d.h. zwischen der Tatsache konkurrierender Ansprüche an mäßig knappe Güter und dem Grundsatz der »reine(n) Verfahrensgerechtigkeit« des Schleiers des Nichtwissens,[180] dient der Annäherung an eine »moralische Geometrie«,[181] die auf der Abstraktion von allen konkreten Tatsachen und allen moralischen Motiven beruht. Führte der klassische Kontraktualismus diese Abstraktion in der Form eines Naturzustands ein, in dem gesellschaftliche Asymmetrien nicht existieren, so lautet Rawls' Pendant, daß die Individuen im Urzustand ihre Stellung in der (asymmetrisch strukturierten) Gesellschaft nicht kennen. Dabei unterstellen beide Konzeptionen, daß mit Abschluß des Gesellschaftsvertrags moralisches Verhalten erst ermöglicht

176 Rawls, *Eine Theorie der Gerechtigkeit*, §28, S. 201.

177 Ebd., §27, S. 191.

178 Ebd., §26, S. 178.

179 Ebd., §26, S. 184.

180 Ebd., §20, S. 142; §24, S. 159.

181 Ebd., §20, S. 143.

wird. Zu Recht weist Rawls die Kritik an diesen Abstraktionen zurück, die die klassische Vertragstheorie ebenso betrifft[182] wie seine eigene: Die Beschreibung »bloß künstliche(r) Akteure innerhalb einer Konstruktion« (des Urzustands) kann nicht als Aussage über das Wesen des Menschen verstanden werden, wie dies bei Kritikern wie Sandel typischerweise geschieht, sondern konzentriert sich ganz auf die öffentliche, politisch-rechtliche Identität von Personen, so daß die Abstraktion von nicht-öffentlichen Identitäten einer Theorie *politischer* Gerechtigkeit notwendig inhärent ist.[183]

Die in diesen Abstraktionen aufrechterhaltene »Arbeitsteilung« und Kooperation zwischen Rationalität und Vernünftigkeit aber entspricht hier noch auf das genaueste dem Verständnis des klassischen Kontraktualismus. Wenn Rousseau seinen *Gesellschaftsvertrag* (in der Einleitung) mit dem Vorsatz beginnt, die Menschen zu nehmen, »wie sie sind«, und die Gesetze, »wie sie sein können«, so ist auch hier im Begriff des Menschen weder der »gute«, bedürfnislose Wilde vorausgesetzt noch der Spieler zahlloser nichtöffentlicher gesellschaftlicher Rollen, sondern auf die allgemeinste gesellschaftliche Tatsache der individuellen Verfolgung von Interessen verwiesen, der das normative Moment der (stets verbesserungsfähigen) Gesetze entgegengestellt wird. Daß Rousseau hier tatsächlich den bereits »depravierten«, interessenorientierten Menschen in Rechnung stellt, wird durch den unmittelbar folgenden Satz belegt: »Ich werde mich bemühen, in dieser Untersuchung das, was das Recht zuläßt, stets mit dem zu verbinden, was der Vorteil (*l'intérêt*) vorschreibt, damit Gerechtigkeit und Nutzen nicht getrennt gefunden werden (*afin que la justice et l'utilité ne se trouvent point divisées*).«[184] Die Suche nach einer solchen gesellschaftlichen Ordnung könnte als Leitmotiv auch über Rawls' Theorie der Gerechtigkeit stehen, deren arbeitsteilige Konstruktion von rationaler Nutzenmaximierung und gerechter Prozeduralisierung gerade auf deren schließliche Übereinstimmung angelegt ist. So werden Rawls zufolge unter den Bedingungen des Urzustands zum Beispiel rassistische Grundsätze nicht vorgeschlagen, weil niemand weiß, »ob solche Grund-

182 Dazu Ingeborg Maus, »Zum Verhältnis von Recht und Moral aus demokratietheoretischer Sicht«, in: Kurt Bayertz (Hg.), *Politik und Ethik*, Stuttgart 1996, S. 194-227, hier: S. 198 f.

183 Rawls, *Die Idee des politischen Liberalismus*, S. 275 ff. und Anmerkung 21.

184 Rousseau, CS Einleitung S. 5 (franz.: S. 235).

sätze zu seinem Vorteil ausschlagen würden«, d.h. aber: aus dieser Perspektive sind rassistische Grundsätze »nicht nur ungerecht, sondern unvernünftig (*irrational*)«.[185] Vor allem aber ist eine eingerichtete »wohlgeordnete« Gesellschaft an ihrer auf Gerechtigkeit und Nutzen gegründeten Stabilität zu erkennen: Sind die Gerechtigkeitsgrundsätze erfüllt, so »hat jeder von der gesellschaftlichen Zusammenarbeit Vorteil [...] Da jedermanns Wohl gefördert wird, entwickeln alle die Neigung, das (gerechte) System zu erhalten.«[186] Zu Recht hat in dieser Hinsicht Rawls sich gegen den Vorwurf, seine Theorie laufe auf eine rein faktisch-funktionale Stabilisierung von Gesellschaften hinaus, mit dem Argument verteidigt, die eigentliche Intention sei »Stabilität aus den richtigen Gründen«.[187]

II.

Diese durchgängige arbeitsteilige Kooperation von Zweckrationalität und Normativität aber wird durch eine völlige Dissoziation ersetzt, indem eine Zäsur zwischen »primärem« und »sekundärem« Naturzustand gegen Rawls eingeklagt wird. Otfried Höffe zufolge kann Rawls' Urzustand – entgegen Rawls' Selbstverständnis – nicht mit dem Naturzustand des klassischen Kontraktualismus gleichgesetzt werden, weil er durch die Konzeption des Schleiers des Nichtwissens »sittlich eingefärbt« sei.[188] Entsprechend dieser These kommen nur Rawls' »Anwendungsbedingungen der Gerechtigkeit«, also die allgemeinste Tatsache konkurrierender Ansprüche an mäßig knappe Güter, bzw. die Rational-choice-Prämisse als Nachfolgemodell für die klassische Konzeption eines vorethischen, »primären« Naturzustands in Frage, welch letzteren Höffe mit dem eigentlichen Naturzustand identifiziert.[189] Als Inkonsequenz erscheint aus dieser Sicht, daß z. B. die normative Grundlage subjektiver Rechte in einem vorstaatlichen Zustand nicht als »sekundärer

185 Rawls, *Eine Theorie der Gerechtigkeit*, § 25, S. 173 f., engl. S. 149.

186 Ebd., § 29, S. 203.

187 John Rawls, »Erwiderung auf Habermas«, in: *Zur Idee des politischen Liberalismus. John Rawls in der Diskussion*, hg. von Philosophische Gesellschaft Bad Homburg und Wilfried Hinsch, Frankfurt am Main 1997, S. 196-262, hier: S. 206.

188 Höffe, *Politische Gerechtigkeit*, S. 322.

189 Ebd., S. 322, 299 f.; Höffe, »Kritische Einführung in Rawls' Theorie der Gerechtigkeit«, S. 34.

Naturzustand« deutlich abgehoben, sondern wie bei Rawls mit dem primären Naturzustand konfundiert – oder, schlimmer noch (wie bei John Locke) mit diesem identifiziert wird.[190] Diese Kritik eines Verfahrens, das bis zu diesem Punkt noch dem klassischen und Rawls' Kontraktualismus gemeinsam ist, intendiert zweierlei: Sie fordert (a) die Ableitung der normativen Strukturen allein aus den zweckrationalen, so daß jede Kombination beider Momente dem Verdacht der Tautologie unterliegt, und sie fordert (b) mit der Zäsur zwischen primärem und sekundärem Naturzustand eine Trennung zweier Argumentationsfiguren der Begründung: einerseits die Legitimation staatlicher Herrschaft als solcher,[191] die der anarchistischen Konkurrenz nutzenmaximierender Individuen des primären Naturzustands entgegentritt, andererseits die Begründung von Gerechtigkeitsprinzipien, die die individuelle Zweckrationalität vernünftig kompatibilisieren.

(a) Was zunächst den Verdacht der Tautologie angeht, so hat Rawls auch vor seiner Klarstellung, die die Theorie rationaler Entscheidung der Gerechtigkeitstheorie unterordnete,[192] die selbstgestellte Aufgabe freimütig als »Herleitung aller Pflichten und Verpflichtungen der Gerechtigkeit aus *anderen vernünftigen* Bedingungen« bezeichnet.[193] Das Nicht-Tautologische dieses Verfahrens ebenso wie der Konfundierung von primärem und sekundärem Naturzustand auch bei den Klassikern besteht in der Diversifizierung der normativen Prinzipien im vor- und nachvertraglichen Zustand und in der genauen Umkehrung des von den Kritikern des 20. Jahrhunderts eingeforderten Begründungsziels: Legitimations- bzw. begründungsbedürftig sind für die Theoretiker des 17. und 18. Jahrhunderts nicht die Menschenrechte, sondern die staatliche Herrschaft. Freiheit und Gleichheit können darum als Prämisse jeder Begründungsstrategie, als Ausgangspunkt des Naturzustands eingeführt werden, zumal sie sich lediglich der Abstraktion von allen gesellschaftlichen und »himmlischen« Hierarchisierungen verdanken, während die Legitimation »vernünftiger« Herrschaft sich des Kriteriums der Gewährleistung von Freiheit und Gleichheit bedient. Die als Prinzipien des Naturzustands bzw. des Urzustands

190 Höffe, *Politische Gerechtigkeit*, S. 299, 306-309.

191 Ebd., S. 291-297.

192 Rawls, *Die Idee des politischen Liberalismus*, S. 237 f., Anmerkung 20.

193 Rawls, *Eine Theorie der Gerechtigkeit*, § 22, S. 151.

bestimmten Begriffe der individuellen Freiheit und Gleichheit bleiben keineswegs mit sich identisch (wie der Tautologievorwurf besagt), wenn sie sich – durch den Vertragsschluß interessengeleiteter und nutzenmaximierender Individuen vermittelt – zu Prüfungsmaßstäben vernünftiger Herrschaft transformieren und entweder als Prinzipien der Errichtung »gerechter«, rechtsstaatlich-demokratischer Verfahren der Konkretisierung von Menschenrechten oder als Gerechtigkeitsgrundsätze zum Zweck des Tests etablierter politischer Institutionen ausdifferenzieren. Dabei kann auch die ursprüngliche Handlungsfreiheit der Individuen in den Grenzen fortbestehen, die nun durch eine institutionell gestützte sittliche Autonomie gesetzt werden. Oder (wie bereits erörtert): es wandelt sich bei Rawls die Gleichheit als Bedingung des Urzustands zum Unterschiedsprinzip.

(b) Die Produktivität der Kombination von primärem und sekundärem Naturzustand läßt sich also sogar am Extremfall von Hobbes demonstrieren. Während die Forderung eines von allen normativen Beimischungen freien, mit dem Naturzustand schlechthin identifizierten »primären« Naturzustands den Begriff der »Natur« in dieser Konnotation als Gegensatz zu Recht und Staat schlechthin bestimmt, nimmt dieser Begriff bei den Klassikern der Naturzustandstheorie immer zugleich die Bedeutung von »Vernunft« an und bezeichnet damit den Gegensatz zu den zeitgenössischen realexistierenden »unvernünftigen« Rechts- und Staatsordnungen. Auf diese Weise wird die Begründung eines staatlichen Gewaltmonopols von dessen vernünftiger Verwendung gerade nicht getrennt. Sogar Hobbes hat sich gehütet, politische Herrschaft »als solche« zu rechtfertigen, indem er sie auf das vorstaatliche Menschenrecht auf Erhaltung des Lebens bezog.[194] Sämtlichen Kontraktualisten, einschließlich Rawls, geht es sofort und unmittelbar um die Legitimation »vernünftiger« Herrschaft. – Es ist darum auch Kerstings grundlegender Unterscheidung zwischen einem staatsphilosophischen und einem rechtfertigungstheoretischen Kontraktualismus, derzufolge der erstere an der rationalen Rekonstruktion der Staatsgründung, der letztere an der Ermittlung von Prinzipien einer gerechten Ordnung orientiert sei,[195] zu widersprechen, weil sie die komplementären Momente der Natur-

194 Hobbes, *Leviathan*, S. 101.

195 Kersting, *Die politische Philosophie des Gesellschaftsvertrags*, S. 51.

zustandstheoreme gegeneinander isoliert – wenngleich ihr Rawls' Theorie in einer anderen Hinsicht (darauf ist noch einzugehen) entgegenkommt.

Die bisherigen Einwände gegen Rawls setzen zudem voraus, daß seine Theorie sich in erster Linie die Aufgabe stellt, die eingeführten Gerechtigkeitsgrundsätze allererst zu begründen, während es doch um die Begründung einer Wahl zwischen Gerechtigkeitsprinzipien geht, die als miteinander konkurrierende in einer Gesellschaft real verbreitet und aus ihren bestehenden je spezifischen Begründungszusammenhängen zu verstehen sind. Was Rawls' Kontraktualismus von dem des 17. und 18. Jahrhunderts historisch notwendig unterscheidet, ist gerade die Tatsache, daß die Prinzipien, von denen sie handelt, nicht mehr in Fundamentalopposition zu allem stehen, was Selbstverständnis und institutionelle Grundlegung der zeitgenössischen Gesellschaft ausmacht. Rawls' Philosophie ist in der privilegierten Situation, sich auf eine zweihundertjährige Verfassungstradition beziehen zu können, die sich selbst als (mehr oder weniger gelingende) fortschreitende Implementation jener Prinzipien versteht,[196] die im Kontraktualismus der Aufklärung zuerst begründet wurden, und kann deshalb ihren Konstruktivismus mit einem rekonstruktiven Verfahren im Überlegungsgleichgewicht verbinden.

Möglicherweise handelt sie sich aber gerade an dieser Stelle ein unlösbares Problem ein. Schon früh wurde bemerkt, daß der Urzustand nicht etwa die Grundlage von Rawls' Theorie der Gerechtigkeit bildet, sondern eines ihrer wichtigsten Ergebnisse, das als solches wiederum in den umfassenden Begründungszusammenhang einer Kohärenztheorie der Moral eingebaut ist.[197]

Die Dominanz der kohärenztheoretischen Begründung im komplexen Zusammenhang von Rawls' gesamter Begründungsargumentation[198] muß für sich allein noch nicht den Verdacht begründen, daß Rawls' Theorie nicht mehr leisten könne, als »die Gerechtigkeitsvorstellungen ihrer Zeit in Gedanken zu fassen«.[199]

196 Rawls, *Die Idee des politischen Liberalismus*, S. 258.

197 Dworkin, »Gerechtigkeit und Rechte«, S. 264, 266.

198 Systematisch: Kersting, *John Rawls zur Einführung*, S. 138 f.; ders., *Die politische Philosophie des Gesellschaftsvertrags*, S. 282 ff.; vgl. O'Neill, *Tugend und Gerechtigkeit.*

199 So aber Kersting, *Die politische Philosophie des Gesellschaftsvertrags*, S. 284.

Immerhin führte der Einbau der kontraktualistischen Konstruktion des Urzustands in die umfassende kohärenztheoretische Begründung zur Verwerfung der in Rawls' eigener Gesellschaft dominanten Gerechtigkeitsprinzipien des Utilitarismus und kommen, wie es bei Rawls hieß, die einzelnen wohlüberlegten Gerechtigkeitsurteile aus der Perspektive des Urzustands nur noch als »gebührend bereinigte« in Betracht. Zu Recht hatte sogar Dworkin (trotz seiner Verwerfung des fiktiven Charakters des Vertrags im Hinblick auf die Begründung moralischer Verpflichtungen) Rawls konzediert: »Der Vertrag liefert [...] einen ganz anderen Test der optimalen Verteilung, als ihn eine direkte Anwendung des grundlegenden Ziels vorschreiben würde.«[200] Daß sich also die Gerechtigkeitsgrundsätze letztlich einer wechselseitigen Korrektur der kontraktualistischen Voraussetzungen und der wohlüberlegten Gerechtigkeitsurteile verdanken, begründet Rawls mit dem ausdrücklichen Verzicht auf einen absoluten Wahrheitsanspruch und dem Eingeständnis: »Eine Gerechtigkeitsvorstellung läßt sich nicht aus evidenten Voraussetzungen oder Bedingungen für die Gerechtigkeitsgrundsätze ableiten; vielmehr ergibt sich ihre Rechtfertigung aus der gegenseitigen Stützung vieler Erwägungen [...].«[201] Zu Recht bezieht sich Rawls an diesem entscheidenden Punkt auf die eingangs erläuterte Voraussetzungslosigkeit der Moderne. Nur vormodernes metaphysisches Denken konnte noch aus »gegebenen« Prämissen linear deduzieren. Die »gegenseitige Stützung vieler Erwägungen« nähert sich dagegen dem Grundmuster moderner Begründungen an: diese sind notwendig zirkulär, ohne daß es ihnen erlaubt wäre, in einem tautologischen Sinn selbstreferentiell zu sein.[202] Was vielfach als Begründungsschwäche eines jeden Kontraktualismus, auch des bei sich selbst bleibenden Kontraktualismus der Aufklärung, bezeichnet wird,[203] ist in Wirklichkeit schon dessen Antwort auf die Begründungsschwierigkeiten der Moderne.

Nicht daß auf vormoderne Deduktionen zugunsten zirkulärer Begründungen verzichtet wird, verleiht also Rawls' Theorie bereits eine tautologische Struktur. So konnte die arbeitsteilige Koopera-

200 Dworkin, »Gerechtigkeit und Rechte«, S. 289.

201 Rawls, *Eine Theorie der Gerechtigkeit*, § 4, S. 38.

202 Dazu in diesem Band S. 221-235, besonders S. 230-235; vgl. Maus, *Zur Aufklärung der Demokratietheorie*, S. 252-261.

203 So Kersting, *Die politische Philosophie des Gesellschaftsvertrags*, S. 283.

tion von Vernunft und Zweckrationalität innerhalb der Konstruktion des Urzustands noch äußerst produktiv eingesetzt werden. Die »gegenseitige Stützung vieler Erwägungen« im Verhältnis von kontraktualistischer und kohärenztheoretischer Begründung aber kommt durch einen spezifischen Charakter des Überlegungsgleichgewichts zu Schaden. Das Nichtwissen als zentrale Bedingung des Urzustands kann nicht mehr kooperativ eingesetzt werden, wenn es sich im Überlegungsgleichgewicht zugleich als abhängige Variable des Wissens erweist: Die mögliche Korrektur der mit seiner Hilfe ausgezeichneten Gerechtigkeitsgrundsätze durch die wohlüberlegten Gerechtigkeitsurteile, die in realen Gesellschaften bestehen, bedeutet eine Konkurrenz zu Gerechtigkeitsvorstellungen, die in *Kenntnis* gesellschaftlicher Positionen entwickelt worden sind. Erst durch diese Dominanz des Wissens, die in die übergreifende Funktion der Kohärenztheorie eingebaut ist, erhält Rawls' Theorie tatsächlich jene tautologische Implikation, die sich in dem Satz »Wir möchten den Urzustand so bestimmen, daß die gewünschte Lösung herauskommt«[204] krude ausspricht. War der Schleier des Nichtwissens als zentrale Prämisse des Urzustands bestimmt, so enthält dagegen Rawls' Bezeichnung des Urzustands als einer »Vorstellung, die uns unser Ziel aus der Ferne *sehen* läßt«,[205] eine verräterische Metapher, die den Ausgangspunkt dementiert. Erst in der spezifischen Kombination von Kontraktualismus und Kohärenztheorie ist bei Rawls auch das Prinzip, das jeder modernen, nur kriteriologischen Begründung verblieb, daß nämlich das zu Prüfende im Maßstab der Prüfung nicht enthalten sein darf, aufgegeben.

III.

Aber auch die interne Konstruktion des Urzustands bei Rawls weicht von der des Naturzustands im klassischen Kontraktualismus an einem entscheidenden Punkt so sehr ab, daß sie der an sich prekären Ausdifferenzierung eines rechtfertigungstheoretischen Kontraktualismus (gegenüber einem legitimationstheoretischen) ein Stück weit entgegenkommt. Zwar will auch Rawls Herrschaft in einem Schritt nur als vernünftige rechtfertigen, aber seine Theo-

204 Rawls, *Eine Theorie der Gerechtigkeit*, § 24, S. 165.
205 Ebd., § 4, S. 39.

rie funktionalisiert das Konzept des Urzustands in einer Weise, die das Ergebnis des angestrengten Entscheidungsverfahrens, die Gerechtigkeitsgrundsätze, gegen dieses Verfahren völlig verselbständigt. Der Unterschied ums Ganze, der Rawls' Theorie vom klassischen Kontraktualismus trennt, ist in dem Satz bezeichnet: »Liegt [...] einmal ein vollständiges System von Grundsätzen, eine vollständige Vorstellung von Rechten vor, so kann man den Begriff des Urzustands einfach vergessen.«[206] Diese Aussage ist um so bedeutsamer, als Rawls' Urzustand ausschließlich die Konstellation im hypothetischen Augenblick des Vertragsschlusses enthält. Es ist genau diese »Situation«, die im klassischen Kontraktualismus schlechterdings unvergesslich ist: Sie selbst – und nicht aus ihr erst gefolgerte Prinzipien – enthält die normativen Kriterien, die Herrschaft als vernünftige auszeichnen können. Hatte die vormoderne Theorie des (Herrschafts- bzw.) Unterwerfungsvertrags Herrschaft noch als »gegeben« betrachtet und deshalb lediglich die inhaltlichen Konditionen der Herrschaftsausübung thematisiert, die zwischen den quasi natürlichen Vertragsparteien Volk und Herrscher festgelegt werden sollten, so besteht die kopernikanische Wende des Kontraktualismus der Aufklärung darin, daß im hier zugrunde gelegten Gesellschaftsvertrag das (sich konstituierende) Volk unter sich bleibt. Dieser letztere Vertrag enthält nichts anderes als die Beschlußfassung ebenbürtiger Vertragspartner als freier und gleicher Individuen, d.h. aber: das Organisationsprinzip der Demokratie selbst.[207] – Indem Rawls dagegen die aus seiner Konstruktion eines Gesellschaftsvertrags gewonnenen Gerechtigkeitsgrundsätze für die eigentlichen Kriterien der Herrschaftsausübung erklärt, kehrt er ungewollt – und äußerst folgenreich – zur Konzeption des Unterwerfungsvertrags zurück.

Rawls' Theorie kennt »unbedingte Grundsätze«,[208] der klassische Kontraktualismus nur demokratisch erzeugte. Die Wahl von Gerechtigkeitsprinzipien, die Rawls in die fiktive Situation des Urzustands verlegt, kann als demokratische nicht mehr stattfinden. Ausdrücklich betont Rawls, daß »keine politische Körperschaft« dazu imstande sei, denn: »Über eine politische Gerechtigkeitskonzeption kann man ebensowenig abstimmen wie über Axiome, Grundsätze

206 Ebd., §19, S. 137f.

207 Vgl. Maus, *Zur Aufklärung der Demokratietheorie*, S. 51f.

208 Rawls, *Eine Theorie der Gerechtigkeit*, §19, S. 138.

und Schlußformen in der Mathematik und Logik.«[209] Auch wer Rawls' Gerechtigkeitsgrundsätze für begründeter hält als die Prinzipien des Utilitarismus – auf diese Alternative bezog sich das Wahlverfahren des Urzustands –, wird den demokratischen Eskapismus dieser Aussage und ihre Bestätigung des bekannten Vorwurfs der Gerechtigkeitsexpertokratie[210] als prekär bezeichnen müssen. Rawls behandelt die Gerechtigkeitsgrundsätze seiner Theorie, einmal im Urzustand gewählt, als »gegebene«. In gelegentlich anthropomorpher Wendung erscheinen die Gerechtigkeitsgrundsätze gleichsam als Akteure, die die »Aufgabe übernehmen, [...] Grundrechte und -pflichten *zuzuweisen* und die Güter*verteilung* zu regeln«.[211] Auch wenn Rawls' erster Gerechtigkeitsgrundsatz politische Freiheitsrechte (solche der Partizipation nur in der bescheidenen Version des Wahlrechts und des Zugangs zu öffentlichen Ämtern) enthält,[212] so ergibt sich aus der Vorgängigkeit dieses Gerechtigkeitsgrundsatzes vor dem demokratischen Verfahren selbst, daß sämtliche Freiheitsrechte, auch die politischen, nur als zugeteilte oder zugewiesene ausgeübt werden können und nicht – wie der Kontraktualismus der Aufklärung begründete – als Freiheitsrechte, die man vor aller Verteilung immer schon hat.

Hatte die moderne Theorie des Gesellschaftsvertrags die Selbstgesetzgebung der Nicht-Experten und Nicht-Funktionäre, d. h. des »Volkes«, mit der Maßgabe begründet, daß die Struktur des demokratischen Gesetzgebungsverfahrens Willkür weitgehend verhindere und Lernprozesse zur Korrektur von Irrtümern eröffne, so sucht Rawls' Theorie durch Bindung aller Entscheidungen an vorgängige Prinzipien jeden Irrtum von vornherein auszuschließen. Unterwirft die kontraktualistische Theorie der Volkssouveränität die gewalthabenden Staatsapparate den Direktiven des demokratischen Gesetzes, so reduziert Rawls, der demokratische Partizipation ohnehin in Begriffen eines fairen Konkurrenzkampfes um politische Macht reformuliert,[213] die Staatsbürger auf das *Urteilen* über die Entscheidungstätigkeit der konkurrierenden Eliten und über die

209 Rawls, »Erwiderung auf Habermas«, S. 254 Anmerkung 22.

210 Habermas, »Diskursethik«, S. 76 f.; ders., »Versöhnung durch öffentlichen Vernunftgebrauch«, S. 179 f., 191.

211 Rawls, *Eine Theorie der Gerechtigkeit*, § 23, S. 153.

212 Ebd., § 11, S. 82.

213 Ebd., § 36, S. 257.

vorhandenen Institutionen. Dabei hat das Urteil der Bürger über die Gerechtigkeit von Verfassung, Gesetzgebung und laufender Gesellschaftspolitik in der präzisen Applikation der Rawlsschen Gerechtigkeitsgrundsätze zu bestehen.[214] Ausdrücklich beansprucht die Theorie der Gerechtigkeit einen »öffentlich anerkannten Standpunkt« für diese staatsbürgerliche Urteilstätigkeit bereitzustellen.[215] Hatte der Kontraktualismus der Aufklärung Volkssouveränität als Funktion demokratischen Entscheidens im Gesetzgebungsprozeß mit derjenigen des frei fluktuierenden Urteilens in einer Sphäre sich selbst aufklärender Öffentlichkeit kombiniert, nimmt Rawls dagegen nicht nur die Öffentlichkeit für das Ganze der Demokratie, sondern gibt auch dem berühmten »Räsonniert, soviel ihr wollt [...]« die einzig richtigen Kriterien vor. Daß die Kriterien des Gerechten feststehen, machte einst die Begrenzung der Freiheitsgewährleistungen aus, die der vormoderne Herrschafts- oder Unterwerfungsvertrag begründete. Dagegen hatte Kant sogar gegen den noch bestehenden Obrigkeitsstaat geltend gemacht, daß über Freiheitsrechte jeder »selbst zu urteilen befugt ist«.[216]

Auch die jüngste Kontroverse zwischen Rawls und Habermas[217] belegt, daß die Theorie der Gerechtigkeit das (formierte) öffentliche Urteilen längst zum einzigen Moment der Demokratie erklärt hat. Der Kritiker folgt dem Autor auf das begrenzte Terrain des »öffentlichen Vernunftgebrauchs«. Das Verhältnis von »prozeduraler« und »substantieller« Gerechtigkeit wird ausschließlich unter Aspekten der demokratischen Offenheit oder Präformierung des öffentlichen Diskurses erörtert und von Rawls zugunsten der substantiellen Konzeption entschieden.[218] Rawls' Differenz zum Kontraktualismus der Aufklärung wird gerade da am deutlichsten, wo er sich ausdrücklich auf Rousseau und Kant beruft. Wenn Rawls die Steuerung des »öffentlichen Vernunftgebrauchs« durch die Gerechtigkeitsgrundsätze mit der Gemeinwohlorierentierung

214 Ebd., § 31, S. 223 ff.

215 Rawls, *Die Idee des politischen Liberalismus*, S. 263.

216 Kant, Gemeinspruch, S. 161.

217 John Rawls, »Das Ideal des öffentlichen Vernunftgebrauchs«, in: *Zur Idee des politischen Liberalismus. John Rawls in der Diskussion*, hg. von Philosophische Gesellschaft Bad Homburg und Wilfried Hinsch, Frankfurt am Main 1997, S. 116-141; Habermas, »Versöhnung durch öffentlichen Vernunftgebrauch«; Rawls, »Erwiderung auf Habermas«.

218 Ebd., S. 238, 247 f.

der Rousseauschen Citoyens unter der Direktive der *volonté générale* vergleicht,[219] so handelt Rawls von Formen der Beratung, von »Urteil, Regeln des Schlußfolgerns«, »Kriterien der Richtigkeit und Standards der Rechtfertigung« oder von »Richtlinien für Diskussionen und Tatsachenfeststellungen«,[220] Rousseau dagegen von Problemen der Abstimmung in demokratischen Entscheidungsverfahren. Rousseau setzt deshalb die *volonté générale* als Kriterium der Richtigkeit demokratischer Gesetzgebung in Beziehung zu Verfahrensregelungen: gestufte qualifizierte Mehrheiten je nach Entscheidungsmaterien und vor allem eine rigide Gewaltenteilung nach Funktionsbereichen.[221] Es ist die Struktur der Entscheidungsverfahren, die bei Rousseau die gewünschte Annäherung der *volonté de tous* an die *volonté générale* erreichen soll, indem im Prozedere selbst aus der Divergenz der Sonderwillen »das Mehr und das Weniger [...] sich gegenseitig aufhebt«, so daß als Summe der Unterschiede der Gemeinwille« übrigbleibt.[222] Sind bei Rousseau die demokratischen Entscheidungsverfahren streng formalisiert,[223] so wird dagegen die öffentliche Diskussion allein unter dem Aspekt ihrer Freiheit von (exekutivischen) Restriktionen thematisiert.[224] Trotz der Akzentuierung der Entscheidungsverfahren verweist der Begriff der *volonté générale* als unabhängiges Kriterium für die Richtigkeit der Ergebnisse auf die Einsicht auch Rousseaus, daß es vollkommene Verfahrensgerechtigkeit nicht geben kann. Gleichwohl ist das apriorische Kriterium nicht als Korrektur empirischer Ergebnisse von demokratischen Verfahren einzusetzen. In Rousseaus Formulierung: »denn wer hat das Recht, es (das Volk) daran zu hindern, wenn es ihm gefällt, sich weh zu tun?«[225] ist festgehalten, daß Selbstgesetzgebung nicht nur ein Mittel zum Zweck gerechter Gesetze, sondern ein Selbstzweck ist. Im Konfliktfall zeigt sich, daß das höchste Prinzip des klassischen Kontraktualismus nicht politische Gerechtigkeit ist, sondern politische Autonomie.

219 Ebd., S. 121.

220 Ebd., S. 122, S. 124.

221 Rousseau, CS IV 2 Abs. 11; II 6 Abs. 5 und 6; III 16 Abs. 1; III 4 Abs. 1 und 2; II 4 Abs. 6 und 9; II 5 Abs. 5.

222 Ebd., II 3 Abs. 2.

223 Ebd., III 13 Abs. 1 und 2; III 18 Abs. 4 und 5.

224 Ebd., IV 1 Abs. 7.

225 Ebd., II 12 Abs. 2.

Auch in Rawls' Kant-Adaption ist das demokratische Entscheidungsverfahren zum (formierten) Prozedere des Urteilens umgeschrieben. Rawls' Behauptung, seine Konzeption des Urzustands lasse sich »als eine verfahrensmäßige Deutung von Kants Begriff der Autonomie und des kategorischen Imperativs« auffassen,[226] enthält bereits das Eingeständnis, daß *moralische* Autonomie an die Stelle jener politischen Autonomie getreten ist, die Kant in den demokratischen und rechtsstaatlichen Entscheidungsverfahren seiner *Rechts*philosophie begründet und ausarbeitet. Aber bereits Rawls' Konzept moralischer Autonomie, die die Stelle von Kants politischer einnimmt, wertet »Grundsätze des ethischen Reiches«[227] höher als das Verfahren eigenständiger moralischer Urteilstätigkeit. In genauer Analogie zur Umwidmung des Gesellschaftsvertrags in den vormodernen Herrschaftsvertrag ist die »Verfahrensdeutung« des kategorischen Imperativs auf die eine fiktive Situation der ursprünglichen Wahl von Gerechtigkeitsgrundsätzen beschränkt und folglich moralische Autonomie als Übereinstimmung des Handelns mit diesen Grundsätzen, das moralische Urteilen als Applikation dieser Grundsätze, bestimmt. Dagegen hatte Kant das Verfahren des kategorischen Imperativs, die Prüfung jeder Maxime an ihrer zu vertretenden Universalisierbarkeit, jedem einzelnen moralischen Subjekt an die Hand gegeben. Auf diese Weise war bei Kant sogar die bloße Urteilstätigkeit der moralischen Autonomie (als »reflektierende« und nicht nur »bestimmende« Urteilskraft)[228] in Analogie immerhin zur politischen Autonomie in demokratischen Entscheidungsprozessen bestimmt.

Ist mit Rawls' Theorie letztlich die Position einer Gerechtigkeitsexpertokratie gegen demokratische Willensbildungsprozesse zu rechtfertigen, so fordert umgekehrt der Kontrakualismus der Aufklärung, daß die Entscheidungsverfahren in sich so weitgehend gerecht seien, daß die faktische Selbstgesetzgebung der Nicht-Experten, d.h. des Volkes, freigesetzt werden kann. Das für Willensakte Unverfügbare sind hier nicht definierte Prinzipien, sondern die demokratische Struktur des Verfahrens selbst.[229] Unter den Prämissen

226 Rawls, *Eine Theorie der Gerechtigkeit*, § 40, S. 289.

227 Ebd., § 40, S. 289.

228 Kant, KU (=*Kritik der Urteilskraft*), S. 87-89.

229 Kant, MdS/RL, S. 465. Dazu Maus, *Zur Aufklärung der Demokratietheorie*, S. 277-282.

der Volkssouveränität und der rechtsstaatlichen Prozeduralisierung demokratischer Entscheidungen ist der »Wille des Gesetzgebers [...] untadelig«.[230] Das relative Vertrauen Kants wie Rousseaus in die Ergebnisse des faktischen demokratischen Entscheidungsprozesses verläßt sich nicht etwa auf die Tugend der Staatsbürger, sondern hat bei beiden Autoren die herausgehobene Funktion eines rigiden Gewaltenteilungschemas zur Voraussetzung. Letzteres arbeitet mit einem Prinzip, an dem sich die scheinbare Nähe und zugleich größte Differenz zu Rawls' Theorie explizieren läßt.

Wie Rawls' Schleier des Nichtwissens alle Individuen zwingt, als interessenorientierte interessenfrei zu entscheiden, so dient auch die zeitliche Ausdifferenzierung von Verfahren im rechtsstaatlichen Instanzenzug der gestuften Unkenntnis materieller Interessen auf der jeweils nächsten Entscheidungsebene und hat die gleiche Funktion einer vernünftigen Selbstüberlistung interessierter Egoisten: Zum Zeitpunkt der Verfassunggebung müssen die Rechtssetzungsverfahren in Unkenntnis der konkreten (interesseninfiltrierten) Gesetzesvorhaben, die nach ihrer Maßgabe künftig zur Entscheidung anstehen, festgelegt werden. Auf der nächsten Stufe des Gesetzgebungsaktes selbst darf der konkrete Fall noch nicht bekannt sein, auf den das Gesetz künftig Anwendung findet. Umgekehrt sollen die im Gesetzgebungsverfahren zustande gekommenen Rechtsnormen im Gerichtsverfahren nicht geändert werden, eben weil man hier den Fall kennt.[231]

Auf den ersten Blick erscheint Rawls' Konzeption eines »Vier-Stufen-Gangs« der zeitlich geordneten Folge von Urzustand, Verfassunggebung, Gesetzgebung und Rechtsanwendung, in der der Schleier des Nichtwissens schrittweise so weit »gelüftet« wird, wie auf der jeweils vorhergehenden Stufe Entscheidungen bereits getroffen sind,[232] als das genaue theoretische Pendant des institutionalisierten rechtsstaatlichen Instanzenzugs. Aber Rawls' Abweichung besteht nicht etwa nur darin, daß sein Schema mit dem Urzustand beginnt, sondern daß man aus diesem nicht herauskommt. Während die Nichtwillkürlichkeit demokratischer Entscheidungsprozesse von der faktischen Wirksamkeit der rechtsstaatlichen »Sichtblenden« in praktizierten Verfahren vollständig abhängt, betont Rawls ausdrück-

230 Kant, MdS/RL, S. 435.

231 Ebd., S. 294f.

232 Rawls, *Eine Theorie der Gerechtigkeit*, § 31, S. 224f.

lich, daß seine Konzeption sich nicht auf die tatsächliche Arbeitsweise von verfassung- und gesetzgebenden Körperschaften bezieht,[233] sondern als eine »weitere Bestimmung des Urzustands« eingeführt wird.[234] Der »Vier-Stufen-Gang« ist deshalb wiederum nur ein »Modell [...], um die politischen *Urteile* von Bürgern zu ordnen«, »Teil eines konzeptuellen Rahmens, in dem wir uns als Mitglieder einer Gesellschaft von Bürgern, die Gerechtigkeit als Fairneß anerkennen, bewegen müssen«,[235] wenn es um die Interpretation oder Beurteilung politischer Institutionen und ihrer Entscheidungen geht. Zu diesem Zweck versetzen sich die Bürger der Reihe nach in die Rolle der Mitglieder einer verfassunggebenden Versammlung, der Abgeordneten eines Parlaments und der Richter[236] – Rawls' »Instanzenzug« ist also ebenso fiktiv wie das in ihm auftretende Personal. Deutlicher ist die Abtrennung einer Sphäre kritischer Öffentlichkeit von dem Anspruch demokratischer Partizipation nicht zu formulieren.

Die Unterwerfung der gewalthabenden Staatsapparate unter das demokratisch erzeugte Gesetz, die der Kontraktualismus der Aufklärung bezweckte, ist von Rawls' Prämissen aus nicht mehr zu denken. Angesichts des faktischen Zusammenbruchs der strikten funktionellen Gewaltenteilung in den politischen Systemen der Gegenwart, der auch die Bedingung der Möglichkeit einer partizipatorischen Demokratie zerstörte, verzichtet Rawls auf entsprechende institutionelle Forderungen zum Schutz der Demokratie. Andererseits könnte angesichts einer Situation, in der die rechtsstaatliche Institutionalisierung des Nichtwissens erheblichen Erosionen ausgesetzt ist, Rawls' Vorschlag als Kompensation gelesen werden: Politische Entscheidungen sind dann gerecht, wenn sie so aussehen, als ob sie unter Bedingungen des – abgestuften – Schleiers des Nichtwissens zustande gekommen seien. Eine solche Lösung kann aber angesichts der tatsächlichen Entwicklung eine ideologische Funktion annehmen, die Rawls' Absichten völlig widerspricht: Jeder politische Machthaber könnte behaupten, gerade von der grünen Wiese des Urzustands zurückgekommen zu sein; der Anspruch einer selbstverantworteten Unparteilichkeit aber galt bisher als Lebenslüge des Obrigkeitsstaats.

233 Ebd., § 31, S. 229. S. auch Rawls, »Erwiderung auf Habermas«, S. 216.
234 Rawls, *Eine Theorie der Gerechtigkeit*, § 31, S. 224.
235 Rawls, »Erwiderung auf Habermas«, S. 223, 216 (Hervorhebung I. M.).
236 Ebd., S. 217.

Daß das moralische Urteil von den Machthabern usurpiert werden kann, gilt auch für die Anwendung der Gerechtigkeitsgrundsätze. Gerade weil die institutionalisierte Kontrolle der Gesetzesbindung der Staatsapparate gegenwärtig schwindet, gewinnt Rawls' moralische Korrektur einer mehr als unvollkommenen Verfahrensgerechtigkeit einen höchst prekären, die herrschenden Tendenzen verstärkenden Effekt. Indem Rawls konstatiert, daß die Gerechtigkeitsgrundsätze den Gesetzen vorhergehen[237] und auch Verfassungsfragen auf ihrer Grundlage geklärt werden sollen,[238] teilt Rawls die in der heutigen praktischen Philosophie verbreitete Auffassung, daß überpositive Gerechtigkeitsprinzipien die Begrenzung staatlicher Macht eher leisten könnten als positives Recht, und fällt damit hinter Kants gegenläufige Einsicht zurück.[239] Rawls' Begründung einer »zweistufigen Legalität«[240] leistet wider Willen einer Verwendung der höherwertigen Gerechtigkeitsgrundsätze Vorschub, in der politische und juristische Funktionseliten ihre Entscheidungen unmittelbar als »gerechte« legitimieren, ohne den demokratischen Prozeß empirischer Konsensermittlung noch anstrengen zu müssen. Ob die Entscheidungen den Prinzipien entsprechen, unterliegt der Interpretation der Experten selber, die auch noch darüber entscheiden, ob sie sich auf konkurrierende Interpretationen aus der gesellschaftlichen Basis einlassen. – Zugleich wird die rechtliche Integration der modernen Gesellschaft, die die Aufklärungsphilosophie als demokratische begründete, insgesamt auf eine vormoderne moralische Integration zurückgeführt. Indem Rawls sich für seine eigene Konzeption auf diejenige des Aristoteles beruft, derzufolge eine Polis durch eine gemeinsame Gerechtigkeitsauffassung gebildet wird,[241] fällt er hinter den »Verfassungspatriotismus« der Moderne auf einen Gerechtigkeitspatriotismus zurück. Rawls' Theorie, die den Kontraktualismus der Aufklärung aus Begriffen der politischen Autonomie in solche der politischen Gerechtigkeit übersetzt, belastet sich mit einem hohen Preis.

237 Rawls, *Eine Theorie der Gerechtigkeit*, § 23, 158.
238 Rawls, »Erwiderung auf Habermas«, S. 206.
239 Kant, ZeF, S. 250. Dazu Maus, *Zur Aufklärung der Demokratietheorie*, S. 325 ff.
240 Vgl. Schmitt, *Legalität und Legitimität*, S. 308 f., 311.
241 Rawls, *Eine Theorie der Gerechtigkeit*, § 39, S. 274 f.

2.3. Habermas: demokratischer Prozeduralismus

2.3.1. Habermas' Kant-Rezeption

Der Vergleich zwischen Kant und Habermas hat seinen Schwerpunkt in den Rechts- und Demokratietheorien sowie den Völkerrechtstheorien, deren Intentionen bei beiden Philosophen nicht ohne das zentrale Prinzip der Volkssouveränität erörtert werden könnten. Die Analyse von Habermas' Kant-Rezeption erstreckt sich aber auch auf die Moralphilosophie und Erkenntnistheorie, weil hier Habermas' Überführung der Kantischen Subjektphilosophie in eine Philosophie der Intersubjektivität demokratieanaloge Konsequenzen hat. – Die folgende Untersuchung ist in der Reihenfolge der Moralphilosophie, der Rechts- und Demokratietheorie, der Theorie des Völkerrechts sowie der Erkenntnistheorie entwickelt.

I. Moralphilosophie

Es ist Habermas' erklärtes Programm, Kants Moralphilosophie mit diskurstheoretischen Mitteln neu zu formulieren.[242] Dies impliziert eine Umstellung der am einzelnen Subjekt orientierten Bewußtseinsphilosophie Kants auf eine Theorie der Intersubjektivität. Entsprechend tritt in Habermas' Diskursethik an die Stelle des kategorischen Imperativs, der jedem einzelnen ein Prüfverfahren für Handlungsmaximen bereitstellt, das Verfahren moralischer Argumentation: Ein praktischer Diskurs kann nicht monologisch, sondern nur unter mehreren Teilnehmern geführt werden, die – veranlaßt durch einen lebensweltlichen Konflikt, in dem bisher unreflektiert befolgte Handlungsmaximen kontrovers geworden sind – ein gemeinsames Prüfverfahren hinsichtlich dieser Maximen anstrengen.[243] Obwohl Habermas Kants verschiedene Fassungen des kategorischen Imperativs bewußt vernachlässigt, um die ihnen zugrundeliegende gemeinsame Idee zu reformulieren,[244] liegt es nahe,

242 Habermas, »Treffen Hegels Einwände gegen Kant auch auf die Diskursethik zu?«, S. 9.

243 Ebd., S. 12.

244 Jürgen Habermas, »Diskursethik – Notizen zu einem Begründungsprogramm« (1983), in: ders., *Moralbewußtsein und kommunikatives Handeln*, Frankfurt am

zwei dieser Fassungen in zwei diskursethischen Prinzipien wiederzuerkennen: Während Habermas' »diskursethischer Grundsatz (D)«, demzufolge nur diejenigen Normen Geltung beanspruchen dürfen, die die Zustimmung aller Betroffenen als Teilnehmer eines praktischen Diskurses finden,[245] sich als diskurstheoretische Übersetzung von Kants monologischer Prüfung, »daß ich auch wollen könne, meine Maxime solle ein allgemeines Gesetz werden«[246] lesen läßt, kann Habermas' »Universalisierungsgrundsatz (U)« als Argumentationsregel, die die Geltung von Normen davon abhängig macht, daß »Ergebnisse und Nebenfolgen, die sich aus einer allgemeinen Befolgung für die Befriedigung der *Interessen* eines jeden ergeben, von allen zwanglos akzeptiert werden können«,[247] als Reformulierung jener Fassung des kategorischen Imperativs verstanden werden, in der letztlich die formale Vermittlung materialer Zwecke angelegt ist: Die Formulierung »Handle so, daß du die Menschheit sowohl in deiner Person, als in der Person eines jeden andern, jederzeit zugleich als Zweck, niemals bloß als Mittel brauchest«,[248] wird nämlich von Kant dahin gehend erläutert, daß die Anerkennung eines jeden Menschen als »Zweck an sich selbst« erfordere, daß jedermann »die Zwecke anderer, soviel an ihm ist, zu befördern trachte [...]«, so daß er »zu des andern *Glückseligkeit* was beitrüge«.[249]

Dieser Vergleich läßt die Frage einer Identität zwischen Kants Begriff der »Zwecke« eines jeden und Habermas' Begriff der »Interessen eines jeden« offen, richtet sich aber gegen die These, daß sich Kants Moralphilosophie durch einen »salto mortale« in die Sphäre reiner Freiheit vom perspektivischen Interessenausgleich der Habermasschen Diskursethik unterscheide.[250] Wenn auch einer anderen These des Habermas-Kritikers, derzufolge Habermas' »diskurs-

Main 1983, S. 53-125, hier: S. 73.

245 Ebd., S. 76; Habermas, »Treffen Hegels Einwände gegen Kant auch auf die Diskursethik zu?«, S. 12.

246 Kant, GMS, S. 28.

247 Habermas, »Treffen Hegels Einwände gegen Kant auch auf die Diskursethik zu?«, S. 12 (Hervorhebung I. M.); vgl. Habermas, »Diskursethik – Notizen zu einem Begründungsprogramm«, S. 76.

248 Kant, GMS, S. 61.

249 Ebd., S. 63; Hervorhebung I. M.

250 So Reinhard Brandt, »Habermas und Kant«, in: *Deutsche Zeitschrift für Philosophie* 50 (2002), S. 53-68, hier: S. 55 f.

theoretische Lesart« des kategorischen Imperativs (erste Fassung), daß nämlich jedem einzelnen angesonnen werde, die »Perspektive aller anderen einzunehmen, um zu prüfen, ob eine Norm aus der Sicht eines jeden von allen gewollt werden könne«, Kants Intention verfehlt,[251] zugestimmt werden kann, so doch aus Gründen, die der »intelligiblen« Lesart des Kritikers entgegenstehen: Die monologische Fassung Kants läßt auch eine Interpretation zu, die mit Kants Konstruktionen der Selbstüberlistung bornierter Egoisten kompatibel ist: Jeder einzelne hat sich zu fragen, ob er wollen kann, daß die zu prüfende Maxime seines eigenen Handelns – als zur Allgemeinheit eines Gesetzes erhobene – auch gegen ihn selbst angewendet wird. Unbezweifelbar altruistisch und den moralischen Perspektivenwechsel fordernd ist dagegen gerade die komplementäre Fassung des kategorischen Imperativs, die die materiellen Zwecke überhaupt, und zwar eines jeden anderen, einbezieht.[252]

Insgesamt ist die Übereinstimmung zwischen Kants monologischer und Habermas' diskurstheoretischer Moralphilosophie nach Habermas' eigenem Verständnis so groß, daß er »Hegels Einwände gegen Kant« auch auf die Diskursethik bezieht und ausführlich abarbeitet.[253] Es handelt sich vor allem um die Einwände des sich in Tautologien verstrickenden Formalismus des kategorischen Imperativs, des objektiv gegebenen »Primats der Sittlichkeit vor der Moral« und der »Ohnmacht des bloßen Sollens«. In Reaktion auf diese Einwände gegen Kant antwortet Habermas zugleich auf Mißverständnisse, die die Rezeption der Diskurstheorie dennoch bis heute beeinträchtigen. Der Formalismuseinwand Hegels besagt, daß der kategorische Imperativ auf ein tautologisches Prüfverfahren hinauslaufe, insofern jede bestimmte Maxime mit der reinen Unbestimmtheit des abstrakten Generalisierungsprinzips konveniere. Wie Habermas zeigt, ist dieser Einwand deshalb hinfällig, weil das formale Prüfverfahren nicht logische oder semantische Konsistenz,

251 Ebd., S. 54, in bezug auf Habermas, »Eine genealogische Betrachtung zum kognitiven Gehalt der Moral« (1996), in: ders., *Die Einbeziehung des Anderen. Studien zur politischen Theorie*, Frankfurt am Main 1996, S. 11-64, hier: S. 48 f.

252 Zur Reflexivität des Verhältnisses von Moralprinzip und Glückseligkeit bei Kant vgl. Maus, »Zur Theorie der Institutionalisierung bei Kant«, in: dies., *Zur Aufklärung der Demokratietheorie*, S. 249-297, hier: S. 265, 267-271.

253 Habermas, »Treffen Hegels Einwände gegen Kant auch auf die Diskursethik zu?«, S. 9-30.

sondern Verallgemeinerbarkeit des Willens in bezug auf die Verallgemeinerung der Maxime zu einem Gesetz fordert, wobei die zu prüfenden »Inhalte« der Maximen realexistierende Standards des Verhaltens sind.[254] Kategorischer Imperativ wie praktischer Diskurs entnehmen diese Inhalte der »Lebenswelt«.[255] – Hegels »Primat der Sittlichkeit vor der Moral« – ein Argument, das gegen Kants »Abstraktionen«.[256] gerichtet ist – unterliegt Habermas' Kritik, daß Hegel eingefahrene und institutionalisierte Verhaltensweisen der »Lebenswelt« unmittelbar zu normativen erklärt und mit einer »Sittlichkeit« identifiziert, die auf dem reflexiven Niveau kognitivistischer Moral nicht mehr kritisiert werden kann.[257] Hegels Argument kann Habermas aber insofern einen Sinn abgewinnen, als es dazu dient, unter anderem den Anwendungsbereich von Ethiken der Kantischen Tradition zu präzisieren. Diese erstrecken sich nur auf die Sollgeltung von Handlungsnormen, nicht aber auf die Präferenz von Werten.[258]

Den Einwand der »Ohnmacht des bloßen Sollens« beantwortet Habermas nicht mit einer Zurückweisung, sondern mit dem Hinweis auf seine Modifikation von Kants Moralphilosophie. Kants Dualismus zwischen apriorischer Idee und empirischer Praxis wird so weitgehend abgeschwächt, daß eine spezifische Schwierigkeit dieser Moralphilosophie aufgehoben wird: Hatte noch Kant Freiheit (als Bedingung der Möglichkeit moralischen Handelns) nicht in ihrer Wirklichkeit, sondern nur in ihrer Möglichkeit dartun können, um schließlich auf die Auskunft des Faktums der (moralischen) Vernunft zu verfallen,[259] so rekurriert Habermas' sprachphilosophische Fassung des Problems auf die idealisierenden Selbstüberforderungen, die in die Alltagspraxis sprachlicher Verständigung immer schon eingebaut sind.[260] Kants Gegensatz von Sein und Sollen wird somit bei Habermas in »der faktischen Kraft kontrafaktischer Unterstellungen«[261] vermittelt, welch letztere je-

254 Ebd., S. 21.
255 Ebd.; »Diskursethik – Notizen zu einem Begründungsprogramm« S. 113.
256 Maus, »Zur Theorie der Institutionalisierung bei Kant«, S. 267-271.
257 Habermas, »Diskursethik – Notizen zu einem Begründungsprogramm«, S. 117 f.
258 Ebd., S. 55, 114.
259 Kant, GMS, S. 84-101.
260 Habermas, *Faktizität und Geltung*, S. 19.
261 Habermas, »Treffen Hegels Einwände gegen Kant auch auf die Diskursethik zu?«, S. 20.

der Sprecher vorzunehmen gezwungen ist, weil er sprachpragmatischen Voraussetzungen (reziproker Anerkennung aller beteiligten Sprecher) nicht entkommen kann. Diese bleiben zugleich als normatives Kriterium bestehen: Auch wenn die faktische sprachliche Koordination gesellschaftlichen Handelns nirgends eine »ideale« sein sollte, so bleibt doch in den mitlaufenden »kontrafaktischen Unterstellungen« der Stachel der Kritik gegen faktischen Mißbrauch der Sprache zu Zwecken der Repression erhalten.

II. Rechts- und Demokratietheorie

Daß Habermas seine am vollständigsten ausgearbeitete Demokratietheorie überhaupt als integralen Bestandteil seines rechtsphilosophischen Werks vorlegt (*Faktizität und Geltung*), bezeugt bereits eine größtmögliche Übereinstimmung mit Kant. Während Habermas' frühe Kant-Rezeption vor allem am Prinzip der »Publizität« orientiert war[262] und sich bis in späten Konzeptionen kritischer Öffentlichkeit, deliberativer Politik und strukturierter Zivilgesellschaft durchhält,[263] findet sich erst in *Faktizität und Geltung* der wechselseitige Verweisungszusammenhang von (1) Demokratie und Recht einerseits und – im Gegensatz zu Habermas' früheren Publikationen – (2) die Trennung von Recht und Moral andererseits im Hinblick auf Kant expliziert und in eine äußerst komplexe diskurstheoretische Fassung überführt, die zugleich Habermas' eigene Fassung des Diskursprinzips modifiziert.[264] Auch Habermas' Begründung einer »logischen Genese von Rechten«, die die Konzeption der (3) »Gleichursprünglichkeit« von Freiheitsrechten und Volkssouveränität auf eine sehr spezifische Weise entwickelt, gehört zu den reformulierten Theorieelementen Kants, die in die folgende kompakte Darstellung von Kants Prinzipien einer demokratischen Verfassung aufgenommen sind. Sehr spezielle Konstruktionen Kants werden erst in die Erörterung ihrer Rezeption bei Habermas eingeführt. – Nur als Vorbemerkung zu Kants Demokratietheorie sei auf eine verbreitete Fehlrezeption hingewiesen, die Kants Überlegungen zu und Anforderungen an »provisorisch« zu duldende ob-

262 Jürgen Habermas, *Strukturwandel der Öffentlichkeit. Untersuchungen zu einer Kategorie der bürgerlichen Gesellschaft*, Neuwied, Berlin 1962, S. 117-131.

263 Z. B. Habermas, *Faktizität und Geltung*, S. 361-467.

264 Ebd., S. 138 f., 140.

rigkeitsstaatliche Systeme[265] für Kants eigentliche Demokratietheorie hält – ein Mißverständnis, das bei Habermas nicht vorkommt.

1. Die Verschränkung des radikalen Demokratieprinzips der Volkssouveränität mit dem der Rechtsstaatlichkeit ist bei Kant bereits darin ausgedrückt, daß er den Begriff der »Demokratie« deshalb vermeidet, weil dieser im 18. Jahrhundert die antike Demokratie bezeichnet, die noch keine Gewaltenteilung kennt. Kant nennt seine starke Konzeption einer Demokratie deshalb »Republik« und kennzeichnet diese durch eine strenge funktionale Gewaltenteilung zwischen Legislative, Exekutive und Judikative, wobei er nur den Gesetzgeber mit der Herrschergewalt (Souveränität)« auszeichnet, während Exekutive und Judikative bloß »zufolge dem Gesetz« bzw. »nach dem Gesetz« zu arbeiten haben.[266] Indem Kant gleichzeitig begründet, daß die »gesetzgebende Gewalt [...] nur dem vereinigten Willen des Volkes zukommen« kann, ist ein Zusammenhang zwischen Volkssouveränität und Rechtsstaat etabliert, in dem rechtsstaatliche Gewaltenteilung die Volkssouveränität nicht nur begrenzt, sondern auch – und vor allem – Bedingung der Möglichkeit von Volkssouveränität ist. Indem das »Volk« (unmittelbar oder repräsentiert[267]) *nur* aber *alle* gesetzgebende Gewalt innehat, ist es zwar nicht zu einzelnen Regierungsakten und Gerichtsurteilen befugt, aber die Bindung der Einzelentscheidungen von Regierung und Justiz an die allgemeinen Gesetze (diese Bindung ist bei Kant sogar streng subsumtionslogisch formuliert[268]) bewirkt die Unterwerfung der Staatsapparate unter den Willen des Volkes: Das staatliche Gewaltmonopol darf nur gemäß der Direktiven der gesellschaftlichen Basis eingesetzt werden.

Diese Form der Gewaltenteilung, die auf das genaueste mit der von Locke und Rousseau begründeten übereinstimmt und das kennzeichnende Prinzip des seit dem 19. Jahrhundert entwickelten englischen und kontinentaleuropäischen Parlamentarismus ist, steht im Gegensatz zur Struktur der amerikanischen Unionsverfassung, die die gesetzgebende Souveränität zwischen Legislative, Exekutive (per Veto-Recht des Präsidenten) und Judikative (per inzidenter Normenkontrolle durch den Supreme Court) aufteilt und

265 Kant, Gemeinspruch, S. 153-164; MdS/RL, S. 437-443.

266 Kant, MdS/RL § 45.

267 Kant, Gemeinspruch, S. 152

268 Kant, MdS/RL § 45.

so – basierend auf der vordemokratischen Theorie Montesquieus – die Staatsgewalt nicht demokratisiert, sondern »konstitutionalisiert«. Kants Begründung der Privilegierung volkssouveräner Gesetzgebung bezieht sich auf die notwendige Prozeduralisierung des Volkswillens im Gesetzgebungsprozeß, die sich mit der Struktur der Gesetze verbindet: Indem »ein jeder über alle und alle über einen jeden ebendasselbe beschließen«, ist die Voraussetzung dafür gegeben, daß ungerechte Gesetze vermieden werden.[269] Während Exekutive oder Judikative partikulare bzw. singuläre Entscheidungen über andere treffen, liegt in der dreifachen Allgemeinheit des demokratischen Gesetzes – hinsichtlich der Partizipation an seiner Entstehung sowie seiner Anwendung und seines Inhalts – ein Prinzip, das zu Kants moralischem Prüfverfahren im Verhältnis der Analogie, aber nicht der Identität steht. Der monologische Generalisierungstest des kategorischen Imperativs (1. Fassung) bezieht sich nur auf die Allgemeinheit eines fiktiven Gesetzes, auf die Gesetzesform als solche;[270] das real existierende demokratische Rechtsgesetz aber hat das faktische Prüfverfahren durch alle real Beteiligten, die die Gesetze zugleich über sich selbst verhängen, zur Voraussetzung. Es ist diese Implikation der Vermeidung von Willkür, die bei exekutivischen oder judikativen Entscheidungen durch den demokratischen Souverän nicht gegeben wäre.

Gegen die Willkür von Exekutive und Judikative wiederum richtet sich Kants weitere Anforderung an das Gesetz: die »mathematische Genauigkeit« seiner inhaltlichen Bestimmungen.[271] Was gegenwärtig leicht als Pedanterie mißverstanden wird, ist tatsächlich das Kriterium der Verwirklichung von Volkssouveränität: die Unterwerfung der Staatsapparate unter einen gesetzgebenden Willen des Volkes, dessen Präzision den anwendenden Instanzen keine Entscheidungsspielräume gewährt. Mit dieser Voraussetzung Kants ist der neuralgische Punkt bezeichnet, an dem sich die demokratische Qualität auch heutiger sogenannter Demokratien bestimmen läßt. Auch wenn Kants radikale Forderung subsumtionslogischer Rechtsanwendung sich als nicht einlösbar erwies, so bemißt sich doch an dem Kriterium, ob gegenwärtige Entscheidungen der Staatsapparate sich wenigstens innerhalb der Grenzen des Wort-

269 Ebd. § 46.
270 Kant, GMS, S. 28.
271 Kant, MdS/RL § E.

lauts der Gesetze halten, inwiefern Rechtsstaat und Demokratie überhaupt noch existieren. Diese Frage muß im Hinblick auf die seit dem 20. Jahrhundert entwickelten juristischen Interpretationsmethoden und den entformalisierenden Einbau unbestimmter Rechtsbegriffe in die Gesetze selbst – Vorgänge, die beide die Inhaltsbestimmung der Gesetze in die Situation der Rechtsanwendung verlagern – leider verneint werden.

2. Auch in Kants Entgegensetzung von Recht und Ethik, soweit sie noch nicht die Begründungsebene (dazu unten), sondern die Bestimmung der jeweiligen Funktionsweise betrifft, spielt das Kriterium der inhaltlichen Bestimmtheit des Rechts eine wichtige Rolle, da sich das Recht in dieser Hinsicht von ethischen Normen grundlegend unterscheidet, deren Anwendung im Einzelfall durch »Spielräume« gekennzeichnet ist.[272] Unter den weiteren Voraussetzungen Kants, daß die Anforderungen des Rechts – im Gegensatz zu denen der Ethik – sich nicht auf die Motive der Handelnden, sondern nur auf deren äußere Handlungen beziehen, und daß aus der großen Zahl ethischer Verpflichtungen immer nur wenige in die Sprache des Rechts übersetzt – das heißt auch: von Selbstzwang auf äußeren Zwang umgestellt – werden können,[273] erklärt sich Kants vehementes Verdikt gegen jede ethische Unterwanderung der Rechtsbindung politischer Macht. Ein solcher Vorgang bedeutete die Sprengung aller Grenzen, die staatlichen Anforderungen an die Bürger durch die Struktur des Rechts gesetzt sind: Der staatliche Anspruch auf lediglich äußere legale Konformität der Individuen würde z. B. in der Weise eines Gesinnungsstrafrechts erweitert, die Reethisierung einzelner Gesetze deren Regelungsbereiche ausdehnen und die Multiplikation der Gesetze durch ihre Ergänzung um staatlich sanktionierte ethische Verpflichtungen die Aufhebung jeder bürgerlichen Freiheit bedeuten. Vergleicht man zum Beispiel eine gesetzestypische Fassung des Verleumdungstatbestands mit der unbestimmt weiten ethischen Norm »Du sollst nicht lügen«, so wird deutlich, daß die Umstellung politischer Integration von Rechtsnormen auf ethische Normen jede staatliche Zwangsgewalt zu offenem Terror entgrenzen würde.[274] Auch das häufige Mißver-

272 Ebd.; MdS/TL, S. 520.

273 Kant, MdS/TL, S. 510.

274 Maus, *Zur Aufklärung der Demokratietheorie*, S. 325-330.

ständnis von Kants Forderung der »Einhelligkeit der Politik mit der Moral«[275] verdankt sich lediglich Kants Sprachgebrauch, in dem Moral als Oberbegriff zu Ethik und Recht fungiert. Kants Klarstellung ist überdeutlich: »Mit der Moral im ersteren Sinne (als Ethik) ist die Politik leicht einverstanden, um das Recht der Menschen ihren Oberen Preis zu geben: Aber mit der in der zweiten Bedeutung (als Rechtslehre) vor der sie ihre Knie beugen müßte, findet sie es ratsam sich gar nicht auf Vertrag einzulassen.«[276]

3. Bereits Kant entwickelt Freiheitsrechte und Volkssouveränität in engstem wechselseitigem Verweisungszusammenhang, obwohl er zwischen »Naturrecht«, »das auf lauter Prinzipien a priori beruht«, und positivem Recht, das aus dem Willen des Gesetzgebers hervorgeht, scharf unterscheidet. Als einziges »angeborenes Recht« (im Sprachgebrauch des 18. Jahrhunderts: Menschenrecht) bezeichnet Kant nur die »Freiheit« – ein Prinzip, das bereits die »Gleichheit« des Freiheitsgebrauchs sowie die Redefreiheit impliziert.[277] Die »angeborenen« Rechte finden sich als »unabtrennliche« Rechtsattribute der »Staatsbürger«, d. h. der zur Gesetzgebung vereinigten Mitglieder einer Gesellschaft, in der Modifikation »Freiheit«, »Gleichheit« und »Selbständigkeit« wieder.[278]

Da einige Sekundärliteratur existiert, die das letztere Attribut zum Leitfaden ihres Verständnisses von Kants gesamter Demokratietheorie macht, sei hierzu eine Vorbemerkung erlaubt. Kants Prinzip der »Selbständigkeit« erklärt nur diejenigen Bürger zu stimmberechtigten »Aktivbürgern«, denen die Qualifikation »selbständiger« Arbeit zukommt. Die in der Tat skandalöse Unterscheidung Kants ist jedoch eine Variante des – im 18. Jahrhundert ubiquitären, sogar von dem »Radikaldemokraten« Rousseau vertretenen[279] – Inklusions-Exklusionsprinzips, das nicht mit dem gegenläufigen Demokratieprinzip der Volkssouveränität verwechselt werden darf, sondern zu diesem in Beziehung gesetzt werden muß: Ironischerweise ist nämlich ausgerechnet in den heutigen Demokratien, in denen die Egalisierung des Wahlrechts weit fortgeschrit-

275 Kant, ZeF, S. 244-251.

276 Ebd., S. 250.

277 Kant, MdS/RL, S. 345. Zur letzteren Bestimmung s. Peter Niesen, *Kants Theorie der Redefreiheit*, Baden-Baden 2005.

278 Kant, MdS/RL § 46.

279 Rousseau, »Entwurf einer Verfassung für Korsika«, S. 529.

ten ist, das (in Verfassungen noch immer beschworene) Prinzip der Volkssouveränität gegenstandslos, insofern demokratische Wahlen zwar auf legislative Zielvorgaben einwirken, aber die Gesetze durch die Entformalisierung des Rechts für die anwendenden Instanzen unverbindlich werden. Angesichts der heutigen Selbstprogrammierung der Staatsapparate existiert nur noch ein egalitäres Volk von »Passivbürgern«.

Was nun das Verhältnis von Freiheitsrechten und Volkssouveränität angeht, so bezeichnet Kant erstere sowohl als »Prinzipien a priori«, auf die jeder rechtliche Zustand sich gründet,[280] als auch als Derivate der »obersten Gewalt« des souveränen gesetzgebenden Volkes, »von der alle Rechte der einzelnen [...] abgeleitet werden müssen«.[281] In dieser doppelten Bestimmung Kants, derzufolge die Freiheitsrechte zugleich Voraussetzung und Ergebnis der Ausübung von Volkssouveränität sind, ist der Vorgang einer »Positivierung des Naturrechts« (so Habermas in bezug auf die Verfassunggebung der Französischen Revolution)[282] impliziert, ohne daß der vorpositiv-positivrechtliche Doppelcharakter der Freiheitsrechte in Frage gestellt würde. Letzterer ist vielmehr bei Kant noch einmal sehr genau auf die spezifischen Asymmetrien des Prinzips der Volkssouveränität bezogen: Der einen Asymmetrie, der Unterwerfung aller Bürger unter das staatliche Gewaltmonopol (das Exekutive und Judikative handhaben), wird die andere Asymmetrie entgegengesetzt: die Unterwerfung der Staatsapparate unter die gesetzgebende Souveränität des Volkes. Aus dem vorstaatlichen Charakter der Freiheitsrechte folgt, daß kein überpositiv-rechtliches Argument jemals von seiten der Staatsapparate gegen die Individuen geltend gemacht werden kann, sondern daß die Berufung auf überpositives Recht ausschließlich denen zukommt, die nicht politische Funktionäre, sondern ›nur‹ Menschen bzw. Bürger sind. Letzteren ist es vorbehalten, ihre überpositiven Rechte in freier Rede einzufordern und im Gesetzgebungsverfahren als positive Rechte zu konkretisieren.

In Habermas' Konzeption eines Systems der Rechte in *Faktizität und Geltung* finden sich die erörterten Theorieelemente Kants in

280 Kant, Gemeinspruch, S. 145; vgl. MdS/RL, S. 345.

281 Kant, MdS/RL, S. 464 Hervorhebung I. M.

282 Jürgen Habermas, »Naturrecht und Revolution« (1963), in: ders., *Theorie und Praxis*, Neuwied, Berlin 1963, S. 52-88.

so engem Zusammenhang, daß eine getrennte Darstellung ihrer jeweiligen Rezeption inadäquat wäre. Sie erscheinen bei Habermas bereits auf der Begründungsebene. Was letztere betrifft, so geht Habermas – genau wie Kant[283] – davon aus, daß moderne Philosophie nicht mehr die Existenz von objektiv Gegebenem unterstellen kann und deshalb auf »zirkuläre« Begründungen angewiesen ist. Habermas' Explikation einer logischen Genese der Rechte in einem »Kreisprozeß«[284] hat außerdem zur Voraussetzung, daß das Diskursprinzip (bei Habermas bislang ein Moralprinzip) als gegenüber Recht und Moral »neutrales« sich auf Handlungsnormen überhaupt bezieht und das Demokratieprinzip auf Rechtsnormen zugeschnitten ist.[285] Im zirkulären Prozeß wird zugleich die Hierarchie zwischen Naturrecht und positiver Rechtssetzung aufgehoben, so daß Freiheitsrechte und Volkssouveränität als »gleichursprüngliche« begründet werden können.[286] Der »Kreisprozeß« beginnt (als »logische« Genese) mit der Anwendung des Diskursprinzips auf das Recht auf subjektive Handlungsfreiheiten (d. h. die Rechtsform als solche) und mündet in die Institutionalisierung demokratischer Rechtserzeugung, durch die »rückwirkend« die Rechte subjektiver Handlungsfreiheit ausgestaltet werden können.[287] Wie bei Kant treten also Freiheitsrechte als Voraussetzung und Ergebnis demokratischer Gesetzgebung auf, wobei Habermas konstatiert, daß diese Rechte als ermöglichende Bedingungen der gesetzgebenden Souveränität diese nicht einschränken können.[288] Habermas' zirkuläre Begründung ist gegen Einwände, die ihr einerseits entweder eine naturrechtsanaloge Rechte-Konzeption oder umgekehrt das Fehlen eines Katalogs normativ »richtiger« Grundrechte vorwerfen, oder andererseits entweder die Freisetzung einer wildgewordenen Volkssouveränität oder deren Minimisierung vorwerfen, gleichermaßen gefeit. Die im Kreisprozeß zuerst eingeführten »Grundrechte« subjektiver Handlungsfreiheit sind den nachfolgenden »Grundrechten« politischer Autonomie deshalb nicht vorgeordnet, weil sie lediglich »Kategorien von Rechten« bezeichnen und sich

283 Kant, GMS, S. 85, 89-102.

284 Habermas, *Faktizität und Geltung*, S. 155.

285 Ebd., S. 138, 154, 142.

286 Ebd., S. 155, 161 f.

287 Ebd., S. 155.

288 Ebd., S. 162.

als Rechte erst »aus der politisch autonomen Ausgestaltung« jeweils ergeben.[289] Habermas' minimalistische Begründungsvoraussetzung vermeidet nicht nur (material-)naturrechtliche, sondern auch gerechtigkeitsexpertokratische Festlegungen, die den demokratischen Prozeß enteignen könnten, und rekurriert allein auf die Rechtsform als solche, d.h. die »Sprache«, die in Verfahren der Konkretisierung der Rechte notwendigerweise gesprochen werden muß.

Die Übereinstimmung mit Kant erscheint prima facie auch auf der Begründungsebene als eine (fast) vollkommene, denn die demokratische Naturrechtstheorie des 18. Jahrhunderts war ebenfalls nicht »zweistufig«, sondern zirkulär angelegt. Ihre Eintrittstelle in den Zirkel war noch durch die »angeborenen« Menschenrechte bezeichnet, aus denen Rousseau wie Kant die Notwendigkeit der demokratischen Struktur der Gesetzgebung begründeten und letztere wiederum als Voraussetzung des Schutzes, sowie der fortlaufenden Konkretisierung der Menschenrechte bestimmten.[290] Auch die »angeborenen« Menschenrechte waren nicht etwa »gegeben«, sondern verdankten sich einer theoretischen Leistung: Nur im hypothetischen Konstrukt des Naturzustands, d.h. unter Abstraktion von allen realexistierenden politisch-gesellschaftlichen Zwangsveranstaltungen und Hierarchien konnten »Freiheit« und »Gleichheit« kontrafaktisch begründet werden. – Einige Differenzen sind jedoch im Unterschied zwischen subjektphilosophischer und diskurstheoretischer Perspektive begründet, andere ergeben sich erst aus einer sehr spezifischen Kant-Lektüre, in der Habermas Kants Vorleistungen (vor allem hinsichtlich der Trennung von Recht und Moral) für die eigene diskurstheoretische Reformulierung unterschätzt.[291]

Habermas' Freiheitsrechte, die zur Volkssouveränität ins Verhältnis der »Gleichursprünglichkeit« gesetzt werden, sind nicht diejenigen Kants: Kant hatte die »angeborenen, zur Menschheit notwendig gehörenden und unveräußerlichen Rechte« der »Freiheit« und »Gleichheit« von vornherein sowohl im Sinne gleicher privater Handlungsfreiheit unter dem allgemeinen Gesetz[292] als auch als Prinzipien verstanden, die die Struktur des demokratischen Gesetzes selbst als Allgemeinheit der Kompatibilisierung privater »Will-

289 Ebd., S. 155f.
290 Vgl. in diesem Band S. 230f. und Anmerkung 430.
291 Hier ebenso Brandt, »Habermas und Kant«, S. 57f.
292 Kant, Gemeinspruch, S. 145.

kür« bestimmen und zugleich die Partizipation am demokratischen Rechtssetzungsprozeß beinhalten,[293] ohne daß sie letzterem vorgeordnet wären:[294] Denn Freiheit – von Kant als »rechtliche (mithin äußere)« von moralischer Autonomie deutlich unterschieden[295] – *ist* »die Befugnis, keinen äußeren Gesetzen zu gehorchen, als zu denen ich meine Beistimmung habe geben können«.[296] Kants Freiheitsrechte sind also Rechte privater und politischer Autonomie in einem; die private Handlungsfreiheit wird *durch* die Partizipation an der Gesetzgebung abgesichert. Insofern sind bei Kant Freiheitsrechte und Volkssouveränität (in Habermas' Sprachgebrauch:) »vorverständigt«, während Habermas' Rechte auf gleiche subjektive Handlungsfreiheiten zu denen der politischen Autonomie in einem strukturellen Gegensatz stehen, dessen Vermittlung eine sehr viel komplexere diskurstheoretische Fassung erfordert. Bereits die Differenz zwischen Rechten privater und politischer Autonomie ist bei Habermas diskurstheoretisch bestimmt: Erstere »*entbinden*« von den »Verpflichtungen kommunikativer Freiheit«, zu intersubjektiv und reziprok erhobenen Geltungsansprüchen Stellung zu nehmen, während die letzteren »*Berechtigungen*« zum öffentlichen Gebrauch kommunikativer Freiheit garantieren.[297] Dieser Gegensatz ist noch dadurch zur »Paradoxie« gesteigert, daß auch die letzteren (intersubjektiv bestimmten) Rechte in der Rechtsform subjektiver Freiheit garantiert werden müssen.[298] Der Überbrückung dieses Widerspruchs zwischen der rechtlichen Institutionalisierung strategischen und kommunikativen Handelns dient Habermas' Ausarbeitung von Diskursformationen,[299] die die kommunikative Rationalität parlamentarischer Verfahren und letztlich die »Legitimität des Rechts«[300] begründen.

Indessen bestreitet Habermas Kant nicht nur – zu Recht – eine diskurstheoretische Vermittlung zwischen Freiheitsrechten und Volkssouveränität, sondern auch – sehr zu Unrecht – die Leistung

293 Kant, ZeF, S. 204; MdS/RL § 46.

294 So aber Habermas, *Faktizität und Geltung*, S. 131.

295 Kant, ZeF, S. 204 Anmerkung; ebenso: MdS/RL § 46.

296 Ebd.

297 Habermas, *Faktizität und Geltung*, S. 152 f., 161, Hervorhebung i. O.

298 Ebd. S. 164 f.

299 Ebd., S. 197 ff.

300 Ebd., S. 134.

dieser Vermittlung überhaupt, und zwar aufgrund von Kants fehlender [!] Trennung zwischen Recht und Moral, die dazu führe, dem demokratischen Gesetzgeber moralisch gehaltvolle Normen überzuordnen.[301] Nun ist es in der Kant-Literatur umstritten, ob Kant – was die Begründungsebene angeht – das Prinzip des Rechts aus dem der Moral ableitet oder selbständig gewinnt. Die Tatsache jedoch, daß Kant bereits in den »Einleitungen« und »Einteilungen« am Beginn der *Metaphysik der Sitten* auf 31 Seiten durchgängig die Trennung von Recht und Moral behandelt, wird durch eine terminologische Abweichung vom heutigen Sprachgebrauch verdunkelt: Kant nennt nämlich alle »Gesetze der Freiheit«, die überhaupt Gegenstand der praktischen Philosophie sind, (im Unterschied zu Naturgesetzen) »moralisch« und unterteilt sie in »juridisch[e] und »ethisch[e]«.[302] Daß also Kant »Moral« als einen Oberbegriff von Recht und Ethik behandelt, muss beachtet werden, wenn Kant an anderer Stelle von einem »moralischen Imperativ« spricht, »aus welchem nachher das Vermögen, andere zu verpflichten, d.i. der Begriff des Rechts, [deshalb] entwickelt werden kann«, weil der »moralische Imperativ« überhaupt ein »pflichtgebietender« Satz« ist.[303] Kants Begriff der »Moral« ist also gegenüber Recht und Ethik in gleicher Weise »neutral« wie Habermas' revidiertes Diskursprinzip.

Erst recht muß Habermas widersprochen werden, wenn er nicht nur Kants »einzigem« »angeborenem« Menschenrecht gleicher Freiheit, sondern auch der Vielzahl konkretistischer Rechte des Naturzustands, die Kant unter dem Titel des »Privatrechts« entwickelt,[304] den Charakter moralisch begründeten Rechts zuspricht, das der demokratische Gesetzgeber nur noch zu positivieren habe,[305] womit Kants Prinzip der Volkssouveränität überhaupt hinfällig wäre. Im Gegensatz zur »angeborenen« Freiheit ist bei Kant das »Mein und Dein« des Naturzustands nur »erworbenes« Recht und die Art der Erwerbung (im Gegensatz zu Locke) als »erste Besitznahme« qua schierer Bemächtigung eine so moralfreie, daß ihr nur »provi-

301 Ebd., S. 137, 153 f.
302 Kant, MdS/RL, S. 318.
303 Ebd., S. 347.
304 Dazu Maus, *Zur Aufklärung der Demokratietheorie*, S. 148-168.
305 Habermas, *Faktizität und Geltung*, S. 130 f.

sorische« Geltung zugesprochen wird.[306] Kein »Gebot«, bloß ein »Erlaubnisgesetz« der Vernunft fordert,[307] daß die Rechte des Naturzustands nur so lange anzuerkennen sind, bis die »öffentliche« demokratische Gesetzgebung des bürgerlichen Zustands sie als »peremtorische« Rechte qualifiziert[308] – wobei »der Wille des Gesetzgebers [...] in Ansehung dessen, was das äußere Mein und Dein betrifft, [...] *untadelig*« ist.[309] Lediglich die theoretischen Prämissen des »Privatrechts« begründet Kant in einem »Rechtlichen Postulat« der praktischen Vernunft, daß überhaupt das »Äußere (Brauchbare) [...] das Seine von irgendjemandem werden könne«.[310] Diesem Verhältnis zwischen der Notwendigkeit rechtlichen Eigentums überhaupt und dessen Abhängigkeit von gesetzlicher Konkretisierung bei Kant entsprechen in etwa die beiden Formulierungen der Eigentumsgarantie des Grundgesetzes: In der ersten wird das »Eigentum [...] gewährleistet«. Die zweite besagt: »Inhalt [!] und Schranken werden durch die Gesetze bestimmt«[311] – ein Beispiel, in dem sich auf der Ebene des Verhältnisses zwischen verfassungsrechtlich konkretisiertem Grundrecht und weiterer gesetzlicher Ausgestaltung Habermas' »Kreisprozeß« der Genese von Rechten wiederholt.

III. Theorie des Völkerrechts

Mit Kants Völkerrechtstheorie hat sich Habermas vorwiegend aus kritischer Distanz auseinandergesetzt. Aufgrund der Prämisse, daß die Globalisierung zahlreicher gesellschaftlicher Teilbereiche diese der nationalstaatlichen (und damit jeglicher) Regulierung entzieht, entwickelt Habermas Prinzipien einer Weltinnenpolitik, die eine »Konstitutionalisierung des Völkerrechts« begründen. Dabei geht die politische Option des »Weltbürgers« Habermas in die philosophische Auseinandersetzung ein – allerdings nicht in der Weise jener strategischen Verwertung, die die Rezeption von Kants Friedensphi-

306 Kant, MdS/RL, S. 373 f.

307 Ebd., S. 329, 355. Dazu grundlegend, Reinhard Brandt, »Das Erlaubnisgesetz, oder: Vernunft und Geschichte in Kants Rechtslehre«, in: ders. (Hg.), *Rechtsphilosophie der Aufklärung*, Berlin, New York 1982, S. 233-285, hier: S. 255-265.

308 Kant, MdS/RL, S. 374 f., 431.

309 Ebd., S. 435 – Hervorhebung i. O.

310 Ebd., S. 354 f., 361.

311 So Art. 14 Abs. 1 GG.

losophie seit zwei Jahrhunderten bestimmt:[312] Während diese Kants Völkerrechtstheorie[313] für ihre eigenen, jeweils kontextbedingten politischen Zielsetzungen unmittelbar reklamiert, macht Habermas seine Differenzen zu Kant auch dann kenntlich, wenn seine eigene Kant-Lektüre sich zu gegenwärtigen Rezeptionsfronten ins Verhältnis setzt. Was zunächst letztere angeht, so erschließt die dominante Lesart Kants Friedensschrift als Legitimationsquelle für eine internationale Politik, die – im Vorgriff auf ein Weltsystem – sich gegen die UN-Charta verselbständigt und die Durchsetzung gleicher Menschenrechte in allen Gesellschaften dieser Welt unverzüglich und zwingend verlangt. Entsprechend konzentriert sich die strategische Ausbeutung Kants vor allem auf die Anstrengung, dem Text der Friedensschrift die Option für einen »Weltstaat« und die Befürwortung von militärischen Interventionen abzupressen. Habermas' Rezeption geht einen anderen Weg. Aus dem »historischen Abstand von 200 Jahren« erklärt Habermas Kants Friedensschrift zunächst in wesentlichen Teilen für obsolet, und zwar vor allem wegen ihrer Absage an einen Weltstaat, wie Habermas zugleich zutreffend und pejorativ feststellte.[314] Erst später ließ sich Habermas von der hegemonialen angloamerikanischen Interpretation überzeugen,[315] derzufolge die Friedensschrift letztendlich einen Weltstaat begründet – zu einem Zeitpunkt, als Habermas diese Option bereits verabschiedete und statt dessen für eine Weltverfassung ohne Staat eintrat. Aus dieser letzteren Perspektive ergibt sich die spezifische Komplexität von Habermas' späterer Kant-Rezeption hinsichtlich des eigenen Projekts einer »Konstitutionalisierung des Völkerrechts«.[316]

In der Friedensschrift selbst findet sich der aus Kants innerstaatlichem Demokratiemodell bekannte Zusammenhang zwischen Freiheitsrechten und Volkssouveränität um das zusätzliche Element des Friedens erweitert – eine Konstellation, die die allseitige Opti-

312 Oliver Eberl, *Demokratie und Frieden. Kants Friedensschrift in den Kontroversen der Gegenwart*, Baden-Baden 2008.

313 Kant, ZeF; MdS/RL S. 466-479; Gemeinspruch, S. 165-172.

314 Jürgen Habermas, »Kants Idee des ewigen Friedens – aus dem historischen Abstand von 200 Jahren« (1995), in: ders., *Die Einbeziehung des Anderen*, S. 192-236, hier: S. 196-199.

315 Jürgen Habermas, »Hat die Konstitutionalisierung des Völkerrechts noch eine Chance?« (2004), in: ders., *Der gespaltene Westen. Kleine politische Schriften* X, Frankfurt am Main 2004, S. 113-193, hier: S. 124 Anmerkung 24.

316 Ebd., S. 113-193.

mierung dieser Prinzipien voraussetzt. So bestimmt Kant die »Friedensstiftung« als »den ganzen Endzweck der Rechtslehre«[317] und die fortschreitende »Republikanisierung«, das heißt Demokratisierung aller Staaten als wichtigste Voraussetzung des Friedens – aber nicht als Mittel zum (End-)Zweck, denn die demokratische Organisation ist (entsprechend der sie prägenden Struktur des Gesellschaftsvertrags) ein Zweck an sich selbst.[318] Die Mittel zur Herbeiführung eines Weltfriedens müssen darum auch diesem Zweck entsprechen. Die Forderung des ersten Definitivartikels der Friedensschrift »Die bürgerliche Verfassung in jedem Staat soll republikanisch sein«[319] besteht zwar hinsichtlich der friedensfördernden Struktur dieser Staatsorganisation, insofern in ihr die Staatsbürger, welche die Lasten eines Krieges zu tragen haben, selbst über Krieg oder Frieden beschließen und deshalb (unter Abwesenheit moderner massenmedialer Beeinflussung) den Frieden vorziehen. Der Selbstzweck der Republik aber wird bereits in Kants detaillierter Erörterung ihrer einzelnen Verfassungsprinzipien kenntlich gemacht.

Auch Kants Option für einen Völkerbund und gegen den Weltstaat beruht wesentlich auf dieser Voraussetzung. Die im zweiten Definitivartikel der Friedensschrift begründete Option ist bereits durch zwei der Präliminarartikel vorbereitet, in denen Kant die Vorbedingungen eines jeden Friedensschlusses überhaupt angibt. Diese erläutern zugleich den Zusammenhang zwischen »Gesellschaftsvertrag« und demokratischer Organisation einerseits und die Beziehung zwischen dem innerstaatlichen und zwischenstaatlichen Aspekt bürgerlicher Selbstbestimmung (d. h. zwischen Volkssouveränität und Staatssouveränität) andererseits. Die Prämilinarartikel 2 und 5[320] schließen aus, daß ein »für sich bestehender Staat« auf friedliche, quasi privatrechtliche Art durch einen anderen Staat »erworben« werden kann oder ein Staat sich in »Verfassung und Regierung eines andern Staats gewalttätig einmischen« darf. Die Begründung gilt für beide Fälle: Der Staat »ist« das Volk, bzw. er »ist eine Gesellschaft von Menschen, die sich entsprechend der »Idee des ursprünglichen Vertrags« zu einem Volk von Staatsbürgern zu-

317 Kant, MdS/RL, S. 479.

318 Kant, Gemeinspruch, S. 143 f. Dazu Maus, *Zur Aufklärung der Demokratietheorie*, S. 43-56, besonders S. 54 f.

319 Kant, ZeF, S. 204 ff.

320 Ebd., S. 196 f., 199.

sammengeschlossen haben.[321] Die privatrechtliche Erwerbung eines Staates lädiert nicht diesen als solchen, sondern nur den Staat in seiner Eigenschaft als »moralische Person« (in gegenwärtigem Sprachgebrauch: als juristische Person), das heißt den Staat als Personenverband der Bürger: diese letzteren werden in einer solchen Transaktion zu »Sachen« herabgewürdigt und (wie zum Beispiel seinerzeit beim Verkauf der Insel Korsika durch Genua an Frankreich) um ihre staatsbürgerliche Selbstbestimmung gebracht. Auch im Fall der »gewalttätigen Einmischung« (zwecks Änderung einer schlechten Verfassung oder anlässlich der Bedrohung einer Verfassung durch inneren Separatismus) liegt der »Skandal«, der die »Autonomie aller *Staaten* unsicher machen« würde, in der »Verletzung der Rechte eines nur mit seiner inneren Krankheit ringenden [...] *Volks*«.[322] Daß also Staatssouveränität zwischenstaatliche Anerkennung deshalb (!) verdient, weil sie der Außenaspekt innerstaatlicher Volkssouveränität ist, kann diesen Formulierungen unmittelbar entnommen werden. Diese normative Auszeichnung der Staatssouveränität durch Volkssouveränität ist eine Voraussetzung für Kants Ablehnung eines alle Staaten einschmelzenden Weltstaats. Die Begründung in der »Idee« des ursprünglichen Vertrags (der bei Kant ein Gesellschaftsvertrag zwischen Freien und Gleichen ist und die Struktur demokratischer Gesetzgebung bereits enthält) läßt freilich angesichts der real existierenden Binnenstrukturen der Staaten eine schwerwiegende Frage offen, die nach der Erörterung des äußerst umstrittenen zweiten Definitivartikels[323] behandelt werden kann.

Im Gegensatz zu einer Kant-Literatur, welche die in diesem Artikel enthaltene Option Kants gegen einen Weltstaat und für das »negative Surrogat« des Völkerbunds als (vorläufige) resignative Anpassung an empirische Bedingungen völkerrechtlicher Praxis interpretiert, um daraus einen heimlichen Stufenplan für einen letztendlich doch zu erreichenden Weltstaat zu gewinnen, wird hier die These vertreten, daß Kants Gründe gegen einen Weltstaat von ausschließlich normativer Qualität sind.[324] Die umkämpfte Passage der Friedensschrift lautet:

321 Ebd., S. 197.
322 Ebd., S. 199; Hervorhebung I. M.
323 Ebd., S. 208 ff.
324 Zum Folgenden s. Ingeborg Maus, »Kant's Reasons against a Global State: Pop-

Für Staaten, im Verhältnisse unter einander, kann es nach der Vernunft keine andere Art geben, aus dem gesetzlosen Zustande, der lauter Krieg enthält, herauszukommen, als daß sie, eben so wie einzelne Menschen, ihre wilde (gesetzlose) Freiheit aufgeben, sich zu öffentlichen Zwangsgesetzen bequemen, und so einen (freilich immer wachsenden) Völkerstaat [...], der zuletzt alle Völker der Erde befassen würde, bilden. Da sie dieses aber nach ihrer Idee vom Völkerrecht durchaus nicht wollen, mithin, was *in thesi* richtig ist, *in hypothesi* verwerfen, so kann an die Stelle der positiven Idee einer Weltrepublik (wenn nicht alles verloren werden soll) nur das negative Surrogat eines den Krieg abwehrenden, bestehenden, und sich immer ausbreitenden Bundes treten.[325]

Kants zentrale Aussage, daß die Völker der Erde den Weltstaat, der »in thesi richtig ist, in hypothesi verwerfen«, ist nicht als Hinweis auf bloß faktische Einstellungen und im Sinne einer Preisgabe von »Theorie« zugunsten empiriegeleiteter »Praxis« zu verstehen. Da Kant die kategorische Verpflichtung, auf einen ewigen Frieden hinzuwirken, allein daraus ableitet, daß die Unmöglichkeit der Verwirklichung dieses Ziels nicht bewiesen werden kann, sind die Urteile über die Mittel zu dieser Verwirklichung notwendig »hypothetisch«.[326] Das Urteil der »Völker dieser Erde« wird so »in hypothesi« vom Philosophen gerechtfertigt und als Ergebnis eines Prüfverfahrens dargestellt, das Kant als das der »bestimmenden Urteilskraft« aus der theoretischen Philosophie in die Friedensphilosophie überträgt: In diesem Prüfverfahren fungieren Kants »politische[n] Grundsätze«, die die Abwägung zwischen beiden Friedensmodellen ermöglichen,[327] analog zu transzendentalen Schemata, die in der theoretischen Philosophie die Subsumtion eines Gegenstands unter einen reinen Verstandesbegriff (z. B. eines Tellers unter den Begriff des Zirkels) steuern:[328] Bei diesem Verfahren erweist sich, daß von beiden an sich »vernünftigen« Friedensmodellen, dem Weltstaat und dem Völkerbund, nur das letztere auch in der »hypothetischen« Erwägung seiner Realisierung allen normativen Kriterien der Vernunftidee des Friedens noch entspre-

ular Sovereignty as a Principle of International Law«, in: Luigi Caranti (Hg.), *Kant's Perpetual Peace. New Interpretative Essays,* Rom 2006, S. 35-54.

325 Kant, ZeF, S. 212 f., Hervorhebung I.M.

326 Kant, Gemeinspruch, S. 167 f., 170 f.

327 Kant, MdS/RL, S. 474.

328 Kant, KrV (=*Kritik der reinen Vernunft*), S. 183 ff., 187 f.

chen kann, während der Weltstaat als realisierter diese verletzen würde. Diese normativen Kriterien werden von Kant wiederum im Sinne des Kontinuums von Frieden, Freiheitsrechten und demokratischer Autonomie bestimmt, die den »Kirchhofsfrieden« eines Weltstaats ausschließen. Kant erläutert, daß in einem weltumspannenden Staat allein aufgrund seiner Größe demokratische Gesetzgebung nicht organisiert und Gesetze nicht mehr implementiert werden können, so daß in einem Zustand anarchischen Despotismus weder Freiheit noch Frieden zu gewährleisten sind.[329] Umgekehrt bleibt im Völkerbund der innerstaatliche Zusammenhang von demokratischer Freiheit und Frieden erhalten, so daß in der globalen Föderation der Einzelstaaten Staatssouveränität als Volkssouveränität anerkannt ist.

Die »Idee« des ursprünglichen Vertrags kann Kant zufolge also nur in Einzelstaaten überhaupt realisiert, andererseits aber bloß in historischer Entwicklung asymptotisch erreicht werden. Insofern ist Staatssouveränität lediglich Bedingung der Möglichkeit von Volkssouveränität. Angesichts der Tatsache, daß die übergroße Mehrheit der Staaten von der Verwirklichung demokratischer Freiheit noch weit entfernt ist, und hinsichtlich der normativen Direktive, daß selbst eine Demokratie nicht gegen den Willen des Volkes eingeführt werden darf,[330] entwickelt Kant die völkerrechtliche Perspektive des »Erlaubnisgesetzes« der Vernunft, ungerechte Verfassungen so lange zu dulden, wie sie ohne Gefahr des Rückfalls in einen völlig rechts- und verfassungslosen »Naturzustand« noch nicht verändert werden können.[331] Es ist dieses Erlaubnisgesetz, das sowohl dem Frieden als auch staatsbürgerlicher Selbstbestimmung dient und den Zeitbedarf berücksichtigt, den je autonome innergesellschaftliche Lernprozesse auf dem Weg zu einer freiheitsrechtlichen Demokratie beanspruchen.

Kants Entwurf eines »Weltbürgerrechts« (dritter Definitivartikel) hat in Habermas' später Rezeption einen so spezifischen Stellenwert, daß er erst in diesem Kontext dargestellt wird.

Für Habermas' neue Interpretationsperspektive[332] ist – wie er-

329 Kant, Gemeinspruch, S. 169, MdS/RL, S. 474.

330 Kant, MdS/RL, S. 463.

331 Kant, ZeF, S. 234 u. Anmerkung, vgl. ebd., S. 201.

332 Dazu Ingeborg Maus, »Verfassung oder Vertrag. Zur Verrechtlichung globaler Politik«, in: Peter Niesen, Benjamin Herborth (Hg.), *Anarchie der kommuni-*

wähnt – Kants vermeintliche Weltstaatsoption von Belang, die jetzt kritisiert wird. Habermas zeichnet so einerseits Kant als Vordenker einer weltbürgerlichen Verfassung aus, während er andererseits diese Verfassung durch Abstraktion von ihrem (Kantischen) weltstaatlichen Substrat gewinnt. Habermas' spezifische Lesart einer Weltstaatsoption Kants bezieht sich auf das besagte »Weltbürgerrecht«, durch welches Kant das Völkerrecht als ein Recht zwischen Staaten in ein Recht der Individuen »als Mitglieder einer politisch verfassten [!] Weltgesellschaft« transformiere,[333] wobei sich Kant diese Weltverfassung, die dem individuellen Recht der »Weltbürger« korrespondiere, nicht ohne die Existenz einer »Weltrepublik«, also eines Weltstaats, habe vorstellen können.[334] Dagegen bestimmt Habermas' Projekt einer »Konstitutionalisierung des Völkerrechts« Kants »weltbürgerlichen Zustand« »so abstrakt [...], daß dieser nicht mit der Weltrepublik zusammenfällt und nicht als utopisch abgetan werden kann«.[335] Diese Abstraktion kommt indessen, wie ohnehin der Verzicht auf den Weltstaat, Kants eigener Intention mehr entgegen als beabsichtigt. Die einzige Passage, in der Kant – im Unterschied zur durchgängigen Negation einer Weltrepublik – das Weltbürgerrecht in den Kontext eines »allgemeinen Menschenstaats« rückt,[336] handelt, nur scheinbar paradox, gerade nicht von einem solchen Staat, sondern nur von den Menschen. Diese *sind* nicht etwa »Bürger eines allgemeinen Menschenstaats«, sondern sind als solche nur »*anzusehen*« (Hervorhebung I.M.). Es handelt sich um Rechte von Menschen, die je nach Rollenperspektive jedes einzelnen eine staatsbürgerliche, völkerrechtliche oder weltbürgerliche Dimension haben können. Kant spricht also nur von »alle[r] rechtliche[r] Verfassung [...], was die Personen [!] betrifft«,[337] und nicht von Verfassungen, die politische Gemeinwesen, gleich welcher Größenordnung, organisieren. Auch das im dritten Defini-

kativen Freiheit. Jürgen Habermas und die Theorie der internationalen Politik, Frankfurt am Main 2007, S. 350-382, hier: S. 358 ff.

333 Jürgen Habermas, »Eine politische Verfassung für die pluralistische Weltgesellschaft?« (2005), in: ders., *Zwischen Naturalismus und Religion*, Frankfurt am Main 2005, S. 324-365, hier: S. 326.

334 Ebd.

335 Ebd., S. 327.

336 Kant, ZeF, S. 203 Anmerkung.

337 Ebd.

tivartikel erläuterte »Weltbürgerrecht«[338] hält sich auf dieser Abstraktionsebene. Es ist das Recht der »allgemeinen Hospitalität« bei grenzüberschreitendem Verkehr und setzt also die Existenz von Grenzen gerade voraus. Auch Kants Zielsetzung einer Reziprozität des Verkehrs – vor allem zwischen Vertretern »unseres Weltteils« und der von ihnen unterdrückten und ausgeplünderten Teile der übrigen Welt – durch »zuletzt öffentlich gesetzlich[e]« Entwicklung im Sinne einer »weltbürgerlichen Verfassung«[339] geht über die Perspektive rechtlicher Verfassung, »was die Personen betrifft«,[340] nicht hinaus: Sie begründet eine »Ergänzung des ungeschriebenen Codex, sowohl des Staats- als Völkerrechts zum öffentlichen Menschenrechte [!] überhaupt«.[341] Kants »Weltbürgerrecht« wäre also (sogar als »geschriebenes«) nicht etwa supranationales, sondern transnationales Recht. Auch wenn Habermas' Einschätzung prinzipiell zutrifft, daß Kant sich eine Weltverfassung nicht ohne staatliches Substrat denken könnte, so besteht dieser Zusammenhang doch nur in der Negation: Er findet sich in Kants Ablehnung der staatsbegründenden amerikanischen Unionsverfassung als Vorbild globaler Friedensstiftung.[342] Für letztere besteht Kant auf der vertraglichen Föderation souveräner Staaten.

Auch Habermas' eigener Entwurf einer globalen Verfassung enthält eine Annäherung an Kants Konzeption. Habermas' »föderalistisch verfasste[...s] Mehrebenensystem« trägt nach eigener Einschätzung Züge eines Völkerbunds.[343] Während an der Spitze einer reformierten Weltorganisation lediglich Friedenssicherung und Menschenrechtspolitik angesiedelt sind, ist die eigentliche »Weltinnenpolitik« kontinentalen Regimes, die aus zusammengeschlossenen Nationalstaaten bestehen, vorbehalten.[344] Im Begriff einer »Verfassung« freilich, zu der das Vertragswerk der UN-Charta transformiert werden soll, ist die der Weltorganisation zugeordnete Menschenrechtspolitik in einer Weise gegenüber demokratisch-

338 Ebd., S. 213 ff.

339 Ebd., S. 214.

340 Ebd., S. 203 Anmerkung.

341 Ebd., S. 216 f.

342 Kant, MdS/RL, S. 475.

343 Habermas, »Eine politische Verfassung für die pluralistische Weltgesellschaft?«, S. 327, 335.

344 Habermas, »Hat die Konstitutionalisierung des Völkerrechts noch eine Chance?«, S. 134 f.

rechtsstaatlichem Prozedere isoliert, die sowohl Kants als auch Habermas' innerstaatlichem Verfassungsbegriff diametral widerspricht. Habermas rekurriert deshalb hinsichtlich globaler Politik (der UNO) auf deren »Einbettung« in die Weltöffentlichkeit,[345] während er die Legitimität der Weltinnenpolitik an die Legitimationsressourcen der Nationalstaaten rückkoppelt.[346]

IV. Erkenntnistheorie

Obgleich die Konsequenzen des *linguistic turn* für die Erkenntnistheorie hier nicht erörtert werden können, so sei doch auf Habermas' eigene Positionierung in diesem Vorgang der »pragmatistischen Deflationierung des Kantischen Ansatzes« hingewiesen.[347] Kants Transzendentalphilosophie, die sich ohnehin von jedem ontologistisch-unmittelbaren Zugriff auf die Gegenstände der Erkenntnis verabschiedet und sich auf die Bedingungen der Möglichkeit von Erkenntnis konzentriert, proklamiert eine »Revolution der Denkart«,[348] derzufolge die Erkenntnis sich nicht mehr nach ihrem Gegenstand, sondern der Gegenstand sich nach der Beschaffenheit des Erkenntnisvermögens richtet:[349] Die bekannte Frage der Transzendentalphilosophie »Wie sind synthetische Urteile a priori möglich?«[350] wird dahin gehend beantwortet, daß objektiv gültige Erkenntnis nur aufgrund von Prinzipien gewonnen werden kann, die aller Erfahrung vorhergehen und diese erst konstituieren. Die Subjekte können also nicht die »Dinge an sich«, sondern nur die aus diffusen Wahrnehmungen mittels apriorischer Formen der Anschauung und apriorischer Verstandesbegriffe synthetisierten Gegenstände der Erfahrung erkennen. Indem Kant die erkennbare Welt der Erscheinungen auf Leistungen des Subjekts zurückführt, befreit er dieses nicht nur aus der Übermacht verdinglichter Objektivität der Vormoderne, sondern – mit der Ausdifferenzierung

345 Habermas, »Eine politische Verfassung für die pluralistische Weltgesellschaft?«, S. 356.

346 Habermas, »Hat die Konstitutionalisierung des Völkerrechts noch eine Chance?«, S. 139.

347 Habermas, »Eine politische Verfassung für die pluralistische Weltgesellschaft?«, S. 30.

348 Kant, KrV, S. 22 ff.

349 Ebd., S. 25.

350 Ebd., S. 59.

einer Erkenntnistheorie – auch aus den Zumutungen inhaltlicher Wahrheitsansprüche einer vorkritischen »dogmatischen« Metaphysik. Der Erkenntnistheoretiker Kant ist freilich genötigt, als gestrenger Experte für den einzig richtigen Gebrauch des Erkenntnisvermögens aufzutreten – ein Herrschaftsanspruch,[351] den die diskurstheoretische Fassung des Erkenntnisproblems gleichsam demokratisiert.

Habermas' Reformulierung der Erkenntnistheorie rekurriert nicht auf einzig richtige, aller Erfahrung vorhergehende Prinzipien der Vernunft, sondern auf die in jeder intersubjektiven Verständigung über die Objektwelt immer schon mitlaufenden Elemente des Diskurses, die in die pragmatischen Bestandteile der Rede eingebaut sind. In den wechselseitigen reziproken Unterstellungen der Diskursteilnehmer sowohl hinsichtlich der grammatischen Bedingungen ihres Diskurses als auch der geteilten Sprachpraxis, die dazu nötigt, eine gemeinsame objektive Welt vorauszusetzen, wird »eine ›für alle identische‹ Welt« begründet.[352] Im Anschluß an Putnam optiert Habermas aufgrund der Prämisse, daß alles »real« ist, »was in wahren Aussagen dargestellt werden kann«, für einen »internen Realismus«.[353] Es fragt sich aber, ob nicht Kants Dualismus zwischen der Welt der »Dinge an sich« und der »Welt der Erscheinungen« in dieser Konzeption wiederkehrt, wenn Habermas (im Anschluß an Peirce) betont, daß die »›*Welt*‹, die wir als das Ganze von Gegenständen« (an die wir »stoßen« können) unterstellen, nicht verwechselt werden darf mit der »›*Wirklichkeit*‹, die aus allem besteht, was in wahren Aussagen dargestellt werden kann«.[354] Die Differenz zwischen beiden erkenntnistheoretischen Positionen scheint eher in der besagten diskurstheoretischen »Demokratisierung« zu liegen. Was hingegen den »internen Realismus« betrifft, so ist er sogar weniger realistisch als der »transzendentale Idealismus« Kants. Während Kant die dem Subjekt zugänglichen »Erscheinungen« auf die Vorstellungen zurückführt,

351 Jürgen Habermas, »Die Philosophie als Platzhalter und Interpret« (1983), in: ders., *Moralbewußtsein und kommunikatives Handeln*, Frankfurt am Main 1983, S. 9-28, hier: S. 10.

352 Habermas, »Eine politische Verfassung für die pluralistische Weltgesellschaft?«, S. 34.

353 Ebd., S. 35.

354 Ebd., S. 36 – Hervorhebung I. M.

die die unbekannten »Dinge an sich« aufgrund ihres Einflusses auf die Sinnlichkeit des Subjekts hervorrufen,[355] verdankt sich die »interne« Realität der Gegenstände, von denen die Diskurstheorie handelt, nur der sprachlichen Kommunikation zwischen den Subjekten.

Dennoch ist die Bewußtseinsphilosophie Kants, indem sie dem Paradigma eines sich an den Objekten abarbeitenden Subjekts verhaftet bleibt, wie Habermas kritisiert,[356] in einer bestimmten Hinsicht rückständig. Kants – kommunikativ unvermittelte – Beziehung zwischen Subjekt und Objekt, in der der zu erkennende Gegenstand überhaupt erst ›produziert‹ wird, entspricht einem gesellschaftlichen Kontext, in dem die Bearbeitung der äußeren Natur noch so dominant war, daß sie auch die philosophische Konzeption der Beziehung zwischen Begriff und Sache bestimmte. »Mühe und Anstrengung des Begriffs« waren – wie Adorno formulierte – »unmetaphorisch«.[357] Dagegen ist Habermas' theoretische Ausdifferenzierung von »Arbeit und Interaktion«[358] eine Voraussetzung für die komplexere Fassung der Erkenntnistheorie. Sie entspricht heute einem gesellschaftlichen Kontext, in dem »Interaktion« so dominant geworden ist, daß auch der direkte Objekt-Kontakt, den Kant in der »Sinnlichkeit« des Subjekts hergestellt sah, fast nur noch indirekt als kommunizierter existiert. – Insgesamt läßt sich Habermas' Kant-Rezeption auch als Transformation einer auf »Arbeit« rekurrierenden Bewußtseinsphilosophie in eine Philosophie der Kommunikationsgesellschaft beschreiben.

355 Kant, Prol. (=*Prolegomena zu einer jeden künftigen Metaphysik, die als Wissenschaft wird auftreten können*), S. 152.

356 Jürgen Habermas, *Theorie des kommunikativen Handelns*, 2 Bde., Frankfurt am Main 1981, Bd. 1, S. 523.

357 Theodor W. Adorno, *Aspekte der Hegelschen Philosophie*, Berlin, Frankfurt am Main 1957, S. 26, im Hinblick auf Hegel und Kants praktische Philosophie, aber Kants Erkenntnistheorie ausdrücklich ausklammernd.

358 Jürgen Habermas, *Technik und Wissenschaft als Ideologie*, Frankfurt am Main 1968, S. 9 ff.

2.3.2. Freiheitsrechte und Volkssouveränität. Zu Jürgen Habermas' Rekonstruktion des Systems der Rechte

In Habermas' spezifischer Begründung eines Systems der Rechte sind wie in einem Brennpunkt die zentralen Intentionen seiner Rechtstheorie versammelt. Das Kapitel des Buches, das diese Begründung liefert, entwickelt nicht nur das grundsätzliche Spannungsverhältnis von *Faktizität und Geltung* als Grundstruktur des Rechts[359] an dem extremen und darum erhellenden Beispiel der Freiheitssicherung durch Zwang, sondern verdeutlicht auch die Motive für die Wiederherstellung des jahrhundertealten Zusammenhangs von Rechtstheorie und Gesellschaftstheorie im Kontext aktuellster gesellschaftlicher Probleme. Letztere sind zahlreich. Während gegenwärtig ein Ausmaß der Verrechtlichung aller gesellschaftlichen Teilbereiche existiert, von dem man sich im 18. und 19. Jahrhundert noch keine Vorstellung machen konnte, geht ausgerechnet im 20. Jahrhundert die mindestens bis Kant und Hegel selbstverständliche Einsicht verloren, daß gesellschaftliche Verhältnisse und politische Strukturen nur im Kontext einer Rechtstheorie erläutert werden können. Was in dieser Entwicklung auch immer dem Spezialisierungsdruck des aktuellen Wissenschaftsbetriebs zu verdanken ist, so gibt doch Habermas in seiner Theorie der Rechte zugleich Gründe für das verbreitete Desinteresse gerade auch kritischer Sozialtheorie an Rechtsfragen an, die in den Spannungen und Paradoxien des Rechts selbst angelegt sind.

Was dieses Desinteresse angeht, so wurde bereits bemerkt, daß zum Beispiel in der Frankfurter Kritischen Theorie vor Habermas aufgrund eines anarchistischen Utopismus das Recht eine Leerstelle bildete – »mit Ausnahme des von Habermas nicht erwähnten Franz Neumann«[360] und Otto Kirchheimers. Diese Feststellungen müssen freilich vertieft und korrigiert werden, um die hier gestell-

359 Habermas, *Faktizität und Geltung*, S. 109 ff. – Auf den engen Zusammenhang zwischen Kapitel I, das die Rechtskategorie überhaupt einführt, und Kapitel III, das das System der Rechte entwickelt, verweist bereits zutreffend: Ralf Dreier, »Rechtsphilosophie und Diskurstheorie. Bemerkungen zu Habermas' ›Faktizität und Geltung‹«, in: *Zeitschrift für philosophische Forschung* 48 (1994), S. 90-103.

360 Vgl. Otfried Höffe, »Eine Konversion der kritischen Theorie? Zu Habermas' Rechts- und Staatstheorie«, in: *Rechtshistorisches Journal* 12 (1993), S. 70-88.

ten Fragen klären zu können. Wenn diese Kritik des rechtstheoretischen Defizits der alten Frankfurter Schule von einer schlichten Konnotation von Recht und Herrschaft ausgeht, reproduziert sie selbst jenes Mißverständnis, das sie der kritisierten Theorie anlastet. Andererseits hatte Franz Neumann in ganz anderem Sinne als Habermas eine Ambivalenz des Rechts ausfindig gemacht, die dieses zugleich als Instrument und Gegenspieler politisch-sozialer Herrschaft erweist.[361] Die eigentümliche Verwerfung in den Diskussionen und Nicht-Diskussionen der alten Frankfurter Schule über diesen Gegenstand[362] liegt darin, daß ausgerechnet Franz Neumann, dessen drastischer ökonomischer Reduktionismus in der Staatstheorie vom »inneren Kreis« der Kritischen Theorie als marxistische Orthodoxie beargwöhnt wurde, im Bereich der Rechtstheorie den Rechtsnihilismus der Orthodoxie revidierte, an dem auf widersinnige Weise die unorthodoxe Linke weiter festhielt. Während letztere den formalistischen Zwangscharakter des Rechts mit bürgerlichem Klasseninteresse und bürokratisch-autoritärer Herrschaft umstandslos gleichsetzte, betonte Franz Neumann unter dem extremen Eindruck nationalsozialistischer Herrschaftsausübung, die tatsächlich jede starre Rechtsbindung durch unbestimmte und »weiche« Rechtsbegriffe aufhob, den auch freiheitssichernden Charakter des Rechtsformalismus und wies nach, daß im 20. Jahrhundert überhaupt die alten Konnotationen sich aufgelöst haben und politische wie soziale Herrschaft sich am ungehemmtesten durch völlige Entformalisierung des Rechts verwirklichen. Daß unter diesen – empirisch belegbaren – Voraussetzungen auch die heutige undogmatische Linke überwiegend dazu neigt, einen Rechtsformalismus zu kritisieren, der faktisch ohnehin starken Erosionen ausgesetzt ist, womit sie herrschenden Interessen zuarbeitet, gehört zu jenen Paradoxien, die in der Paradoxie des Rechts selbst begründet sind.

Habermas' grundlegende Explikation dieser Paradoxie des Rechts konnte an Franz Neumanns Analysen der Ambivalenzen

361 Franz Neumann, »Der Funktionswandel des Gesetzes im Recht der bürgerlichen Gesellschaft« (1937), in: ders., *Demokratischer und autoritärer Staat. Studien zur politischen Theorie*, Frankfurt am Main, Wien 1967, S. 31-81.

362 Zu den Einzelheiten dieser Entwicklung siehe William E. Scheuerman, *Between the Norm and the Exception. The Frankfurt School and the Rule of Law*, Cambridge/Mass. 1994.

des bürgerlichen Formalrechts aus einleuchtenden Gründen nicht anknüpfen. Franz Neumanns richtige Feststellung, daß der Rechtsstaat auf den gegenläufigen Momenten von »Gewalt und Gesetz«, von Herrschaft und Freiheit beruhe, die sich im Recht selbst noch einmal in der Doppelstruktur von objektiver Verpflichtung und subjektivem Rechtsanspruch reproduzieren,[363] basierte noch auf in sich heterogenen Prämissen. Seine Erkenntnis verdankte sich äußerst wichtigen historisch-ökonomischen Analysen eines Funktionswandels des Rechts, die allerdings das Handeln staatlicher Apparate (z. B. der Justiz) noch überwiegend in einseitiger Abhängigkeit von wirtschaftlichen Faktoren sahen und das Eigeninteresse dieser Apparate als selbständigen Faktor zu wenig berücksichtigten. In diesen Kontexten bildete die von Franz Neumann zugleich eruierte überschießende, freiheitssichernde Dimension des Rechts, die er eine »ethische« nannte,[364] ein seltsam fremdes, theoretisch unausgewiesenes Moment.

Habermas' Ansatz einer theoretisch kohärenten Rekonstruktion des Problems konnte aus anderen Gründen auch an eine in der Aufklärungsphilosophie des 18. Jahrhunderts bereits entfaltete Dialektik des Rechts nur selektiv und jedenfalls nicht umstandslos anschließen. Rousseaus berühmter, sehr häufig als totalitäre Option mißverstandener Satz, daß der Zwang gegen den einzelnen, dem im Gesetz niedergelegten »Gemeinwillen« zu folgen, nichts anderes bedeute als den Zwang, frei zu sein,[365] bezeichnet schon die Paradoxie, kann sie aber noch nicht erläutern. Rousseau behandelt an dieser Stelle mitnichten beliebige Unterwerfungen des einzelnen durch irgendwelche politisch-gesellschaftliche Macht, sondern erläutert auch hier seine »Prinzipien des Verfassungsrechts«:[366] das demokratisch erzeugte Recht soll die gleiche Freiheit aller schützen, indem es jeden einzelnen durch nichtwillkürliche Prozeduren gleicher Rechtsanwendung »zwingt«, Angriffe auf die persönliche Unabhängigkeit anderer[367]

363 Vgl. Neumann, »Der Funktionswandel des Gesetzes«, S. 31 f.

364 Ebd., S. 50.

365 Rousseau, CS I 7 Abs. 8 (franz.: S. 246).

366 So der Untertitel von Rousseaus *Gesellschaftsvertrag* (*Principes du droit politique*), der freilich nicht verhinderte, daß dieses Werk dennoch bloß als ein gesellschaftstheoretisches gelesen wurde – mit der Konsequenz der oben angegebenen Mißverständnisse.

367 Rousseau, CS I 7 Abs. 8 (franz.: S. 246).

oder die Durchsetzung von Sondervorteilen auf Kosten anderer[368] zu unterlassen. Was Rousseau hier ganz richtig als normatives Kriterium gerade des liberal-demokratischen Rechtsverständnisses eher beiläufig benennt, erhält erst in Kants Rechtsphilosophie einen zentralen systematischen Stellenwert. Es war darum für Habermas naheliegend, bei Kants Fassung des Problems anzusetzen.

Wie Habermas hervorhebt,[369] verdichten sich in Kants Konnotation von Zwang und Freiheit als Inbegriff des Rechts alle wesentlichen Problemstellungen der Kantischen Rechtslehre. Indem Kant Recht überhaupt als die »Verknüpfung des allgemeinen wechselseitigen Zwanges mit jedermanns Freiheit« definiert,[370] ist bereits im Begriff des Rechts die Frage normativer Rechtsgeltung mit der gelingenden Verbindung von Freiheit und Zwang zusammengebracht: Legitim ist nur dasjenige Recht, das den Zwang ausschließlich zum Schutz der Freiheit einsetzt. Kants berühmte Formulierung »Das Recht ist also der Inbegriff der Bedingungen, unter denen die Willkür des einen mit der Willkür des anderen nach einem allgemeinen Gesetze der Freiheit zusammen vereinigt werden kann«[371] muß mit jener anderen zusammen gelesen werden, in der Kant dem Staat alle Berechtigung zur Verfolgung selbständiger Zwecke abspricht und ihn ausschließlich auf die Verfolgung des Rechtszweckes festlegt.[372] Demzufolge ist alles (mit dem Gewaltmonopol bewehrte) staatliche Handeln nur dann legitim, wenn es sich ausschließlich die Kompatibilisierung der gleichen Willkürfreiheit der einzelnen Staatsbürger zur Aufgabe macht – was übrigens nicht eine drastische Beschränkung der Staatsaufgaben bedeuten muß, wie Kants Überlegungen zur Behebung freiheitsfeindlicher sozialer Notstände durch staatliche Gesetzgebung deutlich machen.[373] Kants auf den Zusammenhang von Zwang und Freiheit durchgängig rekurrierende Legitimation von Recht und Staat begreift so beide nur als Serviceleistungen für die horizontalen Beziehungen der Gesellschaftsmitglieder untereinander: Der staatliche Zwang darf nur im

368 Rousseau, CS I 7 Abs. 7 (franz.: S. 246).

369 Habermas, *Faktizität und Geltung*, S. 46; Kant, MdS/RL, S. 337.

370 Kant, MdS/RL, S. 339.

371 Ebd., S. 337.

372 Ebd., S. 339 f.; Kant, Gemeinspruch, S. 143 f.

373 Kant, MdS/RL, S. 446 f.

Dienste des »wechselseitigen Zwanges«[374] stehen, den die Bürger in der Verteidigung ihrer Willkürfreiheiten gegeneinander ausüben. – Dieser Ausgangspunkt Kants ist folgenreich. Damit die Forderung einzig legitimen Rechts und staatlichen Handelns nicht abstrakt bleibe, entwickelt Kant die institutionellen Bedingungen ihrer Realisation: Die Kompatibilisierung gleicher Willkürfreiheiten der Bürger kann nur in demokratischen Rechtssetzungsverfahren gelingen, die den künftigen Rechtsadressaten gleiche Partizipationschancen einräumen.[375] In diesem Zusammenhang entwickelt Kant ein Kontinuum von subjektiven Freiheitsrechten und Volkssouveränität, dessen spezifische Reformulierung den Kern von Habermas' System der Rechte bildet. Darauf ist noch ausführlich zurückzukommen.

Die Frage, warum Habermas für seine rechtstheoretische Grundlegung in der historischen Linie möglicher Referenzen so weit zurückgehen mußte, ist zunächst durch seine anhaltende und entschiedene Kritik einer an Marx spezifisch anschließenden rechtstheoretischen Tradition[376] leicht zu beantworten. Vielleicht sind seine Ausführungen zu diesem Punkt in zwei Hinsichten zu ergänzen: Während schon allein die Überlegungen zum internen Zusammenhang von Zwang und Freiheit Kant als wirklichen Dialektiker der Rechtstheorie ausweisen, scheint mir Marx der undialektischste Denker zu sein, der zu diesem Gegenstand sich geäußert hat. Seiner unsterblichen Verdienste auf dem Gebiet der politischen Ökonomie unerachtet, hat Marx doch in seiner Fundamentalkritik des bürgerlichen Formalrechts, die auf dessen ausschließlich repressivem Charakter insistierte, jene freiheitssichernden Momente des Formalrechts verkannt, die die Systeme des realen Sozialismus auf verheerende Weise entbehrten. Daß die Abstraktionen dieses Rechts nicht nur private Individuen mit ihren Rechtsansprüchen gegeneinander isolieren, wie Marx kritisierte,[377] sondern ihnen insgesamt auch die Staatsapparate auf Distanz halten, daß umgekehrt ein und derselbe Formalismus des Rechts sicherstellt, daß private Freiheit und öffentliche Partizipation sich wechselseitig reproduzieren können, hat der großer Dialektiker der politischen Ökonomie verkannt.

374 S. oben.

375 Kant, MdS/RL, S. 432. – Zu Kants Demokratietheorie im einzelnen siehe Maus, *Zur Aufklärung der Demokratietheorie*.

376 S. besonders: Habermas, *Faktizität und Geltung*, S. 12.

377 Marx, »Zur Judenfrage«, S. 364 ff.

Es mag daran liegen, daß das Recht ein noch viel vertrackteres Ding ist als die Ware,[378] daß Marxens verhängnisvollen Mißverständnisse des Rechts auch bei denen populär wurden, die Marx' Theorie im ganzen seit jeher verwerfen. Marxens Rechtsnihilismus ist keineswegs nur bei den schon erwähnten undogmatischen Linken verbreitet, die in menschenfreundlichster Absicht die »Aufhebung des Rechts« in einer höchst unbestimmten »Sittlichkeit« fordern. Aus der unter Vertretern unterschiedlichster politischer Positionen herrschenden Verachtung formaler Rechtsstrukturen und der Option, heutige Gesellschaften nicht so sehr durch Recht, sondern durch materiale Werte zu integrieren, kann kaum anderes gefolgert werden, als daß das Marxsche Rechtsverständnis heute ubiquitär ist. Wenn gleichzeitig an der deutschen Rechtstradition des 20. Jahrhunderts abzulesen ist, daß zwischen dem nationalsozialistischen Anspruch, den formalistischen Rechtsstaat durch einen »Gerechtigkeitsstaat« zu ersetzen, in dem gesetzesorientierte Rechtsanwendung überholt sei,[379] und dem Rechtsverständnis in der Bundesrepublik (der inhaltlichen Neubesetzung der »Werte« unerachtet) ein Verhältnis bruchloser Kontinuität besteht, gewinnt die große Verbreitung des Rechtsnihilismus eine beängstigende Dimension.

Für solche Phänomene besteht nicht nur eine prekäre historische Kontinuität, sondern auch die Durchgängigkeit zwischen gleichzeitigen, aber antagonistischen Systemen. Die vulgär-marxistische Annahme, derzufolge Demokratie und Recht bloße Widerspiegelungen der ökonomischen Verhältnisse sind, findet sich gerade auch im »Westen« – wie besonders nach dem Zusammenbruch der realsozialistischen Systeme deutlich wird. Die Transformationsprozesse der letzteren werden aus westlicher Sicht vor allem unter dem Aspekt der möglichst umgehenden Einführung des Kapitalismus bewertet, unabhängig davon, ob das verordnete Tempo der Entwicklung demokratischer und rechtsstaatlicher Strukturen dienlich

378 Da Anspielungen auf Marx' klassischen Text sich heute vielleicht nicht mehr von selbst verstehen, sei verwiesen auf: *Das Kapital*, Bd. 1, Über den »Fetischcharakter der Ware...«, in: *MEW*, Bd. 23, S. 85.

379 Hierzu und zum folgenden vgl. Ingeborg Maus, »›Gesetzesbindung‹ der Justiz und die Struktur der nationalsozialistischen Rechtsnormen«, in: Ralf Dreier, Wolfgang Sellert (Hg.), *Recht und Justiz im »Dritten Reich«*, Frankfurt am Main 1989, S. 81-103.

ist – gerade so als ob sich diese aus der neuen ökonomischen »Basis« automatisch ergäben. – Einer vergleichbaren Logik folgen die Sozialwissenschaften unterschiedlichster Provenienz. Sie befassen sich, nicht nur aus Gründen der wissenschaftlichen Spezialisierung, mit den »realen« gesellschaftlichen Verhältnissen und bewerten das Recht stillschweigend als eine *quantité négligable* oder: eine Form des schieren »Überbaus«.

Andererseits gleicht die heute herrschende Auffassung des Verhältnisses von Freiheitsrechten und demokratischer Autonomie – ein Verhältnis, das in den folgenden Passagen zu Habermas' System der Rechte einen Schwerpunkt bilden wird – auf verblüffende Weise jener Entgegensetzung beider Momente, die Marx als Ausdruck der bloß »politischen Emanzipation« kritisierte. Gerade auch dann, wenn die Freiheitsrechte nicht mehr bloß als Rechte bornierter egoistischer Privateigentümer,[380] sondern als gemeinschaftsstiftende »Grundwerte« verstanden werden, bleibt ihre Abspaltung von dem demokratischen Verfahren erhalten. Heutige Verfassungsrechtsprechung ist durch einen Aktivismus in Grundrechtsfragen charakterisiert, während sie sogar in wichtigen prozeduralen Verfassungsfragen eher *self-restraint* übt. Manche Textausgaben historischer Verfassungen präsentieren nur noch die Grundrechtsteile und verzichten auf die »organisatorischen« Bestimmungen der Verfassungstexte, die das Prozedere des demokratischen Rechtsstaats enthalten. Ganz im Gegensatz zur – jedenfalls aufgeklärteren – umgekehrten Einseitigkeit Alexander Hamiltons, der einst in No 84 der *Federalist Papers* die Überflüssigkeit von Grundrechtskatalogen in Verfassungen begründete, weil er in den Verfahrensbestimmungen die eigentliche Sicherung der Freiheit sah,[381] herrscht heute eine »Grundrechtspolitik«, deren Logik dazu führt, daß staatliches Handeln sich nicht so sehr an demokratischem Konsens, sondern an der Effizienz des Grundrechtsvollzugs legitimiert. Diese Version der Verselbständigung der Grundrechte ist das typische Kennzeichen eines paternalistischen Staats, der sich gegen demokratisch-rechtsstaatliche Bedürfnisermittlung immunisiert und expertokratisch definierte Rechte von oben zuteilt. Aber sogar überzeugte Basisdemokraten verstehen heute demokratisch-rechtsstaatliche Prozeduralisierungen weniger als ergänzende Sicherungen ihrer eigenen

380 Marx, »Zur Judenfrage«, S. 369 f.

381 Hamilton, Madison, Jay, *Die Federalist-Artikel*, Nr. 84, S. 525.

Aktionen, sondern ausschließlich als freiheitsverhindernde Mechanismen. Auch sie insistieren auf »materialen« Grundrechten, womit sie wider Willen die autoritäre Verselbständigung von Staatsapparaten durch den Vollzug objektivierter Grundrechte verstärken.

Habermas' Vermittlung von subjektiven Freiheitsrechten und Volkssouveränität richtet sich nicht nur gegen diesen allseits herrschenden Obskurantismus, sondern ist auch eine ausführliche Antwort auf die in den USA initiierte Debatte zwischen *liberals* und *communitarians*. Bekanntlich verläuft die Grenzlinie der in Rede stehenden Isolierung von Freiheitsrechten und demokratischer Partizipation zwischen den Gruppen dieser Debatte, genauer: zwischen den *liberals* und dem republikanischen Flügel der *communitarians*. Handelt es sich aber in dieser Debatte eher um eine Frage der Akzentuierung, so daß um die Priorität von Rechten (*rights*) oder *self-government* gestritten wird, so finden sich in der deutschen Verfassungstradition und Theoriebildung Beispiele radikaler Vereinseitigung von Grundrechtsgarantien, die die finstersten Aspekte des Problems repräsentieren. Letztere bestehen nicht so sehr in der freilich defizitären deutschen Rechtsstaatstradition des 19. Jahrhunderts, sondern vor allem in der Verfassungstheorie am Ende der Weimarer Republik. Carl Schmitt, prominentester Vertreter des revolutionären Konservatismus und späterer »Kronjurist« der Nazis, erklärte 1932, daß der Grundrechtsteil und der »organisatorische« (d. h. demokratisch-rechtsstaatliche) Teil der Weimarer Verfassung völlig inkompatibel seien, und begründete die »Entscheidung« für den Grundrechtskatalog gegen die prozeduralen Bestimmungen der Verfassung.[382] Die große Nähe, in der gegenwärtige »Grundrechtspolitiken« sich zu dieser Lösung befinden, verdeutlicht noch einmal die Dringlichkeit der Probleme, mit denen Habermas' Rekonstruktion des Systems der Rechte als Kontinuum von Freiheitsrechten und Volkssouveränität befaßt ist.

Im folgenden soll zunächst Habermas' Konzeption des Systems der Rechte zusammenhängend dargelegt werden, um zu prüfen, wie sie auf bisher unerledigte Probleme in der historischen Entwicklung der rechts- und demokratietheoretischen Diskussion reagiert (I). Anschließend folgen kritische Überlegungen, die aus der Perspektive eines radikaleren Ansatzes von Volkssouveränität

382 Schmitt, *Legalität und Legitimität*, S. 299-304, 307, 310, 344 f.

vorgetragen werden und in diesem Zusammenhang Habermas' Rezeption der Aufklärungsphilosophie, insbesondere der Kants, behandeln sowie Konsequenzen des diskurstheoretischen Begründungsansatzes für das Verhältnis von Recht und Moral, bzw. von positivem und überpositivem Recht untersuchen (II.).

I.

Habermas' diskurstheoretische Rekonstruktion vernunftrechtlicher Prämissen begreift das entwickelte »System der Rechte« als ein von vornherein juridisches, das ohne Positivierung durch einen demokratischen Gesetzgeber nicht zu denken ist.[383] Damit ist die klassische Hierarchie zwischen Naturrecht und positivem Recht zu einer rechtsinternen Spannung zwischen Faktizität und Geltung transformiert.[384] Allerdings ist das Verhältnis von Faktizität und Geltung nicht etwa durch den Gegensatz zwischen voluntaristischer Volkssouveränität und normativ begründbaren Rechten bezeichnet, sondern dieses Spannungsverhältnis wird innerhalb des Systems der Rechte selbst, sogar innerhalb der Rechte der Privatautonomie, angesiedelt und durch die Einführung des Prinzips der Volkssouveränität, das ebenfalls normative Qualität hat, eher gemildert als verursacht. Die bis zur Paradoxie gesteigerte Spannung innerhalb des Systems von Rechten ist Habermas zufolge zunächst noch dadurch charakterisiert, daß subjektive Handlungsfreiheiten mit dem Zwang des objektiven Rechts ausgestattet werden.[385] Entsprechend hoch müssen deshalb die Rationalitätsanforderungen an das Verfahren der Gesetzgebung sein, die Habermas' diskurstheoretische Rekonstruktion des Volkssouveränitätsprinzips im Hinblick auf den Zwangscharakter auch des demokratisch gesetzten Rechts formuliert. Erst recht muß die Konzeption von Volkssouveränität dem Umstand Rechnung tragen, daß demokratische Rechtssetzung auch die grundlegenden Rechte als konkrete überhaupt erst hervorbringt.

Habermas' äußerst komplexe Entwicklung dieses Zusammenhangs kann hier nur insoweit wiedergegeben werden, als die folgende Auseinandersetzung sich auf sie bezieht. In einem historischen

383 Habermas, *Faktizität und Geltung*, S. 137 f.

384 Ebd., S. 137, 109.

385 Ebd., S. 45.

Durchgang prüft Habermas zunächst unzulängliche rechtstheoretische Auflösungen der ursprünglichen Paradoxie der Freiheitsrechte, wie sie für die subjektiven Privatrechte typisch ist. Habermas zufolge verliert z. B. Savignys Versuch,[386] die zwangsbewehrte Ausgrenzung subjektiver Freiheitsbereiche durch das Prinzip der intersubjektiven Anerkennung zwischen den Rechtssubjekten gleichsam moralisch abzusichern, dadurch seine Plausibilität, daß die Konnotation von privater und moralischer Autonomie im späten 19. Jahrhundert überhaupt brüchig wird.[387] Ergänzend ließe sich anmerken, daß die Subjektivität dieses Privatrechts die Dimension der Sachherrschaft betraf, die Intersubjektivität dagegen die Rechtsbeziehungen zwischen Subjekten in bezug auf deren Sachherrschaft. Wenn also dieser Zusammenhang lediglich den von Kant und der marxistischen Rechtstheorie noch übereinstimmend herausgearbeiteten Sachverhalt bezeichnet, daß Rechtsverhältnisse nicht unmittelbar zwischen Rechtssubjekten und Dingen, sondern nur zwischen den Subjekten selbst in bezug auf die Dinge bestehen können (ähnlich wie wir uns in Sprechakten über etwas in der Welt verständigen), so kann diese Intersubjektivität des Privatrechts nicht eo ipso als eine solche verstanden werden, die auf reziproker Anerkennung und Gewährleistung gleicher Freiheit beruht. Diese Struktur könnte jedenfalls eher realisiert werden, wenn die Normen des Privatrechts aus einem Gesetzgebungsverfahren hervorgehen, das seinerseits die Bedingungen reziproker Anerkennung erfüllt. Folgerichtig bindet Habermas die Produktion legitimen Rechts wie die Positivierung diskursiv begründbarer Freiheitsrechte an das diskurstheoretisch rekonstruierte Prinzip der Volkssouveränität. Habermas' gesamte Argumentation ist deshalb darauf gerichtet, den internen Zusammenhang von Freiheitsrechten und Volkssouveränität in einem System der Rechte zu erläutern,[388] das auf der Gleichwertigkeit und wechselseitigen Ermöglichung von privater und öffentlicher Autonomie beruht. Habermas' Konzeption einer »logischen Genese von Rechten«, die sich ausdrücklich als ein »Kreisprozeß« versteht, in dem die Rechte privatautonomer Subjekte und die Teilnahmerechte politisch-autonomer Staatsbürger am demokratischen Ge-

386 Ebd., S. 112.
387 Ebd., S. 113.
388 Ebd., S. 155-165.

setzgebungsprozeß sich »*gleichursprünglich*« konstituieren,[389] wurde gleichwohl je nach Perspektive der Interpreten entweder als eine verstanden, die im Sinne einer klassischen Legeshierarchie die demokratische Gesetzgebung vorgegebenen subjektiven Rechten subordiniere,[390] oder als eine, die umgekehrt diese Rechte überhaupt einer wildgewordenen Volkssouveränität zur Disposition stelle.[391]

Für die erste Lesart scheint die Reihenfolge von Habermas' Explikation des Kreisprozesses zu sprechen. Diese »*beginnt* mit der Anwendung des Diskursprinzips auf das – für die Rechtsform als solche konstitutive – Recht auf subjektive Handlungsfreiheiten überhaupt und *endet* mit der rechtlichen Institutionalisierung von Bedingungen für eine diskursive Ausübung der politischen Autonomie, mit der *rückwirkend* die zunächst abstrakt gesetzte private Autonomie rechtlich ausgestaltet werden kann«.[392] Daß hier das Prinzip der rechtsgestaltenden Volkssouveränität den subjektiven Rechten privater Autonomie scheinbar nur nachfolgt, findet auf den ersten Blick in der Reihenfolge, in der Habermas die begründeten Kategorien von Rechten einführt, eine genaue Entsprechung. Die ersten drei Kategorien von Rechten sind sämtlich dem Bereich privater Autonomie zugeordnet. Sie beziehen sich auf das Recht »auf das größtmögliche Maß gleicher subjektiver Handlungsfreiheiten« (Kategorie 1) und erfordern als notwendige Korrelate Rechte des gleichen Mitgliedsstatus in einer freiwilligen Assoziation von Rechtsgenossen (Kategorie 2), sowie gleiche Rechte des individuellen Rechtsschutzes (Kategorie 3).[393] »*Erst im nächsten Schritt*«, wie es bei Habermas heißt, »erwerben die Rechtssubjekte auch die Rolle von Autoren ihrer Rechtsordnung, und zwar durch Grundrechte auf die chancengleiche Teilnahme an Prozessen der Meinungs- und Willensbildung, worin Bürger ihre politische Autonomie ausüben

389 Ebd., S. 154 f. – Hervorhebung i. O.

390 So Thomas Kupka, »Jürgen Habermas' diskurstheoretische Reformulierung des klassisschen Vernunftrechts«, in: *Kritische Justiz* 27 (1994), S. 461-469, hier: S. 466, 468 f. – Zur Kritik vgl. schon Klaus Günther, »Diskurstheorie des Rechts oder liberales Naturrecht in diskurstheoretischem Gewande?« in: *Kritische Justiz* 27 (1994), S. 470-487.

391 So z. B. Charles Larmore, »Die Wurzeln radikaler Demokratie«, in: *Deutsche Zeitschrift für Philosophie*, 41 (1993), S. 321-327.

392 Habermas, *Faktizität und Geltung*, S. 155. – Hervorhebungen I. M.

393 Ebd., S. 155 f.

und wodurch sie legitimes Recht setzen« (Kategorie 4).[394] Indem Habermas zusätzlich betont, daß die ersten drei Kategorien von Rechten überhaupt den Rechtskode begründen, dessen sich der demokratische Gesetzgeber bedienen muß, wenn er legitimes Recht setzen will,[395] scheint jene Interpretation, die Habermas' System der Rechte eine »zweistufige Legalität« unterstellt, derzufolge der demokratische Gesetzgeber höherwertigem Recht unterworfen ist, gegen jeden Einwand abgesichert zu sein.

Habermas' Programm, die »paradoxe Entstehung von Legitimität aus Legalität« zu erklären,[396] enthält indessen eine genau umgekehrte Intention. Um jeden Irrtum auszuschließen, konstatiert Habermas, daß im modernen Recht alle normativen Zumutungen auf die Gesetze verschoben sind und erläutert: »Diese (Gesetze) beziehen ihre Legitimität aus einem Gesetzgebungsverfahren, das sich seinerseits auf das Prinzip der Volkssouveränität stützt.«[397] Was hier das System der Rechte angeht, so betont Habermas ausdrücklich, daß mit Hilfe derjenigen Rechte, »die den Staatsbürgern die Ausübung ihrer *politischen* Autonomie sichern«, die Entstehung von Legitimität aus Legalität erklärt werden muß.[398] Hier hängt also die Legitimität alles gesetzten Rechts gerade nicht von den Rechten der Kategorien 1 bis 3 ab, die die Privatautonomie garantieren und als solche den Rechtskode begründen, sondern ausschließlich von den politischen Partizipationsrechten der Kategorie 4. Zwar muß jeder Gesetz- und Verfassunggeber, eben weil er Recht setzen will, sich des Rechtskodes bedienen, aber dieser Rechtskode kann, wie Habermas betont, »nicht in abstracto« eingerichtet werden, sondern nur durch die demokratische Rechtssetzung der Bürger, die einander bestimmte Rechte überhaupt erst zusprechen.[399] Ganz ohne Frage hat – aus dieser Sicht – das Demokratieprinzip Priorität. Habermas zufolge muß das Demokratieprinzip »nicht nur ein Verfahren legitimer Rechtssetzung festlegen, sondern die Erzeugung des Rechtsmediums selber steuern«.[400] Galt zunächst apodiktisch: »Es gibt kein legi-

394 Ebd., S. 156. – Hervorhebung I. M.
395 Ebd., S. 159, 162.
396 Ebd., S. 110, 165.
397 Ebd., S. 110.
398 Ebd.
399 Ebd., S. 159.
400 Ebd., S. 143.

times Recht ohne diese Rechte« – d. h. der subjektiven Privatrechte der Kategorien 1 bis 3[401] –, so erweist sich nun, daß diese Rechte wiederum von ihrer Setzung im demokratischen Verfahren abhängig sind, also den Partizipationsrechten der Kategorie 4 nachfolgen.

Der zunächst ganz vorherrschende Eindruck, Habermas unterstelle die Legalität demokratischer Gesetzgebung einer höherwertigen Legitimität, die durch eine spezifische Hierarchisierung innerhalb des Systems der Rechte begründet werde, wird auch durch die Fassung des Diskursprinzips in *Faktizität und Geltung* korrigiert. Habermas distanziert sich von einer Auffassung, die innerhalb seines moralphilosophischen Werkes unproblematisch blieb. Waren seine Schriften zur Diskursethik durch eine Identifikation von Diskurs- und Moralprinzip gekennzeichnet, so betont Habermas in *Faktizität und Geltung* mit Blick auf den zentralen Untersuchungsgegenstand deren Unterschied.[402] Hier führt er das Diskursprinzip als ein solches ein, das sich zur modernen Ausdifferenzierung von Recht und Moral neutral verhält und nur den Gesichtspunkt erklärt, unter dem Handlungsnormen welcher Art auch immer unparteilich begründet werden können. Die Legitimation von Rechtsnormen hängt darum nicht von ihrer Übereinstimmung mit dem Diskursprinzip unmittelbar ab und fügt sich gar nicht einer Hierarchie zwischen Moral und Recht. Habermas' Formulierung »das Diskursprinzip soll erst auf dem Wege der rechtsförmigen Institutionalisierung die Gestalt eines Demokratieprinzips annehmen, welches dann seinerseits dem Prozeß der Rechtssetzung legitimitätserzeugende Kraft verleiht«[403] stellt zweierlei klar. Legitimitätsbildend ist nicht höherwertiges Recht, sondern das Demokratieprinzip, und: die Rechtsförmigkeit organisiert den demokratischen Prozeß, aber erst der letztere ermöglicht legitimes Recht (auf diese »reflexive« Struktur ist noch zurückzukommen). Unter diesen Voraussetzungen kann Habermas das Demokratieprinzip als »Kern« des Systems der Rechte bestimmen und das Spezifische seines Legitimitätsbegriffs im Gegensatz zu konkurrierenden Legitimitätsvorstellungen herausarbeiten: »Seinen vollen normativen Sinn erhält das Recht nicht per se durch seine *Form*, auch nicht durch einen a priori gegebenen moralischen *Inhalt*, sondern durch

401 Ebd., S. 159.
402 Ebd., S. 140, 154.
403 Ebd., S. 154.

ein *Verfahren* der Rechtssetzung, das Legitimität erzeugt.«[404] Mit großer Berechtigung kann also Habermas für seine Konzeption in Anspruch nehmen, daß sie dem demokratischen Gesetzgeber das System der Rechte nicht etwa als ein Naturrecht vorgibt.[405] Der Vorwurf, Habermas folge auf verschlungenen Pfaden noch immer dem Modell »zweistufiger Legalität«, das den demokratischen Gesetzgeber letztendlich desavouiere, ist also mit vielen Gründen zu widerlegen. Dennoch ergäbe sich aus dieser Art der Wiederlegung die Frage, ob nicht Habermas sein Programm, die Gleichwertigkeit und Gleichursprünglichkeit von Freiheitsrechten und Volkssouveränität in einem System der Rechte zu erläutern, zugunsten der Volkssouveränität gesprengt habe.

Dieser Verdacht wird z. B. von Charles Larmore geäußert. Trotz großer Übereinstimmung mit weiten Partien des Habermasschen Werkes erklärt Larmore die zentrale These in *Faktizität und Geltung*, daß subjektive Freiheitsrechte als ermöglichende Bedingungen souveräner demokratischer Gesetzgebung diese nicht zugleich beschränken könnten,[406] zum Skandalon von Habermas' Demokratietheorie.[407] Indem er unterstellt, daß Habermas demokratische Autonomie als »einzige« und deshalb »totale« Grundlage des modernen Rechtsstaats anerkenne,[408] und zudem den Grundsatz von Volkssouveränität, keine Normen anzuerkennen außer denen, die sie selbst hervorbringt, als beliebigen Dezisionismus mißversteht, sucht Larmore sogar in vormodernen Lösungen eine Ausflucht. Gegen das so verstandene Demokratieprinzip als Ausdruck »nachmetaphysischen Denkens«[409] macht Larmore den auch noch in der modernen Gesellschaft – die in der Tat auf der Gleichzeitigkeit des Ungleichzeitigen beruht – unausgestandenen Streit zwischen metaphysischem und nachmetaphysischem Denken geltend und nimmt (wider Willen) eine metaphysische Position ein: Demokratische Gesetzgebung müsse selber auf einen moralischen Grundsatz, den der Anerkennung von Personen, basiert werden, der seinerseits allen Begründungen vorausliege und immer schon als gültig ange-

404 Ebd., S. 169.
405 Ebd., S. 163.
406 Ebd., S. 162.
407 Larmore, »Die Wurzeln radikaler Demokratie«, S. 326.
408 Ebd., S. 326 f.
409 Jürgen Habermas, *Nachmetaphysisches Denken*, Frankfurt am Main 1988.

nommen werden müsse.[410] So wird gegen das vermeintliche Gift einer Demokratie, die in der Tat keine höhere Instanz über dem demokratischen Prozedere der Rechtssetzung kennt, das Gegengift eines moralischen Grundsatzes aufgeboten, der im Sinne einer »eingeborenen Idee« eingeführt wird und insofern notwendig auf eine »höhere Instanz« – und deren irdische Verwaltung durch Gerechtigkeitsexperten – verweist. Nicht etwa das von Larmore angegebene moralische Prinzip, wohl aber dessen Situierung jenseits aller innerweltlichen Diskurse setzt das Demokratieprinzip außer Kraft.

Die entscheidende Frage ist jedoch, ob Larmores Lesart des Systems der Rechte, daß nämlich Habermas die subjektiven Rechte lediglich aus dem Begriff der Volkssouveränität ableite,[411] überhaupt zutrifft. Immerhin bemerkt Larmore im gleichen Zusammenhang, daß diese Ableitung »eher *zirkelhaft* ausfällt«[412] – ohne jedoch aus dieser richtigen, wenngleich eher pejorativ besetzten Feststellung irgendeine Konsequenz zu ziehen. Dagegen ist Habermas' eigene Kennzeichnung der logischen Genese des Systems der Rechte als eines »Kreisprozesses«[413] für ein angemessenes Verständnis seiner Konzeption des Verhältnisses von subjektiven Privatrechten und demokratischen Teilhaberechten ausschlaggebend. Mit großer Berechtigung hat Klaus Günther auf die quasi dialektische Struktur dieses Kreisprozesses aufmerksam gemacht und unter diesem Aspekt die interpretatorische Unterstellung einer Legeshierarchie sowie die Auflistung vermeintlicher Widersprüche in Habermas' Konzeption kritisiert.[414] Aus dieser Sicht erscheint die Tatsache, daß bei Habermas subjektive Rechte zugleich als Ergebnis und Voraussetzung der demokratischen Rechtssetzung auftreten, nicht als Widerspruch, sondern als »Pointe des Arguments«.[415] Einleuchtend legt Günther dar, daß mit den subjektiven Privatrechten zwar der Rechtskode den rechts- und verfassunggebenden Bürgern schon vorgegeben ist, aber lediglich als »Tiefengrammatik« der Rechtssprache, die der Umsetzung in die »Oberflächenstruktur« der Rechtssprache durch die Sprecher selbst bedarf, um

410 Larmore, »Die Wurzeln radikaler Demokratie«, S. 322 f., 327.

411 Ebd., S. 326, 327.

412 Ebd., S. 326. – Hervorhebung I. M.

413 Habermas, *Faktizität und Geltung*, S. 155.

414 Günther, »Diskurstheorie des Rechts«, S. 471.

415 Ebd.

überhaupt gesprochen werden zu können[416] – womit Rechtskode und demokratische Rechtssetzungspraxis als gleichursprüngliche Momente dargetan sind, die auf jeweils verschiedenen Seiten des Kreisprozesses sichtbar werden.

Habermas selbst hat als Motiv für den von ihm so bezeichneten »Perspektivenwechsel« von der einen zur anderen Seite des Kreisprozesses vor allem die Vermeidung expertokratischer Konsequenzen seiner Theorie angegeben:[417] Während zwar nicht der Kreisprozeß der Genese der Rechte, wohl aber dessen rekonstruktive Darstellung mit der Konstitution der subjektiven Privatrechte »beginnt«, folgt die Kategorie der demokratischen Teilnahmerechte an der Gesetzgebung nicht etwa aus diesen, sondern verdankt sich dem »Perspektivenwechsel« von der externen theoretischen Argumentation zur internen Rechtspraxis der Staatsbürger selbst. Die Reihenfolge der Darstellung ergibt sich nur »aus der Sicht des Theoretikers«, der aus der abstrakten Verschränkung von Diskursprinzip und Rechtsform jene Kategorien von Rechten gewinnt, die die Bürger sich gegenseitig zuerkennen »müßten«, wenn sie legitimes Recht setzen wollen.[418] Als *demokratischer* Theoretiker muß er diese Perspektive zugunsten der politischen Autonomie verfassunggebender und rechtssetzender Bürger aufgeben, die diese Rechte überhaupt erst aus ihrer Sicht entwickeln, historisch zu Bewußtsein bringen und rechtlich positivieren. Habermas versteht deshalb letztlich sein System der Rechte als verallgemeinernde Rekonstruktion des Selbstverständnisses, das historisch bekannten demokratischen Verfassunggebungen und Rechteerklärungen notwendigerweise zugrunde liegt.[419] Was hier leicht als Kotau der »Geltung« vor der historisch kontingenten »Faktizität« von Verfassunggebungen gedeutet werden könnte, ist tatsächlich einer demokratischen Intention geschuldet: Auf der demokratischen Seite des Kreisprozesses angekommen, kann der Theoretiker den Bürgern nicht mehr expertokratisch explizieren, was sie vernüftigerweise zu entscheiden hätten, sondern muß umgekehrt aus deren Verfassungspraxis das Vernünftige rekonstruieren. – Auf radikalere und gleichzeitig paradoxere Weise hatte Kant diese demokratische Intention demo-

416 Ebd., S. 484.
417 Habermas, *Faktizität und Geltung*, S. 160.
418 Ebd., S. 160.
419 Ebd., S. 163.

kratischer Theorie formuliert: Gegen den (noch nicht aufgeklärten) Willen des Volkes darf nicht einmal die Demokratie eingeführt werden.[420] Ähnlich verhält es sich hier mit den Freiheitsrechten. In beiden Fällen wird allerdings die Unumkehrbarkeit der historisch erreichten Standards normativ begründet.

Der Kreisprozeß besteht aber auch aus jener anderen Seite, die den extremen Befürchtungen Larmores entgegensteht. Obgleich Rechte weder expertokratisch festgesetzt noch paternalistisch garantiert werden können, so handelt doch Habermas von Rechten und Selbstverständnissen, die legitimen demokratischen Verfassung- und Gesetzgebungen »notwendigerweise« zugrunde liegen. Um den Stellenwert dieser Notwendigkeit und deren Anschlußfähigkeit an das Demokratieprinzip näher zu erläutern, bedarf es einer Klärung des Status der von Habermas eingeführten »Rechte« im Unterschied zu den Rechten, die in Grundrechtskatalogen demokratischer Verfassungen typischerweise enthalten sind, und einer Erläuterung des Verhältnisses von Rechtsform und Rechtskode innerhalb des Kreisprozesses.

Was das erstere Problem angeht, so existiert in der Literatur interessanterweise nicht nur der Vorwurf, Habermas ordne dem demokratischen Gesetzgeber ein komplettes Programm von Rechten vor,[421] sondern auch die umgekehrte Kritik, Habermas habe auf eine detaillierte Konkretisierung seines Systems der Rechte verzichtet.[422] In beiden Fällen wird die Logik von Habermas' Unterscheidung verkannt: Die in den Rechtskode selbst eingeschriebenen (notwendigen) Rechte, ohne die es kein legitimes Recht gibt, sind nicht etwa mit historisch bekannten liberalen Grundrechten identisch, stehen mit diesen noch nicht einmal auf einer Stufe der Konkretion, sondern sind bloße Rechtsprinzipien, »ungesättigte Platzhalter« für Grundrechte, die erst noch von einem konkreten Gesetzgeber für einen konkreten historischen und gesellschaftlichen Kontext ausgestaltet werden müssen.[423] Daß im System der Rechte »Kategorien von Rechten« und nicht die Rechte selbst begründet werden, darauf verweisen auch Habermas' Formulierungen, die sich bei sämtlichen Umschreibungen der subjektiven Pri-

420 Kant, MdS/RL, S. 463.

421 Kupka, »Jürgen Habermas' diskurstheoretische Reformulierung«, S. 467 f.

422 Höffe, »Eine Konversion der kritischen Theorie?«, S. 83.

423 Habermas, *Faktizität und Geltung*, S. 159 f.

vatrechte (Kategorien 1 bis 3) gleichlautend finden: Es geht jeweils um Grundrechte, die sich »*aus der politisch autonomen Ausgestaltung* des Rechts auf das größtmögliche Maß gleicher subjektiver Handlungsfreiheiten (oder: des Status eines Mitgliedes, oder: des individuellen Rechtsschutzes) *ergeben*«.[424] Indem so Habermas auf die expertokratische Auszeichnung »richtiger« Grundrechte absichtsvoll verzichtet, aber umgekehrt »Grundrechte auf die chancengleiche Teilnahme an Prozessen der Meinungs- und Willensbildung, worin Bürger ihre politische Autonomie ausüben und wodurch sie legitimes Recht setzen«, definitiv benennt,[425] ist innerhalb des Kreisprozesses eine Hierarchisierung etabliert, die mit Darstellungszwecken nichts mehr zu tun hat: Die gleiche Teilnahme am demokratischen Gesetzgebungsprozeß ist den besondereren Ausformulierungen liberaler Grundrechte vorgeordnet;[426] dagegen sind die Kategorien von Rechten oder Rechtsprinzipien, die den Rechtskode selbst begründen, dem demokratischen Gesetzgeber vorgegeben, insofern er überhaupt Recht setzt und sich des Rechtskodes bedient.[427]

Daß hier nicht von einem zirkulären »Glasperlenspiel« die Rede ist, sondern eine Rechts- und Demokratietheorie praktische Intentionen artikuliert, ist an dem Gegensatz zu verdeutlichen, der zwischen ihr und der gegenwärtig herrschenden Demokratietheorie und -praxis besteht.[428] Glaubt letztere in durchaus gegenaufklärerischer Manier einen Beitrag zur Bewältigung der Totalitarismen dieses Jahrhunderts zu leisten, indem sie ausgerechnet das freiheitliche Prinzip der Volkssouveränität verteufelt und demokratische Prozesse so weitgehend durch liberale Freiheitsrechte einschränkt, bis auch die letzteren höchstens noch in Gestalt staatlich verwalteter Güter existieren, so ist Habermas' Konzeption des Verhältnisses von Volkssouveränität und subjektiven Rechten nicht auf Einschränkung, sondern auf wechselseitige Optimierung angelegt. Daß Habermas zufolge der demokratische Gesetz- und Verfassunggeber

424 Ebd., S. 155 f. – Hervorhebung I. M.

425 Ebd., S. 156 – obwohl auch hier für weitergehende historische Konkretisierungen Raum bleibt (S. 162).

426 So auch Albrecht Wellmer, »Bedingungen einer demokratischen Kultur. Zur Debatte zwischen Liberalen und Kommunitaristen«, in: Micha Brumlik, Hauke Brunkhorst (Hg.), *Gemeinschaft und Gerechtigkeit*, Frankfurt am Main 1993, S. 173-196, hier: S. 179 f.

427 Habermas, *Faktizität und Geltung*, S. 160.

428 Dazu Maus, *Zur Aufklärung der Demokratietheorie*.

zwar Gestaltungsfreiheit in bezug auf konkrete liberale Grundrechte hat, aber zur Erzeugung legitimen Rechts auf die in den Rechtskode eingeschriebenen kategorialen Rechtsbestimmungen »notwendig« verpflichtet ist, hat diesen Sinn wechselseitiger Optimierung, weil beide Momente die gleiche normative Struktur aufweisen. Wirkliche Demokratie, die nicht auf dem Recht auf das größtmögliche Maß gleicher subjektiver Handlungsfreiheiten und dessen Korrelaten basierte, ist nicht möglich: Jeder Angriff auf dieses Recht verletzt ihr eigenes Organisationsprinzip, das gleiche Teilnahme deshalb verlangt, weil diese Konsequenz und Schutz des größtmöglichen Maßes gleicher subjektiver Handlungsfreiheiten ist.

Ein solcher Zusammenhang kann nur zirkulär begründet werden. Es handelt sich – wie Albrecht Wellmer erklärt – nicht um einen schlechten theoretischen, sondern um einen »unvermeidlichen praktischen [...] Zirkel«.[429] Einem bekannten Diktum zufolge kommt es also nicht darauf an, den Zirkel zu vermeiden, sondern an der richtigen Stelle in ihn hineinzukommen. Auch die demokratische Natur- bzw. Vernunftsrechtstheorie des 18. Jahrhunderts war, allen Mißverständnissen zum Trotz, nicht »zweistufig«, sondern zirkulär angelegt. Ihre Eintrittsstelle in den Zirkel waren noch die »angeborenen« Menschenrechte. Aus ihnen begründeten Rousseau wie Kant das Prinzip der Volkssouveränität und bestimmten umgekehrt die demokratische Struktur der Gesetzgebung als Voraussetzung für deren »Endzweck«: den Schutz der Menschenrechte, welche wiederum nur in einem demokratisch strukturierten Verfahren inhaltlich konkretisiert und als konkretisierte auch permanent abgeändert werden konnten.[430] Bei aller Betonung der souveränen, permanent verfassunggebenden Gewalt des Volkes waren für beide Theoretiker dennoch »Freiheit« und »Gleichheit« als solche unaufhebbar – ebenso wie das Prinzip der Volkssouveränität selbst.[431] Die Eintrittsstelle in den Zirkel war auch hier mitnichten (nach heutigem Sprachgebrauch) »metaphysisch« bestimmt. Die »angebore-

429 Wellmer, »Bedingungen einer demokratischen Kultur«, S. 179.

430 Besonders deutlich: Rousseau, CS I 4 Abs. 6 (franz.: S. 239 f.); I 5 Abs. 1 und 2 (franz.: S. 242); I 6 Abs. 3 und 4 (franz.: S. 243 ff.); II 11 Abs. 1 (franz.: S. 269); III 18 Abs. 6 und 7 (franz.: S. 307). – Kant, MdS/RL, S. 345, 432, 464 f. – Zu Kant vgl.: Maus, *Zur Aufklärung der Demokratietheorie*, S. 298 ff.

431 Rousseau, CS I 4 Abs. 6 (franz.: S. 239 f.); II 1 Abs. 2 (franz.: S. 250). – Kant, Gemeinspruch, S. 145; MdS/RL, S. 464 f.

nen« Menschenrechte verdanken sich einer Abstraktionsleistung der sie begründenden Theorien: Im hypothetischen Konstrukt des Naturzustandes, das nicht etwa aus Unkenntnis, sondern höchst absichtsvoll von allen historisch gewachsenen und realexistierenden politisch-gesellschaftlichen Institutionen und Zwangsveranstaltungen abstrahierte, konnten jene Menschenrechte kontrafaktisch postuliert werden, die in der historisch-gesellschaftlichen Realität nirgendwo anerkannt waren. Menschenrechte konnten bei Rousseau wie bei Kant in der Tat nur als ein Apriori identifiziert werden, das aller Erfahrung vorherging und dieser den Kampf ansagte.

Die Eintrittsstelle in den Zirkel ist bei Habermas eine andere. Dies ist nicht nur dem Umstand zu verdanken, daß seine Theorie zu einem Zeitpunkt formuliert ist, in der sie – wie es heißt – auf »mehr als zweihundert Jahre« Verfassungsrechtsentwicklung zurückblicken und sich als »Rekonstruktion« der in dieser angelegten Momente des Vernünftigen verstehen kann.[432] Die Eintrittstelle ist jetzt das Diskursprinzip; der Zirkel hat einen neuen systematischen Anfang, der dem *linguistic turn* der modernen Philosophie entspricht. Aber auch das Diskursprinzip ist nicht mehr ein reines Apriori und nicht nur kontrafaktisch bestimmt. Es leitet sich als Grundsatz der unparteilichen Prüfung von Handlungsnormen aus jenen pragmatischen Bestandteilen der Rede ab, mit denen in jeder faktisch realisierten Rede eine kontrafaktische (»ideale«) Sprechsituation unterstellt wird – eine Unterstellung, ohne die faktisches Sprechen nicht möglich wäre. Es ist diese idealisierende Selbstüberforderung[433] realer Redepraxis, diese Verschränkung von Faktizität und Geltung, die Habermas als Grundstruktur auch des Rechts diagnostiziert und gleichzeitig an der Eintrittsstelle des Zirkels in Gang setzt: Aus der Anwendung des Diskursprinzips auf die Rechtsform gehen (auf den beiden Seiten des Kreisprozesses) einerseits das Demokratieprinzip, andererseits die mit dem Rechtskode identischen subjektiven Privatrechte »gleichursprünglich« hervor.[434] Mit diesen Prinzipien sind gleichsam die idealistischen Voraussetzungen einer jeden Verfassungspraxis formuliert, die Anspruch auf Vernunft erhebt. Was immer auch die tatsächlichen strategischen und interessenvernetzten Motivationen in faktischen Prozessen der

432 Habermas, *Faktizität und Geltung*, S. 163.

433 Ebd., S. 19, 24-35.

434 Ebd., S. 154f.

Verfassunggebung[435] und in der späteren Verfassungspraxis sein mögen, so ist doch in diesen Prinzipien ein kritischer Maßstab gesetzt, ohne den die Beschreibung der Wirklichkeit zynisch würde.

Bevor auf die Differenzen einzugehen ist, die sich aus diesen unterschiedlichen Voraussetzungen zwischen der Naturrechtstheorie des 18. Jahrhunderts und der Diskurstheorie ergeben (dazu II), soll hier noch das Gemeinsame der zirkulären Begründung angedeutet werden. Diese entspricht zunächst der »reflexiven« Struktur des modernen Rechts,[436] das sich in vielfachen Binnendifferenzierungen von Verfahrensnormen und materiellen Normen, von Rechtserzeugungsregeln und primären Regeln oder von Verfassungsnormen und Gesetzesnormen auf sich selbst beziehen kann, ohne doch in einem tautologischen Sinn »selbstreferentiell« zu sein.[437] Auch die demokratische Konzeption der »Selbstgesetzgebung« als solche kann nur zirkulär in der Weise begründet werden, daß trotz der idealen Personalunion von »freiem« Gesetzgeber und »gezwungenem« Rechtsadressaten in jedem Staatsbürger die zeitliche Ausdifferenzierung zwischen Gesetzgebung und Gesetzesanwendung aufrechterhalten bleibt. Diese Binnendifferenzierungen des Rechts antworten aber schon auf einen Umstand, der dem »praktischen Zirkel« eine viel grundsätzlichere Bedeutung gibt. Seit dem modernen Verlust objektiv begründeter Gewißheiten ist es mit jenen »Deduktionen« vorbei, die gegen Habermas' Theorie anachronistischerweise noch immer eingeklagt werden.[438] Subjektiv oder intersubjektiv erarbeitete Begründungen werden notwendig zirkulär, weil sie eben Gründe nicht mehr voraussetzen können.

Kant brachte dieses Problem auf den Begriff, als er erklärte: »Hier sehen wir nun die Philosophie in der Tat auf einen mißli-

435 Für die Verfassung der USA siehe die selbst wieder interessenspezifisch umstrittene Analyse von Charles A. Beard, *An Economic Interpretation of the Constitution of the United States* (1913), dt.: *Eine ökonomische Interpretation der Verfassung der USA*, Frankfurt am Main 1974. – Für das Grundgesetz der Bundesrepublik siehe Werner Sörgel, *Konsensus und Interessen. Eine Studie zur Entstehung des Grundgesetzes für die Bundesrepublik Deutschland*, Stuttgart 1969.

436 Habermas, *Faktizität und Geltung*, S. 142 et passim.

437 Dazu Ingeborg Maus, »Zur Theorie der Institutionalisierung bei Kant«, in: dies., *Zur Aufklärung der Demokratietheorie*, S. 249-297, hier: S. 252-254, 271-297.

438 So z. B. Thomas Blanke, »Sanfte Nötigung«, in: *Kritische Justiz* 27 (1994), S. 439-461.

chen Standpunkt gestellet, der fest sein soll, unerachtet er weder im Himmel, noch auf der Erde, an etwas gehängt, oder woran gestützt wird.«[439] Für Habermas stellt sich die objektive Voraussetzungslosigkeit der praktischen Philosophie nicht in der gleichen Schärfe wie bei Kant, der die Selbstbegründung einer jeden nachmetaphysischen praktischen Philosophie in der Weise radikalisierte, daß er deren zentrales Prinzip der Freiheit nicht etwa als einen möglichen Gegenstand der Erfahrung, sondern überhaupt nur als Möglichkeit dartun konnte, um damit die Bedingung einer zukünftigen Verwirklichung von Freiheit anzugeben – weshalb er die praktische Philosophie zur »Selbsthalterin ihrer Gesetze« erklären mußte.[440] Habermas kann dagegen auf Momente der Redepraxis verweisen, in denen immerhin kontrafaktische Idealisierungen faktisch unterstellt werden, so daß die Philosophie nicht mehr auf ihre eigenen Unterstellungen angewiesen ist, sondern auf diejenigen der gesellschaftlichen Praxis rekurrieren kann. Dennoch insistiert auch Habermas darauf, daß es außer den sprachlich strukturierten Lebensformen »weder Höheres noch Tieferes gibt, an das wir [...] appellieren könnten«, und erklärt darum Kants Philosophie, die die Kritik der Vernunft als »deren eigenes Werk« entwickelt und insgesamt auf einer »gegen sich selbst prozessierende(n) Vernunft« beruht, zur unhintergehbaren Voraussetzung der Moderne.[441]

Für die Begründung eines demokratischen Rechtsstaats, in dem Freiheitsrechte und Volkssouveränität gleichermaßen garantiert sein sollen, ist es wesentlich, daß alle diese selbstbezüglich-zirkulären Strukturen nicht tautologisch sind. Wenn Kant nicht nur eine von allen inhaltlichen Vorgaben freie Moral auf der Selbstgesetzgebung des Willens basiert,[442] sondern auch eine von allem materialen Naturrecht unabhängige Rechtssetzung dem Volkswillen deshalb anvertraut, weil dieser »über sich selbst beschließt«,[443] so ist die Erwartung der Nichtwillkürlichkeit der Ergebnisse an die Voraussetzung gebunden, daß das jeweilige »Selbst« genausowenig mit sich identisch bleibt wie die gegen sich »selbst« prozessierende Vernunft. Diese Nichtidentität meint nicht etwa eine Zäsur, die die je-

439 Kant, GMS, S. 57.

440 Ebd., S. 92-99, 101 f., 57.

441 Habermas, *Faktizität und Geltung*, S. 11.

442 Kant, GMS, S. 74.

443 Kant, MdS/RL, S. 432.

weiligen Akteure in sich zu errichten hätten, so daß das moralische Subjekt keine Spur des *homo phaenomenon* mehr enthielte oder der demokratische Gesetzgeber aus lauter *citoyens* bestünde, die keinerlei *bourgeoise* Interessen mehr haben dürften, oder die Philosophie sich im Elfenbeinturm verschlösse. Solche Zäsuren könnten sich nur an objektiven Gewißheiten orientieren, die ja gerade entfallen sind. Nichtidentität wird vielmehr in allen Fällen durch Verfahrenstrennungen erreicht, die wiederum für die Struktur des Rechts besonders typisch sind.[444]

Die oft beobachtete juristische Metaphorik auch in Kants theoretischer Philosophie legt sich z. B. in eine »Selbsterkenntnis« der Vernunft aus, die sich nicht einfach auf sich selbst bezieht, sondern sich in unterschiedliche Prozesse des Denkens – die »Kritik der reinen Vernunft« als selbständige Propädeutik und das eigentliche System der reinen Vernunft – ausdifferenziert.[445] Die Selbsterkenntnis besteht hier in der Möglichkeit der Anwendung des ersten Denkprozesses auf den zweiten. Es ist also nicht das gleiche Denken, das sich als Denken auf Denken bezieht.[446] Ähnlich besteht für die moralische Selbstgesetzgebung ein ausdifferenziertes Verfahren der Prüfung von Maximen auf ihre Universalisierbarkeit. Der kategorische Imperativ verlangt die Anwendung der Form einer (simulierten) allgemeinen Gesetzgebung überhaupt auf konkrete Maximen. Auch hier werden Stufen von Handlungsanleitungen aufeinander angewandt, die gerade nicht »dieselben« sind, sondern von Kant so rigoros gegeneinander ausdifferenziert werden, daß sein Moralprinzip oft als eines der totalen Askese mißverstanden wurde. Dieses Prinzip besagt aber nur, daß das zu Prüfende im Maßstab der Prüfung nicht enthalten sein darf: Der kategorische Imperativ muß die Abstraktion von allen Glückseligkeitsbestrebungen voraussetzen, damit er sich als Maßstab der Prüfung dieser Bestrebungen eignet[447] (welch letztere den Test durchaus bestehen können).

Was aber nun die Struktur des modernen Rechts selbst betrifft, so sind dessen potenzierte Möglichkeiten solcher Ausdifferenzie-

444 Vgl. zum folgenden: Maus, »Zur Theorie der Institutionalisierung bei Kant«, S. 271-297.

445 Kant, KrV B, S. 24 f.

446 Vgl. hierzu und zum folgenden: Maus, »Zur Theorie der Institutionalisierung bei Kant«, S. 256 f.

447 Kant, KpV (=*Kritik der praktischen Vernunft*), S. 193; Gemeinspruch, S. 131.

rung geradezu als notwendige Bedingung für die Institutionalisierung von Freiheitsrechten und Demokratie anzusehen. Wenn Kant gleiche Freiheiten und Volkssouveränität als unhintergehbare Prinzipien eines jeden demokratischen Gesetzgebungsprozesses angibt und als notwendiges Korrelat ein Gewaltenteilungsprinzip formuliert, das auf der strikten Unterordnung rechtsanwendender Staatsapparate unter den demokratischen Gesetzgeber beruht,[448] so ist diese gesamte Konzeption als eine Anordnung ausdifferenzierter und einander nachgeordneter Verfahren zu lesen, die eine tautologische Struktur des besagten »Zirkels« verhindern sollen. Die höchsten Prinzipien werden im Prozeß der Verfassunggebung konkretisiert und bilden die Entscheidungsprämisse für einen ansonsten inhaltlich freigestellten demokratischen Gesetzgebungsprozeß. Dessen Entscheidungen bilden wiederum die Prämisse für die nachgeordneten »Instanzen« des Rechtsstaats. Auch bei der Prüfung der Frage, ob das jeweils nachgeordnete Verfahren den rechtlichen Entscheidungsprämissen des ihm vorausliegenden Verfahrens gerecht wurde, wird Recht auf Recht angewandt, aber es ist nicht dasselbe Recht. Erst durch diese Verfahrensdifferenzierungen, die durch rechtliche Kommunikationsformen in Gang gehalten werden, können überhaupt Freiheitsrechte und Volkssouveränität garantiert werden und wird umgekehrt ein mit sich identischer Staat verhindert, der das Recht produziert, aus dem er sich selber aufbaut, oder der sich einfach an dem Recht legitimiert, das er selber setzt. Konkreter formuliert: diese Struktur des modernen Rechts dient der Subsumtion der Staatsapparate unter die demokratische Rechtssetzung und verhindert »totalitäre« Lösungen, die es administrativen und politischen Apparaten erlauben, sich selbst zu programmieren. – Setzt sich mit der Vollpositivierung des modernen Rechts die aufklärerische Erkenntnis der Entscheidungsabhängigkeit allen Rechts und des Verlusts aller objektiven Gewißheiten durch, so enthält die Struktur dieses Rechts Sicherungen, die die inhaltliche Beliebigkeit durch verfahrensförmige Nicht-Beliebigkeit kompensieren.[449]

Dies führt aber zurück zu der noch unerledigten Frage nach der Funktion von Rechtsform und Rechtskode in Habermas'

448 Kant, MdS/RL, S. 431, 435 f.

449 Dazu insgesamt: Maus, »Zur Theorie der Institutionalisierung bei Kant«, S. 271-294.

Kreisprozeß der Genese von Rechten. Eine interessante These behauptet in dieser Hinsicht einen Gegensatz zwischen Kant und Habermas.[450] Während bei Kant die Rechtskategorie als solche in so hohem Grad normativ besetzt sei, daß er das »exeundum« aus einem durch öffentliche Gesetze ungeregelten Naturzustand durch einen moralischen Imperativ begründe, sei dagegen bei Habermas die Rechtsform diskurstheoretisch unableitbar, werde nur (als ein Zerfallsprodukt traditionaler Sittlichkeit) »historisch aufgelesen« und bleibe aus dieser Sicht »völlig kontingent«.[451] Da Habermas in der Tat konstatiert, daß die Rechtsform überhaupt kein Prinzip sei, das sich normativ begründen ließe, und das Recht zunächst nur in seinem Ergänzungsverhältnis zur Moral »funktional« bestimmt,[452] scheint gegen diese These kein Einwand möglich zu sein. Auf den zweiten Blick jedoch nähern die vermeintlichen Gegensätze sich an. Kants »moralischer« Imperativ, in einen Rechtszustand einzutreten, bezieht sich noch nicht auf Moral im engeren Sinne (nach Kants Sprachgebrauch: »Ethik«), sondern erweist sich ausdrücklich als ein »Postulat des öffentlichen Rechts« selber.[453] Andererseits bezieht sich bei Habermas die normative Unbegründbarkeit der »Rechtsform« ausdrücklich auf spezifische Abstraktionsleistungen des Rechts, die er mit diesem Begriff überhaupt bezeichnet.[454] Die normative Intention des Rechts wird bei Habermas durchaus, wenngleich in anderer Hinsicht begründet: Insofern das Rechtsprinzip »nicht nur das Recht auf subjektive Freiheiten überhaupt, sondern auf *gleiche* subjektive Freiheiten« fordert, »kommt der Legitimationsanspruch des positiven Rechts ins Spiel, den wir unter dem Aspekt der Formbestimmungen des Rechts noch vernachlässigen konnten«.[455] Erst mit der gleichen Gewährleistung subjektiver Freiheiten ist also die Stufe des »Rechtskodes« erreicht, ohne den legitime Gesetzgebung nicht möglich ist. In dem Kreisprozeß der Genese der Rechte hatten deshalb Rechtsform und Rechtskode unterschiedliche Positio-

450 So Günther, »Diskurstheorie des Rechts«, S. 478.

451 Ebd., S. 473, 478.

452 Habermas, *Faktiztät und Geltung*, S. 143, 149. – Die letztere Aussage wird auf S. 150 relativiert.

453 Kant, MdS/RL, S. 424. Vgl. auch S. 430, wo das »exeundum« aus dem Naturzustand aus »allen Rechtsbegriffen« selbst begründet wird.

454 Habermas, *Faktizität und Geltung*, S. 143.

455 Ebd., S. 153. – Hervorhebung i. O.

nen eingenommen. Mit der Anwendung des Diskursprinzips auf die Rechtsform entsteht erst der Rechtskode »in Gestalt legitim verteilter subjektiver Rechte«[456] wie auch andererseits das Demokratieprinzip, das das einzige Verfahren der Rechtssetzung begründet, das die Erwartung zuläßt, daß Rechte gleich verteilt werden.

Ganz analog verhält es sich aber bei Kant. Auch Kant bezieht das emphatische Postulat des Eintritts in den Rechtszustand nicht etwa auf die Rechtsform als solche, sondern auf die Rechtsidee der Errichtung einer idealen Republik, in der gleiche Freiheit und Gesetzgebung aller gewährleistet sind. Erst diese Republik ist die »einzig bleibende«, die »einzig rechtmäßige [...] Verfassung«, während alle vorhergehenden »Staatsverfassungen überhaupt« nur als »provisorische« qualifiziert werden können.[457] Der Eintritt in einen anfänglichen Rechtszustand wird deshalb von Kant mit Blick auf den idealen Rechtszustand gefordert, weil nur innerhalb einer »Verfassung überhaupt« auf die Verwirklichung der Republik hingewirkt werden kann. Insofern ist für Kant eine schlechte Rechts- und Verfassungsordnung besser als gar keine und ist auch Recht, das als solches noch nicht legitimiert werden kann, unentbehrlich.

Ebenso unentbehrlich ist die Rechtsform in Habermas' Konzeption, obwohl sie nicht als solche diskurstheoretisch begründet wird. Ohne die Rechtsform könnten weder der Rechtskode noch das Demokratieprinzip entstehen. Aus dieser Unentbehrlichkeit der Rechtsform folgt überhaupt Habermas' Betonung der Durchgängigkeit und Immanenz des Rechts und die starke Akzentuierung des Rechtsstaats. Nicht nur der Rechtskode, sondern auch die Rechtsform ist Bedingung der Möglichkeit von Demokratie, gehört also mit zu den »Notwendigkeiten«, die ihr vorausliegen, auch wenn sie diese erst in Kraft setzen muß. Aber erst mit der Etablierung des Rechtskodes (der *legitimen* Verteilung von Rechten der Privatautonomie) ist der Aspekt des Rechts gegeben, der Habermas' starker These des internen Zusammenhangs von Rechtsstaat und Demokratie zugrunde liegt.[458] Insofern Habermas gelegentlich

456 Ebd., S. 157.

457 Kant, MdS/RL, S. 464.

458 Jürgen Habermas, »Über den internen Zusammenhang von Rechtsstaat und Demokratie« (1994), in: ders., *Die Einbeziehung des Anderen. Studien zur politischen Theorie*, Frankfurt am Main 1996, S. 293-305. Habermas, *Faktizität und Geltung*, S. 169 f.

das wechselseitige Kontinuum von privater und öffentlicher Autonomie mit dem von Rechtsstaat und Demokratie identifiziert,[459] könnte es scheinen, als sei ein Begriff des Rechtsstaats unterstellt, der sich in der negativen Ausgrenzung einer privaten Sphäre erschöpfe. Da aber Habermas zufolge der Rechtsstaat in normativer Hinsicht nur als demokratischer gedacht werden kann,[460] dient sein rechtliches Arrangement zugleich der Institutionalisierung von Demokratie. Hier erweist sich, daß der die private Autonomie sichernde Rechtskode nur notwendige, nicht aber hinlängliche Bedingung des Zusammenhangs von Rechtsstaat und Demokratie ist. Das eigentliche »Scharnier zwischen dem System der Rechte und dem Aufbau eines demokratischen Rechtsstaats« bildet vielmehr das Prinzip der Volkssouveränität, in dem sich das subjektive Recht auf demokratische Teilnahme mit der objektiv-rechtlichen Institutionalisierung demokratischer Verfahren verbindet.[461] Nach der näheren Bestimmung dieses Begriffs der Volkssouveränität bei Habermas wird allerdings noch zu fragen sein. Wenn nämlich Habermas formuliert: »Mit der Idee des Rechtsstaats wird eine Spirale der Selbstanwendung des Rechts in Gang gesetzt, welche die intern unvermeidliche Unterstellung politischer Autonomie gegen die von außen ins Recht eindringende Faktizität rechtlich nicht gezähmter Macht zur Geltung bringen soll«,[462] so bleibt vorläufig offen, ob diese Selbstanwendung des Rechts mit Kants Reflexivität der rechtsstaatlichen Verfahrensanordnung übereinstimmt oder sich von ihr genau so weit unterscheidet, wie die jeweilige Konzeption von Volkssouveränität differiert.

Zunächst jedoch muß die spezifische Qualität der eingeführten subjektiven Rechte der Privatautonomie untersucht werden, um die Pointe von Habermas' Konzeption der wechselseitigen Vermittlung von Freiheitsrechten und Volkssouveränität ganz zu verstehen. Wenn Habermas formuliert: »Subjektive Rechte sind nicht schon ihrem Begriffe nach auf atomistische und entfremdete Individuen bezogen, die sich possessiv gegeneinander versteifen«,[463]

459 Habermas, »Über den internen Zusammenhang von Rechtsstaat und Demokratie«, S. 301 f.

460 Ebd., S. 294.

461 Habermas, *Faktizität und Geltung*, S. 209.

462 Ebd., S. 58.

463 Ebd., S. 117.

so distanziert er sich von einer Tradition der Wahrnehmung liberaler Rechtsgarantien, die jene Vermittlung grundsätzlich blockierte. Hegel hatte in seiner Kritik des »abstrakten Rechts« sogar von einer Rechtsbeziehung zwischen dem isolierten Eigentümer und dessen Sache den Ausgang genommen,[464] wobei unklar blieb, ob dieser Ausgangspunkt der Kritik des liberalen »Atomismus« einer Überzeichnung des Gegners zu verdanken sei oder der logischen Entfaltung des Rechtsbegriffs.[465] Marx thematisiert richtigerweise alle Eigentumsverhältnisse als Rechtsverhältnisse zwischen Individuen, versteht aber diese selbst bloß als Verhältnisse der wechselseitigen Ausschließung und Begrenzung. Indem er in seiner Kritik der Menschenrechtskataloge der französischen Revolutionsverfassungen diese Struktur zum Charakter des liberalen Rechts schlechthin erklärt, kann er Menschenrechte en bloc nur als solche »des egoistischen Menschen, des vom Menschen *und* vom Gemeinwesen getrennten Menschen« qualifizieren und muß deshalb einschlägige Artikel der französischen Deklarationen dahin gehend mißverstehen, daß in ihnen das »politische Gemeinwesen [...] zum bloßen Mittel für die Erhaltung dieser sogenannten Menschenrechte herabgesetzt« sei.[466] Es wurde bereits erwähnt, daß dieses Mißverständnis sich bis zur aktuellen Debatte zwischen *liberals* und *communitarians* durchhält. Wenn Habermas dagegen erläutert, daß es ein und dieselbe Struktur subjektiver Rechte ist, die sowohl private wie politische Autonomie gewährleistet, so ist seine positive Bestimmung der »negativen« Rechte von besonderem Interesse.

Waren die subjektiven Privatrechte ohnehin durch eine grundsätzliche Ambivalenz von Freiheit und Zwang bestimmt, so zeigt sich in der Wahrnehmung dieser Rechte durch die einzelnen Rechtssubjekte eine weitere Ambivalenz, die zum Teil in Habermas' Analyse herausgearbeitet ist, zum Teil aber einer Unentschiedenheit der Analyse selbst sich zu verdanken scheint. In einem ersten Schritt könnte Marx' Entgegensetzung von Öffentlichkeit und Privatheit lediglich diskurstheoretisch reformuliert sein, wenn Habermas erklärt, die private Autonomie eines Rechtssubjekts lasse

464 Hegel, »Grundlinien der Philosophie des Rechts«, §§ 40-53, S. 98-118.

465 Vgl. die Kontroverse über »Die Logik der Rechtsphilosophie«, in: Dieter Henrich, Rolf-P. Horstmann (Hg.), *Hegels Philosophie des Rechts. Die Theorie der Rechtsformen und ihre Logik*, Stuttgart 1982, S. 225-450.

466 Marx, »Zur Judenfrage«, S. 364, 366. – Hervorhebung I. M.

sich »wesentlich als die negative Freiheit verstehen, sich aus dem öffentlichen Raum gegenseitiger illokutionärer Verpflichtungen [...] zurückzuziehen«, und ergänzt: »Die private Autonomie reicht so weit, wie das Rechtsubjekt *nicht* Rede und Antwort stehen, für seine Handlungspläne *keine* öffentlich akzeptablen Gründe angeben muß. Subjektive Handlungsfreiheiten berechtigen zum *Ausstieg* aus dem kommunikativen Handeln [...].«[467] Was bei Marx als Recht des bornierten Egoismus dem »Gemeinwesen« entgegengesetzt wurde, erschiene hier als das private Recht auf Irrationalität im Gegensatz zur Rationalität des öffentlichen Diskurses.[468] Es soll nun die komplexe Fragestellung, ob etwas, das der Logik des Diskurses nicht folgt, deshalb diskurstheoretisch nicht begründet werden kann und eine solche Begründung zudem die private Freiheit der öffentlichen subsumieren würde,[469] nicht verfolgt, sondern lediglich untersucht werden, ob bei Habermas die Rechte der Privatautonomie ohne jede normative Konnotation bleiben und in dieser Hinsicht mit politischer Autonomie inkompatibel wären.

Bei Habermas' starker Akzentuierung des Eigensinns von »Provinzen« im Verhältnis zu universalistischen Anforderungen, des Eigensinns auch der vielen »Provinzen« und Subkulturen innerhalb einer pluralistischen Gesellschaft im Verhältnis zu den öffentlichen Diskursen dieser Gesellschaft hätte es nahegelegen, die subjektiven Privatrechte nicht vorwiegend unter dem Aspekt zu thematisieren, daß sie im Unterschied zum öffentlichen Diskurs strategisches Handeln erlauben. Das Recht auf Privatheit könnte auch private Diskurse absichern, in denen durchaus Gründe gemeinsam akzeptiert werden können, die aber gegen die Zumutungen öffentlicher Kommunikation geschützt sind. Die klassische Intention der Religionsfreiheit hatte z. B. diesen normativen Aspekt. Das gleiche Problem kann aus der umgekehrten Perspektive der Öffentlichkeit thematisiert werden. Wie Stephen Holmes gezeigt hat, besteht ein »positive use of negative liberty« oder ein öffentlicher Gebrauch der privaten Freiheit darin, daß die Öffentlichkeit von der Kommunikation über Religionsfragen entlastet wird.[470] Dabei dient

467 Habermas, *Faktizität und Geltung*, S. 152 f. – Hervorhebungen i. O.

468 So Günther (im Anschluß an Albrecht Wellmer), »Diskurstheorie des Rechts«, S. 472 f.

469 Dazu ebd., S. 474 ff.

470 Stephen Holmes, »Gag Rules or the Politics of Omission«, in: Jon Elster, Rune

die Verweigerung von Kommunikation (nach beiden Richtungen) der Ermöglichung von Kommunikation. Während die öffentliche Kommunikation über die Wahrheit religiöser Inhalte bereits die Refundamentalisierung einer Gesellschaft anzeigt, kann eine multikulturelle Gesellschaft sich nur erhalten, indem sie genau diesen Diskurs den privaten »Provinzen« überläßt und nur noch über die Richtigkeit des Umgangs zwischen den verschiedenen Glaubensgemeinschaften öffentlich kommuniziert.

In Habermas' System der Rechte bleibt diese Intention, die seiner Theorie im ganzen entspricht, unterbelichtet, weil eine emphatischere Vermittlung von privater und öffentlicher Autonomie beabsichtigt ist, als sie dem Konzept der »Vermeidung« öffentlicher Konflikte zugrunde liegt. Subjektive Handlungsfreiheiten werden aus genau diesem Grund normativ nur schwach besetzt. Ihre von Habermas konstatierte diskurstheoretische Unableitbarkeit scheint sich bloß auf ihre (mit Abstraktionsleistungen verbundene) Rechtsförmigkeit, nicht aber auf diese Rechte selbst zu beziehen. Nicht nur die legitime Verteilung, sondern auch das »*größtmögliche* Maß gleicher subjektiver Handlungsfreiheiten« wird von Habermas als Bedingung der Möglichkeit legitimer Rechtssetzung vorausgesetzt.[471] So erscheinen diese Rechte Habermas zufolge grundsätzlich unter einem doppelten Aspekt. Sie haben ein »Janusgesicht« und »lassen sich unter *funktionalen* Gesichtspunkten als die Institutionalisierung eines marktgesteuerten Wirtschaftsystems begreifen, während sie unter *normativen* Gesichtspunkten bestimmte private subjektive Freiheiten gewährleisten«.[472] Indem diese Rechte in ihrer Rechtsförmigkeit unter anderem von Motivationen der Rechtssubjekte abstrahieren, erlauben sie strategisches Handeln, obwohl sie zugleich rationale Gründe anbieten. Die Fähigkeit dieser Rechte, mit dem Prinzip der Volkssouveränität ein Kontinuum zu bilden, liegt in der Freiheit der Wahl der Rechtssubjekte zwischen beiden Perspektiven.

Dieses Kontinuum basiert jedoch bei Habermas keinesfalls auf einer Harmonie zwischen Handlungsfreiheiten und demokrati-

Slagstad (Hg.), *Constitutionalism and Democracy*, Cambridge 1988, S. 19-58, hier: S. 23.

471 Habermas, *Faktizität und Geltung*, S. 155. – Hervorhebung I. M. (innerhalb einer längeren Hervorhebung i. O.).

472 Ebd., S. 104 f. – Hervorhebungen i. O.

schen Teilnahmerechten. Wie Habermas betont, handelt es sich vielmehr um Rechte unterschiedlichen »Typs«: die ersteren unterstellen »Willkürfreiheit«, die letzteren »Autonomie«.[473] Den Rechtssubjekten der subjektiven Privatrechte wird also eine Willkür zugeordnet, die erst der Kompatibilisierung im demokratischen Verfahren bedarf, während in der Autonomie des Staatsbürgers diese Kompatibilisierung als Motiv bereits vorausgesetzt wird. Im Zuge dieser Argumentation überführt Habermas die ursprüngliche Paradoxie der subjektiven Privatrechte in die der subjektiven öffentlichen Rechte. Letztere beruht darauf, daß die staatsbürgerlichen Partizipationsrechte als subjektive Rechte die gleiche Struktur haben wie alle Rechte, die Sphären der Willkürfreiheit des einzelnen negativ ausgrenzen.[474] Die »kommunikative Freiheit« demokratischer Willensbildungsprozesse, der die wechselseitige Verpflichtung zu öffentlich akzeptabler Begründung korrespondiert, wird also auf die gleiche Weise garantiert wie ihr Gegenteil des Rückzugs in den privaten Raum, in dem der einzelne von Begründungspflichten entlastet ist.[475] Indem das System der Rechte überhaupt private und öffentliche Autonomie gleichgewichtig, aber auch durch den gleichen Rechtskode sichert, stellt es auch den Subjekten demokratischer Rechte frei, ob und in welcher Weise sie von ihren Teilnahmerechten Gebrauch machen wollen.[476] Bestand die Spannung zwischen Faktizität und Geltung innerhalb der subjektiven Privatrechte darin, daß gleiche Freiheit mit den Mitteln des Zwangs garantiert wurde, so reproduziert sich das Verhältnis von Faktizität und Geltung auf der Stufe des subjektiven öffentlichen Rechts in dem Umstand, daß die Form des subjektiven Rechts grundsätzlich strategisches Verhalten erlaubt, während die öffentliche Dimension dieser politischen Bürgerrechte sich mit dem Ansinnen verbindet, politische Teilnahmerechte verständigungsorientiert zu gebrauchen.[477] Daß Habermas mit dieser letzteren Annahme von rechts- und demokratietheoretischen Prämissen des 18. Jahrhunderts abweicht, wird noch zu behandeln sein. Hier aber ist Habermas' Theorie der Funktionsweise von Freiheitsrechten im

473 Ebd., S. 51.
474 Ebd., S. 164.
475 Ebd., S. 152.
476 Ebd., S. 164.
477 Ebd., S. 111, 164.

Hinblick auf jene Dialektik von Öffentlichkeit und Privatheit zu akzentuieren, die er bereits im *Strukturwandel der Öffentlichkeit* äußerst stringent aufgezeigt hatte: Nur die intakte Privatsphäre ermöglicht überhaupt eine kritische Öffentlichkeit und umgekehrt.[478] Negative und positive Freiheit bedingen einander.

II.

Habermas' Vermittlung von Rechten und Volkssouveränität widersetzt sich einem Vorgang, der für die realexistierenden Demokratien der Gegenwart typisch ist. Diese isolieren Grundrechte gegen deren Kontext demokratischer Willensbildung und verwandeln so genuine Freiheitsrechte der Staatsbürger in expertokratisch definierte Rechtsgüter,[479] die den Untertanen von seiten der Staatsapparate in je unterschiedlichen Rationen zugeteilt werden. Indem Habermas dagegen den »notwendigen« Zusammenhang von Freiheitsrechten und Volkssouveränität in Auseinandersetzung mit historisch gewachsenen Mißdeutungen und defizitären Realisierungen rekonstruiert, greift er gleichwohl nicht einfach auf die ursprüngliche Konzeption dieses Zusammenhangs, wie sie im 18. Jh. entwickelt wurde, zurück. Seine diskurstheoretische Reformulierung des einst natur- bzw. vernunftrechtlich begründeten Kontinuums arbeitet mit Innovationen, die theoretische Unzulänglichkeiten der Aufklärungsphilosophie überwinden. Dennoch stellt sich die Frage, ob nicht ein aus der Philosophiegeschichte wohlbekanntes Phänomen sich auch in diesem Fall einstellt: Ein Fortschritt in den theoretischen Begründungsleistungen kann mit einem Preis verbunden sein, der auf der Seite inhaltlicher oder struktureller Lösungsvorschläge zu zahlen ist.

Bevor jedoch auf dieses Problem eingegangen werden kann, das als ein theoriearchitektonisches zugleich mit den Verständigungsschwierigkeiten belastet ist, die überhaupt zwischen der politischen Philosophie des 18. und des 20. Jahrhunderts bestehen,[480] sollen zunächst einige Mißverständnisse in bezug auf Habermas' Theorie abgewehrt werden, die selber in der extremen Diskrepanz zwischen

478 Ebd., S. 492.

479 Ridder, *Die soziale Ordnung des Grundgesetzes*, besonders S. 92-104; Denninger, »Freiheitsordnung – Wertordnung – Pflichtordnung«, S. 163-179.

480 Dazu insgesamt: Maus, *Zur Aufklärung der Demokratietheorie.*

dem Denken der Aufklärung und den *mainstream*-Konzepten des 20. Jahrhunderts ihre Ursache haben. Gerade daß Habermas' Theorie überhaupt eine starke Beziehung zu der der Aufklärung unterhält, führt gegenwärtig zu Irritationen in den unterschiedlichsten Lagern der *scientific community*. Ein Teil dieser Frontbildungen ist einem Element der besagten Diskrepanz geschuldet, nämlich dem Umstand, daß im 18. Jahrhundert Demokratietheorie und Rechtstheorie noch jene Einheit bilden, die durch die Arbeitsteilungen des heutigen Wissenschaftbetriebs aufgelöst ist – mit der nebenbei zu erwähnenden Konsequenz, daß die Mehrfachqualifikation in den Bereichen der Philosophie, der Rechts- und Verfassungstheorie und der Politologie heute kaum noch in Personalunion existiert, die Voraussetzung wäre, um historische Texte der politischen Theorie überhaupt zu verstehen. Habermas selbst verweist auf das Problem, daß seine zentrale Rekonstruktion des »internen« Zusammenhangs von Rechtsstaat und Demokratie sich schwertut angesichts der Selbstverständlichkeit, mit der heute Rechtsstaat und Demokratie von zwei verschiedenen Disziplinen verwaltet und deshalb als ganz verschiedene Gegenstände betrachtet werden.[481] Dies ist eine der Schwierigkeiten, die sich auch in der Art der Kritiken an Habermas' Theorie reproduziert.

Sogar in einer kritischen Auseinandersetzung, in der immerhin Recht und Demokratie gleichermaßen thematisch sind, ist der Rechtsstaat in der Weise abwesend, daß er entweder nur als prozedurale Verdünnung von Demokratie oder sogar als Modus erscheint, der es der Politik erlaubt, in »rechtlichen Schnürstiefeln« aufzutreten.[482] Wenn auf diese Weise der von Habermas begründete notwendige Zusammenhang von Rechtsstaat und Demokratie als ein kurioses »Tandem« erscheint,[483] so ist gerade der demokratische Sinn von Habermas' Konnotation verkannt, der auch dann besteht, wenn weiter gehende Forderungen einer radikalen Demokratie vertreten werden, als sie Habermas' Konzeption entsprechen. Auch eine Radikaldemokratie ist darauf angewiesen, daß die an der gesellschaftlichen Basis erarbeiteten Beschlüsse mit dem Rechtsanspruch versehen

481 Habermas, »Über den internen Zusammenhang von Rechtsstaat und Demokratie«, S. 293.

482 Wolf-D. Narr, »Recht – Demokratie – Weltgesellschaft«, in: *Probleme des Klassenkampfes* 24 (1994), S. 87-112.

483 Ebd., S. 98.

sind, von den Staatsapparaten befolgt zu werden. Es ist gerade das Rechtsstaatsprinzip, das die Unterordnung der Staatsapparate unter parlamentarische wie basisdemokratische Gesetzgebungsakte garantieren kann und somit die andere Seite des diskutierten Zusammenhangs von Freiheit und Zwang beleuchtet: Der Zwang demokratisch erzeugten Rechts richtet sich keineswegs nur oder auch vordringlich an die sogenannten »Rechtsadressaten«, wie das Bild der »rechtlichen Schnürstiefel« unterstellt, sondern wendet sich vor allem gegen die Staatsapparate selbst, die im Konfliktfall »gezwungen« sind, sich an das Recht zu halten. Wie eng der von Habermas explizierte Zusammenhang von Rechtsstaat und Demokratie ist, wird auch daran sichtbar, daß heute die Staatsapparate sich gegenüber demokratischer Kontrolle um so leichter verselbständigen können, je weniger im 20. Jahrhundert noch »zwingendes« Recht produziert wird.[484] Es ist ausgerechnet dem Vordringen »weicher« Rechtsformen, die die Selbstprogrammierung der Staatsapparate ermöglichen, geschuldet, daß Demokratie im gleichen Maße desavouiert wird, wie der Rechtsstaat nur noch als griffige Formel für Rechtsentwicklungen mißbraucht wird, die ihn tatsächlich außer Kraft setzen. Gerade ex negativo bestätigt sich also Habermas' prinzipielle Aussage, daß ein defizitärer Rechtsstaat, der ohne Demokratie auskommt, zwar in der schlechten deutschen Realität existieren konnte, daß aber normativ der Zusammenhang beider Momente notwendig ist[485] und insbesondere eine Demokratie ohne Rechtsstaat noch nicht einmal defizitär realisiert werden kann, sondern leerläuft.

Der gleiche Zusammenhang bestätigt sich in der umgekehrt intendierten Kritik Niklas Luhmanns, die prima facie nicht den Rechtsstaat, in jedem Fall aber die Demokratie als den verdächtigen Bestandteil von Habermas' Konnotation ausfindig macht. Luhmanns eigene Theorie autopoietischer Systeme (die unter einem Nebenaspekt auch als theoretische Begründung der Ausdifferenzierung wissenschaftlicher Teildisziplinen gelesen werden kann) nimmt so sehr von der durch »Umweltgeräusche« unbehelligten selbstreferentiellen Reproduktion jedes gesellschaftlichen Sub-

484 Ingeborg Maus, »Verrechtlichung, Entrechtlichung und der Funktionswandel von Institutionen«, S. 277-331.

485 Habermas, »Über den internen Zusammenhang von Rechtsstaat und Demokratie«, S. 294.

systems – also auch des Rechtssystems – ihren Ausgang,[486] daß sie sich auf eine Auseinandersetzung mit Habermas' Verbindung von Rechtsstaat und Demokratie gar nicht mehr einläßt, sondern statt dessen eine (in jeder Hinsicht) »immanente« Kritik an Habermas' Fassung des Demokratieprinzips betreibt. Auch die Kritik dieser Kritik muß deshalb zunächst immanent verfahren. Indem Luhmann ausblendet, daß bei Habermas die explizierte Genese des Demokratieprinzips aus dem Diskursprinizip mit Hilfe des Rechtsmediums zustande kommt, unterstellt er, daß Habermas das Demokratieprinzip im Wege einer schlichten Verdoppelung des Diskursprinzips eingeführt habe,[487] und folgert, daß die konjunktivische Modalisierung von Zustimmung in der Formulierung des Diskursprinzips (»[...] Normen, denen alle möglicherweise Betroffenen [...] zustimmen *könnten«*) sich in Habermas' Fassung des Demokratieprinzips ebenfalls verdopple: Habermas' »Forderung von Verfahren, die unter Bedingungen ablaufen, die sich eignen könnten, Entscheidungen zu finden, denen alle Betroffenen zustimmen könnten«, wiederhole nur das ungelöste Problem, wie auf dem Wege vom Diskursprinzip zum Demokratieprinzip »aus dem Konjunktiv ein Indikativ, aus dem Potentialis ein Realis wird«, indem sie in der Form »einer doppelten Modalisierung, eines könnten-könnten«, einen Ausweg suche.[488]

Was hier verkannt wird, ist Habermas' normative Auszeichnung von Verfahren, die unter realen Bedingungen von Rechtssetzung, unter denen eben nicht die gesamte Menschheit auch nur gefragt werden kann, Entscheidungen ermöglichen, die den Anforderungen des idealen Diskurses standhalten »könnten«. Dieser Konjunktiv kennzeichnet nicht nur die von Luhmann unterschlagene Differenzierung zwischen Diskursprinzip und Demokratieprinzip, die gleichwohl die Kriterien des idealen Diskurses angesichts der begrenzten Möglichkeiten rechtlich institutionalisierter demokratischer Verfahren nicht preisgibt. Dieser Konjunktiv verdankt sich zudem der demokratischen Voraussetzung, daß auch noch diese Verfahren hinsichtlich ihrer konkreten Ausgestaltung demokrati-

486 Luhmann, *Soziale Systeme*, S. 104, 194; ders., *Das Recht der Gesellschaft*, S. 353 f.

487 Niklas Luhmann, »Quod omnes tangit ... Anmerkungen zur Rechtstheorie von Jürgen Habermas«, in: *Rechtshistorisches Journal* 12 (1993), S. 36-56, hier: S. 46 und Anmerkung 16.

488 Ebd., S. 46 f.

schen Entscheidungen unterliegen, die auf unterschiedliche Weise den normativen Kriterien zu entsprechen suchen. Schließlich entspricht dieser Konjunktiv nicht zuletzt der realistischen Einsicht einer normativen Theorie, daß selbst eine Übersetzungsleistung, der es gelänge, die Kriterien idealer Diskurse in das rechtlich institutionalisierte Prozedere demokratischer Entscheidungsvorgänge weitestgehend einzubauen, dennoch die im Lichte des Diskursprinzips zustimmungsfähigen Ergebnisse nicht etwa garantierte, sondern nur ermöglichte.

Was aber diese normative Auszeichnung von Verfahren überhaupt ausmacht, muß aus der Perspektive von Luhmanns Theorie notwendig verfehlt werden, die zwischen allen Elementen systemische Grenzen errichtet, deren internen Zusammenhang umgekehrt Habermas' Theorie entwickelt. Nicht nur wird bei Luhmann die Verbindung von subjektiven Rechten und demokratischer Partizipation unter ausschließlich strategischen Gesichtspunkten gekappt,[489] sondern – wie Luhmanns eigener Verfahrensbegriff verdeutlicht – die Eliminierung der demokratischen Voraussetzungen von Verfahren tangiert auch deren rechtsstaatlichen Charakter. Wenn Luhmann in genauem Gegensatz zu Habermas feststellt, Verfahren, »die Legitimität *schaffen* sollen, können nicht legitim *sein*«,[490] wird von den Ergebnissen der Verfahren aus deren demokratische Struktur zur Disposition gestellt. Nicht von der freien und gleichen Beteiligung aller betroffenen Interessen wird ein Konsens oder ein möglichst fairer Kompromiß zwischen diesen Interessen als Ergebnis des Verfahrens erwartet, sondern umgekehrt erfordert das von Luhmann postulierte Ziel des Verfahrens, divergierende Interessen durch Entmutigung und Absorption von Protesten »kleinzuarbeiten«, eine Struktur, die die empirische Ermittlung von demokratischem Konsens systematisch ausschließt.[491] Diese Ergebnisorientierung Luhmanns, durch die die in Verfahren hergestellte Legitimität umstandslos als jene Effizienz definiert wird,

489 Ebd., S. 47f.

490 Luhman, »Gesellschaftliche und politische Bedingungen des Rechtsstaats«, S. 63 (Hervorhebung i. O.); vgl. ders., *Legitimation durch Verfahren*, S. 28ff.

491 Luhmann, *Legitimation durch Verfahren*, S. 32ff. – Dazu im einzelnen: Ingeborg Maus, »Entwicklung und Funktionswandel der Theorie des bürgerlichen Rechtsstaats«, in: dies., *Rechtstheorie und politische Theorie im Industriekapitalismus*, München 1986, S. 11-83, hier: S. 54ff.

mit der es den Verfahren gelingt, die Erwartungen der Teilnehmer aus der Perspektive der Experten umzustrukturieren, setzt aber gleichermaßen die rechtliche Struktur bzw. den rechtsstaatlichen Sinn dieser Verfahren so weit außer Kraft, als beide dienlich wären, »dysfunktionale« demokratische Bedürfnisartikulationen mit legalen Positionen auszustatten.[492] Die Logik der Luhmannschen Kritik an Habermas desavouiert so Rechtsstaat wie Demokratie, indem sie beide gegeneinander isoliert.

Luhmanns eigene rechtstheoretische Prämissen und seine Habermas-Kritik sind auf die Distanz zur Rechts- und Demokratietheorie der Aufklärung gleichermaßen angewiesen. Luhmanns Theorie, die die falsche Alternative: alteuropäische Wertordnung oder systemischer Funktionalismus gern akzentuiert, läßt den demokratischen Prozeduralismus der Aufklärung vielfach unterbelichtet. Die Einschränkung beliebiger Innovationen des Rechts steht jedoch nicht vor der Wahl, entweder auf vormoderne Legeshierarchien zurückzugreifen oder hochmodernen Anschlußzwängen innerhalb selbstreferentiell sich reproduzierender Rechtssysteme selektive Funktion zuzusprechen, sondern kennt ein historisch ausgebildetes »Drittes«: Die normative Auszeichnung legitimer Rechtsänderungen bestand ausschließlich in der gerechten, d. h. demokratischen Struktur von Verfahren, die durch die Beteiligung aller Rechtsadressaten am Rechtssetzungsakt zugleich die Inklusion aller divergierenden Interessen und Gesichtspunkte verbürgen sollten. Luhmanns Distanz zu diesen Kriterien wird denn auch in seiner Thematisierung demokratischer Inklusion manifest. Der zentrale Gegenstand seiner Kritik besteht nämlich in Habermas' Ausdehnung des Beteiligungsprinzips auf alle Betroffenen. Während Luhmann ausdrücklich konzediert, daß die alte Formel *quod omnes tangit* in der römisch-rechtlichen Regelung von Vormundschaften »vernünftig« blieb und auch als spätere Maxime des Körperschaftsrechts, solange sie nur die Beteiligung des »melior« oder »sanior pars«(!) der Bevölkerung forderte, in der »politischen Tragweite« noch »abschätzbar« blieb,[493] verdächtigt er den demokratischen Universalismus der Habermasschen Beteiligungskonzeption einer besonders schlimmen Exklusion. Indem Luhmann als An-

492 Ebd. – So werden auch in Luhmanns *Rechtssoziologie*, S. 338-343, Demokratie und normatives Recht gleichermaßen für obsolet erklärt.

493 Luhmann, »Quod omnes tangit«, S. 37.

walt der anderen »unbeleuchteten« Seite des rationalen Diskurses, der »die Uneinsichtigen, die Unvernünftigen« und damit vielleicht »das Volk« (!) ausschließe, auftritt,[494] macht er sich in der Einschätzung des »Volkes« nicht nur selbst jener Exklusion schuldig, die er Habermas fälschlich unterstellt, sondern übersieht auch geflissentlich, daß die Rationalität des Diskursprinzips in nichts anderem als der symmetrischen Anerkennung aller als Freier und Gleicher, unerachtet ihrer faktischen Differenzen, besteht. Vor allem aber wird in diesem Kritikpunkt noch einmal Habermas' Unterscheidung zwischen Diskursprinzip und rechtlich vermitteltem Demokratieprinzip folgenreich verkannt, aus der gerade folgt, daß demokratische Beteiligung, die durch subjektive Rechte garantiert ist, strategisches, im Sinne des Diskursprinzips »unvernünftiges« Handeln jedenfalls erlaubt.[495] Was Luhmann hier ausblendet, ist gerade das, was Habermas' Demokratietheorie mit der der Aufklärung am intensivsten verbindet.

Die kritischen Überlegungen zu Habermas' System der Rechte, die im folgenden entwickelt werden sollen, ergeben sich aus einer genau umgekehrten Perspektive. Sie orientieren sich an der Frage, ob die in der Aufklärungstheorie noch defizitär, weil subjektphilosophisch begründeten demokratischen Intentionen in Habermas' diskurstheoretischer Rekonstruktion sich der Sache nach unverkürzt durchhalten. Bei dieser Untersuchung ist selbstverständlich vorausgesetzt, daß die konkreten Lösungsvorschläge des 18. Jahrhunderts nicht umstandslos auf die völlig veränderten Gesellschaftsstrukturen des 20. Jahrhunderts projiziert werden können. Vielmehr geht es um die gegenwärtige Wahrnehmung der fundamentalen demokratischen und rechtsstaatlichen Prinzipien, die jenen konkreten Optionen zugrunde lagen. Diese Prinzipien können heute mit zynischer Offenheit ganz verworfen oder mit Blick auf gegenwärtige Verhältnisse entweder in minimisierender Weise adaptiert oder unter Berücksichtigung ihrer ursprünglichen Intention in gegenwärtige Problemhorizonte »übersetzt« werden. Diese Prinzipien können aber auch durch gegenwärtige Realitätsstrukturen so sehr überlagert oder verdrängt sein, daß ihr Gehalt einfach verkannt wird.[496] – Ein Indiz dafür, daß selbst Habermas'

494 Ebd., S. 52 f.

495 Habermas, *Faktizität und Geltung*, S. 110 f., 164 f.

496 Dazu Maus, *Zur Aufklärung der Demokratietheorie*.

Rechts- und Demokratietheorie, die den größtmöglichen Kontakt zur Aufklärung unterhält, von solchen Verwerfungen der Wahrnehmung nicht ganz frei ist, ließe sich darin finden, daß sie das erreichte Komplexitätsniveau der Theorien des 18. Jahrhunderts gelegentlich unterschätzt. Dies betrifft vor allem die vorliegende Frage der Qualität des Verhältnisses von Rechten und Volkssouveränität bei Rousseau und Kant. An ihr entscheidet sich nicht bloß ein philosophiegeschichtliches Rezeptionsproblem, sondern klärt sich auch ein spezifischer Inhalt von Habermas' Rechts- und Demokratietheorie.

Zwischen den heutigen Positionen der *liberals* und der republikanischen *communitarians*, die entweder den Menschenrechten als Ausdruck moralischer Selbstbestimmung oder umgekehrt der Volkssouveränität als Ausdruck ethischer Selbstverwirklichung Priorität zuschreiben und mit diesen Konnotationen auch beide Momente strukturell in ein Konkurrenzverhältnis bringen, stellt Habermas' Theorie eine gelungene Vermittlung her:

> Das System der Rechte läßt sich weder auf eine moralische Lesart der Menschenrechte, noch auf eine ethische Lesart der Volkssouveränität zurückführen [...]. Die Gleichursprünglichkeit von privater und öffentlicher Autonomie zeigt sich erst, wenn wir die Denkfigur der Selbstgesetzgebung, wonach die Adressaten zugleich die Urheber ihrer Rechte sind, diskurstheoretisch entschlüsseln. Die Substanz der Menschenrechte steckt dann in den formalen Bedingungen für die rechtliche Institutionalisierung jener Art diskursiver Meinungs- und Willensbildung, in der die Souveränität des Volkes praktische Gestalt annimmt.[497]

Habermas bleibt aber den abstrakten Entgegensetzungen der aktuellen Kontroverse noch insoweit verhaftet, als er sie als Ordnungsschemata seines ideengeschichtlichen Rückblicks auf die Klassiker der modernen Demokratietheorie gelten lässt. Zwar wird Rousseau und Kant der Versuch einer symmetrischen Verschränkung beider Prinzipien konzediert, im jeweiligen Ergebnis aber Rousseau eine eher republikanische, Kant eine eher liberale Lösung unterstellt.[498] So sehr jedoch diese Zuordnungen Intuitionen der herrschenden Ideengeschichtsschreibung entgegenkommen, so problematisch sind gleichwohl ihre Voraussetzungen. Letztere beziehen sich auf

497 Habermas, *Faktizität und Geltung*, S. 134f.
498 Ebd., S. 129f.

das den Theoretikern jeweils zugeschriebene Verhältnis von Naturrecht und positivem Recht, von Recht und Moral und schließlich von diskursiven und rechtsentscheidenden Verfahren. In allen diesen Hinsichten sind die Bedingungen der Möglichkeit freiheitssichernder Demokratie betroffen.

Was zunächst das Verhältnis von Naturrecht und positivem Recht bei diesen Klassikern angeht, so ist dessen Bestimmung bei Habermas bereits mit einem Seitenblick auf einen engen Zusammenhang von Recht und Moral verbunden, den er Rousseau und Kant unterstellt. Habermas zufolge besteht nur bei Kant der Ausgangspunkt der versuchten Vermittlung von Freiheitsrechten und Volkssouveränität in den Freiheitsrechten. Diese Rechte Kants werden von Habermas zudem als unmittelbar moralisch begründete interpretiert, die darum dem Gesetzgeber als etwas »Gegebenes« vorauslägen.[499] Zwar konzediert Habermas, daß bei Kant erst aus der Logik des Gesellschaftsvertrags die Institutionalisierung des einzigen angeborenen Menschenrechts der gleichen Freiheit im Wege positivrechtlicher Gesetzgebung folgt, so daß in dieser Hinsicht sich Freiheitsrecht und Volkssouveränität verschränken.[500] Zugleich aber nimmt Habermas die vermeintlich moralische Begründung des Menschenrechts zum Anlaß, bei Kant ein ungeklärtes Verhältnis zwischen Moral-, Rechts- und Demokratieprinzip zu eruieren: Bezogen auf die rechtssetzende Autonomie der Staatsbürger scheine das Rechtsprinzip zwischen dem Moral- und dem Demokratieprinzip zu vermitteln, begrifflich aber erläuterten sich Moral- und Demokratieprinzip wechselseitig, während das Rechtsprinzip nur die Kehrseite des Demokratieprinzips bilde.[501] Habermas' Einwände – aus denen sich seine These einer uneingestandenen Konkurrenzbeziehung zwischen Menschenrechten und Volkssouveränität bei Kant ableitet – lesen sich jedoch wie die oben behandelten aktuellen Hinweise auf vermeintliche Widersprüche in seiner eigenen Rekonstruktion der Genese des Systems der Rechte. Auch Kants Vermittlung von Rechten und Volkssouveränität ist notwendig »zirkulär«:[502] Auch Kant muß an einer bestimmten Stelle des Zirkels die Rechte zunächst aus der Sicht eines Experten der

499 Ebd., S. 130 f.
500 Ebd., S. 122 f.
501 Ebd., S. 123.
502 S. oben.

Naturrechtstheorie einführen, ehe er den »Perspektivenwechsel« zur demokratischen Hervorbringung und positivrechtlichen Konkretisierung dieser Rechte vollziehen kann. Die unterschiedlichen Konstellationen der in Frage stehenden Prinzipien bestimmen sich auch hier je nach der erreichten Stelle des Zirkels.

Was aber die unterstellte moralische Qualität von Kants Freiheitsrechten (und Rechtsbegriff überhaupt) betrifft, so mag das einzig angeborene Recht auf gleiche Freiheit im Bewußtsein des »Experten« mit einer moralischen Konnotation besetzt sein – moralisch begründet wird es darum in Kants ausgearbeiteter Rechtsphilosophie nicht. Gerade in diesem Punkt besteht eine Übereinstimmung zwischen Kant und Habermas, die Habermas verkennt. Es wird sogar zu zeigen sein, daß Kant den moralfreien Ausgangspunkt des Rechts auf eine sehr viel rigidere Weise durchhält als Habermas selbst, so daß sich auch hieraus Differenzen für die Demokratiebegriffe beider Autoren ergeben. Was zunächst das Verhältnis von Recht und Moral bei Kant angeht, so vertritt Habermas im ausgedehnten Streit um diesen Aspekt die Mehrheitsmeinung, während hier eine Minderheitsposition in Anspruch genommen wird.[503] Letztere beruft sich zunächst darauf, daß die (vor allem unter Rechtswissenschaftlern populäre, weil für die Kompetenzerweiterung der Justiz zuträgliche) These von Kants Ableitung des Rechts aus der Moral Schwierigkeiten aufsitzt, die sich aus terminologischen Abweichungen der *Metaphysik der Sitten* vom heutigen Sprachgebrauch ergeben: Kant nennt nämlich alle »Gesetze der Freiheit«, die überhaupt Gegenstand der praktischen Philosophie sind, im Unterschied zu Naturgesetzen »moralisch« und unterteilt letztere in »juridische« und »ethische«.[504] Daß also Kant »Moral« als einen Oberbegriff von Recht und Ethik behandelt, muß beachtet werden, wenn Kant später von einem »moralischen Imperativ« als einem »pflichtgebietenden Satz« spricht, »aus welchem nachher das Vermögen, andere zu verpflichten, d. i. der Begriff des Rechts, entwickelt werden kann«.[505] Auch der »moralische« Imperativ verhält sich hier noch gegen die Unterscheidung von Recht und Ethik neu-

503 Vgl. zum folgenden mit weiteren Nachweisen: Maus, *Zur Aufklärung der Demokratietheorie*, S. 326 ff.

504 Kant, MdS/RL, S. 318.

505 Ebd., S. 347.

tral.[506] Die Entwicklung des Rechtsbegriffs aus diesem moralischen Imperativ belegt also nur Kants gleichursprüngliche Begründung von Recht und Ethik (im heutigen Sprachgebrauch: Moral) aus dem allgemeinen Freiheitsgesetz. – Hätte Kant seine Theorie schon sprachphilosophisch fundieren und anstelle des gegen Recht und Ethik neutralen Moralbegriffs bereits das Diskursprinzip einführen können, so wäre die analoge Struktur der Verhältnisbestimmung von Recht und Moral bei Kant und Habermas augenfällig.

Diese Abwesenheit einer moralischen Begründung des Rechts bedeutet bei beiden Autoren nicht etwa, daß das Recht von dem Anspruch freigestellt sei, moralischen Ansprüchen zu genügen.[507] Die »Autonomie« des Rechts gegenüber der Moral bedeutet vielmehr, daß moralische Standards nur insoweit rechtlich positiviert werden können, als sie mit den Mitteln des Rechts zu bearbeiten und zu sanktionieren sind – und insofern sie (im Unterschied zur Unbestimmtheit moralischer Anforderungen) mit jener von Kant geforderten »mathematischen Genauigkeit« präzisiert werden können,[508] daß sie die Willkür der Staatsapparate noch wirklich begrenzen und nicht etwa freisetzen. Kant hat dieses entscheidende Problem in einer Formulierung festgehalten, die übrigens seinen spezifischen Sprachgebrauch noch einmal verdeutlicht: »Mit der Moral im ersteren Sinne (als Ethik) ist die Politik leicht einverstanden, um das Recht der Menschen ihren Oberen Preis zu geben: Aber mit der in der zweiten Bedeutung (als Rechtslehre), vor der sie ihre Knie beugen müsste, findet sie es ratsam sich gar nicht auf Vertrag einzulassen, ihr lieber alle Realität abzustreiten, und alle Pflichten auf lauter Wohlwollen auszudeuten.«[509] Die immense Rationalität dieser Überlegung Kants und die bedrohliche Irrationalität der heute selbst in liberalen rechtstheoretischen Diskursen vordringenden Entdifferenzierung von Recht und Moral kann erst durch eine Analyse der Rechtsstrukturen in totalitären Systemen

506 Ebd., S. 327, spricht Kant von moralischen Imperativen im Gegensatz zu technischen in der gleichen Allgemeinheit, in der er vorher moralische Gesetze von Naturgesetzen unterschieden hatte – und zwar in einer Recht und Ethik übergreifenden Neutralität, wie sie diesem Kapitel über die »Vorbegriffe zur Metaphysik der Sitten«, d. h. die »Philosophia practica universalis«, zukommt.

507 Habermas, *Faktizität und Geltung*, S. 137 et passim.

508 Kant, MdS/RL, S. 340.

509 Kant, ZeF, S. 250.

unseres Jahrhunderts ganz ausgelotet werden. Trotz höchst unterschiedlicher Intentionen und Auswirkungen im einzelnen haben zum Beispiel im NS-Recht und in der stalinistischen Verfassung der Sowjetunion Gerechtigkeits- und Wertklauseln gleichermaßen die Staatsapparate zu terroristischen Moralverwaltern ernannt, weil die Innehabung des staatlichen Gewaltmonopols dezisionistische Bestimmungen moralischer Inhalte ermöglichte und die »Höherwertigkeit« (selbst pervertierter) moralischer Gehalte die Auflösung aller rechtsstaatlichen Begrenzungen erlaubte, die in den koexistierenden Rechtsregelungen noch enthalten waren.[510] Kant, dem großen Bewunderer und scharfsichtigen Analytiker der Französischen Revolution, war schon bewußt, daß deren Freiheitspotential in ihren demokratisch-rechtsstaatlichen Verfassungen, ihr Terror aber in der staatlichen Handhabung der »Tugend« inkarniert waren.[511] – Daß moralische Prinzipien erst nach ihrer Übersetzung in den Aggregatzustand präzise bestimmten Rechts gefahrlos als Direktiven staatlichen Handelns fungieren können, ist für Kant wie für Habermas so sehr eine gleichermaßen geteilte Prämisse, daß Habermas' Kant-Kritik in diesem Punkt fast wie eine willkürliche Distanzierung erscheint.

Erst recht muß Habermas widersprochen werden, wenn er nicht nur Kants »einzigem« »angeborenen« Menschenrecht gleicher Freiheit, sondern auch dem ganzen Kanon konkretistischen Naturrechts, das in Kants Rechtslehre unter dem Titel des »Privatrechts« entwickelt ist, den Charakter moralisch begründeten Rechts zuspricht, das der demokratische Gesetzgeber nur noch zu positivieren habe, wodurch Kants Prinzip politischer Autonomie desavouiert wäre.[512] Es fragt sich, was jenseits der Bedingungen der Möglichkeit »intelligiblen Besitzes« überhaupt, in welchem Willkürfreiheit sich zum Ausdruck bringen kann, der Naturrechts-»Experte« als moralisch oder als rechtlich hätte qualifizieren können. Konkrete Aneignungsakte sind bei Kant, indem sie nur auf

510 Für das NS-System siehe vor allem Boberach (Hg.), *Richterbriefe.* – Für die Sowjetunion siehe die Verfassung von 1936, z. B. Art. 12 oder die Eingangsklauseln der Grundrechtsartikel 125 f., in: Franz (Hg.), *Staatsverfassungen*, S. 561, 579.

511 Kant, Streit (=*Streit der Fakultäten*), S. 358 f. Ders., Religion (=*Die Religion innerhalb der Grenzen der bloßen Vernunft*), S. 754 f.

512 Habermas, *Faktizität und Geltung*, S. 130 f. – Vgl. zum folgenden ausführlicher: Maus, *Zur Aufklärung der Demokratietheorie*, S. 148-168.

erster Besitznahme qua schierer »Bemächtigung« beruhen, im Gegensatz zu Locke so dezidiert moralfrei begründet, daß ihnen ausdrücklich bloß »provisorische« Geltung zugesprochen wird.[513] Kein »Gebot«, nur ein »Erlaubnisgesetz« der Vernunft fordert,[514] daß die Rechte des Naturzustandes, die die einzelnen sich nicht etwa wechselseitig zugesprochen haben, sondern die jeder einzelne sich »genommen« hat, solange anzuerkennen sind, bis sie die »öffentliche« demokratische Gesetzgebung des staatlichen Zustands als den faktischen Verallgemeinerungstest durchlaufen haben, der vor jeder Qualifizierung als »peremtorisches« Recht steht.[515] Kants Naturzustand des »Privatrechts« – für den ja das emphatische »exeundum« gilt – ist nicht nur ausdrücklich als ein Zustand der »Rechtlosigkeit« bezeichnet.[516] Im Lichte des »Staatsrechts«, unter welchem Titel die demokratische Gesetzgebung behandelt wird, erweist sich, daß Kant die Konstruktion des Naturzustands auch vor aller Moral (in Kants Sprachgebrauch: »Ethik«) gedacht hat: Wenn es das spezifische Kennzeichen dieses »nicht-rechtlichen« Zustandes ist, daß jeder auf »seinem eigenen Recht« besteht und »seinem eigenen Kopfe folgt«, ohne dabei auf andere Rücksicht nehmen zu müssen,[517] dann bestehen die Defizite des »Privatrechts« sowohl hinsichtlich der Allgemeinheit einer demokratischen Gesetzgebung als auch hinsichtlich der Verallgemeinerungsprüfung, die das moralische Prinzip des kategorischen Imperativs jedem einzelnen (mit Blick auf alle anderen) abverlangt. Daß auf diese Weise aber weder Recht noch Moral in einem Naturzustand »gegeben« sind, erweist die Modernität der praktischen Philosophie Kants: Nicht nur das ohnehin artifizielle Recht, sondern auch noch die Moral sind im strengen Sinne Produkte der vergesellschafteten Subjekte.

Habermas' These, daß Kants Verdoppelung des Rechts in natürliches und positives Recht die Legeshierarchie des traditionalen Naturrechts fortschreibe und sogar noch auf der platonischen Vorstellung basiere, daß die positive Rechtsordnung die ideale Ordnung in der Welt der Erscheinungen lediglich abbilde und

513 Kant, MdS/RL, S. 373 f.

514 Ebd., S. 329, 355. – Zum »Erlaubnisgesetz« bei Kant vgl. Brandt, »Das Erlaubnisgesetz«, S. 233 f., 255-265.

515 Kant, MdS/RL, S. 374 f., 431.

516 Ebd., S. 430. Vgl. auch S. 374.

517 Ebd., S. 430.

konkretisiere,[518] läßt sich also nicht halten. Dennoch betont Habermas mit größter Berechtigung, daß mit der Unterscheidung von positivem und überpositivem Recht überhaupt eine »Hypothek« übernommen worden sei, die »mißliche Konsequenzen« impliziere.[519] Die gegenwärtig herrschende *Lesart* des Naturrechts der Aufklärung ist tatsächlich die »platonische«. Sie trat im Zuge justizstaatlicher Entwicklungen im Europa des 20. Jahrhunderts, die die fortschreitende Demokratisierung der Gesetzgebung durch gerichtliche Normenkontrollverfahren konterkarierten, ihren Siegeszug an. In dem Maße, in dem die Notwendigkeit der Überprüfung »einfacher« Parlamentsgesetze an einem – durch Gerichte und Verfassungsgerichte verwalteten – »höheren« Recht zur unhinterfragbaren Prämisse avancierte, unterlag das formale Naturrecht der Aufklärung einer resubstantialisierenden Interpretation, die dessen ursprüngliche Intentionen ins Gegenteil verkehrte.

Kant aber hatte die Richtigkeit demokratischer Gesetze nicht etwa von deren inhaltlicher Übereinstimmung mit materialen Naturrechtsnormen abhängig gemacht, sondern von der Gerechtigkeit des (demokratischen) Gesetzgebungsverfahrens. Ihm zufolge kann eine »äußere Gesetzgebung gedacht werden, die lauter natürliche Gesetze enthielte; alsdenn aber müßte doch ein natürliches Gesetz vorausgehen, welches die Autorität des Gesetzgebers [...] begründete«.[520] Kants Legitimitätskriterium richtet sich also nicht mehr unmittelbar auf einzelne Inhalte positiven Rechts, sondern mittelbar auf deren prozedurale Prämissen. Es entspricht darum genau dem Legitimationstypus, den Habermas als den der Neuzeit insgesamt bestimmt hatte: »Für die Legitimitätsprobleme der Neuzeit ist [...] entscheidend, daß das Niveau der Rechtfertigung reflexiv wird. Die Prozeduren und Voraussetzungen des Legitimitätsprozesses sind nunmehr die legitimierenden Gründe, auf die sich die Geltung von Legitimationen stützt.«[521] Weit davon entfernt, die »Idee der Selbstgesetzgebung von Bürgern [...] auf die moralische Selbstgesetzgebung einzelner Personen« zurückzuführen,[522] entwickelt Kant vielmehr das demokratische Legitimationsmodell als ein

518 Habermas, *Faktizität und Geltung*, S. 136 f.

519 Ebd., S. 135.

520 Kant, MdS/RL, S. 331.

521 Habermas, »Legitimationsprobleme im modernen Staat«, S. 44.

522 So aber Habermas zu Kant in: *Faktizität und Geltung*, S. 154.

eigenständiges. Rechtslehre und Tugendlehre unterscheiden sich ihm zufolge gerade durch die »Verschiedenheit der Gesetzgebung«, und zwar nicht nur hinsichtlich der vorausgesetzen »Triebfeder«, sondern dadurch, daß es für das Recht überhaupt einen »äußeren Gesetzgeber« gibt.[523] Letzterer aber kann, »nach Freiheitsgesetzen betrachtet« (die wiederum gegen die Unterscheidung von Recht und Ethik noch neutral sind), nur das »vereinigte Volk selbst« sein, das in einem Verfahren entscheidet, in dem »ein jeder über alle und alle über einen jeden ebendasselbe beschließen«.[524] Idealiter sollen die Gleichheit der Partizipation und die Gleichheit des Gesetzes Willkür gegen jeden einzelnen ausschließen.

In dieser mehrdimensionalen »Allgemeinheit« des Gesetzes ist nicht etwa – wie Habermas unterstellt[525] – die Struktur des kategorischen Imperativs abgebildet. Zwar sind Kants Kriterien für die Richtigkeit des Rechts und für die moralische Prüfung von Handlungsmaximen gleichermaßen von allen Materialien befreit und rein prozeduralistisch bestimmt. Sie haben insoweit eine analoge Struktur, ohne sich doch gegenseitig vertreten zu können. Kants Unterscheidung, daß das Recht Gesetze direkt für die Handlungen, die Ethik aber nur Gesetze für die Maximen der Handlungen gibt,[526] stellt klar, daß »Allgemeinheit« in beiden Fällen auf ganz unterschiedlichen Abstraktionsniveaus und in unterschiedlichen Verfahren erarbeitet werden muß. Indem das Gesetz in der Weise unmittelbar handlungsorientierend ist, als es bestimmte Tatbestände (mit entsprechenden Rechtsfolgen) festschreibt, erreicht es nur den Abstraktionsgrad, den die »Maxime« immer schon hat. Das Verfahren demokratischer Gesetz*gebung* hat deshalb die Verallgemeinerungsfähigkeit des bestimmten Inhalts eines bestimmten Gesetzes zu ermitteln, während das Verfahren des kategorischen Imperativs eine Maxime bestimmten Inhalts lediglich *prüft*,[527] ob sie mit der Form eines allgemeinen Gesetzes überhaupt[528] über-

523 Kant, MdS/RL, S. 325 f.

524 Ebd., S. 434, 432.

525 Habermas, *Faktizität und Geltung*, S. 153.

526 Kant, MdS/RL, S. 519.

527 Auf die Differenz zwischen Gesetzgebung und Gesetzprüfung verweist Habermas selbst in: »Treffen Hegels Einwände gegen Kant auch auf die Diskursethik zu?«, S. 21

528 Kant, GMS, S. 100.

einstimmt. Da es im letzteren Fall weder um Gesetz*gebung* noch überhaupt um bestimmte Gesetze, sondern lediglich um das Kriterium der potentiellen Gesetzesförmigkeit geht, bedarf es hier gar keiner Institutionalisierung eines Prozedere, auf welche umgekehrt die demokratische Gesetzgebung ausnahmslos angewiesen ist. Darum behandelt Kant nur für diese letztere die Frage eigenständiger Legitimität. Alle Argumentationslinien Kants laufen darauf hinaus, eine politische Autonomie der gesetzgebenden Staatsbürger zu begründen, die »autonom« ist auch gegen Moral – ohne ihr doch widerstreiten zu wollen.

Wenn Kant gleichwohl an der Trennung von positivem und überpositivem Recht festhält, so ist damit nicht etwa ein vormodernes Relikt seiner Theorie bezeichnet, sondern in der sehr spezifischen Konzeption dieses Verhältnisses eine radikaldemokratische Intention zum Ausdruck gebracht, die heutigen, auch avanciertesten, Demokratietheorien abhanden gekommen ist. Gerade weil Kant das Verhältnis von positivem und überpositivem Recht von jeder moralischen Konnotation freihält, hat er eine der Voraussetzungen bestimmt, mit der er jene »mißlichen Konsequenzen« und Regressionen vermeiden kann, die Habermas angesichts der Handhabung »zweistufiger Legalität« im 20. Jahrhundert zu Recht kritisiert. Kants minimalistischer Kern überpositiven Rechts, das einzig »angeborene« Menschenrecht gleicher Freiheit (von dem die im »Privatrecht« abgehandelten Rechte sich dadurch unterscheiden, daß sie grundsätzlich »erworben« werden müssen[529]), ist vielmehr als überpositives Recht mit dem Prinzip der Volkssouveränität vermittelt, dem Kant ebenfalls eine überpositiv-rechtliche Qualität zuschreibt. Ist bei Habermas das Kontinuum von Freiheitsrechten und Volkssouveränität *innerhalb* eines Systems von Rechten angelegt, die von vornherein juridische sind, so wird bei Kant dagegen eine Vermittlung von Rechten und Volkssouveränität auch *außerhalb* des juridischen Systems angestrengt. Diese wesentliche Differenz zwischen Kant und Habermas ist folgenreich für das Verständnis von Rechtsstaat und Demokratie.

Bevor dieser zentrale Aspekt genauer aufgezeigt werden kann, soll noch in gebotener Kürze auf Rousseau, das vermeintlich republikanisch-kommunitaristische Gegenstück zu Kant, eingegangen

529 Kant, MdS/RL, S. 345.

werden, weil an ihm ein zusätzliches Problem der Verständigung zwischen Demokratietheorien des 18. und 20. Jahrhunderts zu klären ist. Habermas, der diesem verkanntesten und am meisten verfolgten Theoretiker der politischen Ideengeschichte am ehesten gerecht wird und dessen große Nähe zu Kant betont, unterstellt Rousseau gleichwohl – hier spiegelverkehrt zu Kant – die ethisch-kommunitäre Verselbständigung eines Kollektivsubjekts gegen die eigentlich intendierte politische Autonomie der Staatsbürger.[530] Habermas zufolge basiert Rousseau seine politische Konstruktion auf einer existentiell bereits vorausgesetzten homogenen Gemeinschaft, wodurch seine im Unterschied zu Kant gelungenere Vermittlung von Volkssouveränität und Freiheitsrechten im ganzen abgewertet werde. Daß aber zunächst diese Vermittlung – wie Habermas feststellt – von der Volkssouveränität ausgehe und Menschenrechte *nur* als Modus des Vollzugs dieser Souveränität in demokratischen Gesetzgebungsverfahren kenne, ist schwerlich zu halten. Wie alle Vertragstheoretiker geht Rousseau von isolierten Individuen aus, die sich erst durch den höchst artifiziellen Akt des Vertrags zu einer Gesellschaft zusammenschließen müssen. Der *Gesellschaftsvertrag* beginnt das erste Kapitel mit dem Kernsatz jedes »atomistischen« Naturrechts, daß der Mensch »frei geboren« sei, erklärt diese angeborene Freiheit zu einem unverzichtbaren Menschenrecht[531] und nimmt die Gewährleistung dieses Menschenrechts zum Maßstab einer legitimen politischen Herrschaftsform.[532] Erst daraus begründet Rousseau das Prinzip der Volkssouveränität und ein Gesetzgebungsverfahren, das Freiheit und Gleichheit zum »Endzweck« hat,[533] weil es auf freier und gleicher Partizipation aller Rechtsadressaten beruht. Genau wie bei Kant ist auch bei Rousseau das angeborene Menschenrecht nicht nur Eintrittstelle in den »Zirkel«, sondern auch von überpositiver naturrechtlicher Qualität.

Dagegen bildet gesellschaftliche Homogenität bei Rousseau nicht etwa eine Voraussetzung des politischen Prozesses, sondern dessen – eher minimalistisches – Produkt. Sitten, Gebräuche und gemeinsam geteilte Wertvorstellungen, denen Rousseau durchaus

530 Habermas, *Faktizität und Geltung*, S. 131 ff.

531 Rousseau, CS I 1 Abs. 1; I 4 Abs. 6 (franz.: S. 236, 239 f.).

532 Ebd., I 6 Abs. 3 und 4 (franz.: S. 243, hier Abs. 3 bis 5).

533 Ebd., II 11 Abs. 1 (franz.: S. 269).

hohe gesellschaftliche Integrationskraft zuschreibt,[534] sind nicht etwa im kommunitaristischen Sinne »gegeben«, sondern abhängige Variablen einer sehr modernen Funktion, die Rousseau im antiken Gewande entwickelt: der »öffentlichen Meinung«.[535] Weit davon entfernt, kulturelle Heterogenität auch nur zu beargwöhnen, beklagt Rousseau vielmehr die sich durchsetzende »Uniformität« der gesellschaftlichen Verhaltensmuster[536] als Negativbilanz einer freigesetzen instrumentellen Rationalität in der Entwicklung von Künsten und Wissenschaften. Sogar die Divergenz partikularer gesellschaftlicher Interessen (die bei Rousseau so unbeliebt sind wie überall sonst im 18. Jahrhundert[537]) hat nicht etwa einem mystischen oder substantiellen *moi commun* zu weichen, sondern wird in dem Verallgemeinerungstest des demokratischen Gesetzgebungsverfahrens bearbeitet, das lediglich den kleinsten gemeinsamen Nenner der pluralistischen Gesellschaft eruiert: »Das Gemeinsame nämlich in diesen unterschiedlichen Interessen bildet das gesellschaftliche Band, und wenn es nicht irgendeinen Punkt gäbe, in dem alle Interessen übereinstimmen, könnte es keine Gesellschaft geben. Nun darf aber die Gesellschaft *nur* gemäß diesem Gemeininteresse regiert werden.«[538] Der letztere Satz ist so zu verstehen, daß alles Nicht-Gemeinsame außerhalb staatlicher Regelung bleibt, zumal Rousseau ohnehin der im 18. Jahrhundert verbreiteten Idealvorstellung anhängt, daß eine Gesellschaft mit möglichst wenig Gesetzen auskommen solle. Divergierende Interessen wer-

534 Ebd., II 12 Abs. 5 (franz.: S. 272).

535 Ebd., IV 7 (franz.: S. 326 f.). Daß Rousseaus »Zensur« nicht etwa Reglement, sondern Sprachrohr einer – durch »öffentliches Urteil« sich wandelnden – öffentlichen Meinung ist, verdeutlichen besonders die Absätze 1, 2 und 6.

536 Rousseau, »Discours – Si le rétablissement des sciences et des arts a contribuée a épourer les mœurs« (1750), in: *Œuvres Choisies de Jean-Jacques Rousseau*, ed. Garnier Frères, Paris 1962, S 1-24, hier: S. 5. Rousseau befürchtet hier gerade die Zwänge, »qui forment ce troupeau qu'on appelle société«. – Dt.: Rousseau, »Abhandlung über die von der Akademie zu Dijon gestellte Frage, ob die Wiederherstellung der Wissenschaften und Künste zur Läuterung der Sitten beigetragen habe« (1750), in: ders., *Sozialphilosophische und Politische Schriften*, hg. von Iring Fetscher, München 1981, S. 5-35, hier: S. 13.

537 Selbst der berühmte Federalist No 10 richtet sein Interesse darauf, »to break and control the violence of faction«, James Madison, Alexander Hamilton and John Jay, *The Federalist Papers*, hg. von Isaac Kramnick, London, New York u. a. 1987, S. 122 f.; dt.: *Die Federalist-Artikel*, S. 50.

538 Rousseau, CS II 1 Abs. 1 (franz.: S. 250). Hervorhebung I. M.

den so nicht etwa eliminiert, sondern bilden einen Engpaß für Verrechtlichung.

Für Kant wie Rousseau ist darum festzuhalten, daß nicht so sehr die semantische Allgemeinheit des Gesetzes – wie Habermas betont[539]–, sondern vor allem die demokratische Allgemeinheit des ihm vorausliegenden Verfahrens die Legitimation des Rechts und die Integration der Gesellschaft tragen. Auch wenn Rousseau und Kant eine diskurstheoretische Fundierung dieses Verfahrens noch nicht zugänglich ist, so läuft deren subjektphilosophische Begründung dennoch nicht auf das von Habermas behauptete Defizit hinaus:[540] Die politische Verallgemeinerbarkeit von Interessen wird weder bei Kant durch die Monologe moralischer Einzelsubjekte, noch bei Rousseau durch den Monolog eines ethischen Kollektivsubjekts eruiert. Es liegt in der Struktur demokratischer Verfahrensbeteiligung selbst, daß ein politischer Wille nicht schon besteht, sondern erst gebildet werden muß. Dies erklärt, daß Rousseau wie Kant auf diskursive Momente dieses Verfahrens rekurrieren müssen, auch wenn sie diese nicht theoretisch begründen können. So hat der auf den ersten Blick diskursfeindliche Rousseau den Problemen des Redens und Überredens große Aufmerksamkeit gewidmet, um die demagogische Beredsamkeit im Dienste partikularer Interessen[541] von Diskussionen zu unterscheiden, die demokratischen Prozessen inhärent sind. Auf leztere beziehen sich Rousseaus Überlegungen, daß mit dem Abstimmungsrecht des Staatsbürgers sich ein weiteres Recht verbinden müsse: nämlich »das Recht, seine Meinung zu äußern, Vorschläge zu machen, einzuteilen und zu diskutieren, welches nur ihren Mitgliedern zu überlassen die Regierung immer sehr bemüht ist«.[542] – Daß Kants Konkretisierungen des Publizitätsprinzips in einer Theorie kritischer Öffentlichkeit über Rousseaus Andeutungen weit hinausgehen, soll hier nicht mehr erörtert werden.[543] Wichtiger ist im folgenden die Frage, welche Beziehungen diese frühen, theoretisch noch unausgewiesenen Momente von Diskursivität zur überpositivrechtlichen Dimension der Freiheitsrechte unterhalten und was vor allem diese selbst für

539 Habermas, *Faktizität und Geltung*, S. 133, 153.

540 Ebd., S. 122, 132.

541 Rousseau, CS IV 1 Abs. 1-4 (franz.: S. 307 f.).

542 Ebd., IV 1 Abs. 7 (franz.: S. 309).

543 Dazu Habermas selbst: *Strukturwandel der Öffentlichkeit*, S. 117-131.

eine Demokratietheorie im Zeichen des Volkssouveränitätsprinzips bedeutet.

Indem Kant allen Rechten, die das einzig »angeborene« Menschenrecht gleicher Freiheit konkretisieren, naturrechtlichen Charakter zuspricht, ohne sie doch für »gegeben« zu halten, bilden sie einen wesentlichen Gegenstand des öffentlichen Diskurses, der durch die »Freiheit der Feder« und die Meinungsäußerung jedes Staatsbürgers in Gang gehalten wird.[544] Wenn Kant formuliert, daß »jeder Mensch doch seine unverlierbaren Rechte hat, die er nicht einmal aufgeben kann, wenn er auch wollte und über die er *selbst* zu *urteilen* befugt ist«,[545] so sind beide Momente festgehalten, auf die es bei dieser Version naturrechtlicher Qualifizierung ankommt: die Unverfügbarkeit der Menschenrechte überhaupt und ihre »nachmetaphysische« Offenheit für die Inhaltsbestimmung durch diejenigen selbst, denen die Rechte zustehen. Die scheinbare Paradoxie dieser Lösung begegnet dem Dilemma jeder Freiheitssicherung: wenn der richtige Inhalt und Gebrauch der Freiheitsrechte feststeht, ehe die Bürger darüber befunden haben, ist es mit der Freiheit schon zu Ende. Die Funktion der naturrechtlichen Auszeichnung der Menschenrechte wird noch deutlicher, wenn es um deren inhaltliche Konkretisierung durch demokratische Gesetzgebung geht. Hier behandelt Kant eine rechtliche Positivierung der Menschenrechte, die dennoch deren überpositiven Charakter nicht aufheben soll. Ihm zufolge sind Freiheitsrechte gleichzeitig »Prinzipien *a priori*«, auf die jeder positivrechtliche Zustand sich gründet[546] und Derivate der »oberste(n) Gewalt« des gesetzgebenden Volkes, »von der alle Rechte der einzelnen [...] *abgeleitet* werden müssen«[547] – »Alles Recht hängt nämlich von Gesetzen ab«.[548] Indem Kant hier den »zirkulären« Zusammenhang von Volkssouveränität und Menschenrechten um die naturrechtliche Dimension erweitert, versteht er Freiheitsrechte als positives und überpositives Recht, als staatliche und vorstaatliche Rechtsprinzipien. Er schreibt ihnen damit die gleiche Struktur zu wie dem Prinzip der Volkssouveränität selbst. Auch diese liegt Kant zufolge als rechtsbegrün-

544 Kant, Gemeinspruch, S. 161.

545 Ebd.

546 Ebd., S. 145; MdS/RL, S. 345.

547 Kant, MdS/RL, S. 464.

548 Kant, Gemeinspruch, S. 150.

dende Gewalt allem positiven Recht, als vorstaatliche sogar dem (fiktiven) »ursprünglichen Vertrag« voraus.[549] Volkssouveränität ist darum an keinerlei inhaltliche Richtigkeit gebunden, aber selber – wenn sie einmal historisch durchgesetzt wurde – normativ gesehen unverfügbar.[550] Andererseits legt sich Volkssouveränität in den positivierten Partizipationsrechten des verfassungsrechtlich institutionalisierten bzw. freigesetzten Meinungs- und Willensbildungsprozesses aus, als die sie bei Habermas ausschließlich in Erscheinung tritt.

Kants positiv-überpositive Doppelung der Freiheitsrechte wie der Volkssouveränität hat den Sinn einer demokratischen Allokation von Argumenten und Machtpositionen, die in Habermas' diskurstheoretischer Rekonstruktion nicht eingeholt werden kann. Handelt die naturrechtliche Begründung demokratischer Freiheit von *Asymmetrien*, die sich auf das Verhältnis von gesellschaftlicher Basis und Staatsapparaten, von »Volk« und politischen Funktionären, von Gesetzgebung und sanktionsbewehrter Rechtsdurchsetzung beziehen, so sind dagegen diskurstheoretische Kriterien auf jene *Symmetrien* hin angelegt, die mit den Konnotationen der »idealen Sprechsituation« verbunden sind.[551] Die naturrechtliche Demokratietheorie akzeptiert die Asymmetrie des staatlichen Gewaltmonopols, die das »Volk«, d. h. die Summe der Nicht-Funktionäre, »entwaffnet«, und setzt ihr die umgekehrte Asymmetrie der Volkssouveränität entgegen: Die aller staatlichen und rechtlichen Integration vorausgehende Souveränität der Gesetzgebung soll aus-

549 Kant nennt (MdS/RL, S. 465) den gesetzgebenden Gesamtwillen den »Urgrund aller öffentlichen Verträge« und läßt (Gemeinspruch, S. 151) sogar den »ursprünglichen Vertrag« »aus dem allgemeinen (vereinigten) Volkswillen entspringen«. – Zur vorrechtlichen Dimension der Volkssouveränität bei Kant s. insgesamt: Maus, *Zur Aufklärung der Demokratietheorie.* Zur scheinbaren Paradoxie des Verhältnisses von »vereinigtem« Volkswillen und ursprünglichem Vertrag s. ebd., S. 286 f.

550 Siehe Kant, MdS/RL, S. 465: »Das Recht der obersten Gesetzgebung im gemeinen Wesen ist kein veräußerliches [...]. Wer es hat, kann nur durch den Gesamtwillen des Volks über das Volk, aber nicht über den Gesamtwillen selbst [...] disponieren. Ein Vertrag, der das Volk verpflichtete, seine Gewalt wiederum zurückzugeben, würde demselben nicht als gesetzgebender Macht zustehen [...].«

551 Siehe z. B. Habermas, »Diskursethik. Notizen zu einem Begründungsprogramm«, S. 99.

schließlich in den Händen des Volkes (oder seiner unmittelbaren Vertreter) liegen, um sicherzustellen, daß das staatliche Gewaltmonopol nur im Sinne der gesetzlichen Direktiven der gesellschaftlichen Basis eingesetzt wird. In diesen asymmetrischen Allokationen von staatlicher Gewalt und gesetzgebender Souveränität sind »oben« und »unten« deutlich markiert und im gewaltenteilenden Arrangement entsprechende »Orte« für unterschiedliche Funktionen rigide festgeschrieben. Dagegen bleibt in der sprachphilosophisch begründeten Symmetrie demokratischer Kommunikation der realexistierende Antagonismus zwischen politischen Funktionären und Nicht-Funktionären unterbelichtet. Zwar fungiert die in jeder realen Sprechsituation faktisch unterstellte kontrafaktische Sprechsituation als normatives Kriterium, an dem die Vermachtung realer Diskurse sich aufweisen läßt, aber dieses Kriterium selber ist nicht darauf angelegt, im verflüssigten Prozeß intersubjektiver Beziehungen »Orte« und »Subjekte« für unterschiedliche Funktionen normativ auszuzeichnen.

Die Allokation von Argumenten, die in Kants doppelter Kennzeichnung der Freiheitsrechte als positivem und überpositivem Recht angelegt ist, kann noch keine Zusammenhänge zwischen bestimmten Argumentationsformen und unterschiedlichen Diskursen oder Verhandlungen entwickeln,[552] sondern bezieht sich wiederum auf den Gegensatz zwischen Funktionären und Nicht-Funktionären: Aus dem vorstaatlichen Charakter der Menschenrechte, die zugleich nur durch die Bürger ihre inhaltliche Bestimmung erhalten, folgt, daß kein überpositivrechtliches Argument jemals von seiten der Staatsapparate gegen die Individuen geltend gemacht werden kann, sondern daß der Durchgriff auf überpositives Recht ausschließlich denen zukommt, die nicht politische Funktionäre, sondern »nur« Menschen sind. Der positivrechtliche Charakter der Menschenrechte ist dagegen an die rechtsdurchsetzenden Staatsapparate adressiert. Sie haben die Grundrechte genau so zu gewährleisten, wie sie in der Verfassung fixiert sind. Jeder überpositivrechtliche Aktivismus der Grundrechtsinterpretation durch die Staatsapparate würde den »vorstaatlichen« Charakter zerstören, den die Grundrechte für die Individuen haben und tangierte das Interpretationsmonopol der Bürger in kritischer Öffentlichkeit

552 So bei Habermas, *Faktizität und Geltung*, S. 217 ff.

und demokratischer Gesetzgebung. Nach den Kriterien diskursiver Symmetrie ist dagegen bei Habermas jene »Gemeinschaft der Verfassungsinterpreten« denkbar,[553] die kritische Öffentlichkeit, Parlamente und sämtliche Staatsapparate als gleichrangige Teilnehmer eines Grundrechtsdiskurses behauptet, selbst wenn faktisch die letztentscheidende Kompetenz eines Verfassungsgerichts existiert. Daß Habermas überhaupt die Notwendigkeit einer – freilich auf prozeduralistische Gesichtspunkte begrenzten (!) – verfassungsgerichtlichen Normenkontrolle gegenüber dem demokratischen Gesetzgeber vertritt,[554] zeigt bereits an, daß seine Theorie die Asymmetrien der radikalen Konzeption von Volkssouveränität hinter sich läßt, derzufolge alle Kontrolle nur »von unten« geleistet werden kann: Ungerechte Entscheidungen eines Parlaments sollten nur durch eine kritische Öffentlichkeit und nicht etwa »von oben«, durch ein Verfassungsgericht, korrigiert werden.[555] Damit sind zugleich die naturrechtlich begründeten Intuitionen in Frage gestellt, daß die rechtlich ausgegrenzten Freiheitsräume vom Staat lediglich anerkannt, nicht etwa konstituiert werden, und daß die Freiheitsrechte erst dadurch unantastbar werden, daß nicht die Mächtigen, sondern die Machtlosen über die Art ihres Freiheitsgebrauchs befinden.

Die partielle Gegenläufigkeit des asymmetrischen und des symmmetrischen Demokratieverständnisses hat erhebliche Auswirkungen auf die jeweilige Konzeption des Rechtsstaats, der Demokratie überhaupt realisieren soll. Für Kant wie Habermas ist demokratische Willensbildung nur dann erfolgreich, wenn sie vermittels einer gewaltenteiligen Prozeduralisierung die Staatsapparate an ihre Beschlüsse bindet, also Gesetzesbindung der Justiz und Gesetzmäßigkeit der Verwaltung durchsetzt.[556] Dennoch haben diese Feststellungen bei beiden Autoren einen unterschiedlichen Sinn. Kant hat in der Tat, wie Habermas feststellt, noch einen gewaltigen »Respekt vor der Naturtatsache der politischen Gewalt«[557] – aber nur in dem Sinne, daß er gegen sie die ebenso elementare (»vor-

553 Ebd., S. 340f.

554 Ebd., S. 201, 207, 292-348.

555 Dazu Maus, *Zur Aufklärung der Demokratietheorie*, S. 173f.

556 Kant, MdS/RL, S. 431f., 435f.; Habermas, *Faktizität und Geltung*, S. 196, 213, 230.

557 Habermas, *Faktizität und Geltung*, S. 172.

staatliche«) Souveränität der Gesetzgebung aufbietet und ihr alle Staatstätigkeit lückenlos subsumiert. Bei Habermas dagegen besteht die Hoffnung, alle physische Gewalt des Staates in symmetrische Beziehungen auflösen zu können, indem alle politische Macht sich aus der kommunikativ erzeugten Macht der Staatsbürger herleitet[558] – ein Prozeß, in dem zugleich Volkssouveränität selbst zu kommunikativer Macht »verflüssigt« wird.[559]

Zwar übersieht Habermas keineswegs das »Drohpotential« einer jeden politischen Herrschaft, das von »kasernierten Gewaltmitteln gedeckt ist«,[560] dennoch verfolgt er ein Programm, für das er die Konzeption des demokratischen Rechtsstaats bei Rousseau und Kant vergeblich reklamiert. Deren Modell einer »Herrschaft der Gesetze« traut sich keinesfalls zu – wie Habermas unterstellt –, die harte »Substanz« politischer Herrschaft als solche in den anderen Aggregatzustand der »Herrschaft der Gesetze« zu überführen.[561] Der Begriff »Herrschaft« in dieser Konnotation unterhält zur Herrschaft der Staatsapparate keine Verbindung, die direkte Transformationsprozesse zwischen verschiedenen Arten der Macht ermöglichte. Schon gar nicht kann diese »Herrschaft der Gesetze« sich auf der Seite einer »paternalistisch« zu gewährleistenden Privatautonomie wiederfinden, zu der das Prinzip der Volkssouveränität ein »Andererseits« bildete.[562] Die »Herrschaft der Gesetze« war bei Rousseau und Kant vielmehr mit Volkssouveränität identisch; sie bezeichnete schon immer die Herrschaft des *demokratischen* Gesetzes und implizierte die Suprematie der gesetzgebenden Instanz über alle rechtsdurchsetzenden Staatsapparate.[563] In dieser Suprematie war

558 Ebd., S. 209.

559 Ebd., S. 170, vgl. S. 534.

560 Ebd., S. 171.

561 Ebd., S. 231 f.

562 So aber Habermas, »Über den internen Zusammenhang von Rechtsstaat und Demokratie«, S. 298 f. Vgl. auch Habermas, *Faktizität und Geltung*, S. 154, wo Habermas das kommunitaristisch-republikanische Mißverständnis, daß ein Gegensatz zwischen einer »paternalistisch« dimensionierten »Herrschaft der Gesetze« und der Selbstgesetzgebung des Volkes bestehe, von Frank I. Michelman, »Law's Republic«, in: *The Yale Law Journal* 97 (1988), S. 1493-1537, hier: S. 1499 f. (zit. bei Habermas, *Faktizität und Geltung*, S. 129) übernimmt. – Die hier angegebene Konstellation findet sich in der defizitären deutschen Rechtsstaatstradition des 19. Jahrhunderts, aber gerade nicht bei Rousseau und Kant.

563 Durchgängig wird der Gesetzgeber – im Unterschied zu den übrigen »Gewal-

der Dualismus von Volkssouveränität und Gewaltmonopol gerade festgeschrieben, den Habermas' Interpretation einzuebnen sucht.

Habermas' Vorwurf gegen das Vernunftrecht des 18. Jahrhunderts, es habe »die Vorstellung eines ursprünglichen Antagonismus von Recht und Macht« nicht überwunden,[564] klagt etwas ein, das mitnichten beabsichtigt war. Kant gründet den Übergang vom Naturzustand zu einem ersten Rechtszustand »überhaupt« auf schiere Gewalt, aus der das Recht durch willkürliche Setzung erst hervorgeht, und hofft auf die historische Verwirklichung des idealen Rechtszustands der Republik, in der die gesetzgebende Souveränität des Volkes alles Recht bestimmt, das nun die urprüngliche Gewalt unterwirft.[565] Wenn Habermas dagegen die symmetrische Konzeption einer »gleichursprüngliche[n] Konstitution von staatlichem Recht und politischer Macht« favorisiert,[566] so muß dieser Zusammenhang sich freilich auf jene Macht beschränken, die selber bereits als kommunikative und zugleich rechtssetzende eingeführt wird.[567] Daß auf diese Weise – wobei Habermas sich auf Hannah Arendts Differenzierung zwischen (kommunikativer) Macht und Gewalt bezieht – die »Macht auf die Seite des Rechts« gerät,[568] ist leicht nachzuvollziehen. Problematischer erscheint die Lösung des Problems, wie das Restrisiko der zur Macht kontrastierten Gewalt zu lösen sei – zumal die Staatsapparate das Gewaltmonopol unbestritten innehaben, während kommunikative Macht dadurch charakterisiert ist, daß »sie niemand eigentlich ›besitzen‹« kann.[569]

Habermas' Rekonstruktion der Idee des Rechtsstaats verbindet sich mit einer Forderung, die den klassischen Optionen entspricht, nämlich »das über den Machtkode gesteuerte administrative Sy-

ten« – mit der Souveränität bzw. der »höchsten Gewalt« identifiziert. So bereits Locke, ST, § 134 – Rousseau, CS II, 2 Abs. 1 u. 4, S. 250 f. – Entsprechend Kant, MdS/RL, S. 431.

564 Habermas, *Faktizität und Geltung*, S. 182. – Die ermächtigende Ressource sakralen Rechts, auf die Habermas sich für vormoderne Systeme bezieht (S. 177-179, 181), war damit gerade negiert.

565 Kant, Reflexion 7947, AA XIX, S. 562; Kant, Reflexion 8046, AA XIX, S. 592.

566 Habermas, *Faktizität und Geltung*, S. 176. – Hervorhebung I. M. – Innerhalb einer Hervorhebung im Original.

567 Ebd., S. 182 f.

568 Ebd., S. 185.

569 Ebd., S. 182 im Anschluß an Hannah Arendt.

stem an die rechtssetzende kommunikative Macht zu binden«,[570] belastet aber dieses Programm mit Schwierigkeiten, die teils der Symmetrie seiner Prämissen, teils dem Blick auf faktische Erosionen des gegenwärtigen Rechtsstaats geschuldet sind. Die Binnendifferenzierung politischer Macht, über die die rechtsstaatliche Bindung administrativer Apparate sich realisieren soll, erscheint in anderen Formulierungen zugleich als Brücke der Machttransformation: »Der Rechtsstaat reguliert [...] die Umsetzung kommunikativer in administrative Macht.«[571] Damit ist noch kein Widerspruch gesetzt, denn auch das demokratisch erzeugte Recht entgeht nicht der Ambivalenz, durch seine inhaltlichen Direktiven und formale Bestimmtheit Staatsapparate zugleich zu ermächtigen und zu begrenzen. Problematisch ist vielmehr angesichts dieser Logik rechtsstaatlichen Rechts, daß Habermas einerseits Volkssouveränität zu kommunikativer Macht verflüssigt und andererseits auf einer Eigenlogik des administrativen Systems besteht.

Was die Reformulierung des Volkssouveränitätsprinzips betrifft, so wendet sich diese eher gegen eine (in der Ideengeschichte verbreitete) Karikatur des aufklärerischen Modells als gegen dieses selbst. Die Bestimmung des »Ortes« der Volkssouveränität in den Theorien des 18. Jahrhunderts war keineswegs, wie Habermas unterstellt, auf die Verkörperung der Volkssouveränität in einer »anschaulich identifizierbaren Versammlung autonomer Bürger«[572] angewiesen. Volkssouveränität konnte auch nicht »konkretistisch« im Volk lokalisiert werden,[573] weil der Begriff des Volkes (wie der Nation) im 18. Jahrhundert ein höchst abstrakter war. Er bezeichnete weder ethisch, kulturell oder sozial bestimmte Entitäten, sondern lediglich die Summe derer, die keine Position in den Staatsapparaten hatten, die Nicht-Funktionäre.[574] Dieser abstrakt-verfassungsrechtliche Begriff des Volkes ist überhaupt nur aus der Entgegensetzung zum staatlichen Gewaltmonopol verständlich. Die Forderung, alle Souveränität »ungeteilt« im Volk zu konzentrieren, ist mit der Forderung der Gewaltenteilung zwischen Gesetzgebung und Exekutive identisch: Sie soll Regressionen zu absolutistischen Systemen,

570 Ebd., S. 187.
571 Ebd., S. 217.
572 Ebd., S. 170.
573 Ebd., S. 365.
574 Dazu Maus, »›Volk‹ und ›Nation‹ im Denken der Aufklärung«.

in denen Souveränität und Gewaltmonopol zusammenfielen, verhindern.

Habermas kann diese Eindeutigkeiten schwerlich aufrechterhalten, wenn er Volkssouveränität nur noch in den »gleichsam subjektlosen Kommunikationskreisläufe(n) von Foren und Körperschaften« aufgehoben findet[575] oder den »Interaktionen zwischen rechtsstaatlich institutionalisierter Willensbildung und kulturell mobilisierten Öffentlichkeiten« entspringen läßt[576] oder als eine Größe bestimmt, die sich »in der Macht öffentlicher Diskurse zur Geltung bringt«, um in der parlamentarischen Gesetzgebung Gestalt anzunehmen.[577] Volkssouveränität, die so in kommunikativ erzeugte Macht verwandelt ist, wird nahezu ubiquitär, verliert aber die Durchsetzungsfähigkeit, die sie an jenem »Ort« noch hatte, der sich zum Gewaltmonopol gleichsam antipodisch bestimmte. In freier Fluktuation steht sie nur noch für ein »Potential mit dem die Inhaber administrativer Machtpositionen *rechnen* müssen«.[578] Rechtsstaatlich prozeduralisierte Volkssouveränität hatte dagegen den Sinn, der Bindung der Herrschenden an demokratische Beschlüsse der Beherrschten *juristischen* Charakter zu geben.[579] Unter diesem Aspekt wirkt Habermas' Verflüssigung der Volkssouveränität sich eher zugunsten einer Machtgeneration aus, die auch administrative Macht bedient, als daß sie diese begrenzte. Habermas' Verflüssigung der Volkssouveränität übersetzt die klassische französische Formulierung: »Le principe de toute souveraineté *réside* [...] dans la nation«[580] in die deutsche Wendung: »Alle Staatsgewalt geht vom Volke aus«.

Andererseits scheint ein Urgestein originärer staatlicher Macht, die aus kommunikativer Macht sich nicht ableiten läßt, in Habermas' systemischer Fassung der staatlichen Administration und ihres »Machtkodes« anerkannt zu sein. Habermas formuliert: »Die administrative Macht soll sich nicht selbst reproduzieren, sondern allein aus der Umwandlung kommunikativer Macht regenerieren

575 Habermas, *Faktizität und Geltung*, S. 170.

576 Ebd., S. 365.

577 Ebd., S. 228

578 Ebd., S. 183.

579 Heller, *Die Souveränität*, S. 96, 98.

580 Französissche Verfassung von 1791, Art. 3 der Erklärung der Menschen- und Bürgerrechte, in: Franz (Hg.), *Staatsverfassungen*, S. 304.

dürfen. Letztlich ist es dieser Transfer, den der Rechtsstaat regulieren soll, ohne allerdings den Machtkode selbst anzutasten und damit in die Logik der Selbststeuerung des administrativen Systems einzugreifen.«[581] Mit dem letzteren Gesichtspunkt wäre das radikaldemokratische Verteilungsschema der Freiheit, demzufolge nur für die gesellschaftliche Basis rechtsfreie Räume gesellschaftlichen Eigensinnes ausgegrenzt werden, die Staatsapparate aber der Verrechtlichung restlos zu unterwerfen sind, aufgehoben. Habermas führt weitere Gesichtspunkte ein, die das Dilemma der Rekonstruktion des vernünftigen Sinnes rechtsstaatlicher Praxis in einer historischen Entwicklungsphase verdeutlicht, die rechtsstaatlichen Prinzipien nicht günstig ist. Nicht nur im Staatssozialismus, sondern auch in den westlichen Industriestaaten hat das extreme Anwachsen der Staatsaufgaben zu Organisationsformen geführt, die Habermas' grundsätzlicher Aussage einen hohen Realitätsgehalt verleihen, daß nämlich Staatsapparate zu den systemisch intergrierten Handlungsbereichen gehören, die demokratisch-politischer Umstrukturierung nicht zugänglich sind, ohne in ihrer Funktionsfähigkeit beschädigt zu werden.[582] Wenn allerdings Habermas diesen letzteren Gesichtspunkt durch den »Bankrott« des Staatssozialismus« bestätigt sieht,[583] so könnte dem entgegengehalten werden, daß die sozialistischen Staatsapparate gerade an ihrem systemischen Eigensinn kollabiert sind. Eher im Sinne dieses Einwands ist dagegen Habermas' Formulierung zu lesen, daß das Recht »konstitutiv« auch noch für den Machtkode der Verwaltungsprozesse[584] sein müsse. Daß das Recht gleichzeitig als konstitutiv und zerstörend für zentrale Staatsfunktionen erscheint, ist nicht so sehr ein Widerspruch der Theorie, sondern der gegenwärtigen Realität, die zwischen demokratisch-rechtsstaatlichen Prinzipien und objektivem Problemdruck einen prekären Ausgleich sucht.

Unter diesen gegebenen Umständen wird sowohl Habermas' Rekonstruktion des rechtsstaatlichen Prinzips im Sinne einer rechtlich gesteuerten Umwandlung von kommunikativer Macht in

581 Habermas, *Faktizität und Geltung*, S. 187.

582 Habermas, »Vorwort von 1990« zum *Strukturwandel der Öffentlichkeit*, S. 36, mit Verweis auf die Ausarbeitung dieser These in der *Theorie des kommunikativen Handelns*.

583 Ebd.

584 Habermas, *Faktizität und Geltung*, S. 209.

administrative als auch die Asymmetrie der klassisch rechtsstaatlichen Verfahrensanordnung mit den harten Widerständen einer spröden Wirklichkeit konfrontiert. Zwar mag die von Habermas angegebene »Verschränkung von diskursiver Rechtssetzung und kommunikativer Machtbildung«[585] noch zustande kommen, der ein Zusammenspiel von kritischer Öffentlichkeit und Parlament zugrunde liegt. Insofern aber die rechtsförmigen Ergebnisse dieses Prozesses an den Grenzen verselbständigter administrativer Systeme abgewehrt werden können, kommt es zu getrennten Kreisläufen von kommunikativer »Macht« einerseits und der im 18. Jahrhundert noch so genannten staatlichen »Gewalt« andererseits. In aktuellen Demokratietheorien tritt dann das Prinzip kritischer Öffentlichkeit, das zur Zeit der Aufklärung noch als selbständiges Pendant der Volkssouveränität behandelt wurde, leicht an die Stelle der Volkssouveränität. Das öffentliche *Urteilen* der Bürger wird längst euphemistisch als *self-government* bezeichnet, während das politische *Handeln* dem professionellen *government* überlassen bleibt.[586] Was Kant noch als Minimalbedingung der Freiheit selbst in absolutistischen Systemen eingeklagt hatte,[587] wird heute zum Ganzen der einst geforderten »Republik«.

Der asymmetrische Sinn des radikal-demokratischen Modells der Gewaltenteilung, das der Idee nach auch parlamentarischen Systemen zugrunde liegt, folgte nicht so sehr einer Subsumtionslogik, die in der Semantik des abstrakt-allgemeinen Gesetzes ihren Ausgangspunkt hätte,[588] sondern den Verfahrensbedingungen von Volkssouveränität. Es errichtete die Einbahnstraße einer durchgängigen Willens- und Kontrollbildung von »unten« nach »oben«, ohne doch »unten« willkürliche Durchgriffe zu gestatten. Der inhaltlich ungebundene Voluntarismus der Volkssouveränität konnte deshalb freigesetzt und zugleich für alle Staatsapparate verbindlich gemacht werden, weil die rechtsstaatliche Verfahrensdifferenzierung

585 Ebd., S. 188.

586 In dieser Tradition z. B.: Ulrich Rödel, Günter Frankenberg, Helmut Dubiel, *Die demokratische Frage*, Frankfurt am Main 1989. – In Hannah Arendts Kant-Interpretation ist diese Umdeutung bereits dadurch angelegt, daß sie Kants *Kritik der Urteilskraft* buchstäblich anstelle von Kants gesamtem Werk zur politischen Philosophie behandelt: Hannah Arendt, *Das Urteilen. Texte zu Kants politischer Philosophie*, hg. von Ronald Beiner, München, Zürich 1985.

587 Kant, Gemeinspruch, S. 161 f.

588 So aber Habermas, *Faktizität und Geltung*, S. 232 f.

rücksichtslose Macht- und Interessendurchsetzung durch Einbau von Sichtblenden strukturell nach allen Richtungen verhindert:[589] Zum Zeitpunkt der Verfassunggebung müssen die Verfahren der einfachen Gesetzgebung in Unkenntnis der konkreten Gesetzesvorhaben, die nach ihren Prämissen künftig zu entscheiden sind, festgelegt werden. Auf der nächsten Stufe des Gesetzgebungsaktes selbst darf der konkrete Fall noch nicht bekannt sein, auf den das Gesetz künftig Anwendung findet. Umgekehrt sollen die im Gesetzgebungsverfahren zustande gekommenen Rechtsnormen in Gerichtsverfahren und bei Verwaltungsakten nicht geändert werden, eben weil man hier den Fall kennt. Aus dem letzteren Grund folgt, daß selbst radikale Demokratietheoretiker dem »Volk« das Recht zur Einmischung in exekutivische und Justizentscheidungen absprachen, weil ihm bereits die Gesetzgebung zusteht. So lehnte der oft verkannte Rousseau die antike Demokratie ab, weil sie genau diese Akkumulation von Funktionen beim Volk kannte, also der Gewaltenteilung entbehrte,[590] und forderte statt dessen die »Republik«.

Angesichts der gegenwärtigen Krise des Rechtsstaats, in der diese rechtsstaatliche Regulierung des Kommunikationsflusses durchbrochen ist, konstatiert Habermas unverkennbare Tendenzen zur Verselbständigung illegitimer Macht[591] und votiert zögernd für sich abzeichnende Gegenstrategien. Die Erosion gesetzlicher Programmierung der Staatsapparate wäre demzufolge durch die Beteiligung kritischer Öffentlichkeiten an konkreten Entscheidungsprozessen zu kompensieren.[592] Sosehr dieses Projekt mit Habermas als Einbau separater »Legitimationsfilter« in segregierte Instanzen verstanden werden kann, so wenig trägt es den Gefahren der Willkür Rechnung, die die klassische rechtsstaatliche Gewaltenteilung zu vermeiden suchte. Dies betrifft vor allem die Justiz. Daß zum Beispiel Gerichtsverfahren gegen rassistische Gewalttäter nicht eröffnet werden, weil deren Taten gerade »populär« sind, oder umgekehrt

589 Vgl. zum folgenden Maus, »Zur Theorie der Institutionalisierung bei Kant«, S. 294.

590 Das Kapitel über die »Demokratie« im *Gesellschaftsvertrag* enthält Rousseaus prinzipielles Votum für Gewaltenteilung. Vgl. ebenso CS II 4 Abs. 5, 6, 9 (franz.: S. 254 f.); CS II 5 Abs. 5, (franz.: S. 257); CS II 16 Abs. 1 (franz.: S. 303 f.).

591 Habermas, *Faktizität und Geltung*, S. 519.

592 Ebd., S. 530 f.

für andere Delikte drakonische Strafen verhängt werden, weil auch dies »populär« ist, könnte sich auf das Konzept radikaler Demokratie gerade nicht berufen. Für die Domestizierung gerichtlicher Entscheidungen entweder durch gesetzliche Prämissen oder eine berechenbare Präjudizienkultur, die auch innerhalb der richterlichen Rechtsfortbildung dem konkreten Fall jeweils vorgelagert ist, gibt es keinen Ersatz.

Je mehr Habermas' Rekonstruktion des Rechtsstaates unter gegenwärtigen Bedingungen die Metapher der »Balance« an die Stelle der klassischen Asymmetrien setzt und vom Vorrang der Gesetzgebung im Gewaltenteilungssystem zur »gleichgewichtigen« Verteilung politischer Macht übergeht,[593] nähert er die Konstruktionsprinzipien der parlamentarischen Demokratie denen einer Präsidialdemokratie an, die einer anderen Logik folgen. Die letztere erreicht ihre effiziente Sicherung bürgerlicher Freiheit nicht durch ein einbahniges vertikales Kontrollsystem auf der Grundlage eines prinzipiellen Antagonismus zwischen Staatsapparaten und Nicht-Funktionären, sondern durch die wechselseitige horizontale Kontrolle zwischen antagonistischen, teilsouveränen Staatsapparaten (die in geringerem Maße durch funktionale Arbeitsteilung beschränkt sind). Für sie ist nicht das radikaldemokratische, sondern das konstitutionelle Gewaltenteilungsschema Montesquieus maßgebend. Habermas' entdifferenzierende Argumentation folgt den faktischen Angleichungen der noch existierenden parlamentarischen Systeme im Zuge eines europäischen Verfassungseklektizismus und teilt deren Hypotheken. Wie bereits das Scheitern der Weimarer Verfassung zeigt, war der explizite Versuch der Verbindung von Parlamentarismus und Präsidialsystem, als welche der Einbau der starken Position des Reichspräsidenten begründet wurde,[594] mit hohen Kosten verbunden. Die in sich stimmigen Logiken beider Systeme wurden dadurch außer Kraft gesetzt, daß vertikale Kontrolle und horizontale Balancierung sich in einer Weise schnitten, daß schließlich beide Formen der Freiheitssicherung zerstört wurden. Die Ausbreitung ähnlicher Verfassungskonglomerate gerade auch in den jüngst demokratisierten osteuropäischen

593 Ebd., S. 230 f.; s. auch S. 187 zur rechtsstaatlichen »Balance« im Sinne einer sozialen Gewaltenteilung.

594 *Bericht und Protokolle des 8. Ausschusses über den Entwurf einer Verfassung des deutschen Reiches. Berichte der Nationalversammlung*, Nr. 21, Berlin 1920, S. 231 f.

Ländern läßt befürchten, daß viele dieser Systeme ihre Härtetests nicht bestehen können.

Je unsicherer das rechtsstaatliche Arrangement, desto größer wird der Bedarf an zusätzlichen Gesichtspunkten oder funktionalen Äquivalenten. Habermas' im strengen Sinne diskurstheoretische Neubegründung der Gewaltenteilung angesichts ihrer faktischen Erosion zielt auf eine »Verteilung von Zugriffsmöglichkeiten auf verschiedene Sorten von Gründen«,[595] die zum Beispiel Verwaltungen durch den Entzug eigener normativer Gründe begrenzt. Indem aber Habermas zu Recht betont, daß die Einhaltung rechtsstaatlicher Standards auch aus der Beobachterperspektive muß geprüft werden können, scheint dieser Aspekt eher als Ergänzung denn als Ersatz klassisch-rechtsstaatlicher Sicherungen in Betracht zu kommen. So zeigt sich schließlich, daß Habermas darüber hinaus einige weitere Gesichtspunkte einführen muß, die einen stärkeren Rückgriff auf Moral implizieren, als es dem Demokratieverständnis des 18. Jahrhunderts entspricht. Diese Wendung erscheint auf den ersten Blick paradox. Denn während im 20. Jahrhundert das aufklärerische Bewußtsein allgemein schwindet, daß der Trennung von Recht und Moral eine eminent freiheitssichernde Bedeutung zukommt, hat Habermas das Verdienst, diese Trennung zum Ausgangspunkt seiner Binnendifferenzierung des Diskursprinzips gemacht zu haben.

Dennoch findet sich im Zentrum von Habermas' »System der Rechte«, in der Vermittlung privater und öffentlicher Autonomie, eine wesentliche moralische Konnotation des Gebrauchs öffentlicher Freiheit, die erst vor dem Hintergrund gegenwärtiger Diskussionsverläufe zum Verhältnis von Moral und Politik ganz verständlich wird. Habermas selbst hält als Ergebnis seiner diskurstheoretischen Rekonstruktion des Systems der Rechte fest: »Einerseits verlagert sich die Bürde der Legitimation der Rechtssetzung von den Staatsbürgerqualifikationen auf die rechtlich institutionalisierten Verfahren diskursiver Meinungs- und Willensbildung. Andererseits bedeutet die Verrechtlichung kommunikativer Freiheit auch, daß sich das Recht Quellen der Legitimation erschließen muß, über die es nicht verfügen kann.«[596] Angesichts des hohen Tons gegenwärtiger Tugenddiskurse, die in dem Ausmaß vordrin-

595 Habermas, *Faktizität und Geltung*, S. 235, 528 f.
596 Ebd., S. 165.

gen, in dem rechtsstaatliche Absicherungen vernünftiger Willensbildung zusammenbrechen, akzentuiert Habermas das rechtsförmige Verfahren. Aber dieses Verfahren soll die Bedingungen institutionalisieren, unter denen moralische Argumente sich entfalten können. Hatte die Komplexität von Habermas' Vermittlung privater und öffentlicher Freiheitsrechte darin bestanden, daß den ersteren »Willkürfreiheit«, den letzteren »Autonomie« zugeordnet wurde,[597] woraus als Paradoxie ihres Zusammenhangs sich erst ergab, daß der öffentliche Gebrauch kommunikativer Freiheit durch den selben Rechtskode gewährleistet wird, der auch den Rückzug in privatistisch-strategische Interessenverfolgung ermöglicht, so ist Habermas' Verfahrensbegriff gegenüber dieser Ambivalenz nicht neutral. Während die demokratischen Partizipationsrechte die Motive für ihre Ausübung »freistellen«, »muß das demokratische Gesetzgebungsverfahren seine Teilnehmer mit den normativen Erwartungen der Gemeinwohlorientierung konfrontieren, weil es selber seine legitimierende Kraft allein aus dem Prozeß einer Verständigung der Staatsbürger [...] ziehen kann«.[598] Der Begriff des Gemeinwohls ist bei Habermas so drastisch entsubstantialisiert, daß er jede Nähe zu aktuellen Tugendzumutungen vermeidet, aber die Legitimation durch Verfahren liegt nicht so sehr in der Verfahrensstruktur selbst, die gleiche Freiheit der Beteiligung gewährleistet, sondern in der Art der diskursiven Verständigungsprozesse, die sie ermöglichen.

Damit ist ein charakteristischer Unterschied zum Verfahrensbegriff der Volkssouveränitätstheorie bezeichnet, den Habermas ganz zu Unrecht mit einer Überfrachtung an staatsbürgerlicher Gesinnung in Verbindung bringt. Habermas unterstellt Rousseau eine ethische, Kant eine moralische Überforderung des Bürgers und grenzt dagegen seinen Begriff der Prozeduralisierung deshalb ab, weil er sich mit einer Konzeption subjektiv-öffentlicher Rechte verbindet, die auf ihren verständigungsorientierten Gebrauch nicht verpflichten, sondern diesen nur »ansinnen«.[599] Ein Vergleich der Verfahrensbegriffe selbst ergibt dagegen ein umgekehrtes Verhältnis. Rousseau wie Kant setzen gerade deshalb mit so großer Intensität auf die rigide Strenge rechtsstaatlicher Verfahrensanordnungen,

597 S. unter II.

598 Habermas, *Faktizität und Geltung*, S. 111.

599 Ebd., S. 165.

weil sie die Tugend der Staatsbürger nirgend voraussetzen. Rousseau wünscht sich die Tugend der Staatsbürger, aber er baut nicht auf sie. Auch die radikale Volkssouveränitätstheorie mißtraut nicht nur den Staatsapparaten, sondern auch dem »Volk« und widerlegt en passant die gängige These der politischen Ideengeschichte, daß demokratische Theoriebildung ein »positives« Menschenbild voraussetze. Rousseau nimmt den Ausgang von Menschen, »wie sie sind«,[600] und nicht, wie sie im Naturzustand unter Abwesenheit gesellschaftlicher Depravierungen gedacht werden können. Rousseaus Ablehnung der antiken Demokratie und Befürwortung der gewaltenteiligen Republik basiert auf der Argumentation, daß die Demokratie (unter anderem) so viel Tugend erfordere, daß sie nur für ein »Volk von Göttern« geeignet sei.[601] Rousseau fordert Gewaltenteilung, weil man sich auf die Tugend der Menschen nicht verlassen kann.

Kant testet seine demokratische Verfahrensanordnung von vornherein am Grenzfall eines »Volk(es) von Teufeln«.[602] Das Verfahren muß so beschaffen sein, daß es mit automatischer Wirkung die wechselseitige Einschränkung partikularer Borniertheiten zustande bringt und Ergebnisse erreicht, »als ob« seine Teilnehmer tugendhaft seien.[603] Damit verbindet sich Kants Begründung allen Rechts, einschließlich der demokratischen Partizipationsrechte, auf bloße Willkürfreiheit im Unterschied zu Habermas' Dichotomie. Kant und Habermas stimmen zwar darin überein, daß sie den vornehmen Ton einer Interessenferne des Politischen vermeiden, der konservative Theorie typischerweise auszeichnet. Habermas' Demokratietheorie aber ist zu einer Zeit entwickelt, in der man sich auf den Automatismus rechtsstaatlicher Verfahren nicht mehr verlassen kann. Darum müssen ihm zufolge Verfahren so beschaffen sein, daß sie moralische Argumentationen ermöglichen, ohne diese zu präjudizieren. – Die Differenz zwischen Kant und Habermas ist zugleich eine der historischen Situation. Sie bezeichnet die Zeitspanne zwischen Aufstieg und Niedergang der demokratisch-rechtsstaatlichen Praxis.

600 Rousseau, CS, Einleitung, S. 5 (franz.: S. 235).

601 Ebd., III 4 Abs. 7, (franz.: S. 281).

602 Kant, ZeF, S. 224.

603 Dazu mit Nachweisen: Maus, *Zur Aufklärung der Demokratietheorie*, S. 176, 179-188.

2.4. Kants Aktualität und Kants aktuelle Marginalisierung – im Jubiläumsjahr

Der 200. Todestag wurde so gründlich gefeiert, als ob Kant noch einmal beerdigt werden sollte. Was die neueste deutschsprachige Rezeption von Kants politischer Philosophie betrifft, auf die die folgenden Überlegungen sich hauptsächlich beziehen, so sind auch die aktuellsten Publikationen dazu angetan, Kants Theorie überhaupt erst mit jener Patina zu überziehen, unter der die Aktualität ihrer eigentlichen Intentionen verborgen bleibt.

Unter den Neuerscheinungen vor und im Jubiläumsjahr dominieren Biographien[604] und auch Anthologien,[605] welch letztere den ambivalenten Versuch unternehmen, einen Denker zum Anfassen vorzuführen, der auf beliebige Verwertbarkeit und anekdotische Ridikülität reduziert ist. Gänzlich marktbeherrschend aber sind Biographien – ein Genre, das seit jeher Kants Werk eher verdunkelte. So wird noch immer die Asexualität[606] und Pedanterie[607] des Königsberger Philosophen ausgeleuchtet, als ob man über ersteres absolut Sicheres wisse und als ob nicht der streng geregelte Tagesablauf Kants dem Normalcharakter in dieser Zeit[608] entspreche. Die Ergebnisse biographistischer Durchgriffe auf das Werk sind bekannt: Der so klassifizierte Denker kann nur eine repressive Moralphilosophie und eine obrigkeitsfixierte politische Philosophie entworfen haben. Auch intelligenter, psychoanalytisch orientierter Biographismus, der sich aber von einem genauen Rekurs auf Kants Texte völlig verabschiedet, kann so eine Wendung zum Grundsätzlichen nehmen, indem er Kant und das gesamte Projekt der Aufklärung mit einem Schlag verabschiedet.[609] Eine gegenläufige

604 Z. B. Manfred Geier, *Kants Welt. Eine Biographie*, Reinbek ²2004. – Eine engere Verzahnung zwischen Werkanalyse und Biographie besteht bei Volker Gerhardt, *Immanuel Kant. Vernunft und Leben*, Stuttgart 2002.

605 Volker Gerhardt, *Kant zum Vergnügen*, Stuttgart 2004. – Ursula Michels-Wenz, *Kant für Gestresste*, Frankfurt am Main 2004.

606 Jean-Baptiste Botul, *Das sexuelle Leben des Immanuel Kant*, Leipzig 2001.

607 Heinz Lemmermann, *Punkt 5 Uhr früh beginnt das Leben … Der oft skurrile Alltag des Immanuel Kant (1724-1804), leicht satirisch kommentiert*, Bremen 2004.

608 Erich Fromm, »Die psychoanalytische Charakterologie und ihre Bedeutung für die Sozialpsychologie« (1932), in: ders., *Analytische Sozialpsychologie und Gesellschaftstheorie*, Frankfurt am Main 1970, S. 41-70, besonders S. 65 f.

609 So die anspruchsvolle Überbietung traditioneller Vorurteile der Kant-Literatur

Lesart, die nicht den zeitbedingten Beispielen und Konkretisierungen Kants aufsitzt, sondern im Kantischen (postkonventionellen) Moralprinzip die komplexe Struktur eines Verfahrens freilegt, das die Abstraktion von allen Gesichtspunkten der Glückseligkeit gerade zum Zweck der Kompatibilisierung der je besonderen Glückseligkeitsbestrebungen aller (sehr verschiedenen) Individuen erfordert,[610] hat im herrschenden Literaturbetrieb einen ebenso schweren Stand wie die textgenaue Rekonstruktion der starken, ja radikalen Demokratietheorie, die Kants gesamter politischer Philosophie zugrunde liegt. Angesichts dieser Situation ist überhaupt erst zu erwägen, um welche Inhalte es sich handelt, deren Aktualität hier in Frage steht.

Was speziell Kants politische Philosophie angeht,[611] so nimmt die neueste Literatur das Ausmaß oder die eher bezweifelte Existenz demokratischer Intentionen in Augenschein und widmet sich außerdem – aus je aktuellen Anlässen – mit besonderem Interesse Kants Friedensschrift. In einem Studienbuch zum Jubiläumsjahr, das sich der Frage »Warum Kant heute?« widmet, ist Kants politische Philosophie mit einem (einzigen) Beitrag vertreten,[612] der hinsichtlich demokratietheoretischer Optionen nur Kants »Rückständigkeit« (im Verhältnis sogar zu den gegenwärtig existierenden Demokratien) zu belegen sucht. Anhand der aus heutiger Sicht tatsächlich skandalösen Unterscheidung Kants zwischen gesellschaftlich selbständigen Aktivbürgern und unselbständigen Passivbürgern ist dies prima facie ein leichtes Spiel. Die allzu große Überheblichkeit der Nachgeborenen verkennt jedoch erstens die Tatsache, daß sozialökonomische Qualifikationen für das Wahl- bzw. Stimmrecht der Bürger im 18. Jahrhundert so selbstverständlich waren, daß sogar der unbezweifelte »Radikaldemokrat« Rousseau dergleichen forderte.[613] Sie verfehlt zweitens und vor allem das eigentliche Zentrum von Kants Demokratietheorie: das Prinzip der

bei: Hartmut Böhme, Gernot Böhme, *Das Andere der Vernunft. Zur Entwicklung von Rationalitätsstrukturen am Beispiel Kants*, Frankfurt am Main 1983.

610 Maus, *Zur Aufklärung der Demokratietheorie*, S. 261-271.

611 Zum folgenden vgl. ebd., passim.

612 Iring Fetscher, »Grenzen der Aktualität der politischen Philosophie Kants«, in: Dietmar H. Heidemann, Kristina Engelhard (Hg.), *Warum Kant heute? Systematische Bedeutung und Rezeption seiner Philosophie in der Gegenwart*, Berlin, New York 2004, S. 286-305.

613 Rousseau, »Entwurf einer Verfassung für Korsika«, S. 529.

Volkssouveränität. Es ist dieses Prinzip, an welchem gemessen die heutigen Demokratien als regressiv bezeichnet werden müssen. Es ist gegenwärtig so sehr entweder aus dem Bewußtsein verdrängt oder dämonisiert worden, daß sogar der Begriff geklärt werden muß.

»Souveränität« bezeichnet seit Bodin und Hobbes nicht etwa das staatliche Gewaltmonopol (das im Zentrum des absolutistischen Staates lokalisiert war), sondern die ungeteilte und ausschließliche Funktion der Gesetzgebung. Die demokratische Variante der Volkssouveränität besagt darum bei ihren Vertretern John Locke, Rousseau und Kant nichts anderes, als daß die Gesetzgebung ungeteilt und ausschließlich dem Volk zukommt, während das staatliche Gewaltmonopol in den Händen der Exekutive als Spitze aller rechtsanwendenden Instanzen verbleibt. Die Unteilbarkeit der Volkssouveränität ist also identisch mit rechtsstaatlicher Gewaltenteilung: kein rechtsanwendender Staatsapparat darf Anteile der Rechtssetzung usurpieren, die Legislative des (direkt oder repräsentativ entscheidenden) Volkes darf weder exekutivische noch richterliche Kompetenzen an sich ziehen. Die Verkennung dieses Zusammenhangs liegt der ideengeschichtlichen Legendenbildung zugrunde, der zufolge der rechtsstaatliche Kant kein echter Demokrat und der radikaldemokratische Rousseau kein Vertreter des Rechtsstaats sein könne. Dagegen verdeutlicht sogar der völlig gleichlautende Sprachgebrauch beider Autoren die Gemeinsamkeit eines Prinzips der Volkssouveränität, das zugleich Gewaltenteilung ist: Kant und Rousseau lehnen gleichermaßen den Begriff einer »Demokratie« ab, der im 18. Jahrhundert die antike Demokratie bezeichnete, welche gerade durch die Abwesenheit von Gewaltenteilung gekennzeichnet war, und nennen deshalb ihr Modell »Republik«.[614]

Kants Entwurf einer (nach heutigem Sprachgebrauch) starken, ja radikalen Demokratie hat mit deren übrigen Vertretern die Intention gemeinsam, der riskanten Anerkennung des staatlichen Gewaltmonopols die ebenso eindeutige Konzentration der gesetzgebenden Souveränität beim Volk (oder seinen Repräsentanten) entgegenzusetzen,[615] so daß das Volk der staatlichen Gewalt

614 Rousseau, CS II 4 Abs. 5,6,9; II 5 Abs. 5; II 6 Abs. 5,8,9; III 4 Abs. 2; III 16 Abs. 1. – Kant, ZeF, S. 206 f.

615 Kant, MdS/RL § 46.

unterworfen bleibt, aber umgekehrt die staatliche Gewalt von der Gesetzgebung des Volkes vollständig abhängig ist. Insofern liegt die Freiheitssicherung dieses auf Volkssouveränität basierten Gewaltenteilungssystems – im Gegensatz zu dem Montesquieus und dem einer konstitutionellen Monarchie oder einer Präsidialdemokratie – nicht in der wechselseitigen Balancierung und Kontrolle teilsouveräner Gewalten, sondern im Antagonismus von Volkssouveränität und Staatsgewalt insgesamt. Es versteht sich, daß dieses Modell starker Demokratie, das jeden Einsatz der Staatsgewalt vermittels ihrer Gesetzesbindung von der Zielsetzung und Kontrolle der gesellschaftlichen Basis abhängig macht, auf die inhaltliche Bestimmtheit der Gesetze angewiesen ist, damit die Bändigung der Staatsapparate gelingt. Wenn Kant »mathematische Genauigkeit« der Gesetze fordert, so ist die Voraussetzung dafür formuliert, daß »die vollziehende Gewalt [...] zufolge dem Gesetz« und die »rechtsprechende Gewalt [...] nach dem Gesetz« überhaupt der »Souveränität [...] des Gesetzgebers« zu unterwerfen sind und ihre Einzelentscheidungen dem Gesetz subsumiert werden können wie dem »Obersatz« in einem praktischen Vernunftschluß.[616]

Mit dieser Voraussetzung ist der neuralgische Punkt bezeichnet, an dem sich die demokratische Qualität heutiger sogenannten Demokratien bestimmen läßt. Auch wenn die radikale Forderung subsumtionslogischer Rechtsprechung sich als nicht einlösbar erwies, so bemißt sich doch an dem Kriterium, ob gegenwärtige Entscheidungen der Staatsapparate sich noch wenigstens innerhalb jener Grenzen des Wortlauts der Gesetze halten, die zwar mehrere gesetzeskonforme, aber nicht beliebig viele Auslegungen zulassen, ob überhaupt Rechtsstaat und Demokratie noch existieren. Diese Frage muß leider verneint werden: Seit Beginn des 20. Jahrhunderts dominieren rechtsschöpferische Interpretationsmethoden, die den Prozeß der Kodifikation allen Rechts – eine zentrale bürgerrechtliche Forderung der Aufklärung gegen absolutistische Willkür – wieder rückgängig machten. Gerichte und Bürokratien emanzipieren sich längst durch »unbegrenzte Auslegung« von den Gesetzen, wann immer diese stören. Gleichzeitig wurden zunehmend extrem unbestimmte Begriffe in die Gesetze selber inkorporiert und so die Rechtsentscheidung in die Situation der Rechtsanwendung verla-

616 Ebd., § E; § 45.

gert – ein Vorgang, in dem die demokratisch gewählte Legislative sich selber entmachtet.[617]

Der Überheblichkeit heutiger Interpreten gegen Kant ist also längst die Grundlage entzogen. Zwar ist dessen besagte »Rückständigkeit« durch die sogenannte Demokratisierung, d.h. Egalisierung, des Wahlrechts historisch überholt, aber diese Erfolgsgeschichte der modernen Demokratie ist durch die Zerstörung der Volkssouveränität gegenstandslos. Als es so weit kam, daß auch Arbeiter und schließlich sogar Frauen wählen durften, war die Bindung der Staatsapparate an das demokratische Gesetz bereits ganz grundsätzlich in Frage gestellt. Parlamentswahlen sind heute insofern folgenlos, als die Zusammensetzung der Legislative zwar noch Zielvorgaben für die nächsten Gesetze enthält, aber die Gesetze selbst keine Adressaten mehr in den Apparaten finden. In dieser Situation ist sogar die Differenz zwischen repräsentativer und direkter Demokratie aufgehoben. Auch basisdemokratische Abstimmungen über jedes einzelne Gesetz könnten an dem Umstand nichts ändern, daß angesichts der Selbstprogrammierung der Staatsapparate nur noch ein egalitäres Volk von »Passivbürgern« existiert.

Aus der gegenwärtigen Perspektive, die sich um die Freiheit der richterlichen Entscheidung mehr sorgt als um die Verteidigung bürgerlicher Freiheit gegen willkürliche Justiz, erscheint nicht nur Kants strikte Anforderung an die formale Bestimmtheit von Gesetzen als Ausdruck verdächtiger Pedanterie. Auch die Forderung starker Demokratie, die sich mit Kants Gesetzesbegriff untrennbar verbindet, muß so notwendig verkannt werden. Kants emphatische Formulierung des Prinzips der Volkssouveränität, das er aus dem Menschenrecht der Freiheit begründet, »keinen äußeren Gesetzen zu gehorchen, als zu denen ich meine Beistimmung habe geben können«, lautet: »Also kann nur der übereinstimmende und vereinigte Wille aller, so fern ein jeder über alle und alle über einen jeden eben dasselbe beschließen, mithin nur der allgemein vereinigte Volkswille gesetzgebend sein.«[618] Diese Forderung Kants geht so weit über das hinaus, was gegenwärtig als Demokratie bezeichnet wird, daß heutige Interpreten sie offenbar nur als eine überschwengliche Idee behandeln und nicht als eine Idee der praktischen Vernunft, die

617 Dazu Maus, »Verrechtlichung, Entrechtlichung und der Funktionswandel von Institutionen«.

618 Kant, ZeF, S. 204 Anmerkung; MdS/RL § 46.

Anspruch auf Verwirklichung hätte. Während Kant die Einführung der »reinen Republik« als der »einzig rechtmäßigen Verfassung« »auch dem Buchstaben nach« ausdrücklich zum Ziel einer kontinuierlichen historischen Entwicklung erklärt,[619] akzeptiert er lediglich als Übergangsphase auf diesem Weg das »als ob« der bloß republikanischen »Regierungsart«, welche das faktische demokratische Prozedere der Gesetzgebung durch ein lediglich simuliertes Verfahren ersetzt, das auch im Kopfe des aufgeklärten gesetzgebenden Monarchen vor sich gehen kann: dieser soll seine Gesetze so geben, »als (ob) sie aus dem vereinigten Willen eines ganzen Volkes haben entspringen können«.[620] Es ist diese Notlösung einer historischen Durchgangsphase, die Kant lediglich nach dem »Erlaubnisgesetz« der Vernunft[621] für tolerierbar erklärt, die von heutigen Interpreten gern als Kants eigentliche politische Option ausgegeben wird. So ist es gegenwärtig leicht, Kant als Chefideologen des aufgeklärten Absolutismus abzutun, während die Zeitgenossen in ihm noch den alles zermalmenden Denker auch hinsichtlich seiner praktisch-politischen Philosophie erkannten.

Auch der heutige Hinweis auf Kants Negation eines Widerstandsrechts, mit dem die vermeintlich obrigkeitsstaatliche Fixierung des Philosophen häufig begründet wird, verunklärt seine Theorie und wirft statt dessen ein helles Licht auf das Demokratieverständnis der gegenwärtigen Interpreten. Im Namen eines Widerstandsrechts wurde in letzter Zeit ein neuer basisdemokratischer Handlungsbedarf artikuliert, der in seiner Rechtfertigungsstruktur auf vordemokratische Muster zurückgreift. Indem Widerstand gegen defizitäre gesetzliche Einzelentscheidungen sich heute auf jeweils höherrangige Prinzipien des bestehenden Rechts beruft, beschränkt er sich darauf, »gutes altes Recht« gegen schlechte Innovationen der Staatsapparate zu verteidigen und führt allenfalls zu einer Klärung der Rechtslage durch die Gerichte. Er begibt sich darum in den Horizont des mittelalterlichen Widerstandsrechts zurück, das als Rechtsinstitut eine kodifizierte und justitiable Kompetenz bezeichnete und sich auf eine prinzipiell unverfügbare Rechtsordnung bezog, deren Konkretisierung ausschließlich der Gerichtspraxis oblag. Die umfassende Verrechtlichung allen

619 Kant, MdS/RL § 52, S. 464.

620 Kant, Gemeinspruch, S. 153.

621 Kant, ZeF, S. 233, 234 und Anmerkung.

Widerstands hinsichtlich der Widerstandsziele, -handlungen und -akteure sowie die Festlegung auf die Verteidigung alten Rechts gegen aufkommende absolutistische Innovationen ist an den präzisen Normierungen mittelalterlicher Urkunden wie der *Magna Carta* deutlich zu erkennen.

Wenn Kant dieses Widerstandsrecht zugunsten der übergreifenden Funktion einer Selbstgesetzgebung des Volkes negiert, so setzt er an die Stelle jener aus der Rechtsordnung abgeleiteten und damit rechtlich beschränkten Handlungskompetenz das vorrechtliche und rechtsbegründende Prinzip der Volkssouveränität. Erst wenn das Volk als Souverän, d. h. als Quelle allen Rechts anerkannt ist, entscheidet es über den Fortbestand und über die Abänderung geltenden Rechts gleichermaßen. Mit der Anerkennung von Volkssouveränität ist längst entschieden, was noch das Problem des mittelalterlichen Widerstandsrechts war, daß nämlich rechtliche Innovationen überhaupt nicht von seiten der Inhaber exekutivischer Gewalt ausgehen dürfen. Der totalen Verrechtlichung der Handhabung des riskanten modernen Gewaltmonopols entspricht darum die Lokalisierung eines rechtsfreien Raums ausschließlich an der gesellschaftlichen Basis insofern, als nur von hier aus geltendes Recht in Frage gestellt, einem kritischen öffentlichen Diskurs unterzogen und einer Abänderung zugeführt werden kann. Erst wenn die gewalthabenden Apparate dem durch sie nicht änderbaren Gesetz unterworfen bleiben, das Volk dagegen nicht nur in seinen verfassungsrechtlich bzw. gesetzlich geregelten Kompetenzen auftreten kann, sondern auch als der Rechtsordnung vorausliegende und als verfassunggebende Gewalt, d. h. als lernender innovativer Souverän anerkannt wird, ist jene Staatsmetaphysik negiert, die dem Staat die Verfolgung eigener Zwecke zubilligte. Erst mit der Durchsetzung von Volkssouveränität sind die staatlichen Apparate auf die Servicefunktion zugunsten gesellschaftlich artikulierter Zwecke reduziert.

Wenn aber in der gegenwärtigen Ideengeschichtsschreibung das vordemokratische Widerstandsrecht zum Kriterium des demokratischen Charakters von Theorien avanciert, anhand dessen Kant wiederum als rückständig erscheint, so besagt dies viel über den Zustand heutiger Demokratietheorie: sie verfehlt die Modernität von Theorien, weil sie sie an vormodernen Kategorien mißt. Zugleich offenbart sich hier ihr Dilemma. Angesichts des zunehmenden Versickerns politischer Handlungskompetenzen in systemisch vernetzten Entscheidungsabläufen, die rechtlicher Steuerung und Kontrolle entzogen sind, enthält der Rückgriff auf ein Widerstandsrecht die Kapitulation vor der Übermacht des Faktischen und das Einverständnis, daß der gesellschaftlichen Basis nur noch nachträgliche situative Reaktionen, also Widerstand, auf den unverantworteten Output selbstreferenzieller Prozesse möglich sind. Heutige Demokratietheorie darf sich nicht eingestehen, daß sie das anspruchsvolle Prinzip der Volkssouveränität, das durch die herrschende Praxis negiert wird und auf supranationaler Ebene kaum zu realisieren wäre, längst verabschiedet hat und ihre Aufgabe nur noch darin sieht, normative demokratische Legitimationsforderungen auf dem Niveau schlechter Empirie einzuebnen.

Ist es in Deutschland zudem der Abwesenheit einer demokratischen Tradition zu verdanken, daß Kant hier noch immer als »großer Anwalt von Gesetz und Pflicht« verstanden wird, wobei kaum die Gesetzgebung des Volkes, sondern vor allem deren Pendant, die Unterwerfung der Bürger unter das Gesetz, in den Blick gerät,[622] so ist andererseits die Kant-Rezeption in den USA dadurch behindert, daß diese traditionsreiche Demokratie bereits im Gründungsdokument der Unionsverfassung das Prinzip der Volkssouveränität verabschiedete,[623] das seit Durchsetzung der Unabhängigkeit in manchen Einzelstaaten sehr wohl entwickelt worden war. Von den beiden konstitutiven Prinzipien einer starken Demokratie – Volkssouveränität und freier Öffentlichkeit – ist darum in den USA nur das einer Öffentlichkeit vertreten, die den sich wechselseitig kontrollierenden, aber gegen basale Steuerung verselbständigten Staatsapparaten im ganzen kritisch widersteht, ohne allerdings einen Rechtsanspruch auf Beachtung ihrer Diskurse durch die Staatsapparate zu haben. Es entspricht diesem Umstand, daß die einflußreiche Interpretation der politischen Philosophie Kants durch Hannah Arendt sich ausschließlich auf Kants *Kritik der Urteilskraft* stützte und die thematisch einschlägigen Werke ausdrück-

622 Gerhardt, *Kant zum Vergnügen*, S. 7 f. – Vgl. ders., *Immanuel Kants Entwurf ›Zum Ewigen Frieden‹. Eine Theorie der Politik*, Darmstadt 1995, S. 177 f., S. 225 f.

623 Siehe die Begründung der Verfassungsväter im *Federalist* [1787] No 78 und 73 für die Unterwerfung der Legislative unter das Vetorecht des Präsidenten und die Normenkontrolle des Supreme Court: Hamilton, Madison, Jay, *Die Federalist-Artikel*, S. 471-475; 445 f.

lich als irrelevant ausschloß.[624] Wenn also Kants Philosophie des ästhetischen Urteils für eine Theorie des Urteilens in einer kritischen Öffentlichkeit reklamiert wird, so ist sein Projekt bürgerlicher Partizipation an politischen Entscheidungsprozessen in ein kontemplatives Modell umgedeutet, in dem Kants Staatsbürger zum urteilenden »Zuschauer«[625] transformiert ist. Auch John Rawls' bedeutende Theorie der Gerechtigkeit, die an Kants Kontraktualismus auf eine ganz grundsätzliche Weise für eine Konstruktion prozeduralisierter politischer Gerechtigkeit anschließt, gelangt eher zu einer Prozeduralisierung des öffentlichen Urteilens über das Set demokratischer Institutionen als zu einer Verfahrenstheorie demokratischer Entscheidungen.[626] – So kann in der US-amerikanischen Kant-Rezeption eine andere Variante des Versuchs gesehen werden, Kants emphatische Demokratietheorie auf den Boden der herrschenden politischen Praxis zurückzuholen, ganz so als hätte Kant seine Einwände gegen den *Gemeinspruch: das mag in der Theorie richtig sein, taugt aber nicht für die Praxis* nie formuliert.

Kants Friedensphilosophie wurde auf den ersten Blick ein günstigeres Schicksal zuteil als seiner Demokratietheorie. Viele Bestandteile des heute geltenden Völkerrechts, einschließlich der UN-Charta, sind als Kodifizierung von Kants Friedensschrift anzusehen, was auch die herrschenden Kant-Interpretationen ausdrücklich bestätigen. Wenn aber letztere Kants »Aktualität« auf diesem Gebiet anerkennt, so ist doch gerade durch situativ aktualisierende Zugriffe auf Kants Werk dessen Verständnis behindert und seine eigentliche Aktualität zur Disposition gestellt. Mit anderen Worten: die gegenwärtige Literatur zu Kants Friedensschrift ist geradezu durch die Versuche gekennzeichnet, mittels verwegener Interpretationen Kants friedenspolitische Option und das geltende Völkerrecht gleichermaßen völlig gegenläufigen Bedürfnissen verfügbar zu machen. Diese Versuche betreffen unter anderem das in Kants Friedensschrift und in der UN-Charta fast gleichlautende und gleich begründete Interventionsverbot in die inneren Angelegenheiten von Staaten sowie die vertragliche Struktur eines Bundes souveräner Einzelstaaten statt einer Weltrepublik als Organisationsform globalen Friedens. Die apokryphe Revision beider

624 Arendt, *Das Urteilen.*

625 Ebd., S. 62.

626 Dazu in diesem Band S. 161-186.

Texte beginnt vielfach bei Kants Schrift und gewinnt daraus die Legitimation für eine veränderte juristische Auslegung der Charta sowie schließlich für weitreichende Forderungen hinsichtlich der Errichtung eines Weltstaates.

Was zunächst Kants Begründung des Verbots der »gewalttätig[en]« Intervention in die »Verfassung und Regierung eines andern Staats« angeht,[627] so werden Kants normative Argumente entweder einer Widersprüchlichkeit bezichtigt, die die Interpreten hilfreich »korrigieren«, oder Kants durchweg juridischen Gründe werden in moralische umgedeutet, um Kants Schrift schließlich doch zu einem interventionsgerechten Ergebnis zu verhelfen. Diesen eher destruktiven als dekonstruktivistischen Lesarten leistet eine spezifische Verwendung von Kants menschenrechtlichem Argument zusätzliche Hilfestellung. Die beiden letzteren Gesichtspunkte der Interpreten verdienen besondere Beachtung. Dem steigenden Bedarf an »humanitären« Interventionen (der aus aktuellstem Anlaß allerdings wieder vorsichtiger beurteilt wird) kommt z.B. eine Interpretation der Friedensschrift entgegen, die deren gelegentlichen Begriff des Staates als einer »moralischen Person« (der im 18. Jahrhundert eine juristische Person, also den Staat als Personenverband der Bürger bezeichnete) im heutigen Wortsinn mißversteht und daraus schließt, daß Kants Interventionsverbot sich nicht auf »unmoralische« Staaten beziehen könne[628] – während doch Kant auch politische Systeme, in denen der »Skandal« der Gesetzlosigkeit herrscht, von gewalttätigen Interventionen ausdrücklich ausnimmt.[629] Die moralisierende Umpolung der Kantischen juridischen Begründungen leistet so jener politischen Praxis Argumentationshilfe, die militärische Eingriffe ausschließlich moralisch legitimiert und dabei die UN-Charta verletzt, die – in genauer Analogie zu Kants Überlegungen – zwar Zwangsmaßnahmen im Falle von zwischenstaatlichen Angriffshandlungen vorsieht, aber jedes militärische Eingreifen in die inneren Angelegenheiten von

627 Kant, ZeF, S. 199.

628 Friedrich Kambartel, »Kants Entwurf und das Prinzip der Nichteinmischung in die inneren Staatsangelegenheiten. Grundsätzliches zur Politik der Vereinten Nationen« in: Matthias Lutz-Bachmann, James Bohman, *Frieden durch Recht. Kants Friedensidee und das Problem einer neuen Weltordnung*, Frankfurt am Main 1996, S. 240-250, hier: S. 240-243.

629 Kant, ZeF, S. 199.

Staaten ausschließt. In Theorie und politischer Praxis wird so Kants Prinzip »Frieden durch Recht« in die Maxime »Krieg durch Moral« verkehrt.

Auch der spezifische Rückgriff auf den menschenrechtlichen Ausgangspunkt der Friedensschrift verfehlt Kants Intention ums Ganze, wenn er Menschenrechte aus dem dortigen Kontext isoliert und als unmittelbare Aufgabenkataloge für ein globales Gewaltmonopol bzw. militärische Interventionen heranzieht. Dagegen beruht Kants gesamte Argumentation gerade auf dem engen Zusammenhang zwischen Menschenrechten, Volkssouveränität und Frieden: Die Sicherung der Menschenrechte kann nur in einer Republik gewährleistet werden, die auf der Selbstgesetzgebung des Volkes sowie der strengen Bindung aller Staatsapparate an das demokratische Gesetz beruht, und der Friede ist wiederum nur herzustellen durch die je autonome Einführung republikanischer Strukturen in souveränen Einzelstaaten und deren föderativen Zusammenschluß, der das Prinzip innerstaatlicher Volkssouveränität unangetastet läßt. Wenn Kant den Frieden zum »ganzen Endzweck der Rechtslehre« erklärt,[630] so ist auch nicht umgekehrt der Frieden gegen die übrigen apriorischen Rechtsprinzipien isoliert, sondern klargestellt, daß nur eine Friedenskonzeption vor dem Rechtsprinzip Bestand haben kann, die weder die Menschenrechte der Individuen noch das Prinzip der Volkssouveränität in Frage stellt. Da Kant gleichzeitig darauf insistiert, daß die zentralen Menschenrechtsprinzipien der Freiheit und Gleichheit nur durch die Individuen selbst in den Prozessen öffentlichen Urteilens und demokratischer Gesetzgebung konkretisiert werden können, ist der ganze komplexe Zusammenhang wechselseitiger Optimierung dreier Prinzipien auf eine langfristige Entwicklung angelegt. Kants »Erlaubnisgesetz« der Vernunft, das bereits den Zeitbedarf der allmählichen Errichtung von Republiken in Rechnung stellte,[631] sichert in friedensphilosophischer Perspektive sowohl die eigenständigen Entwicklungspfade von Gesellschaften ab, die eine republikanische Verfassung noch nicht erreicht haben, als auch die damit einhergehenden je spezifischen Konkretisierungen von Menschenrechten. Aus dem gesamten Argumentationszusammenhang Kants folgt, daß eine aggressive Menschenrechtspolitik gegen Staaten, die geforderte

630 Kant, MdS/RL, S. 479.

631 Vgl. Anmerkung 621.

Standards noch nicht einhalten, sowohl den Frieden als auch den Sinn der Menscherechte selbst zerstört. Letzteres ist der Fall, wenn auswärtige Mächte die Menschenrechtsansprüche für Bevölkerungen definieren, deren eigenes Bewußtsein von ihren Rechten sie nicht kennen oder nicht berücksichtigen – von dem Umstand, daß militärische Operationen immer fundamentale Menschenrechte auf Leben und körperliche Unversehrtheit verletzen, ohne die Zustimmung der betroffenen Bevölkerungen einholen zu können, ganz zu schweigen.

Die heutige Ausbeutung Kants für eine Politik der Erzwingung von Menschenrechten scheitert also auch an der internen Verschränkung von Menschenrechten und Volkssouveränität, die Kant (nicht nur in der Friedensschrift) begründet hatte. Die Auflösung dieses Zusammenhangs führt zugleich zu einer spezifischen Verletzung des geltenden Völkerrechts. Die neuere Interventionspolitik und ihre theoretischen Begründungen berufen sich durchgängig auf internationale Menschenrechtsdeklarationen und lassen die UN-Charta außer acht, die ebendiese Politik ausschließt. Dieser selektive Zugriff auf das Völkerrecht verkennt dessen Struktur, die der einer innerstaatlichen demokratischen Verfassung ganz analog ist. Wie letztere typischerweise aus einem Grundrechtsteil und einem rechtsstaatlich-demokratischen Verfahrensteil besteht, so muß die UN-Charta als die Verfahrensordnung angesehen werden, an deren Beachtung sich die Legitimation aller Aktionen zur Durchsetzung der internationalen Menschenrechte bemißt. Die beiden Materien des Völkerrechts sind so verbunden, daß die UN-Charta ihren prozeduralen Anforderungen einen spezifischen Souveränitätsbegriff zugrunde legt und eine ganz bestimmte Beziehung zu den internationalen Menschenrechten herstellt. Die Charta etabliert mit großem Nachdruck die souveräne Gleichheit aller Mitgliedsstaaten, die unabhängig von deren Größe gilt, und enthält deshalb das Verbot, die politische Unabhängigkeit irgendeines Staates gewalttätig zu verletzen. Sie unterstellt, was Kant aufwendig begründet hatte, daß Staatssouveränität nur der Außenaspekt der innerstaatlichen Volkssouveränität ist, indem sie die »souveräne Gleichheit« der Staaten auf das vorausliegende Prinzip der »Gleichberechtigung und Selbstbestimmung der Völker« bezieht.[632] Dies aber erklärt,

632 Charta der Vereinten Nationen, Art. I,2 und II,1.

warum die UN-Charta nirgends eine Ermächtigung ausspricht, die Menschenrechte zu erzwingen, sondern das Ziel formuliert, »die Achtung vor den Menschenrechten [...] zu fördern«.[633] Damit ist nicht nur – entsprechend der Systematik einer demokratischen Verfassung – die Verwirklichung von Menschenrechten prozeduralisiert, sondern auch Kants Akzentuierung der Zeitperspektive gegen gewalttätige Ungeduld bei der Umsetzung normativer Ansprüche entsprochen.

Kants Gründe gegen einen Weltstaat beruhen auf der gleichen normativen Grundlage wie seine eindeutige Verwerfung militärischer Interventionen: der Anerkennung von Staatssouveränität, weil sie der äußeren Absicherung von Volkssouveränität dient, welche innerstaatlich bereits annähernd verwirklicht ist oder sich erst autonom entwickeln soll. Hier ist Staatssouveränität das Mittel zum Zweck der Volkssouveränität, während die letztere als Prinzip der reinen Republik entsprechend der Idee des ursprünglichen Vertrages »an sich selbst Zweck ist«.[634] Dieses normative Zentrum von Kants Friedensphilosophie wird gegenwärtig genauso verkannt wie in Kants Demokratietheorie. Kants Option für einen bloßen Bund souveräner Einzelstaaten wird darum entweder als anachronistisch verworfen oder – noch häufiger – in ein vorläufiges Votum umgedeutet, das lediglich eine Zwischenstufe auf dem Weg zum eigentlichen Ziel der Weltrepublik bezeichne. Ohne auf die höchst verwickelten Argumentationslinien Kants hier noch eingehen zu können,[635] so sei doch festgehalten, daß Kants Ablehnung eines Weltstaats nicht auf empirischen, sondern auf normativen Gründen beruht. Die Weltrepublik wird abgelehnt, weil sie allein aufgrund ihrer globalen Ausdehnung den Charakter einer Republik verlieren muß, insofern weder weltweite allgemeine Gesetzgebung von der gesellschaftlichen Basis gesteuert, noch die Bindung globaler Exekutivfunktionen an die Gesetze von unten kontrolliert, noch überhaupt die Durchsetzung globaler Gesetze gewährleistet werden kann. Weil also Kant zufolge »öffentliche Zwangsgesetze« im Weltmaßstab zugleich um ihre Wirkung und um ihre demokratische Genese und Kontrollfunktion gegen exekutivische Gewalt gebracht sind, würde in einem Weltstaat nur der »Kirchhof der Freiheit« ver-

633 Ebd., Art. 1,3.

634 Kant, Gemeinspruch, S. 144.

635 Dazu Maus, »Kant's Reasons against a Global State«.

wirklicht.[636] Daß nach Kant der Frieden nur in einem Völkerbund verwirklicht werden kann, ist darum nicht etwa einem Kotau vor schlechter Empirie anzulasten – wie immer wieder behauptet wird –, sondern ausschließlich der starken normativen Auszeichnung des demokratischen Prinzips der Volkssouveränität zu verdanken.

Wenn in der aktuellen Rezeption das einheitliche Zentrum von Kants Demokratietheorie und Friedensphilosophie gleichermaßen verfehlt wird, so ist nach den Gründen für diesen Befund zu fragen, ehe über die Zukunft von Kants Projekt eine begründete Vermutung möglich ist. Was die heutigen, Kants Philosophie aktualisierenden und verzerrenden Interessen angeht, so sind Interventions- und Weltstaatseuphorie angesichts ihrer hegemonialen Implikationen einer Ernüchterung gewichen. Dagegen ist für Kants Demokratiekonzeption eine größere Akzeptanz noch nicht in Sicht. Das besondere Problem besteht hier darin, daß gegenwärtig sogar das Sensorium dafür fehlt, daß in den sogenannten demokratischen Systemen von verwirklichter Demokratie auch nicht »annähernd« die Rede sein kann. Die Abwesenheit solcher Wahrnehmung beruht zum Teil auf der rigiden Ausdifferenzierung von Disziplinen – hier der Philosophie, Rechtswissenschaft und Politikwissenschaft –, die in der Demokratietheorie des 18. Jahrhunderts noch einen Zusammenhang bildeten. Da die Involution der modernen Demokratien weitgehend auf die charakterisierte Entformalisierung des Rechts zurückzuführen ist, die seit Beginn des 20. Jahrhunderts in der Rechtsanwendung, zunehmend auch in der Gesetzgebung selbst die Domestizierung der Staatsapparate verhindert, wäre zur Analyse dieser Prozesse die Kooperation der heute getrennten Disziplinen nötig.[637] Bislang sind aber Philosophie und Politikwissenschaft fast durchgängig durch eine Ferne zur Rechtswissenschaft gekennzeichnet, die jede Sicht auf die rechtlichen Bedingungen von Demokratie behindert. Andererseits sind heutige Juristen zur Beobachtung des Problems zwar qualifiziert, aber in der Regel nicht mit dem entsprechenden Erkenntnisinteresse ausgestattet: die demokratieschädliche Entformalisierung des Rechts macht die Enteignung der Jurisprudenz rückgängig, die mit der Kodifizierung aller Rechtsbereiche einschließlich des Verfassungsrechts seit dem 18. Jahrhundert einsetzte und Rechts-

636 Kant, Gemeinspruch, S. 169 f.; ders., MdS/RL, S. 474; ders., ZeF, S. 225 f.

637 Dazu in diesem Band, S. 292-358.

wissenschaft und Rechtspraxis um ihre Führungsposition in der Entwicklung des Rechts brachte. So fallen einstweilen sowohl die Rezeption von Kants Demokratietheorie als auch die Analyse der gegenwärtigen Deformation von Systemen, die sich noch als Demokratien bezeichnen, zwischen den Grenzen der wissenschaftlichen Disziplinen hindurch.

Hoffnungen auf die Zukunft der politischen Philosophie Kants sind also sehr voraussetzungsvoll. Falls normative Gründe überhaupt noch für zulässig erachtet werden, ist diese Philosophie objektiv im höchsten Maße aktuell – was um so leichter erkannt werden könnte, je mehr die Tendenz zu ihrer strategischen Verwendung nachließe. Solange jedoch Kant als politischer Philosoph zu den zwar meist zitierten, aber weithin unbekannten Denkern gehört, existiert nur eine sehr begrenzte Aussicht auf die praktische Verwirklichung von Menschenrechten, Demokratie und Frieden sowie eine Realisierung des noch sehr unvollendeten Projekts der Aufklärung insgesamt.

IV. Die Folgen politologischer Inkompetenz in Rechts- und Verfassungsfragen für das Verständnis rechtsstaatlicher und demokratischer Prinzipien im Kontraktualismus des 17. und 18. Jahrhunderts

Die späte Ausdifferenzierung eines selbständigen Fachs Politikwissenschaft in Deutschland begründete einige Besonderheiten der neuen Disziplin hinsichtlich ihrer Bereitschaft zur Kooperation mit anderen Fachwissenschaften. Während im allgemeinen wissenschaftlichen Diskurs der letzten Jahrzehnte Inter- bzw. Transdisziplinarität längst zum Gütesiegel wissenschaftlicher Arbeit avancierte, verhielt sich die Politikwissenschaft zu dieser Entwicklung merkwürdig selektiv. Zum überwältigenden Interesse der Politologie an ökonomischen Fragen oder zur bereitwilligen Grenzgängerei zwischen politischer Theorie und politischer Philosophie steht die Zurückhaltung gegenüber einschlägigen Problembereichen der Rechtswissenschaft noch immer in auffälligem Kontrast. Während die Rechtswissenschaft ihrerseits ein umfassendes Interesse an den Sozialwissenschaften bekundete, das für einen begrenzten Zeitraum auch in der Juristenausbildung institutionalisiert wurde,[1] und speziell der Politikwissenschaft die Aufmerksamkeit vor allem der Verfassungsrechtler sicherte, mußte umgekehrt von seiten der Rechtswissenschaft noch auf dem Höhepunkt ihrer Kooperationsbereitschaft bedauernd festgestellt werden, daß die Politikwissenschaft sich allenfalls mit einzelnen (verfassungsrechtlich organisierten) Institutionen und Prozeduren wie Wahlen, Parlamenten und Gesetzgebung – aber nicht als verfassungsrechtlichen – beschäftigt: »die Verfassung als solche [interessiert die Politikwissenschaft]

1 Aufgrund der Änderung des Deutschen Richtergesetzes vom 10.9.1971 wurden (für einen Zeitraum von 10 Jahren) einstufige juristische Ausbildungsgänge unter Integration der Sozialwissenschaften eingerichtet. Vgl. als prototypische Umsetzung das Bremer Modell. Dort ist (wie in den Reformmodellen anderer Bundesländer) für das juristische Eingangsstudium die Zusammenarbeit von »Juristen, Ökonomen, Sozialhistoriker[n], Soziologen und Politologen« vorgesehen: *Der Neue Jurist. Ausbildungsreform in Bremen als Planungs- und Lernprozeß*, hg. von Rudolf Wassermann, Theo Rasehorn, Frank Benseler, Darmstadt, Neuwied 1973, S. 72.

kaum«.[2] Zeitgleich wurde die sehr vereinzelte rechtswissenschaftliche Orientierung von Politikwissenschaftler/innen von ihren Fachkollegen/innen eher als Verrat an ihrer Disziplin geahndet.[3]

Die Gründe für diese Konstellation sind vielfältig. Ein erster, sicher wichtiger Grund liegt in der ungewöhnlich späten Einrichtung des Fachs Politikwissenschaft an deutschen Universitäten. Von dem kurzen Vorspiel der »Deutschen Hochschule für Politik« im Berlin der Weimarer Republik abgesehen, etablierte sich eine deutsche Politikwissenschaft erst nach 1945. Ihre Gegenstandsbereiche waren bis dahin – und dies ist der neuralgische Punkt – von der Rechtswissenschaft (insbesondere der »Allgemeinen Staatslehre«) mitverwaltet worden. Die neugegründete Disziplin war darum auf ihre Eigenständigkeit gegenüber der Rechtswissenschaft sehr bedacht. Jeder Ansatz zu interdisziplinärem Arbeiten wurde so als Regression zum abgelebten Zustand mangelnder wissenschaftlicher Ausdifferenzierung und als Kotau vor rechtswissenschaftlicher Hegemonie beargwöhnt. So ist eine Entwicklung zu verstehen, in der die Politikwissenschaft ihre berechtigte Autonomie bis zu einer Autarkie pervertierte, die sie über Jahrzehnte daran hinderte, durch die Beobachtung der Rechtswissenschaft ihre Selbstbeobachtung zu befördern – eine Unterlassung, welche die Politikwissenschaft angesichts der weitestgehenden Verrechtlichung aller politischen Sachverhalte, Prozesse und Institutionen sowie der rechtsförmigen Kommunikation zwischen den politischen Institutionen auch zunehmend außerstande setzte, ihre ureigenen Gegenstände noch adäquat zu analysieren.

Es existieren freilich weitere, in disziplinären Prämissen festsitzende Gründe für die politikwissenschaftliche Autarkie. Diese sind zunächst zu skizzieren (I.), bevor im folgenden die Defizite der Politikwissenschaft, die unmittelbar aus ihrer Abneigung gegen alle juridischen Aspekte ihrer Gegenstände resultieren, an Beispielen aus der Geschichte der politischen Theorien, Hobbes (II.)

2 Dieter Grimm, »Die Gegenwartsprobleme der Verfassungspolitik und der Beitrag der Politikwissenschaft« (1978), in: ders., *Die Zukunft der Verfassung*, Frankfurt am Main 1991, S. 336-371, hier: S. 340.

3 Die Verfasserin verzichtet an dieser Stelle auf die Dokumentation eigener trüber Erfahrungen. Sie verweist aber auf die Abwesenheit oder ausbleibende Implementierung einschlägiger Stellendefinitionen in Strukturplänen sozialwissenschaftlicher Fachbereiche.

und den demokratischen Theoretikern Locke, Rousseau und Kant aufgezeigt werden – Defizite, die auch die politikwissenschaftliche Analyse heute existierender Demokratien erheblich behindern (III.). Abschließend ist kurz zu erörtern, aus welchen sehr spezifischen Gründen, die in den Fachinteressen der Rechtswissenschaft angesiedelt sind, die Politikwissenschaft die Analyse der juridischen Implikationen ihrer Gegenstände nicht einfach an die juristischen Fakultäten delegieren kann, sondern auf eigene Anstrengung angewiesen ist (IV.).

I. Der »mythische« Charakter des Rechts als sozialwissenschaftlicher Mythos

Die verbreitete Selbstgenügsamkeit der Politikwissenschaft ist auch darauf zurückzuführen, daß Struktur und Funktion des Rechts allen Intuitionen zuwiderlaufen, mit denen Sozialwissenschaften arbeiten. In den letzteren (seien es Sozialpsychologie, allgemeine Gesellschaftstheorie, politische Philosophie oder politische Theorie) gilt, daß das Konkret-Individuelle grundsätzlich gegen abstrakt-allgemeine Überwältigungen, also auch die des Rechts, zu schützen sei. So erscheinen zumindest Aspekte neuester Verrechtlichungsschübe als »Kolonialisierung von Lebenswelt«,[4] wenn nicht andernorts überhaupt die Abstraktionen des Rechts mit kapitalistischen Realabstraktionen umstandslos gleichgesetzt werden oder Walter Benjamins Nichtunterscheidung von Recht und »mythischer« Gewalt[5] erneut starken Einfluß gewinnt. Aus diesen unterschiedlichen Perspektiven wird gleichermaßen nicht nur die Wirkungsweise des Rechts, sondern auch die spezifische Qualität des seit Beginn des 20. Jahrhunderts quantitativ extrem vermehrten Rechts verkannt.[6]

Hinsichtlich der Rechtsfunktion gilt als ausgemacht, daß das Recht ein Instrument direkter Verhaltenssteuerung der Gesellschaftsmitglieder sei, so daß staatliche Repression unmittelbar vom Gesetz ausgehe und proportional zur aktuellen »Gesetzesflut«

4 Habermas, *Theorie des kommunikativen Handelns*, Bd. II, S. 522-524, 531-547.

5 Walter Benjamin, »Zur Kritik der Gewalt« (1921), in: ders., *Zur Kritik der Gewalt und andere Aufsätze*. Mit einem Nachwort von Herbert Marcuse, Frankfurt am Main 1965.

6 Zum folgenden Maus, »Verrechtlichung, Entrechtlichung und der Funktionswandel von Institutionen«.

ansteige. Die juristische Fiktion, daß die sogenannten »Rechtsadressaten« die der staatlichen Gewalt Unterworfenen seien, wird hier wörtlich verstanden, während doch die allgemein verbreitete Unkenntnis der großen Masse geltenden Rechts bei dessen »Endverbrauchern« ein Indiz dafür ist, daß die normative Orientierung der Bürger sich tatsächlich auf internalisierte gesellschaftliche Standards bzw. auf Normen konventioneller oder postkonventioneller Moral bezieht, während die eigentlichen Adressaten der Gesetze die ausführenden Staatsapparate sind.[7] Das Handeln der letzteren ist nur dann legitim, wenn ihre Aktionen und Reaktionen, z.B. auf abweichendes Verhalten, sich im Rahmen der Gesetze halten, also: nicht willkürlich sind. Deshalb kann – wie das Beispiel des Nationalsozialismus zeigen wird – für reine »mythische« Gewalt formales Gesetzesrecht nur hinderlich sein.

Was die Qualität des Rechts angeht, die sich in den Verrechtlichungsprozessen seit Beginn des 20. Jahrhunderts durchsetzt, so nimmt sie ironischerweise zunehmend jenen »weichen« und entformalisierenden Charakter an, den die Sozialwissenschaften seit jeher favorisieren. Während insbesondere die Politikwissenschaft die wachsende Einschränkung individueller Freiheit (zugunsten politischer und ökonomischer Macht) den rasanten Verrechtlichungsprozessen als solchen zuschreibt, verkennt sie insgesamt die massiven Entrechtlichungstendenzen, die in die quantitative Zunahme von Recht eingebaut sind und die eigentliche Bedrohung der hilflos verteidigten Freiheit ausmachen. Wie Max Weber frühzeitig diagnostizierte,[8] sind die »formalen Qualitäten« des modernsten Rechts durch den Abbau genau des abstrakten Rechtsformalismus charakterisiert, den heutige Sozialwissenschaften als Repressionsinstrument noch immer weithin beargwöhnen. Wer sich in der Politikwissenschaft als »links« (sofern dieser Begriff noch verwendet werden darf), als alternativ oder kritisch versteht, gerät durch diese faktische Veränderung der Rechtsstruktur auf die »falsche Seite«, wenn er noch eine Rechtsform bekämpft, deren abstrakt-allgemeinen Implikationen längst durch konkrete Materialisierungen und Partikularisierungen verdrängt wurden, welche »mächtigen Inter-

7 Erhard Blankenburg, Klaus Lenk, »Einleitung«, in: dies. (Hg.), *Organisation und Recht. Organisatorische Bedingungen des Gesetzesvollzugs. Jahrbuch für Rechtssoziologie und Rechtstheorie*, Bd. 7, Opladen 1980, S. 7.

8 Weber, *Wirtschaft und Gesellschaft*, S. 644-655.

essen des Güterverkehrs und der betriebsmäßigen gewerblichen Güterproduktion« entgegenkommen – Interessen, die auf eine am Einzelfall orientierte und beschleunigte Rechtspflege dringen.[9] Die sozialwissenschaftliche Fundamentalkritik des Rechts macht sich gegen ihre eigene Absicht zum Anwalt nicht nur dieser Interessen, sondern auch derjenigen Deregulierungsforderungen, die mit der rechtskonservativen bis nationalsozialistischen Option für ein durch Legalitätsstrukturen ganz unbehindertes autoritäres bis totalitäres System verbunden sind. Wie die rechtswissenschaftlichen Analysen der viel zu wenig rezipierten Emigranten zuerst gezeigt haben, beruht die grenzenlose Willkür des NS-Systems mitnichten auf »gesetzlichem Unrecht«, sondern auf einer Hypertrophie unbestimmter Rechtsbegriffe und Generalklauseln sowie auf entformalisierenden Methoden der Rechtsanwendung, die jede Bindungswirkung der überkommenen und der neu gesetzten Rechtsmaterien zugunsten quasi anarchistischer Handlungsspielräume der Machtapparate aushebelten.[10] Auch gegenwärtig geläufige Forderungen, durch »höheres« Recht, Gerechtigkeitspostulate oder moralische Prinzipien die Gesetzesbindung aufzulockern, wiederholen leider – der völlig anderslautenden Inhalte der Gerechtigkeitsvorstellung unerachtet – eine zentrale Forderung der nationalsozialistischen Rechtstheorie und -praxis.[11] Machtapparate, die sich nicht durch Gesetzeskonformität, sondern durch den Anspruch der Gerechtigkeitsverwirklichung legitimieren, enteignen den basalen gesellschaftlichen Gerechtigkeitsdiskurs, usurpieren das Definitionsmonopol in Fragen der Gerechtigkeit und programmieren so sich selbst.

Eine disziplinär verhärtete Politikwissenschaft, die weder die Bedeutung von Rechtsstrukturen für ihre Gegenstände überhaupt, noch den dramatischen Formwandel des Rechts seit Max Webers ersten einschlägigen Diagnosen erkennt, ist auch daran gehindert, die extrem ansteigenden Demokratiedefizite zu diagnostizieren, die sich in gegenwärtigen demokratischen Systemen aus der Entformalisierung des Rechts ergeben: Die Folgenlosigkeit demokrati-

9 Ebd., S. 647, 645.

10 Neumann, »Der Funktionswandel des Gesetzes«, S. 67-75; zu Neumann allgemein siehe Jürgen Bast, *Totalitärer Pluralismus. Zu Franz L. Neumanns Analysen der politischen und rechtlichen Struktur der NS-Herrschaft*, Tübingen 1999.

11 Maus, »›Gesetzesbindung‹ der Justiz«, S. 84, 88-98.

scher Willensbildungsprozesse wird gerade durch das Anwachsen »weichen« Rechts, das die Staatsapparate immer weniger bindet, abgesichert.

Die Politikwissenschaft befindet sich auf diese Weise insgesamt in einer Orientierungslosigkeit, aus der sich einige Paradoxien ihrer neueren Rezeptionsprozesse erklären: Sie läßt sich in ihren Vorurteilen gegen rechtswissenschaftliche Perspektiven auch von einem anarchistischen bzw. anarchistisch-marxistischen Rechtsnihilismus dankbar bestärken – und gerät mit diesem »auf die falsche Seite«. Dies gilt insbesondere für die aktuellste Fortschreibung jener messianischen Erwartungen Walter Benjamins, die sich auf eine gänzliche Aufhebung von Staat und Recht richten. So diagnostiziert die – auch in der Politikwissenschaft einflußreiche – Philosophie Giorgio Agambens zwar überaus zutreffend, daß der »Ausnahmezustand« längst zum Paradigma der normalen Praxis realexistierender »demokratischer« Systeme geworden ist,[12] basiert aber die starke These der Nichtunterscheidbarkeit von Demokratie und Diktatur auf einer Konzeption des Rechts, die dieses selbst als bloßes Derivat des Ausnahmezustands bestimmt.[13] Es ist dies ein Rechtsbegriff, der trotz der kritischen Einwände gegen Carl Schmitt und trotz einer subtilen Offenlegung der paradoxalen Struktur von dessen Souveränitätsbegriff[14] eine gewaltsame Fehldeutung Carl Schmitts übernimmt, die der brillanten Paradoxierung vorausgeht. Carl Schmitts berühmter Satz »Souverän ist, wer über den Ausnahmezustand entscheidet«[15] pervertiert bereits die ursprüngliche Intention des Souveränitätsbegriffs in das genaue Gegenteil, wenn er nicht mehr die Erzeugung des positiven Rechts, sondern umgekehrt dessen Außerkraftsetzung (im Ausnahmezustand) mit dem Signum der »Souveränität« versieht. Bezeichnete der Begriff der Souveränität seit seiner Entstehung in der Moderne die Funktion der Gesetzgebung, d. h. die »Quelle« allen positiven Rechts, und ist in dieser Bedeutung als Prinzip der Volkssouveränität das konstitutive Zentrum einer starken Demokratie (dazu unter III.), so wird er in Carl Schmitts geschichtsmächtiger Definition auf die Handlungskompetenz der Exekutive hin umgepolt, deren große Stunde bekannt-

12 Agamben, *Ausnahmezustand.*

13 Ebd., S. 102

14 Agamben, *Homo Sacer*, S. 21 f., 25-31, 36-40.

15 Schmitt, *Politische Theologie*, S. 11.

lich im Ausnahmezustand schlägt. Alle geistreichen (und folgenreichen) Paradoxierungen in der Diktaturtheorie Carl Schmitts, die mit einer grenzenlosen Ausdehnung des Rechtsbegriffs verbunden sind, derzufolge der »souveräne Diktator« auch dann »im Recht« ist, wenn er außerhalb des Rechts handelt,[16] basieren auf der vorausliegenden Pervertierung des Souveränitätsbegriffs. Sie wird auf das genaueste bei Agamben reproduziert, wenn er ausgerechnet das extremste Phänomen staatlicher Etablierung gesetzes*freier* Räume in »Lagern«, in KZs, als Erscheinungsform souveräner Macht bezeichnet.[17]

Die »linke« Version der Aufhebung von Recht und Staat bei Agamben,[18] die sich auf Carl Schmitts Begrifflichkeit einläßt, kommt diesem überhaupt näher als sie wollen kann. Was das einheitliche Zentrum von Carl Schmitts Werk ausmacht, seine scharfe Zurückweisung aller legalen Strukturen und Organisationsformen, weisen Carl Schmitt als frühen Protagonisten von Deregulierungsforderungen aus,[19] die eine neoliberale Entfesselung konzentrierter ökonomischer Macht ebenso bedienen, wie sie in den Dienst der nationalsozialistischen Freisetzung politischer Apparate von aller Gesetzesbindung gestellt werden konnten. So ist auch Carl Schmitts frühzeitige Destruktion des Staates, die diesen angesichts der grenzüberschreitenden modernen Ökonomie und Technik als historisch überholte politische Form beschrieb,[20] auf die nationalsozialistische »Großraumordnung« ebenso zu beziehen wie auf aktuell sich abzeichnende Strukturen eines »Empire«. Wenn zudem die innere Organisation des NS-Systems dasselbe als »Nicht-Staat« ausweist,[21] so ist insgesamt zu fragen, ob die besagten messianischen Hoffnungen nicht auch durch die faktischen Entwicklungen

16 Ein besonders bekannter Anwendungsfall ist Carl Schmitts Rechtfertigung der nationalsozialistischen Mordaktion anläßlich des sogenannten »Röhmputschs« unter dem Titel »Der Führer schützt das Recht«, Carl Schmitt, »Der Führer schützt das Recht« (1934), in: ders., *Positionen und Begriffe im Kampf mit Weimar, Genf, Versailles, 1923-1939*, Hamburg 1940, S. 199-203.

17 Agamben, *Homo Sacer*.

18 Agamben, *Ausnahmezustand*, S. 102ff.

19 Maus, *Bürgerliche Rechtstheorie und Faschismus*.

20 Carl Schmitt, *Völkerrechtliche Großraumordnung mit Interventionsverbot für raumfremde Mächte. Ein Beitrag zum Reichsbegriff im Völkerrecht* (1939), Berlin 1941.

21 Neumann, *Behemoth*.

des 20. Jahrhunderts in dem Maße »auf die falsche Seite« geraten, in dem der klassische Zusammenhang zwischen herrschenden Interessen, formalem Recht und formalrationaler Staatsorganisation nicht mehr existiert. – Gegenwärtig besteht das Problem einer kritischen Politikwissenschaft also vielmehr im faktischen Verschwinden einer mehr oder weniger verrechtlichten Politik und seiner Folge, der Verabsolutierung der keineswegs verschwindenden ökonomischen Macht mit allen ihren Konsequenzen für Lebens- und Freiheitschancen der konkreten Menschen.

Auch hinsichtlich justizförmiger Rechtsanwendung existiert eine aktuelle Konjunktur konkreter »Gerechtigkeit« auf Kosten abstrakt-allgemeiner Gesetze. Die transdisziplinär einflußreiche Philosophie Derridas ist dafür ein Beispiel. Im Kontext einer dekonstruktivistischen Lektüre von Walter Benjamins Destruktion des Rechts durch reine Gerechtigkeit entwickelt Derrida die Idee einer Gerechtigkeit jeder einzelnen richterlichen Entscheidung, die das »Andere« der Allgemeinheit, d. h. das Einzigartige des Individuums und die Einmaligkeit der Situation nicht verfehlt.[22] Zwar warnte Derrida selbst vor einer Totalisierung der Gerechtigkeit und hatte dabei das NS-System im Blick. Seine behutsame Kritik an Benjamins Radikalkritik ist ausdrücklich damit begründet, daß das »Übermäßige« einer auf sich selbst gestellten Gerechtigkeit stets dem Risiko ausgesetzt ist, durch das »perverseste Kalkül« angeeignet zu werden und in nächste Nähe zum »Schlimmsten«, d. h. zum Holocaust, zu geraten.[23] Erst diese Einsicht führt bei Derrida zu jener Vorstellung eines (richterlichen) Gerechtigkeitsdekonstruktivismus, der im Verhältnis ständiger wechselseitiger Korrektur mit der Rechtsregel steht. In der falschen Annahme allerdings, daß nur der Holocaust sich in einer völlig gesetzlosen Zone ereignete, das NS-System ansonsten aber als ein gesetzlich-bürokratisches funktioniert habe,[24] nähert sich Derridas favorisierte Gleichzeitigkeit von Regelbefolgung und Regeldurchbrechung mit Rücksicht auf je situative »Einzelfallgerechtigkeit« exakt den alltäglichen Funktionsbedingungen der NS-Justiz an, der es auf genau diesem Wege

22 Jacques Derrida, *Gesetzeskraft. Der »mystische Grund der Autorität«*, Frankfurt am Main 1991, S. 104, 119, 122 f.

23 Ebd., S. 57, 115-125.

24 Ebd., S. 120. Diese Annahme ist seit Franz Neumanns großer Analyse des NS-Systems (Neumann, *Behemoth*, S. 509-530, 541-543) gründlich widerlegt.

gelang, alle jene Diskriminierungen durchzusetzen, die die formale Gerechtigkeit allgemeiner Gesetze völlig zerstörten: den rechtsstaatlichen Anspruch auf gleiches Recht trotz Differenz.[25]

Alle wesentlichen Aspekte, die die folgende Untersuchung politikwissenschaftlicher Defizite bestimmen, sind in den vorstehenden Erörterungen bereits angedeutet.

II. Zum Beispiel: Rechtsstaatlichkeit oder unbegrenzter Absolutismus bei Hobbes

Die Analyse der klassischen Gegenstände der politischen »Ideengeschichte«, seien es die Theorien von Hobbes, Locke, Rousseau oder Kant, bezieht (bei allen Verdiensten) ihre größten Defizite aus dem Umstand, daß diese Objekte historisch vor aller Arbeitsteilung zwischen Rechts- und Politikwissenschaft existieren, daß politische Theorie bzw. politische Philosophie bis ins 19. Jahrhundert hinein als Rechtstheorie formuliert wurde: Selbst Montesquieu nennt sein Hauptwerk, das untypisch viele »soziologische«[26] Betrachtungen enthält, *Vom Geist der Gesetze*, Rousseau kennzeichnet seinen *Gesellschaftsvertrag* im Untertitel sehr zutreffend als eine Untersuchung über *Principes du Droit Politique* (Prinzipien des Verfassungsrechts), die politische Theorie Kants findet sich in der *Rechtslehre*, diejenige Hegels in der *Rechtsphilosophie*, diejenige Fichtes vor allem in *Grundlage des Naturrechts* etc. etc. Auch wenn frühere Vertreter der politischen Theorie ihre Werke nicht im ganzen entsprechend deklarieren, so steht doch im Zentrum ihrer Überlegungen zur Allokation politischer Macht die Frage, auf welche Weise und aufgrund welcher Autorisierungen Recht gesetzt und unter welchen Bedingungen und von welchen Instanzen dieses Recht implementiert wird.[27] Die meisten politologischen Irrtümer über Rousseau sind z. B. dadurch zu erklären, daß seine juristischen Argumentations-

25 Ebenso Ingeborg Maus, »Demokratie und Justiz in nationalstaatlicher und europäischer Perspektive. Zur Verteidigung der Verfassungsprinzipien des ›alten‹ Europa (III)«, in: *Blätter für deutsche und internationale Politik* 50 (2005), S. 965-979, hier: S. 971 f.

26 Emile Durkheim, *Montesquieu et Rousseau: Précurseurs de la Sociologie*, Paris 1953.

27 Die mittelalterliche politische Theorie (z. B. Thomas von Aquins) befaßt sich noch mit entscheidungsunabhängigen Legitimationsgrundlagen geltenden Rechts.

figuren als gesellschaftstheoretische Aussagen gelesen und überhaupt sein *Gesellschaftsvertrag* als Konstruktion einer Gesellschaft und nicht als normative Verfassungslehre rezipiert wurden. – Im folgenden sollen solche Defizite exemplarisch an einigen Interpretationen der Staatskonzeption von Hobbes aufgezeigt werden, unter Einschluß auch – soweit sie in der Politikwissenschaft einflußreich sind – von Interpretationsansätzen der politischen Philosophie. Auf analoge Schwierigkeiten bei der Lektüre von Locke, Rousseau und Kant soll im dritten Abschnitt zu Problemen der Demokratietheorie eingegangen werden.

Hobbes' zweifellos absolutistische Staatskonstruktion ist für autark-politologische Interpretationen ein besonders interessanter Testfall, weil alle weiteren Qualifikationen dieses Absolutismus von einer präzisen Bestimmung der juristischen Kontextualisierung abhängen, die Hobbes vornimmt. Zusätzliches Interesse beansprucht dieser Fall, weil neben extremen Mißdeutungen des Hobbesschen Staatsmodells, die auf völliger Vernachlässigung der juristischen Argumentationsfiguren beruhen, eine neuere Kontroverse über den rechtsstaatlichen Charakter ebendieser Staatskonstruktion existiert, die zwar alte Mißverständnisse korrigiert, aber ironischerweise selbst durch einen defizitären bzw. depravierten Rechtsstaatsbegriff, den sie zum Maßstab nimmt, behindert ist.

Ausgerechnet dem kompetenten Übersetzer der im folgenden zitierten Ausgabe von Hobbes' *Leviathan*[28] ist der Vorwurf zu machen, daß er in seiner Analyse des übersetzten Werkes die juristischen Konstruktionen vollständig vernachlässigt und deshalb die rechtsstaatlichen Elemente bei Hobbes übersieht. Er bezeichnet dessen politische Konzeption sogar als »totalitär«, während nur Hobbes' politische Ökonomie als protoliberal gelten könne.[29] Dieser weitestgehende Vorwurf des Totalitarismus beruht neben dem grundsätzlichen Desinteresse an rechtswissenschaftlichen Fragestellungen auf einer Unkenntnis der Rechtsstrukturen totalitärer Systeme. Wenn nämlich Hobbes darauf insistiert, daß der »Souverän« seine Macht nur durch Gesetze ausüben könne, so sind damit bereits einige (hier vorläufig zu benennende) rechtsstaatliche

28 Hobbes, *Leviathan*.

29 Walter Euchner, »Thomas Hobbes«, in: *Pipers Handbuch der Politischen Ideen*, Bd. 3, hg. von Iring Fetscher, Herfried Münkler, München 1985, S. 353-368, hier: S. 361 f.

Elemente impliziert, die im NS-System schlechterdings abwesend waren: z. B. Hobbes' Forderung der öffentlichen Bekanntmachung aller Gesetze, bevor diese angewendet werden dürfen; das damit bereits implizierte und andernorts explizierte Verbot rückwirkender Gesetze; die Aufhebung bestehender Gesetze ausschließlich durch neue Gesetzgebungsakte, die strenge Gesetzesbindung der Justiz und die inhaltliche Bestimmtheit der Gesetze.[30] Zum Vergleich: Im NS-System sind Regelungen durch sogenannte »Gesetze« die Ausnahme im Gegensatz zu einer Flut situativer Verordnungen, durch die die partikularen politischen Apparate sich weitgehend selbst programmierten. Mit der bekannten »lex van der Lubbe«, die im Kontext des Reichstagsbrandprozesses für einschlägige Straftaten das Strafmaß rückwirkend (!) bis zur Todesstrafe erhöhte, begann die Umstellung auf nationalsozialistische »Rechtspflege«. Die Aufhebung bestehender Gesetze erübrigte sich im NS-System durch die offizielle Anweisung an die Richter, sich nicht der »Krücken des Gesetzes« zu bedienen, sondern Entscheidungen entsprechend der »Wertordnung« des Nationalsozialismus und gemäß politischer Notwendigkeiten oder je spezifischer Umstände des Einzelfalles zu treffen.[31] Auch zu Hobbes' Forderung der inhaltlichen Bestimmtheit der Gesetze standen die Normen des NS-Systems in genauem Gegensatz: sie waren typischerweise kurz und unklar; in Gesetzesmaterien, die aus der Weimarer Republik fortbestanden, wurden entformalisierende, gesetzesauflösende Generalklauseln eingefügt. – Auf die rechtsstaatlichen Konnotationen des Hobbesschen Absolutismus, die in Hobbes' Forderung nach einem geschriebenen Gesetzbuch (eine zentrale Forderung immerhin der Französischen Revolution) kulminieren,[32] muß sich also jede genaue Analyse seiner Staatstheorie einlassen. Sie wird dabei freilich die Qualität dieser rechtsstaatlichen Elemente näher bestimmen müssen.

Die erwähnte Kontroverse über das Problem, ob überhaupt und gegebenenfalls welche Strukturen eines Rechtsstaats bei Hobbes existieren, wurde 1998 ausgetragen. Kurze Hinweise auf diese Fragestellung existieren allerdings wesentlich früher; sie finden sich zunächst bei Jürgen Habermas. Hier ist von besonderem Interesse,

30 Hobbes, *Leviathan*, S. 203, 209, 226, 204, 211, 265.

31 Boberach (Hg.), *Richterbriefe*, z. B. S. 5 f.

32 Hobbes, *Dialog zwischen einem Philosophen und einem Juristen über das englische Recht* (1681), hg. von Bernard Willms, Weinheim 1992.

daß Habermas' Hobbes-Lektüre im Kontext seiner »konventionell« politisch-philosophischen Interpretation zu der seines späteren rechtstheoretischen Werkes eine spezifische Differenz aufweist. In ersterer finden sich noch Argumente, die auch die gegenwärtige Hobbes-Kontroverse bestimmen. So bezeichnet Habermas Hobbes als einen ambivalenten Denker, der einerseits »der eigentliche Begründer des Liberalismus« ist, weil er unter anderem den Grundsatz vertritt, daß die »Gesetze [...] den Charakter formaler und genereller Normen« haben müssen, so daß der Bürger durch die Form des Rechts gesichert wird, welche Rechts- und Lebensordnung trennt und dadurch rechtlich neutrale, nicht normierte Freiheitsräume schafft, wobei zugleich die Generalität der Gesetze formale Gleichheit der Bürger garantiert.[33] Andererseits vermißt Habermas die Wirksamkeit der ebenfalls liberal bestimmten »natürlichen Gesetze«, d.h. der überpositivrechtlichen Prinzipien bei Hobbes, weil der gesetzgebende Souverän allein definiert, ob seine positiven Gesetze mit den natürlichen Gesetzen übereinstimmen, und zieht daraus die Konsequenz, daß bei Hobbes die Unterscheidung zwischen Monarchie und Tyrannei letztlich hinfällig werde.[34]

Es ist kein Zufall, daß Habermas in seinem späteren rechtstheoretischen Werk das letztere Argument seiner sozialphilosophischen Analyse aufgibt. In *Faktizität und Geltung* setzt sich die Lesart durch, »die in Hobbes eher den Theoretiker eines bürgerlichen Rechtsstaates ohne Demokratie, als einen Apologeten des unbeschränkten Absolutismus erblickt«, weil Hobbes' Souverän »seine Befehle nur in der Sprache des modernen Rechts erteilen kann«.[35] Was diese Sprache des modernen Rechts impliziert, kann in dem rechtstheoretischen Werk genauer angegeben werden: In die Rechtsform als solche sind bereits drei Kategorien von Rechten eingeschrieben, die (vor jeder Konkretisierung in Grundrechtskatalogen) die private Autonomie von Rechtssubjekten begründen: das Recht auf gleiche subjektive Handlungsfreiheiten, auf den Mitgliedsstatus in einer freiwilligen Assoziation von Rechtsgenossen und auf die Einklagbarkeit von Rechten im Sinne gleichen Rechtsschutzes in-

33 Jürgen Habermas, »Die klassische Lehre von der Politik in ihrem Verhältnis zur Sozialphilosophie«, in: ders., *Theorie und Praxis. Sozialphilosophische Studien*, Neuwied, Berlin 1963, S. 13-51, hier: S. 38.

34 Ebd., S. 39 f.

35 Habermas, *Faktizität und Geltung*, S. 118

nerhalb einer institutionalisierten Rechtswegegarantie.[36] Wer also überhaupt für die Ausübung politischer Herrschaft die Sprache des modernen Rechts verbindlich macht, hat bereits diese Rechtsprinzipien eingefordert. In ihnen bringt sich, wie Habermas feststellt, »der von Hobbes [!] und Rousseau betonte rationalisierende Sinn der Rechtsform als solcher zur Geltung«.[37] Erst bei Rousseau und anderen demokratischen Theoretikern wird Habermas' vierte Kategorie des Rechts auf chancengleiche Teilnahme aller Bürger an Prozessen der Gesetzgebung eingefordert, so daß sich nur aus dieser Perspektive das Defizit der Hobbesschen Theorie ergibt: Sie begründet einen »Rechtsstaat ohne Demokratie«, also – wie noch zu zeigen ist – einen notwendig auch defizitären Rechtsstaat.

Die heutige, immanent politologische oder sozialphilosophische Lektüre von Hobbes bleibt dagegen im wesentlichen bei Habermas' ebenso immanenter Interpretation von 1963 stehen, indem sie die Frage der Herrschaftsbeschränkung bei Hobbes ganz wesentlich von der Bindung des Souveräns an die »natürlichen Gesetze« abhängig macht. Die Diskussion wird deshalb auch von der Frage bestimmt, ob Hobbes Begründer des modernen »Rechtspositivismus« sei. Dabei wiederholt sich Habermas frühe, später revidierte Einschätzung am genauesten bei Otfried Höffe: Hobbes sei zwar kein Rechtspositivist, weil er den Begriff des natürlichen Gesetzes nicht aufgegeben habe. Diese Gerechtigkeitsintention seiner Theorie scheitere aber an dem grundlegenden Widerspruch, daß die natürlichen Gesetze trotz Anerkennung ihres strengen Wahrheitsanspruchs dem Gesetzgebungs- und damit Interpretationsmonopol des Souveräns unterstellt werden.[38] – Zuvor hatte Wolfgang Kersting aus genau den gleichen Gründen Hobbes als den »erste[n] Rechtspositivist[en] in der Geschichte der Philosophie« bezeichnet.[39] Er tat dies zutreffenderweise, denn der Rechtspositivismus zeichnet sich nicht etwa durch die Leugnung von Gerechtigkeit und Moral aus, noch durch die unsinnige Forderung, daß positives

36 Ebd., S. 155 ff.

37 Ebd., S. 160.

38 Otfried Höffe, »›Sed authoritas, non veritas, facit legem‹. Zum Kapitel 26 des Leviathan«, in: Wolfgang Kersting (Hg.), *Thomas Hobbes Leviathan oder Stoff, Form und Gewalt eines bürgerlichen und kirchlichen Staates*, Reihe Klassiker Auslegen, Berlin 1996, S. 235-257, hier: S. 247, 252 ff.

39 Wolfgang Kersting, *Thomas Hobbes zur Einführung*, Hamburg 1992, S. 122.

Recht gerechtigkeits- und moralfrei bleiben solle: Jede Strafrechtsordnung hat nämlich mit den Tatbeständen wie Mord, Totschlag, Körperverletzung etc. bereits moralische Intentionen integriert. Sie unterscheidet sich aber von moralischen Verdammungsurteilen durch staatliche Sanktionen und – wenn diese rechtsstaatlich limitiert sind – durch die minuziöse Regelung der Straftatbestände und die explizite Angabe des Strafrahmens. Dieses Verhältnis von Moral und positivem Recht meint Hobbes, wenn er sagt, das »Gesetz der Natur und das bürgerliche Gesetz schließen sich gegenseitig ein«.[40] In diesem Kontext besteht die wichtigste Option des Rechtspositivismus darin, diese rechtsstaatliche Formalisierung der Gesetzesstruktur, die eine gleichheitliche und damit nicht willkürliche Anwendung des Rechts gewährleistet, nicht durch situative Durchgriffe der Justiz auf »höhere« Gerechtigkeitsnormen zu unterlaufen. Insoweit bleibt der neuere Rechtspositivismus Hobbes' Aussage verpflichtet, daß aufgrund des Mangels an menschlicher Unparteilichkeit das natürliche Gesetz »zum dunkelsten aller Gesetze geworden ist«.[41]

Kerstings Kennzeichnung der Hobbesschen Staatstheorie als einer rechtspositivistischen ist freilich pejorativ. Kersting, der immerhin Hobbes gegen den Vorwurf des Totalitarismus verteidigt, sich dabei aber mit dem bekannten Hinweis auf die dem staatlichen Zugriff entzogene Gesinnung der Bürger begnügt,[42] verkennt vollständig die weiter gehende herrschaftslimitierende Funktion, die in Hobbes Rechtsformalismus besteht. Mit der grundsätzlich negativen Bewertung des Rechtspositivismus sitzt die Politikwissenschaft noch immer einer Nachkriegslegende auf, die (aus sehr spezifischen Gründen) auch die Rechtswissenschaft eine Zeitlang beherrschte. Diese Legende besagte, es sei die in der Rechtswissenschaft seit jeher herrschende gesetzespositivistische Rechtsanwendungsdoktrin gewesen, die die Unterwerfung der deutschen Justiz unter nationalsozialistische »Gesetzesbefehle« begründet habe. Diese Behauptung scheitert erstens an der schlichten Tatsache, daß der Rechtspositivismus in Deutschland nur so lange herrsch-

40 Hobbes, *Leviathan*, S. 205. Daß Hobbes hier ergänzt: »und sind von gleichem Umfang«, ist allerdings eine unhaltbare Aussage, wie zu Recht von Kersting kritisiert wird, s. Kersting, *Thomas Hobbes*, S. 374.

41 Hobbes, *Leviathan*, S. 211.

42 Kersting, *Thomas Hobbes*, S. 165 f.

te, als es noch keine Demokratisierung der Gesetzgebung gab, also bis zum Beginn der Weimarer Republik, und fortan durch eine konservative bis rechtskonservative Fraktion der Weimarer Rechts- und Verfassungstheorie bekämpft wurde, die (in Gestalt u. a. von Erich Kaufmann, Rudolf Smend und vor allem Carl Schmitt) in der Propagierung einer »höheren« objektiven Wertordnung des Rechts bzw. »höherer« Verfassungsprinzipien die Instrumente der Relativierung und Entformalisierung der »einfachen« demokratisch beschlossenen *Gesetze* und des »bloßen« Verfassungs*gesetzes* bereitstellte.[43] Die besagte Nachkriegslegende scheitert zweitens an dem Umstand, daß das NS-System den Richtern ausdrücklich die »Krücken des Gesetzes« entzog[44] und auf genau die Methoden der Rechtsprechung verpflichtete, die in dem genannten Spektrum der Weimarer Rechtswissenschaft entwickelt worden waren, während gleichzeitig in allen rechtstheoretischen Publikationen der NS-Zeit der Begriff »Rechtspositivismus« zum Schimpfwort schlechthin avancierte.[45] Daß diese Legende sich überhaupt in der Rechtswissenschaft vorübergehend halten konnte, ja sogar in dieser ausgebildet wurde, hatte seinen Grund in nichts anderem als der personellen Kontinuität an deutschen juristischen Fakultäten und deutschen Gerichten vor und nach 1945. Die in das NS-System tief Verstrickten hatten so nach 1945 Gelegenheit, ihre eigene Vergangenheit zu »bewältigen«, indem sie ihre angebliche Unterwerfung unter NS-Gesetze im Sinne eines »Befehlsnotstands« der Juristen behaupteten und alle Schuld ihren rechtspositivistischen Gegnern anlasteten. Die verbreitete Vorstellung, die Legitimität positiven Rechts von dessen Übereinstimmung mit überpositiven Normen – seien es solche materialen Naturrechts der Vormoderne, »Grundwerte« oder unvermittelte Gerechtigkeitspostulate – abzuleiten und von entsprechenden institutionalisierten Prüfungsverfahren abhängig zu machen, verdankt sich innerhalb der Rechts- und Verfassungsentwicklung der Bundesrepublik diesem Kontext.

Die Hartnäckigkeit, mit der sich in der Politikwissenschaft das längst widerlegte Vorurteil gegen den Rechtspositivismus hält, belastet auch die vorliegende Diskussion über die Qualität der Hobbesschen Staatstheorie, wenn sie nicht von rechtsstaats-

43 Dazu, mit vielen Nachweisen, Maus, *Bürgerliche Rechtstheorie und Faschismus.*

44 Siehe oben.

45 Maus, »›Gesetzesbindung‹ der Justiz«.

konstituierenden Rechtsformen, sondern von rechtsauflösendem Gerechtigkeitsmanagement des Staates die Existenz einer Herrschaftsbeschränkung abhängig macht. Kerstings ansonsten überaus fundierte Hobbesinterpretation von 1992 bezieht aus diesem Problem ihre größten Defizite. Sie verkennt zunächst alle freiheitssichernden Intentionen des Werks, indem sie die juristischen Argumentationen nicht als solche identifiziert. So hält Kersting bereits die Tatsache, daß Hobbes eine rechtspositivistische »Befehlstheorie« des Gesetzes begründet, für ein Votum gegen generelle Gesetze zugunsten situativer Befehle und für den Nachweis eines den Bürger (!) unterwerfenden absolutistischen Voluntarismus, der einen spezifischen Aspekt der nominalistischen Theologie des Hochmittelalters reproduziere.[46] Bei Hobbes jedoch steht – aus den bereits erörterten Gründen – die Forderung nach generellen, erst in Zukunft auf unbestimmt viele Fälle anwendbare Gesetze im Zentrum aller rechtstheoretischen Überlegungen. Wenn Hobbes nun diese Gesetze als »Befehle« des Souveräns bezeichnet, so insistiert er ausdrücklich darauf, daß solche Befehle, insbesondere die Strafgesetze, gerade *nicht* an die Bürger, sondern an die vollziehenden Staatsbeamten adressiert sind[47] – mit anderen Worten: unter dem Terminus »Gesetzesbefehl« behandelt Hobbes die rechtsstaatliche Bindung der ausführenden Staatsapparate an das Gesetz. Soweit Gesetze in ihrem Befehlscharakter hinsichtlich der Bürger überhaupt thematisch sind, so geht es Hobbes ausschließlich um die ebenfalls rechtsstaatliche Forderung der ermöglichten (!) Kenntnis, das heißt der rechtzeitigen Veröffentlichung der Gesetze, bevor sie angewendet werden dürfen,[48] sowie um den Strafausschließungsgrund bei Bürgern, die »als Schwachsinnige [...], Kinder oder Geisteskranke« außerstande sind, überhaupt von Gesetzen Kenntnis zu nehmen.[49] Was diesen letzteren Aspekt angeht, so wären gegenwärtige politische Systeme, die sich als vorbildliche liberale Demokratien verstehen, aber die Hinrichtung von geistig Behinderten oder zur Tatzeit Minderjährigen für möglich halten, überhaupt erst auf die Höhe der Hobbesschen rechtsstaatlichen Standards zu bringen.

46 Kersting, *Thomas Hobbes*, S. 173.
47 Hobbes, *Leviathan*, S. 218.
48 Ebd., S. 218.
49 Ebd., S. 207.

Daß Hobbes die Gesetzesbindung des Souveräns selbst ablehne, ist ein weiteres, von Kersting lapidar eingeführtes Argument gegen den rechtsstaatlichen Charakter des *Leviathan*.[50] Bei Otfried Höffes gleichlautendem Vorwurf finden sich nähere Ausführungen, die verdeutlichen, daß hier (wie auch bei vielen anderen Hobbes-Interpreten) die typische Verwechslung zwischen »Gesetze aufheben« und »sich vom Gesetz dispensieren« vorliegt,[51] wenn Höffe in diesem Kontext von Abgeordneten handelt, die sich außerhalb des Radius ihrer Immunität keine »bedeutenderen Straftaten« leisten können. Worauf es Hobbes aber ankommt, ist die Option, daß der Souverän jedes Gesetz, das er erlassen hat, wiederaufheben kann – aber nur durch ein neues Gesetz. Es geht Hobbes um die Nichtbindung des Souveräns an das Gesetz im Sinne der Fähigkeit zu permanenter Änderungsgesetzgebung. Letztere ist nicht etwa ein Indiz für mangelnde Rechtsstaatlichkeit, sondern Ausdruck der modernen Erkenntnis, daß legitimes Recht nicht mehr auf Gott oder auf das Alter einer Tradition zurückgeführt werden kann, sondern, in immer dynamischer sich entwickelnden Gesellschaften, auf Entscheidung beruht – eine Erkenntnis, die den historischen Zusammenhang zwischen der Entstehung von »Souveränität« und der sogenannten »Vollpositivierung« alles Rechts konstituiert. Hobbes' Legitimation fortlaufender Änderungsgesetzgebung begründet bereits den »lernenden Souverän«, der auch in heutigen Demokratien den Bedarf an raschen Rechtsänderungen deckt oder, in unübersichtlichen Materien, unbeabsichtigte Folgen seiner früheren Gesetze korrigiert oder, bei gewandelten Moralvorstellungen in der Gesellschaft, z. B. bisher sanktioniertes Verhalten entkriminalisiert. Wenn heute (vor allem in indirekt-wirtschaftsregulierenden Rechtsmaterien) ein Parlament ein und dasselbe Gesetz innerhalb einer Legislaturperiode etwa viermal ändert, so bedeutet auch das nichts anderes, als daß das Parlament als gesetzgebender Souverän an seine Gesetze »nicht gebunden« ist.

Ein grundsätzliches Mißverständnis betrifft auch Hobbes' Forderung eines »letztinstanzlichen Interpreten« der Gesetze. Wenn sie von Politologen bzw. Vertretern der politischen Philosophie erörtert wird, so fehlen typischerweise Kenntnisse der juristischen Methodenlehre, die sich mit den überaus komplexen Problemen der

50 Kersting, *Thomas Hobbes*, S. 175 f.

51 Höffe, »›Sed authoritas‹«, S. 243 f.

Umsetzung genereller Gesetze in der richterlichen Entscheidungssituation im Einzelfall beschäftigt und hier entweder eine engere Gesetzesbindung des Richters oder dessen schöpferische Freiheit der Rechtsfortbildung vertritt. Auch Kersting verkennt diesen spezifischen rechtswissenschaftlichen Kontext,[52] in den Hobbes' Überlegungen sich einordnen, wenn er den »letztinstanzlichen Interpreten« von Gesetzen auf einer Augenhöhe mit dem von Hobbes ebenfalls begründeten Interpretations- und Definitionsmonopol des Souveräns in Fragen z. B. der Religion, Philosophie oder Literatur behandelt.[53] Die Unterwerfung dieser letzteren unter »staatliche Wahrheitsdefinitionen« unterscheidet in der Tat Hobbes' Konzeption des Absolutismus zwecks Bürgerkriegsvermeidung von einem liberalen politischen System. Die Frage der letztinstanzlichen Interpretation im Bereich des Rechts steht jedoch dazu in diametrialem Gegensatz: sie begründet mit der Gewährleistung einer Berechenbarkeit und Gleichheitlichkeit der Gesetzesanwendung überhaupt erst die Realität eines Rechtsstaats, der in willkürlich ausgelegten Gesetzeskodifikationen – wie das Beispiel der NS-Justiz zeigt – buchstäblich nur »auf dem Papier« stünde. Hobbes begründet also in der Frage der Gesetzesauslegung nicht etwa eine absolutistische Staatsräson, die den »Bürgerkrieg« der Auslegungsstreitigkeiten beendet, sondern handelt von der Normalität rechtsstaatlicher Justiz.

Wenn Hobbes an der von Kersting angeführten Stelle überhaupt darauf insistiert, daß alle Gesetze der »Auslegung« bedürfen,[54] so erweist er sich als der gemäßigtere Gesetzesanwendungspositivist im Vergleich zu Montesquieu, mit dem er ansonsten die Auffassung teilt, daß die Freiheit der Bürger durch die Präzision der Gesetze und damit Limitierung staatlicher Ansprüche garantiert sei.[55] Während aber bezüglich der richterlichen Gesetzesanwendung Montesquieu die illusionäre Forderung vertritt, der Richter (be-

52 Kersting erörtert im hier folgenden Zusammenhang das Verhältnis von generellem Gesetz und konkretem Anwendungsfall ausschließlich als ein allgemein sprachphilosophisches.

53 Kersting, *Thomas Hobbes*, S. 181 f.

54 Hobbes, *Leviathan*, S. 211.

55 Hobbes, *Leviathan*, S. 165; Charles-Louis de Secondat Montesquieu, *Vom Geist der Gesetze* (1748), 2 Bde., hg. von Ernst Forsthoff, Tübingen 1992, S. 105 f., 109, 215, 217.

sonders der in einer Republik) dürfe nichts anderes als der Mund sein, der die Worte des Gesetzes ausspricht[56] – womit alle Probleme einer juristischen Methodenlehre entfielen –, bemüht sich Hobbes darum, die rechtsstaatliche Lücke zu schließen, die sich aus den semantischen Spielräumen innerhalb der Gesetzestexte ergibt und fordert eine authentische Interpretation im Lichte der Gründe des Gesetzgebers beim Gesetzgebungsakt; in der Sprache gegenwärtiger Jurisprudenz: eine Auslegung im Sinne der »subjektiven« Intention des Gesetzes.[57] Hat Hobbes hier (im Gegensatz zur sogenannten »objektiven« Auslegung) der befürchteten »Verschlagenheit der Interpreten«[58] bereits enge Grenzen gezogen, so verpflichtet er umgekehrt den Souverän ausdrücklich zur Formulierung möglichst eindeutiger, d. h. rechtsstaatlicher Gesetze: »Es gehört [...] zu den Aufgaben eines Gesetzgebers [...], die Gründe klarzulegen, weshalb das Gesetz erlassen wurde, und das Gesetz selbst so kurz, aber in so treffenden und bezeichnenden Ausdrücken abzufassen, wie möglich.«[59]

Was jedoch die Auslegung »natürlicher Gesetze« angeht, die Hobbes im gleichen Kontext ausführlich behandelt,[60] so beschränkt er sich auf die Forderungen einer speziellen Autorisierung des Richters durch den Souverän und der Nichtverbindlichkeit falscher Urteile für spätere gleichgeartete Fälle.[61] Diese »weichere« Anforderung bezieht sich affirmativ auf eine ehrwürdige, seit Ende des 15. Jahrhunderts bestehende Institution des englischen Rechts: die »Courts of Equity« bzw. »Courts of Chancery« – in der Tat hervorgegangen aus einer offiziellen Autorisierung durch den König zur Wahrnehmung einer ursprünglich königlichen Aufgabe, nämlich der Abmilderung (!) von Gerichtsurteilen nach Gründen der Billigkeit auf Bitten der Rechtssuchenden.[62] Da

56 Montesquieu, *Vom Geist der Gesetze*, S. 225.

57 Im englischen Original findet sich »final causes, for which the law was made« (S. 180), aber auch schon öfter »intention of the legislator« (z. B. S. 176): Thomas Hobbes, *Leviathan or the Matter, Forme and Power of a Commonwealth Ecclesiasticall and Civil* (1651), edited with an Introduction by Michael Oakeshott, Oxford 1960.

58 Hobbes, *Leviathan*, S. 211.

59 Ebd., S. 265.

60 Ebd., S. 208, 210, 212-216.

61 Ebd., S. 210, 212.

62 Dieter Henrich, *Einführung in das englische Privatrecht*, Darmstadt 1971, S. 19 ff.

es die letzteren sind, die in ihrem Interesse eine erneute gerichtsförmige Entscheidung überhaupt in Gang setzen, so ist evident, daß Hobbes' Zustimmung sich erstens auf eine Servicefunktion zugunsten der Bürger bezieht und zweitens nicht etwa alle seine Forderungen an rechtsstaatliche Gesetzesanwendung durch den Einbau unberechenbarer, durchgängiger Billigkeitsrechtsprechung in sämtlichen Gerichtsverfahren wieder in Frage stellt: Hobbes bezieht sich hier noch auf eine institutionalisierte Ausdifferenzierung von Equity-Rechtsprechung – eine Ausdifferenzierung, die erst im 19. Jahrhundert durch die Ermächtigung aller Gerichte aufgehoben wurde. – Auch im spezifisch juristischen Gehalt dieser Aussagen bleibt Hobbes also Rechtspositivist, ohne daß hier der Vorwurf der Anerkennung eines »staatlichen Wahrheitsmonopols« im entferntesten auf ihn zuträfe.

Der größte Stein des Anstoßes für alle politologischen und sozialphilosophischen Auslegungen besteht in Hobbes' lapidarer Feststellung, daß »Gesetze die Regeln für gerecht und ungerecht sind, da nichts als ungerecht angesehen werden kann, das nicht einem Gesetz widerspricht«.[63] Der spezifische Sinn dieser Nivellierung von positivem Recht und Gerechtigkeit auf dem Niveau des positiven Rechts soll erst nach dem Durchgang durch eine Kontroverse bestimmt werden, die im Anschluß an die erörterte Hobbes-Interpretation Kerstings zwischen Campagna und Kersting 1998 ausgetragen wurde und das Verhältnis von positivem Recht und Gerechtigkeit bei Hobbes zum zentralen Gegenstand hat. Es ist dies übrigens eine Kontroverse, wie sie sein soll. Campagna kritisiert Kerstings »einseitige« Hobbes-Lektüre und unternimmt eine sehr weitreichende Verteidigung von Hobbes. Der Angegriffene antwortet in einer äußerst reflektierten Neuinterpretation, die die These der schrankenlosen Herrschaft bei Hobbes revidiert, indem sie viele Überlegungen des Herausforderers anerkennt, aufnimmt und weiterführt, aber überschießende Intentionen mit guten Gründen zurückweist. Das unaufgelöste Problem beider Kontrahenten bleibt dennoch die Verhältnisbestimmung von Rechtsstaat und Gerechtigkeit.

Die Arbeit von Campagna hat das Verdienst, die rechtsstaatlichen Konsequenzen aus der Verpflichtung des Souveräns zur Herr-

63 Hobbes, *Leviathan*, S. 204; vgl. S. 98.

schaft durch Gesetze anzugeben: die Erfordernis eines gesetzlichen Straftatbestandes vor jeder staatlichen Sanktionsmöglichkeit, das damit gegebene Rückwirkungsverbot für Gesetze, die Publizität der Gesetze, die Gewährleistung der Gleichheit vor dem Gesetz auch durch die Art der Rechtsprechung[64] – Hinweise, die Kersting akzeptiert. Campagna überzieht jedoch die Ehrenrettung für Hobbes, wenn er die Differenz zwischen dessen Rechtskonstruktionen und dem Rechtsstaatsmodell moderner Verfassungen für eher geringfügig hält und z. B. aus der Zulässigkeit von Rechtsstreitigkeiten zwischen Souverän und Bürgern bereits auf die Existenz einer (begrenzten) Gewaltenteilung schließt,[65] oder wenn er die Möglichkeit, daß Untertanen dem Souverän »Vorschläge« machen, als »Partizipation« deklariert,[66] was Kersting zu Recht zurückweist.

Die größte Annäherung aber erzielen beide Autoren in der argumentativen Anreicherung ihres zentralen Mißverständnisses, daß die größtmögliche Beschränkung willkürlicher Herrschaft nur durch den Einbau überpositiver Gerechtigkeitsperspektiven in den Rechtsformalismus möglich ist und folglich Hobbes' Theorie sich an diesem Kriterium bewähren muß. Hatte Kersting 1992 noch zutreffend, wenngleich abwertend Hobbes als Prototyp eines Rechtspositivisten bezeichnet, so schließt er sich jetzt ausdrücklich der gegenteiligen Auffassung Campagnas an, und beide Autoren begeben sich auf die Suche nach der überpositiv-rechtlichen Dimension der Hobbesschen Rechtstheorie. Campagna versucht den Nachweis der Existenz eines Leviathanischen »Gerechtigkeitsstaats«, der im Sinne Carl Schmitts (!) eine höhere Legitimität gegenüber der bloßen Legalität des formalen Rechtsstaats begründe.[67] Zu den Ingredienzien dieses Gerechtigkeitsstaates oder »überpositiven Rechtsstaats« zählt Campagna unter anderem eine ungeschriebene »Verfassung«, die er etwas kühn mit dem (fiktiven) den Naturzustand beendenden Vertrag der Individuen identifiziert (der Inhalt dieser »Verfassung« beschränkt sich also auf die »Staatszielbestimmung« der Friedenssicherung), sowie eine durchgängige Rechtsprechung nach

64 Norbert Campagna, »Leviathan und Rechtsstaat«, in: *Archiv für Rechts- und Sozialphilosophie* 84 (1998), S. 340-353, hier: S. 344 ff.

65 Ebd., S. 347 f.

66 Ebd., S. 351 f.

67 Ebd., S. 344.

Gesichtspunkten der »natürlichen« Gerechtigkeit.[68] – Kersting konfundiert zwar nicht, wie Campagna, das legitimationstheoretische Argument in Hobbes' Kontraktualismus mit einem verfassungsrechtlichen, entwickelt aber zu Campagnas erstem Aspekt ein genaues Pendant, wenn er eine »transpositiv[e]« Verbindlichkeit des Rechts bei Hobbes aus der kontraktualistischen Selbstbindung der Individuen und Autorisierung des Souveräns ableitet, die der Gesetzgebung selbst *vorausliegt*[69] – eine begründungstheoretische Analogie zur rechtsstaatlichen Verfahrensdifferenzierung, in der die Verfassung, welche ein legitimes Gesetzgebungsverfahren überhaupt erst institutionalisiert, dem Gesetz vorhergeht. Kersting verbleibt damit allerdings auf der legitimationstheoretischen Ebene, obwohl er eingangs eine Analyse des »staatsrechtlichen Profils des Leviathan« einklagt. Auch Kerstings aufwendige Beweisführung für die Existenz einer dem positiven Recht übergeordneten Gerechtigkeit bei Hobbes hält Kontakt zur legitimationstheoretischen Figur des Vertrags: Der Prämisse folgend, daß nur »inhaltliche Kriterien« die Differenz zwischen echter Normativität des Rechts und faktischer Gewalt stiften können,[70] erklärt Kersting Hobbes' »natürliche Gesetze« nicht nur zur »Grammatik« der kontraktuellen Autorisierung des Souveräns, sondern auch zum »Telos staatlicher Herrschaftsausübung«,[71] mit anderen Worten zum *Inhalt* des Vertrags, der den Souverän auf die »Aufgabe« der rechtlichen Positivierung natürlicher Gerechtigkeit verpflichtet.[72] So kann Hobbes' Feststellung, daß das positive Gesetz das natürliche Gesetz in der Weise einschließt, daß letzteres nur (!) durch »Ordinances of Sovereign Power« verbindlich ist, in ihr Gegenteil einer denkbar deutlichsten Absage an den Rechtspositivismus verkehrt werden,[73] und bietet nun die Handhabe, drei andere Gerechtigkeitskonnotationen bei Hobbes einzuordnen: Hobbes' radikalpositivistische These, daß sich erst aus den Gesetzen Gerechtigkeit oder Ungerechtigkeit

68 Ebd., S. 348 f., 350.

69 Wolfgang Kersting, »Rechtsverbindlichkeit und Gerechtigkeit bei Thomas Hobbes. Bemerkungen anläßlich der zugleich naturrechtlichen und modernitätseuphorischen Hobbes-Interpretation von Norbert Campagna«, in: *Archiv für Rechts- und Sozialphilosophie* 84 (1998), S. 354-376, hier: S. 369 f.

70 Ebd., S. 365.

71 Ebd., S. 366.

72 Ebd., S. 374 f.

73 Ebd., S. 373.

bestimmt, kann relativiert werden, während die Gerechtigkeit der Vertragserfüllung und die natürliche Gerechtigkeit der friedensstiftenden Gesetze zu integrieren sind.[74]

Da Kersting auch bei dieser Interpretation der – für seine Ableitung eines Hobbesschen »Gerechtigkeitsstaats« ausschlaggebenden – Passage zum Verhältnis von natürlichem und positivem Gesetz auf der beanspruchten »staatsrechtlichen« Ebene nicht ankommt, bleibt ihm der Blick auf die Konsequenzen seiner Lesart für gerichtsförmige Entscheidungen verstellt. Kerstings Behauptung, Hobbes antizipiere in der angegebenen Passage die Prinzipienthese, derzufolge eine vollständige Beschreibung des Rechts die »ungeschriebenen [!] Prinzipien der Gerechtigkeit« umfassen müsse,[75] nivelliert die große Differenz, die zwischen Hobbes' rechtsstaatlicher und rechtspositivistischen Option der gesetzlichen Positivierung moralischer Prinzipien und der im 20. Jahrhundert sogar in liberalen Systemen aufkommenden justizstaatlichen Forderung besteht, daß jede richterliche Bestimmung juristischer Rechte auf moralische Prinzipien rekurrieren müsse, weil überhaupt rechtswissenschaftliche Fragen im Kern moralische Prinzipienfragen seien.[76] Auch wenn letztere – in der Tat antipositivistische – Forderung ohnehin problematisch ist, weil sie den Richter zum Moralverwalter ernennt und damit zur Emanzipation von bestehenden Gesetzen und zur Selbstversorgung mit Entscheidungsnormen ermächtigt,[77] so gewänne sie erst recht im Kontext des *Leviathan* eine katastrophale Dimension. Gerade weil in dessen absolutistischer Gesamtkonstruktion gar keine demokratische Kontrolle existiert, gewänne Kerstings jetzt konzedierte autoritative Interpretation natürlicher Gesetze durch den Souverän[78] in Kombination mit einer jede einzelne richterliche Entscheidung durchziehenden Orientierung an ungeschriebenen Prinzipien überhaupt erst jene »totalitäre« Dimension, die zu widerlegen die ganze Beweisführung angetreten

74 Ebd., S. 371 f.

75 Ebd., S. 373. Bei der ersten Einführung der Prinzipienthese heißt es sogar, daß die vollständige Beschreibung des Rechts die ungeschriebenen [!] und grundsätzlich nicht positivierbaren [!!] Prinzipien der Moral und Gerechtigkeit umfassen muß« (ebd., S. 363).

76 Ronald Dworkin, *Bürgerrechte ernstgenommen*, Frankfurt am Main 1984, S. 26.

77 Maus, »Die Trennung von Recht und Moral als Begrenzung des Rechts«, S. 311-314.

78 Kersting, »Rechtsverbindlichkeit und Gerechtigkeit«, S. 374.

war: Hobbes' Souverän hätte die Möglichkeit, die gesamte rechtsstaatliche Gesetzesstruktur und Rechtsanwendung durch situativbeliebige Gerechtigkeitsinterpretationen seiner jeweiligen Willkür unterzuordnen – eine Möglichkeit, die eine wirkliche Übereinstimmung mit der Handhabung des Rechts im NS-System enthielte, die aber Hobbes' kluge institutionelle Ausdifferenzierung einer Equity-Rechtsprechung vermied. Mit dem Etikett »Gerechtigkeitsstaat« verleihen beide Hobbes-Interpreten ohnehin keinen Ehrentitel: Es ist genau die Bezeichnung, die die nationalsozialistische Rechtstheorie dem NS-System deshalb zuschrieb, weil es mehr sein wollte als ein bloßer Gesetzesstaat oder formaler Rechtsstaat.[79]

Hobbes' rechtsformalistischer Kernsatz, daß »Gesetze die Regeln für gerecht und ungerecht sind, da nichts als ungerecht angesehen werden kann, das nicht einem Gesetz widerspricht«,[80] ist freilich der erste Bestandteil einer Gerechtigkeit ganz anderer Provenienz. Während Campagna und Kersting mittels kontraproduktiver, materialgerechtigkeitstheoretischer Begründungen Hobbes rechtsstaatliche Elemente zubilligen wollen, ist umgekehrt gerade in der für beide Autoren anstößigsten Formulierung Hobbes' der entscheidende Gegensatz zum nationalsozialistischen »Gerechtigkeits«-Management enthalten. Hatte die juristische Methodenlehre im NS-System ihre größte Herausforderung darin gesehen, ein Instrumentarium zur Verurteilung eines »Täters« auch dann bereitzustellen, wenn für die »Tat« in allen einschlägigen Gesetzesmaterialien kein Straftatbestand enthalten war, so insistiert Hobbes in dem geschmähten Satz auf dem genau gegenteiligen Prinzip: Daß aus staatlicher (!) Perspektive nichts als Unrecht identifiziert werden kann, das nicht einem Gesetz widerspricht, ist der Sinn dieser Aussage. Auch ihre

79 Carl Schmitt, *Fünf Leitsätze für die Rechtspraxis*, hg. vom Presse- und Zeitschriftenamt des Bundes nationalsozialistischer deutscher Juristen, Berlin 1933, Leitsatz 5: »Der nationalsozialistische Staat ist ein gerechter Staat« (im Unterschied zu einem inhaltlich unbestimmten Rechtsstaat); vgl. Heinrich Lange, *Vom Gesetzesstaat zum Rechtsstaat*, Tübingen 1934, S. 37: Der Führer ist »moralischer Gesetzgeber«; Karl Larenz, *Deutsche Rechtserneuerung und Rechtsphilosophie*, Tübingen 1934, S. 20: Das wahre Recht ist »objektive Sittlichkeit«; Roland Freisler, »Richter und Gesetz«, in: Hans-Heinrich Lammers, Hans Pfundtner (Hg.), *Grundlagen, Aufbau und Wirtschaftsordnung des nationalsozialistischen Staates*, Bd. 1, Berlin 1936, S. 1-12, hier: S. 9 zur Rechtsprechung nach dem »Grundsatz der materiellen Gerechtigkeit«.

80 S. oben.

lapidare Fassung »wo kein Gesetz, keine Ungerechtigkeit«[81] erläutert sich durch die Ausführung, »daß mit dem Aufhören der bürgerlichen Gesetze auch die Verbrechen aufhören. Denn da in diesem Falle kein anderes Gesetz als das der Natur bleibt, ist *keine Anklage möglich.*« Verstößt eine Handlung gegen das natürliche Gesetz, »so ist dies Sünde, aber kein Verbrechen«.[82] Diese genuin rechtspositivistische Trennung zwischen Recht und Moral erweist hier gerade auch im Vergleich zu totalitären Systemen ihre menschenfreundliche Funktion. Während der moderne Rechtsformalismus durch jede präzise Gesetzesbestimmung gleichzeitig rechtsfreie Räume jenseits der gesetzlichen Grenzlinien konstituiert, erweitert die postmoderne Remoralisierung des Rechts in jedem politischen System (erst recht im totalitären) den Aktionsradius der Staatsapparate und die Möglichkeiten willkürlichen Zugriffs im Einzelfall. Die im Vergleich zu Rechtsnormen erheblich größere Unbestimmtheit moralischer Prinzipien läßt es zu, daß fast jeder denkbare Sachverhalt als ein rechtlich relevanter identifiziert und zum Gegenstand gerichtsförmiger Entscheidungen gemacht werden kann. Auch Dworkins subjektiv liberale Intention eines um moralische Prinzipien erweiterten Rechtsbegriffs hebt die rechtsstaatliche »Herrschaft der Gesetze« auf und ist auf die Menschenfreundlichkeit jedes einzelnen Richters angewiesen – wie in Zeiten eines rechtsstaatlich nicht gebundenen Absolutismus die Hoffnungen sich auf einen »guten« Monarchen richteten. In modernen Demokratien, die diesen Namen verdienen, können moralische Prinzipien nur von der gesellschaftlichen Basis mit der Forderung einer Korrektur ungerechter Gesetze geltend gemacht und so in positives Recht übersetzt und präzisiert werden – eine nachmetaphysische Ausdifferenzierung von Gesetzesrecht und Moral, die zugleich der Verstaatlichung moralischer Diskurse entgegenwirkt.[83]

Eine Übersetzungsleistung vergleichbarer Art übernimmt, mangels demokratischer Perspektive, Hobbes als philosophischer Gerechtigkeitsexperte. Er macht zwar keine konkreten Vorschläge zur Positivierung moralischer Prinzipien in einzelnen positiven Gesetzen (die er dem Souverän ansinnt), sondern transformiert sie zu Formprinzipien des Rechts selbst. Hobbes, der bekanntlich

81 Hobbes, *Leviathan*, S. 98.

82 Ebd., S. 224 – Hervorhebung I. M.

83 Maus, »Die Trennung von Recht und Moral als Begrenzung des Rechts«, S. 336.

zwischen Naturrecht und Naturgesetz unterscheidet, entwickelt sowohl aus den ursprünglichen Rechten des Naturzustands, die ein bellum omnium contra omnes gerade nicht verhindern, als auch aus den natürlichen Gesetzen, die als friedensstiftende erst aus der Leidensperspektive des Naturzustands konstruktivistisch gewonnen werden, jene Gerechtigkeit, die nicht ein normatives Jenseits des positiven Rechts bildet, sondern die Normativität seiner Form bestimmt: Hobbes Konstruktion des »natürlichen«, von allen staatlichen Regelungen und gesellschaftlichen Normierungen freien Menschen geht aus von der weitgehenden Gleichheit der Körperstärke und der noch größeren Gleichheit der geistigen Fähigkeiten, die das Recht eines jeden auf alles begründen.[84] Diese »natürliche« Gleichheit wird – weil von Hobbes im Kontext der »Täter-Opfer-Gleichheit« des Naturzustands erläutert – oft auf die Gleichheit der »Bedrohungssymmetrie« reduziert und von der menschenrechtlichen Gleichheit z. B. bei Locke unterschieden.[85]

Die normative Dynamik der Hobbesschen Ausgangsposition, die bereits auf der ersten Stufe feudales Privilegienrecht ausschließt und eine der Idee nach gleiche Konkurrenz zwischen Bauern, Bürgern und Adeligen als »natürlich« legitimiert, wird damit verkannt. Die ursprüngliche Gleichheit transformiert sich auf der zweiten Stufe der Moral in das natürliche Gesetz, das jeden verpflichtet, jeden anderen als von Natur aus gleichen anzuerkennen[86] – eine Anerkennung, die zur friedensstiftenden gleichheitlichen Einschränkung des ursprünglichen gleichen Rechts auf alles führt, und nimmt auf der dritten Stufe der institutionalisierten rechtsstaatlichen Rechtsanwendung die Form eines Fundamentalprinzips der Rechtsprechung an: der »Gleichheit vor dem Gesetz« als gleichheitlicher Gesetzesanwendung. Dieses letztere Prinzip ist Hobbes so wichtig, daß er es in den zentralen Zweck der Staatserrichtung, die Gewährleistung der »Sicherheit des Volkes«, hineinrechnet. Auch ein Souverän, der die Gleichheit vor dem Gesetz nicht garantiert, verfehlt diesen Zweck und ist entlegitimiert. Es heißt:

> Die Sicherheit des Volkes verlangt [...] von demjenigen oder denjenigen, die die souveräne Gewalt innehaben, daß alle Schichten des Volkes gleichermaßen gerecht behandelt werden, das heißt, daß sowohl die Reichen

84 Hobbes, *Leviathan*, S. 94, 99.

85 So auch Kersting, *Thomas Hobbes*, S. 110 f.

86 Hobbes, *Leviathan*, S. 118.

und Mächtigen, als auch die Armen und Unbekannten ihr Recht bekommen, wenn ihnen Unrecht getan wurde, so daß die Großen keine größere Aussicht auf Straflosigkeit haben, wenn sie [...] ein Unrecht gegen die niedere Schicht verüben, als ein Angehöriger dieser Schicht, der dieselbe Tat gegen einen Angehörigen der Oberschicht verübt.[87]

Hobbes' Begriff der Sicherheit des Volkes, bzw. des Friedens, ist – wie öfter erkannt wurde – ein anspruchsvoller, normativ aufgeladener Begriff,[88] ohne daß diese Normativität als Durchgängigkeit der *formalen* Struktur der Hobbesschen Gerechtigkeitskonnotationen vom Naturzustand bis hin zum rechtsstaatlichen Gleichheitssatz identifiziert worden wäre.[89] So reduziert Kersting die rechtsstaatlichen Elemente bei Hobbes weitgehend auf ihre ökonomische Funktion der Garantie eines berechenbaren Warenverkehrs und identifiziert die so verstandene (Rechts-)Sicherheit des Volkes nahezu mit »Gerechtigkeit«.[90] Hobbes Gerechtigkeitsbegriff ist indessen keineswegs »dezisionistisch«. Aufgabe der Justiz ist nicht etwa die Herstellung von Rechtssicherheit in dem Sinne, daß sie die Bürger überhaupt mit (ruhestiftenden) Entscheidungen versorgt, sondern der Souverän wird ausdrücklich verpflichtet, dafür Sorge zu tragen, daß man die Bürger (durch gleichheitliche Rechtsanwendung) »*vor Unrecht schützt*, wenn sie Klage erheben«.[91]

Auch der naturrechtliche Begriff ursprünglicher negativer Freiheit von allen Bindungen und Hindernissen wird nicht etwa durch den freiwilligen Vertragsschluß auf paradoxe Weise vollständig vernichtet, sondern reproduziert sich in der negativen Freiheit, die formal-rationale Gesetze jenseits ihrer Grenzen konstituieren.

Die in der Tat überpositive Begründung des Hobbesschen Gerechtigkeitsbegriffs beruht auf modernem *formalem* Naturrecht, während seine Interpreten sie fälschlich in vormodernem *materialem* Naturrecht suchen. Hatte die mittelalterliche Legeshierarchie

87 Ebd., S. 262.

88 Höffe, »›Sed authoritas‹«, S. 246; Kersting, »Rechtsverbindlichkeit und Gerechtigkeit«, S. 375.

89 Campagna bewertet die oben zitierten Formulierungen zur Rechtsanwendungsgleichheit richtig als ein wichtiges Indiz für Hobbes' rechtsstaatliche Option (Campagna, »Leviathan und Rechtsstaat«, S. 347), verkennt aber deren naturrechtliche Fundierung, obwohl ihm der Nachweis einer überpositiven Gerechtigkeitsdimension besonders wichtig ist.

90 Kersting, »Rechtsverbindlichkeit und Gerechtigkeit«, S. 372, 375.

91 Hobbes, *Leviathan*, S. 255 (Hervorhebung I. M.).

die Geltung positiven Rechts von der inhaltlichen Übereinstimmung mit Normen »höheren« Rechts (der *lex humana* mit der *lex naturalis*, die wiederum der göttlichen *lex aeterna* entsprach, soweit diese der menschlichen Vernunft zugänglich erschien) abhängig gemacht, so findet sich bei Hobbes eine radikale Umstellung aller Geltungsgrundlagen. Die neue Freiheit und Gleichheit aller Individuen wird durchgängig im Kontext einer rein formalen Reziprozität ausbuchstabiert, die die Struktur aller überhaupt rechtlich relevanten natürlichen Gesetze ausmacht: Um des Friedens willen soll jedermann »sich mit soviel Freiheit gegenüber anderen zufriedengeben, wie er anderen gegen sich selbst einräumen würde«; was man selbst nicht zugefügt haben will, das soll man anderen nicht zufügen; »Jedermann soll die anderen für Seinesgleichen von Natur aus ansehen«; »Beim Eintritt in den Friedenszustand soll niemand verlangen, sich ein Recht vorzubehalten, wenn er nicht damit einverstanden ist, daß es auch allen übrigen Menschen vorbehalten werden sollte.«[92] In allen diesen Formulierungen ist von inhaltlichen Bestimmungen abgesehen: Weder verliert Freiheit durch reziproke Begrenzung ihren negativen Charakter, noch diskriminiert die »Goldene Regel« bestimmte Handlungen, noch richtet sich die wechselseitige Anerkennung auf anerkennungswürdige Qualitäten, noch sind bestimmte Rechte benannt, die Individuen sich auf jeden Fall vorbehalten sollten. Hier tritt eine neue Generation moralischer Anforderungen auf den Plan: Im Prinzip formaler Reziprozität antizipiert Hobbes den Generalisierungstest, der Kants formale Ethik bestimmt,[93] eine Ethik, die sich keinesfalls mehr anheischig macht, einzig richtige, zeitlos gültige und inhaltlich bestimmte Maximen auszuzeichnen, sondern mit dem kategorischen Imperativ lediglich ein Prüfverfahren für Maximen überhaupt bereitstellt. Hobbes' natürliche Gesetze sind damit überhaupt nicht im Sinne einer Legeshierarchie positivierbar, sondern geben, wie gesagt, die Formprinzipien des positiven Rechts überhaupt an. Was diesen Prinzipien nicht genügt, entspricht nicht den Anforderungen an modernes Recht. – Ebenso steht es mit Hobbes' Gerechtigkeit des Vertrags. Sie beruht bekanntlich nicht auf der inhaltlichen

92 Ebd., S. 100, 118.

93 Beide Ethiken kommen hier so weitgehend überein, daß Kant es überhaupt für notwendig hielt, auf eine spezifische Differenz hinzuweisen: Kant, GMS, S. 62 Anmerkung.

»Wertgleichheit der Gegenstände«, über die ein Vertrag abgeschlossen wurde, sondern im gleichen Interesse der Vertragspartner, in der »wechselseitigen« Rechtsübertragung und in der Einhaltung der Verträge.[94] Das moderne Zivilrecht enthält sich entsprechend jeder inhaltlichen Vertragsausgestaltung, die es vielmehr den Vertragsparteien überläßt, und gibt nur die formalen Bedingungen des Vertragsschlusses an.[95]

Insgesamt führt also die Fixierung der Hobbes-Interpreten auf vormodernes materiales Naturrecht dazu, daß sie sowohl die »Gerechtigkeit« (oder sogar die herrschaftslimitierende Funktion) der formalen Struktur des modernen Rechts als auch dessen geltungstheoretische Begründung verkennen und sich deshalb in extremen Schwierigkeiten befinden, wenn sie ein genuin politikwissenschaftliches Problem zu lösen haben: die Bestimmung der Qualität der Hobbesschen Staatskonstruktion.

III. Zum Beispiel: Volkssouveränität, Gewaltenteilung und unverfügbares Recht

Die Mißachtung des historischen Übergangs vom materialen zum formalen Naturrecht behindert freilich in noch größerem Maße die Rezeption der *demokratischen* Kontraktualisten, deren Demokratiemodelle heute ebenfalls ganz überwiegend an vormodernen Kriterien gemessen werden. Die Mißverständnisse werden noch dadurch potenziert, daß die Politikwissenschaft auf eine Klärung der juridischen Bedeutung des Souveränitätsbegriffs völlig verzichtet – eine Unterlassung, die bei der Analyse der Volkssouveränitätstheorien z. B. von Locke, Rousseau oder Kant erheblich größere Schwierigkeiten produziert als bei der Interpretation von Hobbes Staatstheorie. Diese Problemkonstellation hinterläßt starke Spuren auch in der Verständigung über die Bedingungen heutiger Demokratie, wenn z. B. das Verhältnis von Volkssouveränität und Gewalteilung sowie von Volkssouveränität und unverfügbarem Recht erörtert wird. Da in diesen Hinsichten zwischen der Interpretation historischer Demokratiemodelle und aktuellem Demokratieverständnis ein enger Zusammenhang besteht, seien beide im Kon-

94 Hobbes, *Leviathan*, S. 115, 102, 110.

95 Erst mit dem sozialstaatlichen Verrechtlichungsschub kommt es zu einer »Materialisierung« des Vertragsrechts.

text behandelt. Dabei muß, was die genannten »Klassiker« angeht, aus Raumgründen darauf verzichtet werden, jede Fragestellung an allen drei Autoren gleichermaßen detailliert auszuarbeiten und mehrfach übereinstimmende Interpretationen jeweils gesondert nachzuweisen.

Nicht nur ein vormodernes Naturrechtsverständnis, sondern die völlige Abwesenheit jeder rechtstheoretischen Perspektive ist freilich das größte Problem heutiger Rezeption der demokratischen Kontraktualisten. Aus letzterem Umstand ist überhaupt erst zu erklären, weshalb die Tatsache, daß Locke, Rousseau und Kant, ihrer unterschiedlichen theoretischen und sozialstrukturellen Prämissen unerachtet, nahezu identische Modelle radikaler, auf »ungeteilter« Volkssouveränität basierender Demokratie entwickeln, weithin unbemerkt blieb. Daß Demokratietheorien, die sich selber überdeutlich als Verfassungstheorien ausweisen, gleichwohl ausschließlich als Gesellschaftstheorien gelesen werden, mag einen Grund in dem großen Einfluß einer so innovativen und profunden Studie über »Besitzindividualismus«[96] in der politischen Ideengeschichtsschreibung haben. Insgesamt aber trugen materialistische Forderungen, die »verhimmelten« Formen gesellschaftlichen Bewußtseins aus der ökonomischen Basis abzuleiten, zu einer eher mechanistischen Rezeption politischer Theorien bei. Deren sozialökonomischen Implikationen standen so sehr im Mittelpunkt der Aufmerksamkeit, daß es den Interpreten z. B. unvorstellbar schien, ein – in der Tat extrem besitzindividualistischer – Theoretiker wie John Locke, der die unbegrenzte Akkumulation von Eigentum mit der größtmöglichen naturrechtlichen Legitimation ausstattete und bekanntlich im Schutz des so verstandenen Eigentums den Zweck des Staates sah, könne die gleiche juridische Konzeption der Volkssouveränität entwickelt haben wie Rousseau, obwohl doch Rousseaus Theorie aus der Empörung über die erbärmliche Lage der dem Feudalismus unterworfenen Landbevölkerung (sozusagen des »Proletariats« des 18. Jahrhunderts) ihren Antrieb bezieht und in jeder Ausbildung extremer (!) gesellschaftlicher Ungleichheit eine stets drohende Gefahr für politische Demokratie erkennt. Andererseits wird Kant, der gerade kein besitzindividualistischer Denker ist, weil er aus sehr spezifischen Gründen Lockes starke Legitima-

96 Macpherson, *Die politische Theorie des Besitzindividualismus.*

tion des Eigentums verwirft[97] und das bloß »provisorische« Recht des ersten Besitzers im Naturzustand dem Verallgemeinerungstest demokratischer Gesetzgebung unterwirft,[98] unter anderem bereits deshalb keine Theorie der Volkssouveränität zugetraut, weil er das Stimmrecht der Bürger von ihrer sozialen »Selbständigkeit« abhängig macht. Hier wird vor allem das Prinzip der Volkssouveränität mit der Frage demokratischer Inklusion, also der egalitären Verteilung von Stimm- bzw. Wahlrechten, verwechselt[99] und außerdem übersehen, daß in den Demokratietheorien der Aufklärung ganz durchgängig ökonomische Qualifikationen (zumeist im Sinne eines »Zensus«-Wahlrechts) als Voraussetzung der »Aktivbürgerschaft« angesehen wurden[100] und also bei Kant keine Besonderheit darstellen. – Im folgenden bildet die Auseinandersetzung mit Interpretationen Rousseaus als vermeintlichem Extremfall einer Volkssouveränitätstheorie (die sich von den sogenannten »liberalen« Versionen aber nur durch ihre Antizipation der aktuellen »Mehr-Demokratie«-Bewegung, also der Forderung basisdemokratischer Abstimmungen, unterscheidet) einen Schwerpunkt, während die beiden anderen Kontraktualisten nur vergleichend einbezogen werden. Diese Gewichtung erscheint angemessen, denn in der Sekundärliteratur zu Rousseau findet sich nicht nur die größte Akkumulation von Fehldeutungen der juridischen Argumentationsstrukturen, sondern sogar deren völlige Verdrängung, indem Rousseaus kontraktualistische Begründung der Volkssouve-

97 Richtig Manfred Brocker, *Arbeit und Eigentum: der Paradigmenwechsel in der neuzeitlichen Eigentumstheorie*, Darmstadt 1992, S. 392-395.

98 Maus, *Zur Aufklärung der Demokratietheorie*, S. 166-170.

99 Um die Besonderheit der beiden Prinzipien exemplarisch an ihrer historisch sukzessiven Hervorbringung zu demonstrieren: Eine im Verhältnis zur Demokratietheorie der Aufklärung ungewöhnlich weitgehende Inklusionsforderung findet sich bereits bei Marsilius von Padua (*Der Verteidiger des Friedens/Defensor Pacis* (1324), 2 Bde., Darmstadt 1958, S. 123, 135, 137, 141), wenn ausdrücklich allen Mitgliedern eines Gemeinwesens, auch den Unterprivilegierten und gänzlich Ungebildeten, eine Teilnahme an Beratung und Beschlußfassung von Gesetzen mit der Begründung zugesprochen wird, daß die Rationalität des Ergebnisses durch die Beteiligung aller in einer Gemeinschaft vorhandenen Optionen steigt. Dennoch findet sich noch keine klare Explikation des Volkssouveränitätsprinzips.

100 Sogar Rousseau fordert eine Eigentumsqualifikation (hier: Eigentum an landwirtschaftlich nutzbarem Boden): »Entwurf einer Verfassung für Korsika«, S. 529.

ränität überhaupt als ein Fremdkörper in seiner Theorie angesehen wird.

Ein besonders interessantes Beispiel für die Probleme, die die Lektüre eines Kontraktualisten aus der Perspektive sozialökonomischer Kontextualisierung statt aus dem Zentrum der verfassungstheoretischen Konstruktion aufwirft, ist Iring Fetschers seinerzeit bahnbrechende Studie zu Rousseaus politischer Theorie. Da sie zugleich aktuelle kommunitaristische Lesarten Rousseaus antizipiert, sei auf sie ausführlicher eingegangen. Fetschers Arbeit hat das große Verdienst, die unsäglichen, ideologisch motivierten Etikettierungen Rousseaus als »totalitärer« Denker mit guten Gründen zurückzuweisen, kommt aber, ausgehend von einer Fundierung der Rousseauschen Demokratie auf einer »kleinbürgerlichen« Gesellschaftsstruktur und einer vermeintlich traditional-partikularen Gemeinschaftsethik, zu dem überraschenden Ergebnis, daß seine politische Theorie eine entschieden konservative sei. Zwar analysiert Fetscher, was die gesellschaftliche Basis der Demokratie angeht, sehr subtil Rousseaus in der Tat durchgängige Radikalkritik der seinerzeit aufkommenden kapitalistischen Verkehrsformen,[101] hält dies aber, im Sinne eines ökonomistischen Reduktionismus, bereits für einen ausschlaggebenden Grund, Rousseau auch hinsichtlich seiner politischen Konzeption zu den »liberalen« Vertretern der kontraktualistischen Volkssouveränitätstheorie in Gegensatz zu bringen. Rousseau wird nicht nur einer Verklärung vormoderner Gesellschaftsstrukturen bezichtigt, obwohl doch Rousseaus Kritik des Feudalismus noch schärfer ausfällt als die des Frühkapitalismus, sondern auch Rousseaus Staatskonstruktion wird in einen vormodernen Entwurf eines durch Tugend integrierten Gemeinwesens umgedeutet.

Dieses Ergebnis ist jedoch dem Umstand zu verdanken, daß die konstruktivistischen Elemente der Vertragstheorie Rousseaus, aus denen die juridische Fundierung seiner Demokratietheorie folgt, als für Rousseaus eigentliches (!) Denken »ganz und gar uncharakteristisch« weitgehend »eliminiert« werden – ein Eingriff, dessen

101 Auf die glänzenden Interpretationen des ersten und zweiten Diskurses, die ebenfalls die These des Konservatismus Rousseaus stützen (Fetscher, *Rousseaus politische Philosophie,* S. 1-32), kann hier nicht eingegangen werden. Rousseaus »Kritik der zeitgenössischen Gesellschaft« ist aber nicht einfach im Sinne retardierender Rückwärtsgewandtheit zu interpretieren, sondern als Antizipation einer »Dialektik der Aufklärung«.

sich der Interpret durchaus bewußt ist.[102] Fetschers Ausarbeitung einer kleinbürgerlichen Tugendrepublik Rousseaus, die vor allem der nationalstaatlichen Identitätsbestätigung diene, basiert dementsprechend auf anwendungsbezogenen Schriften Rousseaus oder auf Passagen des *Gesellschaftsvertrags*, die zum Vertragsgedanken die Peripherie bilden. Der *Entwurf einer Verfassung für Korsika* und die *Betrachtungen über die Regierung Polens*[103] sind in der Tat eine Fundgrube für die Anpreisung gemeinschaftsstiftender Tugenden – aber bezogen auf Gesellschaften, die sich beide in der ganz spezifischen Situation befinden, im Zuge einer eigenen Verfassunggebung oder -reform das Joch der Genueser bzw. der russischen Fremdherrschaft abzuschütteln und so überhaupt erst zu sich selbst zu kommen. Es sind dies also Fälle, die keinesfalls für Rousseaus normative Theorie verallgemeinert werden dürfen.

Wo im *Gesellschaftsvertrag* selbst auf die Bedeutung partikularer »Sitten« und »Gebräuche« für jene Verfaßtheit des Staates verwiesen ist, die auf der »Macht der Gewohnheit« beruht,[104] so handelt es sich um jene Konventionen, an denen sich die sogenannten »Rechtsadressaten« hauptsächlich orientieren (s. unter I.). Wenn Rousseau in dieser Hinsicht (!) die Kategorie der ungeschriebenen, in den »Herzen der Bürger« verankerten Gesetze die wichtigste nennt, so stellt er doch abschließend fest, daß sie überhaupt nicht Gegenstand des *Gesellschaftsvertrags* ist: »Unter diesen verschiedenen Klassen von Gesetzen [Staats-, Zivil- und Strafgesetze sowie Sitten und Gebräuche] sind nur die Staatsgesetze, die die Regierungsform bestimmen, bedeutsam für meinen Gegenstand.«[105]

Das hier von Rousseau ebenso eindeutig wie durch den Untertitel seines Werks markierte Zentrum des *Gesellschaftsvertrags* wird von Fetscher auch durch die Verabsolutierung anderer peripherer Überlegungen Rousseaus in Frage gestellt, so bei der äußerst wirkungsmächtigen Interpretation von Rousseaus Kapitel über den

102 Fetscher, *Rousseaus politische Philosophie*, S. 255 f.

103 Rousseau, »Entwurf einer Verfassung für Korsika«; »Betrachtungen über die Regierung Polens«, in: ders., *Sozialphilosophische und Politische Schriften*, hg. von Iring Fetscher, München 1981, S. 565-655.

104 Rousseau, CS II 12 Abs. 5.

105 Ebd. (franz.: S. 272: »les lois politiques, qui constituent la forme du gouvernement« wäre nach heutigem Sprachgebrauch genauer mit »Verfassungsgesetze« zu übersetzen).

»bürgerlichen Zustand« (état civile),[106] das deshalb genauer zu betrachten ist: In drei Absätzen handelt dort Rousseau über die Unterschiede des bürgerlichen Zustands zum Naturzustand hinsichtlich der Situation des Menschen:

- In Absatz 1 hebt er die Verhaltenssteuerung durch Gerechtigkeitsorientierung anstelle des Instinkts im Naturzustand besonders hervor und charakterisiert diese als Nötigung des natürlichen Menschen, seine egozentrische Borniertheit zu verlassen, indem die »Stimme der Pflicht«, aber auch »das Recht« an die Stelle des körperlichen Triebs bzw. Begehrens treten,[107] so daß Gerechtigkeit als (universalistische) Moral und als positiviertes Recht gleichermaßen ausbuchstabiert ist.
- Absatz 2, den die Interpretation Fetschers vollständig eliminiert, gibt die Unterschiede zwischen natürlicher und bürgerlicher Freiheit an: Während erstere »ihre Schranken nur in der Stärke des Individuums findet«, ist die bürgerliche Freiheit durch den Gemeinwillen begrenzt, und das natürliche »unbegrenzte Recht auf alles« transformiert sich zum rechtlich garantierten »Eigentum an allem, was er [der Mensch] besitzt«.
- In Absatz 3 wird der Gerechtigkeitsaspekt einer universalistischen Moral (des Absatzes 1) unter den Begriff der »sittlichen Freiheit« (im Unterschied zur »bürgerlichen Freiheit« des Absatzes 2) gebracht, wobei Rousseau mit der Bemerkung schließt: »Der philosophische Inhalt des Wortes Freiheit [d. h. der sittlichen Freiheit] ist hier nicht mein Gegenstand.«[108]

Obwohl also Rousseau jeweils pointiert herausarbeitet, was sein »Gegenstand« und was »nicht« sein Gegenstand ist, wird in Fetschers Interpretation Rousseaus beiläufige Überlegung zur (universalistischen) Moral als einziger Gegenstand – auf Kosten der von Rousseau für einzig relevant erklärten juridischen Ausführungen (die Rousseau übrigens mit allen Kontraktualisten teilt) – identifiziert und dabei unter der Hand der Funktion partikularer Ethik zugeordnet: Als Errungenschaft des bürgerlichen Zustands fungiert Fetscher zufolge allein die »sittliche Freiheit«, so daß der »Wert der

106 Ebd., I 8.
107 Ebd.
108 Ebd.

politischen Ordnung« in der »Hilfe« liegt, »welche die organisierte Gemeinschaft bei der Versittlichung des Individuums leistet«.[109] Was bei Rousseau normativ begründeter Selbstzweck ist, die freie politische Organisation selbstgesetzgebender Bürger – im Sinne einer Transformation der »natürlichen Freiheit« zur politischen Autonomie –, wird so bei Fetscher zum bloßen Mittel, zur »ermöglichenden Bedingung« für die Herstellung des tugendhaften Bürgers[110] herabgestuft. Während es bei Rousseau heißt, daß »Freiheit und Gleichheit« »den Endzweck [!] jeder Art von Gesetzgebung« bilden,[111] lautet Fetschers Fazit – ganz in den terms partikularer Ethik –: »Die Existenz einer herrschenden Volksmoral[112] ist daher die erwünschte Voraussetzung und ihre Konservierung das Ziel [!] der Rousseauschen Republik.«[113] Das Zentrum des gesamten *Gesellschaftsvertrags* wird so zur bloßen Peripherie.

Fetschers Lesart stützt sich auch auf Rousseaus Anleihen bei Montesquieu, als hätte Rousseau zugleich die Methode übernommen, die *Vom Geist der Gesetze* bestimmt. Während dort in höchst relativistischer Sicht die Staats- und Zivilgesetze jedes Volkes dann »angemessen« sind, wenn sie objektiven Bedingungen des jeweiligen Landes (die bekanntlich von Klima und Bodenbeschaffenheit über die Sozialstruktur bis zu den Sitten und Gebräuchen reichen) entsprechen,[114] betrachtet Rousseau diese Bedingungen umgekehrt unter dem Aspekt, wie die im *Gesellschaftsvertrag* abstrakt entwickelten Rechtsprinzipien in unterschiedlichen Ländern möglichst weitgehend implementiert werden können, ohne ihre normative Substanz zu verändern: »Mit einem Wort, neben den allen gemeinsamen [!] Grundsätzen birgt jedes Volk in sich irgendeinen Grund, der diese [!] auf eine besondere Weise ordnet.«[115] Für Rousseau ist

109 Fetscher, *Rousseaus politische Philosophie*, S. 98.

110 Ebd.

111 Rousseau, CS II 11 Abs. 1.

112 »Volksmoral« ist bei Fetscher durchgängig mit »Sitten und Gebräuchen« identifiziert (z. B. *Rousseaus politische Philosophie*, S. 209-213).

113 Ebd., S. 211. Zur durchgängigen Trennung von Recht und Moral bei Rousseau vgl. Hauke Brunkhorst, *Demokratie und Differenz. Vom klassischen zum modernen Begriff des Politischen*, Frankfurt am Main 1994, S. 191.

114 Montesquieu, *Vom Geist der Gesetze*, S. 16.

115 Rousseau, CS II 11 Abs. 4. Von dieser Perspektive zu unterscheiden sind Rousseaus Überlegungen, inwieweit die objektiven Bedingungen eher einen Despotismus als eine freie politische Organisation begünstigen.

deshalb das Kontinuum von Freiheit, Gleichheit und Selbstgesetzgebung, d. h. von Menschenrechten und Volkssouveränität, nicht zu relativieren, wohl aber der Zeithorizont der Verwirklichung (entsprechend der Entwicklungsstufe einer Gesellschaft) und vor allem die Regierungsform: diese richtet sich ausschließlich nach den objektiven Voraussetzungen eines jeden Landes. Ob die Exekutive durch einen Monarchen oder eine »Aristokratie« im Sinne einer Regierungskörperschaft wahrgenommen werden soll, bemißt sich unter anderem nach der Größe eines Landes: Je größer ein Staat (nach Bevölkerungszahl) ist, desto mehr muß die Regierung zur Steigerung ihrer Effizienz sich »zusammenziehen« und sich gegebenenfalls, über die Aristokratie hinausgehend, in der Person eines Monarchen konzentrieren.[116] Rousseau kann diese Relativität der Regierungsform um so leichter konzedieren, als »Exekutive« hier noch ganz wörtlich als schiere Ausführung der demokratisch beschlossenen Gesetze verstanden wird: »Die Regierung erhält vom Souverän die Befehle, die er dem Volk gibt«,[117] sie ist also nur als Zwischenträger der Selbstgesetzgebung legitim.

Ein aufschlußreiches Zugeständnis findet sich hinsichtlich der Regierungsform lediglich für Korsika. In seinem Verfassungsentwurf für diese Insel schlägt Rousseau ausnahmsweise die Regierungsform der »Demokratie«, in der (im Sprachgebrauch des 18. Jahrhunderts) das Volk nicht nur die Gesetzgebung, sondern auch die Regierung innehat – eine Regierungsform, die er im *Gesellschaftsvertrag* aus normativen Gründen eindeutig verwirft und der er die gewaltenteilige »Republik« entgegensetzt (dazu im folgenden).[118] Das Motiv für diese Sonderkondition findet sich nicht etwa in der geringen Ausdehnung, sondern in der Armut der ausgeplünderten Insel: Die Korsen können sich vorläufig nur die »am wenigsten kostspielige« Regierung leisten, d. h. sie müssen die

116 Ebd., III 2 Abs. 12.

117 Ebd., III 1 Abs. 8.

118 Fetscher ist durch seine Fixierung auf die anwendungsbezogenen Schriften daran gehindert, diese juridische Normativität zu erkennen, und führt Rousseaus Einwände gegen die »Demokratie« nicht auf fehlende Gewaltenteilung, sondern auf bloße Zweckmäßigkeitsaspekte, u. a. eine Überlastung des Gesetzgebers mit Einzelanordnungen, zurück (Fetscher, *Rousseaus politische Philosophie*, S. 159 f.). Daß Rousseau die »Demokratie« gleichwohl als ideale Form der Republik ansehe, gilt dennoch als ausgemacht: »Immerhin hat er ja den Korsen eine demokratische Regierung empfohlen« (ebd., S. 161).

Regierungsgeschäfte so lange selbst erledigen,[119] bis sie sich eine »glanzvollere Verwaltung« leisten können.[120] Nur wegen der Besonderheit dieser Situation, die verlangt, daß Gesetzgebung und Regierung in denselben Händen liegen, also Gewaltenteilung fehlt, welche politische Entscheidungsprozesse willkürverhindernd prozeduralisiert, wird hier zwecks gesellschaftlicher Solidarisierung ein Ausmaß an substantieller Homogenität für erforderlich gehalten,[121] die Rousseaus verfassungsrechtlichem, höchst künstlichem, auf freiem Vertrag beruhendem Volksbegriff des *Gesellschaftsvertrags*[122] ganz fernliegt.[123] Korsika ist zwar, wie es im *Gesellschaftsvertrag* heißt, zur Gesetzgebung fähig,[124] aber noch nicht zu einer solchen, die Rousseaus normativen Ansprüchen bereits entspräche. Rousseaus ideale Republik darf also keinesfalls, wie dies bei Fetscher geschieht, im Lichte des Verfassungsentwurfs für Korsika interpretiert werden.

Aber auch ganz andere Lesarten Rousseaus, die dessen verfassungsrechtlichen Konstruktivismus nicht zu einer Nebensache erklären, welche sich lediglich der Konzession an den Zeitgeist der Aufklärung verdanke, leiden oft an den Schwierigkeiten, die sich für die politologische Sicht auf juristische Argumentationsfiguren typischerweise ergeben. Da entsprechende Mißverständnisse in der Sekundärliteratur ubiquitär sind, sollen sie im folgenden summarisch behandelt und nur in seltenen Fällen nachgewiesen werden.

Bevor auf das wichtige Verhältnis zwischen Volkssouveränität und Gewaltenteilung einzugehen ist, lohnt ein Blick auf Rousseaus »mystisches Kollektivsubjekt«, das aus seiner Version des Vertragsschlusses angeblich entsteht – auch aus der Sicht solcher Interpreten, denen der Totalitarismusverdacht ganz fernliegt. Rousseaus inkriminierte (unmittelbar auf die Vertragsformel folgende) Formulierung lautet: »Dieser Akt des Zusammenschlusses schafft augenblicklich anstelle der Einzelperson jedes Vertragspartners eine sittliche Gesamtkörperschaft (*un corps moral et collectif*), die aus ebenso vielen Gliedern besteht, wie die Versammlung Stimmen

119 Rousseau, »Entwurf einer Verfassung für Korsika«, S. 515.

120 Ebd., S. 516.

121 Ebd., S. 552.

122 Rousseau, CS, z. B. I 5 Abs. 1 und 2.

123 Dazu Maus »›Volk‹ und ›Nation‹ im Denken der Aufklärung«.

124 Rousseau, CS II 10 Abs. 6.

hat, und die durch ebendiesen Akt ihre Einheit, ihr gemeinschaftliches Ich (*moi commun*), ihr Leben und ihren Willen erhält.«[125] Der Verdacht, die Individuen könnten hier mitsamt ihren Freiheitsrechten in einem Kollektiv verschwinden, das zudem Anspruch auf Sittlichkeit erhebt, ist jedoch unbegründet. Der *corps moral et collectif* ist nichts anderes als eine »juristische Person«, die – wie auch in privatrechtlichen Kontexten – aus vertraglich assoziierten Mitgliedern besteht und zu gemeinschaftlichen Entscheidungen befähigt ist. Ausweislich des durchgängigen Sprachgebrauchs Rousseaus, der *corps moral* bzw. *personne morale* – z. B. für den Staat, den Souverän oder die Regierung als Körperschaft – jeweils im Gegensatz zur »natürlichen Person« gebraucht,[126] und angesichts der schlichten Tatsache, daß noch in der französischen Sprache der Gegenwart die juristische Person »*personne morale*« heißt, handelt es sich in Rousseaus Ausführungen weder um Mystik noch um »Sittlichkeit«, sondern um eine nüchterne juristische Konstruktion.

Diese juristische Identifikation des Staates mit der Summe seiner assoziierten Mitglieder ist von entscheidender Bedeutung für das Verständnis von (1) Rousseaus Begriff der Menschenrechte sowie der (2) utilitaristischen Komponente seiner Vertragstheorie:

(1) Der prekäre Status der Menschenrechte in Rousseaus politischer Konzeption ist ein gängiger Topos der Sekundärliteratur. Aber gerade die Rechtsfigur der juristischen Person erlaubt es Rousseau, ganzheitliche Perspektiven zu vermeiden und sowohl das Gemeinwesen hinsichtlich seiner Funktionen (als »Staat«, »Souverän« oder »Macht«) differenziert zu erfassen,[127] als auch die einzelnen Mitglieder als Spieler verschiedener Rollen mit jeweils unterschiedlichen Rechten zu beschreiben:

> Außer der öffentlichen Person haben wir aber die Privatpersonen [!] zu betrachten, die diese bilden und deren Leben und Freiheit von Natur aus von ihr unabhängig [!] sind. Es geht also darum, die jeweiligen Rechte der Bürger und des Souveräns genau zu unterscheiden, die Pflichten, die die ersteren in ihrer Eigenschaft als Untertanen zu erfüllen haben, und das natürliche Recht, dessen sie sich in ihrer Eigenschaft als Menschen [!] erfreuen können.[128]

125 Ebd., I 6 Abs. 9 (franz.: S. 244).
126 Ebd., II 4 Abs. 1; III 1 Abs. 16; III 5 Abs. 1 (franz.: S. 253, 275, 281).
127 Ebd., I 6 Abs. 9.
128 Ebd., II 4 Abs. 2.

Die quasi privatrechtliche Konnotation der juristischen Person sichert also eine Dimension von Rechten, die sich nicht in denen des *citoyen* »als Teilhaber an der Souveränität«[129] erschöpfen, sondern auch auf höchst »liberale« Weise die Sphäre unpolitischen Lebens schützen: Die später so genannten »Rechte der Privatheit«.

(2) Hinsichtlich der Vertragskonzeption wird gelegentlich die These vertreten, Rousseau sei allein deshalb kein echter Vertragstheoretiker, weil im Zentrum seines Vertrags Tugend und nicht Interesse stehe. Dagegen ist in mehrfacher Hinsicht zu zeigen, daß Rousseau utilitaristische Gesichtspunkte gleichberechtigt mit solchen formaler Gerechtigkeit verbindet. Gleich im zweiten Satz des *Gesellschaftsvertrags* erläutert Rousseau als Absicht seines gesamten Werkes, »das, was das Recht zuläßt, stets mit dem zu verbinden, was der Vorteil (*l'intérêt*) vorschreibt, damit Gerechtigkeit und Nutzen (*l'utilité*) nicht getrennt« werden.[130] Diese Verbindung wird gerade hinsichtlich eines »natürlichen« Egoismus der Gesellschaftsmitglieder ausbuchstabiert: »Die Verpflichtungen, die uns an den Gesellschaftskörper binden, sind nur deshalb zwingend, weil sie gegenseitig sind, und ihre Natur ist derart, daß man, wenn man sie erfüllt, nicht für einen anderen arbeiten kann, ohne zugleich für sich zu arbeiten [...] Gleichheit und der von ihr erzeugte Begriff von Gerechtigkeit rühren von dem Vorzug her, den jeder sich selbst gibt, folglich von der Natur des Menschen« – Ausführungen, die unmittelbar vor der Explikation der dreifachen Allgemeinheit der *volonté générale* und des Gesetzes stehen,[131] die gerade aufgrund ihrer normativen Implikationen ebenfalls dem generalisierenden Ausgleich partikularer Interessen dient.[132] Selbst die berüchtigte »völlige Entäußerung« (*aliénation totale*) jedes einzelnen an die Gemeinschaft im Vertragsschluß erweist sich in diesem Kontext als – Tausch: »Schließlich gibt sich jeder, da er sich allen gibt, niemandem«, und so »gewinnt man den Gegenwert [!] für alles, was man aufgibt, und mehr Kraft, um zu bewahren, was man hat«.[133] Das Kapitel über den »dinglichen Besitz« expliziert als das »Eigentümliche« der Entäußerung aller Kräfte und Besitztümer der Individuen,

129 Ebd., I 6 Abs. 9.

130 Ebd., Einleitung, S. 5 (franz.: S. 235).

131 Ebd., II 4 Abs. 5.

132 Ebd., II 3 Abs. 2.

133 Ebd., I 6 Abs. 5-7.

»daß die Gemeinschaft, weit entfernt, den Einzelnen ihre Güter zu entreißen, dadurch, daß sie sie annimmt, ihnen im Gegenteil bloß ihren rechtmäßigen Besitz sichert«, so daß es sich bei der *aliénation totale* der Individuen um »eine vorteilhafte [!] Abtretung an die Öffentlichkeit und noch mehr an sich selbst« handelt.[134] Deutlicher hätte Rousseau nicht werden können, um den Vorwurf Edmund Burkes gegen die Kontraktualisten auch auf sich selbst zu ziehen, daß sie nämlich ein Gemeinwesen statt auf sittliche, generationenübergreifende Werte bloß auf einen Vertrag gründen – ganz wie eine privatrechtliche »Kaufmannssozietät«.[135] Rousseaus »Kollektivsubjekt« ist als juristische Person gründlich entmystifiziert: seine formale Struktur unterscheidet sich von der einer modernen Aktiengesellschaft lediglich durch die normative Begründung basisdemokratischer Entscheidungsverfahren.

Angesichts des herausragenden Stellenwerts, den Rousseaus Kapitel über den »Gesetzgeber« (*législateur*) in der Geschichte der Mißverständnisse des *Gesellschaftsvertrags* einnimmt, sei auch hierzu eine kurze Vorbemerkung aus verfassungsgeschichtlicher Perspektive gestattet. Zwar ist seit längerem bekannt, daß es sich in besagtem Kapitel nicht um Gesetz-, sondern um Verfassunggebung handelt, so daß die zuvor herrschende Polemik, Rousseau setze mit der Figur des »*législateur*« seine gesamte Konstruktion der Selbstgesetzgebung des Volkes außer Kraft und zeige in diesem Kapitel sein wahres Gesicht, nicht mehr widerlegt werden muß. Auch daß der »*législateur*« nicht etwa eine Verfassung zu geben, sondern lediglich einen Verfassungsentwurf dem Volk zur Beratung und Abstimmung zu unterbreiten hat, ist für alle Leser, die lesen können, dem Kapitel zu entnehmen. Daß aber überhaupt – nur aufgrund der Überschrift des Kapitels – jener falsche Verdacht aufkam, der sich so gut in die Verurteilung eines »totalitären« Rousseaus einfügte, ist wiederum einer politologischen Unkenntnis rechtlicher Implikationen, hier: der Geschichte des Verfassungsbegriffs, geschuldet. Zum Zeitpunkt der Niederschrift des *Gesellschaftsvertrags* stand der moderne Begriff einer »Verfassung« im Sinne eines normativen und kodifizierten Verfassungsgesetzes noch nicht zur Verfügung. Zur Lebenszeit Rousseaus bezeichnete »Verfassung« (*constitution*) noch

134 Ebd., I 9 Abs. 1 und 6.

135 Edmund Burke, *Betrachtungen über die Französische Revolution* (1790), hg. von Dieter Henrich, Frankfurt am Main 1967, S. 160.

den faktischen Gesamtzustand aller gewohnheitsrechtlichen und positivrechtlichen Normierungen politischer und gesellschaftlicher Institutionen sowie der Gesellschaftsstruktur im ganzen.[136] Was dagegen Rousseau im Kapitel über die »Einteilung der Gesetze« als eine erste Kategorie von Gesetzen umschreibt, die das »Verhalten des Gesamtkörpers zu sich selbst, d. h. die Beziehung [...] des Souveräns zum Staat« regeln, und als »Staatsgesetze« bzw. »Grundgesetze« (*lois politiques, lois fondamentales*) bezeichnet[137] – auf diese bezieht sich der Begriff des *législateur* –, ist eine Antizipation des modernen Verfassungsbegriffs, der sich erst im Zusammenhang der revolutionären Verfassunggebungen des späten 18. Jahrhunderts in den amerikanischen Einzelstaaten und anschließend in Frankreich durchsetzte.[138]

Aber auch die Erkenntnis, daß Rousseaus »Gesetzgeber« auf die einzige Funktion des Entwurfs einer Verfassung festgelegt ist, verbindet sich weithin noch mit dem alten Verdacht, daß dieser Gesetzgeber im Hinblick auf die Akzeptanz seines Verfassungsentwurfs beim Volk nicht ohne politische Erziehungsarbeit auskomme, die geradezu darauf abziele, »die menschliche Natur zu ändern«. Diese letztere Formulierung Rousseaus[139] bezieht sich aber auf einen anderen, hier mit der Verfassunggebung zusammengedachten Akt des Gesellschaftsvertrags, »durch welchen ein Volk ein Volk wird«.[140] Da der »Gesetzgeber« es unternimmt, »ein Volk zu errichten« (*d'instituer un peuple*[141]), ist der Annahme seines Verfassungsentwurfs durch das »Volk« zugleich der fiktive Übertritt isolierter Individuen aus dem Naturzustand in den bürgerlichen Status des Gesellschaftszustands symbolisch eingeschrieben. Diese Verwandlung der menschlichen »Natur« von physischer Unabhängigkeit

136 Dieter Grimm, »Der Verfassungsbegriff in historischer Entwicklung«, in: ders., *Die Zukunft der Verfassung*, Frankfurt am Main 1991, S. 101-155. Diesen *alten* Verfassungsbegriff verwendet Rousseau im unmittelbar vorhergehenden Kapitel über die unterschiedliche Verwirklichung der Rechtsprinzipien des *Gesellschaftsvertrags* in Relation zu den faktischen »soziologischen« Bedingungen eines jeden Landes im Sinne Montesquieus (Rousseau, CS II 11 Abs. 5, franz.: »constitution«, S. 270 f.).

137 Rousseau, CS II 12 Abs. 1 und 2 (franz.: S. 271).

138 Grimm, »Der Verfassungsbegriff«.

139 Rousseau, CS II 7 Abs. 3.

140 Ebd., I 5 Abs. 2.

141 Ebd., II 7 Abs. 3 (franz.: S. 261).

zu rechtsförmiger Assoziierung im staatlichen Personenverband ist also Kern der kontraktualistischen Fiktion und folglich mit politischer »Erziehung« inkommensurabel. Daß aber in diesem Kontext Gesellschaftsvertrag und Verfassunggebung ein Kontinuum bilden, beleuchtet sowohl die Doppelbödigkeit des Volksbegriffs als auch die (moderne) starke normative Aufladung des Verfassungsbegriffs bei Rousseau. Rousseaus Formulierung, daß »ein Volk zum Volk wird«, hat einen Sinn, den alle kommunitaristischen Lesarten übersehen. Sie setzt voraus, daß ein bloß empirisches, nur durch seine kulturelle Identität bestimmtes Volk erst dadurch zum Volk im normativen Sinne wird, daß es sich durch eine autonome Verfassunggebung – aber nur eine solche, die den legitimationstheoretischen Prinzipien der Freiheit und Gleichheit des Gesellschaftsvertrags entspricht – konstituiert. (In despotischen Systemen existiert kein »Volk«, sondern nur eine Masse von »Sklaven«.[142]) Nicht der Begriff des empirischen Volkes, sondern erst der verfassungsrechtliche Volksbegriff weist also bei Rousseau über die »entwickelteren« Phasen des Naturzustands hinaus.

Daß das Prinzip der Volkssouveränität (insbesondere bei Rousseau) mit rechtsstaatlicher Gewaltenteilung nicht vereinbar sei, gilt immer noch weithin als ausgemacht. Allein die starke Betonung der Unteilbarkeit der Souveränität – die sich nicht nur bei Hobbes, sondern auch bei allen demokratischen Kontraktualisten findet – erweckt den Verdacht, Volkssouveränität sei nichts anderes als umgewendete Fürstensouveränität und begründe einen Absolutismus des Volkes. Daß freilich auch in bezug auf Volkssouveränitätskonzeptionen die Unteilbarkeit der Souveränität mit fehlender Gewaltenteilung verwechselt wird, liegt wesentlich an der mangelnden Klärung der juridischen Bedeutung des Souveränitätsbegriffs: der Identität von Souveränität und Gesetzgebungsfunktion (siehe unter I.).[143] Gerade dadurch, daß im Übergang vom Absolutismus zur Demokratie die Souveränität, d. h. die Gesetzgebung, von der Staatsspitze an die Basis verlagert wird, während das exekutivische Gewaltmonopol an der Spitze verbleibt, ist mit der Durchsetzung

142 Ebd., I 5 Abs. 1.

143 Auf diese Identität weist, am Beispiel Bodins, bereits hin: Udo Bermbach, »Widerstandsrecht, Souveränität, Kirche und Staat: Frankreich und Spanien im 16. Jahrhundert«, in: *Pipers Handbuch der Politischen Ideen*, hg. von Iring Fetscher, Herfried Münkler, Bd. 3, München 1985, S. 101-162, hier: S. 137 f.

der Volkssouveränität die Durchsetzung der Gewaltenteilung notwendig verbunden. Volkssouveränität besagt daher nichts anderes, als daß die Gesetzgebung »ungeteilt«, also ausschließlich dem (repräsentierten oder nicht repräsentierten) Volk, d.h. den Nicht-Funktionären im Gegensatz zu den Amtsträgern des exekutivischen Gewaltmonopols, zukommt, so daß jeder Einsatz der Staatsgewalt durch die gesellschaftliche Basis kontrolliert und dirigiert wird.

Erst in dieser Hinsicht erklärt sich auch, warum Hobbes' Rechtsstaat genau deshalb noch defizitär bleiben mußte, weil er auf Volkssouveränität verzichtete: er konnte ohne die letztere Gewalteilung nicht institutionalisieren. Indem Souveränität und Gewaltmonopol an der Spitze des Staates in Personalunion verbunden waren, lief Hobbes' Forderung, daß der Souverän seine Macht nur durch Gesetze ausüben kann, die er anschließend als Inhaber des Gewaltmonopols exekutiert, auf eine lediglich zeitliche Differenzierung zwischen Rechtssetzung und Rechtsanwendung hinaus, die zumindest rechtsstaatliche Herrschaftsausübung implizierte.

Ganz anders etabliert das Prinzip der Volkssouveränität zwei gegenläufige Asymmetrien. Der einen Asymmetrie, der riskanten Unterwerfung aller Bürger unter das staatliche Gewaltmonopol, wird die andere entgegengesetzt: die Unterwerfung der Staatsapparate unter die gesetzgebende Souveränität des Volkes. In diesen Asymmetrien ist schon begründet, daß das ihnen inhärente Gewalteilungsmodell niemals auf horizontaler Gewaltenbalancierung basiert – wie dasjenige Montesquieus, der durch eine feudalständische Souveränitätsdiversifizierung demokratische Konsequenzen gerade vermeidet[144] –, sondern eine vertikal-hierarchische Anordnung der Gewalten erfordert. Zudem kann, da dem Volk (oder seinen Vertretern im Gesetzgebungsorgan) alle, aber auch nur die Gesetzgebung zukommt, die Gewaltenteilung durchgängig funktional bestimmt werden: Die ungeteilte Souveränität der Gesetzgebung findet ihre »Grenze« an dem Verbot individueller Regelungen, welch letztere ausschließlich in die Kompetenz der anwendenden Apparate (Exekutive und Justiz) fallen. Die Gewaltenteilung ist in der Demokratietheorie der Aufklärung also ausschließlich als Al-

144 Vgl. Ingeborg Maus, »Die Errichtung Europas auf den Trümmern der Demokratie? Zur Verteidigung der Verfassungsprinzipien des ›alten‹ Europa (I)« in: *Blätter für deutsche und internationale Politik* 50 (2005), S. 679-692, hier: S. 682, 684-691, besonders 687-689.

lokation von Rechtsfunktionen definiert und nicht – wie in der gegenwärtigen Politikwissenschaft verbreitet – im Sinne eines soziologisch diffusen Machtpokers gedacht.

Daß Rousseau den vertikalen Typus der Gewaltenteilung vertritt, wurde bereits daran deutlich, daß die Besetzung der Exekutive durch König oder »aristokratische« Körperschaft aus normativer Sicht gleichgültig sein kann, weil die Exekutive dem Gesetz vollständig unterworfen ist. Daß Rousseau die Justiz als dritte Gewalt weniger ausführlich behandelt, wird im allgemeinen nur ihm vorgeworfen, nicht aber John Locke, der über die Justiz ebenso wenige Worte verliert – eine Übereinstimmung, die aus der überragenden Bedeutung der Teilung zwischen Gesetzgebung und Rechtsanwendung überhaupt resultiert, so daß für die Justiz nicht noch einmal expliziert wird, was bereits für die (gesetzesausführende) »Exekutive« gilt. Weil aber die Vorbehalte gegen Rousseau unüberwindlich scheinen, sollen – bevor das vertikal-funktionale Prinzip der Gewaltenteilung in den Volkssouveränitätstheorien von Locke und Kant aufgezeigt wird – die starken Argumente Rousseaus für eine strikte Gewaltenteilung überhaupt präsentiert werden. – Ironischerweise nennt Rousseau ausgerechnet in dem Kapitel, das »Von den Grenzen [!] der souveränen Gewalt« handelt, die Souveränität mit großem Nachdruck eine »unumschränkte« Gewalt (»pouvoir absolu« bzw. »pouvoir souverain, tout absolu«[145]). Ausweislich der französischen Bedeutungsperspektiven muß »absolu« hier mit »unbedingt« oder eben »absolut« übersetzt werden: Souveränität ist (wie unter 2 gezeigt wurde) nicht selber durch Gesetze gebunden, sondern die Quelle allen Rechts, d. h., sie ist in diesem Sinne legibus solutus; und sie ist »absolut« in dem Anspruch, daß die demokratisch erzeugten Gesetze (nicht zuletzt von den Staatsapparaten) befolgt werden. Schlechterdings begrenzt ist aber die Souveränität durch ihre Funktion: sie ist die auf Gesetzgebung »beschränkte« Gewalt: Rousseaus penible Unterscheidungen zwischen allgemeinen Gesetzen und partikularen bzw. einzelfallorientierten Verordnungen behalten letztere der Verwaltung vor, während der Souverän »nicht mehr zuständig [!] ist, sobald eine Angelegenheit eine besondere wird«.[146] Entsprechendes gilt für den Entscheidungsbereich (der immerhin erwähnten) Justiz: »die Verurteilung eines Verbrechers

145 Rousseau, CS II 4 Abs. 1 und 9 (franz.: S. 253, 255).

146 Ebd., II 2 Abs. 1 und 3; II 6 Abs. 3-9; II 4 Abs. 9.

ist ein einzelner Akt [...]; deshalb steht diese Verurteilung nicht dem Souverän zu.«[147] Rousseaus Kernsatz zur Unabdingbarkeit der Gewaltenteilung aber lautet:

Wenn die Legislative erst einmal fest eingerichtet ist, gilt es auch die Exekutive einzurichten; denn letztere, die nur durch Einzelakte tätig wird, ist von der anderen, da sie ihr nicht wesensgleich ist, von Natur aus getrennt. Wenn der Souverän als solcher auch gleichzeitig exekutive Gewalt hätte, würden das Recht und seine Anwendung dermaßen vermengt, daß man nicht mehr wüßte, was Gesetz ist und was nicht und die so entartete politische Körperschaft wäre alsdann ein Opfer jener Gewalt, gegen die sie eingerichtet worden ist.[148]

Rousseaus »Begeisterung für die Antike«, aus der in der Sekundärliteratur vieles erklärt wird, spart deshalb gerade die antike Demokratie wegen fehlender Gewaltenteilung aus: »das Volk von Athen«, das »dem einen Ehren zuerkannte und dem anderen Strafen auferlegte und durch Massen von Einzelverordnungen unterschiedslos alle Regierungsgeschäfte erledigte, hatte [...] keinen Gemeinwillen mehr im eigentlichen Sinn; es handelte nicht mehr als Souverän, sondern als Behörde«.[149] Dies ist der Grund, weshalb Rousseau (wie bereits in anderem Kontext gezeigt) die Regierungsform der »Demokratie« (unter der man im 18. Jahrhundert die antike Demokratie verstand) ebenso ablehnte wie später Kant, »da Fürst und Souverän dieselbe Person sind«,[150] während der Vorzug der Aristokratie in »der Unterscheidung zweier Gewalten« besteht.[151] Rousseaus resignativer Satz, daß die »Demokratie« nur für ein »Volk von Göttern« geeignet sei,[152] bekräftigt, daß sein *Gesellschaftsvertrag* von Menschen ausgeht »wie sie sind«,[153] und folglich auf überschwengliche Tugendzumutungen verzichten muß. Die Willkür verhindernde rechtsstaatliche Gewaltenteilung ist Rousseaus Tugendersatz.

Daß Locke und Kant trotz von Rousseau jeweils verschiedener sozialökonomischer Kontextualisierung ihrer politischen Theorien

147 Ebd., II 5 Abs. 5.
148 Ebd., III 16 Abs. 1, vgl. III 1 Abs. 3.
149 Ebd., II 4 Abs. 6.
150 Ebd., III 4 Abs. 1.
151 Ebd., III 5 Abs. 4 und 5.
152 Ebd., III 4 Abs. 8.
153 Ebd., Einleitung, S. 5.

das gleiche, auf Volkssouveränität basierte Prinzip vertikal-funktionaler Gewaltenteilung vertreten, ist oft übersehen worden. Selbst wo das Prinzip der Volkssouveränität bei John Locke überhaupt bemerkt wird, halten Politologen, die der Verfassungslehre unkundig sind, es für möglich, daß Locke, ohne sich selbst zu widersprechen, für die »Misch-Verfassung« einer gemäßigten Monarchie (wie sie typischerweise von Montesquieu vertreten wird) ebenso eintritt wie für die Konzeption der Legislative als höchster Gewalt. Andernorts wird – trotz der klaren Erkenntnis der vertikalen Struktur der Gewaltenteilung bei Locke – der Versuch unternommen, dem Eingeständnis einer Übereinstimmung mit Rousseau dadurch zu entgehen, daß Locke eine gleichzeitige normative Annäherung an die zeitgenössische englische Verfassungswirklichkeit unterstellt wird: Der Rekurs auf letztere (die bekanntlich Montesquieu Modell stand und durch die feudalständische Aufteilung der gesetzgebenden Souveränität an Monarch sowie Oberhaus und Unterhaus des Parlaments bestimmt war) führe bei Locke zum Versuch, Subordination und Koordination der Staatsgewalten zu verbinden. Was hier als ein Widerspruch identifiziert und Locke angelastet wird, erklärt sich aus der Differenz zwischen normativ-idealen und »nichtidealen« Passagen des *Second Treatise*. Ausweislich der einschränkenden, zum Teil konditionalen Einleitungen Lockes in die jeweilige Problemstellung – »In manchen Staaten [...]«, »Liegt die exekutive Gewalt irgendwo anders [...]«, »Wir wollen [...] annehmen, die Legislative sei so angelegt, daß [...]«[154] – versucht hier Locke, die Bedeutung der Legislative für eine Herrschaft des Gesetzes auch in nichtidealen Verfassungen möglichst weitgehend argumentativ abzusichern.

Lockes ideale Theorie der Volkssouveränität und der Gewaltenteilung aber stimmt mit der idealen Theorie Rousseaus (mit Ausnahme des repräsentativen Charakters der Legislativkörperschaft) vollständig überein und konzentriert die gesetzgebende Souveränität »ungeteilt« bei der Legislative: Locke erklärt die vom Volk gewählte Legislative ausdrücklich zur »höchsten Gewalt« des Staates und definiert das »Gesetz« als eine Rechtsnorm, die die Zustimmung der Gesellschaft hat,[155] so daß – wie bei Rousseau – zur rechtsstaatlichen Qualität des Gesetzes, der Allgemeinheit seiner

154 Locke, ST, §§151, 152, 213.
155 Ebd., §134.

inhaltlichen Bestimmung und seiner Anwendung, die demokratische Qualität des Gesetzes, die Allgemeinheit seiner Genese, hinzukommt. In dem sehr einschlägigen Kapitel über »Die Rangordnung der Gewalten« heißt es:

Obwohl es in einem verfaßten Staat […] nur *eine* [!] *höchste Gewalt* geben kann, nämlich die *Legislative,* der alle übrigen Gewalten untergeordnet [!] sind und auch sein müssen, so ist doch die Legislative nur eine Gewalt, die auf Vertrauen beruht und zu bestimmten Zwecken handelt. Es verbleibt dem *Volk [!]* dennoch *die höchste Gewalt*, die Legislative abzuberufen oder zu ändern, wenn es der Ansicht ist, daß die Legislative dem in sie gesetzten Vertrauen zuwiderhandelt […] Und so *behält die Gemeinschaft* beständig *eine höchste Gewalt für sich*, um sich vor den Angriffen und Anschlägen einer Körperschaft, selbst ihrer Gesetzgeber, zu sichern, so oft diese so töricht oder so schlecht sein sollten, Pläne gegen die Freiheiten und Eigentumsrechte der Untertanen zu schmieden.[156]

Die vollständige Beschreibung der rechtsstaatlichen Teilung und Anordnung der Gewalten enthält also eine Hierarchisierung nach ihrer jeweiligen Nähe zu der in der gesellschaftlichen Basis lokalisierten »höchsten Gewalt«, d. h. der Volkssouveränität. Entsprechend dieser durchgängigen Legitimationskette der jeweiligen Vertretung von Souveränitätsrechten findet alle rechtsstaatliche Kontrolle von unten statt: Auch die Freiheitsrechte der Individuen werden gegen möglicherweise verletzende Gesetze nicht etwa durch ein Verfassungsgericht, sondern durch die Träger dieser Rechte selbst in Massenprotesten, notfalls in offenem Aufruhr, geltend gemacht, wie auch wiederum das Volk eine Exekutive, die seine Rechte verletzt oder in die Funktionen der Legislative eingreift, zur Ordnung ruft.[157]

In Kants politischer Philosophie finden sich die genauen Pendants: Es heißt vom Staat, »wie er nach reinen Rechtsprinzipien sein soll«: Er

enthält drei Gewalten in sich […]: Die Herrschergewalt (Souveränität), in der des Gesetzgebers, die vollziehende Gewalt in der des Regierers (zufolge dem Gesetz) und die rechtsprechende Gewalt (als Zuerkennung des Seinen eines jeden nach dem Gesetz) in der Person des Richters […], gleich den

156 Ebd., § 149 Hervorhebung i. O.
157 Ebd., §§ 168, 214-227.

drei Sätzen in einem praktischen Vernunftschluß: dem Obersatz, der das Gesetz jenes Willens, dem Untersatz, der das Gebot des Verfahrens nach dem Gesetz, d. i. das Prinzip der Subsumtion unter denselben, und dem Schlußsatz, der den Rechtsspruch [...] enthält, was im vorkommenden Falle Rechtens ist.[158]

Hier ist eine Subsumtionslogik sowohl der exekutivischen, wie der richterlichen Entscheidung direkt in eine Gewaltenteilungshierarchie eingebaut, die ebenfalls vom Prinzip der Volkssouveränität beherrscht wird. Wie nämlich Kant im nächsten Paragraphen fortfährt, kann »die gesetzgebende Gewalt nur dem vereinigten Willen des Volkes zukommen«, denn – so Kant – die Freiheit des Staatsbürgers besteht darin, »keinem anderen Gesetz zu gehorchen, als zu welchem er seine Beistimmung gegeben hat«, besteht doch die Vermeidung von gesetzlichem Unrecht darin, daß »ein jeder über alle und alle über einen jeden ebendasselbe beschließen«.[159]

Kants politische Philosophie hat freilich noch geringere Chancen, als eine der Volkssouveränität identifiziert zu werden,[160] als diejenige Lockes. Auch hier wird Kants »nichtideale« Theorie als die eigentliche gelesen, wenn Kants Überlegungen zur rechtlichen Situation des noch nicht souveränen Volkes zum Zentrum seines Werks erklärt werden. Lediglich aus der Perspektive seines »Erlaubnisgesetzes der Vernunft«, unfreie öffentliche Zustände so lange zu dulden, wie sie ohne Gefahr des Rückfalls in den Naturzustand noch nicht verändert werden können,[161] konzidiert einerseits Kant dem Obrigkeitsstaat seiner Zeit den – provisorischen – Anspruch auf Nachachtung seiner Gesetze und formuliert andererseits als Rechtmäßigkeitstest für diese Gesetze die Überlegung, ob ein ganzes Volk ihnen zustimmen *könnte* oder nicht – ein Testverfahren, das er dem obrigkeitsstaatlichen Gesetzgeber selbst ansinnt.[162] Es ist diese Notlösung einer historischen Entwicklungsstufe auf dem Weg zu einer Republik, die von sehr vielen Interpreten Kants als dessen normative Theorie mißverstanden und verhöhnt wird – obwohl doch Kant darauf insistiert, daß, »nach Freiheitsgesetzen betrachtet, kein anderer als das vereinigte Volk selbst« das »Ober-

158 Kant, MdS/RL, S. 431 f.

159 Ebd., S. 432.

160 Zum folgenden Maus, *Zur Aufklärung der Demokratietheorie*.

161 Kant, ZeF, S. 234 Anmerkung.

162 Kant, Gemeinspruch, S. 153 f., vgl. Kant, MdS/RL, S. 448.

haupt«, d.h. der gesetzgebende Souverän sein kann und nur die »kategorisch« angemahnte Realisierung dieses normativen Anspruchs die »Übereinstimmung der Verfassung mit Rechtsprinzipien« bewirkt,[163] so daß also die bloße Zivilisierung der »Regierungsart« im Sinne ihrer Übereinstimmung mit der republikanischen Verfassung lediglich der »Wirkung nach«, nicht genügt, sondern die Übereinstimmung »auch dem Buchstaben nach« gefordert ist, um zur »einzig rechtmäßigen«, zur »einzig bleibenden« Verfassung zu gelangen.[164]

Auch dieses Mißverständnis Kants als eines obrigkeitsstaatlichen Denkers ist durch ein rechtswissenschaftliches Defizit vermittelt. Die Verwechslung des normativen Ideals mit dem Zerrbild einer bloß »erlaubten« Stufe der historischen Entwicklung findet ihre vermeintliche Bestätigung in Kants Verneinung eines Widerstandsrechts und scheitert in diesem Punkt an mangelnder Kenntnis der Rechtsgeschichte. Was Kant negiert, ist das mittelalterliche Widerstandsrecht, das als Rechtsinstitut eine kodifizierte und justitiable Kompetenz bezeichnete und sich auf eine prinzipiell unverfügbare Rechtsordnung bezog, deren Konkretisierung der Gerichtspraxis oblag. Die umfassende Verrechtlichung allen Widerstands hinsichtlich der Widerstandsziele, -handlungen und -akteure sowie die Festlegung auf die Verteidigung alten Rechts gegen aufkommende absolutistische Innovationen ist an den präzisen Normierungen mittelalterlicher Urkunden wie der *Magna Carta* deutlich zu erkennen. Wenn Kant dieses Widerstandsrecht zugunsten der übergreifenden Funktion einer Selbstgesetzgebung des Volkes negiert, so setzt er an die Stelle jener aus der Rechtsordnung abgeleiteten und damit rechtlich beschränkten Handlungskompetenz das vorrechtliche und rechtsbegründende Prinzip der Volkssouveränität. Erst wenn das Volk als Souverän, d.h. als Quelle allen Rechts anerkannt ist, entscheidet es über den Fortbestand und über die Änderung geltenden Rechts gleichermaßen. Mit der Anerkennung von Volkssouveränität ist längst entschieden, was noch das Problem des mittelalterlichen Widerstandsrechts war, daß nämlich rechtliche Innovationen überhaupt nicht von seiten der Inhaber exekutivischer Gewalt ausgehen dürfen. Der totalen Verrechtlichung der Handhabung des riskanten modernen Gewaltmonopols entspricht

163 Kant, MdS/RL, S. 434, 437.

164 Ebd., S. 464.

darum die Lokalisierung eines rechtsfreien Raums ausschließlich an der gesellschaftlichen Basis insofern, als nur von hier aus geltendes Recht in Frage gestellt, einem kritischen öffentlichen Diskurs unterzogen und einer Abänderung zugeführt werden kann.

Auch Kants Negation des Widerstandsrechts im noch existierenden Obrigkeitsstaat ist keinesfalls quietistisch. Sie verurteilt nicht etwa die Revolution zur Errichtung einer Republik, sondern bestreitet ein »Recht zur Revolution« mit dem Argument, daß die positive Rechtsordnung nicht sich selbst und ihr eigenes Gegenteil enthalten könne,[165] und sprengt auch hier die vormoderne Fassung eines modernen Problems. Kant zufolge kann (sofern Reformen ausbleiben) die revolutionäre Errichtung einer neuen Rechtsordnung nur außerrechtlich vor sich gehen.

Daß John Locke unter Politologen eher als Demokrat (im heutigen Wortsinn) gilt als Kant, weil er sich zumindest in terms eines Widerstandsrechts äußert, bestätigt die juridische Desorientierung der heutigen Politikwissenschaft. Wenn sie auch hier demokratische Theorien an *vor*demokratischen und *vor*modernen Kriterien mißt, tritt freilich ein noch tiefer liegendes Dilemma gegenwärtiger Demokratietheorie zutage, auf das sogleich einzugehen ist. – Was Locke angeht, so sieht er zwar in Rechtsverstößen seitens politischer Institutionen, vor allem Eingriffen der Exekutive in die Legislative, Anlässe für Widerstandsaktionen des Volkes,[166] aber diese sind mitnichten im Sinne eines Widerstandsrechts institutionalisiert,[167] sondern von Locke als irregulärer Aufruhr des Volkes[168] gegen die als »Rebellion« gewerteten Verfassungsbrüche der Regierung oder auch einen Vertrauensbruch des Parlaments gerechtfertigt. Daß es sich bei Lockes vermeintlichem Widerstandsrecht bereits um Ausübung von Volkssouveränität in einer besonderen Situation

165 Kant, Gemeinspruch, S. 160.

166 Locke, ST §§ 212-229, §§ 242 f.

167 Man vergleiche dagegen die durchgängige Rechtsförmigkeit des Widerstandsrechts am Beispiel der Magna Carta. Diese besteht nicht nur in der genauen Festlegung der Anlässe, der Ziele, der Aktionsformen und der zeitlichen Abfolge der Widerstandshandlungen, sondern vor allem auch in der Institutionalisierung eines Widerstandsausschusses von 25 Baronen in Kap. 61 der Magna Carta in: Wagner (Hg.), *Quellen zur neueren Geschichte.*

168 Bekanntlich verwendet John Locke für einen solchen Aufruhr durchgängig die Formulierung, daß das Volk sich entscheide, »den Himmel anzurufen«, z. B. § 242.

handelt, erweist sich an der von positivrechtlichen Kriterien ganz unabhängigen aber unaufgebbaren »Urteilsfreiheit« des Volkes, ob es zum Aufstand »gerechte Ursache« hat: Dabei insistiert Locke, genau wie später Kant, darauf, daß das Volk nicht etwa »nach der Verfassung« berechtigt ist, diese letzte Entscheidung zu treffen, sondern »nach einem Gesetz, das allen positiven Gesetzen der Menschen vorausgegangen und weit über diese erhaben ist«.[169] Bei Locke wie bei Kant operiert das Volk hier im rechtsfreien Raum und kann sich nur auf ein überpositives Recht berufen, das wiederum keine materialen Gerechtigkeitskriterien enthält, sondern – Volkssouveränität.

Das Verhältnis von Volkssouveränität und unverfügbarem Recht scheint freilich für das gegenwärtige Demokratieverständnis, soweit es den historischen Übergang von materialem zu formalem bzw. prozeduralem Naturrecht nicht mitvollzogen hat, das größte aller Rätsel zu sein. So wird gelegentlich aus dem Schwinden der Objektivität traditionellen Naturrechts die Unmöglichkeit rechtlicher Begrenzung politischer Herrschaft gefolgert. Man kann dann allerdings nicht erklären, wieso gerade nach dem Verlust des mittelalterlichen Naturrechts Entwürfe moderner rechtsstaatlicher Demokratie überhaupt erst entstehen und sukzessive bis zu einem gewissen Grad realisiert werden. Daß alle hier betrachteten demokratischen Kontraktualisten Rechtspositivisten in dem Sinne sind, daß sie die unbedingte Geltung der Gesetze vertreten, sofern (!) diese demokratisch zustande gekommen sind, und gleichwohl eine überpositiv rechtliche Dimension des Rechts nachdrücklich anerkennen, erscheint oft ebenso als Widerspruch wie die emphatische Begründung naturrechtlicher Freiheitsrechte und deren gleichzeitige »totale Übereignung« an den Prozeß demokratischer Gesetzgebung.

Zur Klärung des Problems kann zunächst beitragen, daß in dieser Hinsicht auch Locke, dessen vermeintlich »liberale« Sonderstellung am ehesten aus der vermittelnden Position zwischen traditionellem und modernem Naturrecht seines theoretischen Anfangs abgeleitet werden könnte, sich weder von Rousseau und Kant, noch sogar von Hobbes unterscheidet. Genau wie letzterer befindet Locke, daß das »Gesetz der Natur«, da es ein »ungeschrie-

169 Locke, ST § 168.

benes« ist, »aus Leidenschaft oder Interesse« verdreht oder falsch angewendet werden kann, so daß auf seiner Grundlage die Zerrüttung des Naturzustandes gerade nicht beendet wird, sondern nur durch »autorisierte Richter« nach »öffentlich verkündeten, stehenden Gesetzen« für Gerechtigkeit gesorgt werden kann.[170] Weil allerdings im Begriff des Gesetzes bei Locke zur Allgemeinheit des Inhalts und der Anwendung bereits die Generalität der Genese hinzukommt, ist der Hobbessche Gerechtigkeitsaspekt um die wesentliche Dimension des demokratischen Verallgemeinerungstests erweitert. Daß nur durch *Selbst*gesetzgebung in Freiheitsrechte eingegriffen werden kann, ist deshalb das einzig »Unverfügbare« in der Überantwortung natürlicher Rechte an die Gemeinschaft. Gleichlautend mit Rousseau (und Kant) formuliert darum auch Locke:

> mit ihrem Eintritt in die Gesellschaft verzichten nun die Menschen zwar auf die Gleichheit, Freiheit und exekutive Gewalt des Naturzustandes, um sie in die Hände der Gesellschaft zu legen, damit die Legislative so weit darüber verfügen kann, wie es das Wohl der Gesellschaft erfordert. Doch geschieht das nur mit der Absicht jedes Einzelnen, um damit sich selbst, seine Freiheit und sein Eigentum besser zu erhalten.[171]

Immer ist es die Legislative, die über sämtliche Rechte der Individuen »verfügt« – allerdings nur in der Weise, daß sie den jeweiligen Anteil gesetzlich bestimmt, dessen die politische Servicefunktion zugunsten der Gesellschaft bedarf. Selbst die Heiligkeit des Eigentums unterliegt bei Locke diesem Vorbehalt. Was sich so illiberal ausnimmt (zumal, wenn es gleichlautend bei Rousseau steht), ist nichts anderes als ein Vorgriff auf die in der juristischen Literatur seit Beginn des 19. Jahrhunderts sich durchsetzende Formel der Erfordernis eines Gesetzes bei jedem »Eingriff in Freiheit und Eigentum« der Bürger.[172]

Hinsichtlich des »Unverfügbaren« scheint nur Rousseau auf den

170 Ebd., § 136.

171 Locke, ST § 131; vgl. Rousseau, CS II 4 Abs. 3; I 9 Abs. 1 und 6; Kant, MdS/RL, S. 434.

172 Robert von Mohl formuliert noch allgemeiner: »Der wesentliche und nothwendige [!] Gegenstand der Gesetze sind alle diejenigen Befehle der Staatsgewalt, welche die Rechte der Bürger auf irgendeine Weise betreffen« (Robert von Mohl, *Das Staatsrecht des Königreiches Württemberg* (1829), Bd. I, Tübingen ²1840, S. 67).

ersten Blick noch ein zusätzliches metaphysisches Programm zu verfolgen – eine Unterstellung, die sogleich mit neuen Verdächtigungen verbunden ist. Die berühmte Unterscheidung zwischen unfehlbarer, normativ richtiger *volonté générale* und der fehlbaren, in empirischen Abstimmungsergebnissen sich ausdrückenden *volonté de tous* wird oft zum Anlaß genommen, Rousseau ein staatliches Erziehungsprojekt zur sittlichen Ertüchtigung des Volkes zu unterstellen, auf daß der demokratische Souverän die »richtigen« Entscheidungen auch empirisch zustande bringe, oder sogar Rousseau die Rechtfertigung einer Diktatur zwecks unmittelbaren Vollzugs der *volonté générale* anzulasten. Aber selbst wenn Rousseau nicht unentwegt betont hätte, daß Souveränität weder veräußert noch vertreten werden könne, ein Gesetz ohne Volksbeschluß überhaupt kein Gesetz sei und auch eine Verfassung nicht ohne freie Abstimmung des Volkes zustande komme,[173] selbst wenn Rousseau nicht mit größter Klarheit hinsichtlich unvernünftiger Gesetzesbeschlüsse des Volkes konstatiert hätte: »wer hat das Recht, es [das Volk] daran zu hindern, wenn es ihm gefällt, sich weh zu tun?«[174] und sich damit nicht als demokratischer Gesetzespositivist ausgewiesen hätte – in der Struktur der *volonté générale* selbst liegt bereits die Zurückweisung der autoritär-totalitären Fehldeutungen. Der Unterschied zwischen *volonté générale* und *volonté de tous* bezeichnet in der Tat den zwischen Naturrecht und positivem Recht. Aber gerade weil die *volonté générale* kein materiales Prinzip enthält, also nicht dem traditionellen Naturrecht angehört, gibt sie lediglich die Erfordernis der dreifachen »Generalität« des gesetzgebenden Willens als solche an,[175] die zwar nicht durch die empirischen Stimmenverhältnisse definiert ist, aber den empirisch vollzogenen Generalisierungstest des demokratischen Gesetzgebungsverfahrens zwingend erfordert und dessen Ergebnisse nicht negiert. Gerade weil die *volonté générale* nicht den Charakter eines objektiv gültigen materialen Naturrechtsprinzips hat, gerade weil sie gänzlich inhaltslos ist, kann sie nicht zur Legitimation einer Diktatur im Namen eines »wahren« Volkswillens und »wirklichen« Gemeininteresses mißbraucht werden.

Das Unverfügbare besteht so bei den in Rede stehenden de-

173 Rousseau, CS II 1 Abs. 2; III 15 Abs. 5; II 7 Abs. 7.

174 Ebd., II 12 Abs. 2.

175 Ebd., II 4 Abs. 5.

mokratischen Kontraktualisten gleichermaßen in der auf Freiheit und Gleichheit basierenden Organisation des autonomen Gesetzgebungsprozesses selbst. Positives Recht kann nur dann und nur deshalb Geltung beanspruchen, wenn und weil es in demokratischen Verfahren zustande kommt, während sich für seine Übereinstimmung mit »letzten« oder vorgegebenen objektiven Gründen keine Anhaltspunkte mehr finden lassen. Dieses neue Kriterium entspricht dem »prozeduralen Legitimitätstypus« der Moderne, wie ihn Habermas bestimmt hat: »das Niveau der Rechtfertigung [wird] reflexiv [...]. Die Prozeduren und Voraussetzungen des Legitimationsprozesses sind nunmehr die legitimierenden Gründe, auf die sich die Geltung von Legitimationen stützt.«[176] Diese Entsprechung besteht freilich in einem von Habermas am Beispiel Rousseaus monierten, spezifischen Sinn. Bei den demokratischen Kontraktualisten existiert eine Engführung zwischen dem, was Rousseau als – normative – *volonté générale* bezeichnete, und dem »Ort der Souveränität«.[177] Zwar sind *volonté générale* und Volkssouveränität nicht etwa identisch (wie in der Sekundärliteratur gelegentlich unterstellt), aber die *volonté générale* kann nur an dem »Ort« des empirischen demokratischen Gesetzgebungsverfahrens zum Ausdruck gebracht (oder verfehlt) werden – ist aber genau deshalb einer expertokratischen oder totalitären Usurpation nicht zugänglich.

Die moderne reflexive Form der Unverfügbarkeit, die dem neuen Legitimationstypus entspricht, enthält ein stärkeres normatives Kriterium der Beurteilung von Involutionen und Zerstörungen demokratischer Systeme, als ein solches hätte, das sich aus »objektiven« Wertordnungen – angesichts des Wertepluralismus moderner Gesellschaften und der Anfälligkeit von Werten für autoritäre Besetzungen und Verwertungen – noch gewinnen ließe. Unisono arbeiten die demokratischen Kontraktualisten das neue Kriterium aus. Angesichts der nur »symbolischen« Bedeutung und mangelnden Orientierungshilfe des natürlichen Gesetzes[178] wird der demokratische Gesetzgeber nicht *auf* Gesetze (des materialen Naturrechts), sondern in doppeltem Sinne *zu* Gesetzen verpflichtet: Die »Reichweite der legislativen Gewalt« ist nicht bloß durch das

176 Habermas, »Legitimationsprobleme im modernen Staat«, S. 44.

177 Ebd.

178 Locke, ST § 135.

Verbot situativer Einzelfallregelung bestimmt, sondern auch auf die reflexive Legitimationsstruktur festgelegt: Die Legislative unterliegt dem prozeduralen Imperativ, ihre Aufgabe nicht »den Händen anderer [zu] übertragen«; d.h., die Legislative hat »*Gesetze* zu geben, nicht aber *Gesetzgeber* zu schaffen«.[179]

Auch Rousseau, der wie Kant der Lernfähigkeit des demokratischen Souveräns noch größere Spielräume eröffnet als Locke, kombiniert die Beliebigkeit der Gesetzgebung mit der Nichtbeliebigkeit des demokratischen Gesetzgebungsprozesses selbst: Zwar gelten Gesetze nur, weil der demokratische Souverän sie noch nicht geändert hat, und steht bei jeder gesetzmäßigen Versammlung des Volkes auch die jeweilige Regierungsform zur Disposition, aber die Organisation dieser Abstimmungen selbst dient der Stabilisierung demokratischer Souveränität gegen die stets drohende Usurpation der Regierung.[180] Durch Verlust oder Preisgabe der nicht übertragbaren gesetzgebenden Souveränität »verliert [das Volk] seine Eigenschaft als Volk« und zerfällt in eine Anhäufung isolierter »Sklaven« unter einem »Herrn«.[181]

Kant schließlich, der gleichermaßen dem reflexiven Begründungsschema folgt, indem er die Legitimität positiver Gesetze von der Legitimität des (demokratischen) Gesetzgebers abhängig macht[182] und die Dynamik der Verfassungsänderung in die Formel faßt: »Das Volk ist beständig [...] constituirend«,[183] kennzeichnet das Unverfügbare in genauester Analogie zu den Argumenten Lockes und Rousseaus: »Das Recht der obersten Gesetzgebung in dem gemeinen Wesen ist kein veräußerliches [...]. Wer es hat, kann nur durch den Gesamtwillen des Volkes über das Volk, aber nicht über den Gesamtwillen selbst [...] disponieren. Ein Vertrag, der das Volk verpflichtete, seine Gewalt wiederum zurückzugeben, würde demselben nicht als gesetzgebender Macht zustehen.«[184]

Die normative Auszeichnungsfähigkeit des hier durchgängig entwickelten Kriteriums erweist sich an dem, was es ausschließt: Das sogenannte Ermächtigungsgesetz, wie es 1933 der deutsche

179 Ebd., § 141 Hervorhebung i.O.

180 Rousseau, CS III 11 Abs. 4; III 18 Abs. 1 und 6; III 13 Abs. 1.

181 Ebd., II 1 Abs. 3.

182 Kant, MdS/RL, S. 331.

183 Kant, Vorarbeiten zur Rechtslehre, AA XXIII, S. 341.

184 Kant, MdS/RL, S. 465.

Reichstag verabschiedete, enthielt nichts anderes als die Ernennung eines exekutivischen Gesetzgebers. Seine lapidare Verfügung: »Reichsgesetze können [...] auch durch die Reichsregierung beschlossen werden.« »Die von der Reichsregierung beschlossenen Gesetze können von der Reichsverfassung abweichen [...]«, zerstörte die gesetz- und verfassunggebende Volkssouveränität zusammen mit der ihr inhärenten Gewaltenteilung. Dieser Vernichtung der »unverfügbaren« demokratischen Organisationsform folgte die Umstellung der gesellschaftlichen Integration durch Gesetzesrecht auf eine Einheitsstiftung durch »Werte« (siehe unter II.).

Im heute vorherrschenden Demokratieverständnis der Politikwissenschaft setzt sich fort, was in Urteilen über die Demokratietheorie der Aufklärung zum Ausdruck kam. Dies ist erkennbar an der gegenwärtigen Privilegierung von Wahlrechtsfragen im Verhältnis zu anderen konstitutiven Verfassungsprinzipien der Demokratie, wie z. B. rechtsstaatlicher Prozeduralisierung, demokratischer Form der Gewaltenteilung, Verhältnisbestimmung von Menschenrechts- und Verfahrensgarantien, deren Wirksamkeit politischen Wahlen überhaupt erst eine mehr als »symbolische« Funktion verleihen. Nicht zuletzt besteht noch immer eine Dämonisierung bzw. Vernachlässigung der Volkssouveränität, die außer der mangelnden Klärung des Prinzips selbst auch dem Umstand geschuldet ist, daß dessen normativen Anforderungen unter dem Druck aktueller innerstaatlicher und globaler Entwicklungen stehen, die zur Angleichung des Prinzips an die faktische Selbstreferentialität politisch relevanter Entscheidungskreisläufe und zur Reduktion von Demokratie auf die Existenz »kritischer Öffentlichkeit« und »zivilen Ungehorsams« führen. Von besonderem Interesse aber ist das Schicksal des »Unverfügbaren« angesichts der steigenden Tendenz zu seiner Delegation an Verfassungsgerichte seit dem Ende des Zweiten Weltkriegs. – Alle diese Punkte sind im Hinblick auf die aktuellen rechts- und sozialstrukturellen Bedingungen der Demokratie zu klären.

In dem Maße, in dem die heutige politologische Demokratietheorie das früher zentrale Problem der Allokation von Rechtsfunktionen aus dem Blick verliert, konzentriert sie sich in starkem Maße auf Probleme politischer Wahlen und betrachtet zum Beispiel die quantitative Ausweitung des Wahlrechts seit dem 19. Jahrhundert als eigentliche »Demokratisierung«, die die in der Tat skandalösen, an ökonomischen Kriterien orientierten Unterscheidungen zwischen Aktiv- und Passivbürgern des 17. und 18. Jahrhunderts sukzessive überwunden habe. Diese einseitige Sicht der Dinge setzt sich freilich dem Verdacht aus, die tatsächliche Erosion von Demokratie seit dem 20. Jahrhundert in eine Erfolgsgeschichte umzuschreiben. Die demokratische Qualität heutiger »Demokratien« läßt sich nämlich nicht unabhängig von den in ihnen herrschenden rechtlichen Kommunikationsformen und Strukturen bestimmen. Das Modell starker Demokratie, das jeden Einsatz der Staatsgewalt vermittels ihrer Gesetzesbindung von der Zielsetzung und Kontrolle der gesellschaftlichen Basis abhängig macht, ist auf die inhaltliche Bestimmtheit des Rechts angewiesen, damit die Bändigung der Staatsapparate gelingt. Mit dem Prinzip der Volkssouveränität war darum die Forderung nach »mathematischer Genauigkeit« der Gesetze[185] verbunden. Auch wenn die radikale Forderung subsumtionslogischer Bindung exekutivischen und richterlichen Handelns sich als nicht einlösbar erwies, so bemißt sich doch an dem Kriterium, ob gegenwärtige Entscheidungen der Staatsapparate sich noch wenigstens innerhalb jener Grenzen des Wortlauts der Gesetze halten, die zwar mehrere gesetzeskonforme, aber nicht beliebig viele Auslegungen zulassen, ob überhaupt Rechtsstaat und Demokratie noch existieren. Diese Frage muß leider verneint werden: Seit Beginn des 20. Jahrhunderts dominieren rechtsschöpferische Interpretationsmethoden, die den Prozeß der Kodifikation allen Rechts – eine zentrale bürgerrechtliche Forderung der Aufklärung gegen absolutistische Willkür – wieder rückgängig machen. Gerichte und Bürokratien emanzipieren sich längst durch »unbegrenzte Auslegung« von den Gesetzen, wann immer diese dem gewünschten Ergebnis entgegenstehen. Gleichzeitig wurden – bedingt durch die Überkomplexität der legislativen Entscheidungen und der Unabsehbarkeit ihrer nichtintendierten Folgen,[186] aber auch durch den gesellschaftlichen Beschleunigungsdruck auf die Produktion von Recht[187] – extrem unbestimmte Begriffe in die Gesetze selber inkorporiert und so die Rechtsentscheidung in die Situation der Rechtsanwendung verlagert – ein

185 Kant, MdS/RL, S. 340.

186 Luhmann, *Rechtssoziologie*, S. 309-325.

187 William E. Scheuerman, *Liberal Democracy and the Social Acceleration of Time*, Baltimore, London 2004, S. 105 ff.

Vorgang, in dem die demokratisch gewählte Legislative sich selber entmachtet.

Die Erfolgsgeschichte der modernen Demokratie, soweit sie in der Egalisierung des Wahlrechts liegt, ist somit durch die Zerstörung der Volkssouveränität gegenstandslos. Als es so weit kam, daß auch Arbeiter und schließlich sogar Frauen wählen durften, war die Bindung der Staatsapparate an das demokratische Gesetz bereits ganz grundsätzlich in Frage gestellt. Parlamentswahlen sind heute insofern folgenlos, als die Zusammensetzung der Legislative zwar noch Zielvorgaben für die nächsten Gesetze enthält, aber die Gesetze selbst kaum noch Adressaten in den Apparaten finden. In dieser Situation ist sogar die Differenz zwischen repräsentativer und direkter Demokratie aufgehoben. Auch basisdemokratische Abstimmungen über jedes einzelne Gesetz könnten an dem Umstand nichts ändern, daß angesichts der Selbstprogrammierung der Staatsapparate nur noch ein egalitäres Volk von »Passivbürgern« existiert.

Auch aktuelle Dämonisierungen der Volkssouveränität, ebenso wie Thesen ihres »Veraltens« können nicht unabhängig von faktischen gesellschaftlichen und rechtlichen Entwicklungen erörtert werden. Diese beiden Perspektiven auf Volkssouveränität verdanken sich wiederum sowohl innergesellschaftlichen Problemen der nationalstaatlichen Organisation von Politik als auch dem neuen Zwang zu großräumiger Politik, auf den Konzeptionen kontinentaler und globaler Verrechtlichung reagieren. Zur Komplexitätssteigerung für die Beurteilung dieser Phänomene trägt bei, daß in diesen Hinsichten Politologen und auch Rechtswissenschaftler (zum Teil aus sehr spezifischen Gründen, auf die noch einzugehen ist – siehe Schlußbemerkung) ähnliche Argumente vortragen.

Daß gegenwärtig bereits hinsichtlich nationalstaatlicher Verfassungen eine überwältigende Favorisierung der Montesquieuschen gewaltenverschränkenden Souveränitätsteilung existiert, während das gewaltenteilende Volkssouveränitätsprinzip als nicht wirklich »herrschaftsbegrenzend« beargwöhnt wird, ist unter anderem auch der Dominanz des US-amerikanischen Verfassungstyps insbesondere nach dem Zweiten Weltkrieg und im Zuge der osteuropäischen Transitions nach 1989 geschuldet. Obwohl auch die amerikanische Unionsverfassung faktisch eine »herrschaftsbegründende« war,[188]

188 Zur Differenz zwischen herrschaftsbegründendem und herrschaftsbegrenzendem bzw. »herrschaftsformendem« Verfassungstypus siehe Christoph Möllers,

bediente sie sich in ihrer Konzeption eines Präsidialsystems des Montesquieuschen Modells der Mäßigung und Begrenzung vorgegebener Herrschaft, welch letztere Montesquieu in der geballten Machtkonzentration des zeitgenössischen Absolutismus vorfand. Montesquieus vormoderne Souveränitätsteilung wird – ihrer feudalständischen Konnotationen entkleidet – in der amerikanischen Unionsverfassung auf das genaueste reproduziert, indem Gesetze der Zustimmung nicht nur des Kongresses, sondern – mittels Vetorechts des Präsidenten – auch der Exekutive bedürfen und (aufgrund der seit 1803 durchgesetzten Verfassungspraxis) außerdem der inzidenter ausgeübten Normenkontrolle des Supreme Court unterliegen. Der Siegeszug dieses modernen Typs einer konstitutionellen (Wahl-)Monarchie,[189] der Herrschaftsbegrenzung mit der Einschränkung der vom Volk gewählten Legislative identifiziert,[190] drückt sich nicht nur in der eher resignativ-deskriptiven Feststellung aus, Montesquieus Aktualität werde durch die Tatsache bestätigt, daß die modernen Verfassungsstaaten »Monarchien ohne Monarchen« sind,[191] sondern auch in einem hegemonialen normativen Anspruch, der die Existenz eines (demokratischen) Souveräns im Verfassungsstaat per definitionem ausschließt[192] und sich in der Entgegensetzung von mäßigendem Konstitutionalismus und maßloser Demokratie geltend macht. Diese dramatischen Umschichtungen innerhalb der Demokratietheorie der Gegenwart werden von Politologen freilich um so weniger wahrgenommen, je resistenter sie sich gegen Verfassungstheorie und -geschichte verhalten.

Diese Nicht-Wahrnehmung ist auch in »praktischer« Hinsicht folgenreich. Das realexistierende parlamentarische System der Bundesrepublik wird – unter der Dominanz des US-amerikanischen

»Verfassunggebende Gewalt – Verfassung – Konstitutionalisierung. Begriffe einer Verfassung in Europa«, in: Arnim von Bogdandy (Hg.), *Europäisches Verfassungsrecht. Theoretische und dogmatische Grundzüge*, Berlin, Heidelberg 2003, S. 1-57, hier: S. 4-18, wo allerdings nicht im Sinne einer sich ausschließenden Dichotomie, sondern hinsichtlich einer möglichen Verschränkung für Konstruktionszwecke einer europäischen Verfassung argumentiert wird.

189 Zum »monarchischen« Charakter des amerikanischen Präsidialsystems siehe William E. Scheuerman, »American Kingship? Monarchical Origins of Modern Presidentialism«, in: *Polity* 37 (2005), S. 24-53.

190 Hamilton, Madison, Jay, *Die Federalist-Artikel*, Nr. 78, S. 471, Nr. 73, S. 445 f.

191 Michael Hereth, *Montesquieu zur Einführung*, Hamburg 1995, S. 13.

192 Kriele, *Einführung in die Staatslehre*, S. 111-116.

Verfassungstyps – in terms eines Präsidialsystems interpretiert. Das Verhältnis von Legislative und Exekutive bildet sich dementsprechend als Balancesystem unspezifischer Machtpositionen ab, und verfassungspolitische Vorschläge, die sich selbst als solche der »Demokratisierung« verstehen, befürworten eine Ausdehnung von Wahlen auch hinsichtlich der Besetzung exekutivischer Positionen. Während aber solche Wahlen mit dem Präsidialsystem kompatibel sind, weil hier die Freiheitssicherung der Bürger strukturell in der wechselseitigen horizontalen Beschränkung der »Gewalten«, nicht aber in demokratischer Kontrolle liegt, stärkt im parlamentarischen System eine eigenständige Legitimationsressource der Exekutive durch Wahlen deren Position auf Kosten der Legislative und unterbricht so das vertikale System der Freiheitssicherung mittels der von der Basis ausgehenden demokratischen Legitimationskette und Kontrollfunktion – eine Fehlleistung, die aus der mißlungenen Verbindung zwischen Präsidialsystem und Parlamentarismus in der Weimarer Verfassung eigentlich noch bekannt sein sollte.

Die These des »Veraltens« von Volkssouveränität – im Kontext gelegentlicher Dämonisierung[193] – findet sich typischerweise in Konzeptionen einer verfassungsförmigen Organisation kontinentaler oder globaler Politik. Daß auch hier ein juridisch ungeklärter Souveränitätsbegriff die Diskussion bestimmt, führt einerseits zu Fehlbeschreibungen faktischer Entwicklungen und andererseits zu nichtintendierten Konsequenzen der vorgeschlagenen neuen Organisationsmodelle. Wenn nämlich unbestreitbar die aktuelle Entwicklung durch die Verlagerung gesetzgeberischer Kompetenzen z. B. von der nationalstaatlichen auf die europäische Ebene gekennzeichnet ist, so ist damit an sich keineswegs – wie die Rede vom Veralten der Volkssouveränität unterstellt – Souveränität auf zwei Ebenen »verteilt«, sondern, wie in jedem föderalistischen innerstaatlichen System, nach wie vor in der »gesetzgebenden Gewalt« konzentriert. Dies gilt freilich nur, sofern auch auf der supranationalen Ebene die ausschlaggebende Position der Legislativkörperschaft im Verhältnis zur Exekutive erhalten bleibt – was aber sowohl für den Verfassungsentwurf der EU als auch für den Vertrag von Lissabon leider verneint werden muß. – Der unspezifische Souveränitäts-

193 Z. B. David Held, »Democracy, the Nation–State and the Global System«, in: ders. (Hg.), *Political Theory today*, Stanford/CA. 1991, S. 197-235, hier: S. 222, 227.

begriff führt andererseits z. B. in vorgeschlagenen Modellen einer Weltverfassung zu Souveränitätsdiversifizierungen, die sich hinsichtlich der zu belehnenden Machtzentren die Frage ihrer legislativen oder exekutiven Funktion nicht explizit stellen und darum trotz gelegentlich subjektiv starker demokratischer Intentionen sämtliche Prinzipien, die für die demokratische und rechtsstaatliche Kontrolle politischer Macht konstitutiv sind, objektiv verfehlen. Das gilt auch für David Helds Programm, globale Demokratie »in einer Reihe von miteinander verbundenen Macht- und Autoritätszentren« zu sichern.[194] Das konzipierte »system of global governance« sieht eine Souveränitätsteilung zwischen vernetzten »agencies« in »relation to a series of overlapping«, »interlocking« bzw. »intersecting« »structures and processes« bzw. »forces and relations«[195] vor, das in seiner Undurchdringlichkeit zurechenbare Verantwortlichkeiten und komplementäre demokratische Kontrollmöglichkeiten gerade verhindert und rechtsstaatliche Gewaltenteilung unmöglich macht. Die Willkür verhindernde Verfahrensdifferenzierung der letzteren war voraussetzungsvoll: Zum Zeitpunkt der Verfassunggebung müssen die Gesetzgebungsverfahren festgelegt werden, ohne daß konkrete (interesseninfiltrierte) Gesetzesvorhaben schon bekannt sein könnten, die künftig nach diesen Verfassungsregeln zur Entscheidung anstehen. Auf der nächsten Stufe des konkreten Gesetzgebungsaktes selbst kann und darf der konkrete Fall noch nicht bekannt sein, auf den das Gesetz später Anwendung findet. Umgekehrt dürfen die im Gesetzgebungsverfahren zustande gekommenen Rechtsnormen durch exekutivische oder gerichtliche Instanzen nicht geändert werden, eben weil hier der konkrete Fall immer schon bekannt ist. Nur unter der Abwesenheit verfassungs*rechtlichen* Denkens mag es aussichtsreich erscheinen, die schiere Dezentralisierung und Diversifizierung unspezifischer Macht bereits als deren Begrenzung und als Ersatz für die grundlegende Gewaltenteilung zwischen Gesetzgebung und Rechtsanwendung zu verstehen.

Den rechtsfernen Konzeptionen großräumiger »Verrechtlichung« ist auch zuzuschreiben, daß hier Schwundstufen von Demokratie für deren Ganzes erklärt werden – ein Vorgang, der be-

194 David Held, »Kosmopolitische Demokratie und Weltordnung. Eine neue Tagesordnung«, in: Matthias Lutz-Bachmann, James Bohman (Hg.), *Frieden durch Recht*, Frankfurt am Main 1996, S. 220-239, hier: S. 232.

195 Held, »Democracy, the Nation–State and the Global System«, S. 222 f., 232.

reits als (unzulängliche) Reaktion auf nationalstaatliche Probleme der systemischen Verselbständigung politischer Entscheidungsabläufe und der Abwanderung von allgemein-gesellschaftlich relevanten Entscheidungen aus dem politischen Zentrum in ökonomische und technische Subpolitiken zu beobachten war. Auch hier avancierten angesichts der gesteigerten Schwierigkeit, Volkssouveränität noch zu organisieren, zwei unabdingbare *Teil*elemente von Demokratie, Öffentlichkeit und zivilgesellschaftliche Aktivitäten, zu alleinigen oder ausreichenden Prinzipien einer Demokratie.

Daß bei der Frage innerstaatlicher wie globaler Demokratie die Existenz einer gesellschafts- bzw. weltweiten kritischen Öffentlichkeit oft für das einzige Kriterium gehalten wird,[196] bringt wiederum die Dominanz des Präsidialsystems im allgemeinen Bewußtsein zum Ausdruck. Hatte die Demokratietheorie der Aufklärung die wechselseitige Optimierung von Volkssouveränität und Öffentlichkeit vorausgesetzt,[197] auf daß der demokratische Souverän durch öffentlichen Diskurs aufgeklärt entscheide und umgekehrt die Ergebnisse des öffentlichen Diskurses tatsächlich rechtsverbindlich würden, so verzichtet die aktuelle Halbierung der Demokratie durch ihre Reduktion auf Öffentlichkeit darauf, das Problem der Partizipation der Staatsbürger am legislativen Entscheidungsprozeß (in nationalstaatlicher und globaler Hinsicht) überhaupt noch zu verhandeln. Die Isolierung des Prinzips kritischer Öffentlichkeit, welches in einem Präsidialsystem um so eher durch einen Absolutheitsanspruch von »free speech« institutionalisiert sein kann, als die Ergebnisse des öffentlichen Diskurses keinen Anspruch darauf haben, im politischen Entscheidungssektor umgesetzt zu werden, segnet die aktuelle Entwicklung zur Selbstreferentialität getrennter Kommunikationskreisläufe innerhalb des politischen Entscheidungssystems einerseits und der kritischen Öffentlichkeit andererseits ab. Dagegen hatte Hermann Heller noch die *rechtliche* Verpflichtung politischer Machteliten auf den Willen der Beherrschten als Quintessenz der Demokratie definiert.[198]

196 Z. B. James Bohman, »Die Öffentlichkeit des Weltbürgers. Über Kants ›negatives Surrogat‹«, in: Matthias Lutz-Bachmann, James Bohman (Hg.), *Frieden durch Recht*. Frankfurt am Main 1996, S. 87-113.

197 Dies gilt nicht nur für Kant, sondern auch für Rousseau (CS IV 1 Abs. 7). – Zu Kant s. Niesen, *Kants Theorie der Redefreiheit*.

198 Heller, *Die Souveränität*, S. 96, 98.

Auch die Thematisierung zivilgesellschaftlicher Aktionen nicht als Ergänzung, sondern als Ersatz von Volkssouveränität ist Ausdruck der herrschenden Regression des Demokratieverständnisses. Was heute zum Katalog zivilen Widerstands bzw. Ungehorsams gehört,[199] hatte Kant bereits als notwendige Protestform in obrigkeitsstaatlichen Systemen legitimiert.[200] Vor allem aber unterscheidet sich heutiger ziviler Ungehorsam dadurch von Volkssouveränität, daß er den Anspruch der demokratischen Steuerung und Kontrolle politischer Entscheidungen mittels Gesetzesbindung der Staatsapparate längst aufgegeben hat und sich gegenüber unverantworteten Entscheidungsoutputs systemisch verselbständigter Prozesse lediglich situativ und reaktiv verhält. Er beschränkt sich auf die nachträgliche Skandalisierung einzelner konkreter Entscheidungen oder veröffentlichter Planungsvorhaben und versucht, durch symbolische Regelverletzungen eine gerichtliche Klärung der Rechtslage im Einzelfall zu bewirken. Die Idee demokratischer Gesetzgebung wird so verabschiedet und die Initiative der Rechtsentwicklung an die Gerichte zurückgegeben. Zivilgesellschaftliche Aktionen bewirken so, auch gegen ihre Absicht, eine Annäherung an mittelalterliche Rechtsverhältnisse. Auch in der Anerkennung der sehr gelegentlichen Anwesenheit zivilgesellschaftlicher Organisationen in globalen politischen Events als einer Form demokratischer Partizipation, die bereits die Legitimität weltweit bedeutsamer Entscheidungen verbürgt, ist die aktuelle Bereitschaft zu erkennen, alle demokratischen Standards abzusenken.

Die Erosion »unverfügbaren Rechts«, das der modernen Naturrechtskonzeption zufolge in den Organisationsnormen des rechtsstaatlich prozeduralisierten demokratischen Gesetzgebungsprozesses bestand, wird vervollständigt durch die Art der Absicherung, die ihm durch den sukzessiven Einbau von Verfassungsgerichten in parlamentarische Systeme nach 1945 widerfuhr. Indem die Kompetenzen dieser Gerichte nicht auf die Kontrolle der Einhaltung demokratischer Spielregeln zugeschnitten, sondern unspezifisch konzipiert wurden, führte in der Bundesrepublik der verfassungsgerichtliche Aktivismus der Konkretisierung vermeintlich »materialer« Grundrechte, an dem zahllose Konkretisierungen durch die Legislative scheiterten, zu einer Usurpation der gesetz- und verfas-

199 Vgl. Rawls, *Eine Theorie der Gerechtigkeit*, S. 400-408.
200 Maus, *Zur Aufklärung der Demokratietheorie*, S. 94-101.

sunggebenden Gewalt des demokratischen Souveräns durch Verfassungsrechtsprechung. Die Transformation subjektiver Freiheitsrechte des Grundgesetzes in eine »objektive Wertordnung« bediente sich ironischerweise der gleichen Argumentationsfiguren, die in der Rechtstheorie und -methodologie des Nationalsozialismus entwickelt wurden[201] – auch dann, wenn eine Entscheidung zum Beispiel dezidiert das Recht der freien Meinungsäußerung gegen nazistische Bastionen der Kulturindustrie verteidigte.[202] Das subjektive Recht der Redefreiheit mutierte durch seine Transformation zum Bestandteil einer Wertordnung nicht nur zu einer objektiven Funktion des Verfassungssystems,[203] sondern war fortan auch den stets neuen verfassungsgerichtlichen »Abwägungen« innerhalb dieser Wertordnung unterworfen.[204] Diese situative Dynamisierung des Verfassungsrechts aber verkehrt die Funktion einer demokratischen Verfassung in ihr Gegenteil. Hatte die Verfassungstheorie der Aufklärung noch klargestellt, daß die Verfassung ein Instrument in den Händen des Volkes zwecks Kontrolle der – aufgrund der Verfassung eingesetzten und an diese gebundenen – Regierung sei, während das stets »constituirende« Volk das Monopol aller Rechts- und Verfassungsinnovationen behielt,[205] so wird gegenwärtig im Zeichen justizstaatlicher Entwicklung alles bestehende Recht gegen jeden Änderungsdruck von unten verfestigt, aber zum Zwecke innovativen Gebrauchs durch die Staatsapparate interpretativ dynamisiert. Nicht mehr die Regierung wird vom Volk anhand der Verfassung kontrolliert, sondern umgekehrt wird das Volk bei jeder spontanen, rechtsinnovativen Aktion drohend auf eine Verfassung verpflichtet, deren Inhalt von jeweiligen autoritativen Gerichtsentscheidungen abhängt, während die Staatsapparate nicht mehr der Verfassung, sondern nur noch ihren eigenen Verfassungsinterpretationen zu entsprechen haben. Daß also die Verfassungsjustiz das Unverfügbare aus der Perspektive materialen Naturrechts verwaltet statt aus der des formal-prozeduralen Naturrechts, ist daran zu erkennen, daß sie den demokratischen Gesetzgeber durch extensive Verfassungsauslegung aus seiner Aufgabe der Grundrechtskonkre-

201 Maus, »›Gesetzesbindung‹ der Justiz«, S. 80-103, besonders 98-103.

202 BVerfGE 7, 198.

203 Ebd., 208.

204 Ebd., 210 f.

205 Sieyes, »Was ist der dritte Stand?«, S. 167.

tisierung tendenziell verdrängt, während sie bei der Verletzung demokratischer Spielregeln größte Zurückhaltung übt und – zum Beispiel im Urteil zur Bundestagsauflösung[206] – die Machtressourcen der Regierung gegen hinderliche Meinungsbildungsprozesse des Parlaments verteidigt.

Durch ihre rechtswissenschaftliche Enthaltsamkeit ist die Politikwissenschaft für die Wahrnehmung aller dieser Erosionsprozesse von Demokratie unzulänglich ausgestattet. Die deutsche Politikwissenschaft wurde aber nach der Befreiung vom Nationalsozialismus als »Demokratiewissenschaft« gegründet. Sie kann diese Aufgabe nur erfüllen, wenn sie sich auch der Rechts- und Verfassungsprinzipien einer Demokratie versichert. Sie läuft sonst Gefahr, wider ihre Absicht zur Legitimationswissenschaft für den fortschreitenden Prozeß des Abbaus von Demokratie zu pervertieren.

IV. Schlußbemerkung zu den Erkenntnisinteressen von Politikwissenschaft und Rechtswissenschaft

Waren die Demokratietheorien der Aufklärung noch ununterscheidbar zugleich Rechtstheorien, so sind heute Demokratietheorie und die Analyse demokratischer Systeme auf die Kooperation der nun getrennten Disziplinen angewiesen. Diese Notwendigkeit der interdisziplinären Zusammenarbeit darf allerdings weder in diesen noch in anderen Gegenstandsbereichen der Politikwissenschaft zur Preisgabe der erreichten Autonomie spezifisch politologischer Fragestellungen und Erkenntnisinteressen führen. Das fachspezifische Erkenntnisinteresse der Rechtswissenschaft kommt nämlich dem der Politikwissenschaft keineswegs durchgängig entgegen – zumal die eingangs erwähnte Konjunktur der juristischen Hinwendung zu gesellschaftlichen Bedingungen des Rechts, zum Verhältnis von Recht und politischem System sowie zur Geschichte von Rechtswissenschaft und Justiz im Nationalsozialismus seit langem rückläufig ist. In der heutigen Situation tritt darum ein spezifisches Fachinteresse in der Rechtswissenschaft wieder deutlicher zutage, das sie von einer demokratietheoretisch orientierten Politikwissenschaft trennt.

Die Rechtswissenschaft, zumindest ihre »herrschende Lehre«,

206 BVerfGE 62, 1.

ist z. B. am zentralen Stellenwert der demokratischen Legislative im politischen System nicht allzu interessiert, weil dieser für sie eine historische Enteignung bedeutet. Als eine solche wurde die in Deutschland ungewöhnlich spät, aber noch immer unter obrigkeitsstaatlichen Bedingungen durchgesetzte Kodifikation des Rechts empfunden – eine Wahrnehmung, die seit Beginn der Weimarer Republik in großen Teilen der Rechtswissenschaft zu offener Opposition gegen den jetzt demokratisierten Gesetzgeber führte. Durch jede Rechtskodifikation im letzten Drittel des 19. Jahrhunderts, vor allem aber durch das 1900 in Kraft getretene BGB wurden die Rechtswissenschaft und die von ihr abhängige Rechtsprechung aus ihrer Führungsposition in der Entwicklung des Rechts verdrängt. War es vor den Kodifikationen Aufgabe einer schöpferischen konstruktivistischen Jurisprudenz, die rezipierten Teile des römischen Rechts zu einem System auszuarbeiten, mit überkommenen heterogensten Rechtsmaterialien deutschrechtlicher Herkunft zu synthetisieren und gleichzeitig zwischen altem Recht und neuen Rechtsbedürfnissen zu vermitteln, und war insofern die Rechtswissenschaft die eigentliche Rechtsquelle und geradezu »Gesetzgebung« für die richterliche Rechtspraxis, so wurden durch jede neue Kodifikation erst wirklich ganze rechtswissenschaftliche Bibliotheken zu »Makulatur«.

Alle neuesten Rechtsentwicklungen dagegen, sowohl die allgemeine Entformalisierung des Gesetzesrechts als auch die Entformalisierung der Verfassung durch materialisierende Verfassungsrechtsprechung – die für die Involutionen moderner rechtsstaatlicher Demokratien verantwortlich sind –, verlagern die Rechtsentwicklung zurück an Rechtswissenschaft und Justiz und machen deren historische Enteignung wieder rückgängig. Aus diesem Sachverhalt resultiert ein fachspezifisches Interesse der Rechtswissenschaft, das zumindest in Teilen den Bemühungen um eine demokratieorientierte Politikwissenschaft entgegensteht. In dieser Gegenläufigkeit besteht die Paradoxie der gegenwärtigen interdisziplinären Situation: Die Politikwissenschaft ist aufgrund ihrer rechtswissenschaftlichen Abstinenz, die jede Sicht auf die rechtlichen Grundlagen ihrer Gegenstände behindert, fast durchgängig zur Erkenntnis aktueller Demokratiedefizite außerstande. Andererseits sind heutige Rechtswissenschaftler zur Beobachtung des Problems zwar qualifiziert, aber überwiegend nicht mit dem entsprechenden Erkenntnisinteresse ausgestattet. So fällt einstweilen die Analyse der gegenwärtigen Deformation von Systemen, die sich noch als Demokratien bezeichnen, zwischen den Grenzen der wissenschaftlichen Disziplinen hindurch. – Eine Politikwissenschaft, die diesen Zustand beheben will, kann deshalb in der dringend gebotenen interdisziplinären Kooperation die Aufarbeitung der rechtlichen Bedingungen von Demokratie nicht einfach an die Rechtswissenschaft delegieren, sondern muß in der Aufhebung ihrer Isolation zugleich ihre Autonomie durch eigene rechtswissenschaftliche Anstrengungen wahren.

V. Der zerstörte Zusammenhang von Freiheitsrechten und Volkssouveränität in der aktuellen nationalstaatlichen und internationalen Politik

Aktuelle Begründung und Praxis internationaler Menschenrechtspolitik huldigen einem Eklektizismus des Zugriffs auf Rechtsprinzipien der Aufklärung, der im Bereich innerstaatlicher Verfassungen bereits seit längerem herrscht. Der systematische Zusammenhang, in dem jene Rechtsprinzipien begründet waren, wird heute als ein Steinbruch behandelt, aus dem isolierte Elemente entnommen und postmodernistisch kombiniert werden können. So steht gegenwärtig, was innerstaatliche Verfassungen betrifft, z. B. der Einbau präsidialer Komponenten in parlamentarische Verfassungen auf der Tagesordnung – ohne Rücksicht darauf, ob die gegenläufigen Formen der Freiheitssicherung und Gewaltenteilungsschemata, die mit beiden Verfassungs- und Demokratietypen verbunden sind, sich in dieser Kombination nicht gegenseitig desavouieren,[1] und ohne zu fragen, welches der Stellenwert von Freiheitsrechten in solchen Konglomeranten noch sein kann. Solche Unbekümmertheit existiert erst recht hinsichtlich des Verhältnisses zwischen innerstaatlichen und internationalen Prinzipien. Hatte noch die politische Philosophie der Aufklärung den engen Zusammenhang zwischen Menschenrechten, Volkssouveränität und Frieden zu ihrem zentralen Gegenstand erklärt, so isoliert die aktuelle Begründung internationaler Menschenrechtspolitik Menschenrechte gegen die übrigen Elemente und läuft dabei – wie hier gezeigt werden soll – Gefahr, nicht nur diesen Zusammenhang zwischen den Prinzipien, sondern auch jedes einzelne dieser Prinzipien zu zerstören.

Was zunächst nur die Komponente des Friedens angeht – dieser Aspekt kann hier nicht ausführlicher behandelt werden –, so hatte Kant sie in einen umfassenden Kontext gestellt und dargetan, daß die Sicherung der Menschenrechte nur in einer Republik gewährleistet werden kann, die auf dem Prinzip der Volkssouveränität, d. h. der Selbstgesetzgebung des Volkes und der strengen

1 Dazu ausführlich in diesem Band, S. 44-61, besonders 48-57.

Bindung aller Staatsapparate an das demokratische Gesetz beruht, und wiederum der Friede nur herzustellen ist durch die allmähliche Verwirklichung dieses Prinzips, d. h. durch die je autonome Einführung republikanischer Strukturen in souveränen Einzelstaaten und deren föderativen Zusammenschluß, der innerstaatliche Volkssouveränität unangetastet läßt.[2] Kants Herbeiführung von »Frieden durch Recht«[3] erklärte noch den Frieden zum »ganzen Endzweck der Rechtslehre«,[4] obwohl klargestellt war, daß nur eine Friedenskonzeption vor dem Rechtsprinzip Bestand haben könne, die weder die Freiheit der Individuen noch das demokratische Prinzip souveräner Selbstgesetzgebung des Volkes in Frage stellt. Dieses höchst komplexe Kontinuum von Menschenrechten, Volkssouveränität und Frieden ist heute in allen herrschenden Konzepten globaler Menschenrechtspolitik aufgelöst. War noch Kants fundamentaldemokratische Forderung, daß selbst die Demokratie nicht gegen den Willen des Volkes eingeführt werden dürfe,[5] zugleich friedenssichernd, weil sie innerstaatliche wie internationale Zwangsmaßnahmen selbst zu dem normativ höchstrangigen Zweck ausschloß, so verliert eine aktuelle aggressive Menschenrechtspolitik gegen Staaten, die westliche Standards noch nicht einhalten, den Aspekt der Friedenssicherung völlig aus den Augen[6] – aber auch den Sinn der Menschenrechte, die sie zu verwirklichen vorgibt.

Dient heute die Berufung auf Menschenrechte direkt der Legitimation militärischer Aktionen und wird die UN-Charta, die nach dem Zweiten Weltkrieg als Friedensordnung formuliert wurde, interventionsgerecht uminterpretiert,[7] so werden um-

2 Dazu Ingeborg Maus, »Volkssouveränität und das Prinzip der Nichtintervention in der Friedensphilosophie Immanuel Kants«, in: Hauke Brunkhorst (Hg.), *Einmischung erwünscht? Menschenrechte und bewaffnete Intervention*, Frankfurt am Main 1998, S. 88-116.

3 So der sehr zutreffende Buchtitel: Matthias Lutz-Bachmann, James Bohman (Hg.), *Frieden durch Recht*, Frankfurt am Main 1996.

4 Kant, MdS/RL, S. 479.

5 Ebd., S. 463.

6 Zur bereits in innerstaatlichen Verfassungen möglichen Spannung zwischen Menschenrechten und Friedenssicherung unter solchen Voraussetzungen siehe Erhard Denninger, »Art. 1 Abs. 2, 3«, in: *Kommentar zum Grundgesetz für die Bundesrepublik Deutschland (Alternativkommentar)*. Band 1 Art. 1-20, Neuwied, Darmstadt 1984, S. 298-317, hier: S. 307.

7 Vgl. z. B. Christopher Greenwood, »Gibt es ein Recht auf humanitäre Interven-

gekehrt Menschenrechte in diesem neuen Kontext um genau die individualistische Dimension verkürzt, die ihre ursprüngliche Bedeutung ausmachte: Die militärische Intervention zum Zweck der Menschenrechte kommt als militärische nicht umhin, gleichzeitig ganz fundamentale Menschenrechte auf Leben und körperliche Unversehrtheit zu verletzten, ohne doch die Zustimmung der betroffenen Individuen als Träger dieser Rechte einholen zu können. Menschenrechte werden so von individuellen subjektiven Rechtsansprüchen zu objektiven Systemzwecken verkehrt. Dies ist auch dann der Fall, wenn überhaupt auswärtige Mächte die Menschenrechtsstandards für andere Staaten definieren ohne Rücksicht auf den Stand des Bewußtseins, den die potentiellen Träger dieser Menschenrechte in diesen Staaten bislang von ihren Rechten haben. – Der gegenwärtige Konflikt zwischen Friedenssicherung und Menschenrechten reproduziert sich auch in einer exemplarischen Kontroverse, die zwischen Rawls und McCarthy über internationale Menschenrechtsstandards ausgetragen wurde. Ist Rawls' erhebliche Absenkung der Minimalstandards, die ein politisches System gerade noch als »well ordered society« qualifizieren,[8] stillschweigend am friedenssichernden Prinzip der Nichtintervention orientiert, während sie durch generalisierende Aussagen den gleichwohl bestehenden universalistischen Charakter der Menschenrechte vernachlässigt, so isoliert McCarthys herbe Kritik[9] umgekehrt den Gesichtspunkt der Standards und eliminiert das Friedensprinzip. In beiden Fällen aber unterliegt der Anspruch der Menschenrechte expertokratischer Bestimmung und ist die individuelle und demokratische Autonomie der Interpretation, Konkretisierung und Verwirklichung der Rechte durch die Träger dieser Rechte selbst, wie sie im 18. Jahrhundert noch akzentuiert wurde, ausgeblendet.

Der letztere Aspekt führt auf den anderen zentralen Zusammenhang von Menschenrechten und Volkssouveränität,[10] der

tion?«, in: Hauke Brunkhorst (Hg.), *Einmischung erwünscht? Menschenrechte und bewaffnete Intervention*, Frankfurt am Main 1998, S. 15-36.

8 John Rawls, »Das Völkerrecht«, in: Stephen Shute, Susan Hurley (Hg.), *Die Idee der Menschenrechte*, Frankfurt am Main 1996, S. 53-103.

9 Thomas McCarthey, »Über die Idee eines vernünftigen Völkerrechts«, in: Mattias Lutz-Bachmann, James Bohman (Hg.), *Frieden durch Recht*, Frankfurt am Main 1996, S. 200-219.

10 Zu dessen diskurstheoretischer Begründung siehe Habermas, *Faktizität und Geltung*, S. 109-165, besonders 155-161. Dazu in diesem Band: S. 200-276.

gegenwärtig ganz grundsätzlich in Frage steht und im folgenden behandelt werden soll. Das Problem besteht für die internationale Dimension, insofern eine globale Menschenrechtspolitik, die die Menschenrechte gegen ihren demokratischen Kontext isoliert, ursprünglich vorstaatliche Rechte der Abwehr *gegen* das staatliche Gewaltmonopol in Aufgabenkataloge *für* ein globales Gewaltmonopol transformiert, d. h. Freiheitsrechte zu Ermächtigungsnormen umdefiniert. Da die Isolierung und damit Destruktion der klassischen Rechtsprinzipien sich zugleich auf der innerstaatlichen wie internationalen Ebene vollzieht, soll im folgenden zunächst sehr ausführlich die Auflösung des Zusammenhangs von Menschenrechten und Volkssouveränität in neueren Verfassungsentwicklungen dargestellt werden, bevor Rückschlüsse auf das internationale Pendant möglich sind.

I. Das Verhältnis von Menschenrechten und Volkssouveränität in der neueren Verfassungsentwicklung

Daß einem gegenwärtig verbreiteten Bewußtsein Volkssouveränität geradezu als Gefährdung der Menschenrechte erscheint, belegt den dramatischen Wandel gegenüber Demokratietheorie und Verfassungskonzeption der Aufklärung. Ein Blick auf die deutsche Version des Problems legt es nahe, die herrschende Theorie und Praxis in der Bundesrepublik als Folge der »Bewältigung« eher als der Aufarbeitung des Nationalsozialismus zu verstehen. Der Exorzismus der Volkssouveränität in den Beratungen des Grundgesetzes wurde mit dem Verdacht legitimiert, daß die Macht des Volkes die Weimarer Demokratie zerstört habe – als ob »das Volk« den Nazis durch Wahlen zur Macht verholfen hätte (diese erreichten in den letzten freien Wahlen 33,1% der Stimmen) und nicht die Funktionseliten, die das Ermächtigungsgesetz beschlossen; als ob Plebiszite die Weimarer Republik ruiniert hätten und nicht die übergroße Macht des Reichspräsidenten, welch letztere sich bereits massiven Mißtrauensbekundungen gegen demokratische Kompetenzen in den Verfassungsberatungen der Weimarer Nationalversammlung verdankte; als ob »Plebiszite« der Nazis basisdemokratische Aktivitäten gewesen seien und nicht autokratisch inszenierte Legitimationsbeschaffungen für bereits getroffene und verwirklichte Entscheidungen. Die Reaktion des Bonner Grundgesetzes auf eine solchermaßen konstruierte Vergangenheit bestand darin, die Grundrechte als Waffe gegen das Prinzip der Volkssouveränität einzusetzen. Erstmals in der deutschen Verfassungsgeschichte wurden die Grundrechte der Verfassung nicht mehr nur an die rechtsanwendenden gewaltbewehrten Staatsapparate adressiert, sondern auch dem – von der demokratischen Basis ohnehin weit abgehobenen – Gesetzgeber übergeordnet. Die Funktion der Verteidigung und Konkretisierung der Grundrechte im Hinblick auf jeweils neu sich stellende gesellschaftliche Problemlagen ging von der demokratisch gewählten Legislative und der sie kontrollierenden Öffentlichkeit auf die Judikative über. Die Lösung des Grundgesetzes lautet: Schutz der Grundrechte des Volkes gegen das Volk durch das Bundesverfassungsgericht. Diese Überleitung eines zentralen Elements von Volkssouveränität an die Justiz ist gelungen, wie die quasi-religiöse Verehrung des Bundesverfassungsgerichts belegt.[11] Die »Unabhängigkeit« der Justiz – auch als Freizügigkeit im Umgang mit Gesetzes- und Verfassungstexten mißverstanden – und die Dominanz des Bundesverfassungsgerichts im politischen System insgesamt ist in der deutschen Bevölkerung weitgehend als Demokratieersatz akzeptiert.

Diese Verselbständigung der Grundrechte gegen den demokratischen Prozeß dokumentiert sich auch in der Tatsache, daß manche Textausgaben historischer Verfassungen nur noch die Grundrechtsteile präsentieren und auf die Verfahrensbestimmungen verzichten, die das Prozedere des demokratischen Rechtsstaats enthalten. Dem korrespondiert ein weitverbreitetes Desinteresse an demokratischen Verfahrensfragen in der Praxis. In diesem seit dem Grundgesetz etablierten Verhältnis von Grundrechten und Volkssouveränität kehrt jedoch die gleiche Gefahr wieder, die das Grundgesetz zu bekämpfen vorgab. Es war ironischerweise kein geringerer als Carl Schmitt, der spätere »Kronjurist« der Nazis, der in seiner bekannten Schrift von 1932 folgende Lösung zur Behebung der Probleme der Weimarer Demokratie vorschlug: Carl Schmitt zufolge steht der Grundrechtsteil der Weimarer Verfassung aufgrund der ihm zugesprochenen inhaltlichen Wertordnung in einem unversöhnlichen Gegensatz zum inhaltslosen und wertneutralen Funktionalis-

11 Dazu Maus, »Justiz als gesellschaftliches Über-Ich«.

mus des »organisatorischen« Verfassungsteils, der das Prozedere der Demokratie regelt. Gegen den Abgrund von Beliebigkeit, den Carl Schmitt im parlamentarischen Legalitätssystem mitsamt seinen plebiszitären Gesetzgebungsverfahren angelegt sieht, spielt er die überpositive Würde der Grundrechte als des verfassungsrechtlich Unverfügbaren aus – und kommt zu einem leider sehr aktuellen Ergebnis: Angesichts des diagnostizierten Grundwiderspruchs innerhalb der Weimarer Verfassung, die eigentlich aus zwei unvereinbaren Verfassungen bestehe, müsse eine Entscheidung, und zwar für den *Grundrechtsteil,* getroffen werden.[12] Die grundsätzliche Chancenlosigkeit der Durchsetzung von Freiheitsrechten, denen der Kontext demokratischer Organisation genommen wurde, ist vielleicht weniger bekannt als es die dramatischen Folgen der Wahrung jener »substanzhaften Ordnung« sind, die Carl Schmitt im Grundrechtsteil der Weimarer Verfassung zu erkennen glaubte, durch die verselbständigte Exekutive des NS-Systems. Das Ermächtigungsgesetz von 1933, das die Gesetzgebungsfunktion auf die Reichsregierung übertrug, bestand jedenfalls in der Zerstörung des prozeduralen Teils der Weimarer Verfassung.

Auf weniger spektakuläre Weise dient die heutige Isolierung der Grundrechte der Ermächtigung nicht nur der Justiz, sondern auch der Exekutive – einer Ermächtigung, die auch hier den ursprünglichen Sinn der Grundrechte, nämlich den Schutz subjektiver Freiheit, in sein Gegenteil verkehrt. Was zunächst die Justiz angeht, so wurde spätestens seit der Abtreibungsentscheidung des Bundesverfassungsgerichts von 1975 dieses Problem thematisiert. Bereits das Minderheitsvotum hatte gegen die tragenden Entscheidungsgründe, die aus der »objektiven Wertordnung« des Grundrechtsteils der Verfassung die Verpflichtung des Gesetzgebers zum strafrechtlichen Eingriff in die Freiheit der StaatsbürgerInnen ableiteten,[13] diese Verkehrung der Grundrechtsfunktion kritisiert.[14] Tatsächlich verlieren Grundrechte, die nicht mehr durch den demokratischen Souverän verteidigt, sondern paternalistisch durch die Gerechtigkeitsexpertokratie eines höchsten Gerichts gewährleistet werden, genau jene Freiheitsdimension, die nach dem Demokratiekonzept

12 Schmitt, *Legalität und Legitimität,* S. 299 f., 303 f., 307, 344 f.

13 BVerGE 39, 1 (besonders 42-66).

14 BVerfGE 39, 1 (73). – Vgl. zu einer grundsätzlichen Kritik dieses Vorgangs: Denninger, »Freiheitsordnung – Wertordnung – Pflichtordnung«.

der Aufklärung geschützt werden sollte. Wie Peter Häberle, ein allseits anerkannter Verfassungstheoretiker der Bundesrepublik, durchaus affirmativ formulierte: Die Individuen werden zum »Material der Grundrechtsverwirklichung«,[15] die das höchste Gericht praktiziert.

Auf seiten der Exekutive finden sich ganz analoge Vorgänge. Wie bereits zutreffend kritisiert wurde,[16] bildet hier der Rückgriff auf verselbständigte Grundrechte den Ersatz für demokratische Legitimationsbeschaffung. Die Politik des paternalistischen Sozialstaats (soweit er als Sozialstaat noch existiert), des Sicherheits- und Präventionsstaates kann um so leichter auf Konsensermittlung verzichten, als sie sich als effiziente Verwirklichung von Grundrechten versteht. Die Exekutive betreibt ihre Selbstermächtigung durch »Grundrechtspolitik«. – Es bleibt also vorläufig festzuhalten: Gerade mit der Dominanz der Grundrechte in allen gegenwärtigen Rechtsdiskursen und -praktiken verbindet sich der Niedergang ihrer Freiheitsperspektive. Die aus ihrem Zusammenhang mit einer wenigstens schwach realisierten Volkssouveränität herausgelösten Grundrechte verlieren ihre Intention der Abwehr bzw. Begrenzung staatlicher Politik und fungieren als Ermächtigungsnormen für Politik.

Auch die US-amerikanische Entwicklung entbehrt nicht der Ironie, wenngleich ihr die makabren Züge der deutschen fehlen. Ihre Geschichte des Verhältnisses von Freiheitsrechten und Volkssouveränität beginnt mit der umgekehrten Vereinseitigung. Alexander Hamilton begründete für die siegreiche föderalistische Fraktion der US-amerikanischen Verfassungsväter den völligen Verzicht auf einen Grundrechtsteil, da die Verfahrensbestimmungen der Verfassung die eigentliche Sicherung der Freiheit enthielten.[17] Die amerikanische Unionsverfassung verdankt ihre späteren Grundrechts-Amendments bekanntlich ausgerechnet den Antifederalists, die in dem schlechten Ruf standen, die Idee einer Rousseauschen Radikaldemokratie in kleinen Gemeinwesen gegen die politische Machtkonzentration der Union zu verteidigen. Während sich in dieser Opposition ein erster Hinweis auf den engen Zusammenhang von Freiheitsrechten und Volkssouveränität findet, der wenig

15 Häberle, *Die Wesensgehaltsgarantie des Art. 19.*

16 Preuß, *Die Internalisierung des Subjekts*, S. 170-178.

17 Hamilton, Madison, Jay, *Die Federalist-Artikel*, Nr. 84, S. 523, 525.

später für die französischen Revolutionsverfassungen (nicht die Revolutionspraxis) konstitutiv wird, fehlt in der amerikanischen Unionsverfassung genau gesehen – entgegen Hamiltons Versicherung – auch das Prinzip der Volkssouveränität. Volkssouveränität wird im Akt der Verfassunggebung einmal ausgeübt, um dann im verfestigten Aggregatzustand, als in der Verfassung dokumentierter Volkswille, dem je aktuell artikulierten Volkswillen des laufenden demokratischen Prozesses übergeordnet zu werden.[18] Die Verwaltung dieses höherrangigen »Volkswillens« hatten die Federalists von vornherein dem Supreme Court zugedacht und verdeutlicht, daß sie die Vernünftigkeit der Gesetze nicht von der gerechten Prozeduralisierung der demokratischen Gesetzgebung, der Symmetrie der Verfahrenspositionen und Partizipationschancen erwarteten, sondern von der Selektivität der der Legislative nachgeschalteten Institutionen: dem Vetorecht des Präsidenten und eben der Normenkontrolle des Supreme Court.[19] Wenn Hamilton gleichwohl zu Recht von der freiheitssichernden Funktion des institutionellen Arrangements der amerikanischen Verfassung sprach, so war hier die bekannte Machtbegrenzung durch den wechselseitigen Antagonismus teilsouveräner Staatsapparate gemeint, der deren Kooperation in gleichen Funktionsbereichen nicht entgegensteht, also die Montesquieusche Version der Gewaltenbalance. Damit war der äußerst erfolgreiche Verfassungstypus des Konstitutionalismus kreiert, dem im 20. Jahrhundert der Verfassungstyp der Volkssouveränität in einem nahezu abgeschlossenen Verdrängungswettbewerb unterliegt, der sich mit dem eingangs erwähnten Verfassungseklektizismus verbindet.

Daß die amerikanische Unionsverfassung von Anfang an keinen Anhaltspunkt für eine Praxis der Volkssouveränität bot, erklärt aber, daß im nachhinein auch hier die Grundrechts-Amendments den Kern jedes Verfassungsdiskurses bildeten – und zwar bei Anhängern wie Gegnern starker demokratischer Partizipation. Auch die Kontroverse zwischen *liberals* und dem republikanischen Flügel der *communitarians* kann nicht als eine um den Gegensatz zwischen Freiheitsrechten und Volkssouveränität beschrieben werden, vielmehr handelt es sich um die Auseinandersetzung zwischen

18 Ebd., Nr. 78, S. 473.
19 Ebd., Nr. 73, 78.

verschiedenen Grundrechtstheorien. Während die *liberals* den negativ-ausgrenzenden und vorstaatlichen Aspekt der Grundrechte betonen, der gegen Entscheidungen der Staatsapparate wie gegen radikaldemokratischen Voluntarismus gleichermaßen gerichtet werden kann, akzentuieren die republikanischen *communitarians* den positiv-aktivistischen Aspekt der Grundrechte als demokratischer Beteiligungsrechte. Durch die Beschränkung auf das Material der Amendments kann die Kontroverse nur darüber gehen, ob z. B. Redefreiheit sich auf die Abwesenheit staatlicher Zensur beschränkt oder in ihrer zentralen Funktion für den demokratischen Prozeß verstanden werden muß. Aus der Perspektive lediglich eines Grundrechts ist zwar die große Bedeutung einer kritischen Öffentlichkeit zu begründen. Wie aber diese Öffentlichkeit über eine rekursive Selbstaufklärung hinaus einen Anspruch auf Nachachtung ihrer Willenserklärung durch die Staatsapparate gewinnen kann, bleibt in der Regel außerhalb der Betrachtung. Das amerikanische Demokratieverständnis, wie das gesamte Konzept der *civil society*, ist geradezu dadurch charakterisiert, daß es von den beiden konstitutiven Bestandteilen des Demokratiebegriffs der Aufklärung: Öffentlichkeit und Volkssouveränität, Öffentlichkeit für das Ganze erklärt. Nur von den Grundrechten aus ist also das Terrain der Volkssouveränität nicht zu betreten.

II. Menschenrechte und Volkssouveränität im Verfassungsmodell der Aufklärung

Spätestens hier stellt sich die Frage: Was ist eigentlich Volkssouveränität? Es handelt sich nicht – um ein sehr geläufiges Mißverständnis zu dementieren – um ein Prinzip des quantitativen Ausmaßes demokratischer Partizipation, das sich üblicherweise in der Egalisierung des Wahlrechts manifestiert. Eine solche Sicht der Dinge verriete die Absicht, die tatsächliche Erosion von Demokratie im 20. Jahrhundert in eine Erfolgsgeschichte umzuschreiben. Das Prinzip der Volkssouveränität, wie es im 18. Jahrhundert entwickelt wurde, enthält vielmehr eine normative Aussage über die Allokation politischer Macht. Dabei ist ein weiteres Mißverständnis zu vermeiden: Souveränität ist nicht etwa mit dem staatlichen Gewaltmonopol identisch, sondern – jedenfalls in der Hand des Volkes – dessen Gegenspieler. Souveränität ist (in langer ideengeschichtlicher Tradition) identisch mit der Funktion der Gesetzgebung.[20] Volkssouveränität sagt darum, daß die Gesetzgebung ausschließlich dem »Volk«, d.h. den Nicht-Funktionären im Gegensatz zu den Amtsträgern des Gewaltmonopols zukomme, so daß jeder Einsatz der Staatsgewalt vermittels der Gesetzesbindung der Staatsapparate durch die gesellschaftliche Basis vollständig kontrolliert und dirigiert wird. Die Exekutive ist so – nach einer Formulierung Rousseaus – nur der Zwischenträger der Gesetzesbefehle, die das Volk als Souverän sich selbst (d.h. aber im Anwendungsfall: den einzelnen Mitgliedern des Souveräns) gibt.[21] Die effiziente Kontrolle des – riskanten – staatlichen Gewaltmonopols verlangt die totale Verrechtlichung der Staatsapparate und umgekehrt die Garantie rechtsfreier Räume für rechtsändernde Innovationen des »Volkes«. In diesem Sinne formuliert Sieyes, der große Verfassungskonstrukteur der Französischen Revolution, daß nur die Regierung, nicht aber das Volk an die Verfassung gebunden sei,[22] d.h.: Das Volk ist der Verfassung und den Gesetzen nur so lange unterworfen, wie es sie noch nicht geändert hat, während umgekehrt die Staatsapparate zu keiner Änderung befugt sind, weil sie sonst die Bedingungen der Machtübertragung durch das verfassunggebende Volk selber zu ihren Gunsten korrigieren könnten.

Trotz des scheinbar grenzenlosen Voluntarismus dieser Lösungen verbindet sich das Prinzip der Unteilbarkeit der Volkssouveränität mit einer Gewaltenteilung strengsten Typs. Wie das Gegenspiel von Souveränität und Gewaltmonopol bereits zeigt, kommt dem Volk alle – aber auch nur – Gesetzgebung zu, welche an dem Verbot zu individuellen Regelungen ihre funktional-gewaltenteilige Grenze findet.[23] Rousseau und Kant lehnen die antike Demokratie ab, weil hier das versammelte Volk allgemeine Gesetzgebung

20 Bereits Jean Bodin bestimmt die Souveränität des absoluten Monarchen nicht etwa durch dessen Handhabung des exekutivischen Gewaltmonopols, sondern durch dessen Gesetzgebungsfunktion: *Les six livres de la république* (1583), Aalen 1961, I, 10, S. 215-223; dt.: Jean Bodin, *Über den Staat*, hg. von Gottfried Niedhart, Stuttgart 1994, S. 41-43. – Dazu Udo Bermbach, »Widerstandsrecht, Souveränität, Kirche und Staat: Frankreich und Spanien im 16. Jahrhundert«, in: *Pipers Handbuch der Politischen Ideen*, hg. von Iring Fetscher, Herfried Münkler, Bd. 3, München 1985, S. 101-162, hier: S. 137 f.

21 Rousseau, CS, III 1 Abs. 8 (franz.: S. 273).

22 Sieyes, »Was ist der Dritte Stand?«, S. 167 f.

23 Rousseau, CS II 4 Abs. 9; II 6 Abs. 5 (franz.: S. 255, 258 f.).

und partikulare Regierungs- bzw. Rechtsprechungsakte auf sich vereinigte.[24] Freiheitssicherung liegt nach der Theorie der Volkssouveränität nicht – wie in dem amerikanischen Verfassungsmodell – im Antagonismus zwischen teilsouveränen Gewalten, sondern im Antagonismus zwischen gesetzgebender Souveränität des Volkes und den rechtlich gebundenen, das staatliche Gewaltmonopol handhabenden Staatsapparaten insgesamt. Dies bedeutet eine Verfahrensdifferenzierung mit der Errichtung willkürverhindernder Sichtblenden: Der Gesetzgeber darf den Einzelfall nicht kennen, auf den das generelle Gesetz angewendet wird; Administration und Justiz, die den Einzelfall kennen, dürfen das Gesetz in der Anwendung nicht neu definieren.

Mit dieser Konzeption von Volkssouveränität verbindet sich ein Verständnis von Freiheitsrechten, das sehr genau auf die Dichotomie zwischen politischen Funktionären und Nicht-Funktionären bezogen ist. Das Prinzip der Volkssouveränität beruht auf zwei gegenläufigen Asymmetrien: Der einen Asymmetrie, der Unterwerfung aller unter das staatliche Gewaltmonopol (Entwaffnung der Gesellschaft), wird die andere entgegengesetzt: die Unterwerfung der Staatsapparate unter die gesetzgebende Souveränität des Volkes. Indem die Menschenrechte auf genau diese Asymmetrien eingestellt werden, ist das Kontinuum von Menschenrechten und Volkssouveränität überhaupt erst zu begründen.

Rousseau leitet (in einem oft überlesenen Kapitel des *Gesellschaftsvertrags* über die Sklaverei) die Notwendigkeit demokratischer Organisation überhaupt aus vorstaatlichen, angeborenen und unverzichtbaren Menschenrechten ab und bezeichnet (an späterer Stelle) umgekehrt Freiheit und Gleichheit als den Endzweck jeder Gesetzgebung.[25] Auch bei Kant[26] folgt aus der Logik des Gesellschaftsvertrags, daß das vorstaatliche Menschenrecht der gleichen Freiheit nur im Wege der demokratischen Gesetzgebung und des öffentlichen Diskurses der Bürger konkretisiert und positiviert werden kann. Der unaufhebbare Zusammenhang von Menschenrechten und Volkssouveränität besteht also darin, daß nur die Träger

24 Ebd., II 4 Abs. 6 (franz.: S. 254). Kant, ZeF, S. 207 f. Vgl. Maus, *Zur Aufklärung der Demokratietheorie*, S. 194.

25 Rousseau, CS I 4 Abs. 6; CS II 11 Abs. 1 (franz.: S. 239 f., 269).

26 Vergleiche zum folgenden: Maus, *Zur Aufklärung der Demokratietheorie* und in diesem Band S. 230-233.

der Rechte selbst darüber befinden können, was der Inhalt ihrer Rechte ist – oder, wie Kant formuliert, daß »jeder Mensch [...] unverlierbare Rechte hat, die er nicht einmal aufgeben kann, wenn er auch wollte, und über die er selbst zu urteilen befugt ist«.[27] Daß dieses Urteil über Freiheitsrechte ebenso unteilbar der gesellschaftlichen Basis vorbehalten bleibt wie die gesetzgebende Volkssouveränität, also exklusiv gegen die gewalthabenden Staatsapparate in Anspruch genommen wird, ist durch den vorpositiv-positivrechtlichen Doppelcharakter von Freiheitsrechten und Volkssouveränität begründet. Wie Volkssouveränität als Quelle allen positiven Rechts diesem vorhergeht und zugleich durch ihre Setzung von Verfahrensnormen als rechtlich gebundene und institutionalisierte in Erscheinung tritt, so verlieren auch Freiheitsrechte durch ihre positivrechtliche Konkretisierung nicht etwa ihren vorpositiven Charakter. Kants doppelte Bestimmung, der zufolge Freiheitsrechte sowohl »Prinzipien *a priori*« sind, auf die jeder positivrechtliche Zustand sich gründet, als auch Derivate der »obersten Gewalt des gesetzgebenden Volkes, von der alle Rechte der einzelnen *abgeleitet* werden müssen«,[28] enthält keinen Widerspruch, sondern ist auf die asymmetrische Dichotomie zwischen Amtsträgern des Gewaltmonopols und Teilhabern demokratischer Souveränität sehr genau bezogen.

Aus dem vorstaatlichen Charakter der Menschenrechte folgt, daß kein überpositivrechtliches Argument jemals von seiten der Staatsapparate gegen die Individuen geltend gemacht werden kann, sondern der Durchgriff auf überpositives Recht ausschließlich denen zukommt, die nicht politische Funktionäre, sondern »nur« Menschen sind. Gegen das staatliche Gewaltmonopol, das durch die positivrechtliche Fixierung aller Gesetze und der Menschenrechte gebunden werden soll, wird also das Privileg der gesellschaftlichen Basis errichtet, mittels Gesetzgebung über alle rechtlichen Innovationen zu befinden und die konkreten Inhalte der Menschenrechte zu bestimmen. – Volkssouveränität steht im 18. Jahrhundert also nicht etwa im Spannungsverhältnis zu Menschenrechten, sondern wird als Conditio sine qua non ihrer Sicherung verstanden. In den Verfassungen der Französischen Revolution wie zuvor in amerikanischen Einzelstaatsverfassungen, die noch einer radikaldemokrati-

27 Kant, Gemeinspruch, S. 161.

28 Ebd., S. 145; Kant, MdS/RL, S. 464.

schen Tradition entstammen, finden sich deshalb Menschenrechte und Volkssouveränität gemeinsam in den Grundrechtsteilen und wird ausdrücklich Volkssouveränität als Garantie der Menschenrechte bezeichnet.[29] – Hier ist überall die Einsicht noch erhalten: »Unantastbar« werden Freiheitsrechte erst dadurch, daß nicht die Mächtigen, sondern die Machtlosen über die Art ihres Freiheitsgebrauchs befinden.

III. Die Zerstörung von Menschenrechten und Volkssouveränität im 20. Jahrhundert

Es ist leicht zu sehen, daß in der gegenwärtigen Verfassungspraxis wie in der internationalen Menschenrechtspolitik alle klassischen Rechtsprinzipien in ihr Gegenteil verkehrt sind. Dies ist zunächst noch einmal für die heutige Verfassungsproblematik zu skizzieren: In dem Maße, in dem Judikative und Exekutive die Ressource der überpositivrechtlichen Argumentation usurpieren oder überhaupt rechtsauflösende Strategien verfolgen, kontrolliert nicht mehr die gesellschaftliche Basis in Wahrnehmung von Freiheitsrechten die Staatsapparate, sondern wird umgekehrt die gesellschaftliche Basis aus der Perspektive der Staatsapparate kontrolliert.

So führt gerade der heutige Aktionismus der Grundrechts-Interpretation durch das höchste Gericht der Bundesrepublik zu einer je situativen Neubestimmung von Grundrechtsinhalten bis zu jener – von Peter Häberle extrem herausgearbeiteten – Konsequenz, daß jedes Grundrecht in jedem einzelnen Konfliktfall »neu entsteht«.[30] Die Verfassung hört unter diesem Flexibilisierungsdruck auf, noch der Maßstab zu sein, anhand dessen die Gewaltunterworfenen die Staatsapparate kontrollieren können. Umgekehrt begegnet jeder aus der gesellschaftlichen Basis vorgetragene Innovationsschub der Konkretisierung von Freiheitsrechten einer aus staatlicher Perspek-

29 Französische Verfassung von 1791, Art. 2 und 3; die (leider nie praktizierte) französische Verfassung von 1793 enthält in Art. 23 die ausdrückliche Formulierung, daß die Garantie der Erhaltung der Menschenrechte in der Volkssouveränität bestehe; siehe Franz (Hg.), *Staatsverfassungen*, S. 304 f., 376 f. – Für den frühen amerikanischen Kontext siehe die *Virginia Bill of Rights*, Abschn. 1 und 2 (wobei allerdings nicht zwischen Macht und Souveränität unterschieden wird), siehe ebd., S. 7.

30 Häberle, *Die Wesensgehaltsgarantie des Art. 19.*

tive formulierten Anforderung der Treue zu einer Verfassung, deren Inhalte die Staatsapparate von Fall zu Fall neu definieren.

Diese Dynamisierung des Verfassungsrechts, die gerade durch eine überdimensionale Grundrechtsjudikatur im Gang gesetzt wird, beschädigt so die Dimension des subjektivrechtlichen Anspruchs der Staatsbürger gegen die Staatsgewalt, die seit jeher die ratio essendi moderner Freiheitsrechte bildete, und verstärkt den Effekt, der mit deren Transformation in eine »objektive Wertordnung« (siehe oben) bereits gegeben ist. Dieselbe Entformalisierung des Verfassungsrechts, die das Bundesverfassungsgericht in diesem Kontext betreibt und auch für das einfache Recht und dessen Handhabung durch die Instanzgerichte als vorbildlich deklariert,[31] setzt zugleich das Prinzip der Volkssouveränität außer Kraft. Dessen wesentliche Elemente, die Ausgrenzung rechtsfreier Räume für rechtliche Innovationen durch die demokratische Basis sowie die totale Verrechtlichung der Staatsapparate und die strenge funktionale Gewaltenteilung, sind zerstört, wenn die Innovation des Rechts an genau die Staatsapparate übergegangen ist, die einst ans Recht gebunden werden sollten: Mit der Konsequenz rechtlicher Selbstprogrammierung können jetzt exekutivische und judikativische Staatsapparate sich an der Gesetzgebung in der Weise beteiligen, daß jedes Gesetz nur unter dem Vorbehalt ihrer je eigenmächtigen Inhaltsbestimmung in jedem Einzelfall gilt.

Zu dem Zeitpunkt, zu dem mit dem allgemeinen und gleichen Stimmrecht die sogenannte Demokratisierung des Wahlrechts sich durchsetzt, ist es um das Prinzip der Volkssouveränität bereits geschehen. Wenn es so weit kommt, daß Arbeiter und sogar Frauen wählen dürfen, ist Volkssouveränität als strukturbildender Faktor moderner Verfassungen bereits eliminiert und sogar aus dem kollektiven Bewußtsein verschwunden. Ist aber Volkssouveränität als Prinzip der Allokation politischer Macht außer Kraft gesetzt, so kann es auch durch immer größere Inklusionen der Bevölkerung und selbst durch die Einführung direktdemokratischer Verfahren (deren Gesetzesproduktionen die Staatsapparate ebensowenig binden könnten) nicht mehr restauriert werden.

Was innerstaatlich bereits der Fall ist, potenziert sich auf internationaler Ebene. Ist in globalstaatlichen Projekten der Ermächtigung

31 BVerfGE 34, 269. – Zur Kritik dieser und analoger Entscheidungen siehe Ridder, *Die soziale Ordnung des Grundgesetzes*, S. 84-115, besonders S. 92.

einer Weltexekutive zwecks Durchsetzung der Menschenrechte von einer demokratischen Kontrolle und Konkretisierung dessen, was Menschenrechte im Einzelfall einer Intervention jeweils bedeuten und fordern, überhaupt nicht mehr die Rede, so zeigen auch weiter gehende Überlegungen zu einer Demokratisierung der (weltstaatlich reorganisierten) UNO ihre stärksten Defizite hinsichtlich des Problems einer globalen Prozeduralisierung von Demokratie. Die geläufigsten Konzepte behaupten hier die Existenz demokratischer Kontrolle bereits angesichts der Herausbildung einer Weltöffentlichkeit, deren kritischen Urteile als Begrenzungen weltstaatlichen Handelns fungieren sollen.[32] Dabei wird allerdings eine demokratietheoretische Adaption an die Praxis heutiger Demokratien von innerstaatlichen Kontexten auf die globale Ebene übertragen: Wie in den verbreiteten *Civil-society*-Ansätzen wird die klassische Kombination von Volkssouveränität und Öffentlichkeit aufgelöst und Demokratie auf Öffentlichkeit reduziert – und dies angesichts der gigantischsten Ermächtigung, die die Menschheit jemals in Erwägung zog. Andere Überlegungen, die sich auf Fragen demokratischer Institutionalisierungen überhaupt einlassen, suchen Partizipationsmodelle mit der faktischen Vernetzung weltweiter Machtstrukturen auf eine Weise kompatibel zu halten, die konkrete Verantwortlichkeiten, Zurechenbarkeiten und damit die Möglichkeit demokratischer Kontrolle letztlich aufheben muß.[33] Aber auch Vorschläge zur Repräsentation der Weltbevölkerung in einem Weltparlament scheitern an der unendlichen Diversifizierung weltweit existierender politischer Institutionalisierungen: Die Idee, autokratische bis terroristische Systeme im Weltparlament durch deren jeweiligen NGOs vertreten zu lassen,[34] greift zur Nothilfe einer Zwangseingemeindung von Staaten, deren Bevölkerungen möglicherweise mehrheitlich die von außen auferlegten Repräsentationsprinzipien ablehnen.

Alle diese Konzeptionen verdeutlichen wider Willen, daß keine globale gesellschaftliche Basis existiert, die ein zur Verwirklichung der Menschenrechte eingesetztes Gewaltmonopol demokratisch

32 So Bohman, »Die Öffentlichkeit des Weltbürgers«, S. 90, 112 – allerdings nicht im Kontext der Errichtung eines globalen Gewaltmonopols.

33 Z. B. Held, »Democracy, the Nation-State and the Global System«.

34 Habermas, »Kants Idee des ewigen Friedens – aus dem historischen Abstand von 200 Jahren«, S. 218.

kontrollieren könnte. Durch eine Globalisierung der Politik wäre so das Kontinuum von Menschenrechten und Volkssouveränität nach zwei Richtungen hin aufgehoben: Die je gesellschaftsspezifische Konkretisierung der universalistischen Menschenrechtsprinzipien und die Fähigkeit zu demokratischer Selbstorganisation würden gleichermaßen durch die globalen Zentralinstanzen usurpiert. Steht noch die UN-Charta[35] mit den UN-Menschenrechtsbestimmungen in einem demokratischen Zusammenhang, indem sie ihren eigenen Grundsatz des Selbstbestimmungsrechts der (Staats-) Völker durch Interventionsverbote in die inneren Angelegenheiten ihrer Mitgliedstaaten absichert, so daß die »Förderung« der Menschenrechte im Kontext autonomer gesellschaftlicher Lernprozesse geschehen kann, so wird heute bereits der letztere – Demokratie ermöglichende – Aspekt als ein Störfaktor für die reibungslose Erzwingung von Menschenrechten wahrgenommen. Die Institutionalisierung einer Weltpolitik bedeutete die endgültige Isolierung und Zerstörung der Menschenrechte. Globale Instanzen könnten in jeder Gesellschaft dieser Welt ihre Lesart von Menschenrechten gegen die dort vorherrschenden Lesarten militärisch durchsetzen. Auch hier würde die gesamte Weltbevölkerung zum bloßen »Material« der Menschenrechtsverwirklichung.

35 UN-Charta, Kapitel I, Art. 1.2, 1.3; Art. 2.7.

VI. Vom Nationalstaat zum Globalstaat oder: der Verlust der Demokratie

Zum gegenwärtig herrschenden Begründungsaufwand für verschiedene Modelle eines Weltstaats steht die Begründungsverweigerung für die Verabschiedung des demokratischen Nationalstaats in auffälligem Gegensatz. Es gilt gemeinhin als ausgemacht, daß ökonomische bzw. gesellschaftliche »Globalisierung« ein real existierender Vorgang (mit zudem notwendigen Konsequenzen für die Institutionalisierung von Politik) sei, so daß das Prinzip der Staatssouveränität nur noch als schlichter Anachronismus fortgeschrieben werde und nationalstaatliche Organisation aufgrund ihrer kleinräumigen Parzellierung der Welt jeder Lösung grenzüberschreitender und globaler Probleme entgegenstehe. Philosophische Entwürfe beeilen sich, für die vermeintlich etablierte Weltgesellschaft entsprechende Konstruktionen eines Weltstaates zu begründen, obwohl empirisch gehaltvolle Studien dem mit dem Stichwort »Globalisierung« behaupteten Sachverhalt den Boden entziehen.[1] Die Diskussion des Souveränitätsprinzips isoliert fast durchgängig den Außenaspekt staatlicher Souveränität und verwechselt in der Regel, sofern sie den Innenaspekt überhaupt thematisiert, Souveränität mit dem staatlichen Gewaltmonopol, also mit der exekutivisch-administrativen Herstellung von Sicherheit und Ordnung.[2] Sie verkennt auf diese Weise, daß die innerstaatliche Souveränität des demokratischen Nationalstaats seit Anbeginn ausschließlich durch die Gesetzgebungsfunktion definiert ist und deshalb nichts anderes bedeutet als Volkssouveränität. Wo die aktuelle Diskussion auf letzteres Prinzip zusammenhanglos stößt, setzt sie es oft jenen Verdächtigungen aus, die heute geeignet sind, den Anspruch de-

1 Michael Zürn, *Regieren jenseits des Nationalstaates. Globalisierung und Denationalisierung als Chance*, Frankfurt am Main 1998, S. 64-92.

2 Dieses Mißverständnis unterläuft sogar – im Kontext seiner Rehabilitierung des Souveränitätsbegriffs – Franz Neumann, »Zum Begriff der politischen Freiheit« (1953), in: ders., *Demokratischer und autoritärer Staat. Studien zur politischen Theorie*, Frankfurt am Main, Wien 1967, S. 100-141, hier: S. 121. – Für die Gegenwart siehe statt vieler: Art. »Souveränität«, in: Dieter Nohlen (Hg.), *Lexikon der Politik*, Bd. I, München 1995, S. 566-569.

mokratischer Partizipation auf ein Niveau abzusenken, das in supranationalen Entscheidungsmechanismen noch möglich scheint. Nicht zuletzt ist die herrschende Diskussion über den demokratischen Nationalstaat durch eine fundamentale Unkenntnis seiner klassischen Konstruktion behindert. Nicht selten wird eine Geschichte des Nationalstaats konstruiert, die im Nationalstaat des 18. Jahrhunderts bereits alles angelegt sieht, was im Nationalsozialismus zutage tritt: einen exklusiven Volksbegriff und einen aggressiven Chauvinismus, der jenseits der eigenen Staatsgrenzen nur Minderwertiges vermutet.[3] Es ist leicht zu zeigen, daß damit in das ursprüngliche Konzept des demokratischen Nationalstaates lediglich zurückprojiziert wird, was erst dessen Substantialisierungen im Laufe des 19. Jahrhunderts zugerechnet werden kann. Vor allem aber erscheint in solchen Diagnosen, die den Nationalstaat nicht geradezu dämonisieren, sondern lediglich für veraltet erklären, als eigentlicher Grund für dessen mangelnde Anschlußfähigkeit an die Bedingungen entgrenzter Politik die vermeintliche Exklusivität seiner Grenzen – obwohl gelegentlich im gleichen Kontext auf »Neue Grenzen und Grenzziehungen« als Folge aktueller Denationalisierung[4] verwiesen wird.

Wenn also die gegenwärtige Diskussion Volkssouveränität und Nationalstaat leichthin für anachronistisch erklärt, so bleibt die Frage: Kennen wir die Prinzipien wirklich, die heute verabschiedet werden sollen? Der folgende Rückblick auf die nationalstaatliche Konzeption anspruchsvoller Demokratie hat die Absicht, das Moment der Erinnerung als kritische Ressource der Gesellschaftstheorie in einer Situation zu aktivieren, in der die Gefahr besteht, ökonomische »Globalisierung« als ein reales und objektives Verhängnis zu akzeptieren, dem institutionelle Anpassungen automatisch zu folgen haben. Angesichts herrschender Argumentationsfiguren, die politische Organisationsformen als schiere Widerspiegelung der ökonomischen Basis behandeln und den ironischen Verdacht nahelegen, vulgärmarxistische Theoreme hätten nach dem Zusammenbruch des autoritären Staatssozialismus im Westen eine neue Heimstätte gefunden, ist aus normativer Perspektive zu prüfen, ob gegenwärtige Konzeptionen globaler »Demokratie« sich noch auf

3 Peter Glotz, *Der Irrweg des Nationalstaats: Europäische Reden an ein deutsches Publikum*, Stuttgart 1990.

4 Zürn, *Regieren jenseits des Nationalstaates*, S. 30.

diesen Begriff berufen können oder nicht vielmehr alle Standards unterlaufen, die mit diesem Namen einmal verbunden waren. Der Blick zurück auf Nationalstaat und Volkssouveränität dient also in erster Linie der Untersuchung des gegenwärtigen Demokratieverständnisses und zugleich der Begründung einer anderen Version entgrenzter Politik. In dieser Perspektive werden Globalstaatsprojekte in zwei Schritten kritisiert: Diese werden an ihrem eigenen Anspruch gemessen, im Gegensatz zum Nationalstaat grenzüberschreitende Politik überhaupt erst möglich zu machen (I) und Demokratie im globalen Maßstab zu rekonstruieren (II).

I. Der demokratische Nationalstaat und die Bedeutung seiner Grenzen

Wenn gegenwärtig das »Ende der Demokratie« deshalb verkündet wird, weil die Epoche des Nationalstaates vorüber sei,[5] so unterscheidet sich dieses Diktum Jean-Marie Guéhennos vom Mainstream der aktuellen Diskussion nur durch das offene Eingeständnis, daß eine Demokratie, die den Namen noch verdient, in supranationalen Großräumen oder gar in einem Weltstaat nicht mehr organisiert werden kann. Ansonsten besteht völlige Übereinstimmung in der Identifikation des wesentlichen Merkmals, das die Antiquiertheit des Nationalstaats begründe: das Prinzip starrer Staatsgrenzen. Es handle sich um ein Prinzip, das durch territoriale Einhegung einen politischen Partikularismus etabliere, der angesichts der faktischen Entgrenzung jeder wichtigen politischen Agenda durch die Globalisierung von ökonomischer Macht und Umweltschädigung sowie durch Migrationsbewegungen großen Ausmaßes zum schlichten Provinzialismus degeneriere.

Aus der gegenwärtigen Perspektive grenzüberschreitender Vernetzungen ökonomischer Beziehungen erscheint der demokratische Nationalstaat in seiner föderalistischen ebenso wie in seiner zentralistischen Version als Hervorbringung einer Epoche, in der »die unmittelbare Abhängigkeit von Grund und Boden noch die gesellschaftlichen Beziehungen bestimmte«.[6] Entsprechend wird die moderne Nation allen Ernstes als »Ort« gemeinsamer Geschichte, als Ort im Sinne eines durch exakte Grenzen abgeschlossenen

5 Jean-Marie Guéhenno, *Das Ende der Demokratie*, München [2]1996.

6 Ebd., S. 36.

Staatsgebiets, und der Nationalstaat als Ausgeburt einer »räumlichen Konzeption der Macht«, welche seit der bodenständigen Verwurzelung des Menschen in der Polis fortgeschrieben worden sei, definiert – als eine politische Formation, deren territoriale Prägung die Dominanz des Bodenrechts im gesamten Rechtssystem begründe.[7] Ausgehend von dieser Bestimmung des Nationalstaats ist es ein leichtes, dessen notwendigen Zusammenbruch angesichts des gegenwärtigen Ausmaßes der Mobilität von Menschen und Wirtschaft darzutun. Diese Diagnose beruht jedoch auf einer substantialisierenden Interpretation des Nationalstaatsprinzips, die eine Fortschreibung des mittelalterlichen Zusammenhangs von Land und Herrschaft impliziert.

Allenfalls in einem abstrakteren Sinn kann vom modernen absolutistischen Staat noch behauptet werden, daß es bei seinen Grenzziehungen um die schiere Ausdehnung des Territoriums ging. Der Übergang zum demokratischen Nationalstaat ist aber gerade dadurch bestimmt, daß das Territorialprinzip im ganzen durch das des Personenverbands ersetzt wird. Dieser Austausch der Prinzipien, die den modernen Staat konstituieren, ist mit großer Präzision in Kants Friedensschrift formuliert: »Es soll kein für sich bestehender Staat (klein oder groß, das gilt hier gleichviel) von einem andern Staate durch Erbung, Tausch, Kauf oder Schenkung erworben werden können.« Die Begründung lautet: »Ein Staat ist nämlich nicht (wie etwa der Boden, auf dem er seinen Sitz hat) eine Habe. [...] Er ist eine Gesellschaft von Menschen [...].«[8] Anders als allgemeine Staatslehren am Ende des 19. Jahrhunderts, wie die Georg Jellineks, die das Staatsgebiet neben Staatsvolk und Staatsgewalt als eines der »Elemente« des Staates behandeln und damit dem Staat zwar das Merkmal der »Seßhaftigkeit« zuschreiben, aber immerhin (im Gegensatz zu Guéhenno) den personenrechtlichen Charakter der »Gebietsherrschaft« betonen,[9] isoliert Kant im Zeichen der Volkssouveränität[10] das Element des Staatsvolkes. Die Schärfe von Kants Formulierung richtet sich gegen die Praxis zeitgenössischer absolutistischer Staaten, bei der genannten Form der Gebietserwer-

7 Ebd., S. 21 f., 37.

8 Kant, ZeF, S. 196 f.

9 Georg Jellinek, *Allgemeine Staatslehre* (1900), 7. Neudruck der 3. Aufl., Darmstadt 1960, S. 394-401.

10 Dazu Maus, *Zur Aufklärung der Demokratietheorie.*

bungen die auf einem Territorium lebenden Menschen als bloße Anhängsel des Bodens zu behandeln, die mit diesem erworben oder veräußert werden können.

Indem Kant den Staat überhaupt mit dem Volk identifiziert – »Wo Staat und Volk zwey verschiedene Personen sind, ist despotism«[11] –, kann die nationalstaatliche Identität vergesellschafteter Menschen ohnehin nicht mehr durch das Staatsgebiet bestimmt sein, auf dem sie leben. Während dieses letztere Element auf den Rang des Zufälligen zurückgestuft ist, wird ein neues Moment für die nationalstaatliche Identitätsfindung konstitutiv: das demokratische Gesetz, das den Staatsbürgern legitimerweise nur auferlegt werden darf, wenn diese zuvor als Akteure des Gesetzgebungsprozesses auftreten konnten. Bereits die Konstruktion des Gesellschaftsvertrags, die die Legitimation eines modernen Staates vom fiktiven Gründungsakt der juridischen Übereinkunft der beteiligten Individuen abhängig macht, hatte – unter der verständnislosen Kritik ihrer »ahistorischen« und »asoziologischen« Prämissen, wie sie seit Hegel bis zum gegenwärtigen Kommunitarismus vorgetragen wurde – von aller Bodenständigkeit und allen Traditionsbeständen wie Abstammung, Schicksalsgemeinschaft, kultureller Homogenität, sowie von allen feudalgesellschaftlichen Hierarchien und realexistierender politischer Herrschaft abstrahiert, um im Organisationsmodell des fiktiven Vertrags zwischen Freien und Gleichen die Struktur künftiger demokratischer Gesetzgebung freizusetzen.

Diese Entsubstantialisierung des neuen nationalstaatlichen Identifikationsangebots enthält mehrere Aspekte der Entgrenzung. Indem alle überkommenen Inhalte einer politischen Integration durch die Abstraktionen des neuen Legitimationsmodells aufgezehrt werden und an ihre Stelle demokratische Verfahren treten, in denen über Inhalte unter vielstimmiger Beteiligung der Staatsbürger überhaupt erst entschieden wird, bezeichneten die nationalstaatlichen Grenzen nichts anderes mehr als den Geltungsradius der demokratischen Verfassung und der nach ihrer Verfahrensordnung zustande gekommenen demokratischen Gesetze. Grenzen dieser Art sind aber von vornherein auf Grenzüberschreitungen hin angelegt. Weder aus Seßhaftigkeit, Abstammung oder Teilhabe an

11 Kant, Vorarbeiten zum ewigen Frieden, AA XXIII, S. 193.

historischem Schicksal oder Kultur einer Gesellschaft können noch Gründe für Inklusionen oder Exklusionen in einem partikularem Nationalstaat abgeleitet werden. Diese Grenzen schließen nicht mehr ein Territorium mitsamt den auf ihm ansässigen Menschen und den auf ihm realisierten vorpolitischen Inhalten oder kulturellen Werten ab, sondern sind durchlässig für jeden, der die in ihnen geltende Rechts- und Verfassungsordnung anerkennt. Die weitestgehende Öffnung der Grenzen in diesem Sinne ist dort ausgesprochen, wo den Immigranten zugleich das Recht auf Mitgestaltung der nationalen Rechtsordnung zugesprochen wird. So verleiht die französische Verfassung von 1793 das Recht der aktiven Staatsbürgerschaft, d. h. das Recht sogar der basisdemokratischen Abstimmung über alle von der Nationalversammlung vorgeschlagenen Gesetze auch jedem Ausländer, der seit einem Jahr in Frankreich ansässig ist und außerdem eine der alternativ angegebenen Minimalbedingungen (z. B. von seiner eigenen Arbeit zu leben) erfüllt.[12]

Das letztere Beispiel zeigt besonders deutlich, daß mit der räumlichen Entgrenzung sich eine Entgrenzung der Zeit verbindet. Die Ablösung des demokratischen Nationalstaats von allem Bodenständigen bedeutet auch die Öffnung zur Zukunft. Eine Identität des demokratischen Nationalstaats besteht nicht, sondern wird in je neuen Akten demokratischer Gesetzgebung und des öffentlichen Diskurses jeweils neu hergestellt. Die Nation ist überhaupt nur noch das plebiscite de tous les jours.[13] Wenn also – entsprechend Lyotards Unterscheidung[14] – demokratische Nationalstaaten nicht mehr wie traditionale Gemeinschaften ihre Identität in mythologischen Ursprungserzählungen manifestieren, die rückwärtsgewandt die konkrete Besonderheit ihrer Gruppe als immer schon vorhandene und zu bewahrende bestätigen, sondern in »Emanzipations-« oder »Zukunftserzählungen« die Identität der Nation erst aus dem gewinnen, was die Nation nach demokratischer Übereinkunft normativ sein soll, so steht der Mitwirkung der integrierten

12 Französische Verfassung von 1793: Acte constitutionnel, Art. 4, Art. 7, Art. 10; Text nach Franz (Hg.), *Staatsverfassungen*, S. 379, 381.

13 Ernest Renan, *Was ist eine Nation? Und andere politische Schriften*, Wien 1995, S. 57.

14 Jean-François Lyotard, »Memorandum über die Legitimität«, in: Peter Engelmann (Hg.), *Postmoderne und Dekonstruktion*, Stuttgart 1990, S. 54-75, hier: S. 62, 65 f.

»Fremden« an dieser je neuen Herstellung der Nation nichts mehr im Wege.

Diese raum-zeitliche Entgrenzung prägt auch die Struktur des im demokratischen Nationalstaat gesetzten Rechts. Zwischen der in der Moderne durchgesetzten Vollpositivierung zukunftsorientierten Rechts und demokratischen Organisationsformen besteht ein enger Zusammenhang. Positives Recht ist nicht mehr deshalb legitim, weil es überlieferten inhaltlichen Gerechtigkeitsprinzipien entspricht, sondern weil es in Verfahren gesetzt wurde, die ihrer Struktur nach gerecht,[15] d.h. demokratisch sind. Das bedeutet aber auch: das Recht gilt nicht mehr, weil es alt, gewohnt und erprobt ist, sondern es gilt, weil es noch nicht geändert ist. Erst diese Vollpositivierung des Rechts ist zugleich die Voraussetzung für die Kompatibilisierung der partikularen nationalstaatlichen Rechtsordnungen. Wie die Lernfähigkeit des modernen Rechts im Verfahren permanenter Änderungsgesetzgebung den Horizont statischer Gesellschaften überschreitet und auf den rasch zunehmenden Problemdruck innergesellschaftlicher Entwicklungsdynamiken reagiert, so ist es durch diese Lernfähigkeit auch instand gesetzt, auf neue Herausforderungen durch zunehmende ökonomische Grenzüberschreitungen zwischen verschiedenen nationalstaatlichen Rechtsordnungen im Wege von Rechtsanpassungen zu reagieren. Vor allem aber wird ein Instrument punktueller Lernfähigkeit nationalstaatlicher Rechtssysteme entwickelt, das bei je einzelnen Grenzüberschreitungen von Privatrechtssubjekten schließlich zur Geltung fremden Rechts im jeweils eigenen Territorium führt.

Bereits Kants Entwurf eines »Weltbürgerrechts« ist auf das Problem der faktischen Grenzgängerei zwischen nationalstaatlichen Rechtsordnungen zugeschnitten. Kants »Weltbürgerrecht« steht nicht etwa – wie oft mißverstanden – zum Prinzip des Nationalstaats im Gegensatz, enthält auch nicht schon – wie oft behauptet – einen indirekten Vorgriff auf die schließlich doch nicht favorisierte »Weltrepublik«, sondern gibt die Regeln an, die beim Übertritt vom Geltungsbereich einer nationalstaatlichen Rechtsordnung in den einer anderen zu beachten sind. Das wechselseitige »Besuchsrecht« als Recht des jeweiligen »Fremdlings« auf dem »Boden ei-

15 Vgl. zu dieser »Reflexivität« moderner Legitimation: Habermas, »Legitimationsprobleme im modernen Staat«, S. 44.

nes Anderen«[16] bringt nationalstaatliche Grenzen nicht etwa zum Verschwinden, sondern setzt deren Existenz gerade voraus. Kants Weltbürgerrecht bezeichnet also keine supranationale Ordnung, sondern antizipiert partiell das moderne Internationale Privatrecht, das die Gleichzeitigkeit von nationalstaatlichen Rechtsordnungen und internationalem Verkehr zwischen Privatrechtssubjekten kollisionsrechtlich bearbeitet und bei der Frage, welche Rechtsnorm welches tangierten Staates in einem singulären Rechtsfall jeweils gelten soll, immer schon extraterritoriale Rechtsgeltung voraussetzen muß.

Gerade ein Autor, der den Prinzipien des internationalen Warenverkehrs eher abgeneigt war und auch den Grenzüberschreitungen aus nichtökonomischen Gründen wenig Beachtung schenkte, nämlich Rousseau, hat den Mythos von der Bodenständigkeit des Rechts ganz grundsätzlich zerstört. In jenem Kapitel des *Gesellschaftsvertrags*, das den Titel »Vom Gesetzgeber« trägt, aber vom Verfassunggeber handelt,[17] welcher zugleich Gründer des Staates bzw. der Nation ist, wird bereits klargestellt, daß die Gründung einer Nation durch nichts anderes bewirkt werden kann als durch die Zustimmung der Individuen zum Entwurf einer ersten (Verfassungs-)Gesetzgebung. Als Beispiele für historische Gründerfiguren wird unter anderem auf Lykurg und Moses verwiesen. In den *Politischen Fragmenten* findet sich eine Passage, die nicht nur diese »Gesetzgebung« als einzig konstitutives Moment eines Personenverbandes ansieht, sondern darüber hinaus eine völlige Dissoziation von Gesetz und Territorium für das eigentlich erhellende Moment unter den Beispielen erklärt und darum das jüdische Gesetz zum Prototyp aller Gesetzgebung erhebt. Es heißt bei Rousseau, nachdem er generell die Aufhebung jeder Bodenständigkeit der Völker und die Vermischung aller Rassen bis zur Unmöglichkeit ihrer Unterscheidung betonte:

16 Kant, ZeF, S. 213.

17 Rousseau, CS, II 7. – Der Begriff der »Verfassung« im Sinne eines Verfassungsgesetzes setzte sich erst im Kontext der amerikanischen und französischen Verfassunggebungen der 1780er Jahre im allgemeinen Sprachgebrauch durch (dazu Niklas Luhmann, »Verfassung als evolutionäre Errungenschaft«, in: *Rechtshistorisches Journal* 9 (1990), S. 176-220, hier: S. 179; vgl. Grimm, *Die Zukunft der Verfassung*, S. 101-109, allerdings mit einer Fehleinschätzung Rousseaus auf S. 108), so daß Rousseau der Begriff des Verfassunggebers noch nicht zur Verfügung stand.

Aber wahrhaft erstaunlich und wirklich einzigartig ist es, ein vaterlandsloses Volk zu sehen, das seit 2000 Jahren weder Ort noch Land mehr hat, ein Volk das seit noch längerer Zeit verstümmelt, beladen und mit Fremden vermischt ist; [...] das trotzdem seine Bräuche, seine Gesetze, seine Sitten, seine Vaterlandsliebe und seine erste soziale Vereinigung bewahrt hat, als alle Bindungen zerrissen schienen. Die Juden geben uns dieses erstaunliche Beispiel. Die Gesetze des Solon, des Numa, des Lykurg sind tot, die viel älteren Gesetze des Moses aber leben noch immer. Athen, Sparta, Rom sind zugrunde gegangen und haben keine Kinder auf der Erde zurückgelassen. Das zerstörte Sion hat seine Kinder nicht verloren. Sie überdauern, sie vermehren sich, sie breiten sich auf der ganzen Welt aus. Sie erkennen einander, sie mischen sich unter alle Völker, aber sie lösen sich unter ihnen niemals auf. Sie haben keine Führer und bleiben immer Volk; sie haben kein Vaterland und sind immer Bürger. Welche Kraft muß eine Gesetzgebung haben, die solcher Wunder fähig ist.

Es ist dieses »einzigartige Wunder« unter »allen bekannten Gesetzgebungssystemen«, das »allem, was uns Griechenland und Rom an Bewundernswertem, an politischen und menschlichen Einrichtungen bietet, vorzuziehen ist«.[18]

Es handelt sich hier um die emphatischste Sympathiebekundung für ein Prinzip, das zugleich die innerste Struktur des modernen Rechts ausmacht: die Entgrenzung gesellschaftlicher Mobilität. Mit antikapitalistischen Vorbehalten findet sich die Identifikation des gleichen Prinzips bei Marx, in antisemitischer Wendung bei Carl Schmitt. Wenn Marx auf die »chimärische Nationalität« und das »grund- und bodenlose Gesetz« der Juden verweist[19] – in einem Kontext, in dem er »das Judentum« nicht etwa in Stereotypen für eine gesellschaftliche Gruppe beschreibt, sondern als Metapher für den kapitalistischen Charakter der ganzen bürgerlichen Gesellschaft behandelt –, so besteht die Intention dieser Formulierungen darin, Nationalismus und Rechtsstruktur des frühen Kapitalismus auf den Begriff einer territorialen Entgrenzung zu bringen, die freilich der Mobilität des Kapitals dienstbar ist. Als relevante Grenzlinien des modernen Rechts bestimmt Marx nur noch die Grenzen zwischen Öffentlichkeit und Privatheit und die Grenzen zwischen den Willkürsphären der »beschränkten« Individuen.[20]

18 Jean-Jacques Rousseau, *Politische Schriften*, hg. von Ludwig Schmidts, Paderborn [2]1995, S. 230 f.

19 Marx, »Zur Judenfrage«, S. 375.

20 Ebd., S. 364.

Bei Carl Schmitt ist die nach 1933 aufkommende Rede vom raum- und rechtlosen Gesetz der Juden[21] in anderer Weise pejorativ. Hier verdichtet sich sehr »zeitgemäß« zu einem Vorwurf gegen die jüdischen Vertreter des Rechtspositivismus, was von Anfang an die innerste Intention der Theorie Carl Schmitts bestimmte: der Kampf gegen die Abstraktionen eines Legalitätssystems, dem die formale Korrektheit, seit der Weimarer Republik die demokratische Genesis der gesetzgeberischen Entscheidungen als Legitimitätsgrundlage ausreichte. Carl Schmitt mobilisiert seit 1914[22] »Bodenständiges« und substantiell Unverfügbares gegen den positivistischen Dezisionismus der Gesetzgebung und vertraut das Unverfügbare den Dezisionen der Exekutive an. Wenn Carl Schmitt den raumgebundenen »Nomos« gegen das abstrakte »Gesetz« ausspielt, so sind freilich »Raum«, »Boden« und »Land« immer zugleich Metaphern für das, was bodenständig in einem weiteren Sinne ist: die gewachsenen gesellschaftlichen Strukturen und Institutionen, die in ihrer konkreten Eigengesetzlichkeit gegen gesetzgeberische Innovationen zu schützen sind, die allein auf einer Mehrheitsregel beruhen, welche unter Umständen auch die legale Transformation des bestehenden Systems in ein sozialistisches ermöglicht.[23] Auch wenn Carl Schmitt als Advokat des Raums im konkreten Sinn auftritt, indem er z. B. die Weltsicht der »Landtreter« gegen die Mobilität der Seevölker ausspielt oder den »Nomos der Erde« als kriegshegende Raumteilung der Welt gegen die Globalisierung von Konflikten verteidigt,[24] so ist fast immer die Dimension der Absicherung gegen zeitliche Entgrenzungen mitgedacht, die mit der Mobilisierung der Gesetzgebung selbst durch eine permanente, auf unverfügbare Werte und das »höhere Recht« organisch gewachsener gesellschaftlicher Machtstrukturen nicht festgelegte Änderungsgesetzgebung in Gang gesetzt ist. Im Na-

21 Carl Schmitt, *Der Leviathan in der Staatslehre des Thomas Hobbes* (1938), Köln 1982, S. 110.

22 Carl Schmitt, *Der Wert des Staates und die Bedeutung des einzelnen*, Tübingen 1914.

23 Für letzteres siehe Schmitt, »Legalität und Legitimität«, S. 268, 300 f.; ders., »Grundrechte und Grundpflichten« (1932), in: ders., *Verfassungsrechtliche Aufsätze*, Berlin 1958, S. 181-231, hier: S. 108 f.; ders., *Verfassungslehre* (1928), Berlin 1957, S. 30 f., 35 f.

24 Carl Schmitt, *Land und Meer. Eine weltgeschichtliche Betrachtung*, Leipzig 1942; ders., *Der Nomos der Erde im Völkerrecht des Jus Publicum Europaeum*, Köln 1950.

men »konkreter Ordnungen«[25] tritt Carl Schmitt als früher Prophet umfassender rechtlicher Deregulierung auf. Wenn also Carl Schmitt nach 1933 das »raum- und rechtlose Gesetz der Juden« attackiert, so ist hier – in Umkehrung zu Marx' Analyse – einer gesellschaftlichen Gruppe bösartig angelastet, was Carl Schmitt selbst längst als Charakter des gesamten modernen bürgerlichen Formalrechts erkannt und denunziert hatte. Es blieb Carl Schmitt vorbehalten, schließlich den »tellurischen« Charakter des preußischen Partisanen[26] gegen den raumlosen Legalismus, den die französischen Revolutionsheere auf deutschem Boden ausbreiteten, ins Feld zu führen.

Es gibt gleichzeitig ein Verhältnis Carl Schmitts zu den konkreten Staatsgrenzen des Nationalstaats, das zu dem Kants genau umgekehrt ist. An diesem Gegensatz läßt sich zudem ablesen, was von aktuellen Dämonisierungen des Nationalstaats zu halten ist. Als Carl Schmitt 1963 lapidar feststellte: »Die Epoche der Staatlichkeit geht jetzt zu Ende«, hatte er diese Feststellung bereits 1932 durch die Unterscheidung der Begriffe »Staatlich« und »Politisch« vorbereitet[27] und vor allem 1939 mit dem »Großraum« ein Gegenmodell zum Nationalstaat entworfen.[28] Weit davon entfernt, eine Vorstufe nationalsozialistischer Raumkonzeption zu sein, wird der Nationalstaat vielmehr genau in dem Augenblick verabschiedet, in dem jene auf den Plan tritt. Die neue »Raumordnung« ist durch die Besonderheit gekennzeichnet, daß sie zwar nationalstaatliche Territorien in hegemonialer Absicht entgrenzt, aber gleichwohl die Perspektive des Raums überhaupt wieder zur Geltung bringt.

Carl Schmitts 1939 ausgesprochenes Urteil über das Veralten des Nationalstaats ist eindeutig und in den Argumenten – so muß leider gesagt werden – ganz auf der Höhe des heutigen Mainstreams der Diskussion. Wenn Carl Schmitt zu diesem Zeitpunkt eine neue, »den bloßen Nationalstaatsgedanken des 19. Jahrhunderts überwindende Raumordnung« fordert, so geschieht das mit dem Blick auf wirtschaftliche »Vergrößerungsvorgänge«, durch die »die indivi-

25 Schmitt, *Über die drei Arten.*

26 Carl Schmitt, *Theorie des Partisanen*, Berlin 1963, S. 14 f., 18 f., 45 ff.

27 Carl Schmitt, *Der Begriff des Politischen*, Berlin 1963; Vorwort von 1963, S. 10; Text von 1932, S. 20-24, 26-28.

28 Carl Schmitt, *Völkerrechtliche Großraumordnung mit Interventionsverbot für raumfremde Mächte. Ein Beitrag zum Reichsbegriff im Völkerrecht* (1939), Berlin 1941.

dualistische Stufe der kapitalistischen Organisation überwunden wird«.[29] Während Carl Schmitt die »Staatsbezogenheit« des klassischen Völkerrechts der Kleinräumigkeit ökonomischen »Klein- oder Mittelstandsdenkens« zuordnet, erkennt er in den Leistungen der modernen Großindustrie und ihrer durch technische Innovationen vorangetriebenen »wirtschaftlichen Großraumbildung« die Grundlage für die neue politische Organisation einer Völker und Staaten übergreifenden Großraumordnung. Ausdrücklich wird in diesem Zusammenhang unter Hinweis auf die moderne technische Überwindung begrenzter Räume »der Gedanke der territorialen Souveränität des Staates verabschiedet.«[30] Genau wie in der gegenwärtigen Diskussion dient also die falsche Unterstellung einer opaken Territorialität als Wesensmerkmal des Nationalstaats dazu, diesen als inkompatibel mit der neuesten gesellschaftlichen Entwicklung und darum als veraltete Form politischer Integration zu disqualifizieren. Vor allem aber ist in beiden Argumentationen ein ökonomischer Reduktionismus präsent, der die politische Organisationsform als schlichten »Überbau« des jeweiligen Entwicklungsstandes der Produktionsverhältnisse behandelt. So hatte schon Carl Schmitt, der sich sehr viel später zu einer Erklärung genötigt sah, inwiefern er Marxist und inwiefern er nicht Marxist sei,[31] durchgängig die gleichsam »rechte« Version einer vulgärmarxistischen Widerspiegelungstheorie vertreten, wenn es darum ging, das Veralten des Parlamentarismus angesichts des historischen Übergangs vom liberalen Konkurrenzkapitalismus zum »organisierten«, durch ökonomische Konzentration und Krisenanfälligkeit, d. h. situativen Steuerungsbedarf gekennzeichneten Kapitalismus darzutun.[32] Bleibt das letztere Element in den aktuellen Entwürfen einer Transformation vom Nationalstaat zur supranationalen Ordnung eher verdeckt, indem entweder Volkssouveränität dämonisiert oder das Prinzip demokratischer Steuerung des exekutivischen Handelns

29 Ebd., S. 311, S. 4.

30 Ebd., S. 51, S. 311 f., 310.

31 Espresso 11. Nov. 1979, S. 175: In dem Abdruck damals aktueller Briefe Carl Schmitts an seine italienischen Rezipienten findet sich die Stelle: »Io sono marxista in quanto ho portato alla loro conclusione politica i concetti economici del marxismo« – die Differenz zum Marxismus wird an der Kategorie des »Mehrwerts« expliziert.

32 Carl Schmitt, *Der Hüter der Verfassung* (1931), Berlin 1969, S. 77-82; ders., »Legalität und Legitimität«, S. 319-321, 335.

stillschweigend durch das einer kritischen Öffentlichkeit, deren Räsonnement nicht notwendig politisch folgenreich ist, ersetzt wird, so ist die Übereinstimmung der Argumentation hinsichtlich der ökonomischen Inadäquanz des Nationalstaats offensichtlich. Die aktuelle Diskussion, die das Stichwort der ökonomischen Globalisierung nicht nur für bare Münze nimmt, sondern auch als ein objektives, politisch nicht verantwortbares Verhängnis behandelt, das den Übergang zur politischen Entsprechung des Globalstaates als alternativenlose Konsequenz nach sich ziehe, wird der besagten Widerspiegelungstheorie und dem »heroischen Realismus« der Konservativen Revolution gleichermaßen gerecht.

Während nun die »Großraum«-Ideologie, erst recht deren nationalsozialistische Praxis, auf hegemoniale Grenzüberschreitungen hin angelegt waren, die die Staatsvölker überwältigter Nationalstaaten als Sklavenvölker in das neue zusammengeraubte »Reich« hineinzwangen, diese also wiederum als bloße Anhängsel der eroberten Territorien behandelten und somit zur räumlichen Herrschaft zurückkehrten, hat Kants gelegentliche Rede vom Boden und seinen Grenzen einen ganz anderen, defensiven Sinn. Bereits die Konstruktion des Weltbürgerrechts hatte Kant ausdrücklich auf die Probleme bezogen, die aus der Ankunft eines »Fremdlings« »auf dem *Boden* eines anderen« entstehen. Kants Beglaubigung des ursprünglichen Prinzips, daß »niemand an einem Orte der Erde zu sein mehr Recht hat als der andere«, begründet – wie gesagt – nicht etwa eine globale Niederlegung aller Grenzen, sondern – darauf kommt es hier an – eine sehr spezifische Durchlässigkeit dieser Grenzen, die dem Fremden nur ein »Besuchsrecht«, aber kein »Gastrecht« zugesteht. Diese aus heutiger Sicht (und auf den ersten Blick) eher befremdliche Unterscheidung, die darauf insistiert, daß »die Befugnis der fremden Ankömmlinge sich nicht weiter erstreckt als auf die Bedingungen der Möglichkeit, einen Verkehr mit den alten Einwohnern zu versuchen«,[33] ist freilich sehr konkret gegen hegemoniale Grenzüberschreitungen gerichtet, die Kant in den Greueln der westlichen Kolonisatoren vor Augen hatte. Deren »Unterdrückung der Eingebornen« nahm die Form von Landnahmen an – in den Worten Kants: »Amerika, die Negerländer, die Gewürzinseln, das Kap etc. waren bei ihrer Entdeckung für

33 Kant, ZeF, S. 213 f.

sie Länder, die keinem angehörten; denn die Einwohner rechneten sie für nichts.«[34] Nur aus dieser defensiven Perspektive der Abwehr hegemonialer Grenzüberschreitungen und Landnahmen wird also das Recht auf den Boden überhaupt relevant: Es ist das Recht des ersten Besitzers[35] im Sinne eines Verteidigungsrechts gegen von außen kommende Aggression. Aber auch dieses Recht verteidigt, wie Kants Ausführungen belegen, nicht etwa die Integrität des Territoriums per se, sondern diese als Voraussetzung für die Freiheit und Selbstbestimmung seiner Bewohner.

Teilen aktuelle Weltstaatskonzepte nicht nur den Basis-Überbau-Schematismus mit Carl Schmitts Begründung der Großraumordnung von 1939, sondern auch – in *formaler* Analogie – die Dominanz der Raumperspektive insofern, als aus der behaupteten globalen Raumordnung der Wirtschaft die Notwendigkeit der globalen Ausdehnung der Staatsfunktion gefolgert wird, so ist umgekehrt bei Kant der Raum bloß als Mittel zum Zweck der Volkssouveränität thematisiert. Handeln Weltstaatskonzepte außer von der globalen Landnahme für ein unbegrenztes Gewaltmonopol meist nur noch von den Katalogen globaler Staatsaufgaben, die nur im Weltmaßstab effizient erledigt werden könnten, so hat für Kants Theorie die Struktur demokratischer Selbstorganisation, innerhalb derer über Staatsaufgaben allererst entschieden werden kann, oberste Priorität. So sind auch Kants Überlegungen zur angemessenen Größe von Staaten ausschließlich durch den Gesichtspunkt der Demokratiekompatibilität territorialer Ausdehnung bestimmt. Wie im gesamten 18. Jahrhunderts gilt auch bei Kant, daß Freiheit, Selbstbestimmung und Volkssouveränität nur kleinräumig zu organisieren sind. Bekanntlich warnen sowohl Montesquieu (wenngleich nicht im Namen der Demokratie, aber doch der Freiheit der Untertanen von staatlicher Willkür) als auch Rousseau und Kant und ebenso die amerikanischen Antifederalists vor dem zwangsläufig sich einstellenden Despotismus in »übergroßen Staaten« – ein Zusammenhang, der häufig am Beispiel Chinas thematisiert wird. In Kants Friedensschrift ist die Ablehnung eines Weltstaats zugunsten eines Völkerbundes zu einem großen Teil aus dieser Perspek-

34 Ebd., S. 214 f.

35 Kant, MdS/RL, S. 377; vgl. auch Kants allgemeine Bestimmungen ebd., S. 359 f., 376, im Gegensatz zu John Lockes Rechtfertigung des Eigentums aus der Arbeit, die dem von Kant bekämpften Kolonialismus zuarbeitet.

tive begründet. Kants starkes Verdikt richtet sich nicht etwa – wie die pejorative Gleichsetzung von Weltrepublik und Weltmonarchie belegt,[36] gegen eine spezifische Struktur des Weltstaats, sondern zunächst gegen dessen Größe als solche. Je größer der Staat, desto effizienter muß Rousseau zufolge die Exekutive sein,[37] bis schließlich ein Wachstum erreicht ist, jenseits dessen entweder die Exekutive versagt oder nicht mehr durch Legislative und gesellschaftliche Basis kontrolliert werden kann. Kant verteidigt deshalb einen Völkerbund, in dem die unangefochtene Souveränität jedes Einzelstaates die Bedingung der Möglichkeit von Volkssouveränität ist.[38]

Auch gegen eine bloß regionale supranationale Einheitsbildung, in der die Souveränität der Nationalstaaten verschwindet, richtet sich diese Argumentation Kants. So kann Kant sich »ganz Europa« zwar als Konföderation denken, die Schiedsfunktionen bei zwischenstaatlichen Streitigkeiten übernimmt, »*nicht* [aber als] eine solche Verbindung, welche (so wie die der *amerikanischen* Staaten) auf einer Staatsverfassung gegründet [...] ist«.[39] Kants Argumente stehen also in genauer Analogie zu denen der amerikanischen Antifederalists. Deren ganz überwiegend basisdemokratisch motivierte Verteidigung des amerikanischen Staatenbundes auf der Grundlage der Konföderationsartikel von 1777 gegen den in der Unionsverfassung von 1787 durchgesetzten Bundesstaat richtete sich gegen die schließlich siegreichen Optionen der Federalists, die eine erhebliche Konzentration politische Kompetenzen beim Gesamtstaat implizierten. Das stehende Argument der Antifederalists bezog sich dabei auf die »Übergröße« der Union: Nur in den kleinen Einzelstaaten seien die politischen Entscheidungen noch vom Volk zu steuern, während die schiere Ausdehnung der Union jede effiziente demokratische Kontrolle unmöglich mache. Damit verteidigten die Antifederalists zugleich die Souveränität von Einzelstaaten, die zum Teil, wie z. B. Pennsylvania, ausgesprochen basisdemokratische Verfassungen hatten. Kants starker Republikanismus, der die restlose Verrechtlichung des Gewaltmonopols und die Unterwerfung aller Staatsapparate unter die Gesetzgebung des Volkes beabsichtigte, mußte mit diesen unionskritischen Argumenten objektiv übereinstimmen.

36 Kant, Gemeinspruch, S. 169; Kant, ZeF, S. 225.
37 Rousseau, CS III 1 Abs. 11 und 13-15; III 6 Abs. 6.
38 Kant, ZeF, S. 209, 211.
39 Kant, MdS/RL, S. 475 (Hervorhebung I. M.).

Der Hochmut der Nachgeborenen glaubt sich freilich der kleinräumigen Organisation von Demokratie mit dem Argument enthoben, die heute verfügbare weltumspannende Kommunikationstechnologie sei auch für demokratische Willensbildungsprozesse zu nutzen. Auch wenn hier noch nicht von demokratischer Partizipation am Gesetzgebungsprozeß die Rede ist, so sei doch nur im Hinblick auf die klassischen Protestformen, mit denen die gesellschaftliche Basis auf ihre nationalstaatlichen Repräsentanten Einfluß zu nehmen sucht, die Hinfälligkeit dieses Arguments angedeutet. Die Frage ist hier, was angesichts eines Weltparlaments z. B. Petitionsrecht und Demonstrationsrecht noch bedeuten könnten. In beiden Fällen handelt es sich um das Recht, den Repräsentanten Informationen aufzunötigen (auch wenn die Verwendung dieser Informationen den politischen Funktionseliten freigestellt ist). Die massenhafte Übergabe von Petitionen oder Massenproteste auf den Straßen haben jedenfalls die Chance, ein politisches Thema auf die Tagesordnung zu bringen. Es ist aber nicht ersichtlich, worin der nötigende Charakter von Informationsübermittlungen an ein Weltparlament bestehen könnte: Während Massensendungen die Büros in nationalstaatlichen Parlamenten verstopfen, sind elektronische Botschaften durch ein Weltparlament leichter zu ignorieren – von der Informationsüberlastung erst gar nicht zu reden, die für sich allein ein globales Petitionsrecht hinfällig machen würde. Während in nationalstaatlichen Demokratien (in bewußt kleinräumiger Orientierung) über die Aufhebung der Bannmeilen um Parlamente gestritten wird, könnten Abgeordnete des Weltparlaments eine Massendemonstration ihrer Antipoden per Fernsehübertragung zur Kenntnis nehmen. Aber auch hier entscheidet der Abgeordnete und nicht die gesellschaftliche Basis darüber, ob die Information überhaupt abgerufen wird. – Aber erst, wenn es um das geht, was nach Hermann Heller Demokratie definiert, daß nämlich eine rechtliche Verpflichtung der politischen Machteliten auf den Willen der Beherrschten besteht,[40] sind die Probleme einer globalen Organisation von Demokratie unauflöslich.

40 Heller, *Die Souveränität*, S. 96, 98.

II. Staatssouveränität als Volkssouveränität und das Dilemma globaler Demokratie

Die Probleme globaler Demokratie bestehen in mindestens dreifacher Hinsicht. 1) Bereits die ersten Antizipationen eines globalen Gewaltmonopols zur Durchsetzung homogener Menschenrechts- und Demokratiestandards in den Nationalstaaten dieser Welt, wie sie in Vorschlägen zur Reform der UNO unterbreitet und in sogenannten »humanitären Interventionen« (eher unterhalb der UNO) bereits praktiziert werden, lassen weder Kriterien dieser Homogenisierung noch überhaupt eine Wahrnehmung der Interdependenzen zwischen Menschenrechten und Demokratie erkennen. 2) Vorschläge für die Konstruktion eines Globalstaats verletzen bei dem Versuch, das Modell der Demokratie an die Hyperkomplexität der Weltgesellschaft anzupassen, elementare Prinzipien rechtsstaatlich organisierter Demokratie. 3) Das härteste Problem für Entwürfe eines Weltstaates, selbst wenn eine Rekonstruktion der Demokratie gelingen könnte, bestünde angesichts der faktischen Heterogenität der realexistierenden Staatenwelt, in der liberale Demokratien bekanntlich die Minderheit bilden, in der Frage der Durchsetzung. Auch das makelloseste Globalstaatskonzept wäre – was seine Realisierung unter den gegebenen Bedingungen betrifft – ein Weltkriegsprogramm.

1) Daß die Souveränität des Nationalstaats als Mittel zum Zweck der Volkssouveränität verteidigt werden muß, ist eine Prämisse, die Kants Überlegungen auch angesichts solcher Staaten bestimmt, die von einer demokratischen Organisation noch weit entfernt sind. Hier insbesondere gilt Kants konsequentes demokratisches Postulat, daß nicht einmal eine Demokratie gegen den Willen des Volkes eingeführt werden darf.[41] Kants Theorie autonomer Prozesse gesellschaftlicher Selbstaufklärung verbindet sich mit dem Prinzip einer Verfassungsevolution, demzufolge »doch irgendeine rechtliche, obzwar nur in geringem Maße rechtmäßige [d. h. republikanische] Verfassung besser ist, als gar keine«,[42] weil nur innerhalb einer »Verfassung überhaupt« eine republikanische Verfassung jemals erreicht werden kann. Diese Gesichtspunkte begründen in ihrer Gesamtheit Kants striktes Verdikt gegen jede militärische Intervention in

41 Ebd., S. 463.

42 Kant, ZeF, S. 234 Anmerkung.

die inneren Angelegenheiten eines Staates. Die Forderung »Kein Staat soll sich in die Verfassung und Regierung eines anderen Staates gewalttätig einmischen«[43] ist also gerade nicht auf den bereits erreichten Grad republikanischer Qualität dieser Verfassung und Regierungsorganisation eingeschränkt, sondern impliziert den Respekt vor der Integrität eines jeden überhaupt verfaßten Staates im Hinblick auf das in ihm angelegte Potential, im Wege autonomer Lernprozesse und Aktionen der Staatsbürger eine republikanische Verfassung in Zukunft zu erreichen. Kants Anerkennung je spezifischer gesellschaftlicher Entwicklungspfade bezieht sich selbst noch auf die Bedingungen der Ermöglichung von Volkssouveränität.

Dagegen ist die heutige Praxis, im Wege weltweiter militärischer Interventionen faktisch ein globales Gewaltmonopol aufzubauen und durch willfährige juristische Neuinterpretation der UN-Charta abzusichern, im Begriff, alle Errungenschaften von Demokratie und Recht zu zerstören. Das Rechtsdokument der UN-Charta enthält noch alle wesentlichen Prinzipien der demokratischen Souveränitätstheorie und Friedensphilosophie Kants in positivierter Form. Die UN-Charta, nach dem Zweiten Weltkrieg als Friedensordnung entworfen, reagiert auf die hegemonialen Grenzüberschreitungen des NS-Systems – die zusammen mit der nationalstaatlichen Integrität die politische Autonomie der betroffenen Staatsvölker zerstört hatten –, indem sie die »souveräne Gleichheit aller ihrer Mitglieder« als Fundamentalprinzip der UN-Organisation feststellt, die »territoriale Unversehrtheit oder die politische Unabhängigkeit eines Staates« als diejenigen schutzwürdigen Güter ansieht, zu deren Gunsten militärische Zwangsmaßnahmen in Abwehr einer Bedrohung oder eines Bruchs des Weltfriedens und der internationalen Sicherheit getroffen werden können, während umgekehrt eine Befugnis der Vereinten Nationen zum Eingreifen in »Angelegenheiten, die ihrem Wesen nach zur inneren Zuständigkeit eines Staates gehören«, ausdrücklich verneint wird.[44] Es entspricht der Logik dieser Konstruktion, daß die »Achtung vor den Menschenrechten« im Rahmen dieser demokratischen Friedensprinzipien lediglich zu »fördern«,[45] nicht aber zu erzwingen ist.

Der kurze Abstand um wenige Jahrzehnte schützt die Charta

43 Ebd., S. 199.

44 UN-Charta Art. 2, Satz 1 und 4; Art. 39; Art. 42; Art. 2, Satz 7.

45 Ebd. Art. 1, Satz 2.

aber nicht vor der Verkehrung ins Gegenteil einer globalen Interventions- und Kriegsordnung. Das schiere Faktum, daß Resolutionen des UN-Sicherheitsrates zunehmend innerstaatliche Menschenrechtsverletzungen in Bedrohungen des Weltfriedens und der internationalen Sicherheit umdefinieren, genügt der gegenwärtigen Völkerrechtswissenschaft, aus der bestehenden Praxis eine geltende Norm abzuleiten: das »Recht« der humanitären Intervention.[46] Entsprechend laufen aktuelle Vorschläge zur Reform der UNO darauf hinaus, den vermeintlichen Widerspruch zwischen Menschenrechtsdeklaration und Garantie des Souveränitätsprinzips durch Eliminierung des letzteren zu beheben und die Entscheidungsstrukturen der UNO im Sinne effizienter Interventionsbereitschaft umzubauen.[47] Ohne auf das komplexe Verhältnis von Menschenrechten, Volkssouveränität und Frieden hier eingehen zu können,[48] ist festzuhalten, daß das Selbstbestimmungsrecht der von militärischen Interventionen überzogenen Staatsbürger auch dann verletzt sein kann, wenn diese die Menschenrechts-Interpretation der intervenierenden Mächte teilen. Besteht im konkreten Fall ein anderes Menschenrechtsverständnis, so ist die »humanitäre Intervention« ohnehin nichts anderes als eine temporäre hegemoniale Grenzüberschreitung. In beiden Fällen finden sich Zivilisten als – eher störende – Anhängsel von Territorien wieder, deren markierte Felder zu bombardieren sind.

Die gleichzeitige Tendenz, anwachsende ethnische Nationalismen mit einem Recht auf Segregation und neue territoriale Abgrenzungen zu versehen, indem die »Selbstbestimmung der Völker«, wie sie Kant verstand und wie sie die Charta garantiert,[49] aus einem Recht demokratischer Autonomie in ein Recht auf vorpolitische Identität verwandelt wird, enthält noch eine Substantialisierung anderer Art. Wie die westliche, insbesondere deutsche Bereitwilligkeit, den Ultranationalismus Kroatiens mit einem ei-

46 Vgl. z. B. Greenwood, »Gibt es ein Recht auf humanitäre Intervention?«, S. 19, 33.

47 Ulrich Menzel, *Globalisierung versus Fragmentierung*, Frankfurt am Main 1998, S. 259 ff.; vgl. Dieter Senghaas, »Recht auf Nothilfe«, in: Reinhard Merkel (Hg.), *Der Kosovo-Krieg und das Völkerrecht*, Frankfurt am Main 2000, S. 99-114. – Skeptisch dagegen zum Ausbau der Friedenserzwingung: Ernst-O. Czempiel, *Die Reform der UNO*, München 1994, S. 68-76, 185.

48 Dazu in diesem Band, S. 359-374.

49 UN-Charta Art. 1, Satz 2.

genständigen Staat zu belohnen, erkennen läßt, wird der Begriff des Nationalstaats gegenwärtig auf genau die Elemente heruntergebracht, die dem offiziellen globalstaatlichen Diskurs zufolge gerade dessen »dämonischen« Charakter konstituieren. Mit der Anerkennung der Segregation Kroatiens, dessen völkische Rhetorik vielfach zur Ustascha-Symbolik regredierte, vollzog sich ein westlicher Zivilisationsbruch, der die Kettenreaktion des Zerfalls des multikulturellen jugoslawischen Nationalstaats zu ethno-nationalistischen Gemeinschaften in Gang setzte. Sieht man davon ab, daß hier ein gigantisches Programm zur Arbeitsbeschaffung für »humanitäre Interventionen« in den blutigen Prozeß neuer Grenzziehungen geschaffen wurde, so ist festzuhalten: Der heutige an den demokratischen Nationalstaat adressierte Vorwurf, dieser basiere auf den veralteten Prinzipien von Raum und exklusivem Volk, fällt auf die aktuellen Konzepte zurück, in deren Namen er vorgetragen wird. Politische Globalisierung führt schon in ihren Anfängen zu genau den Substantialisierungen, die sie zu vermeiden vorgibt: zur Dominanz des Raumes und des Völkischen.

2) Am Prinzip der Volkssouveränität wiederholt sich der aktuelle Vorgang der Projektion. Diesem Prinzip werden Substantialisierungen angelastet, die tatsächlich die *faktische* Entwicklung zur Globalisierung bestimmen. Innerhalb *theoretischer* Konzepte des Globalstaats hat die dämonisierende Interpretation der Volkssouveränität eher die Funktion, ein Prinzip zu verabschieden, das auf globalstaatlicher Ebene nicht mehr eingelöst werden kann. Was den ersten Bestandteil des Begriffs angeht, der heute oft dem Verdacht des »Völkischen« ausgesetzt wird, so ist an dem kleinen Beispiel einer aktuellen Diskussion um die Ersetzung des »Volkes« durch »Bevölkerung«[50] abzulesen, daß die Begrifflichkeit einer anspruchsvollen Demokratietheorie dem heutigen Bewußtsein nicht mehr zur Verfügung steht – so gleichzeitig demonstrierend, daß der nationalsozialistische Mißbrauch des Begriffs den Sieg davontrug. Der vermeintliche Fortschritt in der vorgeschlagenen Umwidmung besteht in Wirklichkeit darin, den hochabstrakten, politisch-verfassungsrechtlichen Begriff des »Volkes« in den einer *vor*politischen Größe zu übersetzen. Hatte der Volksbegriff in der Demokratietheorie der Aufklärung noch ausschließlich verfassungsrechtliche

50 Vgl. Frankfurter Rundschau vom 25. 2. 00 zu Hans Haackes Installation für das Berliner Reichtagsgebäude.

Bedeutung, indem er Volksgemeinschaft und Rechtsgemeinschaft identifizierte, also nicht nur von Abstammung und Boden, sondern auch von sämtlichen soziologischen Konnotationen abstrahierte und überdies den juristischen Akt der *Herstellung* eines Volkes[51] zugleich als Konstitution des demokratischen Souveräns bestimmte,[52] so war hier noch bewußt: Erst wenn die Bevölkerung zum »Volk« wird, ist die Dimension der politischen *Aktivität* von Staatsbürgern mitgedacht. Dagegen liefern aktuelle Beiträge zu dem Stichwort »Das Volk, der Souverän«,[53] die also vorgeben, eine verfassungsrechtliche Kategorie zu behandeln, (impressionistische) Anmerkungen zur Bevölkerung, indem sie das »Volk« wahlweise mit sozial Unterprivilegierten, mit frei fluktuierenden Massen, mit dem Proletariat, den Mitgliedern von Freizeitvereinen oder mit Nicht-Intellektuellen verwechseln – um schließlich das »Volk« als »*Gegenstand* von Sozialpolitik« zu bestimmen.[54] Auf der Basis solcher Verwirrungen läßt sich Demokratie sehr leicht als »Herrschaft der Minderwertigen« denunzieren.

Aber auch die »Souveränität« der Volkssouveränität wird gegenwärtig dämonisiert. Erschien Volkssouveränität gelegentlich als spiegelbildliche Wiederholung der Fürstensouveränität,[55] so neigen Vertreter von Weltstaatskonzeptionen dazu, diesem Prinzip sogar tyrannische Implikationen zu unterstellen[56] – als diente nicht die Theorie der Volkssouveränität dem einzigen Zweck, die Tyrannei der Staatsapparate dadurch zu verhindern, daß deren Gewaltmonopol das ausschließliche Recht des Volkes (bzw. seiner Repräsentanten) zur Gesetzgebung (nichts anderes bedeutet die »ungeteilte« Souveränität des Volkes) konfrontiert wird, und umgekehrt die Tyrannei des Volkes eben dadurch auszuschließen, daß diesem nur die Gesetzgebung, nicht aber das Gewaltmonopol zukommt. »Volkssouveränität« meint darum nichts anderes als eine normative Aussage über die Allokation politischer Macht: Der Anerkennung

51 Rousseau, CS I 5 Abs. 2; II 1 Abs. 3. Kant, Reflexion 7769, AA XIX, S. 511.

52 Rousseau zufolge existiert in einem nicht auf Volkssouveränität beruhenden Gemeinwesen überhaupt kein »Volk«, sondern nur eine Ansammlung von Sklaven unter einem Herrn: CS I 5.

53 *Das Volk, der Souverän. Kursbuch* 117.

54 Sibylle Tönnies, »Volkssouveränität. Der schwierige Abschied von einer guten Idee«, S. 66 (Hervorhebung I. M.).

55 Kielmansegg, *Volkssouveränität*, S. 231 f.

56 Held, »Democracy, the Nation-State and the Global System«, S. 227.

der asymmetrischen Monopolisierung staatlicher Gewalt bei der Exekutive wird die Forderung der ebenso asymmetrischen Monopolisierung der Souveränität bei der Legislative als Korrektiv entgegengesetzt. Es ist genau diese Errungenschaft der modernen Demokratie – diese gegenläufige Verbindung *ungeteilter* (gesetzgebender) Souveränität und strikter Gewalten*teilung* zwischen Rechtssetzung und Rechtsdurchsetzung[57] –, die aktuelle Globalstaatskonzeptionen hinter sich lassen, ohne auch nur funktionale Äquivalente für das Verlorene anzugeben.

Wenn im folgenden Globalstaatskonzepte am Maßstab des Volkssouveränitätsprinzips kritisiert werden, so ist noch ein geläufiges Mißverständnis auszuschließen. Demokratien, die auf dem Prinzip der Volkssouveränität beruhen, sind nicht eo ipso »direktdemokratisch«. Volkssouveränität kann sich gleichermaßen durch basisdemokratische oder durch repräsentative Gesetzgebung verwirklichen, wobei im allgemeinen nur letztere als begründungsbedürftig angesehen wird. So sind Locke, Rousseau und Kant mit gleicher Intensität Protagonisten von Volkssouveränität, indem sie die Souveränität ausschließlich der Legislative zuschreiben und dieser die rechtsdurchsetzende Staatsgewalt unterordnen, m.a.W. ein hierarchisches Gewaltenteilungsmodell entwerfen,[58] obwohl sie zur Frage des repräsentiven Charakters von Gesetzgebung sich sehr unterschiedlich äußern. Den eigentlichen Gegensatz zu Systemen der Volkssouveränität bilden darum nicht parlamentarische, sondern Präsidialsysteme. Für letztere gilt nicht vertikale, sondern jene horizontale Gewaltenteilung, die vielfach für die einzig mögliche gehalten wird: Entsprechend dem Modell Montesquieus kontrollieren die teilsouveränen Staatsgewalten sich gegenseitig, sind aber alle an der Gesetzgebung beteiligt (der Präsident durch das Vetorecht, die Justiz durch Normenkontrolle), während in parlamentarischen Systemen der Idee nach eben nur die Legislative das Privileg der Gesetzgebung hat und alle demokratische Kontrolle von der Basis ausgeht. – Die Präferenz für den Maßstab des Volkssouveränitätsprinzips enthält das Eingeständnis, daß sich hier zugleich ein europäischer Verfassungspatriotismus gegen die wachsende Dominanz von Präsidialsystemen geltend macht. Bereits die Erinnerung an

57 Dies gilt für die Demokratie des parlamentarischen, nicht des präsidialen Typs.

58 Siehe besonders zu John Locke Anmerkung 67.

parlamentarische Prinzipien macht darauf aufmerksam, wie problematisch die globale Institutionalisierung einer Verfassung ist.

Daß bei der Frage globaler Demokratie die Existenz einer weltweiten kritischen Öffentlichkeit oft für das einzige Kriterium gehalten wird,[59] bringt bereits die Dominanz des Präsidialsystems im allgemeinen Bewußtsein zum Ausdruck. Hatte die Demokratietheorie der Aufklärung die wechselseitige Optimierung von Volkssouveränität und Öffentlichkeit vorausgesetzt,[60] auf daß der demokratische Souverän durch öffentlichen Diskurs aufgeklärt entscheide und umgekehrt die Ergebnisse des öffentlichen Diskurses tatsächlich rechtsverbindlich würden, so verzichtet die aktuelle Halbierung der Demokratie durch ihre Reduktion auf Öffentlichkeit darauf, das Problem der Partizipation der Staatsbürger am legislativen Entscheidungsprozeß überhaupt noch zu verhandeln. Die Isolierung des Prinzips kritischer Öffentlichkeit, welches in einem Präsidialsystem um so eher durch einen Absolutheitsanspruch von »free speech«, der auch das Recht zur rassistischen Rede einschließt, institutionalisiert sein kann, als die Ergebnisse des öffentlichen Diskurses praktisch keine Chance haben, sich im politischen Entscheidungssektor zu reproduzieren,[61] führt indessen im globalen Maßstab zur Eliminierung auch noch von Öffentlichkeit selbst: Hier erst, wo deren Äußerungen in der Entscheidungszentrale noch nicht einmal mehr ankommen (wie am Beispiel von Petitions- und Demonstrationsrecht angedeutet wurde), ist die Selbstreferentialität getrennter Kommunikationskreisläufe innerhalb des politischen Entscheidungssystems einerseits und der »kritischen Öffentlichkeit« andererseits perfekt. Der öffentliche Diskurs ist nur noch als Selbstgespräch möglich.

59 So z. B. Bohman, »Die Öffentlichkeit des Weltbürgers«, in der Hoffnung auf verfassungspolitische Innovationen durch eine kosmopolitische Öffentlichkeit.

60 Dies gilt nicht nur für Kant, sondern auch für Rousseau: CS IV 1 Abs. 7; IV 7 Abs. 7.

61 Anders in parlamentarischen Systemen: Hier kann eine einzige Wahl, die bekanntlich nicht nur die Zusammensetzung der Legislative, sondern auch der von ihr abhängigen Exekutive bestimmt, über den Beginn rassistischer Politik entscheiden – zumal die Parteien im Parlament durch Fraktionsdisziplin an das jeweilige Wählervotum gebunden sind. Die Lösung besteht hier nicht in der Abschaffung der Volkssouveränität, sondern in der Ächtung und Kriminalisierung rassistischer Rede (als einzig legitimer Einschränkung der Redefreiheit) durch einen (verfassungs-)gesetzlichen Akt des demokratischen Souveräns.

Aber auch dort, wo demokratische Partizipation noch ein zentrales Anliegen ist, wie in der Konzeption David Helds, tritt das Dilemma eines demokratischen Globalstaats auf den Plan. David Helds Vorschlag, der hier exemplarisch behandelt werden soll, teilt mit anderen[62] die Absicht, eine globale Hyperermächtigung zu vermeiden, indem entweder »komplexes Weltregieren« als eine Kombination von internationalen und supranationalen Institutionen oder eine »Weltrepublik« als ein Stufenbau staatlicher Organisation mit subsidiärer Kompetenzverteilung[63] vorgesehen ist. Die genuin demokratische Intention von Helds komplexem Modell verbindet sich jedoch (wie üblich) mit einer Verabschiedung des Souveränitätskonzepts, die gerade die rechtsstaatliche Prozeduralisierung demokratischer Entscheidungen verhindert.

Aus der Perspektive dieses Globalstaatsmodells beruhen freilich Kants souveränitätstheoretischen Einwände gegen eine Weltrepublik auf dessen Alles-oder-nichts-Option in Fragen der Souveränität. So nimmt David Helds Vorschlag eine mittlere Position zwischen Staatenbund und Weltstaat ein und entwickelt ein System der Souveränitätsteilung mit vielfach sich überlappenden Kompetenzen globaler, inter- und supranationaler, nationaler und subnationaler Organisationseinheiten, das basisdemokratische Verfahren auf lokaler und regionaler Ebene, wirtschaftsdemokratische Organisation auf mehreren Ebenen und gruppenspezifische Referenden über transnationale Streitfragen einschließt.[64] Die tatsächlich partizipatorische und zugleich basisdemokratische Orientierung dieses Modells leidet jedoch an einem Mangel demokratisch-rechtsstaatlicher Kontrollfunktionen, die sich gerade mit dem Prinzip der Volkssouveränität verbanden. Helds Mißverständnis dieses unter prinzipiellen Verdacht gestellten[65] Prinzips zeigt sich bereits an dem Versuch, John Locke aus der Tradition der Volkssouveränitätstheorie herauszulösen und als Vertreter eines Gemeinschaftskon-

62 Zürn, *Regieren jenseits des Nationalstaats*. – In dieser Konzeption ist allerdings die Effizienz des »Regierens« gegenüber den Bedingungen von Demokratie dominant.

63 Otfried Höffe, *Demokratie im Zeitalter der Globalisierung*, München 1999, S. 315-334, 421-426. Vgl. auch Menzel, *Globalisierung versus Fragmentierung*, S. 261.

64 David Held, *Democracy and the Global Order*, Cambridge 1995, besonders S. 278 ff.

65 Held, »Democracy, the Nation-State and the Global System«, S. 227.

zepts, in dem die Souveränität weder beim Volk noch bei den Herrschenden konzentriert sei, zu stilisieren. Indem so Locke als Vorläufer jener Souveränitätsdiversifizierung reklamiert wird,[66] die der Globalstaatskonzeption tatsächlich zugrunde liegt, sind die rechtsstaatlichen Prozeduralisierungen, die sich mit Lockes Begründung des parlamentarischen Systems auf dem Prinzip der Volkssouveränität verbanden, bei Held folgenreich verkannt.

Gerade indem Locke Gesetzgebung und Souveränität ausdrücklich identifiziert (dabei übrigens die ursprüngliche Souveränität des Volkes gegenüber der bloß abgeleiteten Kompetenz seiner gewählten Legislative hervorhebt) und die Exekutive im wörtlichsten Sinne als ausführende Gewalt der Gesetzgebung unterordnet, ist bei Locke garantiert, daß die Gesellschaft nur durch »stehende Gesetze« und nicht durch willkürliche Einzelentscheidungen geleitet wird.[67] Genau diese vertikale Legitimations- und Kontrollinie: das Volk legitimiert und kontrolliert die Legislative durch Wahl und freie Protestformen, die Legislative legitimiert und kontrolliert die Exekutive im Rahmen der Gesetzesbindung der letzteren, enthält schon die rigide Gewaltenteilung und Verfahrensdifferenzierung, der zufolge in der Gesetzgebung der Einzelfall nicht bekannt sein darf, auf den das Gesetz später angewendet wird, und umgekehrt rechtsdurchsetzende Instanzen, die den Einzelfall kennen, das Gesetz in der Anwendung nicht neu definieren dürfen.[68] Es ist dieser willkürverhindernde Zusammenhang von starker Demokratie und Rechtsstaat,[69] dementsprechend Volkssouveränität ohne rigide funktionale Gewaltenteilung nicht praktizierbar ist und die Unterwerfung der gewalthabenden Staatsapparate unter das demokratische Gesetz nicht gelingt, der in der aktuellen Globalstaatsdiskussion typischerweise vernachlässigt wird.

David Helds Globalstaatsmodell leidet unter genau diesem Defizit. Das Programm, Demokratie »in einer Reihe von miteinander verbundenen Macht- und Autoritätszentren« zu sichern,[70] läßt die Trennungen außer acht, auf denen der Rechtsstaat beruht. Held

66 Ebd., S. 228.

67 John Locke, ST, §§ 134, 149, 150, 214, 227.

68 Dazu ausführlicher Maus, *Zur Aufklärung der Demokratietheorie*, S. 271.

69 Jürgen Habermas, »Über den internen Zusammenhang von Rechtsstaat und Demokratie«.

70 Held, »Kosmopolitische Demokratie«, S. 232.

sieht für das »*system of global governance*« eine Souveränitätsteilung zwischen vernetzten und »*overlapping*«, »*interlocking*« bzw. »*intersecting*« *structures and processes* bzw. *forces and relations* vor,[71] die genau deshalb eine Gewaltenteilung nicht mehr organisieren kann. Die Gefahr, daß im globalen System zurechenbare Verantwortlichkeiten zusammen mit den nationalstaatlichen Borniertheiten verschwinden, wird durch den Optimismus überspielt, daß die Dezentralisierung und Diversifizierung von Macht bereits deren Begrenzung bedeute. Als Gegengewicht zum Verlust entsprechender Kontrollmöglichkeiten im multiplen System gibt Held lediglich Kooperationsverpflichtungen der Teilbereiche und deren Einbindung in eine Gesamtordnung an, die weniger auf einer verbindlichen Verfassung als auf »constitutional guidelines«, nicht so sehr auf Rechtsnormen als auf »similiar principles«, weniger auf gemeinsamen Regeln selbst als auf ihrer »common structure« beruhen soll.[72] Hier wird nicht nur Volkssouveränität durch Rechtssouveränität ersetzt, sondern die angestrebte Rechtsordnung nimmt auch genau den entformalisierten Charakter an, der der Undurchdringlichkeit des institutionellen Arrangements entspricht. Die Selbstbezichtigung, die Held seinem eigenen globalen Konzept zuteil werden läßt, daß es nämlich ein modernes Gegenstück zum mittelalterlichen Reich sei,[73] besagt viel. Dessen Gemengenlage heterogenster Rechtsmaterien, die aufgrund segmentierter Sonderordnungen und konkurrierender Rechtsquellen bestand, war nur aus Anlässen konkreter Konfliktschlichtung durch die Justiz zu einem jeweiligen Ausgleich zu bringen, der nur so lange nicht völlig arbiträr und situativ war, als im »Christlichen Europa« noch eine gemeinsame Wertordnung unterstellt werden konnte und gesellschaftliche Veränderungen nur in langen Zeiträumen zu erwarten waren. Der Rückgriff auf das Mittelalter, wenn es um die Struktur der künftigen globalen Ordnung geht, verdeutlicht die Preisgabe des demokratischen Rechtsstaates, der die vormoderne justizförmige Entwicklung des Rechts ersetzt hatte.

In der Gegenwart aber, in der eine allgemein akzeptierte Wertordnung weder auf nationalstaatlicher, geschweige denn auf globaler Ebene gegeben ist und darüber hinaus politische Entscheidungs-

71 Held, »Democracy, the Nation-State and the Global System«, S. 222 f., 232.

72 Ebd., S. 226.

73 Ebd., S. 223 f.

materien und rechtliche Regelungsbereiche sich in ungeahntem Tempo verändern, erweckt das vorgestellte Modell leider auch schlimmere Assoziationen als die der mittelalterlichen Reichsidee. Was hier optimistisch als eine weltweite anarchische Gesellschaft entworfen wird, hatte bereits Franz Neumann als den »Nicht-Staat« eines Systems horizontal und vertikal konkurrierender Machtapparate beschrieben und damit das NS-System gemeint.[74] Weit davon entfernt, seiner Selbstbeschreibung als »Führerstaat« zu entsprechen, hatte dieses System mit seinen zwischen Staats-, Partei- und Wirtschaftsbürokratien vielfach sich überschneidenden Zuständigkeiten bei weitgehender Etablierung von Sonderrechtsordnungen und Delegation von Rechtssetzungsbefugnissen an Private[75] seine fragmentierten Teilbereiche nur noch dadurch kompatibilisieren können, daß es von formalen Rechtsnormen zum Durchgriff auf Werte und Rechtsgrundsätze überging und das Zentrum der Rechtsentwicklung von der Gesetzgebung auf die Justiz verlagerte. Angesichts dieses parzellierten Totalitarismus müssen auch ganz anders intentierte Globalstaatsmodelle sicherstellen, daß sie nicht Dezentralisierung eo ipso mit Demokratisierung verwechseln und angeben können, inwiefern ein ähnlich fragmentiertes Globalsystem sich eine Rechtsordnung leisten könnte, die diesen Namen noch verdient.

3) Selbst wenn es einem Globalstaatsmodell gelänge, die politische Integration von der demokratischen Hierarchisierung der Kontrollverfahren auf jene Vernetzung umzustellen, nach der expandierende Ökonomien sich organisieren, und dabei gleichwohl Demokratie im globalen Maßstab zu retten, so bliebe das Problem der Realisierung eines solchen Modells bestehen. Auch David Held nennt es, »milde gesagt, schwierig«, eine internationale Übereinstimmung in Fragen globaler Repräsentation zu erzielen.[76]

Während manche Autoren schlichtweg einen »einheitliche[n] Katalog von Normen und Werten« als Basis einer Weltinnenpolitik einfordern,[77] ohne das Problem der Durchsetzung zu streifen, so verrät John Rawls' erhebliche Absenkung der Minimalstandards,

74 Neumann, *Behemoth*. Dazu Bast, *Totalitärer Pluralismus*.

75 Otto Kirchheimer, »Die Rechtsordnung des Nationalsozialismus«, in: ders., *Funktionen des Staats und der Verfassung*, Frankfurt am Main 1972, S. 115-142.

76 Held, »Kosmopolitische Demokratie«, S. 235.

77 Menzel, *Globalisierung versus Fragmentierung*, S. 259.

die ein politisches System gerade noch als »well ordered society« ausweisen,[78] die stillschweigende Präsenz des Friedensprinzips. Will Otfried Höffe das spezifische Dilemma der Errichtung des Globalstaats dadurch umgehen, daß er seine Durchsetzung wenigstens »nicht im Handstreich«, sondern über Zwischenetappen subkontinentaler bzw. kontinentaler Unionen mit bereits existierenden größeren Gemeinsamkeiten empfiehlt,[79] so enthalten Ulrich Becks Überlegungen zur postnationalen Situation die deutlichste Warnung vor einem »imperialen Mißbrauch der kosmopolitischen Mission«: Die »grenzenlose Selbstermächtigung eines militärischen Humanismus« führt ihm zufolge angesichts einer Welt voller Diktaturen »zum unendlichen Krieg«.[80]

Dem ist nichts hinzuzufügen – außer, daß das Problem bereits in der Weltstaatsdiskussion des 18. Jahrhunderts bekannt war. In Rousseaus und Kants Auseinandersetzung mit zeitgenössischen Friedensideen spielt, neben einer komplexen Folge anderer Argumente, das Verhältnis zwischen der Idee und ihrer Ausführung eine wichtige Rolle. Die Gleichsetzung von Weltfrieden, globaler Ordnung und Weltstaat beherrschte auch jenes Friedensprojekt des Abbé de Saint-Pierre, das in dem von Rousseau gefertigten Auszug größere Beachtung gefunden hatte.[81] Rousseau wie Kant verteidigen die Friedensidee dieses Projekts gegen das Gelächter der »Praktiker«, deren einziger Einwand im Hinweis auf die fehlende empirische Entsprechung besteht.[82] Was allerdings die Möglichkeit einer Ausführung dieser Idee angeht, die die Idee nicht beschädigt, urteilen Rousseau und Kant unisono mit dem Hinweis auf die notwendige Verkehrung der Friedensidee in faktischen Krieg – sofern der Frieden in einem Weltstaat etabliert werden soll. Kants (etwas verwickeltere) Argumentation lehnt es ab, die analoge Situation

78 Rawls, »Das Völkerrecht«.

79 Höffe, *Demokratie im Zeitalter der Globalisierung*, S 427.

80 Ulrich Beck, »Über den postnationalen Krieg«, in: Reinhard Merkel (Hg.), *Der Kosovo-Krieg und das Völkerrecht*, Frankfurt am Main 2000, S. 232-241, hier: S. 240 f.

81 Jean-Jacques Rousseau, »Auszug aus dem Plan des ewigen Friedens des Herrn Abbé de Saint-Pierre«, in: Kurt von Raumer (Hg.), *Ewiger Friede. Friedensrufe und Friedenspläne seit der Renaissance*, Freiburg, München 1953, S. 343-368.

82 Jean-Jacques Rousseau, »Gutachten über den Plan eines ewigen Friedens«, in: ders., *Sozialphilosophische und Politische Schriften*, hg. von Iring Fetscher, München 1981, S. 393-404, hier: S. 395. Kant, Gemeinspruch, S. 172.

des Ausgangs von Individuen bzw. von Staaten aus dem Naturzustand in den Rechtszustand mit der gleichen Lösung, nämlich der notfalls auf Gewalt basierten Staats- bzw. Weltstaatsgründung zu versehen: Im letzteren Fall werden die schon bestehenden innerstaatlichen Verfassungen vernichtet, während das Funktionieren einer Weltverfassung noch unsicher wäre. Im Gegensatz zur Staatsgründung führte der Versuch der Weltstaatsgründung also nicht aus dem Naturzustand heraus, sondern in diesen zurück, m.a.W.: Diese Version der Friedensanstrengung ist Kant zufolge identisch mit Krieg.[83] – Bei Rousseau gelten bündige Formulierungen zum gleichen Problem: Der ewige Frieden im Weltstaat wird nicht »mit Hilfe eines Buches [des Abbé] zu begründen« sein, sondern als hegemoniale Errichtung durch Krieg. Rousseau resümiert: »bewundern wir [...] einen solch schönen Plan, doch trösten wir uns, daß wir seine Ausführung nicht erleben.«[84] Für diesen Trost Rousseaus gibt es freilich angesichts der gegenwärtig eingeschlagenen Entwicklung nur noch geringe Anhaltspunkte.

Schlußbemerkung

Angesichts der gefährlich-dilemmatischen Struktur des Globalstaatsprojekts ist zu fragen, welche Möglichkeiten »entgrenzter Politik« angesichts grenzüberschreitender Mobilität von Menschen, Wirtschaft und Umweltschädigung zur Verfügung stünden, Möglichkeiten, die intelligente Strukturen des demokratischen Nationalstaats nicht zerstörten, sondern sich ihrer auf innovative Weise bedienten. Dabei müßte der Nationalstaat nicht eigentlich »modernisiert«,[85] sondern lediglich von den Regressionen befreit werden, die ihn seit dem 19. Jahrhundert belasten. Angesichts der historisch erreichten »doppelten Codierung« des Begriffs der Nation, der heute zwischen der republikanischen Freiheit von Mitgliedschaften und quasi naturwüchsiger Gemeinschaft oszilliert, ist es in der Tat »eine empirische Frage«, in welchem Sinne sich politisch integrierte Gesellschaften jeweils verstehen.[86] Da es jedoch in

83 Kant, ZeF, S. 211.

84 Rousseau, »Gutachten«, S. 404.

85 So Höffe, *Demokratie im Zeitalter der Globalisierung*, S. 173-189.

86 Jürgen Habermas, »Inklusion – Einbeziehen oder Einschließen? Zum Verhältnis

den aktuellen Streitfragen zu politischen Transaktionen zwischen Staaten oder diesen und bereits bestehenden supranationalen Organisationen um *Rechts*fragen geht, in deren Perspektive immer schon die schiere Empirie sich einen normativen Anspruch gefallen lassen muß, sind gegenwärtige Konflikte und faktisch erhobene Ansprüche am *Rechts*begriff der Nation zu messen, nicht aber ist das bestehende Völkerrecht an das Faktum des sich ausbreitenden Ethnonationalismus anzupassen.

Den Unterdrückten dieser Erde ist durch den verbreiteten Rekurs auf die Nationalstaatsbildung derer, die den Entwicklungspfad von der vorpolitischen Nation zum Staat antraten (wie z. B. die Deutschen),[87] wenig zu helfen. Dieser Entwicklungspfad, der zur Akzentuierung getrennter Entwicklungen von Staat und Nation zwingt,[88] führt weder zu freier Mitgliedschaft noch zu einem demokratischen Staat. Es ist eher die »französische« juristische Begrifflichkeit Kants, die es erlaubt, Volk, Nation und Staat auf eine so abstrakte Weise zu identifizieren (siehe oben), daß Nationalstaat nichts anderes bedeutet als ein Staat in den Händen des Volkes, d. h.: ein demokratischer Staat. Es ist zugleich diese juristische Abstraktion von allen vorpolitischen Elementen, die möglichen Exklusionen die konkreten Anhaltspunkte entzieht und das Prinzip der Rechtsgleichheit trotz Differenz etabliert – ein Aspekt, der den Zusammenhang von Nationalstaatsbildung und Judenemanzipation am Beginn der Französischen Revolution ebenso erklärt wie (der abweichenden Konstruktion der US-amerikanischen Unionsverfassung unerachtet) die immense Fähigkeit des amerikanischen Nationalstaats zu Inklusionen. Wie immer über die zukünftige Leistungsfähigkeit des Nationalstaats im Bereich grenzüberschreitender politischer Agenda geurteilt werden mag: seine klassisch-juristische Definition eignet sich als Kriterium der Beurteilung konfliktorischer Rechtsansprüche in aktuellen weltweiten Konflikten, auf daß die Zielsetzungen interventionierender Mächte sich am Maßstab politischer Autonomie orientieren und umgekehrt

von Nation, Rechtsstaat und Demokratie«, in: ders., *Die Einbeziehung des Anderen,* Frankfurt am Main 1996, S. 154-184, hier: S. 156.

87 Jürgen Habermas, »Der europäische Nationalstaat – Zu Vergangenheit und Zukunft von Souveränität und Staatsbürgerschaft«, in: ders., *Die Einbeziehung des Anderen,* Frankfurt am Main 1996, S. 128-153, hier: S. 128.

88 Ebd., S. 130-141.

rassistische Terrororganisationen nicht mit demokratischen Befreiungsbewegungen verwechselt werden.

Was aber die Fähigkeit zu »entgrenzter Politik« angeht, so ist der Gedanke, auf weltweite Probleme durch eine globale Gesetzgebung mit globalem Anwendungsanspruch zu reagieren, möglicherweise unterkomplex. Auch die Unwahrscheinlichkeit der Annahme, daß ein Weltparlament leichter als ein nationalstaatliches dazu angehalten werden könnte, dringend nötige Gesetze gegen den Mißbrauch ökonomischer Macht oder Schutzbestimmungen für Arbeitskräfte und Umwelt wirklich zu beschließen, zwingt zur Suche nach möglichen Alternativen. Diese hätten einerseits zu gewährleisten, daß Normierungen in grenzüberschreitenden Problembereichen so koordiniert werden können, daß der heillose Wettbewerb der Nationalstaaten als Anbieter von Standortvorteilen für die Wirtschaft beendet werden kann, andererseits die Bedingungen und Möglichkeiten in den sehr verschieden entwickelten Regionen der Welt in Rechnung zu stellen, wozu »generelle« Gesetze einer globalen Gesetzgebung gerade nicht imstande sind.

Innerhalb dieser zwiespältigen Bedingungen müßte die Extraterritorialität der Rechtsgeltung verstärkt werden, die das Recht des demokratischen Nationalstaats immer schon ermöglichte, mit anderen Worten: Es wäre jenes Prinzip, auf das Rousseaus Enthusiasmus rekurrierte: das jüdische Gesetz gilt überall da auf der Welt, wo Juden sind, auf gegenwärtige Regelungsbedürfnisse zu beziehen. Daraus wäre einerseits zu folgern: Spezifische Arbeitsschutzbestimmungen gelten überall da, wo vergleichbar gearbeitet wird; spezifische Umweltschutzbestimmungen überall da, wo vergleichbare Umweltgefährdungen entstehen. Um z. B. *global players* daran zu hindern, in Ländern der sogenannten »Dritten Welt« Kinderarbeit oder Zwangsarbeit auszubeuten, genügten bereits Vereinbarungen zwischen den Industriestaaten, gemeinsam solche Akteure auf die hier geltenden Standards zu verpflichten, auch wenn Teile der Produktion außerhalb der Industriestaaten angesiedelt sind. Andererseits ist z. B. bei der Durchsetzung von Umweltstandards auf die Reproduktionsbedingungen unterentwickelter Gesellschaften Rücksicht zu nehmen. Dieser Gleichzeitigkeit von überregionalem Regelungsbedarf und regionaler Besonderheit kann durch zwischenstaatliche Vertragsbeziehungen (die unter nationalstaatliche demokratische Kontrolle zu stellen sind) leichter entsprochen werden als durch globale Gesetz- und Verfassunggebung oder gar durch einen neuen globalen »Gesellschaftsvertrag«. Dieser wäre kein Vertrag unter »Freien« und »Gleichen« und deshalb gar nicht als Vertrag, sondern nur durch imperiale Akte globaler Landnahme zu realisieren.

Literatur

Abromeit, Heidrun, *Wozu braucht man Demokratie? Die postnationale Herausforderung der Demokratie*, Opladen 2002.

Adorno, Theodor W., *Aspekte der Hegelschen Philosophie*, Berlin, Frankfurt am Main 1957.

Agamben, Giorgio, *Homo sacer. Die souveräne Macht und das nackte Leben*, Frankfurt am Main 2002.

Agamben, Giorgio, *Ausnahmezustand*, Frankfurt am Main 2004.

Alemann, Ulrich von (Hg.), *Neokorporatismus*, Frankfurt am Main 1981.

Althusius, Johannes, *Politica methodice digesta atque exemplis sacris et profanis illustrata*, zit. nach der Auswahlausgabe (*Grundbegriffe der Politik*), hg. von Erik Wolf, Frankfurt am Main 1948.

Angermann, Erich, »Der deutsche Frühkonstitutionalismus und das amerikanische Vorbild«, in: *Historische Zeitschrift* 219 (1974) S. 1-33.

Anschütz, Gerhard, *Die Verfassung des Deutschen Reiches vom 11. August 1919 (Kommentar)*, 14. Aufl. 1933, Nachdruck Bad Homburg v.d.H. 1965.

Aquin, Thomas von, *Über die Herrschaft des Fürsten*, Stuttgart 1971.

Aquin, Thomas von, *Theologische Summe II–II. Recht und Gerechtigkeit*, Neue Übersetzung und Kommentierung von Josef F. Groner, Arthur F. Utz, Bonn 1987, S. 3-17.

Arendt, Hannah, *Über die Revolution*, München 1974.

Arendt, Hannah, *Das Urteilen. Texte zu Kants politischer Philosophie*, hg. von Ronald Beiner, München, Zürich 1985.

Bast, Jürgen, *Totalitärer Pluralismus. Zu Franz L. Neumanns Analysen der politischen und rechtlichen Struktur der NS-Herrschaft*, Tübingen 1999.

Beard, Charles A., *An Economic Interpretation of the Constitution of the United States* (1913), dt.: *Eine ökonomische Interpretation der Verfassung der USA*, Frankfurt am Main 1974.

Beck, Ulrich, *Risikogesellschaft. Auf dem Weg in eine andere Moderne*, Frankfurt am Main 1986.

Beck, Ulrich, *Gegengifte. Die organisierte Unverantwortlichkeit*, Frankfurt am Main 1988.

Beck, Ulrich, »Über den postnationalen Krieg«, in: Reinhard Merkel (Hg.), *Der Kosovo-Krieg und das Völkerrecht*, Frankfurt am Main 2000, S. 232-241.

Benjamin, Walter, »Zur Kritik der Gewalt« (1921), in: ders., *Zur Kritik der Gewalt und andere Aufsätze*. Mit einem Nachwort von Herbert Marcuse, Frankfurt am Main 1965, S. 29-65.

Bericht und Protokolle des 8. Ausschusses über den Entwurf einer Verfassung

des Deutschen Reiches. Berichte der Nationalversammlung, Nr. 21, Berlin 1920.
Bermbach, Udo, »Widerstandsrecht, Souveränität, Kirche und Staat: Frankreich und Spanien im 16. Jahrhundert«, in: *Pipers Handbuch der Politischen Ideen*, hg. von Iring Fetscher, Herfried Münkler, Bd. 3, München 1985, S. 101-162.
Blanke, Thomas, »Sanfte Nötigung«, in: *Kritische Justiz* 27 (1994), S. 439-461.
Blankenburg, Erhard, Lenk, Klaus (Hg.), *Organisation und Recht. Organisatorische Bedingungen des Gesetzesvollzugs. Jahrbuch für Rechtssoziologie und Rechtstheorie*, Bd. 7, Opladen 1980.
Bloch, Ernst, *Naturrecht und menschliche Würde*, Frankfurt am Main 1961.
Boberach, Heinz (Hg.), *Richterbriefe. Dokumente zur Beeinflussung der deutschen Rechtsprechung 1942-1944*, Boppard 1975.
Bodin, Jean, *Les six livres de la république* (1583), Aalen 1961.
Bodin, Jean, *Über den Staat*, hg. von Gottfried Niedhart, Stuttgart 1994.
Bohman, James, »Die Öffentlichkeit des Weltbürgers. Über Kants ›negatives Surrogat‹«, in: Matthias Lutz-Bachmann, James Bohman (Hg.), *Frieden durch Recht. Kants Friedensidee und das Problem einer neuen Weltordnung*, Frankfurt am Main 1996, S. 87-113.
Böhme, Hartmut, Böhme, Gernot, *Das Andere der Vernunft. Zur Entwicklung von Rationalitätsstrukturen am Beispiel Kants*, Frankfurt am Main 1983.
Botul, Jean-Baptiste, *Das sexuelle Leben des Immanuel Kant*, Leipzig 2001.
Brandt, Reinhard, »Das Erlaubnisgesetz, oder: Vernunft und Geschichte in Kants Rechtslehre«, in: ders. (Hg.), *Rechtsphilosophie der Aufklärung*, Berlin, New York 1982, S. 233-285.
Brandt, Reinhard, »Habermas und Kant«, in: *Deutsche Zeitschrift für Philosophie* 50 (2002), S. 53-68.
Braun, Johann, *Freiheit, Gleichheit, Eigentum. Grundfragen des Rechts im Lichte der Philosphie Johann Gottlieb Fichtes*, Tübingen 1991.
Breuer, Stefan, *Sozialgeschichte des Naturrechts*, Opladen 1983.
Breuer, Stefan, »Nationalstaat und pouvoir constituant bei Sieyes und Carl Schmitt«, in: *Archiv für Rechts- und Sozialphilosophie* 70 (1984), S. 495-519.
Brocker, Manfred, *Arbeit und Eigentum: der Paradigmenwechsel in der neuzeitlichen Eigentumstheorie*, Darmstadt 1992.
Brüggemeier, Gert, »Umwelthaftungsrecht – Ein Beitrag zum Recht der ›Risikogesellschaft‹?«, in: *Kritische Justiz* 22 (1989), S. 209-230.
Brumlik, Micha, »Verfassungsgebungspatriotismus. Grundsätzliches zu einer imaginären Debatte«, in: *Blätter für deutsche und internationale Politik* 35 (1990), S. 702-708.

Brunkhorst, Hauke, *Demokratie und Differenz. Vom klassischen zum modernen Begriff des Politischen*, Frankfurt am Main 1994.
Burke, Edmund, *Betrachtungen über die Französische Revolution* (1790), hg. von Dieter Henrich, Frankfurt am Main 1967.

Campagna, Norbert, »Leviathan und Rechtsstaat«, in: *Archiv für Rechts- und Sozialphilosophie* 84 (1998), S. 340-353.
Czempiel, Ernst-Otto, *Die Reform der UNO*, München 1994.

Denninger, Erhard, »Freiheitsordnung – Wertordnung – Pflichtordnung«, in: Mehdi Tohidipur (Hg.), *Verfassung, Verfassungsgerichtsbarkeit, Politik*, Frankfurt am Main 1976, S. 163-183.
Denninger, Erhard, »Art. 1 Abs. 2, 3«, in: *Kommentar zum Grundgesetz für die Bundesrepublik Deutschland (Alternativkommentar)*. Band 1 Art. 1-20, Neuwied, Darmstadt 1984, S. 298-317.
Denninger, Erhard, »Verfassungsrechtliche Schlüsselbegriffe« (1985), in: ders., *Der gebändigte Leviathan*, Baden-Baden 1990, S. 158-177.
Der Neue Jurist. Ausbildungsreform in Bremen als Planungs- und Lernprozeß, hg. von Rudolf Wassermann, Theo Rasehorn, Frank Benseler, Darmstadt, Neuwied 1973.
Derrida, Jacques, *Gesetzeskraft. Der »mystische Grund der Autorität«*, Frankfurt am Main 1991.
Dreier, Ralf, »Widerstand und ziviler Ungehorsam im Rechtsstaat«, in: Peter Glotz (Hg.), *Ziviler Ungehorsam im Rechtsstaat*, Frankfurt am Main 1983, S. 54-74.
Dreier, Ralf, »Rechtsphilosophie und Diskurstheorie. Bemerkungen zu Habermas' ›Faktizität und Geltung‹«, in: *Zeitschrift für philosophische Forschung* 48 (1994), S. 90-103.
Durkheim, Emile, *Montesquieu et Rousseau: Précurseurs de la Sociologie*, Paris 1953.
Dworkin, Ronald, »Gerechtigkeit und Rechte« (1973), in: ders., *Bürgerrechte ernstgenommen*, Frankfurt am Main 1984, S. 252-302.

Eberl, Oliver, *Demokratie und Frieden. Kants Friedensschrift in den Kontroversen der Gegenwart*, Baden-Baden 2008.
Euchner, Walter, »Thomas Hobbes«, in: *Pipers Handbuch der Politischen Ideen*, Bd. 3, hg. von Iring Fetscher, Herfried Münkler, München 1985, S. 353-368.

Fetscher, Iring, *Rousseaus politische Philosophie. Zur Geschichte des demokratischen Freiheitsbegriffs*, Neuwied, Berlin ²1968.
Fetscher, Iring, »Immanuel Kant und die Französische Revolution«, in:

Zwi Batscha (Hg.), *Materialien zu Kants Rechtsphilosophie*, Frankfurt am Main 1976, S. 269-289.

Fetscher, Iring, »Johann Gottlieb Fichte«, in: *Pipers Handbuch der politischen Ideen*, Bd. 4, hg. von ders., Herfried Münkler, München, Zürich 1986, S. 174-199.

Fetscher, Iring, »Grenzen der Aktualität der politischen Philosophie Kants«, in: Dietmar H. Heidemann, Kristina Engelhard (Hg.), *Warum Kant heute? Systematische Bedeutung und Rezeption seiner Philosophie in der Gegenwart*, Berlin, New York 2004, S. 286-305.

Fichte, Johann Gottlieb, *Grundlage des Naturrechts nach Prinzipien der Wissenschaftslehre* (1796/97), hg. von Manfred Zahn, Hamburg 1979.

Fraenkel, Ernst, *Der Doppelstaat*, Frankfurt am Main, Köln 1974.

Franz, Günther (Hg.), *Staatsverfassungen*, Darmstadt 1975.

Freisler, Roland, »Richter und Gesetz«, in: Hans-Heinrich Lammers, Hans Pfundtner (Hg.), *Grundlagen, Aufbau und Wirtschaftsordnung des nationalsozialistischen Staates*, Bd. 1, Berlin 1936, S. 1-12.

Fromm, Erich, »Die psychoanalytische Charakterologie und ihre Bedeutung für die Sozialpsychologie« (1932), in: ders., *Analytische Sozialpsychologie und Gesellschaftstheorie*, Frankfurt am Main 1970, S. 41-70.

Gagnér, Sten, *Studien zur Ideengeschichte der Gesetzgebung*, Stockholm, Uppsala u. a. 1960.

Geier, Manfred, *Kants Welt. Eine Biographie*, Reinbek [2]2004.

Gerhardt, Volker, *Immanuel Kants Entwurf ›Zum Ewigen Frieden‹. Eine Theorie der Politik*, Darmstadt 1995.

Gerhardt, Volker, *Immanuel Kant. Vernunft und Leben*, Stuttgart 2002.

Gerhardt, Volker, *Kant zum Vergnügen*, Stuttgart 2004.

Glotz, Peter, *Der Irrweg des Nationalstaats: Europäische Reden an ein deutsches Publikum*, Stuttgart 1990.

Gough, John W., *Fundamental Law in English Constitutional History*, Oxford [2]1961.

Greenwood, Christopher, »Gibt es ein Recht auf humanitäre Intervention?«, in: Hauke Brunkhorst (Hg.), *Einmischung erwünscht? Menschenrechte und bewaffnete Intervention*, Frankfurt am Main 1998, S. 15-36.

Grimm, Dieter, »Die Gegenwartsprobleme der Verfassungspolitik und der Beitrag der Politikwissenschaft« (1978), in: ders., *Die Zukunft der Verfassung*, Frankfurt am Main 1991, S. 336-371.

Grimm, Dieter, »Der Verfassungsbegriff in historischer Entwicklung« (1990), in: ders., *Die Zukunft der Verfassung*, Frankfurt am Main 1991, S. 101-155.

Grimm, Dieter, *Die Verfassung und die Politik. Einsprüche in Störfällen*, München 2001.

Grimm, Dieter, *Souveränität. Herkunft und Zukunft eines Schlüsselbegriffs*, Berlin 2009.

Guéhenno, Jean-Marie, *Das Ende der Demokratie*, München ²1996.

Guggenberger, Bernd, Preuß, Ulrich K. u.a. (Hg.), *Eine Verfassung für Deutschland. Manifest, Text, Plädoyer*, München, Wien 1991.

Günther, Klaus, »Diskurstheorie des Rechts oder liberales Naturrecht in diskurstheoretischem Gewande?« in: *Kritische Justiz* 27 (1994), S. 470-487.

Habermas, Jürgen, *Strukturwandel der Öffentlichkeit. Untersuchungen zu einer Kategorie der bürgerlichen Gesellschaft*, Neuwied, Berlin 1962.

Habermas, Jürgen, »Naturrecht und Revolution« (1963), in: ders., *Theorie und Praxis. Sozialphilosophische Studien*, Neuwied, Berlin 1963, S. 89-127.

Habermas, Jürgen, »Die klassische Lehre von der Politik in ihrem Verhältnis zur Sozialphilosophie« (1963), in: ders., *Theorie und Praxis. Sozialphilosophische Studien*, Neuwied, Berlin 1963, S. 13-51.

Habermas, Jürgen, *Technik und Wissenschaft als Ideologie*, Frankfurt am Main 1968.

Habermas, Jürgen, »Legitimationsprobleme im modernen Staat«, in: *Politische Vierteljahresschrift*, Sonderheft 7 (1976), S. 39-61.

Habermas, Jürgen, *Theorie des kommunikativen Handelns*, 2 Bde., Frankfurt am Main 1981.

Habermas, Jürgen, »Die Philosophie als Platzhalter und Interpret« (1983), in: ders., *Moralbewußtsein und kommunikatives Handeln,* Frankfurt am Main 1983, S. 9-28.

Habermas, Jürgen, »Diskursethik. Notizen zu einem Begründungsprogramm« (1983), in: ders., *Moralbewußtsein und kommunikatives Handeln*, Frankfurt am Main 1983, S. 53-125.

Habermas, Jürgen, »Die Krise des Wohlfahrtsstaates und die Erschöpfung utopischer Energien« (1985), in: ders., *Die Neue Unübersichtlichkeit. Kleine politische Schriften V*, Frankfurt am Main 1985, S. 141-163.

Habermas, Jürgen, *Der philosophische Diskurs der Moderne*, Frankfurt am Main 1985.

Habermas, Jürgen, *Nachmetaphysisches Denken*, Frankfurt am Main 1988.

Habermas, Jürgen, »Treffen Hegels Einwände gegen Kant auch auf die Diskursethik zu?« (1986), in: ders., *Erläuterungen zur Diskursethik*, Frankfurt am Main 1991, S. 9-30.

Habermas, Jürgen, *Faktizität und Geltung. Beiträge zur Diskurstheorie des Rechts und des demokratischen Rechtsstaats*, Frankfurt am Main 1992.

Habermas, Jürgen, »Kants Idee des ewigen Friedens – aus dem historischen Abstand von 200 Jahren« (1995), in: ders., *Die Einbeziehung des Anderen. Studien zur politischen Theorie*, Frankfurt am Main 1996, S. 192-236.

Habermas, Jürgen, »Der europäische Nationalstaat – Zu Vergangenheit und Zukunft von Souveränität und Staatsbürgerschaft« (1996), in: ders., *Die Einbeziehung des Anderen. Studien zur politischen Theorie*, Frankfurt am Main 1996, S. 128-153.

Habermas, Jürgen, »Inklusion – Einbeziehen oder Einschließen? Zum Verhältnis von Nation, Rechtsstaat und Demokratie« (1996), in: ders., *Die Einbeziehung des Anderen. Studien zur politischen Theorie*, Frankfurt am Main 1996, S. 154-184.

Habermas, Jürgen, »Über den internen Zusammenhang von Rechtsstaat und Demokratie« (1994), in: ders., *Die Einbeziehung des Anderen. Studien zur politischen Theorie*, Frankfurt am Main 1996, S. 293-305.

Habermas, Jürgen, »Versöhnung durch öffentlichen Vernunftgebrauch«, in: *Zur Idee des politischen Liberalismus. John Rawls in der Diskussion*, hg. von Philosophische Gesellschaft Bad Homburg und Wilfried Hinsch, Frankfurt am Main 1997, S. 169-195.

Habermas, Jürgen, »Hat die Konstitutionalisierung des Völkerrechts noch eine Chance?« (2004), in: ders., *Der gespaltene Westen. Kleine politische Schriften* X, Frankfurt am Main 2004, S. 113-193.

Habermas, Jürgen, »Eine politische Verfassung für die pluralistische Weltgesellschaft?« (2005), in: ders., *Zwischen Naturalismus und Religion*, Frankfurt am Main 2005, S. 324-365.

Häberle, Peter, *Die Wesensgehaltsgarantie des Art. 19 Abs. 2 Grundgesetz. Zugleich ein Beitrag zum institutionellen Verständnis der Grundrechte und zur Lehre vom Gesetzesvorbehalt*, Karlsruhe 1962.

Häberle, Peter, »Die offene Gesellschaft der Verfassungsinterpreten«, in: ders., *Verfassung als öffentlicher Prozeß. Materialien zu einer Verfassungstheorie der offenen Gesellschaft*, Berlin 1978, S. 155-176.

Häberle, Peter, »Zeit und Verfassung«, in: ders., *Verfassung als öffentlicher Prozeß, Materialien zu einer Verfassungstheorie der offenen Gesellschaft*, Berlin 1978, S. 59-92.

Häberle, Peter, »Verfassungsinterpretation und Verfassunggebung«, in: ders., *Verfassung als öffentlicher Prozeß*, Berlin 1978, S. 182-224.

Hamilton, Alexander, Madison, James, Jay, John, *Die Federalist-Artikel. Politische Theorie und Verfassungskommentar der amerikanischen Gründungsväter*, hg. von Angela Adams, Willi P. Adams, Paderborn, München u. a. 1994 (amerik. Ausgabe s. unter Madison, James).

Hegel, Georg Wilhelm Friedrich, *Grundlinien der Philosophie des Rechts*, in: *Werke*, hg. von Eva Moldenhauer, Karl M. Michel, Bd. 7, Frankfurt am Main 1970.

Held, David, »Democracy, the Nation–State and the Global System«, in: ders. (Hg.), *Political Theory today*, Stanford/CA. 1991, S. 197-235.

Held, David, *Democracy and the Global Order*, Cambridge 1995.

Held, David, »Kosmopolitische Demokratie und Weltordnung. Eine neue Tagesordnung«, in: Matthias Lutz-Bachmann, James Bohman (Hg.), *Frieden durch Recht. Kants Friedensidee und das Problem einer neuen Weltordnung*, Frankfurt am Main 1996, S. 220-239.

Held, Josef, *System des Verfassungsrechts der monarchischen Staaten Deutschlands mit besonderer Rücksicht auf den Constitutionalismus*, Bd. 1, Würzburg 1856.

Heller, Herman, *Die Souveränität. Ein Beitrag zur Theorie des Staats- und Völkerrechts* (1927), in: ders., *Gesammelte Schriften*, Bd. 2, Leiden, Tübingen 1971, S. 31-202.

Hennis, Wilhelm, *Meinungsforschung und repräsentative Demokratie*, Tübingen 1957.

Henrich, Dieter, *Einführung in das englische Privatrecht*, Darmstadt 1971.

Henrich, Dieter, Horstmann, Rolf-P. (Hg.), *Hegels Philosophie des Rechts. Die Theorie der Rechtsformen und ihre Logik*, Stuttgart 1982.

Hereth, Michael, *Montesquieu zur Einführung*, Hamburg 1995.

Hill, Christopher, *The Century of Revolution 1603-1714*, New York 1966.

Hirsch, Michael, *Die zwei Seiten der Entpolitisierung. Zur politischen Theorie der Gegenwart*, Stuttgart 2007.

Hobbes, Thomas, *Leviathan or the Matter, Forme and Power of a Commonwealth Ecclesiasticall and Civil* (1651), edited with an Introduction by Michael Oakeshott, Oxford 1960.

Hobbes, Thomas, *Leviathan oder Stoff, Form und Gewalt eines bürgerlichen und kirchlichen Staates* (1651), hg. und eingeleitet von Iring Fetscher, übersetzt von Walter Euchner, Neuwied, Berlin 1966.

Hobbes, Thomas, *Vom Körper. Elemente der Philosophie I* (1655), Hamburg 1967.

Hobbes, Thomas, *Dialog zwischen einem Philosophen und einem Juristen über das englische Recht* (1681), hg. von Bernard Willms, Weinheim 1992.

Höffe, Otfried, »Kritische Einführung in Rawls' Theorie der Gerechtigkeit«, in: ders. (Hg.), *Über John Rawls' Theorie der Gerechtigkeit*, Frankfurt am Main 1977, S. 11-40.

Höffe, Otfried, *Politische Gerechtigkeit. Grundlegung einer kritischen Philosophie von Recht und Staat*, Frankfurt am Main 1987.

Höffe, Otfried, »Eine Konversion der kritischen Theorie? Zu Habermas' Rechts- und Staatstheorie«, in: *Rechtshistorisches Journal* 12 (1993), S. 70-88.

Höffe, Otfried, »›Sed authoritas, non veritas, facit legem‹. Zum Kapitel 26 des Leviathan«, in: Wolfgang Kersting (Hg.), *Thomas Hobbes Leviathan oder Stoff, Form und Gewalt eines bürgerlichen und kirchlichen Staates*, Reihe Klassiker Auslegen, Berlin 1996, S. 235-257.

Höffe, Otfried, *Demokratie im Zeitalter der Globalisierung*, München 1999.

Holmes, Stephen, »Gag Rules or the Politics of Omission«, in: Jon Elster, Rune Slagstad (Hg.), *Constitutionalism and Democracy*, Cambridge 1988, S. 19-58.

Honneth, Axel (Hg.), *Kommunitarismus. Eine Debatte über die moralischen Grundlagen moderner Gesellschaften*, Frankfurt am Main 1993.

Jellinek, Georg, *Allgemeine Staatslehre* (1900), 7. Neudruck der 3. Aufl., Darmstadt 1960.

Jellinek, Georg, *System der subjektiven öffentlichen Rechte* (1905), Tübingen [2]1919.

Kambartel, Friedrich, »Kants Entwurf und das Prinzip der Nichteinmischung in die inneren Staatsangelegenheiten. Grundsätzliches zur Politik der Vereinten Nationen« in: Mathias Lutz-Bachmann, James Bohman (Hg.), *Frieden durch Recht. Kants Friedensidee und das Problem einer neuen Weltordnung*, Frankfurt am Main 1996, S. 240-250.

Kant, Immanuel, *Werkausgabe*, 12 Bde., hg. von Wilhelm Weischedel, Frankfurt am Main 1974-1977.

- *Kritik der reinen Vernunft* [1781], Bd. III, IV (=KrV).
- *Prolegomena zu einer jeden künftigen Metaphysik, die als Wissenschaft wird auftreten können* [1783], Bd. V (=Prol.).
- *Idee zu einer allgemeinen Geschichte in weltbürgerlicher Absicht* [1784], Bd. XI (=Idee).
- *Grundlegung zur Metaphysik der Sitten* [1785], Bd. VII (=GMS).
- *Kritik der praktischen Vernunft* [1788], Bd. VII (=KpV).
- *Kritik der Urteilskraft* [1790], Bd. X (=KU).
- *Die Religion innerhalb der Grenzen der bloßen Vernunft* [1793], Bd. VIII (=Religion).
- *Über den Gemeinspruch: Das mag in der Theorie richtig sein, taugt aber nicht für die Praxis* [1793], Bd. XI (= Gemeinspruch).
- *Zum ewigen Frieden* [1795], Bd. XI (=ZeF).
- *Die Metaphysik der Sitten* [1797], Bd. VIII (=MdS; Rechtslehre=RL; Tugendlehre=TL).
- *Der Streit der Fakultäten* [1798], Bd. XI (=Streit).

Kant, Immanuel, *Akademie-Ausgabe* (=AA), Berlin 1900 ff.

- Vorarbeiten zu Zum ewigen Frieden, Bd. XXIII.
- Vorarbeiten zu Die Metaphysik der Sitten. Erster Teil Metaphysische Anfangsgründe der Rechtslehre, Bd. XXIII.
- Reflexionen zur Rechtsphilosophie, Bd. XIX.

Kaufmann, Erich, »Die Gleichheit vor dem Gesetz in Sinne des Art. 109 der Reichsverfassung«, in: *Veröffentlichungen der Vereinigung der deutschen Staatsrechtslehrer* 3 (1927), S. 2-24.

Kelsen, Hans, *Das Problem der Souveränität* (1920), Aalen 1960.
Kelsen, Hans, *Wer soll der Hüter der Verfassung sein?* Berlin 1931.
Kern, Fritz, *Gottesgnadentum und Widerstandsrecht im früheren Mittelalter*, Darmstadt [7]1980.
Kersting, Wolfgang, *Thomas Hobbes zur Einführung*, Hamburg 1992.
Kersting, Wolfgang, *John Rawls zur Einführung*, Hamburg 1993.
Kersting, Wolfgang, *Die politische Philosophie des Gesellschaftsvertrags*, Darmstadt 1994.
Kersting, Wolfgang, »Rechtsverbindlichkeit und Gerechtigkeit bei Thomas Hobbes. Bemerkungen anläßlich der zugleich naturrechtlichen und modernitätseuphorischen Hobbes-Interpretation von Norbert Campagna«, in: *Archiv für Rechts- und Sozialphilosophie* 84 (1998), S. 354-376.
Kielmansegg, Peter Graf, *Volkssouveränität. Eine Untersuchung der Bedingungen demokratischer Legitimität*, Stuttgart 1977.
Kirchheimer, Otto, »Die Rechtsordnung des Nationalsozialismus«, in: ders., *Funktionen des Staats und der Verfassung*, Frankfurt am Main 1972, S. 115-142.
Knoepfel, Peter, »Verrechtlichung und Interesse. Interessenberücksichtigungsmuster in drei Grundtypen von Verrechtlichungsstrategien aus der Umwelt-, Risiko- und Bildungspolitik«, in: Rüdiger Voigt (Hg.), *Verrechtlichung*, Königstein im Taunus 1980, S. 77-93.
Knoepfel, Peter, Weidner, Helmut, »Normbildung und Implementation: Interessenberücksichtigungsmuster in Programmstrukturen von Luftreinhaltepolitiken«, in: Renate Mayntz (Hg.), *Implementation politischer Programme*, Königstein im Taunus. 1980, S. 82-104.
Koller, Peter, *Neue Theorien des Sozialkontrakts*, Berlin 1987.
Kriele, Martin, *Einführung in die Staatslehre. Die geschichtlichen Legitimitätsgrundlagen des demokratischen Verfassungsstaates*, Reinbek 1975.
Kupka, Thomas, »Jürgen Habermas' diskurstheoretische Reformulierung des klassisschen Vernunftrechts«, in: *Kritische Justiz* 27 (1994), S. 461-469.

Ladeur, Karl-Heinz, »Vom Gesetzesvollzug zur strategischen Rechtsfortbildung«, in: *Leviathan* 7 (1979), S. 339-375.
Ladeur, Karl-Heinz, »›Abwägung‹ – ein neues Rechtsparadigma? Von der Einheit der Rechtsordnung zur Pluralität der Rechtsdiskurse«, in: *Archiv für Rechts- und Sozialphilosophie* 69 (1983), S. 463-483.
Lange, Heinrich, *Vom Gesetzesstaat zum Rechtsstaat*, Tübingen 1934.
Larenz, Karl, *Deutsche Rechtserneuerung und Rechtsphilosophie*, Tübingen 1934.
Larmore, Charles, »Die Wurzeln radikaler Demokratie«, in: *Deutsche Zeitschrift für Philosophie* 41 (1993), S. 321-327.
Laski, Harold J., *Studies in the Problem of Sovereignty*, New Haven, London u. a. 1917.

Lemmermann, Heinz, *Punkt 5 Uhr früh beginnt das Leben … Der oft skurrile Alltag des Immanuel Kant (1724-1804), leicht satirisch kommentiert*, Bremen 2004.

Locke, John, *Two Treatises of Government* (1690), hg. von Peter Laslett, Cambridge [2]1967 (ST=Second Treatise).

Locke, John, *Zwei Abhandlungen über die Regierung*, hg. von Walter Euchner, Frankfurt am Main, Wien 1967.

Luhmann, Niklas, *Grundrechte als Institution*, Berlin 1965.

Luhmann, Niklas, *Legitimation durch Verfahren*, Neuwied, Berlin 1969.

Luhmann, Niklas, »Gesellschaftliche und politische Bedingungen des Rechtsstaats«, in: ders., *Politische Planung*, Opladen 1971, S. 53-65.

Luhmann, Niklas, *Rechtssoziologie*, Reinbek 1972.

Luhmann, Niklas, »Politische Verfassungen im Kontext des Gesellschaftssystems«, in: *Der Staat* 12 (1973), S. 1-22, 165-182.

Luhmann, Niklas, *Ausdifferenzierung des Rechts*, Frankfurt am Main 1981.

Luhmann, Niklas, *Soziale Systeme. Grundriß einer allgemeinen Theorie*, Frankfurt am Main 1984.

Luhmann, Niklas, »Verfassung als evolutionäre Errungenschaft«, in: *Rechtshistorisches Journal* 9 (1990), S. 176-220.

Luhmann, Niklas, *Das Recht der Gesellschaft*, Frankfurt am Main 1993.

Luhmann, Niklas, »Quod omnes tangit … Anmerkungen zur Rechtstheorie von Jürgen Habermas«, in: *Rechtshistorisches Journal* 12 (1993), S. 36-56.

Lyotard, Jean-François, »Memorandum über die Legitimität«, in: Peter Engelmann (Hg.), *Postmoderne und Dekonstruktion*, Stuttgart 1990, S. 54-75.

Macpherson, Crawford B., *Die politische Theorie des Besitzindividualismus. Von Hobbes bis Locke*, Frankfurt am Main 1967.

Madison, James, Hamilton, Alexander, Jay, John, *The Federalist Papers*, hg. von Isaac Kramnick, London, New York u. a. 1987 (dt. Ausgabe s. unter Hamilton, Alexander).

Maihofer, Werner (Hg.), *Naturrecht oder Rechtspositivismus?* Darmstadt 1962.

Magna Carta Libertatum (dt.), in: *Quellen zur neueren Geschichte*, hg. von Hans Wagner, Heft 16, Bern 1951.

Marcuse, Herbert, »Das Veralten der Psychoanalyse«, in: ders., *Kultur und Gesellschaft* 2, Frankfurt am Main 1965, S. 85-106.

Martin, Dirk, *Überkomplexe Gesellschaft. Eine Kritik der Systemtheorie Niklas Luhmanns*, Münster 2010.

Maruyama, Masao, »Was man ist und was man tut«, in: ders., *Denken in Japan*, Frankfurt am Main 1988, S. 135-160.

Marx, Karl, »Zur Judenfrage«, in: *MEW*, Bd. 1, Berlin 1957, S. 347-377.

Marx, Karl, »Kritik des Hegelschen Staatsrechts«, in: *MEW*, Bd. 1, Berlin 1957, S. 201-333.

Marx, Karl, *Das Kapital*, Bd. 1, in: *MEW*, Bd. 23, Berlin 1957.

Mason, Alpheus Th., *The States Rights Debate. Antifederalism and the Constitution*, Englewood Cliffs, New York 1964.

Massing, Otwin, »Souveränität – ein unverzichtbarer Anachronismus?«, in: Rüdiger Voigt (Hg.), *Abschied vom Staat – Rückkehr zum Staat?*, Baden-Baden 1993, S. 51-93.

Maus, Ingeborg, *Bürgerliche Rechtstheorie und Faschismus. Zur sozialen Funktion und aktuellen Wirkung der Theorie Carl Schmitts*, München 1976.

Maus, Ingeborg, »Entwicklung und Funktionswandel der Theorie des bürgerlichen Rechtsstaats« (1978), in: dies., *Rechtstheorie und politische Theorie im Industriekapitalismus*, München 1986, S. 11-83.

Maus, Ingeborg, »Zur Problematik des Rationalitäts- und Rechtsstaatspostulats in der gegenwärtigen juristischen Methodik am Beispiel Friedrich Müllers«, in: Wolfgang Abendroth u. a. (Hg.), *Ordnungsmacht? Über das Verhältnis von Legalität, Konsens und Herrschaft – Festschrift für Helmut Ridder zum 60. Geburtstag*, Frankfurt am Main 1981, S. 153-179.

Maus, Ingeborg, »Rechtsgleichheit und gesellschaftliche Differenzierung bei Carl Schmitt« (1985), in: dies., *Rechtstheorie und politische Theorie im Industriekapitalismus*, München 1986, S. 111-139.

Maus, Ingeborg, »Verrechtlichung, Entrechtlichung und der Funktionswandel von Institutionen« (1986), in: dies., *Rechtstheorie und politische Theorie im Industriekapitalismus*, München 1986, S. 277-331.

Maus, Ingeborg, »›Gesetzesbindung‹ der Justiz und die Struktur der nationalsozialistischen Rechtsnormen«, in: Ralf Dreier, Wolfgang Sellert (Hg.), *Recht und Justiz im »Dritten Reich«*, Frankfurt am Main 1989, S. 81-103.

Maus, Ingeborg, »Justiz als gesellschaftliches Über-Ich. Zur Funktion von Rechtsprechung in der ›vaterlosen Gesellschaft‹«, in: Werner Faulstich, Gunter E. Grimm (Hg.), *Sturz der Götter? Vaterbilder in Literatur, Medien und Kultur des 20. Jahrhunderts*, Frankfurt am Main 1989, S. 121-149.

Maus, Ingeborg, »Die Trennung von Recht und Moral als Begrenzung des Rechts« (1989), in: dies., *Zur Aufklärung der Demokratietheorie. Rechts- und demokratietheoretische Überlegungen im Anschluß an Kant (Anhang)*, Frankfurt am Main 1992, S. 308-336.

Maus, Ingeborg, »Zur Theorie der Institutionalisierung bei Kant« (1990), in: dies., *Zur Aufklärung der Demokratietheorie. Rechts- und demokratietheoretische Überlegungen im Anschluß an Kant (Anhang)*, Frankfurt am Main 1992, S. 249-297.

Maus, Ingeborg, »Plädoyer für eine rechtsgebietsspezifische Methodologie oder: wider den Imperialismus in der juristischen Methodendiskussion«, in: *Kritische Vierteljahresschrift für Gesetzgebung und Rechtswissenschaft* 74 (1991), S. 107-122.

Maus, Ingeborg, *Zur Aufklärung der Demokratietheorie. Rechts- und demokratietheoretische Überlegungen im Anschluß an Kant*, Frankfurt am Main 1992.

Maus, Ingeborg, »›Volk‹ und ›Nation‹ im Denken der Aufklärung«, in: *Blätter für deutsche und internationale Politik* 39 (1994), S. 602-612.

Maus, Ingeborg, »Zum Verhältnis von Recht und Moral aus demokratietheoretischer Sicht«, in: Kurt Bayertz (Hg.), *Politik und Ethik*, Stuttgart 1996, S. 194-227.

Maus, Ingeborg, »Volkssouveränität und das Prinzip der Nichtintervention in der Friedensphilosophie Immanuel Kants«, in: Hauke Brunkhorst (Hg.), *Einmischung erwünscht? Menschenrechte und bewaffnete Intervention*, Frankfurt am Main 1998, S. 88-116.

Maus, Ingeborg, »Die Errichtung Europas auf den Trümmern der Demokratie? Zur Verteidigung der Verfassungsprinzipien des ›alten‹ Europa (I)« in: *Blätter für deutsche und internationale Politik* 50 (2005), S. 679-692.

Maus, Ingeborg, »Demokratie und Justiz in nationalstaatlicher und europäischer Perspektive. Zur Verteidigung der Verfassungsprinzipien des ›alten‹ Europa (III)«, in: *Blätter für deutsche und internationale Politik* 50 (2005), S. 965-979.

Maus, Ingeborg, »Kant's Reasons against a Global State: Popular Sovereignty as a Principle of International Law«, in: Luigi Caranti (Hg.), *Kant's Perpetual Peace. New Interpretative Essays*, Rom 2006, S. 35-54.

Maus, Ingeborg, »Verfassung oder Vertrag. Zur Verrechtlichung globaler Politik«, in: Peter Niesen, Benjamin Herborth (Hg.), *Anarchie der kommunikativen Freiheit. Jürgen Habermas und die Theorie der internationalen Politik*, Frankfurt am Main 2007, S. 350-382.

Mayer, Otto, *Deutsches Verwaltungsrecht I* (1895), München, Leipzig 1924.

McCarthey, Thomas, »Über die Idee eines vernünftigen Völkerrechts«, in: Mattias Lutz-Bachmann, James Bohman (Hg.), *Frieden durch Recht. Kants Friedensidee und das Problem einer neuen Weltordnung*, Frankfurt am Main 1996, S. 200-219.

Menzel, Ulrich, *Globalisierung versus Fragmentierung*, Frankfurt am Main 1998.

Merle, Jean-Christophe, »L'institutionalisation du droit de résistance chez Fichte«, in: Jean-Claude Zancarini (Hg.), *Le droit de résistance – XIIe-XXe siècle*, Paris 1999, S. 273-290.

Michelman, Frank I., »Law's Republic«, in: *The Yale Law Journal* 97 (1988), S. 1493-1537.

Michels-Wenz, Ursula, *Kant für Gestresste*, Frankfurt am Main 2004.
Mohl, Robert von, *Das Staatsrecht des Königreiches Württemberg* (1829), Bd. 1, Tübingen [2]1840.
Möllers, Christoph, »Verfassunggebende Gewalt – Verfassung – Konstitutionalisierung. Begriffe einer Verfassung in Europa«, in: Arnim von Bogdandy (Hg.), *Europäisches Verfassungsrecht. Theoretische und dogmatische Grundzüge*, Berlin, Heidelberg 2003, S. 1-57.
Montesquieu, Charles-Louis de Secondat, *Vom Geist der Gesetze* (1748), 2 Bde., hg. von Ernst Forsthoff, Tübingen 1992.
Müller, Friedrich, *Juristische Methodik und Politisches System. Elemente einer Verfassungstheorie II*, Berlin 1976.
Müller, Friedrich, *Fragment (über) Verfassunggebende Gewalt des Volkes. Elemente einer Verfassungstheorie V*, Berlin 1995.
Müller, Friedrich, *Wer ist das Volk? Die Grundfrage der Demokratie – Elemente einer Verfassungstheorie VI*, Berlin 1997.

Narr, Wolf-D., »Recht – Demokratie – Weltgesellschaft«, in: *Probleme des Klassenkampfes* 24 (1994), S. 87-112.
Neumann, Franz, »Der Funktionswandel des Gesetzes im Recht der bürgerlichen Gesellschaft« (1937), in: ders., *Demokratischer und autoritärer Staat. Studien zur politischen Theorie*, Frankfurt am Main, Wien 1967, S. 31-81.
Neumann, Franz, »Zum Begriff der politischen Freiheit« (1953), in: ders., *Demokratischer und autoritärer Staat. Studien zur politischen Theorie*, Frankfurt am Main, Wien 1967, S. 100-141.
Neumann, Franz, *Behemoth. Struktur und Praxis des Nationalsozialismus 1933-1944*, hg. und übersetzt von Gert Schäfer, Köln, Frankfurt am Main 1977.
Niesen, Peter, *Kants Theorie der Redefreiheit*, Baden-Baden 2005.
Nohlen, Dieter (Hg.), *Lexikon der Politik*, Bd. I, München 1995.

O'Neill, Onora, *Tugend und Gerechtigkeit. Eine konstruktive Darstellung des praktischen Denkens*, Berlin 1996.

Padua, Marsilius von, *Der Verteidiger des Friedens/Defensor Pacis* (1324), 2 Bde., Darmstadt 1958.
Pasquino, Pasquale, »Die Lehre vom ›pouvoir constituant‹ bei Emmanuel Sieyes und Carl Schmitt. Ein Beitrag zur Untersuchung der Grundlagen der modernen Demokratietheorie«, in: Helmut Quaritsch (Hg.), *Complexio Oppositorum. Über Carl Schmitt.* Vorträge und Diskussionsbeiträge des 28. Sonderseminars 1986 der Hochschule für Verwaltungswissenschaften Speyer, Berlin 1988, S. 371-385.

Pogge, Thomas, *John Rawls*, München 1994.
Preuß, Ulrich K., *Die Internalisierung des Subjekts. Zur Kritik der Funktionsweise des subjektiven Rechts*, Frankfurt am Main 1979.
Preuß, Ulrich K., *Revolution, Fortschritt und Verfassung. Zu einem neuen Verfassungsverständnis*, Berlin 1990.
Preuß, Ulrich K., »Die Bedeutung kognitiver und moralischer Lernfähigkeit für die Demokratie«, in: Claus Offe (Hg.), *Demokratisierung der Demokratie. Diagnosen und Reformvorschläge*, Frankfurt am Main, New York 2003, S. 259-280.

Rawls, John, *Eine Theorie der Gerechtigkeit*, Frankfurt am Main 1975.
Rawls, John, *Die Idee des politischen Liberalismus*, Frankfurt am Main 1992.
Rawls, John, »Das Völkerrecht«, in: Stephen Shute, Susan Hurley (Hg.), *Die Idee der Menschenrechte*, Frankfurt am Main 1996, S. 53-103.
Rawls, John, »Das Ideal des öffentlichen Vernunftgebrauchs«, in: *Zur Idee des politischen Liberalismus. John Rawls in der Diskussion*, hg. von Philosophische Gesellschaft Bad Homburg und Wilfried Hinsch, Frankfurt am Main 1997, S. 116-141.
Rawls, John, »Erwiderung auf Habermas«, in: *Zur Idee des politischen Liberalismus. John Rawls in der Diskussion*, hg. von Philosophische Gesellschaft Bad Homburg und Wilfried Hinsch, Frankfurt am Main 1997, S. 196-262.
Renan, Ernest, *Was ist eine Nation? Und andere politische Schriften*, Wien 1995.
Ridder, Helmut, »Zur Verfassungsdoktrin des NS-Staates« (1969), in: ders., *Gesammelte Schriften*, hg. von Dieter Deiseroth, Peter Derleder, Christoph Koch, Frank-Walter Steinmeier, Baden-Baden 2010, S. 597-625.
Ridder, Helmut, *Die soziale Ordnung des Grundgesetzes. Leitfaden zu den Grundrechten einer demokratischen Verfassung* (1975), in: ders., *Gesammelte Schriften*, hg. von. Dieter Deiseroth, Peter Derleder, Christoph Koch, Frank-Walter Steinmeier, Baden-Baden 2010, S. 7-190.
Rödel, Ulrich, Frankenberg, Günter, Dubiel, Helmut, *Die demokratische Frage*, Frankfurt am Main 1989.
Rousseau, Jean-Jacques, »Discours – Si le rétablissement des sciences et des arts a contribué a épurer les mœurs« (1750), in: *Œuvres Choisies de Jean-Jacques Rousseau*, ed. Garnier Frères, Paris 1962, S. 1-24.
Rousseau, Jean-Jacques, »Abhandlung über die von der Akademie zu Dijon gestellte Frage, ob die Wiederherstellung der Wissenschaften und Künste zur Läuterung der Sitten beigetragen habe« (1750), in: ders., *Sozialphilosophische und Politische Schriften*, hg. von Iring Fetscher, München 1981, S. 5-35.
Rousseau, Jean-Jacques, *Diskurs über die Ungleichheit* (1755), hg. von Heinrich Meier, Paderborn, München u. a. 1990.

Rousseau, Jean-Jacques, *Du contrat social ou principes du droit politique* (=CS) (1762), in: *Œuvres Choisies de Jean-Jacques Rousseau*, ed. Garnier Frères, Paris 1962, S. 235-336.

Rousseau, Jean-Jacques, *Vom Gesellschaftsvertrag oder Grundsätze des Staatsrechts* (=CS), hg. und neu übers. von Hans Brockard, Stuttgart 1986.

Rousseau, Jean-Jacques, »Entwurf einer Verfassung für Korsika« (1766), in: ders., *Sozialphilosophische und Politische Schriften*, hg. von Iring Fetscher, München 1981, S. 509-561.

Rousseau, Jean-Jacques, »Betrachtungen über die Regierung Polens« (1771), in: ders., *Sozialphilosophische und Politische Schriften*, hg. von Iring Fetscher, München 1981, S. 565-655.

Rousseau, Jean-Jacques, »Auszug aus dem Plan des ewigen Friedens des Herrn Abbé de Saint-Pierre«, in: Kurt von Raumer (Hg.), *Ewiger Friede. Friedensrufe und Friedenspläne seit der Renaissance*, Freiburg, München 1953, S. 343-368.

Rousseau, Jean-Jacques, »Gutachten über den Plan eines ewigen Friedens«, in: ders., *Sozialphilosophische und Politische Schriften*, hg. von Iring Fetscher, München 1981, S. 393-404.

Rousseau, Jean-Jacques, *Politische Schriften*, hg. von Ludwig Schmidts, Paderborn [2]1995.

Scheuerman, William E., *Between the Norm and the Exception. The Frankfurt School and the Rule of Law*, Cambridge/Mass. 1994.

Scheuerman, William E., *Liberal Democracy and the Social Acceleration of Time*, Baltimore, London 2004.

Scheuerman, William E., »American Kingship? Monarchical Origins of Modern Presidentialism«, in: *Polity* 37 (2005), S. 24-53.

Schmitt, Carl, *Der Wert des Staates und die Bedeutung des einzelnen*, Tübingen 1914.

Schmitt, Carl, *Politische Theologie. Vier Kapitel zur Lehre von der Souveränität* (1922), München, Leipzig 1934.

Schmitt, Carl, *Politische Romantik*, München, Leipzig [2]1925.

Schmitt, Carl, *Volksentscheid und Volksbegehren. Ein Beitrag zur Auslegung der Weimarer Verfassung und zur Lehre von der unmittelbaren Demokratie*, Berlin, Leipzig 1927.

Schmitt, Carl, *Die Diktatur. Von den Anfängen des modernen Souveränitätsgedankens bis zum proletarischen Klassenkampf* ([2]1928 mit einem Anhang: »Die Diktatur des Reichspräsidenten nach Artikel 48 der Weimarer Verfassung«), Berlin 1964.

Schmitt, Carl, *Verfassungslehre* (1928), Berlin 1957.

Schmitt, Carl, *Der Hüter der Verfassung* (1931), Berlin 1969.

Schmitt, Carl, *Der Begriff des Politischen* (1932), Berlin 1963.

Schmitt, Carl, *Legalität und Legitimität* (1932), in: ders., *Verfassungsrechtliche Aufsätze aus den Jahren 1924-1954. Materialien zu einer Verfassungslehre*, Berlin 1958, S. 263-350.

Schmitt, Carl, »Grundrechte und Grundpflichten« (1932), in: ders., *Verfassungsrechtliche Aufsätze*, Berlin 1958, S. 181-231.

Schmitt, Carl, *Fünf Leitsätze für die Rechtspraxis*, hg. vom Presse- und Zeitschriftenamt des Bundes nationalsozialistischer deutscher Juristen, Berlin 1933.

Schmitt, Carl, *Über die drei Arten des rechtswissenschaftlichen Denkens*, Hamburg 1934.

Schmitt, Carl, »Der Führer schützt das Recht« (1934), in: ders., *Positionen und Begriffe im Kampf mit Weimar, Genf, Versailles, 1923-1939*, Hamburg 1940, S. 199-203.

Schmitt, Carl, *Der Leviathan in der Staatslehre des Thomas Hobbes* (1938), Köln 1982.

Schmitt, Carl, *Völkerrechtliche Großraumordnung mit Interventionsverbot für raumfremde Mächte. Ein Beitrag zum Reichsbegriff im Völkerrecht* (1939), Berlin 1941.

Schmitt, Carl, *Land und Meer. Eine weltgeschichtliche Betrachtung*, Leipzig 1942.

Schmitt, Carl, *Der Nomos der Erde im Völkerrecht des Jus Publicum Europaeum*, Köln 1950.

Schmitt, Carl, *Theorie des Partisanen*, Berlin 1963.

Seidel, Helmut, *Johann Gottlieb Fichte zur Einführung*, Hamburg 1997.

Senghaas, Dieter, »Recht auf Nothilfe«, in: Reinhard Merkel (Hg.), *Der Kosovo-Krieg und das Völkerrecht*, Frankfurt am Main 2000, S. 99-114.

Siep, Ludwig, »Naturrecht und Wissenschaftslehre«, in: Michael Kahlo, Ernst A. Wolff, Rainer Zaczyk (Hg.), *Fichtes Lehre vom Rechtsverhältnis*, Frankfurt am Main 1992, S. 71-91.

Sieyes, Emmanuel Joseph, »Versuch über die Privilegien« (1788), in: ders., *Politische Schriften 1788-1790*, hg. von Eberhard Schmitt, Rolf Reichardt, München, Wien 1981, S. 91-113.

Sieyes, Emmanuel Joseph, »Was ist der Dritte Stand?« (1789), in: ders., *Politische Schriften 1788-1790*, hg. von Eberhard Schmitt, Rolf Reichardt, München, Wien 1981, S. 117-195.

Sörgel, Werner, *Konsensus und Interessen. Eine Studie zur Entstehung des Grundgesetzes für die Bundesrepublik Deutschland*, Stuttgart 1969.

Strauss, Leo, *Naturrecht und Geschichte*, Frankfurt am Main 1977.

Talmon, Jacob L., *Die Entstehung der totalitären Demokratie*, Köln, Opladen 1960.

Thiele, Ulrich, *Advokative Volkssouveränität. Carl Schmitts Konstruktion ei-*

ner »demokratischen« Diktaturtheorie im Kontext der Interpretation politischer Theorien der Aufklärung, Berlin 2003.

Thoma, Richard, »Zur Ideologie des Parlamentarismus und der Diktatur«, in: *Archiv für Sozialwissenschaft und Sozialpolitik* 53 (1925), S. 212-239.

Tönnies, Sibylle, »Volkssouveränität. Der schwierige Abschied von einer guten Idee«, in: *Das Volk, der Souverän, Kursbuch* 117, hg. von Karl Markus Michel, Tilman Spengler, Berlin 1994, S. 51-66.

Weber, Max, *Wirtschaft und Gesellschaft* (1922), Tübingen 1956.

Wellmer, Albrecht, »Bedingungen einer demokratischen Kultur. Zur Debatte zwischen Liberalen und Kommunitaristen«, in: Micha Brumlik, Hauke Brunkhorst (Hg.), *Gemeinschaft und Gerechtigkeit*, Frankfurt am Main 1993, S. 173-196.

Willms, Bernard, *Die totale Freiheit. Fichtes politische Philosophie*, Köln, Opladen 1967.

Wolzendorff, Kurt, *Staatsrecht und Naturrecht in der Lehre vom Widerstandsrecht des Volkes gegen rechtswidrige Ausübung der Staatsgewalt* (1916), Neudruck Aalen 1961.

Zürn, Michael, *Regieren jenseits des Nationalstaates. Globalisierung und Denationalisierung als Chance*, Frankfurt am Main 1998.

Nachweise

I. »Sinn und Bedeutung von Volkssouveränität in der modernen Gesellschaft«, in: *Kritische Justiz* 24 (1991), S. 137-150.

II.1. »Volkssouveränität versus Konstitutionalismus. Zum Begriff einer demokratischen Verfassung«, Teil 1 (unter dem Titel »Die aktuelle Verfassungsdiskussion und der Verfassungstypus der Volkssouveränität«), in: Jürgen Gebhardt, Rainer Schmalz-Bruns (Hg.), *Demokratie, Verfassung und Nation. Die politische Integration moderner Gesellschaften*, Baden-Baden 1994, S. 139-150; Teil 2 (unter dem Titel »Volkssouveränität versus Konstitutionalismus. Zum Begriff einer demokratischen Verfassung«), in: Günter Frankenberg (Hg.), *Auf der Suche nach der gerechten Gesellschaft*, Frankfurt am Main 1994, S. 75-83.

II.2. »Die Struktur subjektiver Freiheitsrechte im Verfassungssystem der Volkssouveränität« (unter dem Titel »Naturrecht, Menschenrecht und politische Gerechtigkeit. Der Kommentar«), in: *Dialektik. Enzyklopädische Zeitschrift für Philosophie und Wissenschaften*, 1 (1994), S. 9-18.

II.3. »Basisdemokratische Aktivitäten und rechtsstaatliche Verfassung: zum Verhältnis von institutionalisierter und nichtinstitutionalisierter Volkssouveränität«, in: Thomas Kreuder (Hg.), *Der orientierungslose Leviathan. Beiträge zur Steuerungsfunktion des Rechts und zur Notwendigkeit einer neuen Verfassung*, Marburg 1992.

II.4. »Die Transformation des Volkssouveränitätsprinzips in der Weimarer Republik« (unter dem Titel »Zur Transformation des Volkssouveränitätsprinzips in der Weimarer Republik«), in: Peter Nahamowitz, Stefan Breuer (Hg.), *Politik–Verfassung–Gesellschaft. Traditionslinien und Entwicklungsperspektiven. Otwin Massing zum 60. Geburtstag*, Baden-Baden 1995, S. 107-123.

III.1. »Vom materialen Naturrecht des Mittelalters zum prozeduralen Naturrecht der Moderne: die Erfindung des demokratischen Legitimationsprinzips« (unter dem Titel »Naturrecht«), in: *Enzyklopädie Philosophie*, hg. von Hans-Jörg Sandkühler, Bd. 1, Hamburg 1999, S. 922-930.

III.2.1. »Fichte: das autokratische Missverständnis« (unter dem Titel »Die Verfassung und ihre Garantie: das Ephorat (§§ 16,17 und 21)«), in: Jean-

Christophe Merle (Hg.), *Klassiker auslegen. Johann Gottlieb Fichte, Grundlage des Naturrechts*, Berlin 2001, S. 139-158.

III.2.2. »Rawls: expertokratischer Prozeduralismus« (unter dem Titel »Der Urzustand bei John Rawls«), in: Otfried Höffe (Hg.), *Klassiker auslegen. John Rawls, Eine Theorie der Gerechtigkeit*, Berlin 1998, S. 71-95.

III.2.3.1. »Habermas' Kant-Rezeption« (unter dem Titel »Recht und Kant«), in: Hauke Brunkhorst/Regina Kreide/Cristina Lafont (Hg.), *Habermas-Handbuch*, Stuttgart/Weimar 2009, S. 47-58.

III.2.3.2. »Freiheitsrechte und Volkssouveränität. Zu Jürgen Habermas' Rekonstruktion des Systems der Rechte«, in: *Rechtstheorie*, 26 (1995), S. 507-562.

III.2.4. »Kants Aktualität und Kants aktuelle Marginalisierung – im Jubiläumsjahr« (unter dem Titel »Kants Aktualität und Kants aktuelle Marginalisierung. Zu einigen Paradoxien der Kant-Rezeption«. – dt. und serbisch), in: Danilo Basta (Hg.), *Aktualität und Zukunft der Kantischen Philosophie*, Belgrad 2004, S. 151-173.

IV. »Die Folgen politologischer Inkompetenz in Rechts- und Verfassungsfragen für das Verständnis rechtsstaatlicher und demokratischer Prinzipien im Kontraktualismus des 17. und 18. Jahrhunderts« (unter dem Titel »Das Verhältnis der Politikwissenschaft zur Rechtswissenschaft. Bemerkungen zu den Folgen politologischer Autarkie«), in: Michael Becker, Ruth Zimmerling (Hg.), *Politik und Recht. Politische Vierteljahresschrift* Sonderheft 36 (2006), S. 76-120.

V. »Der zerstörte Zusammenhang von Freiheitsrechten und Volkssouveränität in der aktuellen nationalstaatlichen und internationalen Politik« (unter dem Titel »Menschenrechte als Ermächtigungsnormen internationaler Politik oder: der zerstörte Zusammenhang von Menschenrechten und Demokratie«), in: Hauke Brunkhorst, Wolfgang R. Köhler, Matthias Lutz-Bachmann (Hg.), *Recht auf Menschenrechte. Menschenrechte, Demokratie und internationale Politik*, Frankfurt am Main 1999, S. 276-292.

VI. »Vom Nationalstaat zum Globalstaat oder: der Verlust der Demokratie« (unter dem Titel »Vom Nationalstaat zum Globalstaat oder: der Niedergang der Demokratie«), in: James Bohmann, Matthias Lutz-Bachmann (Hg.), *Weltstaat oder Staatenwelt?*, Frankfurt am Main 2002, S. 226-259.

Namenregister

Immanuel Kant
im Suhrkamp Verlag

Werkausgabe

stw-Werkausgabe in zwölf Bänden. Herausgegeben von Wilhelm Weischedel. (Die Ausgabe ist text- und seitenidentisch mit der 1968 erschienenen zwölfbändigen Theorie-Werkausgabe.) 12 Bände mit Gesamtregister in Kassette. 5245 Seiten. Die Bände sind auch einzeln lieferbar

- Band I: Vorkritische Schriften bis 1768/1. stw 186. 524 Seiten

- Band II: Vorkritische Schriften bis 1768/2. stw 187. 519 Seiten

- Band III/IV: Kritik der reinen Vernunft. Zwei Bände. stw 55. 724 Seiten

- Band V: Schriften zur Metaphysik und Logik 1. stw 188. 384 Seiten

- Band VI: Schriften zur Metaphysik und Logik 2. stw 189. 327 Seiten

- Band VII: Kritik der praktischen Vernunft. Grundlegung zur Metaphysik der Sitten. stw 56. 302 Seiten

- Band VIII: Die Metaphysik der Sitten. stw 190. 896 Seiten

- Band IX: Schriften zur Naturphilosophie. stw 191. 172 Seiten

- Band X: Kritik der Urteilskraft. stw 57. 468 Seiten

NF 130/1/6.09

- Band XI: Schriften zur Anthropologie, Geschichtsphilosophie, Politik und Pädagogik 1. stw 192. 404 Seiten
- Band XII: Schriften zur Anthropologie, Geschichtsphilosophie, Politik und Pädagogik 2. Register. stw 193. 532 Seiten

Schriften zur Ästhetik und Naturphilosophie. Herausgegeben von Manfred Frank und Véronique Zanetti. Zwei Bände und ein Kommentarband. stw 1517. 1400 Seiten

Theoretische Philosophie. Textausgabe und Kommentar. Herausgegeben von Georg Mohr. Drei Bände und ein Kommentarband. stw 1518. 1500 Seiten

NF 130/2/6.09